UR

# Corrupción, cohecho y tráfico de influencias en España y Colombia

Lombana Villalba, Jaime A.
Corrupción, cohecho y tráfico de influencias en España y Colombia / Jaime A. Lombana Villalba. – Bogotá: Editorial Universidad del Rosario, Facultad de Jurisprudencia, 2014.
xxxii, 532 páginas. – (Colección Textos de Jurisprudencia).
Nota de bibliografía: Incluye referencias bibliográficas.

ISBN: 978-958-738-482-6 (rústica)
ISBN: 978-958-738-483-3 (digital)

Administración pública / Delitos contra la administración pública / Cohecho / Concusión / Delitos de los funcionarios públicos / Derecho penal – Colombia / Derecho penal – España / I. Título / II. Serie.

364.132 SCDD 20

Catalogación en la fuente – Universidad del Rosario. Biblioteca

amv Julio 10 de 2014

Hecho el depósito legal que marca el Decreto 460 de 1995

# Corrupción, cohecho y tráfico de influencias en España y Colombia

Jaime Lombana Villalba

Colección Textos de Jurisprudencia



Primera edición: Bogotá D.C., julio de 2014

ISBN: 978-958-738-482-6 (rústica)
ISBN: 978-958-738-483-3 (digital)

Coordinación editorial: Editorial Universidad del Rosario
Corrección de estilo: Manuel Gómez y Claudia Ríos
Diseño de cubierta: Álvaro Bernal
Diagramación: Precolombi EU-David Reyes
Impresión: Xpress Estudio Gráfico y Digital S.A.

Editorial Universidad del Rosario
Carrera 7 Nº 12B-41, oficina 501 • Teléfono 297 02 00
http://editorial.urosario.edu.co

Impreso y hecho en Colombia
*Printed and made in Colombia*

N.E. Por solicitud del autor se conserva el estilo ortográfico que fue aprobado en el momento de escribir la tesis.

*A mi hijo, Juan Lombana,*
*lo más impactante de mi vida.*
*Y a mis padres, Martha y Jaime*
*por todo todo.*

# Contenido

# Agradecimientos

En primer lugar, mi gratitud por siempre a mis Maestros, los catedráticos Doctor, Doctor honoris causa Diego Manuel Luzón Peña y Doctor Miguel Díaz y García Conlledo, y a toda la Escuela del Profesor Luzón, por haberme acogido en su vida académica como uno de los suyos, así como a la Universidad de León y Alcalá de Henares y a mi Universidad del Rosario, al Profesor Alejandro Venegas Franco nuestro "Decano".

También debo expresar profunda gratitud al Profesor Eduardo Montealegre Lynett por su invaluable apoyo académico.

A los profesores y amigos, Jaime Bernal Cuéllar, Miguel Córdoba Angulo, Alberto Suárez Sánchez, Jorge Armando Otálora Gómez, Francisco José Sintura Varela y Antonio José Cancino Moreno.

A mis discípulos Rosaristas de 25 años de cátedra de Derecho Penal en especial a los Profesores Doctor Carlos Guillermo Castro Cuenca, Luis Felipe Henao Cardona, Andrés Garzón Roa, Juan David Riveros Barragán, Alejandro Cadena Molano, Felipe Corredor Carvajal, Laura Espinosa Barrero, Dennise Riaño Roa, Gabriel Bedoya Muñoz y a todos aquellos alumnos que escogieron el Derecho Penal y la dogmática como centro de su vida profesional.

Y por último recordar con gratitud la memoria de los que ya no están, el sacerdote Julio Sánchez, Rodolfo Gonzales García, Luis Carlos Sáchica Aponte y Luis Enrique Aldana Rozo.

A todos gracias de corazón.

# Siglas y acrónimos

| | |
|---|---|
| AAP: | Auto de la Audiencia Provincial |
| ACC: | Auto de la Corte Constitucional |
| AFDUC: | Anuario de la Facultad de Derecho de la Universidad de Coruña |
| AP: | Audiencia Provincial |
| APNDL: | Apéndice al Nuevo Diccionario de Legislación Aranzadi |
| ATC: | Auto del Tribunal Constitucional |
| ATS: | Auto del Tribunal Supremo |
| Cajanal: | Caja Nacional de Previsión de Colombia |
| Cas.: | Casación |
| CBGG. | Cumplimiento del código del buen gobierno |
| CCA: | Código Contencioso Administrativo |
| CDCC: | Convenio de Derecho civil sobre la corrupción |
| CDPCE: | Convenio de Derecho penal del Consejo de Europa |
| CDU: | Código Disciplinario Único |
| CE: | Constitución española |
| CGPJ: | Consejo General del Poder Judicial |
| CICC: | Convención Interamericana contra la Corrupción |
| CNUCC: | Convención de Naciones Unidas contra la Corrupción |
| Colpuertos: | Puertos de Colombia |
| Commsa: | Concesionario del Magdalena Medio |
| CP: | Código Penal |
| DP: | Derecho Penal |
| DRAE: | Diccionario de la Real Academia Española |
| Dragacol: | Dragas de Colombia |
| EBEP: | Estatuto Básico del Empleo Público |
| EBI: | Enterprises Berthier Inc |

| | |
|---|---|
| Foncolpuertos: | Fondo de Pasivo Social de la empresa Puertos de Colombia |
| Greco: | Grupo de Estados contra la Corrupción |
| JPD: | Jueces para la Democracia (revista) |
| Invías: | Instituto Nacional de Vías de Colombia |
| IPC: | Índice de Percepción de la Corrupción |
| LFCE: | Ley de Funcionarios Civiles del Estado |
| LGP: | Ley General Presupuestaria |
| LH: | Libro Homenaje |
| LL: | La Ley |
| LLP: | La ley penal (revista de derecho penal, procesal y penitenciario) |
| LO: | Ley Orgánica |
| LOTC: | Ley Orgánica del Tribunal Constitucional |
| LPAP: | Ley del Patrimonio de Administraciones Públicas |
| LRJAP: | Ley del Régimen Jurídico de las Administraciones Públicas |
| Ocde: | Organisation for Economic Co-operation and Development |
| OEA: | Organización de Estados Americanos |
| PAMI: | Plan de Asistencia Médica Integral |
| PANCP: | Propuesta de Anteproyecto del Nuevo Código Penal |
| PE: | Parte Especial (del Código Penal) |
| PG: | Parte General (del Código Penal) |
| PSOE: | Partido Socialista Obrero Español |
| PT: | Partido de los Trabajadores de Brasil |
| RCL: | Repertorio Cronológico de Legislación |
| RD: | Real Decreto |
| RDUC: | Revista de Derecho de la Universidad Centroamericana |
| RDPP | Revista de Derecho Procesal y Penitenciario |
| Reda: | Revista de Derecho Administrativo |
| RJ: | Repertorio Jurisprudencial |
| RJEDJB: | Revista Jurídica Española de Jurisprudencia y Bibliografía |
| ROCE: | Revista de los Organos Autónomos de Control Externo |
| RPE: | Revista Pena y Estado |
| RPJ: | Revista del Poder Judicial |
| RTC: | Repertorio del Tribunal Constitucional |
| SAP: | Sentencia de la Audiencia provincial |
| SCC: | Sentencia de la Corte Constitucional |
| SCCC: | Sentencia de Constitucionalidad de la Corte Constitucional |

| | |
|---|---|
| SIIF: | Sistema Integrado de Información Financiera |
| Ss.: | Sentencias |
| SsTC: | Sentencias del Tribunal Constitucional |
| STC | Sentencia del Tribunal Constitucional |
| STCC: | Sentencia de Tutela de la Corte Constitucional |
| STS: | Sentencia del Tribunal Supremo |
| STSJ: | Sentencia del Tribunal Superior de Justicia |
| TCE: | Tratado Constitutivo de la Unión Europea |
| TSE: | Tribunal Supremo Español |
| TSJ: | Tribunal Superior de Justicia |

# Prólogo

La filósofa española Adela Cortina, en una de sus aproximaciones a lo que ella ha querido llamar una "ética pública",[1] define la corrupción como una acción que se aparta de la legitimidad social que la sustenta y que solo beneficia intereses particulares.[2] Con ello quiere decir que cuando la acción de una persona es corrupta, se desvía del fin social esperado para prestarse a intereses mezquinos que atentan contra los intereses públicos y afectan el bien común.

No en vano la organización internacional *Transparency International* en su informe de 2012 sobre el preocupante aumento de la corrupción en el mundo, mostró cómo la desviación de las acciones hacia beneficios personales y egoístas tiene graves consecuencias sobre los más pobres de la sociedad, quienes tienen que pagar, incluso con sus vidas, el costo de la malversación de los recursos públicos. La corrupción es una forma –quizás la más grave– de injusticia social. Así lo indican los expertos:

> La corrupción se traduce en sufrimiento humano, en familias pobres que son obligadas a sobornar si quieren ser atendidas por un médico o acceder a agua potable. La corrupción afecta la distribución de servicios básicos como la educación, y posterga las inversiones en infraestructura porque los corruptos hacen desaparecer los fondos. La corrupción se convierte en un impuesto sucio, y los pobres son sus víctimas principales.[3]

---

1 Ver: Cortina, Adela. *La ética de la sociedad civil.* Madrid: Editorial Anaya. 1995.

2 Cortina, Adela. *Cómo cambiar la tendencia.* Madrid: El País, 2013.

3 Transparency International, *Global Corruption Report,* 2012.

En un Estado como el colombiano, que se funda "en el respeto de la dignidad humana, en el trabajo y la solidaridad de las personas que la integran y en la prevalencia del interés general"[4] puede afirmarse sin lugar a duda que la corrupción pública es una práctica siniestra en donde los que resultan más lesionados con la corrupción pública son los asociados.

Los estudios señalan que si, por ejemplo, la corrupción de Singapur –uno de los países con la tasa más alta de transparencia en el uso de los recursos públicos– ascendiera a la de Pakistán, que de acuerdo con el ranking *Global Corruption Report* ocupa el puesto 37 en la lista de los países más corruptos, esta circunstancia incrementaría un 1.6 puntos porcentuales el gasto público y reduciría en unos 10 puntos los ingresos del PIB. La corrupción afecta negativamente el crecimiento y el desarrollo de los Estados. Reduce sustancial y dramáticamente la productividad, la inversión y por lo tanto, la tasa de crecimiento.[5] Por todas las anteriores razones, puede afirmarse que los estudios sobre cómo combatir la corrupción son imprescindibles para la democracia.

La presente obra, por medio de la cual la Universidad de León le otorgó al profesor Jaime Lombana Villalba el título de doctor en derecho, fue dirigida por grandes maestros del derecho penal español y se constituye en un gran aporte para el tema, en tanto muestra cómo la corrupción pública conduce a un grave quebrantamiento de los principios esenciales sobre los que se asienta todo régimen democrático. El trabajo de grado centra su atención en resaltar la administración pública como un bien jurídico que amerita una especial protección por parte del derecho penal.

Para ello, el profesor Lombana parte de la regulación de dos tipos penales presentes tanto en el derecho penal español como en el colombiano: el cohecho y el tráfico de influencias. Como lo expone en el texto, son estas las conductas de las que a menudo se valen los corruptos para lograr sus intereses egoístas y punibles.

Además de reflexionar sobre los delitos de cohecho y tráfico de influencias, el texto muestra cómo a partir de la aplicación de los principios de la administración pública consagrados en la Constitución y las normas

---

4 *Constitución Política de Colombia*, Art. 2º.

5 Della Porta, Donatella y Vannucci, Alberto. "Corrupt Exchanges, Actors, Resources, and Mechanisms of Political Corruption" en: *Gestión y Política Pública*, 2001.

disciplinarias aplicables a los servidores públicos, se puede delimitar la conducta reprochable y distinguir la delgada línea que separa lo punible de lo socialmente permitido.

El texto parte correctamente de entender que el derecho penal comienza en la Constitución y que el *ius punendi* del Estado debe estar orientado a hacer efectivos los derechos y valores de la Carta. Y no sólo porque la tipicidad, la antijuridicidad y la culpabilidad no pueden desconocer los derechos fundamentales, en la medida en que son el cimiento y el límite de la ley penal, sino que además los principios y los fines del Estado explican, por un lado, por qué la administración pública es un bien jurídico de especial protección, y por otro, definen hasta dónde pueden ir la autonomía, eficacia y desconcentración de la administración pública.

Este libro desarrolla la problemática pertinentemente, presentándola en cinco capítulos. El primer capítulo responde a las preguntas de por qué el tráfico de influencias y el cohecho son dos de las principales manifestaciones del grave flagelo de la corrupción pública. Así da cuenta de que la principal causa del desvío de las acciones hacia el desmedro del bien común es la mezcla de intereses particulares con intereses políticos.

A su vez, este aparte propone que la legislación penal debe prever la posibilidad de levantar la reserva que aún existe en algunos sectores de la administración y que se presta para la falta de transparencia y publicidad de los actos propios de la administración del Estado. Señala además que la participación de los ciudadanos resulta crucial en la lucha contra la corrupción.

En el segundo capítulo el autor enuncia el desarrollo histórico que ha tenido la tutela penal de la administración pública en España. El lector conocerá las diferentes fórmulas de tipificación así como las principales teorías jurisprudenciales y doctrinales sobre el bien jurídico de la administración pública. Precisamente este aparte muestra cómo el derecho penal ha dejado de tutelar un deber del cargo para entrar a proteger el funcionamiento de la administración pública. Lo anterior permite contar con un tipo penal mucho más amplio y acorde con un Estado descentralizado y dinámico en sus relaciones y proyectos.

El tercer capítulo del texto estudia el delito de tráfico de influencias en la legislación española, y con gran análisis y detalle investigativo, el autor afirma que no toda influencia en el servidor público es una acción punible para el derecho penal. De ahí que la influencia debe cumplir con los siguientes requisitos: ha de ser real, con cierto grado de eficacia y debe causar un beneficio. Sólo así se podrá garantizar un derecho penal mínimo, garantista de los derechos y libertades de las personas.

Por su parte, el cuarto capítulo aborda, desde una perspectiva histórica, el delito de cohecho en España, haciendo especial énfasis en las ventajas que representa la manera en que actualmente está tipificado en la ley orgánica 05 de 2010, que delimita las conductas permitidas a partir de criterios útiles como es el caso del riesgo permitido. De esta forma se pueden evitar investigaciones y juzgamientos desproporcionados, ya que otro de los criterios que tiene en cuenta la ley penal es la cuantía de la dádiva.

Finalmente, el último capítulo de la obra del profesor Jaime Lombana formula un análisis bastante completo sobre el delito de cohecho y el delito de tráfico de influencias en el Código Penal Colombiano, con el fin de proponer la aplicación de algunos criterios elaborados tanto por la doctrina como por la jurisprudencia española sobre la materia.

Respecto al delito de cohecho en la legislación nacional, argumenta por qué la tesis italiana que recoge nuestro Código Penal y que distingue entre *concuzione* y *corruzione*, –diferente a la formula unificada usada por el derecho español– no permite realizar una diferenciación de la punibilidad. Con ello quiere decir que el tipo penal existente no distingue entre la inducción y el constreñimiento. No hay duda de que esta crítica genera un interesante debate dentro de la doctrina y la jurisprudencia nacional.

En cuanto al capítulo quinto, éste aborda el delito de tráfico de influencias consagrado en los artículos 411 y 412 del Código Penal y pone en duda su sencilla regulación en la medida en que su carácter "simplista" se presta para que los corruptos aprovechen las lagunas del tipo y se excusen en la ley para evadir sus responsabilidades de carácter penal, disciplinario y fiscal.

Es indiscutible que el texto del profesor Jaime Lombana Villalba, escrito desde su perspectiva de abogado en ejercicio, es una herramienta que ha de tenerse en cuenta a la hora de estudiar los mecanismos para combatir la corrupción en el marco de los postulados del Estado Social de Derecho, en especial aquellos que la Constitución Política exige para el funcionamiento del sistema democrático. Lo dicho encuentra eco en la jurisprudencia de la Corte Constitucional que ha sido clara al indicar lo siguiente:

> la justificación misma del Estado Social de Derecho pasa, entre otros aspectos, por la sujeción de la actuación de sus autoridades a los principios de legalidad, objetividad y debida utilización de los recursos públicos. Por lo tanto, las actuaciones venales, la concesión de ventajas indebidas dentro de los procedimientos estatales, el ocultamiento de información a los ciudadanos y la restricción de los legítimos espacios de participación ciudadana en la administración, entre otras conductas, son incompatibles con las previsiones constitucionales que propugnan por la protección del interés general como base misma del Estado.[6]

Es indudable que la legitimidad política de la democracia se ve gravemente afectada por la corrupción. La corrupción es la principal causa de un Estado ineficaz, injusto e ineficiente.[7] Lo más grave de todo es que la crisis que generan los sistemas corruptos facilita la violación de los derechos humanos.

Sólo cuando el Estado logre la realización efectiva de los principios que consagra la Constitución y evite que el interés egoísta de unos pocos logre anteponerse al interés general, se podrán recomponer en buena medida los lazos de confianza que se han roto entre los ciudadanos, las instituciones del Estado y sus servidores, lo que constituye un capital ético de enorme valor.

Por esto último, es preciso decir que el texto titulado: *Corrupción, cohecho y tráfico de influencias en España y Colombia* se une a las voces de aquellos que afirman la necesidad de forjar una "ética pública" como antídoto para combatir la corrupción.

Jaime Lombana es uno de los penalistas más brillantes de la academia colombiana y su libro constituye un gran aporte al derecho hispanoamericano. Sin duda, el texto es una valiosa herramienta de trabajo para los estudiosos del derecho comparado. Estamos ante una magnífica obra, construida durante varios años con esfuerzo y disciplina. Es el producto indiscutible de una vida dedicada a la academia y al ejercicio de la profesión de abogado con innegable tesón e inteligencia.

---

6 Corte Constitucional, Sentencia C-397 de 1998.

7 Della Porta, Donatella y Vannucci, Alberto. "Corrupt Exchanges, Actors, Resources, and Mechanisms of Political Corruption" en: *Gestión y Política Pública*, 2001.

Una lucha decidida y eficaz contra la corrupción por parte de las instituciones públicas colombianas contribuye a la construcción de una paz duradera y estable.

**Eduardo Montealegre Lynett**
Fiscal General de la Nación

Julio de 2014

# Introducción

La corrupción es uno de los fenómenos más graves que afecta los Estados de derecho en la actualidad, pues supone el quebrantamiento de los principios esenciales sobre los que se asienta todo régimen democrático, multiplicando la desigualdad, la arbitrariedad y la injusticia y minando así la confianza de los ciudadanos en sus instituciones. Desafortunadamente, este fenómeno se ha extendido a todos los sectores de la sociedad y del Estado, invadiendo como una enfermedad la conciencia de particulares y servidores públicos.

Este fenómeno ha tenido serias consecuencias en España, pero aún peores en mi país, Colombia, donde históricamente ha sido un foco de injusticia y ha motivado un marco de ilegalidad y de desigualdad insostenible. Por lo anterior, como colombiano quise centrar este estudio no solamente en la legislación española, sino también en la de mi país, haciendo continuas referencias al estudio comparado entre las legislaciones de ambos Estados para la lucha contra la corrupción.

Los delitos de cohecho y tráfico de influencias son sin lugar a dudas dos de las conductas punibles que más desarrollan el fenómeno de la corrupción, pues se convierten en el móvil que genera la desviación de intereses en la administración pública, que luego además será el motor para cometer otros delitos como la prevaricación o la malversación. Por lo anterior, es necesario delimitar el injusto de estas conductas punibles, labor compleja pero en la cual el bien jurídico tutelado puede dar herramientas muy importantes para la distinción entre lo punible y lo socialmente permitido, mediante un estudio integrado con los principios de la administración pública y con normas disciplinarias que permiten delimitar el riesgo permitido.

En este sentido, el objetivo inicial de esta tesis era presentar una serie de reflexiones sobre la tipificación de los delitos de cohecho y tráfico de influencias en España y en Colombia y en especial analizar la delimitación de su injusto de acuerdo a los principios de la administración pública en casos en los cuales la dádiva o la influencia no tuviera la idoneidad necesaria para afectar el bien jurídico. Sin embargo, durante la elaboración de este texto se fue consolidando un proceso de reforma muy importante a los delitos contra la administración pública en España que luego se concretó a través de la LO 05/10, legislación que introdujo profundos cambios en ambos delitos.

Esta situación aumenta la relevancia del estudio de estas conductas punibles, pues la reforma cambió la estructura de varias de las modalidades de cohecho y tráfico de influencias y modificó algunos de sus elementos, situación que en algunos casos es muy afortunada y en otros, como en toda reforma judicial, ha recibido críticas que son analizadas en la presente tesis.

Por otro lado, en Colombia también se hizo una reforma muy reciente de los delitos contra la administración pública mediante el Estatuto Anticorrupción que incluyó, por ejemplo, la tipificación del delito de tráfico de influencias de particular, cuyas consecuencias serán analizadas puntualmente en esta tesis.

De esta manera, el objeto central de este texto es presentar una serie de reflexiones sobre las fórmulas de tipificación de los delitos de cohecho y tráfico de influencias, haciendo especial énfasis en las reformas introducidas por la LO 05/10 y en la aplicación de criterios para la delimitación de su injusto de acuerdo a los principios constitucionales y legales de la administración pública.

En el primer capítulo se estudia la corrupción, para lo cual se abordan el concepto, las causas, las principales modalidades y los mecanismos para luchar contra este grave fenómeno social. Así mismo, se estudian las razones por las cuales el tráfico de influencias y el cohecho son dos de las principales manifestaciones de la corrupción y las formas de prevenirlas.

Para la elaboración de este capítulo se tuvieron en cuenta estudios criminológicos, sociológicos y políticos sobre la corrupción, así como también las diversas convenciones para la prevención de este fenómeno, con el objeto de buscar las principales causas y efectos del mismo.

El segundo capítulo estudia la evolución de la tutela penal de la administración pública en España, analizando la evolución de las fórmulas de tipificación de este grupo de conductas punibles y las diversas teorías que se han esbozado por la doctrina y la jurisprudencia sobre este objeto de tutela, haciéndose un especial énfasis en los delitos de cohecho y tráfico de influencias.

En este capítulo se quiso partir de un estudio histórico para poder encontrar las tendencias fundamentales de la evolución de estos delitos y, de acuerdo a ellas, pasar al estudio puntual de todas las teorías que se han esbozado en España sobre el bien jurídico tutelado de la administración pública.

Así mismo, consideré pertinente delinear los contornos de este bien jurídico mediante el estudio de los principios constitucionales de la administración pública, los deberes de conductas consagrados en la Ley de funcionarios civiles del Estado, en la ley de incompatibilidades y en otras leyes recientes sobre ética en la función pública, los cuales otorgarán criterios fundamentales para el posterior análisis del injusto en los delitos de cohecho y tráfico de influencias.

El tercer capítulo estudia la tipificación del tráfico de influencias en el Código Penal español, comenzando por su evolución legislativa; posteriormente, se hace un estudio de los elementos del tipo de sus principales modalidades. Finalmente, se hace un análisis particular sobre la delimitación de lo punible en el delito de tráfico de influencias a partir de los principios de la administración pública y de la teoría del aumento del riesgo.

En este capítulo se intentan abordar las tensiones entre el tráfico de influencias y los principios de jerarquía, eficacia y desconcentración, con el objeto de presentar una serie de propuestas para evitar que la tipificación del tráfico de influencias se convierta en un obstáculo y por el contrario desarrolle estos principios de la función pública, permitiendo sancionar las influencias indebidas que afecten estos axiomas.

En el cuarto capítulo se estudia la tipificación de delito de cohecho en la legislación española, haciendo especial énfasis en las reformas que frente a este delito realizó la LO 05/2010 y sus consecuencias en la sistemática de las modalidades de esta conducta punible. Así mismo, como en el capítulo del tráfico de influencias, se incluyeron una serie de reflexiones sobre la delimitación de las conductas permitidas en relación con el cohecho en virtud de criterios como el riesgo permitido, teniendo en cuenta que desde hace muchos años se han identificado eventos problemáticos en los cuales la sanción de este delito sería desproporcionada.

En el quinto capítulo se analizan los delitos de cohecho y tráfico de influencias en el Código Penal colombiano, estudiando su evolución y sus modalidades. En este capítulo se hace énfasis en la aplicación de algunos criterios muy útiles elaborados por la doctrina española aplicables a la legislación colombiana. Así mismo, también se realizan algunas reflexiones sobre la reciente reforma a los delitos contra la administración pública contenidos en el Estatuto Anticorrupción.

## Capítulo I
# La corrupción pública

## 1. Análisis de la corrupción pública

### 1.1. El concepto de la corrupción

Desde el punto de vista gramatical, el término corrupción se refiere a un fenómeno de desnaturalización[1] o desviación de ciertos parámetros de comportamiento[2]. En este sentido, la corrupción pública implica una degradación de lo público en lo privado[3].

La corrupción pública desvía el interés general hacia intereses privados (personales, corporativos o partidistas), desconociendo normas jurídicas o éticas[4]. De esta manera, la corrupción confunde las esferas pública y privada mediante la inserción de intereses privados como motivo de los actos públicos[5].

El núcleo del concepto de pública corrupción es entonces la desviación del interés general hacia el particular[6], pues tal como señala DÍAZ Y GARCÍA CONLLEDO, este fenómeno se desarrolla a través de "conductas

---

1 CORTINA, en: LAPORTA SAN MIGUEL/ÁLVAREZ, *La Corrupción política*, 1997, 266.

2 BERALDI, *RPE N° 1*, 1995, 36.

3 CORTINA, en: LAPORTA SAN MIGUEL/ÁLVAREZ, *La Corrupción política*, 1997, 266.

4 Los siguientes autores coinciden en su posición frente a este concepto, los referenciamos tal y como se indica a continuación: VALEIJE ÁLVAREZ, *FDUC N° 7*, 2003, 785; CUGAT MAURI, *JPD N° 28*, 1997, 48. En similar sentido, JIMÉNEZ DE PARGA, en: LAPORTA SAN MIGUEL/ÁLVAREZ, *La Corrupción política*, 1997, 140.

5 VIRGOLINI, *Crímenes excelentes*, 2004, 258.

6 JIMÉNEZ DE PARGA, en: LAPORTA SAN MIGUEL/ÁLVAREZ, *La Corrupción política*, 1997, 141; VIRGIONI, *Crímenes excelentes*, 2004, 258; GARZÓN VALDÉS, en: CARBONELL/VÁSQUEZ, *Poder, derecho y corrupción*, 2003, 26.

de los servidores públicos que se apartan del ejercicio correcto de las funciones que como tales tienen encomendadas, haciendo interferir intereses privados propios o de terceros incompatibles con o, al menos, distorsionadores de los intereses públicos a que se orientan aquellas funciones"[7].

En la corrupción se presenta "un intercambio clandestino entre dos mercados: por una parte el mercado político o administrativo y, por la otra, el mercado económico o social"[8], es decir, una transacción entre el corruptor y quien se deja corromper para la obtención de un provecho personal[9], que normalmente se traduce en contraprestación económica, pero también puede consistir en otro tipo de ventaja[10], que se puede dar por acción o por omisión, como el no aplicar una cláusula de caducidad contractual cuando objetivamente se reúnen las circunstancias necesarias para tal medida a fin de prevenir similares comportamientos en la ejecución de contratos administrativos.

En consecuencia, la corrupción implica una interacción entre el mercado de los intereses privados y la cosa pública, desconociendo los principios rectores de la función pública[11], en un sistema donde se sustituye el interés público por el particular y se confunde lo público con lo privado[12]. En palabras de FERRAJOLI, la corrupción envuelve "la ruptura de un principio fundamental del moderno Estado representativo; el de separación entre Estado y sociedad, entre esfera pública y privada, entre poderes económicos y poder político"[13].

Por lo anterior, la corrupción supone el quebrantamiento de los principios esenciales sobre los que se asienta todo régimen democrático, especialmente

---

[7] DÍAZ Y GARCÍA CONLLEDO, *RDUC N° 7*, 2004, 149.

[8] MÉNY, en: CARBONELL/VÁSQUEZ, *Poder, derecho y corrupción*, 2003, 125; en sentido similar y con ulteriores referencias encontramos en el mismo texto el artículo sobre Corrupción y economía global, Vid, ROSE-ACKERMAN, en: CARBONELL/VÁSQUEZ, *Poder, derecho y corrupción*, 2003, 209.

[9] BALLÉN MOLINA, *Los otros bandidos*, 2004, 27.

[10] GARZÓN VALDÉS, en: LAPORTA SAN MIGUEL/ÁLVAREZ, *La corrupción política*, 1997, 45.

[11] SWART, *The Sale of Public Offices*, 2005, 95; CEPEDA ULLOA, *La corrupción administrativa*, 1994, 3; JIMÉNEZ DE PARGA, en: LAPORTA SAN MIGUEL/ÁLVAREZ, *La corrupción política*, 1997, 140.

[12] SIMONETTI, *RPE N° 1*, 1995, 179.

[13] FERRAJOLI, *Corrupción y estado de derecho*, 1996, 147.

de la idea de que toda actividad pública debe perseguir de manera desinteresada el interés de los ciudadanos[14]. Y en todo caso, la corrupción encarece, demora y dificulta la obtención de un beneficio general.

Sin embargo, no es suficiente la prevalencia del interés particular para la comisión de un acto corrupto[15], pues de ser así sería constitutiva de corrupción cualquier forma de representación funcional en la cual el funcionario asume abiertamente la defensa de los intereses de un sector de la población[16]. De tal manera, sería considerado corrupto un diputado de un partido que defiende los intereses de sus electores, o un político que representa los intereses de su comunidad autónoma ante el presupuesto nacional, o quien busca incrementar partidas de inversión a sectores en los que concentra su votación.

Es necesario entonces que la desviación de intereses tenga por finalidad la obtención de un beneficio extraposicional[17], es decir, externo a la actividad misma[18].

GARZÓN VALDÉS señala que la corrupción implica "la violación limitada de una obligación por parte de uno o más decisores con el objeto de obtener un beneficio personal extra posicional del agente que lo(s) soborna o a quien extorsiona(n) a cambio del otorgamiento de beneficios para el sobornante o el extorsionado que superan los costos del soborno o del pago o servicio extorsionado"[19].

Para que un acto sea calificado como corrupción pública requiere la utilización de un poder otorgado, en ejercicio de función pública en benefi-

---

[14] BUSTOS GISBERT, *La corrupción de los gobernantes,* 2000, 71.

[15] MALEM SEÑA, en: LAPORTA SAN MIGUEL/ÁLVAREZ, *La corrupción política,* 1997, 79.

[16] RABOTNIKOF, en: CARBONELL/VÁSQUEZ, *Poder, derecho y corrupción*, 2003, 51; en sentido similar y con ulteriores referencias encontramos en el mismo texto el artículo sobre corrupción en los sistemas políticos, Vid, VANUCCI, 2003, 83-84.

[17] Esta afirmación es congruente con la posición de los siguientes coautores en el texto de A.A.V.V: *Poder, derecho y corrupción,* en: CARBONELL/VÁSQUEZ, 2003. GARZÓN VALDÉS, 27; RABOTNIKOF, 51; GONZÁLEZ AMUCHÁSTEGUI, 70; MALEM SEÑA, 167; igualmente se encuentran referencias sobre el mismo concepto en CÁRDENAS/MIJANGOS, *Estado de Derecho y corrupción,* 2005, 62. En similar sentido, BALLÉN MOLINA, *Los otros bandidos,* 2004, 27.

[18] GARZÓN VALDÉS, en: CARBONELL/VÁSQUEZ, *Poder, derecho y corrupción*, 2003, 26.

[19] Vid. GARZÓN VALDÉS, en: CARBONELL/VÁSQUEZ, *Poder, derecho y corrupción*, 2003, 30. En similar sentido, CEPEDA ULLOA, *La corrupción administrativa,* 1994, 2 y CÁRDENAS/MIJANGOS, *Estado de Derecho y corrupción*, 2005, 62.

cio del interés personal del cesionario (funcionario) o de un tercero, desconociendo o perjudicando el interés que persigue el titular del poder cedido (administración)[20].

En este sentido, como corrupción se califica el abuso de una función pública con el fin de obtener una ganancia privada[21], es decir, un concreto abuso de poder o de la función en el ejercicio de las mismas[22]. De esta manera, se presenta el abuso de poder o una irregularidad en el curso de una decisión para obtener un incentivo o una ventaja indebida[23] para el beneficio personal[24] o de un tercero, pudiendo ser el partido político al cual se pertenezca[25].

Este abuso de poder implica inicialmente la violación activa o pasiva de un deber posicional o del incumplimiento de alguna función específica con el objeto de obtener un beneficio extraposicional[26]. Por lo anterior, "la corrupción es un delito o una infracción que implica la violación de alguna obligación por parte del decisor"[27].

De esta manera, la corrupción implica también una transgresión de normas dentro de un determinado orden social de una sociedad política como totalidad organizada en la que debe regir una cierta racionalidad en el manejo de la función pública. El acto corrupto conlleva la transgresión que vulnera en alguna medida la supervivencia razonable de esa totalidad[28]. Desde una óptica jurídico-normativa se dirá que la corrupción política es

---

[20] SABÁN GODOY, *El marco jurídico de la corrupción*, 1991, 16.

[21] MURIEL PATIÑO, en: CAPARRÓS, *Aspectos jurídicos y económicos*, 2000, 27; ROEMER, en: CARBONELL/VÁSQUEZ, *Poder, derecho y corrupción*, 2003, 246.

[22] POVEDA PERDOMO, *La corrupción y el régimen*, 1998, 65.

[23] ACIERNO, *Fraude y Corrupción*, 2002, 138 ss.

[24] FRIEDRICH, en: HEIDENHEIMER/JOHNSTON/LE VINE, *Political Corruption*, 1997, 18; ROSE-ACKERMAN, *La corrupción y los gobiernos*, 2001, 125.

[25] KEY, *Political Graft*, 1997, 39.

[26] JIMÉNEZ DE PARGA, en: LAPORTA SAN MIGUEL/ÁLVAREZ, *La Corrupción política*, 1997, 140; DEMETRIO CRESPO, *Fraude y corrupción*, 2002, 177; MALEM SEÑA, *La corrupción. Aspectos éticos*, 2002, 35; GARZÓN VALDÉS, en: CARBONELL/VÁSQUEZ, *Poder, derecho y corrupción*, 2003, 26; GONZÁLEZ AMUCHÁSTEGUI, en: CARBONELL/VÁSQUEZ, *Poder, derecho y corrupción*, 2003, 70; CÁRDENAS/MIJANGOS, *Estado de Derecho y corrupción*, 2005, 62.

[27] GARZÓN VALDÉS, en: CARBONELL/VÁSQUEZ, *Poder, derecho y corrupción*, 2003, 23, y en similar sentido, GONZALES AMUCHÁSTEGUI, 70.

[28] LÓPEZ CALERA, en: LAPORTA SAN MIGUEL/ÁLVAREZ, *La corrupción política*, 1997, 117.

el desconocimiento de unas determinadas normas, principios y valores que se consideran importantes para la existencia y mantenimiento de un orden social, justo y razonable para el bienestar común.

Hasta aquí, con lo señalado podría afirmarse que la corrupción pública requiere el abuso de un cargo o función pública en beneficio de un interés privado, y su núcleo fundamental está constituido desde la venta hasta el simple desconocimiento de la función pública.

## 1.2. El proceso de formación de la corrupción

La corrupción surge fundamentalmente de las carencias e insuficiencias de la moral cívica y pública que necesita toda sociedad política para mantener su viabilidad[29], aunque sin duda otros factores influyen profundamente, entre ellas pueden citarse: la debilidad de la administración de justicia, la dificultad investigativa que presenta la sofisticada delincuencia de cuello blanco, especialmente en materia de contratación pública, y la complicidad de las multinacionales a la hora de presentarse a licitaciones o concursos en países menos desarrollados, y otras modalidades a las que me referiré más adelante.

Sin embargo, la deficiencia o inexistencia de una moral pública se originan en sectores sociales que influencian la política, el Derecho, los medios de comunicación y la administración pública en un proceso que aprovecha especiales situaciones sociales, legales y económicas que extienden de manera sensible la magnitud de la corrupción y sus nefastas consecuencias respecto del Estado social y democrático de derecho.

### *1.2.1. El origen social de la corrupción*

Se afirma con razón que la corrupción es una consecuencia de la codicia humana[30]; la mayoría de los protagonistas de la gran corrupción administrativa, de acciones de mayor perversidad, y que producen negativos efectos en el tejido social, son personas que tienen sobrados medios económicos y mejores niveles educativos. La pequeña y mediana corrupción mayoritariamente es ejecutada por individuos de menor escala educativa y que acuden

---

[29] LÓPEZ CALERA, en: LAPORTA SAN MIGUEL/ÁLVAREZ, *La corrupción política*, 1997, 118.

[30] JOHNSTON, M., en: HEIDENHEIMER/JOHNSTON/LE VINE, *Political Corruption*, 1982, 12.

a la corrupción como complemento a sus niveles salariales. Pero lo cierto es que en unos y otros está presente el factor codicia dentro de la causa del comportamiento corrupto.

La corrupción se va instalando como comportamiento social a través de una compleja red que está institucionalizada dentro de la comunidad[31], donde a los corruptos poco les importan los perjuicios que genera su comportamiento desvalorado a la comunidad. En este escenario de la corrupción sus protagonistas prefieren su riqueza material, con esa riqueza se protegen hasta del posible reproche social, no les afecta la ausencia de tranquilidad personal y familiar que brindaría un comportamiento transparente con la administración pública. La sociedad paulatinamente se ve permeada por el comportamiento corrupto, y en muchos países al corrupto tampoco se le censura socialmente, porque impera la cultura del dinero, y son escasas las personas que rechazan relacionarse con el corrupto o el corruptor, puesto que el nivel de corrupción corresponde al mismo de la esfera privada que tolera, patrocina y promueve esas pautas corruptas de comportamiento.

Además de la codicia y el egoísmo, la debilidad de la administración de justicia y la corrupción misma de los operadores judiciales, la corrupción se origina, entre otras causas, por los personalismos, los cuales generan una cadena de lealtades basadas en conceptos equivocados de amistad o cercanía personal, regional o partidista y completamente ajenos al interés público[32], llegando a la conformación de verdaderos carteles de la corrupción en los que se resalta su protagonismo en la contratación estatal. La línea entre mercado y familia, y entre los sectores público y privado es a menudo fluctuante y borrosa[33], situación que se hace especialmente evidente en algunas sociedades en las cuales "las fuertes relaciones interpersonales pueden tener muy poca idea de las relaciones formales entre la Administración y sus superiores, así como las obligaciones que imponen a los que trabajan en ella"[34].

---

31 MAGATTI, *Corruzione*, 1996, 154 ss.; VANUCCI, en: CARBONELL/VÁSQUEZ, *Poder, derecho y corrupción*, 2003, 87.

32 SABÁN GODOY, *El marco jurídico de la corrupción*, 1991, 16.; HOPE, en: NEWELL/BULL, *Corruption*, 2003, 18; VANUCCI, en: CARBONELL/VÁSQUEZ, *Poder, derecho y corrupción*, 2003, 85.

33 ROSE-ACKERMAN, *La corrupción y los gobiernos*, 2001, 144.

34 ROSE-ACKERMAN, *La corrupción y los gobiernos*, 2001, 146.

La corrupción política y administrativa se preconstituyen en el mundo de lo privado, los políticos vienen determinados por el sector privado de enorme fuerza que constituye ese antecedente[35]. Las causas sensibles de ese factor criminógeno están en una educación basada en valores sociales equivocados y distorsionados como el formar para una competitividad feroz, o basar el éxito social en el lucro y la afición del dinero como grandes valores[36]. O la innegable situación que predomina en los colegios públicos de Hispanoamérica, y es la desventaja sensible frente a la educación privada donde los jóvenes miden el éxito de sus padres por la cantidad de riqueza fácil que hayan acumulado. Y no puedo dejar de mencionar la preocupante omisión educativa por lo público, por el interés general, el respeto a los demás, los derechos de los menos favorecidos en el sistema estatal, quienes son las víctimas más sensibles de la corrupción.

En criminología se estudia el aprendizaje y la imitación en el comportamiento humano como factor de criminalidad y, sin duda, la corrupción se extiende a través del aprendizaje social y la repetición de los comportamientos, normas y valores capaces de elaborar un sistema paralelo diferenciado[37]. Se va conformando un imperativo social para comportarse de manera corrupta y si no se entra en el sistema corrupto es porque se es menos listo que los demás[38].

Aquí influyen los distintos tipos caracteriales de los grupos poblacionales, aquellos denominados ritualistas, personas sin interés en lo económico, que no creen en los triunfos rápidos, sino en una vida disciplinada, con ascensos obtenidos fruto del esfuerzo y la disciplina personal, son quienes se representan con la figura del juez o del profesor. Por otra parte, los denominados innovadores son aquellos que quieren la vida llena de una riqueza que se obtenga rápido y con poco esfuerzo, a quienes les importa menos si tienen que trasgredir imperativos legales, figuras que se representa con mayor generalidad en el gran contratista, en los comisionistas o negociantes. Podría afirmar que en las sociedades más desarrolladas será más reconocida y respetada la figura del juez y del profesor que la del comerciante, y en los Estados sociales menos perfeccionados, como los latinoamericanos, la

---

35 VIRGOLINI, *Crímenes excelentes*, 2004, 49.

36 Informe global 2008 sobre corrupción en España, Transparencia Internacional, 6.

37 FAVA, *Evoluzione e crisi del sistema*, 1999, 36 y 37.

38 FERNÁNDEZ RÍOS, *Psicología de la corrupción*, 1999, 233.

población mayoritariamente interioriza como criterio de triunfo personal el volumen de riqueza que acumula, repito, de la manera más rápida posible.

La corrupción también se va asentando ante la existencia de fuertes lazos de lealtad, amistad y parentesco que se anteponen a la responsabilidad social, deber de cuidado y respeto por lo público, y por la inmadurez del tejido social que da lugar a la inexistencia de una conciencia colectiva capaz de superar los intereses individuales a favor del bien común[39]. Sin embargo, la tendencia social a la corrupción no se presenta de manera uniforme, pues será más acentuada en determinados agentes cuya cultura o subcultura social no contemplen normas morales que sancionen la corrupción[40].

Se ha señalado que el proceso de institucionalización de la corrupción se configura a su vez en cuatro fases: en la primera se requiere la definición de un procedimiento aplicable a situaciones y contextos diversos; la segunda es la captación de un número creciente de personal perteneciente al campo político y empresarial al interior de la práctica ilegal; la tercera es la acumulación de un patrimonio de creencias, criterios clasificatorios y conocimientos que legitiman las acciones; y como cuarta, la promoción de situaciones que posibilitarán la edificación de una confianza común en todos los miembros de la organización[41].

Este sistema genera la existencia de una amplia tolerancia social hacia el gozo de privilegios privados obtenidos con prácticas corruptas, la existencia de una cultura de ilegalidad generalizada, la persistencia de formas de organización y sistemas normativos tradicionales y la ausencia de una solidaridad social fundada en el bienestar común[42].

Una vez la corrupción se ha institucionalizado dentro de la sociedad se genera una comunidad subterránea y organizada en la cual "el grupo que se beneficia del clientelismo establecerá sistemas para compartir los sobornos con los escalones superiores e inferiores de la jerarquía. Los pagos hechos a los niveles superiores serán compartidos en escala descendente y los recogidos en el escalón inferior de la jerarquía serán divididos con los superiores. En estos casos, la lealtad a la familia y a los compañeros de trabajo sobrepasa la

---

[39] MURIEL PATIÑO, en: CAPARRÓS, *Aspectos jurídicos y económicos*, 2000, 29.

[40] VANUCCI, en: CARBONELL/VÁSQUEZ, *Poder, derecho y corrupción*, 2003, 86.

[41] MAGATTI, *Corruzione*, 1996, 154 ss.

[42] LOZANO/MERINO DINARI, *La hora de la transparencia en América Latina*, 1998, 35.

lealtad al Estado"[43]. Pero también es cierto que en algunos casos funcionarios corruptos demandan altas coimas con la argumentación de que ellos solo cumplen órdenes de sus superiores, a los que deben llevarle su parte, cuando nada de eso resulta cierto.

En este campo cobra vital importancia la distinción social de los diversos tipos de corrupción elaborada por HEIDENHEIMER, para quien la comunidad ha distinguido tres tipos de corrupción: la corrupción negra, condenada fuertemente por la mayoría de la población, la corrupción gris, frente a la cual la mayoría se comporta de manera ambigua, pues no siempre se considera que deba ser condenada, y la corrupción blanca, frente a la cual la mayoría opina que no debe ser perseguida[44].

Como ejemplo de la corrupción negra podría citar la apropiación de recursos públicos en sectores como salud y educación, que la comunidad rechaza plenamente, o la apropiación de impuestos, los lesivos sobre costos en obras públicas, el pago a un operador judicial por una providencia, lo que se tipificaría como cohecho, la contratación de obras ya existentes o la entrega de subsidios agrícolas a ricos empresarios que falsifican los requisitos, entre otros muchos ejemplos.

Frente a lo que el citado tratadista denomina corrupción gris, encuentro ejemplos muy graves en los que no se debería presentar la ambigüedad mencionada, pero sin duda constituyen ejemplos en los que la sociedad se vuelve permisiva, como los casos de contratación en los que se argumenta que un participante en una licitación pueda comprar o adquirir al licitante ganador la ejecución de ese mismo contrato de obra pública. Otra situación en la que se encuentra un ejemplo claro de la nefasta criminalidad gris es la costumbre de contratistas públicos de licitar con un precio bajo para ganar y lograr con la administración reajustes futuros de la obra o cambios de los diseños de la misma. Así mismo, se puede señalar en esta categoría a la financiación de los partidos políticos mediante prácticas corruptas para luego buscar obtener una retribución a través de contratos públicos.

En cuanto a la corrupción blanca, de igual manera se encuentran abundantes ejemplos como la compra de votos, el traslado de votantes, la denominada elusión tributaria, el lobby o la gestión de proyectos de ley en las

---

43 MURIEL PATIÑO, en: CAPARRÓS, *Aspectos jurídicos y económicos,* 2000, 146.

44 HEIDENHEIMER, en: HEIDENHEIMER/JOHNSTON, *Political Corruption,* 2005, 152.

cámaras pagados por particulares o gremios. Estos son ejemplos de posibles actos de corrupción frente a los cuales la mayoría de la población sostiene que no debe ser perseguida, o le resulta indiferente.

El problema para HEIDENHEIMER es que en algunos casos la corrupción que inicialmente es considerada como "negra" va tornándose en "gris" y esta última en "blanca", en un sistema en el cual la sociedad va aumentando su tolerancia frente a dicho fenómeno[45]. Aquí ejercen gran influencia los generadores de opinión que pueden calificar de gris y blanco lo que es claramente negro.

Ante tal situación, los ciudadanos pueden considerar que no tienen nada que ganar luchando contra la corrupción, con los elevados costos que ello supone, además de riesgos personales y familiares que conlleva la lucha seria contra la corrupción. A menudo quienes luchan contra la corrupción terminan denunciados, los corruptos contratan abogados mercenarios para perseguirlos con querellas criminales por injuria o calumnia por haber cuestionado públicamente dichos comportamientos, mientras que si aceptan el actuar corrupto se ven beneficiados individual y directamente[46], y no pocas veces se ingresa a la función pública con el ánimo de obtener un beneficio personal[47].

Prueba de lo anterior es que para algunas personas existe la corrupta convicción de que el ingreso en la función pública tiene como finalidad el rápido ascenso económico, político y social, y sólo así se entienden las grandes inversiones y gastos que hacen los candidatos a corporaciones públicas en los niveles regionales o nacionales, sumas que son prontamente recuperadas precisamente en el ejercicio corrupto de sus funciones.

En algunos casos quienes festejan el triunfo de una determinada candidatura serán los que protagonizan certeramente los pocos escándalos de corrupción que se logran llevar al menos al conocimiento público, porque el número de sentencias condenatorias en materia de corrupción es bajo, y por lo general obedecen a casos de menor cuantía. En ciertos eventos la justicia penal es una farsa, llena de hipocresía que no persigue la gran corrupción por

---

45 HEIDENHEIMER, en: HEIDENHEIMER/JOHNSTON, *Political Corruption,* 2005, 152.

46 MURIEL PATIÑO, en: CAPARRÓS, *Aspectos jurídicos y económicos,* 2000, 29.

47 VANUCCI, en: CARBONELL/VÁSQUEZ, *Poder, derecho y corrupción*, 2003, 86; POVEDA PERDOMO, *La corrupción y el régimen,* 1998, 62.

incapacidad, pero también porque la administración de justicia responde a los mismos niveles de corrupción que las otras ramas del poder público, podría hablarse un sistema de pesos y contrapesos en la repartición de la corrupción. El acto corrupto deber ser tan rentable que debe incorporar el costo del silencio de la prensa y la simulada ineficacia de la administración de justicia.

Y es así como se va consolidando una "red de complicidad basada en el acuerdo expreso o tácito entre el que soborna y el sobornado o el que extorsiona y el que es extorsionado"[48]. Y lo que resulta más lesivo y frustrante dentro de la cadena de corrupción es el momento en cual en la red criminal de corrupción entran el que investiga y el que juzga, es decir, se corrompe la propia sal.

El individuo se ve entonces ante una decisión racional sobre si entra al sistema corrupto o se aleja de éste, situación que KLITGAARD resume en una ecuación básica de la corrupción, según la cual: corrupción es igual a monopolio de la decisión pública, más discrecionalidad de la decisión pública dentro del ámbito funcional, menos responsabilidad (en el sentido de obligación de dar cuentas) por la decisión pública:

Corrupción = monopolio + discrecionalidad – responsabilidad[49]

Esta posición es acogida por GONZÁLEZ AMUCHÁSTEGUI, quien adoptando la tesis de la decisión racional admite que una mayor concentración en los procesos de toma de decisiones, y una mayor discrecionalidad de las decisiones tomadas, implican necesariamente más corrupción[50]. Por su parte, ROEMER manifiesta que "podemos esperar que los individuos serán oportunistas si su beneficio esperado es mayor que su costo esperado al involucrarse en actos de corrupción"[51]. Esos actos discrecionales de la administración pública generan un incremento sensible en los niveles de corrupción.

---

48 GARZÓN VALDÉS, en: LAPORTA SAN MIGUEL/ÁLVAREZ, *La corrupción política*, 1997, 49.

49 KLITGAARD, *Controlando la corrupción*, 1994, 85.

50 GONZÁLEZ AMUCHÁSTEGUI, en: CARBONELL/VÁSQUEZ, *Poder, derecho y corrupción*, 2003, 70-79.

51 ROEMER, en: CARBONELL/VÁSQUEZ, *Poder derecho y corrupción*, 2003, 250.

Adicionalmente, dentro del propio sistema administrativo los bajos salarios de los funcionarios públicos pueden motivar al individuo hacia la corrupción[52]. Esta idea está directamente conectada con la postura de considerar los actos corruptos como fruto de una decisión racional, pues una baja remuneración disminuirá los perjuicios en caso de que el funcionario tenga que abandonar la administración pública al ser descubierto[53].

Pero también se dan otras variables que el servidor público entra a considerar en su escogencia normalmente autónoma de mantenerse dentro de la legalidad o de acudir a las repudiables prácticas, y una de ellas es que resulta irónico pero a veces cierto que normalmente los funcionarios honestos son quienes terminan denunciados o investigados por quienes lideran esos actos de corrupción, pagando a otros corruptos para que investiguen a sus contradictores honestos.

De esta manera, la corrupción no es un fenómeno coyuntural, sino un comportamiento que tiene su génesis en el aparato simbólico y organizativo, razón por la cual se explica a través de la teoría del aprendizaje social de comportamientos, normas y valores capaces de elaborar un sistema paralelo diferenciado[54].

En este sentido, MALEM SEÑA afirma que "si un funcionario obtiene con su trabajo recursos insuficientes para llevar una vida económicamente decorosa y tiene la posibilidad, en virtud de su oficio, de lograr un sobresueldo a través de actividades como el soborno o la extorsión estará sin duda tentado a realizar dichas actividades"[55].

Al respecto, DÍAZ Y GARCÍA CONLLEDO señala que "el que estos fenómenos se produzcan no es nuevo ni extraño, dada la intensa intervención de la Administración, los sueldos de cuyos funcionarios a menudo son bastante bajos, en la actividad económica (en sentido amplio), con fuertes posiciones y poderes, que hacen fácil el riesgo de presiones y acuerdos fuera

---

[52] LÓPEZ CALERA, en: LAPORTA SAN MIGUEL/ÁLVAREZ, *La corrupción política*, 1997, 26; GONZÁLEZ AMUCHÁSTEGUI, en: CARBONELL/VÁSQUEZ, *Poder, derecho y corrupción*, 2003, 76; CÁRDENAS/MIJANGOS, *Estado de Derecho y corrupción*, 2005, 77; PÉREZ FERNÁNDEZ DEL CASTILLO, en: LAPORTA SAN MIGUEL/ÁLVAREZ, *Corrupción*, 2005, 97.

[53] GONZÁLEZ AMUCHÁSTEGUI, en: CARBONELL/VÁSQUEZ, *Poder, derecho y corrupción*, 2003, 76.

[54] FAVA, *Evoluzione e crisi del sistema*, 1999, 36.

[55] MALEM SEÑA, *La corrupción. Aspectos éticos*, 2002, 75.

de la ley con grandes beneficios económicos, que convierten este sector en un campo abonado para las 'tentaciones'"[56].

Comparto que un salario digno se convierte en importante elemento para poder disminuir los niveles de corrupción, y agregando otros como la alta probabilidad de ser condenado en caso de ser descubierto, así como en la dureza de las penas, la ausencia de beneficios para casos de corrupción, y el rol de los medios de comunicación en destapar públicamente esos comportamientos, con seguridad se logrará disuadir de más actos corruptos. Pero la observación de los fenómenos de corrupción me lleva a sostener que la más profunda corrupción resulta planeada y ejecutada por funcionarios de mayor nivel y jerarquía dentro de la administración, y que los particulares que la promueven pertenecen a selectos y privilegiados grupos sociales.

Por lo anterior, puede concluirse que la corrupción es un fenómeno gestado dentro del propio sistema social, con múltiples causas y diversidad en el modelo de sus autores, situación que debe tenerse en cuenta al momento de determinar cuáles son los mecanismos más idóneos para contrarrestarla.

### *1.2.2. La consolidación de la corrupción: Vinculación del mercado y la política*

La corrupción implica un intercambio clandestino y en algunos casos ostensible entre el mercado político y el mercado económico o social[57]; por ello, las principales causas de la corrupción deben identificarse con aquellos contactos entre la política y el mercado, tal como sucede en la financiación de las campañas políticas, la participación en política de contratistas del Estado o de sus familiares, la práctica de reparto de cuotas de poder, asignación de cargos a grupos políticos, y en el hacer de la política en una empresa lucrativa:

a. La financiación gesta un complejo sistema de influencias que se materializa en la conformación de partidos empresa y posteriormente en la captura de la administración pública por un grupo conformado por empresarios y políticos[58]. En este sentido, los partidos políticos

[56] DÍAZ Y GARCÍA CONLLEDO, *RDUC N°* 7, 2004, 153.

[57] MÉNY, en: CARBONELL/VÁSQUEZ, *Poder, derecho y corrupción*, 2003; del mismo texto ROSE-ACKERMAN, 209.

[58] FERRAJOLI, *Corrupción y estado de derecho*, 1996, 18: "Pero es sobre todo el advenimiento de la empresa-Gobierno lo que ha producido las deformaciones más graves de la democracia representativa.

son verdaderas empresas políticas y gozan de una serie de prebendas fiscales y legales[59]. Pero un estudio de estos fenómenos confirmará que con frecuencia los empresarios y hombres de negocios siempre financian simultáneamente varios partidos y candidatos, porque al final siempre serán los mismos que lideran los grandes negocios donde juegan distintos niveles de corrupción.

En este sentido, no es exacto que la financiación pública de las campañas elimine los factores de corrupción, pero sí abre oportunidades a candidatos o partidos que no estén en el poder de competir en materia electoral. Se sostiene que cada vez que el dinero público no está disponible para financiar la actividad de los partidos, se crean fuertes tensiones en el momento de recaudar fondos que condicionan las decisiones públicas[60]. Y respecto de la financiación pública de las campañas políticas, encuentro que puede resultar un doble engaño. Si no existen tribunales electorales que revisen e investiguen en profundidad, nada se gana con la financiación estatal de las campañas en la lucha contra la corrupción, pues las cuentas de las campañas nunca reflejarán en su contabilidad las aportaciones secretas, ni los pagos por endoso de votos, ubicación en las listas de corporaciones, entre otras modalidades de corrupción.

Existen múltiples interesados y por diferentes circunstancias en la financiación de las campañas políticas para lograr beneficios legislativos, fiscales y económicos. En este sentido, tal como señala ROSE-ACKERMAN, "Hay que financiar las elecciones y los económicamente poderosos interesados en los resultado legislativos y en la política del gobierno pueden estar dispuestos a pagar la cuenta.

Me refiero a la caída de la mediación política y el acceso al poder, directamente, del partido-empresa y de su empresario, que habían quedado de improviso huérfanos de la representación y de la protección que les deparaban los viejos partidos de Gobierno. Gracias a esta directa asunción de funciones gubernativas se ha producido la concentración en una misma persona de un enorme poder económico y del poder político; concentración que está destinada a resolverse en el reforzamiento de ambos, con el resultado de que la mezcolanza oculta de intereses que ha dado lugar a Tangentopoli se ha transformado ahora en una mezcolanza manifiesta e institucionalizada".

[59] AYLLÓN GONZÁLEZ, *Corrupción*, 2005, 47.

[60] JIMÉNEZ DE PARGA, en: LAPORTA SAN MIGUEL/ÁLVAREZ, *La Corrupción política*, 1997, 152; TANZI, en: ABED/GUPTA, *Governance, Corruption & Economic Performance*, 2002, 32; ARNONE/ILIOPULOS, *La corruzione*, 2005, 27.

Las presiones económicas brindan a los políticos un incentivo para aceptar pago, trabajando así contra los otros efectos reductores de la corrupción en las elecciones competitivas"[61].

Al respecto RODRÍGUEZ AMUCHÁSTEGUI señala como causa de la corrupción el "incremento sensible de las oportunidades políticas en relación con las oportunidades económicas, de modo que la política se convierte en un medio de promoción social y profesional"[62]. Quienes financian los partidos políticos o las candidaturas están dispuestos a llevar a cabo una inversión para lograr luego una retribución que en la gran mayoría de los casos tiene naturaleza económica. O por lo menos se busca un agradecimiento de quien controlará las decisiones del poder público. Pero vale la pena señalar que estos aspectos de financiación no solo incumben a la rama ejecutiva y legislativa de la administración pública, sino que en ocasiones también requieren financiación candidatos a magistraturas en el ejercicio del poder jurisdiccional, sean o no funcionarios de carrera. En este sentido, MALEM SEÑA señala que "en el caso de la financiación corrupta de los partidos políticos, las cantidades que éstos reciben, sobre todo como compensación por la concesión de obras públicas, suelen ser integradoras y rutinarias"[63].

Muchos partidos políticos contemporáneos se han convertido en verdaderas empresas en las cuales se compra la participación con un pago o soborno para asegurarse la posibilidad de ser elegido[64]. Y en todos estos aspectos desempeña un papel muy importante el tema de la reserva bancaria y de las cuentas cifradas que mantienen un gran número de bancos en el mundo.

b. La corrupción en los partidos políticos no solamente se presenta en la financiación, sino también en el funcionamiento interno de los mismos, en la ubicación de un candidato en una lista, el número de votación del mismo, el endoso de votos por un determinado monto

---

61 ROSE-ACKERMAN, *La corrupción y los gobiernos*, 2001, 182.

62 GONZÁLEZ AMUCHÁSTEGUI, en: CARBONELL/VÁSQUEZ, *Poder, derecho y corrupción*, 2003, 70, 75.

63 MALEM SEÑA, *La corrupción. Aspectos éticos*, 2002, 117.

64 DELLA PORTA/VANNUCCI, *Corruzione*, 1994, 421.

de dinero, todas esas son frecuentes prácticas antidemocráticas[65], lo que se refleja en las decisiones de los líderes de los partidos en los criterios de selección de sus candidatos, que con frecuencia no son objetivos, y menos obedecen a factores como la competencia profesional, o los méritos académicos, sino a favoritismos personales, o a la posibilidad de estar dispuesto a desarrollar actos de corrupción[66] al servicio del líder o de la familia del partido.

Muchos partidos en la actualidad han limitado su contacto con la sociedad y por tanto la participación de la misma y se han convertido en aparatos burocráticos que defienden sus propios intereses[67]. En el seno de esos partidos en muchas ocasiones no existen mecanismos serios de control para la selección y mecanismos de sanción de sus miembros. Y lo que resulta más grave es que la política no tiene memoria, ni en política resulta acertado hablar de muertos políticos, encontrándose que muchos políticos miembros de un partido determinado que han propiciado graves hechos de corrupción, a los pocos años, son reciclados por el partido y vuelven a dominar los destinos del mismo.

Se debe aceptar como conveniente que en los Estados sociales, democráticos y de derecho la política está sometida necesariamente a una moral aceptada que es el Derecho[68]. Un punto de amplia discusión es si los políticos han de cumplir y respetar otras reglas distintas de las jurídicas. La respuesta que algunos dan es que deberían cumplir unas reglas que no sean solamente legales sino también morales[69], pero creo que es legítimo pensar que una manera de debilitar los controles legales sería el escudarse en moralismos para absolver o condenar actos de corrupción dependiendo de quién sea el autor. Creo que en la inmensa mayoría de códigos penales, existen tipos que

---

65 CÁRDENAS/MIJANGOS, *Estado de Derecho y corrupción*, 2005, 153 ss.

66 VANUCCI, en: CARBONELL/VÁSQUEZ, *Poder, derecho y corrupción*, 2003, 100.

67 PRADERA, *La maquinaria*, 1997, 171.

68 LÓPEZ CALERA, en: LAPORTA SAN MIGUEL/ÁLVAREZ, *La corrupción política*, 1997, 123.

69 LÓPEZ CALERA, en: LAPORTA SAN MIGUEL/ÁLVAREZ, *La corrupción política*, 1997, 123.

garantizan la suficiente protección del bien jurídico administración pública como último recurso, lo que se echa de menos es la voluntad de la rama judicial en hacerlos efectivos, y que no sucumba ante el poder de esos grupos políticos.
Alguien podría sostener que no existe coincidencia entre una moral de lo público y una de lo privado, por ser distintos los patrones de valoración entre la moral del particular y la del servidor público. En esa postura los deberes de la vida pública se pueden enfrentar a los deberes de la vida privada; un ejemplo es el concepto de lealtad a los amigos en la política[70] –con los amigos, con la razón o sin ella– ese concepto puede ser una premisa de comportamiento valido en el ámbito personal, familiar o incluso en lo profesional, pero equivocada y nociva en el ámbito de la función pública, puesto que la lealtad no puede desconocer límites legales, o lo que para otros engloba el concepto de una moral pública. Pero siendo el tema muy discutible, creo que el asunto que importa no es si la corrupción parte de lo privado o de lo público, y sus posibles distinciones morales, sino que la ley debe obligar, sancionar y perseguir conductas objetivas de corrupción, investigando y sancionando a todos por igual sin importar sus posturas morales, partidistas, o ideológicas.

De esta manera, quienes parten de aceptar una diferencia entre moral pública y privada encuentran una causa de corrupción en la política, es la mezcla de intereses particulares con los políticos en un sistema que se retroalimenta mutuamente, pues a su vez la política está luego constituida en gran parte por lazos ajenos a lo público.

### *1.2.3. La multiplicación de la corrupción: Catalizadores de la corrupción en la administración pública*

Algunos de los factores que relacionan directamente a la administración pública con la corrupción no pueden considerarse causas de la misma, sino catalizadores u oportunidades que se pretenden para la ampliación de la

[70] LÓPEZ CALERA, en: LAPORTA SAN MIGUEL/ÁLVAREZ, *La corrupción política*, 1997, 123.

corrupción. Dentro de las situaciones que tienen una clara influencia en la corrupción pueden citarse las siguientes:

a. El poder decidir o influenciar con cierta discrecionalidad la inversión de los recursos públicos constituye un gran motor del mercado de la corrupción[71], puesto que el empleado público goza del control discrecional para afectar, positiva o negativamente, derechos de los ciudadanos o de sus empresas[72]. La situación se agrava cuando existe una mayor concentración y discrecionalidad en los procesos de toma de decisiones y por ello aumenta la discrecionalidad de las mismas[73] Este fenómeno se aumenta gracias a la existencia de leyes ambiguas que generan excepciones, adiciones, suplementos y modificaciones repentinas que son aprovechadas por los gestores de la corrupción[74]. Cuanto más extensa sea la discrecionalidad de la función administrativa en un sector económico, tanto más fácil está expuesta a los riesgos del pacto ilícito[75] lo mismo podría sostenerse en lo jurídico, cuando el aspecto a decidir por un operador judicial admita interpretaciones o diversas posturas, más fácil será la presencia de factores de corrupción en las decisiones judiciales. La discrecionalidad supone entonces un incremento en el riesgo de generar un comportamiento corrupto, pues hay actividades especialmente delicadas en las cuales se ha detectado una relación directa entre la amplitud de las facultades concedidas a los funcionarios públicos y la presencia de corrupción: Los sectores especializados en la expedición de autorizaciones, la aplicación de multas negociables en materia de impuestos, las grandes decisiones de inversión de capitales extranjeros, las licen-

---

71 DELLA PORTA/VANNUCCI, *Corruzione*, 1994, 38; LÓPEZ CALERA, en: LAPORTA SAN MIGUEL/ÁLVAREZ, *La corrupción política*, 1997, 132 y 133; en el mismo texto, GARZÓN VALDÉS, 53; VANUCCI, en: CARBONELL/VÁSQUEZ, *Poder, derecho y corrupción*, 2003, 89; GÉNY, *Política*, 2003, 125.

72 MALEM SEÑA, en: CARBONELL/VÁSQUEZ, *Poder, derecho y corrupción*, 2003, 78; en el mismo texto, VANUCCI, 89.

73 GONZÁLEZ AMUCHÁSTEGUI, en: CARBONELL/VÁSQUEZ, *Poder, derecho y corrupción*, 2003, 70, 79; MURIEL PATIÑO, en: CAPARRÓS, *Aspectos jurídicos y económicos*, 2000, 30.

74 PÉREZ FERNÁNDEZ DEL CASTILLO, en: LAPORTA SAN MIGUEL/ÁLVAREZ, *Corrupción*, 2005, 97.

75 TASCABILI, *La lotta alla corruzione*, 1998, 18.

cias ambientales y de explotación minera y la provisión de bienes y servicios en mercados controlados[76], las adjudicaciones en materia de telecomunicaciones con un único proponente, las licencias de construcción, el desarrollo industrial de ciertas zonas rurales, la elección sobre incentivos fiscales, licencias de explotación minera, el otorgamiento de subsidios a ciertos sectores, y la utilización de los mismos, la autorización de inversiones y la utilización de suelos privados[77] son ejemplos claros en los que la discrecionalidad facilita terminar en actos de nociva corrupción.

Las restricciones y la intervención gubernamental discrecional en tarifas, subsidios o controles de precios proveen a los servidores públicos de amplias oportunidades para obtener recursos ilícitos. Casos en los que el servidor público no requiere tomar la iniciativa porque los privados ofrecerán, lo que sumado a lo ya dicho sobre los bajos salarios y los factores de codicia que tienen aquellos constituye un claro incentivo a la corrupción[78].

b. La ineficiencia de la administración pública motiva la entrega de dádivas para disminuir la demora de los trámites administrativos[79], incluso con generalidad para solicitar determinaciones licitas, o la aplicación de derechos ciudadanos como puede ser el funcionamiento correcto de un servicio público. En este marco, se favorece la corrupción, pues en múltiples ocasiones solamente puede agilizarse un trámite a través de un soborno[80]. Igual sucede en la administración de justicia en sus diferentes especialidades; pero especialmente en el ámbito comercial donde las partes son constreñidas a pagar dádivas para poder obtener un fallo, muchas veces teniendo la razón en Derecho y desde el punto de vista probatorio.

---

[76] TANZI, en: ABED/GUPTA, *Governance, Corruption & Economic Performance*, 2002, 26-31; MÉNY, en: CARBONELL/VÁSQUEZ, *Poder, derecho y corrupción*, 2003, 125.

[77] ARNONE/ILIOPULOS, *La corruzione*, 2005, 27.

[78] TAY/SEDA, *The enemy whithin*, 2003, 9.

[79] SABÁN GODOY, *El marco jurídico de la corrupción*, 1991, 25; GARZÓN VALDÉS, en: LAPORTA SAN MIGUEL/ÁLVAREZ, *La corrupción política*, 1997, 26; TASCABILI, *La lotta alla corruzione*, 1998, 24; ROEMER, en: CARBONELL/VÁSQUEZ, *Poder derecho y corrupción*, 2003, 262; FERNÁNDEZ DEL CASTILLO, en: LAPORTA SAN MIGUEL/ÁLVAREZ, *Corrupción*, 2005, 97.

[80] LAPORTA SAN MIGUEL/ÁLVAREZ, *Corrupción política*, 1997, 26.

La corrupción se aprovecha de la debilidad de las instituciones del sector público[81] y de las propias deficiencias del Estado en la prestación de sus servicios. Hay quien considera inclusive que la corrupción funciona como una mano invisible que corrige los errores del mercado, lo que resulta criticable no solo desde el punto de vista político-criminal, sino que permite que cada quien busque beneficio personal bajo la excusa de que todos lo hacen. Lo que sí es una realidad incontestable es que con frecuencia la corrupción de funcionarios de inferior rango controla o redistribuye el ingreso derivado de la gran corrupción de cuello blanco. Una administración lenta propicia la realización de pagos para su agilización, lo cual se convierte en un círculo vicioso, pues a su vez la corrupción genera mayor ineficiencia.

c. Tampoco resulta acertado sostener que siempre los procesos de privatización de la prestación de servicios suprime o disminuye necesariamente los niveles de corrupción derivados de estas funciones. Lo cierto es que los procesos de privatización en muchos casos lo que hacen es modificar los destinatarios y las formas de la corrupción. El aumento de la demanda para entrar en la política por intereses personales incrementa también los actores y por tanto se tienen que aumentar las actividades en las cuales existe una intervención pública para facilitar la distribución de la apropiación indebida de recursos públicos[82].

Concretamente en España, JIMÉNEZ/CAÍNZOS señalan como factores que inciden en la corrupción el aumento del Estado después de la Segunda Guerra Mundial y el posterior proceso de reprivatización[83].

La razón para que la ampliación de la actividad estatal constituya un catalizador de la corrupción ha sido expuesta por VANUCCI: "Las ocasiones para la corrupción crecen en la medida en que se amplía el área de las decisiones públicas que suscitan el interés de las organizaciones económicas, y cuando aumenta la cantidad de recursos

81 ROSE-ACKERMAN, en: CARBONELL/VÁSQUEZ, *Poder, derecho y corrupción*, 2003, 223.

82 VANUCCI, en: CARBONELL/VÁSQUEZ, *Poder, derecho y corrupción*, 2003, 105.

83 BULL/NEWELL, *Corruption*, 2003, 15.

adjudicados según criterios políticos o burocráticos"[84]. De esta manera, se multiplican las oportunidades para la corrupción, creándose un mercado negro paralelo definido por criterios discrecionales[85]. El Estado moderno asume en todas partes y países un importante papel en la dirección de la economía, en los controles bancarios y otras empresas del sector financiero, y debe mantenerse e inclusive incrementarse, pues es en ese sector donde se centran los mayores perjuicios a la sociedad. Y es ese sector financiero el que ha propiciado por ausencia de controles los mayores desastres económicos en grandes sectores de la población de distintos estados, precisamente por ausencia o falencia en los controles estatales. Derivado de la facultad de imponer o disminuir controles desde el poder legislativo de los gobiernos, así como los niveles de tributación, es que la clase política obtiene parte muy significativa de los medios de subsistencia para los partidos, y de la riqueza personal de los participantes en esos procesos.

d. La inexistencia o insuficiencia de mecanismos de control estatal propicia la expansión de la corrupción[86], pues permite que los corruptos ejecuten todos sus negocios libremente[87], situación que en España ha sido especialmente grave en el urbanismo, donde el soborno y el tráfico de influencias han sido en algunos casos motores de la planeación urbana. Pero sin duda España, como el resto de Europa, tiene mecanismos más eficientes en la persecución de los actos corruptos si lo comparamos con Latinoamérica, donde los países han sufrido históricamente los niveles más elevados de corrupción junto con los países africanos, y donde los niveles de impunidad y la llamada cifra negra de la criminalidad nunca se conocerán, pero certeramente lesionan y desfalcan el erario público en un muy elevado nivel.

---

[84] VANUCCI, en: CARBONELL/VÁSQUEZ, *Poder, derecho y corrupción*, 2003, 89.

[85] VANUCCI, en: CARBONELL/VÁSQUEZ, *Poder, derecho y corrupción*, 2003, 93.

[86] MURIEL PATIÑO, en: CAPARRÓS, *Aspectos jurídicos y económicos*, 2000, 30; TASCABILI, *La lotta alla corruzione*, 1998, 27; MALEM SEÑA, *La corrupción. Aspectos éticos*, 2002, 78; TANZI, en: ABED/GUPTA, *Governance, Corruption & Economic Performance*, 2002, 36; JIMÉNEZ/CAÍNZOS, en: BULL/NEWELL, *Corruption*, 2003, 16 ss.; CÁRDENAS/MIJANGOS, *Estado de Derecho y corrupción*, 2005, 77; ARNONE/ILIOPULOS, *La corruzione*, 2005, 29.

[87] IBAÑEZ, en: CARBONELL/VÁSQUEZ, *Poder, derecho y corrupción*, 2003, 192.

En el estudio y lucha contra la corrupción, la doctrina destaca especialmente la descentralización de los controles administrativos, que en la práctica ha creado la difusión de los controles[88].
Sin embargo, la existencia de controles y sanciones a la corrupción no es suficiente, pues otro factor que incide directamente en la corrupción es la debilidad o escasa posibilidad de aplicación de las sanciones[89]. Y esa falencia en las funciones investigativas y en los administradores de justicia hace que el comportamiento de los funcionarios corruptos sea cada vez más temerario.

Este listado de situaciones que contribuyen a la formación de un acto corrupto no es una mera exposición sintomática, sino que permite señalar los eventos en los cuales debe aumentarse el control de la corrupción.

### 1.3. Las consecuencias de la corrupción pública

La corrupción es sin duda la forma de criminalidad que atenta de manera más directa contra los principios del Estado social y democrático de derecho, deslegitima la democracia, privatiza la ley, afecta las políticas económicas que fundamentan el Estado social y además destruye la confianza de todos los ciudadanos en el propio sistema.

#### *1.3.1. La destrucción del fundamento de la democracia*

La democracia está fundada en dos principios fundamentales que son seriamente afectados por la corrupción: la representatividad (aspecto formal) y el respeto de las garantías fundamentales (aspecto material) en el marco de la igualdad ante la ley[90].

El principal efecto de la corrupción es la exclusión de determinados sectores sociales en beneficio de otros[91]. Por ello, la corrupción es el peor enemigo del Estado de derecho. Debido a la corrupción existente en los mecanismos electorales latinoamericanos, especialmente en las elecciones corporativas,

---

88 SÁNCHEZ MORÓN, en: LAPORTA SAN MIGUEL/ÁLVAREZ, *La corrupción política*, 1996, 200 ss.

89 GARZÓN VALDÉS, en: LAPORTA SAN MIGUEL/ÁLVAREZ, *La corrupción política*, 1997, 26.

90 FERRAJOLI, *Derechos y garantías*, 1999, 23.

91 VIRGOLINI, *Crímenes excelentes*, 2004, 258.

donde los ciudadanos quedan con la impresión de que los puestos se asignan a aquellos candidatos que tienen influencias en las autoridades electorales regionales, porque los han hecho nombrar ellos mismos, para así asegurar su triunfo en los respectivos reconteos y debates electorales. En Colombia se ha llegado al descaro de que las autoridades administrativas electorales tengan oficinas paralelas para representar a candidatos que disputan ya no en las urnas, sino en oficinas estatales, su derecho a un cargo.

Los actos de corrupción tienen un número indeterminado pero sensible de víctimas; se puede afirmar que el pueblo como concepto constitucional es la víctima directa de los efectos de la corrupción: a mayor desfalco al Estado, menor inversión social, a mayores sobrecostos en los contratos públicos, menos obras en beneficio de la población, y la calidad de las mismas se verá afectada por el porcentaje de comisión que se llevarán los corruptos, y por las utilidades de los corruptores. Pero las víctimas más sensibles de la corrupción serán los estratos económicos bajos de la población, porque son ellos quienes sufren y de manera más directa los efectos de la corrupción. Si miramos el sector salud o educación, cada afectación de los presupuestos de contratación en estos sectores estatales, cada acto de corrupción, cada adjudicación contractual de medicamentos o de equipos en materia médica repercute en la salud de un número indeterminado de personas que dependen de la seguridad social.

La democracia se materializa procedimentalmente en una estructura política que permita la representación de los intereses de la mayoría, pero no basta con ello, sino que posteriormente tienen que reflejarse en cada una de las decisiones de la administración pública.

Desde un punto de vista político, el principal daño de la corrupción se presenta en el ámbito de la democracia, concretamente en la pérdida de la confianza de la ciudadanía derivada de la tendencia de un grupo de funcionarios a actuar según sus intereses personales y de la constitución de la corrupción como una forma regresiva de influencia de un sector de la población en detrimento de la mayoría[92].

La corrupción influye en el abstencionismo electoral al generar desinterés de los ciudadanos en participar en los procesos de elección precisamente

[92] JOHNSTON, M., en: HEIDENHEIMER/JOHNSTON/LE VINE, *Political Corruption*, 1982, 182; ROEMER, en: CARBONELL/VÁSQUEZ, *Poder, derecho y corrupción*, 2003, 246.

por saber que nada cambiará, pero también se refleja en la ausencia de una voluntad fiscal o tributaria, que hará que una clase media trabajadora, que es la que mayoritariamente tributa, busque siempre mecanismos de evasión por tener conciencia de que los adinerados contratistas en nuestros países se enriquecen con bastante frecuencia mediante sobrecostos en la contratación, la repetición de obras, la reparación de las mal hechas, el direccionamiento de los pliegos de licitación y la manipulación de la medida geométrica[93].

En mi opinión como consecuencia de la conciencia pública de los niveles de corrupción, en países como Colombia no puede haber conciencia fiscal; tal vez a eso se debe que la evasión no sea una conducta desvalorada penalmente.

La corrupción erosiona la legitimidad de una democracia, pues crea la percepción de que el Estado no tiene como principal propósito el interés general sino el beneficio de aquellas personas que se encuentran en el poder[94], manteniendo el subdesarrollo[95] o frenando la inversión social. Pero además el círculo vicioso de la corrupción genera desestímulo tributario, provocando en los sectores productivos la convicción de que el pago de sus impuestos tiene ese repudiable destino, lo que hace que las personas caigan en una práctica entendible pero nada plausible, como lo es buscar aminorar el pago de sus impuestos. Y tal vez un factor de igual trascendencia al anteriormente señalado es el desincentivo a la inversión extranjera en un país con elevados niveles de corrupción y una cifra alta de impunidad. Nada aleja más la inversión extranjera.

Son esas circunstancias que producen la desconfianza en la eficiencia de las administraciones públicas[96], con lo cual se genera inestabilidad política y alienación, pues se condicionan las decisiones políticas a circunstancias diferentes al interés público[97]. En los países del tercer mundo, tristemente debemos aceptar que en ocasiones el ejército y las fuerzas armadas pueden ser malinterpretadas como brazo armado de la corrupción, no solo porque en su ámbito de funcionamiento se presentan con frecuencia grandes escánda-

---

[93] Criterio utilizado para favorecer al que no ofrezca menos precio, sino al que esté en la mitad del precio de todos los proponentes.

[94] TANZI, en: ABED/GUPTA, *Governance, Corruption & Economic Performance*, 2002, 45 y 46.

[95] ROEMER, en: CARBONELL/VÁSQUEZ, *Poder, derecho y corrupción*, 2003, 267.

[96] DELLA PORTA/VANNUCCI, *Corruzione*, 1994, 185-191.

[97] KLITGAARD, *Controlando la corrupción*, 1994, 52-56.

los de corrupción en la compra de armamento, aviones, corbetas, equipo de campaña para los militares, sino porque en ocasiones los enfrentamientos y las discordias se edifican artificialmente para justificar esas millonarias inversiones en armamento para guerras entre hermanos.

En ese contexto la reacción del ciudadano común, como señala MALEM SEÑA: "El ciudadano tiende a alienarse de la vida política y a sustituir los criterios morales que rigen su participación política y pública por el principio de primero yo"[98].

En este aspecto cabe destacar especialmente los índices realizados a partir de encuestas por Transparencia Internacional para la medición de la percepción de la corrupción. El IPC, o índice de percepción de la corrupción, es un índice anual compilado desde 1995 en el cual se utilizan encuestas realizadas a diversos sectores de la economía de cada Estado que finalmente se procesan, determinando una escala de 0 (cero) a 10 (diez), en la cual los países en los cuales exista una mayor percepción de la corrupción obtienen una menor puntuación. En las tablas 1 y 2 se observan los países con menor y mayor percepción de la corrupción.

**Tabla 1. Diez países con menor percepción de la corrupción**

| Posición en 2011 | País | Calificación | Posición en 2008 | País | Calificación |
|---|---|---|---|---|---|
| 1 | Nueva Zelanda | 9,5 | 11 | Luxemburgo | 8,5 |
| 1 | Dinamarca | 9,4 | 12 | Hong Kong | 8,4 |
| 1 | Finlandia | 9,4 | 12 | Islandia | 8,3 |
| 4 | Suecia | 9,3 | 14 | Alemania | 8 |
| 5 | Singapur | 9,2 | 14 | Japón | 8 |
| 5 | Noruega | 9 | 16 | Austria | 7,8 |
| 7 | Holanda | 8,9 | 16 | Barbados | 7,8 |
| 7 | Australia | 8,8 | 18 | Reino Unido | 7,8 |
| 9 | Suiza | 8,8 | 18 | Bélgica | 7,5 |
| 9 | Canadá | 8,7 | 18 | Irlanda | 7,5 |

*Fuente:* Transparencia Internacional.

98 MALEM SEÑA, en: LAPORTA SAN MIGUEL/ÁLVAREZ, *La corrupción política*, 1997, 88.

Tabla 2. Diez países con mayor percepción de la corrupción

| Posición en 2011 | País | Calificación | Posición en 2008 | País | Calificación |
|---|---|---|---|---|---|
| 158 | República del Congo | 1,9 | 171 | República Democrática del Congo | 1,7 |
| 158 | Gambia | 1,9 | 171 | Guinea Ecuatorial | 1,7 |
| 158 | Guinea-Bissau | 1,9 | 173 | Chad | 1,6 |
| 158 | Sierra Leona | 1,9 | 173 | Guinea | 1,6 |
| 158 | Venezuela | 1,9 | 173 | Sudan | 1,6 |
| 166 | Camboya | 1,8 | 176 | Afganistán | 1,5 |
| 166 | Kyrgyzstán | 1,8 | 177 | Haití | 1,4 |
| 166 | Turkmenistán | 1,8 | 178 | Iraq | 1,3 |
| 166 | Uzbekistán | 1,8 | 178 | Myanmar | 1,3 |
| 166 | Zimbawe | 1,8 | 180 | Somalia | 1 |

*Fuente:* Transparencia Internacional.

Los resultados de esta encuesta no necesariamente miden la corrupción, pues se trata de simples sondeos de percepción, pero sí cuantifican la confianza o desconfianza en los gobiernos, a partir de lo cual es posible concluir la relación entre la corrupción y el subdesarrollo, pues ambos se alimentan mutuamente.

### *1.3.2. La destrucción del principio de legalidad como fundamento del Estado de Derecho*

La corrupción genera un fenómeno de privatización de la ley, en el cual por una parte se crean leyes para favorecer determinados intereses, pero además se abusa de las leyes existencias para beneficiar a sectores específicos[99].

Por ello, el efecto de la corrupción en la democracia es devastador: "No sólo excluye a los ciudadanos comunes de las ventajas que el estado les puede brindar en el sentido acotado de los actores económicos, sino que también los priva de la disponibilidad de la ley, esto es, de la condición sobre la que reposa su misma calidad de ciudadanos"[100].

---

99 VIRGOLINI, *Crímenes excelentes*, 2004, 259.

100 VIRGOLINI, *Crímenes excelentes*, 2004, 263.

Pero, además, la corrupción aumenta la ilegalidad en la sociedad, pues tiene una estrecha relación con otros fenómenos delictivos. Existen vínculos muy estrechos entre política, corrupción y la mafia[101], pues la primera facilita otros actos ilícitos a través de una alianza entre los funcionarios públicos y el crimen organizado[102]. En este sentido, se va creando una relación instrumental entre la corrupción y la criminalidad organizada[103], generándose un escenario de acción compartida.

En algunos países la corrupción se convierte en el mejor aliado del tráfico de drogas y el crimen organizado[104], lo cual puede comprobarse especialmente en países como Colombia o Italia, donde la sociedad entre la criminalidad organizada y la corrupción es realmente notable, traduciéndose en los más graves episodios de alianza entre política y narcotráfico, llegando al punto en que un cartel de la droga infiltró la campaña presidencial de un candidato colombiano, produciendo la mayor vergüenza de la que se tenga recuerdo en una democracia[105].

Esta problemática ha llevado a la implantación de sistemas de financiación pública de los partidos políticos que tiene por objeto "crear las condiciones necesarias para garantizar la independencia y la autonomía de los partidos políticos y los candidatos independientes, así como la igualdad de oportunidades entre ellos para contener en las justas electorales, en función de mantener la estabilidad del Estado democrático"[106].

---

101 ROSE-ACKERMAN, *La corrupción y los gobiernos*, 2001, 11 y 12.

102 MALEM SEÑA, *La corrupción. Aspectos éticos*, 2002, 69.

103 VIRGOLINI, *Crímenes excelentes*, 2004, 257 ss.

104 HEIDENHEIMER, en: HEIDENHEIMER/JOHNSTON, *Political Corruption*, 2005, 165.

105 Son muchos más los efectos perjudiciales de esa asociación ilícita entre política y narcotráfico en otros episodios de la política colombiana, como llegar a gestar una constituyente financiada en gran parte por el narcotráfico que eliminó la extradición como mecanismo de cooperación penal internacional, y se dan otros nocivos efectos como el encarecimiento artificial de la propiedad inmobiliaria, relaciones entre militares y el narcotráfico donde los primeros facilitan el tráfico de estupefacientes, control de los narcotraficantes de las propiedades incautadas por el propio Estado, y algo que no es ficción sino triste realidad: que el Estado colombiano, por influencias, preste ilegalmente los dineros incautados a la mafia, y además a un bajísimo interés, a contratistas que debían hacer obras con recursos propios. La historia de Colombia tiene el desafortunado privilegio de haber protagonizado episodios dignos de novelón, en temas de gobierno y corrupción.

106 ALEMÁN VELASCO, *Las Finanzas de la política*, 1995, 316.

Sin embargo, la financiación pública de los partidos políticos no es la única solución a la corrupción política, pues escándalos como el de Filesa en España han mostrado que en los países en los cuales se ha establecido la financiación pública o mixta de los partidos políticos la corrupción permanece latente, esta vez mediante el fraude electoral, la financiación ilícita y la grave desproporción en la distribución de los recursos; por ello, si la financiación es pública deben extremarse los controles para evitar el fraude electoral[107].

### *1.3.3. La destrucción de la eficacia del Estado social*

Como ya se señaló, los efectos más directos de la corrupción se presentan en relación con las políticas públicas tendentes a la promoción y desarrollo de los sectores más pobres de la sociedad, tanto a través de la inversión directa del Estado, como los subsidios a sectores pobres, como también mediante la inversión en materia de desarrollo de la infraestructura del propio Estado en áreas tan sensibles como salud, educación, seguridad, entre otras.

La corrupción aumenta la pobreza y consolida el clientelismo, pues las poblaciones vulnerables solo acceden a servicios públicos o empleo con la ayuda de un político que en apariencia colabora y les ayuda en sus necesidades básicas, a cambio de una incondicionalidad electoral. La corrupción reduce los potenciales de ganancia en igualdad de condiciones, y no son los pobres quienes tienen mejores condiciones de competencia, así, podría afirmarse que todo acto de corrupción va en detrimento de la inversión social, bien sea por disminución en la tributación, menor inversión o calidad de una obra, como meros ejemplos, en otras palabras, no existen y aumenta los beneficios obtenidos por quienes tienen una mejor posición dentro de la sociedad[108], creando además un plano de desigualdad en los sectores productivos entre los corruptos y quienes cumplen con las normas que regulan su sector. Este fenómeno produce distorsiones en la distribución de la riqueza, pues según KLITGAARD los ricos y privilegiados se benefician con los arreglos corruptos a expensas de los pobres, del sector rural y de los carentes de toda ventaja[109].

La corrupción afecta la composición y el destino de los fondos públicos, los cuales en ocasiones se invertirán en proyectos populistas innecesarios, y

---

[107] CACIAGLI, *Clientelismo*, 1996, 51 ss.

[108] TANZI, en: ABED/GUPTA, *Governance, Corruption & Economic Performance*, 2002, 45 ss.

[109] KLITGAARD, *Controlando la corrupción*, 1994, 52-56.

no en necesidades básicas como la salud y la educación[110]. Lo anterior puede sonar exagerado para algunos lectores, pero no lo es. No se puede desconocer que en países de América latina se invierten recursos en obras suntuosas e innecesarias, porque esas obras tienen dos características, la primera, que son vistosas, y la segunda, que se prestan para que las pueda realizar cualquier arquitecto o ingeniero amigo del político de turno, que le asegure su comisión o la financiación de la próxima campaña. Pero lo que resulta probado con la realidad de la corrupción en nuestros países es que la regla general en cada contrato en materia de salud, educación, vivienda social, infraestructura urbana como agua potable, electricidad y alcantarillado lleva su alto incremento por el factor corrupción.

De esta manera, se afectan las políticas redistributivas, pues los recursos que debían ser asignados a la mejora del nivel de vida de las personas menos favorecidas finalmente terminan en manos de quienes tienen una mejor posición dentro de la sociedad[111].

La corrupción crea compromisos de los gobiernos en proyectos suntuosos e improductivos en los cuales se gastan recursos públicos que deberían invertirse en los sensibles presupuestos de la salud, agua potable, energía y educación, entre otros[112], generando desarrollo humano y equidad, pero en nuestras sociedades sucede lo contrario, se genera injusticia del sistema[113]. Por lo anterior, la corrupción limita la aplicación de una correcta política fiscal[114] en detrimento de los más necesitados.

### *a. La reducción de la eficiencia de la administración*

La corrupción afecta la eficiencia de la administración, pues reduce la habilidad del gobierno de imponer controles regulatorios necesarios e inspecciones para corregir los errores del mercado, además distorsiona las funciones del gobierno en áreas como los contratos y la protección de los derechos de propiedad, pues la prioridad de los controles estatales en estas áreas no se

---

110 MAURO/HEIDENHEIMER/JOHNSTON/LE VINE, *Political Corruption*, 2001, 342 ss.; ARNONE/ILIOPULOS, *La corruzione*, 2005, 14.

111 TAY/SEDA, *The Enemy Within*, 2003, 7.

112 MALEM SEÑA, *La corrupción. Aspectos éticos*, 2002, 69.

113 ARNONE/ILIOPULOS, *La corruzione*, 2005, 14.

114 REZZOAGLI, *Corrupción y contratos públicos*, 2005, 27.

centrará en la protección de los derechos de los administrados, sino en la obtención de un beneficio ilícito[115].

Los actos corruptos implican un aumento en los costos de funcionamiento y de inversión de la administración por los múltiples costos que genera, e insisto en que producen la reducción del gasto en propósitos verdaderamente públicos, ejercen una influencia en el funcionamiento del aparato institucional, disminuyen el respeto por las autoridades constituidas y posibilitan que los políticos y los funcionarios se vayan constituyendo en una élite[116] todopoderosa a quien nadie es capaz de perseguir, pues, si se hace, surge otro tipo de criminalidad violenta para acallar a aquellos pocos que son capaces de enfrentarla.

Por otro lado, los comportamientos corruptos implican la inversión de tiempo y energía de los funcionarios públicos en mantener en secreto las actividades corruptas que realizan, lo cual, sumado a los costos económicos de los comportamientos corruptos, genera una evidente reducción de la eficacia de la administración pública[117]. Pero también los administrados deben sufrir que el funcionario corrupto además emplea gran parte de su tiempo y de los recursos de la administración en defenderse de las incipientes investigaciones en su contra.

La corrupción genera así desconfianza ciudadana e inseguridad jurídica, pero también ineficiencia, conduciendo a múltiples defectos públicos como la inseguridad de las construcciones (puentes con peraltes inapropiados, obras que se caen a los pocos días de su apertura al público, accidentes laborales), la contratación de empleados estatales no capacitados o la negligencia policial[118]. Con ello, también la corrupción genera con alto impacto la pérdida de vidas humanas en los grandes proyectos, pues lo invertido en el pago de sobornos generalmente no genera la disminución de las ganancias básicas del inversor, sino que se extrae de la calidad de las obras o de los salarios pagados y la seguridad de quienes las construyen[119].

---

[115] TANZI, en: ABED/GUPTA, *Governance, Corruption & Economic Performance*, 2002, 45.

[116] BAYLEY/HEIDENHEIMER/JOHNSTON/LE VINE, *Political Corruption*, 1997, 526.

[117] DELLA PORTA/VANNUCCI, *Corruzione*, 1994, 180 ss.

[118] KLITGAARD, *Controlando la corrupción*, 1994, 52-56.

[119] MALEM SEÑA, *La corrupción. Aspectos éticos*, 2002, 69.

De esta manera, se reduce la calidad de vida de la población, pues se disminuye la eficiencia del Estado en la prestación de los servicios públicos[120], lo cual representa un fracaso en alcanzar los objetivos que se procura, un aumento en el precio de la administración (pues es el contribuyente el que termina pagando los sobornos) y una influencia nociva sobre el aparato administrativo, debilitando el compromiso del funcionario con las normas correctas y haciendo posible que se institucionalice la ilegalidad[121].

***b. Reducción de la calidad***

La corrupción reduce la calidad de los bienes y servicios, pues la competencia entre las empresas no se lleva a cabo en virtud de la calidad técnica de sus proyectos, sino por la cantidad de los sobornos que ofrecen o por sus influencias con los funcionarios públicos adjudicantes[122]. En ocasiones se llega al extremo de corrupción de que en los propios pliegos de licitación se permite que quien gana la licitación venda o enajene su respectivo contrato a los que la perdieron, desde el punto de vista del bien jurídico administración pública resulta reprochable que quien gane ceda su contrato o parte del mismo, porque desconoce los factores de transparencia y eficiencia que deben acompañar el ejercicio de toda función pública. En relación con el ingrediente subjetivo dolo, podría argumentarse que si se tiene conciencia desde antes de adjudicar de que quien gana no es quien tiene las mejores capacidades de ejecutar la obra pública, es una contratación ilícita.

Pero, además, se aumentan los costes y los precios de los bienes y servicios, pues al coste real de cada uno de ellos debe sumarse también el valor del soborno entregado al funcionario público para que adjudique la obra o contrato al adjudicatario[123].

En este sentido, se genera una cadena de efectos económicos negativos tales como: la reducción de la productividad en la inversión y en el crecimiento económico, el aumento de los costos macro-fiscales originado en la

---

[120] MALEM SEÑA, *La corrupción. Aspectos éticos*, 2002, 69.

[121] LOZANO/MERINO DINARI, *La hora de la transparencia en América Latina*, 1998, 44.

[122] ROSE-ACKERMAN, *La corrupción y los gobiernos*, 2001, 11 ss; REZZOAGLI, *Corrupción y contratos públicos*, 2005, 26.

[123] MALEM SEÑA, *La corrupción. Aspectos éticos*, 2002, 69.

desviación de recursos públicos y la ineficiencia económica de los sectores públicos y privados[124].

Por lo anterior, la corrupción produce una reducción de la eficiencia, pues el sujeto escogido puede no suponer la mayor calidad o el mejor costo o incluso no cumplir con los requisitos mínimos exigidos[125], en Colombia son reiterados los casos en contratación pública en los que el contratista ni siquiera cumple con la validez de la póliza de garantía para el eventual incumplimiento, de tal manera que si el Estado descubre que debe reclamar, no tiene póliza que respalde ese incumplimiento.

La calidad además no solamente se va reduciendo en el sector público, sino también en las empresas contratistas, pues las mismas estarán más interesadas en contactos políticos que les brinden la seguridad de no presentar cuestionamientos financieros ni técnicos en sus obras que en invertir en infraestructura e investigación tecnológica.

### *c. Aumento del costo de las inversiones*

La corrupción aumenta el costo de las inversiones, pero no implica el ingreso de una contrapartida a favor del Estado, pues funciona como un impuesto arbitrario, por cuanto resulta necesario determinar el pago de una contraprestación económica para participar en una actividad pública[126]. En materia de contratos para vender o surtir elementos, medicamentos, provisiones, uniformes o bienes, los contratistas desde un inicio incluyen un plus o "sobre-valor" del precio al que le venden a una empresa privada, por el solo hecho de ser el Estado a quien le venden; lo anterior lo pretenden justificar con el hecho de que el Estado se demora en pagar, o con el argumento de que el trámite de las cuentas requiere nuevamente de dádivas y beneficios a los encargados de esos trámites que, de lo contrario, serían más engorrosos.

De esta manera, la corrupción engendra costos innecesarios y una indebida asignación de recursos, pues dentro de los costes de las inversiones de los particulares y de la administración pública se incluiría una partida específica para la corrupción y se asignarían recursos de manera distorsionada[127].

---

[124] TAY/SEDA: *The Enemy Within*, 2003, 7.

[125] REZZOAGLI, *Corrupción y contratos públicos*, 2005, 26 ss.

[126] TANZI, en: ABED/GUPTA, *Governance, Corruption & Economic Performance*, 2002, 45.

[127] KLITGAARD, *Controlando la corrupción*, 1994, 52-56.

No menos grave es la reducción de la eficiencia de los denominados flujos de ayuda, pues estos terminan siendo desviados de sus verdaderas finalidades. Para confirmar este aspecto basta ver lo que ha sido el tema del Agro Ingreso Seguro –AIS. En Colombia, se disminuyen los ingresos fiscales por la evasión fiscal producida por la corrupción, así como la calidad de la infraestructura y de los servicios prestados por el Estado[128].

Esta situación disminuye la inversión en un país, desmotiva al inversor extranjero que no comparte esas prácticas corruptas o que no está dispuesto a correr riesgos jurídicos en el país donde hace la inversión, ni en el suyo propio, frente a tipos penales como la corrupción transnacional. Todo lo anterior aumenta los costos de las inversiones y el riesgo de que estas lleguen a materializarse, teniendo en cuenta que los empresarios deberán sumar el costo de soborno[129].

De esta manera, los empresarios son conscientes de que una parte de su inversión estará destinada a la corrupción de los funcionarios públicos, reduciendo la oportunidad y la efectividad de las inversiones en el sector público[130].

Un punto importante es que el inversor extranjero muchas veces se abstiene de invertir o participar en licitaciones públicas, porque no le interesa participar en procesos donde corre el riesgo de ser investigado por temas de corrupción. Me refiero a los llamados consorcios, que son personas jurídicas conformadas por varias empresas en las que cada una aporta una parte técnica distinta en obras de cierta dificultad. El nivel de corrupción hará que las empresas extranjeras puedan desconocer posibles ilicitudes que ejecutan sus socios nacionales y, ante un eventual descubrimiento del acto de corrupción por parte de la administración de justicia, se le generarán de todas maneras dificultades a la empresa extranjera aun sin su conocimiento, independientemente del principio de responsabilidad personal que rige en materia penal[131].

Por lo anterior, las prácticas corruptas "pueden desperdiciar recursos públicos, disminuir la inversión, tanto la extranjera como la doméstica, re-

---

128 MAURO/HEIDENHEIMER/JOHNSTON/LE VINE, *Political Corruption*, 2005, 342.

129 MALEM SEÑA, *La corrupción. Aspectos éticos*, 2002, 69.

130 MAURO/HEIDENHEIMER/JOHNSTON/LE VINE, *Political Corruption*, 2005, 342.

131 LUZÓN PEÑA, *Lecciones PG*, 2012, 2, 9.

tardar el crecimiento de la economía y minar la gobernabilidad y la confianza ciudadana, entre otros múltiples efectos"[132].

### *d. Imposición de barreras al comercio internacional*

La corrupción impone barreras al comercio internacional, pues los sobornos y el tráfico de influencias suelen darse como remuneración de la constitución de monopolios de hecho[133] en los cuales los grandes negocios públicos son distribuidos entre un selecto grupo de empresas que están dispuestas a pagarlos o a realizar costosos lobbies o tráficos de influencias para persuadir y corromper los funcionarios públicos.

De esta manera, los actos de corrupción encarecen los costos, la economía se resiente y la confianza del inversor extranjero disminuye al no observar transparencia[134] ni garantía en sus inversiones.

En relación con la sociedad y el Estado, la corrupción distorsiona los incentivos para obrar legalmente, creando un sistema en el cual es más rentable la ilegalidad, de nuevo reduce la confianza de los ciudadanos afectando la legitimidad de la democracia y vulnera la eficiencia de la administración pública.

### *1.3.4. El efecto de multiplicación cíclica de la corrupción en la ciudadanía*

La corrupción afecta la voluntad de actuar legalmente, pues el gobierno otorga servicios escasos y dificulta la tarea a las personas y empresas que cumplen los criterios legales en lugar de estar dispuestos a pagar un soborno.[135]. Tal distorsión de los incentivos hace que una gran parte de los individuos se concentre en buscar fuentes de corrupción para lucrarse y no en desarrollar las actividades que por ley le corresponde[136].

Los funcionarios públicos pueden carecer de motivación para hacer bien su trabajo, dadas las escalas salariales del funcionario y el nivel de control externo, debilitándose la voluntad de los funcionarios honestos[137]. Por ello, los

---

[132] LÓPEZ PRESA, *Corrupción y cambio*, 1998, 21.

[133] MALEM SEÑA, *La corrupción. Aspectos éticos*, 2002, 69.

[134] POVEDA PERDOMO, *La corrupción y el régimen*, 1998, 68.

[135] ROSE-ACKERMAN, *La corrupción y los gobiernos*, 2001, 11 ss.

[136] TANZI, en: ABED/GUPTA, *Governance, Corruption & Economic Performance*, 2002, 45.

[137] ROSE-ACKERMAN, *La corrupción y los gobiernos*, 2001, 11 ss.

talentos individuales más educados, o de mejores promedios académicos en las universidades estarán más interesados en entrar en el sistema de búsqueda de mejores rentas y sin factores distorsionantes como los que acompañan el ejercicio de la política y de la gestión pública, que desarrollarse profesionalmente en la realización de tareas productivas para la administración pública[138].

De esta manera, se genera resentimiento, rechazo y frustración entre los funcionarios públicos honestos y muchas veces se les somete a una situación de difícil solución, ya que o bien se oponen a la corrupción vigente haciendo frente a sus compañeros y superiores o bien deben renunciar a su cargo[139], cuando no verse sometidos a la persecución del sistema corrupto que puede dominar algunas entidades fiscalizadoras.

Desde el punto de vista psicológico, para FERNÁNDEZ RÍOS, la corrupción tiene dos (2) tipos de efectos: en el nivel cognitivo emocional los comportamientos corruptos reducen la auto-eficacia y las expectativas acerca del presente y del futuro de los individuos, generando la desconfianza de los ciudadanos, la suspicacia y el escepticismo; mientras que a nivel del comportamiento, las prácticas corruptas inhiben o dificultan la emisión de comportamientos positivos y que traten de fomentar el bienestar individual o colectivo[140].

De esta manera, se va creando un sistema de incentivos perversos en el seno de la sociedad que finalmente se manifiesta en la generalización de conductas irregulares entre la mayoría de sus miembros[141], ante la imposibilidad de distinguir lo ilícito de lo lícito.

## 2. Las principales formas de corrupción pública

La corrupción se origina en la sociedad, pero sus principales manifestaciones se presentan en los sectores administrativo y político a partir de fenómenos que han tenido un desarrollo histórico muy profundo en el mundo.

---

[138] MAURO/HEIDENHEIMER/JOHNSTON/LE VINE, *Political Corruption*, 2001, 342.

[139] MALEM SEÑA, *La corrupción. Aspectos éticos*, 2002, 69.

[140] FERNÁNDEZ RÍOS, *Psicología de la corrupción*, 1999, 245.

[141] KLITGAARD, *Controlando la corrupción*, 1994, 52-56.

## 2.1. La corrupción administrativa

### *2.1.1. En España*

La corrupción en España ya era un fenómeno grave en la Edad Media, tal como señala GONZÁLEZ JIMÉNEZ, quien en un profundo estudio sobre el tema, destaca cómo durante esa época la obtención indebida de dinero era llevada a cabo especialmente a través de la realización de gastos extraordinarios en los viajes oficiales de la Corte, la retención de parte del dinero de las derramas efectuadas entre los vecinos, el pago de sueldos indebidos, el gasto de las rentas municipales en provecho particular y la apropiación de bienes comunales[142].

Adicionalmente, en la Edad Media la corrupción también se manifestaba en el abuso de poder a través de la recomendación entre los regidores para colocar familiares amigos y clientes, la obligación de utilizar los molinos de los regidores, el perdón de multas a ciudadanos acaudalados y la tasación de los jornales de braceros y pastores en beneficio propio[143].

Durante el absolutismo, la corrupción se hizo especialmente visible en el manejo de la Hacienda, pues la recaudación era realizada por funcionarios corruptos, arrendada al mejor postor o dejada en manos de intermediarios que formaban parte de las oligarquías locales[144]. Al mismo tiempo, la expansión del sistema fiscal generó la existencia de múltiples fraudes en las contribuciones de inmuebles, industria y consumo; el contrabando en las aduanas y los estancos; y las irregularidades en la desamortización de bienes y la concesión de las minas públicas, las cuales en múltiples ocasiones eran adjudicadas a personas relacionadas a la Corona o a la burocracia[145].

Con la democracia se da origen a otro tipo de corrupción: el caciquismo político, en virtud del cual los políticos dedicaban sus partidas a satisfacer los intereses particulares de sus electores, les proporcionaban trabajo a tra-

---

142 GONZÁLEZ JIMÉNEZ, en: GONZÁLEZ JIMÉNEZ/PIETSCHMANN/COMÍN/PÉREZ, *Instituciones y corrupción en la historia*, 1998, 16 ss.

143 GONZÁLEZ JIMÉNEZ, en: GONZÁLEZ JIMÉNEZ/PIETSCHMANN/COMÍN/PÉREZ, *Instituciones y corrupción en la historia*, 1998, 19.

144 COMÍN, en: GONZÁLEZ JIMÉNEZ/PIETSCHMANN/COMÍN/PÉREZ, *Instituciones y corrupción en la historia*, 1998, 59.

145 COMÍN, en: GONZÁLEZ JIMÉNEZ/PIETSCHMANN/COMÍN/PÉREZ, *Instituciones y corrupción en la historia*, 1998, 84-97.

vés de cargos burocráticos, libraban a sus hijos de los quintos militares y les recomendaban para la prestación de servicios[146].

En un interesante estudio sobre el tema, un grupo de investigadores realizó en 1985 el denominado "Mapa de influencias" que abarca un período comprendido entre 1875 y 1923 y del cual se pueden extraer algunas conclusiones muy interesantes:

- Durante la época existieron sujetos que dominaban provincias enteras como Alejandro Pidal y Melquíades Álvarez en Asturias, el conde de Romanones en Guadalajara, el duque de Tetuán en Castellón, Juan de la Cierva en Murcia, Manuel Burgos y Mazo en Huelva, el vizconde de Eza en Soria, Eugenio Montero Ríos en Galicia, Germán Gamazo o Santiago Alba en amplias zonas de Castilla y León, el general Ochando en Albacete, Federico Requejo en Zamora, Antonio Torres Orduña en Alicante, el marqués de Urquijo en Álava y Manuel Camo en Huesca[147].
- La existencia de familias políticas que dominaban regiones enteras a través de una red de padres, hijos, primos, sobrinos, cuñados y yernos: la familia Sagasta en la Rioja, la familia Montero Ríos en Galicia, los hermanos Gómez Aramburu en Cádiz y la familia Castellano en Zaragoza[148].
- Por último, el caciquismo dependía de la actividad que desarrollaran los líderes en cada región: en Andalucía, Extremadura, Castilla La Mancha, Salamanca, Ávila y Segovia predominaban los terratenientes; en Galicia, Castellón, Alicante, Palma de Mallorca, Canarias y Burgos, los abogados; y en Cataluña y el País Vasco, los industriales[149].

De esta manera, a principios del siglo XX la democracia estaba en manos de oligarquías complejamente estructuradas y organizadas. Sin embargo, lo

---

[146] NIETO GARCÍA, *Corrupción en la España democrática*, 1997, 20.

[147] DARDÉ/LÓPEZ BLANCO/MORENO LUZÓN/YANINI, *El poder de la influencia*, 2001, 576.

[148] DARDÉ/LÓPEZ BLANCO/MORENO LUZÓN/YANINI, *El poder de la influencia*, 2001, 585.

[149] DARDÉ/LÓPEZ BLANCO/MORENO LUZÓN/YANINI, *El poder de la influencia*, 2001, 578-582.

más grave era que las ventajas económicas públicas eran repartidas entre el cacique, su familia y su selecto grupo de amigos y seguidores[150].

Durante la dictadura de Franco, además de la estrecha relación entre el autoritarismo y la corrupción[151], se presentaron una serie de fenómenos relacionados con el racionamiento de productos, tales como la proliferación de mercados negros, el contrabando y la corrupción para la obtención de licencias de importación, cupos de materias primas y cartillas de racionamiento de artículos[152].

Con la restauración de la democracia se ha originado una nueva versión del caciquismo denominada partidocracia en la cual, como describe NIETO, "el partido designa al Gobierno y al medio millón de personas que ocupan cargos de naturaleza política y que constituyen su clientela puesto que deben su pan a quien les ha nombrado y saben que pueden volver a la calle al menor gesto de protesta"[153].

Adicionalmente, en este sistema se gesta una red político-administrativa-económica en la cual el partido maneja una cantidad multimillonaria del presupuesto y controla gran parte del sector privado bajo una ambigüedad en la cual no se sabe si el dinero termina en el bolsillo del partido o del militante[154].

Recientemente, los casos más graves de corrupción han sido la trama de corrupción urbanística en Marbella protagonizada por los ex alcaldes Jesús Gil y Gil (ya fallecido)[155], Julián Muñoz[156] y Marisol Yagüe[157]; la apropiación de caudales y el establecimiento de una gigantesca red de corrupción en la Guardia Civil por Luis Roldán[158] y la apropiación indebida de millones de pesetas de Banesto por Mario Conde[159].

---

[150] NIETO GARCÍA, *Corrupción en la España democrática*, 1997, 21.

[151] JIMÉNEZ DE PARGA, en: LAPORTA SAN MIGUEL/ÁLVAREZ, *La corrupción política*, 1997, 135-136.

[152] COMÍN, en: GONZÁLEZ JIMÉNEZ/PIETSCHMANN/COMÍN/PÉREZ, *Instituciones y corrupción en la historia*, 1998, 72.

[153] NIETO GARCÍA, *Corrupción en la España democrática*, 1997, 24.

[154] NIETO GARCÍA, *Corrupción en la España democrática*, 1997, 25.

[155] STS 5-4-2002.

[156] El País, 23 de julio de 2007, El juez procesa a 86 personas por el "caso Malaya".

[157] El País, 27 de julio de 2007, El Gobierno de Yagüe se repartió cinco (5) millones.

[158] STS 21-12-1999.

[159] STS 29-7-2002.

En la actualidad, los casos más graves de corrupción en España se presentan en las empresas de obras públicas, las compañías beneficiarias de subvenciones, las firmas concesionarias de servicios o franquicias de juego, las recalificaciones de terrenos y los donativos a partidos políticos través de sociedades fantasmas[160]. Así mismo, los casos más recientes son el caso Gürtel y los ERE de Andalucía.

Respecto de los sectores en los cuales se presenta más corrupción en 2005, Transparencia Internacional realizó una encuesta y determinó que los partidos políticos y el poder legislativo son las actividades en las cuales se percibe un mayor grado de corrupción (tabla 3).

**Tabla 3. Barómetro de la corrupción 2005**

| Sector | Índice |
|---|---|
| Partidos políticos | 3.4 |
| Parlamento/legislatura | 3.2 |
| Policía | 3.1 |
| Sistema judicial | 3.2 |
| Autoridades fiscales | 3.3 |
| Privado/negocios | 3.3 |
| Aduanas | 2.8 |
| Servicios médicos | 2.9 |
| Medios | 3.1 |
| Sistema educativo | 2.7 |
| Servicios públicos | 2.9 |
| Servicios de registros y permisos | 2.8 |
| Ejército | 2.9 |
| ONG | 1.5 |
| Entidades religiosas | 1.8 |

*Fuente:* Transparencia Internacional.

160 PRADERA, *La maquinaria*, 1997, 170.

Esta breve descripción sobre la corrupción en España nos permite concluir que este fenómeno ha estado presente en todas las etapas de su historia, aunque en cada una de ellas tenga denominaciones y manifestaciones diferentes; por ello constituye un elemento endémico que no puede eliminarse instantáneamente de la administración pública. En la democracia se han presentado múltiples casos de corrupción, pero al menos algunos se castigan. Sin embargo, el gran problema que sigue subsistiendo es la tolerancia social a este fenómeno.

### *2.1.2. En Latinoamérica*

Para hablar de la corrupción en Latinoamérica deben citarse primero unas palabras del Nobel de Literatura Gabriel García Márquez: "nuestra insignia es la desmesura. En todo: en lo bueno y lo malo, en el amor y en el odio, en el júbilo del triunfo y en la amargura de la derrota. Destruimos a nuestros ídolos con la misma pasión con que los creamos. Somos intuitivos, autodidactas, y rápidos trabajadores encarnizados, pero nos enloquece la sola idea del dinero fácil. En cada uno de nosotros cohabitan, de la manera más arbitraria, la justicia y la impunidad: somos fanáticos del legalismo, pero llevamos bien despierto en el alma, un leguleyo de mano maestra para burlar las leyes sin violarlas, o para violarlas sin castigo"[161].

Esta es una clara radiografía del ciudadano latinoamericano, trabajador incansable pero también admirador del beneficio fácil y del poder ilimitado. En Latinoamérica, la corrupción es especialmente grave por los problemas culturales y educativos que fomentan la división social, la violencia cotidiana, la corrupción generalizada y la contracultura de la ilegalidad patrocinada por el narcotráfico, en la cual se procura un beneficio económico carente de todo sustento ético en todos los ámbitos de la sociedad[162].

En Latinoamérica, la corrupción se presenta en todos los ámbitos de la administración pública, siendo especialmente grave en sectores como las licitaciones, la seguridad y la salud pública, tal como se deduce del estudio de algunos de los casos más recientes e importantes en esta materia:

En Brasil se presentó el caso de corrupción más grande y generalizado de los últimos tiempos en Latinoamérica, el cual fue protagonizado por el

---

[161] GARCÍA MÁRQUEZ, *Al filo de la oportunidad*, 1994, 6.

[162] PEÑA KOLENKAUTSKY, *Psicoanálisis de la corrupción*, 2003, 116–118.

entonces presidente Fernando Collor de Melo y todo su gabinete, quienes fueron acusados de la adjudicación de más de cuatrocientos sesenta mil dólares (us$460 000) en contratos sin licitación a favor de compañías de parientes de su esposa, de participar en millonarias rebajas en el pago de la seguridad social de empresas que pagaron sobornos a su ministro de Trabajo, Antonio Rogelio Neri, y de recibir cuantiosos sobornos en contratos adjudicados a empresas de defensa gestionados por su ministro de Defensa, Agenor Carvahlo[163]. Finalmente, Fernando Collor de Melo fue suspendido por el congreso de su país con 441 votos el 29 de septiembre de 1992[164].

Posteriormente, Fernando Henrique Cardoso estuvo involucrado en un gigantesco escándalo de corrupción por la desaparición de diecisiete mil millones de reales destinados a la construcción del Tribunal de Justicia de Trabajo de Sao Paulo[165].

Años más tarde, en el gobierno de Luis Inacio Lula Da Silva –quien paradójicamente fue el principal opositor de Collor de Melo– se han revelado varios escándalos de corrupción, el principal de los cuales fue protagonizado por varios miembros del Partido de los Trabajadores de Brasil (PT), por haber sobornado a otros parlamentarios para obtener apoyo político[166].

En Colombia, los casos de corrupción son generalizados y abarcan todas las instituciones públicas; sin embargo, pueden destacarse cinco (5) escándalos que han sido especialmente graves en los últimos años, Cajanal, Foncolpuertos, la Caja Agraria, Dragacol y Commsa:

- En el caso de Cajanal (Caja Nacional de Previsión de Colombia), se realizaron embargos ilegales; se presentaron irregularidades en la adquisición de los recursos de medicamentos, suministros y equipos; y se descubrió además el robo de materiales médicos y el tráfico de incapacidades[167].

---

163 BALLÉN, *Los otros bandidos*, 1994, 60.

164 BALLÉN, *Los otros bandidos*, 1994, 60.

165 El Mundo, 15 de julio de 2000, Vinculan a Cardoso en el desvío de 17 000 millones de fondos públicos - Renuncia el Ministro de Presupuesto y la Bolsa se derrumba.

166 El País, 23 de diciembre de 2005, Un informe del Parlamento brasileño confirma la corrupción en el Gobierno.

167 CEPEDA ULLOA, *La corrupción administrativa*, 1994, 51-53.

- El escándalo de Foncolpuertos se refiere a un fondo creado a través de la Ley 1 de 1991 para atender los pasivos y obligaciones originados en la liquidación de la empresa Puertos de Colombia y que fue utilizado para pagar liquidaciones absolutamente desproporcionadas y en muchos casos fraudulentas, a través de la realización de 973 conciliaciones irregulares con la complicidad de funcionarios de Foncolpuertos, jueces de la República y ex empleados de Colpuertos[168].
- El saqueo de la Caja Agraria, que pasó de ser uno de los principales bancos de Colombia a tener que ser liquidado por la concesión irregular de más de trescientos mil millones de pesos en créditos ($300 000 000 000), en su mayoría a amigos de sus principales directivos[169].
- El caso Dragacol se refiere a una empresa que firmó cuantiosos contratos con el Estado para el dragado de un sector del río Magdalena cuyo presupuesto fue aumentando paulatinamente por la ausencia de controles, la inclusión de perjuicios ficticios, la suscripción de actas de obra sin el debido sustento de su ejecución y, especialmente, la incapacidad de la empresa Dragacol para cumplir con sus obligaciones contractuales[170].
- Por último, vale la pena hacer un breve resumen del caso de Commsa, uno de los más graves escándalos de corrupción que se han presentado en Latinoamérica. El 24 de noviembre de 1997, el Instituto Nacional de Vías de Colombia (Invías) adjudicó a un consorcio constituido por empresas colombianas y extranjeras (Commsa) el contrato para la construcción de la Troncal del Magdalena Medio, que facilitaría la comunicación del centro del país con la Costa At-

168 LOZANO PUCHE, *Conspiración en los puertos*, 2001, 49-55; Revista Semana de Colombia, edición 853, 5 de octubre de 1998, Con las manos en la masa; Revista Semana de Colombia, edición 1295, 28 de abril de 2003, La maldición de Foncolpuertos.

169 V. RODRÍGUEZ, *La Caja*, 2001, 12-17.

170 Revista Semana de Colombia, edición 945, 10 de julio de 2000, Avanzan investigaciones en caso Dragacol; Revista Semana de Colombia, edición 926, 28 de febrero de 2000, Sobre Dragacol; Revista Semana de Colombia, edición 995, 25 de junio de 2001, Dragacol en Veremos; Revista Semana de Colombia, edición 1159, 23 de julio de 2001, Con la Draga al cuello; Revista Semana de Colombia, edición 1281, 2 de julio de 2002, Se cae Dragacol; Revista Semana de Colombia, edición 1065, 8 de febrero de 2004, A pagar.

lántica. Con posterioridad a la adjudicación y ante la imposibilidad de conseguir una póliza para una obra de tal magnitud, el concesionario presentó una póliza de cumplimiento falsa, irregularidad a la cual siguieron otras no menos graves: el pago de unos diseños a una de sus empresas para la modificación de la obra por siete millones de dólares (US$7 000 000), el gasto del dinero del anticipo entregado en lujosos viajes y gastos que no guardaban ninguna relación con el objeto contractual y, finalmente, la negativa a la construcción de la obra de acuerdo a los diseños pactados con el Invías[171].

Ante tales irregularidades, el Invías declaró la caducidad del contrato e inició las acciones administrativas y penales correspondientes para lograr el pago de los perjuicios ocasionados al Estado[172]. Sin embargo, ambas jurisdicciones han sido objeto de múltiples presiones que culminaron con la suscripción por el gobierno colombiano de una conciliación por ciento treinta y siete millones de dólares (US$137 000 000) aún en discusión[173] y la acusación de los miembros de la junta directiva de Commsa por el delito de abuso de confianza calificado[174].

Respecto de los sectores en los cuales existe una mayor percepción de la corrupción, Transparencia Internacional realizó una encuesta en la cual se determinó que los sectores más afectados por la corrupción eran los partidos políticos y la legislatura (tabla 4).

171 Revista Semana de Colombia, edición 996, 2 de julio de 2001, Concesión en contravía; Revista Semana de Colombia, edición 1133, 19 de enero de 2004, El atajo de Commsa; Revista Semana de Colombia, edición 1083, 1 de marzo de 2003, Uno cero a favor del Estado; Revista Semana de Colombia, edición 963, 13 de noviembre de 2000, Vía cerrada; Revista Semana de Colombia, edición 1138, 22 de febrero de 2004, Con afecto y gratitud; Revista Semana de Colombia, edición 1138, 9 de mayo de 2004, Camino abierto para construcción de vía Tobiagrande-Puerto Salgar.

172 Revista Semana de Colombia, edición 1083, 16 de febrero de 2003, El poder de la corrupción.

173 Revista Semana de Colombia, edición 1281, 18 de noviembre de 2006, El calvario de Commsa.

174 Revista Semana de Colombia, edición 1242, 19 de febrero de 2006, Commsa.

**Tabla 4. Barómetro de la corrupción 2005**

| Sector | Colombia |
|---|---|
| Partidos políticos | 4.4 |
| Parlamento/legislatura | 4.2 |
| Policía | 3.8 |
| Sistema judicial | 3.8 |
| Autoridades fiscales | 3.6 |
| Privado/negocios | 3.1 |
| Aduanas | 3.6 |
| Servicios médicos | 3.2 |
| Medios | 3.0 |
| Sistema educativo | 3.0 |
| Servicios públicos | 3.5 |
| Servicios de registros y permisos | 3.1 |
| Ejército | 3.2 |
| ONG | 3.0 |
| Entidades religiosas | 2.7 |

*Fuente:* Transparencia Internacional.

En Venezuela, el caso de corrupción más grave y que produjo mayores consecuencias sociales fue el manejo irregular de diecisiete millones de dólares (US$17 000 000) de fondos para gastos secretos de seguridad, revelado por el periodista José Vicente Rangel y que posteriormente condujo a la caída del entonces presidente Carlos Andrés Pérez, quien fue destituido por la Corte Suprema de Venezuela, al considerar que había mérito para juzgarlo[175].

En Argentina, VIRGOLINI menciona como los casos más graves y frecuentes de corrupción el dictado de leyes favorables a ciertos empresarios, el otorgamiento de subsidios o regímenes especiales en materia fiscal o de otra índole, el desfavorecimiento de otros sectores, la debilidad en la investigación y en el enjuiciamiento de los casos de corrupción[176].

---

[175] BALLÉN, *Los otros bandidos*, 1994, 57.

[176] VIRGOLINI, *Crímenes excelentes*, 2004, 239.

El ex-presidente Carlos Menem fue acusado de haber desviado durante sus períodos presidenciales una millonaria suma de dinero a sus cuentas en Suiza, situación que generó una de las crisis más profundas que ha sufrido la economía argentina[177].

Además del reseñado caso de Menem, cabe señalar: la investigación de Claudia Bello por fraude al Estado en la contratación de la campaña de prevención del efecto dos mil (2000) por un valor de ocho millones de pesos ($8 000 000)[178]; la condena del ex gobernador de Corrientes, Raúl 'Tato' Romero Feris, quien fue encontrado responsable del delito de peculado, por la desaparición de cuatrocientos millones de pesos ($400 000 000) destinados a obras durante su gestión como intendente[179]; la condena del ex concejal José Manuel Pico, acusado de corrupción y la estafa urbanística de medio millar de personas[180]; la condena por corrupción y enriquecimiento ilícito de la ex funcionaria del gobierno de Carlos Menem, María Julia Alsogaray, condenada por haber acumulado un patrimonio calculado en dos millones quinientos mil dólares (US$2 500 000) tras su paso por la gestión pública[181]; y la condena de Víctor Alderete, ex secretario de la Tercera Edad, a cargo del Plan de Asistencia Médica Integral (PAMI), acusado de la malversación de quinientos millones de dólares (US$500 000 000)[182].

En Argentina, la doctrina señala fundamentalmente seis eventos especialmente frecuentes de la corrupción: el pago para agilizar servicios lícitos, el pago para la prestación de servicios lícitos, la atención privilegiada de trámites, los cargos preferenciales, la ineficacia de los sistemas internos de gestión y la falsificación de registros[183].

---

177 El Clarín, 11 de octubre de 2006, Piden juicio oral a Ménem por ocultar inmuebles, aviones y cuentas suizas.

178 El Clarín de Argentina, 24 de julio de 2000, Denuncias por corrupción: contrato por 8 millones de pesos. Piden indagar a Claudia Bello por fraude al Estado.

179 El Clarín, 22 de diciembre de 2005, El exgobernador Romero Feris, condenado a 5 años de prisión.

180 El Clarín de Argentina: 14 años y Pico, 29 de noviembre de 2002, la pena más dura a un político por corrupción.

181 El Mundo, 22 de mayo de 2004, La Justicia argentina condena a tres años de prisión a una exfuncionaria y colaboradora directa de Ménem.

182 El País, 19 de junio de 2000, Encarcelado un alto cargo del equipo de Ménem por corrupción.

183 BERALDI, *RPE N° 1*, 1995, 44-46.

En Nicaragua, el ex presidente Arnoldo Alemán fue condenado por corrupción y blanqueo de capitales a veinte (20) años de prisión, con base en innumerables escándalos dentro de los cuales cabe destacar: la transferencia de diez millones de dólares (us$10 000 000) de quince (15) instituciones estatales de Nicaragua a sus cuentas en bancos de Panamá[184]; la desviación de dinero en la construcción de las carretera Chinandega-El Guasaule[185]; y el uso de la tarjeta de crédito presidencial en regalos a su esposa por un total de un millón ochocientos mil dólares (us$1 800 000)[186]. Para resumir la gravedad del escándalo de Arnoldo Alemán basta señalar que cuando este tomó posesión como alcalde de Managua declaró una fortuna de catorce mil dólares (us$14 000) y tras su presidencia su patrimonio alcanzaba una suma aproximada de doscientos cincuenta millones de dólares (us$250 000 000)[187] y hace pactos con el sandinista Ortega, también implicado en casos de corrupción.

En Bolivia, las acusaciones de corrupción se remontan a la época de la Junta Militar[188], pero también se han extendido en la democracia, en escándalos como la malversación de caudales por la cual dimitió el Ministro de Trabajo de ese país en 2001[189] y, más recientemente, el escándalo de corrupción en la construcción de un gasoducto por el consorcio Pacific LNG, del que forman parte las firmas Repsol YPF, British Gas y Panamerican Energy[190].

En Perú, HURTADO POZO señala que la corrupción comenzó con el reconocimiento no controlado de acreencias derivadas de la financiación de la independencia, en el siglo XIX se creó un cartel derivado de las concesiones de la explotación de guano, a mediados de los años setenta se explotaron

---

184 El Mundo, 8 de diciembre de 2003, Condenado a 20 años de prisión por corrupción el expresidente de Nicaragua Arnoldo Alemán.

185 El Mundo, 27 de septiembre de 2005, Las carreteras de la corrupción.

186 El Mundo, 8 de diciembre de 2003, Condenado a 20 años de prisión por corrupción el expresidente de Nicaragua Arnoldo Alemán.

187 El Mundo, 8 de diciembre de 2003 Arnoldo Alemán, el protagonista de un gran escándalo de corrupción.

188 El País, 26 de agosto de 1981, Acusaciones de corrupción contra la junta militar boliviana.

189 El Mundo, 14 de diciembre de 2001, Se apoderó de dinero para gastos de oficina - Dimite el ministro de Trabajo de Bolivia acusado de corrupción.

190 El Mundo, 14 de octubre de 2003, Crisis en Bolivia - Estallido social detonado por el gas.

de manera incontrolada los recursos pesqueros y, finalmente, menciona la corrupción generada por el narcotráfico en el Perú[191].

Además de la trama de corrupción entre Alberto Fujimori y su asesor Vladimiro Montesinos para negociar y extorsionar a los miembros del parlamento de ese país, los escándalos más graves de corrupción han sido las adjudicaciones de obras por la empresa CTAR Piura[192] y la adjudicación de más de veinte millones de dólares (us$20 000 000) en contratos ilegales a través de Petroperú[193].

En Costa Rica, la empresa canadiense Enterprises Berthier Inc. (EBI) silenció a un ex gerente que denunció pago de sobornos para operar en el país centroamericano[194], mientras un juzgado de San José dictó seis meses de detención domiciliaria contra el ex presidente de Costa Rica y ex secretario general de la Organización de Estados Americanos (OEA), Miguel Ángel Rodríguez, por supuestamente haber recibido dinero para la adjudicación de un millonario contrato para la compra de líneas de telefonía móvil a ALCATEL por un monto de ciento cuarenta y nueve millones de dólares (us$149 000 000)[195].

En Ecuador, los últimos mandatarios han sido acusados de corrupción: Ricardo Alarcón fue acusado de nombrar indebidamente a mil doscientos (1200) funcionarios en el Parlamento[196], mientras que Abdalá Bucaram fue

---

[191] HURTADO POZO, *RPE Nº 1*, 1995, 157.

[192] Revista Probidad, edición No. 16, octubre-noviembre 2001, Los tentáculos de la corrupción en Piura.

[193] La República de Perú, Domingo 08 de enero del 2006, Objetivo Petroperú: "Los resultados de la acción de control son los siguientes: más de 150 personas implicadas, entre ellas funcionarios de Petroperú y empresarios favorecidos. También detectaron contratos ilegales que alcanzarían los 20 millones de dólares. Entre los empresarios beneficiados, según revelaron fuentes de la Contraloría, figura el fundador de Perú Posible y ex asesor de la bancada oficialista, Eduardo McBride, quien fue denunciado anteriormente por el supuesto favorecimiento que recibió su empresa Boilcorsac de parte de Petroperú. La República pudo confirmar que la investigación, desarrollada durante seis meses, ha determinado que esta red de corrupción manejó irregularmente la venta de combustible a nivel nacional.

Se concluyó además que se exoneraron ilegalmente de concurso público la contratación de diversos servicios para Petroperú, así como se exoneraron de impuestos a las empresas beneficiadas, entre otros actos ilícitos".

[194] Agencia AFP, 3 de febrero de 2006, Empresa canadiense enfrenta nuevo escándalo de corrupción.

[195] El Mundo, 17 de octubre de 2004, Hospitalizado por una crisis de hipertensión - Seis meses de arresto domiciliario para el ex secretario general de la OEA acusado de corrupción.

[196] El Clarín, 2 de octubre de 1997, Acusan al mandatario de corrupción.

condenado por clientelismo, corrupción y desviación de fondos públicos en la realización de urbanizaciones ilegales y la entrega de maletines escolares[197]. Adicionalmente, en este país también se han presentado otros escándalos como el que generó la salida de la cúpula militar en 2002 por la recepción de sobornos de una firma británica encaminados a la adjudicación de contratos de defensa[198] y la red de corrupción organizada en el Ministerio de Economía, en la cual los funcionarios públicos de esa entidad pedían sobornos para tramitar y entregar recursos estatales a los municipios[199].

En Paraguay, el caso de corrupción más conocido y grave ha sido el de la construcción de la presa de Yaciretá –la represa hidroeléctrica más grande de América–, en la cual se ha comprobado la desviación de millones de dólares no solamente con destino a funcionarios de ese país, sino también de Argentina[200].

En Chile, los casos más relevantes en los últimos tiempos, han sido el descubrimiento de millonarias cuentas en el extranjero del ex presidente Augusto Pinochet[201], el escándalo por la adjudicación de millonarios contratos ilícitos durante el gobierno de Ricardo Lagos por el Ministerio de Obras y el reciente escándalo de Chiledeportes:

- La imagen de aparente honestidad del ex presidente Augusto Pinochet fue manchada cuando en 2004 se descubrieron millonarias cuentas secretas del ex dictador en el Banco Riggs de Los Estados Unidos, por las cuales fue acusado de malversación de fondos públicos a través del desvío de dineros de la llamada "Casa Militar" a sus cuentas personales[202]. Finalmente se pudo descubrir que a través del manejo de sus cuentas en el extranjero, este general acumuló

---

[197] Hoy, 21 de enero de 2006, Comedia de los escándalos, Martín Pallares y Marcia Cevallos, Quito.

[198] El Mundo, 20 de febrero de 2002, Renuncias voluntarias - Dimite la cúpula militar de Ecuador tras denuncias de corrupción.

[199] El Mundo, 25 de junio de 2002, La Fiscalía de Ecuador pide el ingreso en prisión del ministro de Economía, que cesó el domingo.

[200] El Clarín, 8 de julio de 1998, Finalizó la obra de Yacyretá.

[201] El País, 24 de noviembre de 2005, El juez procesa a Pinochet por corrupción, el exdictador chileno permanece en detención domiciliaria acusado de enriquecimiento ilícito.

[202] El Mundo, 20 de octubre de 2005, Juicio al exdictador - La Corte Suprema de Chile levanta la inmunidad a Pinochet y facilita que sea procesado por corrupción.

una fortuna calculada hasta ahora en veintisiete millones de dólares (us$27 000 000)[203].

- Por su parte, el ex presidente Ricardo Lagos también estuvo involucrado en un grave caso de corrupción por haber favorecido a la empresa de su cuñado Hernán Durán y de su íntimo amigo, Hernán Sandoval, con unas licitaciones millonarias, cuando era ministro de Obras Públicas[204]. Posteriormente, el ministro que reemplazó a Lagos, Carlos Cruz, también fue procesado por enriquecimiento ilícito y, desesperado con su situación, reconoció que recibía todos los meses, aparte de su sueldo estipulado por ley, un sobre con dinero que venía del Palacio de La Moneda[205].
- El escándalo más reciente de corrupción está relacionado con la desviación de recursos públicos en contratos indebidos en la entidad Chiledeportes de la Quinta Región (Temuco), en una investigación en la cual al parecer también se encuentran involucrados varios funcionarios del Gobierno central[206].

## 2.2. La corrupción política

### *2.2.1. En España*

La corrupción política en España se presenta en múltiples facetas, dentro de las cuales cabe destacar tres (3) como las más graves y frecuentes, aunque todas estén relacionadas entre sí:

En primer lugar, el clientelismo, fenómeno que se caracteriza fundamentalmente por constituir un intercambio entre políticos y electores, en el cual estos últimos cambian votos por beneficios materiales, constituyendo

---

[203] El Mundo, 20 de octubre de 2005, Juicio al ex dictador - La Corte Suprema de Chile levanta la inmunidad a Pinochet y facilita que sea procesado por corrupción.

[204] Revista Semana de Colombia, edición 1207, 16 de julio de 2005, Escándalo en la izquierda latinoamericana.

[205] Revista Semana de Colombia, edición 1207, 16 de julio de 2005, Escándalo en la izquierda latinoamericana.

[206] Véase La Nación de Chile, 24 de noviembre de 2006, Oposición presenta querella contra ex funcionario de Chiledeportes de la v región; La Nación de Chile, 16 de diciembre de 2006, Chiledeportes en maratónica sesión de formalización apareció Armendáriz; La Nación de Chile, 21 de diciembre de 2006, Fiscalía allanó dependencias de Chiledeportes en Temuco.

un sistema organizado para la dispensa de favores con una rendición sencilla, pues el cliente observa directamente si recibió o no lo prometido[207].

El clientelismo es la modalidad más clara de corrupción, pues tiene por objeto la desviación del interés público para la obtención de beneficios particulares del elector o del partido político que maneje la administración pública respectiva.

Algunos casos recientes de clientelismo son: la red de clientelismo y corrupción en Galicia revelada por el informe del Consello de Contas de esta comunidad autónoma[208], la excesiva contratación de funcionarios públicos en Ourense[209], el envío de correos electrónicos de responsables de Esquerra republicana en las comarcas del Ebro ofreciendo trabajo en la Generalitat a sus copartidarios[210], el nombramiento irregular de inspectores accidentales de

---

207 VILLORIA MENDIETA, en: LAPORTA SAN MIGUEL/ÁLVAREZ, *La corrupción política*, 2006, 192 ss.

208 El País, 18 de agosto de 2007, La sombra de Fraga: "Durante los 15 años en que Manuel Fraga y el PP gobernaron Galicia con amplísimas mayorías absolutas no faltaron las denuncias sobre el derroche y el uso sectario de los fondos públicos, consecuencia directa del clientelismo desaforado que distinguió las políticas de la Xunta en esa larga etapa. Pero los mecanismos que otorgan las mayorías para reforzar la opacidad del poder, junto a esa sensación que suele instalarse en los políticos de que las victorias electorales equivalen a una suerte de absolución universal, contribuyeron a que el PP de Fraga saliese indemne de las sospechas que enturbiaron su gestión.

Dos años después de abandonar el poder, algunos cadáveres empiezan a asomar desde los armarios. Y no precisamente porque la coalición entre socialistas y nacionalistas que ahora gobierna la Xunta se haya afanado mucho –más bien al contrario– por rebuscar en los cuartos más polvorientos de la Administración. Ha sido el Consello de Contas, una especie de Tribunal de Cuentas autonómico, cuyos miembros fueron designados por el Parlamento gallego durante la etapa del PP, el que acaba de poner al descubierto un rosario de irregularidades, despilfarros y tratos de favor de gravedad considerable".

209 El País, 2 de julio 7 de 2007, Mil funcionarios y decenas de contratados desbordan el Ayuntamiento de Ourense: "El Ayuntamiento de Ourense está desbordado de personal. Mil personas tienen plaza fija de funcionarios y los socios del nuevo gobierno municipal, Psoe y BNG, sostienen, mientras hacen el recuento oficial, que existe además un 'numerosísimo' personal laboral y empleados con contratos eventuales. Más de un millar largo de trabajadores, sin contar los 40 agentes de desarrollo local que José Luis Baltar traspasó de la Diputación que preside, sin silla ni cometido, consumen 33 millones de euros de un presupuesto municipal que asciende a 78 millones en 2007".

210 El País, 7 de febrero de 2007, ERC envía a sus militantes en el Ebro 'e-mails' ofreciendo trabajo en la Generalitat: "Responsables de Esquerra Republicana en las comarcas del Ebro han enviado correos electrónicos a la militancia del partido en esta zona pidiéndoles que les envíen su currículo ante la posibilidad de que surjan puestos de trabajo en la 'Administración de la Generalitat en el Ebro'. Los correos electrónicos, que recomiendan responder 'lo antes posible', han sido recibidos por un número indeterminado de militantes y enviados desde una dirección de correo electrónico del partido en las comarcas del Ebro. Se da la circunstancia de que la delegación del Gobierno catalán en las Tierras del Ebro está dirigida por el republicano Lluís Salvador".

educación en Valencia[211], las irregularidades en el manejo del Terra Mítica en esta misma provincia[212] y, de manera relevante, el clientelismo urbanístico en Andalucía[213], fenómeno que tiene elementos de la corrupción administrativa y de la corrupción política.

En segundo lugar, el fraude electoral, es decir, el conjunto de actuaciones tendentes a manipular indebidamente los procesos electorales con carácter previo, durante el proceso o al finalizar el mismo[214].

Por último, la financiación corrupta de los partidos políticos, que se presenta en tres (3) grandes supuestos: la financiación de captura, a través de la cual se capturan puestos políticos relevantes o decisiones gubernamentales; la financiación coercitiva, es decir, aquella que se obtiene a través de extorsiones o amenazas; y la financiación ventajista, evento en el cual, abusando de la normativa, se busca una ventaja competitiva frente al resto de los candidatos[215].

Un claro ejemplo de este tipo de financiación fue la creación del holding de empresas constituido por las sociedades Filesa, Malesa y Time Export, de propiedad de algunos parlamentarios del PSOE y a través del cual se captaban millonarias sumas de dinero para la financiación de este partido político por medio de un sistema de expedición de facturas por servicios nunca prestados por estas sociedades a aquellos empresarios interesados en contribuir a la financiación del PSOE[216], situación que en la actualidad afecta a casi todos los partidos.

---

[211] El País, 11 de diciembre de 2006. El Consell ha nombrado a dedo al 64% de inspectores de Educación en 10 años: "La estrategia inaugurada en 1996 en la primera legislatura del PP –que sólo en un lustro consolidó un aparato de inspección a través de un laborioso entramado de vínculos ideológicos, familiares y políticos– se ha acelerado en puertas de las elecciones autonómicas. Desde noviembre, Educación ha nombrado a 15 inspectores 'accidentales' más, que se suman a los 28 de los últimos años, sin mediar concurso de méritos ni oposición pública. En una década, de los 134 inspectores autonómicos que componen la plantilla, 86 han sido seleccionados a dedo en comisión de servicio".

[212] El País, 23 de mayo de 2003, Terra Mítica, el ícono de una forma de gobernar.

[213] El País, 23 de marzo de 2006, Clientelismo urbanístico.

[214] VILLORIA MENDIETA, en: LAPORTA SAN MIGUEL/ÁLVAREZ, *La corrupción política*, 2006, 263.

[215] VILLORIA MENDIETA, en: LAPORTA SAN MIGUEL/ÁLVAREZ, *La corrupción política*, 2006, 199.

[216] STC 28-10-2003.

### *2.2.2. En Latinoamérica*

En Latinoamérica, la corrupción en los partidos políticos ha sido fuente de grandes escándalos como la financiación de la campaña presidencial del ex presidente colombiano Ernesto Samper Pizano, evento en el cual se demostró que el Cartel de Cali pagó cuantiosas sumas de dinero a esa candidatura con el objeto de que los principales capos de la mafia no fueran extraditados a los Estados Unidos[217].

Todo se descubrió cuando el ex tesorero de la campaña presidencial de Ernesto Samper Pizano, Santiago Medina, reveló a las autoridades que el periodista Alberto Giraldo le había ofrecido el apoyo financiero del Cartel de Cali. Posteriormente, tras diversas reuniones, se aceptó la ayuda económica de la mafia y finalmente ingresaron cinco mil millones de pesos ($5 000 000 000) a la campaña de Ernesto Samper Pizano[218], quien manifestó que dichas reuniones se realizaron a sus espaldas y fue absuelto por la Comisión de Acusaciones de la Cámara de Representantes de Colombia[219].

De esta manera, la corrupción facilita otros actos ilícitos como el narcotráfico, el blanqueo de capitales y el contrabando, pues crea vínculos entre los funcionarios públicos y el crimen organizado[220], tal como sucedió también con la conexión de Vladimiro Montesinos con la venta de armas a las FARC (Fuerzas Armadas Revolucionarias de Colombia)[221] y con la relación de Carlos Menem con el tráfico de armas a Croacia y Ecuador[222].

En otros casos, los ingresos que son utilizados en las campañas políticas provienen de la desviación irregular de fondos públicos, como sucedió en Venezuela con el escándalo de corrupción del manejo de quinientos mil dólares (US$500 000) durante la presidencia de Jaime Lusinchi, los cuales fueron utilizados por el partido Acción Democrática en la campaña presidencial[223].

---

[217] Sobre la historia de la financiación de la campaña de Ernesto Samper narrada por uno de los principales involucrados en ese escándalo político, véase GIRALDO LÓPEZ, *Mi verdad*, 2005, 123-128. Igualmente puede consultarse la obra VARGAS LINARES/LESMES MOGOLLÓN/TÉLLEZ MORA, *El presidente*, 1996, 103-193.

[218] Revista Semana de Colombia, edición 734, 24 de julio de 1996, El caso contra Ernesto Samper.

[219] FERRAJOLI, *Corrupción y estado de derecho*, 1996, 18; CACIAGLI, *Clientelismo*, 1996, 51.

[220] MALEM SEÑA, *La corrupción. Aspectos éticos*, 2002, 69.

[221] El Mundo, 11 de noviembre de 2004, Vladimiro Montesinos, condenado a 10 años de prisión por un vídeo que destapó una red de corrupción.

[222] Agencia Efe, 13 de mayo de 2003, Carlos Menem, regreso al pasado.

[223] BALLÉN MOLINA, *Los otros bandidos*, 2004, 59.

En muchos eventos, la corrupción en Latinoamérica no solamente es una herramienta para llegar al poder, sino para adquirir el control absoluto del Estado, tal como sucedió en el gobierno de Alberto Fujimori en El Perú, en el cual, gracias a la ayuda de su asesor Vladimiro Montesinos, el entonces presidente de esta nación andina logró obtener el dominio absoluto de las ramas ejecutiva, legislativa y judicial a través de un cuidadoso sistema de sobornos y chantajes[224], los cuales estaban debidamente registrados en vídeo para atemorizar y manipular a quienes habían recibido dinero[225].

Pero el escándalo del gobierno de Fujimori no se redujo solamente a los sobornos revelados en los vídeos de Vladimiro Montesinos, también se extendió a la financiación de su reelección presidencial a través de la CTAR Piura y las dependencias del Ministerio de Agricultura y Salud[226].

Otro ejemplo de corrupción política es el más reciente escándalo protagonizado por el Partido de los Trabajadores de Brasil (PT), en el seno del cual se descubrió una grave trama de corrupción en la cual se sobornaba a diputados y partidos aliados para aprobar proyectos del Gobierno[227], afectando la legitimidad misma del Estado de derecho.

---

224 PEÑA KOLENKAUTSKY, *Psicoanálisis de la corrupción*, 2003, 64-72.

225 Revista Semana de Colombia, edición 960, 23 de octubre de 2000, El Perú Verosímil; El Mundo, 11 de noviembre de 2004, Vladimiro Montesinos, condenado a 10 años de prisión por un vídeo que destapó una red de corrupción: "El exasesor presidencial peruano Vladimiro Montesinos ha sido condenado a 10 años y 8 meses de prisión en un proceso por la irregular investigación de un vídeo que reveló la existencia de una red de corrupción durante el régimen del expresidente Alberto Fujimori (1990-2000).

La Sala Anticorrupción peruana impuso, además, 4 años de prisión en suspenso a la exfiscal provincial Nina Rodríguez, quien archivó la investigación del primer 'vladi-vídeo', que fue hecho público el 14 de septiembre de 2000 y determinó la caída, dos meses después, del gobierno de Fujimori.

Rodríguez también fue inhabilitada durante tres años para el ejercicio de cualquier función pública y al pago de 6 000 soles (1 807 dólares).

Montesinos, que deberá pagar 100 000 soles (30 120 dólares), y la exfiscal fueron encontrados culpables de los delitos de prevaricación, omisión de denuncia, encubrimiento personal y corrupción de funcionarios.

La sentencia es la segunda más importante que recibe Montesinos, quien el pasado 28 de junio fue condenado a 15 años de prisión por haber sobornado con dinero público a diversos empresarios de televisión durante el gobierno de Fujimori".

226 Revista Probidad, edición No. 16, octubre-noviembre 2001, Los tentáculos de la corrupción en Piura.

227 El País, 23 de diciembre de 2005, Un informe del Parlamento brasileño confirma la corrupción en el Gobierno.

## 3. Los mecanismos contra la corrupción

La corrupción no es inevitable, "no es cuestión de optimismo o de pesimismo, es una cuestión de racionalidad, voluntad y lucidez"[228]. En este sentido, si se reconoce que las causas de la corrupción se originan en la propia sociedad, la única manera de disminuir los niveles de este fenómeno será fortalecer el tejido social con una moral cívica y pública en el ámbito político, y más allá del ámbito político, es decir, desde la educación.

En este ámbito se destacan las iniciativas presentadas por Transparencia Internacional y que se recogen en el texto denominado *Enseñar ética a los jóvenes*, dentro del cual se mencionan una serie de medidas tales como: la enseñanza de ética a los estudiantes de primaria, la educación fiscal para la ciudadanía, la capacitación a jóvenes periodistas y mostrar a la juventud figuras de la lucha contra la corrupción, para contrarrestar el efecto negativo del mal ejemplo que dan los personajes corruptos a las nuevas generaciones[229]. Dentro de estas políticas parece relevante educar para que el ánimo de imitación de las nuevas generaciones no corresponda al modelo mafioso, sino al mundo de lo honesto, de lo cívico, de lo académico.

Por otro lado, debe reconocerse que, tal como señala VANUCCI en su modelo de campana, los instrumentos para la lucha contra la corrupción están orientados a la franja fluctuante de sujetos que puede llegar a motivarse mediante aquellos, mas no a los extremos de que, o bien tienen una moral férrea que los hace incorruptibles o definitivamente carecen de cualquier principio moral[230].

### 3.1. Medidas preventivas no coactivas

En la determinación de las medidas que pueden aplicarse para prevenir y reprimir la corrupción deben tenerse las causas del fenómeno, así como también los diversos modelos que implican explicar su formación como la citada fórmula de KLITGAARD[231].

Tampoco es posible proponer soluciones únicas[232]; por ello la doctrina ha realizado numerosas propuestas destinadas a prevenir el fenómeno de la

---

[228] CÁRDENAS/MIJANGOS, *Estado de derecho y corrupción*, 2005, 51.

[229] Transparencia Internacional, Enseñar ética a los jóvenes, 2004.

[230] VANUCCI, en: CARBONELL/VÁSQUEZ, *Poder, derecho y corrupción*, 2003, 86 y 87.

[231] KLITGAARD, *Controlando la corrupción*, 1994, 85.

[232] CÁRDENAS/MIJANGOS, *Estado de Derecho y corrupción*, 2005, 209.

corrupción en las sociedades modernas, las cuales se presentan en los campos político-criminal, lo que incluye lo jurídico penal y civil (la acción de extinción del derecho de dominio que, al ser de naturaleza civil, no requiere prueba del dolo), sociológico, educativo, cultural y mediático:

### *3.1.1. La intervención de los medios de comunicación*

Algunos critican la labor que juegan los medios de comunicación en la lucha contra la corrupción, pero lo cierto es que resulta fundamental la intervención de estos en la lucha contra la misma, pues permiten la generación de una conciencia de la opinión pública en contra de este nefasto fenómeno[233].

La publicidad de esos hechos de corrupción dificulta la impunidad, por cuanto los funcionarios fiscalizadores se intimidan frente a los generadores de opinión. De otro lado, que la opinión pública conozca los hechos de corrupción otorga garantías a los funcionarios honestos que adelantan las investigaciones y permite establecer sanciones informales, pero efectivas, a partir de las cuales toda la sociedad conozca quienes han incurrido en actos de corrupción[234]. La sensibilidad democrática es una de las motivaciones más fuertes que han servido para alertar sobre la corrupción política.

A veces, la justicia también incurre en abusos frente a los cuales los medios de comunicación y la opinión pública resultan de enorme importancia para proteger la democracia[235].

El escándalo político surge como "una reacción de indignación del público contra un agente político al que se adscribe una conducta que es percibida como un abuso de poder o como una deslealtad hacia las reglas que regulan el cargo que ejerce"[236]. El escándalo se caracteriza por "expresar una reacción social de indignación ante lo que se percibe como una violación de la confianza social depositada en una persona o institución que desempeña un papel público relevante en la sociedad"[237]. La importancia de conocer el

---

[233] BALLÉN, *Los otros bandidos*, 2004, 147.

[234] GARZÓN VALDÉS, en: LAPORTA SAN MIGUEL/ÁLVAREZ, *La corrupción política*, 1997, 33.

[235] CÁRDENAS/MIJANGOS, *Estado de Derecho y corrupción*, 2005, 129.

[236] MALEM SEÑA, en: LAPORTA SAN MIGUEL/ÁLVAREZ, *La corrupción política*, 1997, 84.

[237] JIMÉNEZ SÁNCHEZ, en: LAPORTA SAN MIGUEL/ÁLVAREZ, *La corrupción política*, 1997, 296.

sentido de la opinión pública estriba en que la complacencia de la voluntad popular sigue siendo después de todo la piedra angular sobre la que descansa el gobierno representativo, en este plano la credibilidad y la ética se convierten en elementos rentables[238].

A partir del escándalo se busca generar una deslegitimación del político que finalmente sería castigado por sus electores a través de una menor votación[239]. Adicionalmente, los procesos de gran espectáculo de la delincuencia financiera tienen un alcance simbólico, alimentan a los medios de comunicación y reafirman que existe una frontera entre el bien y el mal, entre los comportamientos ilícitos y los lícitos.

Las consecuencias del escándalo están directamente relacionadas con el cuestionamiento de la legitimidad del sistema y del individuo cuestionado[240].

El escándalo busca la creación de un clima de opinión que tiene diversas fases: la revelación de una información novedosa, la publicación de la información, la defensa por parte de los protagonistas del escándalo, la dramatización por parte de los medios de comunicación, el procesamiento por parte de los mecanismos sociales de reajuste y la estigmatización[241].

El escándalo requiere tres elementos: el informante del hecho, los canales a través de los cuales se informa y la audiencia que recibe la información[242].

Sin embargo, el escándalo también va generando un fenómeno de tolerancia a la corrupción, de acuerdo con el cual un escándalo sustituye a otro y finalmente también se va equiparando la pequeña con la gran corrupción[243]. La sociedad en materia de corrupción es como un médico que después de atender a cierto número de pacientes ya no se escandaliza con la sangre.

La búsqueda de un nuevo escándalo siempre hace que el anterior quede inconcluso, y que se considere ya caduco en su función de atraer la atención

---

238 CORTINA, en: LAPORTA SAN MIGUEL/ÁLVAREZ, *La corrupción política*, 1997, 258.

239 LÓPEZ CALERA, en: LAPORTA SAN MIGUEL/ÁLVAREZ, *La corrupción política*, 1997, 127.

240 JIMÉNEZ SÁNCHEZ, en: LAPORTA SAN MIGUEL/ÁLVAREZ, *La corrupción política*, 1997, 326.

241 JIMÉNEZ SÁNCHEZ, en: LAPORTA SAN MIGUEL/ÁLVAREZ, *La corrupción política*, 1997, 320.

242 MALEM SEÑA, en: LAPORTA SAN MIGUEL/ÁLVAREZ, *La corrupción política*, 1997, 85.

243 VIRGOLINI, *Crímenes excelentes*, 2004, 256.

de la audiencia. Los medios iluminan la aparición en escena de un nuevo actor, sin que haya terminado la intervención del anterior. Los medios buscan el escándalo.

Por otro lado, debe reconocerse que los mensajes de prensa no operan de forma directa sobre la audiencia, sino que son mediados y filtrados por los grupos primarios de los líderes de opinión[244].

La existencia inevitable de los ejes discursivos en la narración de los hechos contamina aún más la supuesta objetividad del periodista en la construcción de la noticia. La necesaria selección de unos hechos en detrimento de otros, la jerarquización dentro del espacio limitado del medio[245]. Día a día, pausada pero insistentemente, el periódico modela el mundo político de los más inactivos. El escándalo suele derivar solo de las investigaciones abordadas por los periódicos[246].

La opinión pública queda configurada por la combinación de esos mismos ejes discursivos con los estereotipos que sobre ellos se forman. En este campo hay que reconocer que los ejes discursivos en la narración contaminan la supuesta objetividad del periodista en un proceso complejo, creando fábulas de opinión: selección de los hechos en detrimento de otros, jerarquización en un espacio limitado y la necesidad de unos ejes que guían el discurso, realizándose una labor de mediatización adaptando el conocimiento según los intereses del medio de comunicación[247], luego, además, los que leen prensa configuran el mundo de los incultos[248].

El escándalo termina en la estigmatización, sin esperar a un juicio pausado y con frecuencia algunos escándalos se originan sin que se haya producido un acto de corrupción. Aunque lo normal es que se produzcan a partir de

---

[244] ARROYO MARTÍNEZ, en: LAPORTA SAN MIGUEL/ÁLVAREZ, *La corrupción política*, 1997, 348.

[245] ARROYO MARTÍNEZ, en: LAPORTA SAN MIGUEL/ÁLVAREZ, *La corrupción política*, 1997, 354.

[246] ARROYO MARTÍNEZ, en: LAPORTA SAN MIGUEL/ÁLVAREZ, *La corrupción política*, 1997, 354.

[247] ARROYO MARTÍNEZ, en: LAPORTA SAN MIGUEL/ÁLVAREZ, *La corrupción política*, 1997, 354.

[248] ARROYO MARTÍNEZ, en: LAPORTA SAN MIGUEL/ÁLVAREZ, *La corrupción política*, 1997, 354.

la sospecha de un comportamiento corrupto, el escándalo político consiste en un proceso de intento de estigmatización de un agente determinado[249].

De este modo, el escándalo adquirirá valor de sanción cuando logre que la nueva etiqueta, la nueva identidad inferior sea aplicada al agente por el público, si el público identifica al agente usando la nueva etiqueta, este habrá quedado marcado por el estigma racional.

Para los medios existen dos variables transcendentales: la rentabilidad económica y la influencia social en un sistema que puede ser denominado como la industria del escándalo[250]. La rentabilidad económica se asegura manteniendo un mercado propio, compuesto por personas con cierta predisposición a asumir los ejes discursivos del diario.

El escándalo político tiene otra consecuencia que puede contrarrestar su eficacia como forma de control social: de él se deriva un desprestigio desmesurado de la función pública. Genera la impresión de que la política está implicada en el escándalo, por acción, por complicidad o por omisión[251].

Por lo anterior, debemos situar el debate no sólo en la ilicitud de la conducta de los personajes de la fábula, sino también en los intereses de los fabuladores[252], pues muchas veces los medios de comunicación manipulan las noticias de acuerdo a sus propios intereses, particularmente existen eventos en los cuales se utiliza el escándalo como herramienta política sin ningún control y por ello se vulneran los derechos de los involucrados[253].

De esta manera, la intervención de los medios de comunicación debe estar sujeta a límites muy estrictos, especialmente la imparcialidad, concretamente la distancia con los hechos, la veracidad de la información y la necesidad de contrastarla antes de publicarla[254].

---

[249] JIMÉNEZ SÁNCHEZ, en: LAPORTA SAN MIGUEL/ÁLVAREZ, *La corrupción política*, 1997, 324.

[250] HEIDENHEIMER, en: HEIDENHEIMER/JOHNSTON, *Political Corruption*, 2005, 921.

[251] ARROYO MARTÍNEZ, en: LAPORTA SAN MIGUEL/ÁLVAREZ, *La corrupción política*, 1997, 356.

[252] ARROYO MARTÍNEZ, en: LAPORTA SAN MIGUEL/ÁLVAREZ, *La corrupción política*, 1997, 354.

[253] HEIDENHEIMER, en: HEIDENHEIMER/JOHNSTON, *Political Corruption*, 2005, 921.

[254] SÁNCHEZ MORÓN, en: LAPORTA SAN MIGUEL/ÁLVAREZ, *La corrupción política*, 1996, 205.

En todo caso, es necesario reconocer que existe una mayor posibilidad de criticar los actos de gobierno y de las instituciones políticas[255] y existe una verdadera evolución en el reconocimiento de la libertad de prensa, especialmente en relación con los personajes públicos[256].

Sin embargo, un efectivo control de la corrupción por parte de los medios de comunicación solamente puede ser efectivo si se reconoce que debe existir una ética de los comunicadores[257], quienes al disponer de un poder mediático deben reconocer que deben actuar de acuerdo a una serie de parámetros para salvaguardar la veracidad de la información, la integridad de sus fuentes y la no manipulación de las noticias en el proceso editorial.

### *3.1.2. El levantamiento de la reserva*

La corrupción tiende a ser secreta y se realiza en un marco de discreción[258]. Desde una perspectiva cognitiva, la corrupción se caracteriza por ser transgresiones que tienen una dosis alta de clandestinidad, de ocultismo y de falta de pruebas[259]. Por ello, la publicidad de los actos de poder es la principal herramienta para la lucha contra este fenómeno, pues permite que el ciudadano esté informado y exija cuentas a la autoridad[260].

En este sentido, se requiere el levantamiento de la reserva en algunos sectores de la administración pública, pues existen supuestos claros de falta de transparencia como la implantación de partidas secretas, información confidencial y documentación reservada que deben levantarse, pues siempre son aprovechadas para la corrupción[261].

La reserva no es más que una ficción jurídica, la justicia no debe aceptar zonas oscuras, la reserva del sumario debe proteger a la investigación y no

---

[255] MUÑOZ CONDE, en: ECHEBURÚA ODRIOZOLA/DE LA CUESTA ARZAMENDI, *Criminología y derecho*, 1989, 850.

[256] MUÑOZ MACHADO, *Libertad de prensa*, 1987.

[257] Transparencia Internacional, Enseñar ética a los Jóvenes, 2004, 60.

[258] MALEM SEÑA, en: LAPORTA SAN MIGUEL/ÁLVAREZ, *La corrupción política*, 1997, 79.

[259] VILLORIA MENDIETA, en: LAPORTA SAN MIGUEL/ÁLVAREZ, *La corrupción política*, 2006, 56.

[260] GARZÓN VALDÉS, en: LAPORTA SAN MIGUEL/ÁLVAREZ, *La corrupción política*, 1997, 63; CÁRDENAS/MIJANGOS, *Estado de Derecho y corrupción*, 2005, 62, 121.

[261] PÉREZ FERNÁNDEZ DEL CASTILLO, en: LAPORTA SAN MIGUEL/ÁLVAREZ, *Corrupción*, 2005, 97; CRUZ CASTRO, *RPE N° 1*, 1995, 88.

a los manipuladores. En teoría el secreto de la instrucción tiene como fin cuidar la búsqueda de las pruebas y proteger a las personas.

Por lo anterior, se propone la publicidad de los procedimientos, levantando los límites de la reserva legal en los casos de corrupción, salvo que esta se encuentre completamente justificada en un fundamento legal, que se amenace este objetivo legítimo y que el perjuicio sea mayor que el interés público en divulgar la información[262].

En teoría, el secreto de la instrucción tiene como fin cuidar la búsqueda de las pruebas y proteger a las personas, sin embargo, muchas veces es una herramienta para ocultar la corrupción o para manipular las investigaciones; por ello, debe levantarse para evitar la corrupción. También deben limitarse las partidas secretas o fondos reservados en la administración al mínimo indispensable y justificarse.

### *3.1.3. La participación ciudadana*

La participación también es fundamental para la reducción de la corrupción; por ello se ha propuesto la consolidación de agentes consensuados, criterios de decisión objetivos y rendición de cuentas muy estrictas[263]. El grado de corrupción está muy relacionado con el grado de participación ciudadana, por lo que debemos limitar la comodidad del corrupto.

Se debe buscar una mayor sintonía entre representantes y representados, para buscar una vida social más razonable y no sólo simplemente más justa. Ser moral debe significar ser más democrático. Esto es, sintonizar mejor con la praxis social[264].

Adicionalmente, la participación debe implicar que el factor decisivo para la adopción de las decisiones público económicas o el interés general sean las condiciones generales del mercado y no criterios subjetivos[265].

---

[262] GARZÓN VALDÉS, en: LAPORTA SAN MIGUEL/ÁLVAREZ, *La corrupción política*, 1997, 63; CÁRDENAS/MIJANGOS, *Estado de Derecho y corrupción*, 2005, 62, 229.

[263] GARZÓN VALDÉS, en: LAPORTA SAN MIGUEL/ÁLVAREZ, *La corrupción política*, 1997, 28.

[264] LÓPEZ CALERA, en: LAPORTA SAN MIGUEL/ÁLVAREZ, *La corrupción política*, 1997, 126.

[265] GARZÓN VALDÉS, en: LAPORTA SAN MIGUEL/ÁLVAREZ, *La corrupción política*, 1997, 63.

En este sentido, LAPORTA propone tres medidas directamente relacionadas con la publicidad para reducir la corrupción: la participación de la ciudadanía en las decisiones de la administración pública, la reducción de la discrecionalidad en las decisiones relevantes en materia económica y la elaboración de un sistema institucional de información, detección de conductas irregulares presuntamente corruptas[266].

La participación ciudadana tiene un efecto adicional y es aumentar la concienciación de la comunidad sobre la gravedad de la corrupción y sobre la diferenciación de esta de situaciones normales[267].

### *3.1.4. Profesionalización y ética de los funcionarios públicos*

Existen múltiples propuestas para reducir la corrupción centradas en los servidores públicos, dentro de las cuales se ha formulado la necesidad de su profesionalización, el establecimiento de salarios adecuados y la formación general de una mentalidad y una moral de limpieza y respeto al bien común[268].

DÍAZ Y GARCÍA CONLLEDO propone

> "la alta profesionalización de los servidores públicos unida a unas retribuciones adecuadas de su trabajo, la dignificación y moralización de la actividad política, el verdadero respeto a la división de poderes y el refuerzo de la Administración de Justicia con la profundización de la independencia judicial, la instauración de mayor objetividad, publicidad y controles internos y externos de la actuación administrativa, la formación general de una mentalidad y una moral de limpieza y respeto al bien común, la reducción de las desigualdades económicas y sociales, la cooperación internacional en diferentes ámbitos y niveles, la existencia de un Derecho de calidad (no necesariamente de gran cantidad de normas y, desde luego, no necesariamente Derecho penal)"[269].

---

266 GARZÓN VALDÉS, en: LAPORTA SAN MIGUEL/ÁLVAREZ, *La corrupción política*, 1997, 31.

267 HASSEMER/MUÑOZ, *La responsabilidad*, 1995, 153.

268 PÉREZ FERNÁNDEZ DEL CASTILLO, en: LAPORTA SAN MIGUEL/ÁLVAREZ, *Corrupción*, 2005, 99.

269 DÍAZ Y GARCÍA CONLLEDO, *RDUC N° 7*, 2004, 154. En sentido similar MILLER/GRODELAND/KOSHECHKINA, *A Culture of Corruption*, 2001, 308.

KLITGAARD plantea una serie de medidas especialmente destinadas al control del ingreso y gestión de las personas que trabajen al servicio del Estado, tales como: implantar una selección depurada de los agentes o mandatarios a través de claros sistemas que permitan evitar el conflicto de intereses y la existencia de influencias ajenas a la administración pública; buscar la honestidad en las personas que se seleccionen para entrar en la administración pública y en las empresas que llegaren a tener vínculos con la administración pública; implantar garantías externas para aumentar la credibilidad de los agentes públicos, a través de un seguimiento permanente de sus actividades, establecer un sistema de rotación del personal para evitar las fidelidades nocivas dentro de la administración pública; e implantar códigos de ética pública[270].

LÓPEZ PRESA pide mejorar la profesionalización de los recursos humanos y la reforma de las organizaciones públicas, adecuar los marcos jurídicos a las necesidades actuales, extender el uso de tecnologías de la información y aumentar el desarrollo administrativo y la desregulación[271].

LOZANO/MERINO DINARI formulan también profesionalizar el personal y darle una remuneración adecuada, desarrollar códigos de ética e incrementar las medidas que signifiquen un régimen de frenos y contrapesos en la administración pública[272].

ROEMER por su parte señala la necesidad de capacitar a los servidores públicos en una cultura de servicio a la ciudadanía e impulsar una promoción del servicio civil en la cual se apliquen procesos rigurosos de selección, se brinde seguridad en el empleo a los servidores sobresalientes y se otorguen incentivos económicos a los funcionarios eficientes[273].

La Convención de las Naciones Unidas contra la Corrupción (CNUCC), aprobada el 31 de octubre de 2003, propone la adopción de sistemas de convocatoria, contratación, retención, promoción y jubilación de empleados públicos, adoptando los principios de mérito, equidad y aptitud[274]. Dentro de esta convención también se propone la adopción de códigos de conducta

---

[270] KLITGAARD, *Controlando la corrupción*, 1994, 84-98.

[271] LÓPEZ PRESA, *Corrupción y cambio*, 1998, 374.

[272] LOZANO/MERINO DINARI, *La hora de la transparencia en América Latina,* 1998, 61-68.

[273] ROEMER, en: CARBONELL/VÁSQUEZ, *Poder, derecho y corrupción*, 2003, 274.

[274] Art. 7, CNUCC.

que promuevan la integridad, la honestidad y la responsabilidad entre sus funcionarios públicos[275].

La Convención Interamericana contra la Corrupción suscrita en el año 1996 también plantea una serie de medidas centradas en los funcionarios públicos, tales como: el establecimiento de normas de conducta para el correcto, honorable y adecuado cumplimiento de las funciones públicas y de un mecanismo efectivo para su cumplimiento[276], la instrucción al personal de las entidades públicas[277] y establecer sistemas de declaración del patrimonio de quienes ingresan y salen de la administración pública[278] y para la contratación de funcionarios[279].

---

[275] Art. 8, CNUCC.

[276] Art. 3, CICC: "Medidas preventivas

A los fines expuestos en el Artículo II de esta Convención, los Estados Partes convienen en considerar la aplicabilidad de medidas, dentro de sus propios sistemas institucionales, destinadas a crear, mantener y fortalecer:

1. Normas de conducta para el correcto, honorable y adecuado cumplimiento de las funciones públicas. Estas normas deberán estar orientadas a prevenir conflictos de intereses y asegurar la preservación y el uso adecuado de los recursos asignados a los funcionarios públicos en el desempeño de sus funciones. Establecerán también las medidas y sistemas que exijan a los funcionarios públicos informar a las autoridades competentes sobre los actos de corrupción en la función pública de los que tengan conocimiento. Tales medidas ayudarán a preservar la confianza en la integridad de los funcionarios públicos y en la gestión pública.

2. Mecanismos para hacer efectivo el cumplimiento de dichas normas de conducta".

[277] Art. 3, CICC: "Medidas preventivas

A los fines expuestos en el Artículo II de esta Convención, los Estados Partes convienen en considerar la aplicabilidad de medidas, dentro de sus propios sistemas institucionales, destinadas a crear, mantener y fortalecer: [...]

3. Instrucciones al personal de las entidades públicas, que aseguren la adecuada comprensión de sus responsabilidades y las normas éticas que rigen sus actividades".

[278] Art. 3, CICC: "Medidas preventivas

A los fines expuestos en el Artículo II de esta Convención, los Estados Partes convienen en considerar la aplicabilidad de medidas, dentro de sus propios sistemas institucionales, destinadas a crear, mantener y fortalecer: [...]

4. Sistemas para la declaración de los ingresos, activos y pasivos por parte de las personas que desempeñan funciones públicas en los cargos que establezca la ley y para la publicación de tales declaraciones cuando corresponda.

[279] Art. 3, CICC: "Medidas preventivas

A los fines expuestos en el Artículo II de esta Convención, los Estados Partes convienen en considerar la aplicabilidad de medidas, dentro de sus propios sistemas institucionales, destinadas a crear, mantener y fortalecer: [...]

5. Sistemas para la contratación de funcionarios públicos y para la adquisición de bienes y servicios por parte del Estado que aseguren la publicidad, equidad y eficiencia de tales sistemas".

Dentro de estas propuestas cabe destacar la realización de campañas de concienciación de los efectos negativos de la corrupción[280], la realización de acciones educativas preventivas[281], enfatizar los programas de educación sobre ética y responsabilidad social[282] y la introducción de códigos de conducta públicos[283] –orientativos más que normativos para España, pues ya existe una regulación al respecto[284].

Estos códigos de conducta deben crear un clima propicio, considerar a todos los agentes y sus necesidades, dar garantías a los implicados, crear un comité de ética con máxima independencia del Gobierno, fomentar la capacidad investigadora y la elaboración de consultas y recomendaciones, dar orientación profesional y evaluar el rendimiento profesional con base en el cumplimiento de objetivos[285].

En este sentido, en España se expidió el Código de Buen Gobierno de los miembros del Gobierno y de los altos cargos de la Administración General del Estado, aprobado a través del Acuerdo del Consejo de Ministros de 18 de febrero de 2005, dentro del cual se consagran una serie de principios éticos[286]

---

[280] HOPE, en: NEWELL/BULL, *Corruption*, 2003, 30.

[281] MONTENEGRO DE FLETCHER, *Corrupción, democracia y ética*, 1997, 24; POVEDA PERDOMO, *La corrupción y el régimen*, 1998, 156.

[282] MONTENEGRO DE FLETCHER, *Corrupción, democracia y ética*, 1997, 24.

[283] VILLORIA MENDIETA, *Ética pública y corrupción*, 2000, 177; BULL/NEWELL, *Corruption*, 2003, 242.

[284] VILLORIA MENDIETA, *Ética pública y corrupción*, 2000, 180.

[285] VILLORIA MENDIETA, *Ética pública y corrupción*, 2000, 180-182.

[286] Art. 2, CBGG: "Principios éticos

1. Los altos cargos promoverán los derechos humanos y las libertades de los ciudadanos, y evitarán toda actuación que pueda producir discriminación alguna por razón de nacimiento, raza, sexo, religión, opinión o cualquier otra condición o circunstancia personal o social.

2. La adopción de decisiones perseguirá siempre la satisfacción de los intereses generales de los ciudadanos y se fundamentará en consideraciones objetivas orientadas hacia el interés común, al margen de cualquier otro factor que exprese posiciones personales, familiares, corporativas, clientelares o cualesquiera otras que puedan colisionar con este principio.

3. Se abstendrán de toda actividad privada o interés que pueda suponer un riesgo de plantear conflictos de intereses con su puesto público. Se entiende que existe conflicto de intereses cuando los altos cargos intervienen en las decisiones relacionadas con asuntos en los que confluyan a la vez intereses de su puesto público e intereses privados propios, de familiares directos, o intereses compartidos con terceras personas.

4. Velarán por promover el respeto a la igualdad entre hombres y mujeres, y removerán los obstáculos que puedan dificultarla.

y de conducta[287], que tienen por finalidad garantizar "la transparencia, eficacia y dedicación plena a sus funciones públicas y evita toda aquella actividad o

---

5. Se someterán a las mismas condiciones y exigencias previstas para el resto de los ciudadanos en las operaciones financieras, obligaciones patrimoniales o negocios jurídicos que realicen.

6. No aceptarán ningún trato de favor o situación que implique privilegio o ventaja injustificada, por parte de personas físicas o entidades privadas.

7. No influirán en la agilización o resolución de trámite o procedimiento administrativo sin justa causa y, en ningún caso, cuando ello comporte un privilegio en beneficio de los titulares de estos cargos o su entorno familiar y social inmediato o cuando suponga un menoscabo de los intereses de terceros.

8. Actuarán de acuerdo con los principios de eficacia, economía y eficiencia, y vigilarán siempre la consecución del interés general y el cumplimiento de los objetivos de la organización.

9. Se abstendrán de todo tipo de negocios y actividades financieras que puedan comprometer la objetividad de la Administración en el servicio a los intereses generales.

10. Sus actividades públicas relevantes serán transparentes y accesibles para los ciudadanos con las únicas excepciones previstas en las leyes.

11. Asumirán la responsabilidad en todo momento de las decisiones y actuaciones propias y de los organismos que dirigen, sin perjuicio de otras que fueran exigibles legalmente.

12. Asumirán la responsabilidad de sus actuaciones ante los superiores y no las derivarán hacia los subordinados sin causa objetiva.

13. Ejercerán sus atribuciones según los principios de buena fe y dedicación al servicio público y se abstendrán no solo de conductas contrarias a aquellos, sino también de cualesquiera otras que comprometan la neutralidad en el ejercicio de los servicios públicos que tuvieran encomendados.

14. Sin perjuicio de lo dispuesto en las leyes sobre la difusión de información de interés público, se mantendrán el sigilo, la reserva y la discreción en relación con los datos e informes que se conocieran por razón del cargo".

[287] Art. 3, CBGG: "Principios de conducta

1. El desempeño de los altos cargos exige la plena dedicación.

2. El desempeño de cargos en órganos ejecutivos de dirección de partidos políticos, en ningún caso menoscabará o comprometerá el ejercicio de sus funciones.

3. Garantizarán el ejercicio del derecho de los ciudadanos a la información sobre el funcionamiento de los servicios públicos que tengan encomendados, con las limitaciones que establezcan normas específicas.

4. En el ejercicio de sus funciones extremarán el celo de modo que el desempeño de las obligaciones contraídas sea una efectiva referencia de ejemplaridad en la actuación de los empleados públicos. Esta ejemplaridad habrá de predicarse, igualmente, en el cumplimiento de las obligaciones que, como ciudadanos, les exigen las leyes.

5. Administrarán los recursos públicos con austeridad y evitarán actuaciones que puedan menoscabar la dignidad con que ha de ejercerse el cargo público.

6. Se rechazará cualquier regalo, favor o servicio en condiciones ventajosas que vaya más allá de los usos habituales, sociales y de cortesía o préstamos u otras prestaciones económicas que puedan condicionar el desempeño de sus funciones, sin perjuicio de lo establecido en el Código Penal.

En el caso de obsequios de mayor significación de carácter institucional se incorporarán al patrimonio del Estado, en los términos previstos en la Ley 33/2003, de 3 de noviembre, del Patrimonio de las Administraciones Públicas, de acuerdo con lo que se determine reglamentariamente.

7. En el desempeño de sus funciones serán accesibles a todos los ciudadanos y extremarán la diligencia en contestar todos los escritos, solicitudes y reclamaciones que estos realicen.

interés que pudiera comprometer su independencia e imparcialidad o menoscabar el desempeño de sus deberes públicos"[288].

Dentro de estas disposiciones cabe destacar tres (3) obligaciones: la de rechazar cualquier regalo, favor o servicio en condiciones ventajosas que vaya más allá de los usos habituales, sociales y de cortesía (art. 3.6); la de actuar al margen de cualquier otro factor que exprese posiciones personales, familiares, corporativas, clientelares o cualesquiera otras que puedan colisionar con este principio (art. 2.2.); y la de no aceptar ningún trato de favor o situación que implique privilegio o ventaja injustificada, por parte de personas físicas o entidades privadas (art. 2.6.).

Para el cumplimiento del mencionado código se dispuso la elaboración de un informe elevado por el Ministro de Administraciones Públicas y el deber del Consejo de Ministros de adoptar las medidas oportunas en caso de incumplimiento[289], instrumentos que deberían acompañarse de medios coercitivos como, por ejemplo, la imposición de responsabilidades políticas y patrimoniales, pues de lo contrario se corre el riesgo de que estos valores se conviertan en letra muerta.

A pesar de las buenas intenciones de este Código de Buen Gobierno, algunas disposiciones abren la puerta para actos de corrupción, como, por

---

8. El tratamiento oficial de carácter protocolario de los miembros del Gobierno y de los altos cargos será el de señor/señora, seguido de la denominación del cargo, empleo o rango correspondiente.

En misiones oficiales en el extranjero les corresponderá el tratamiento que establezca la normativa del país u organización internacional correspondiente.

9. Se abstendrán de realizar un uso impropio de los bienes y servicios que la Administración General del Estado pone a su disposición por razón del cargo.

10. La protección del entorno cultural y de la diversidad lingüística inspirará las actuaciones de los altos cargos en el ejercicio de sus competencias, así como la protección y mejora de la calidad del medio ambiente.

11. Garantizarán la constancia y permanencia de los documentos para su transmisión y entrega a sus posteriores responsables.

[288] Exposición de motivos del CBGG.

[289] Art. 4, CBGG: "Cumplimiento del Código de Buen Gobierno

1. Anualmente el Consejo de Ministros conocerá un informe elevado por el Ministro de Administraciones Públicas, sobre los eventuales incumplimientos de los principios éticos y de conducta con el fin de analizar los procedimientos y actuaciones que pueden posibilitar su trasgresión y proponer las medidas que se estimen convenientes para asegurar la objetividad de las decisiones de la Administración y de las instituciones públicas.

2. El Consejo de Ministros, en el supuesto de que hubiera incumplimientos de los principios del código, adoptará las medidas oportunas".

ejemplo, permitir la realización de regalos, favores o servicios de acuerdo a los usos habituales, sociales y de cortesía, opción que mal entendida puede dar lugar a impunidad, especialmente en los niveles más altos de las administraciones públicas, en los cuales son frecuentes los homenajes y otras situaciones que propician el tráfico de influencias, pues acercan al funcionario a personajes que no tienen ninguna relación con el cumplimiento de sus funciones.

Otros países también han acogido la propuesta de códigos de ética pública, así sucede en Argentina[290], Costa Rica[291], México[292], Uruguay[293], Venezuela[294] y Colombia, donde con el objeto de preservar la moralidad en la administración pública se promulgó el primer Estatuto Anticorrupción a través de la Ley 190 de 1995 y el segundo, por medio de la Ley 1474 de 2011, los cuales crearon la Comisión Ciudadana para la Lucha contra la Corrupción, fusionada a la Comisión Nacional para la Moralización a través del Decreto 978 de 1999.

Gracias a estas normas pueden darse grandes avances en la lucha contra la corrupción, pero ello dependerá fundamentalmente de dotarlas de herramientas para sancionar a sus infractores, pues, de lo contrario, su incumplimiento daría un mensaje de permisividad del Estado ante aquel fenómeno.

Estas medidas pueden ser muy útiles para combatir la corrupción, pero no puede perderse de vista que, como señala JOHNSTON, las expectativas sobre la honestidad de los funcionarios sean realistas, pues estos son seres humanos corrientes a los cuales en ocasiones se les demandan virtudes inexistentes en el resto de la sociedad[295], por ello deben ser completadas por otro tipo de mecanismos como los que veremos a continuación.

La acción de extinción del dominio ha sido consagrada en la propia constitución y en sucesivas leyes, dentro de las cuales se destacan la Ley 67 de 1993, la Ley 333 de 1996, la Ley 793 de 2002 y la Ley 395 de 2009.

---

[290] Ley de Ética de la función pública (25.188 de 29 de septiembre).

[291] Reglamento de Ética y Normas de Conducta del Servidor Público del Ministerio de Obras Públicas y Transportes y Órganos adscritos.

[292] Código de Ética de los servidores públicos de la Administración Pública Federal.

[293] Ley de prevención y lucha contra la corrupción de 23 de diciembre de 1998.

[294] Código de Ética del funcionario público.

[295] JOHNSTON, M., en: HEIDENHEIMER/JOHNSTON/LE VINE, *Political Corruption*, 1982, 184.

En la Ley 793 de 2002, la acción de extinción del dominio no debe estar necesariamente relacionada con la comisión de un delito, sino de una serie de causales que implican un incremento patrimonial injustificado y la comisión de conductas ilícitas dentro de las cuales se encuentra el enriquecimiento ilícito y

> "las conductas cometidas, en perjuicio del tesoro público, y que correspondan a los delitos de peculado, interés ilícito en la celebración de contratos, de contratos celebrados sin requisitos legales, emisión ilegal de moneda o de efectos o valores equiparados a moneda; ejercicio ilícito de actividades monopolísticas o de arbitrio rentístico; hurto sobre efectos y enseres destinados a seguridad y defensa nacionales; delitos contra el patrimonio que recaigan sobre bienes del Estado; utilización indebida de información privilegiada; utilización de asuntos sometidos a secreto o reserva"[296].

Lo más interesante de esta acción es su carácter independiente de la responsabilidad penal, situación por la cual la Corte Constitucional de Colombia ha señalado que la misma no constituye una pena ni una sanción para el afectado, sino que "es el resultado normal de su conducta omisiva, que ha podido evitarse por él mismo realizando las conductas que el ordenamiento ha identificado como presupuestos para derivar los beneficios en ella contemplados"[297]. En síntesis, la extinción del dominio permite no reconocer el derecho de dominio que no ha sido adquirido de acuerdo a la ley, tal como sucederá en el caso de un acto de corrupción[298].

### *3.1.5. Control y transparencia dentro de las administraciones públicas*

Existen múltiples propuestas para reducir la corrupción centradas en las administraciones públicas, tales como reducir la discrecionalidad, aumentar la transparencia y la publicidad de las decisiones públicas, mejorar el control administrativo y patrimonial de los recursos públicos y privados.

---

[296] Número 2 del parágrafo 2 del artículo 2 de la Ley 793 de 2002.

[297] Sentencia de la Corte Constitucional de Colombia C-006 de 1993, Magistrado Ponente: Eduardo Cifuentes Muñoz.

[298] Sentencia de la Corte Constitucional de Colombia C-006 de 1993, Magistrado Ponente: Eduardo Cifuentes Muñoz.

En este sentido, ROSE-ACKERMAN ha propuesto tres (3) fórmulas para la reducción de la corrupción: simplificar las leyes fiscales para reducir el poder discrecional de la burocracia y reorganizarla para mejorar el control y aumentar los incentivos de una buena actuación; eliminar, simplificar y mejorar la aplicación de las leyes administrativas; y mejorar los procedimientos de aprobación de proyectos futuros[299].

Para JOHNSTON, si bien se debe aprender a convivir con la corrupción, pues es un problema endémico estructural de la sociedad, aquella puede controlarse al menos a través de una reducción de las actividades gubernamentales y especialmente de la influencias de la administración en actividades típicamente privadas tales como la concesión de autorizaciones o permisos[300].

LOZANO/MERINO DINARI proponen la realización de reformas administrativas como la descentralización, aumentar la responsabilidad de los funcionarios, profesionalizar el personal y darle una remuneración adecuada, desarrollar códigos de ética e incrementar las medidas que signifiquen un régimen de frenos y contrapesos en la administración pública[301].

TANZI propone establecer una política de tolerancia cero a la corrupción, para lo cual es necesario el liderazgo para erradicarla y el cambio en las políticas que disminuyan la demanda de corrupción, reduciendo las regulaciones y la discrecionalidad[302].

En este ámbito, resulta fundamental el compromiso de los líderes políticos y económicos de la sociedad, la reducción de la demanda de la corrupción a través de una disminución gradual del sistema de regulaciones, autorizaciones y trabas fiscales, reducir los recursos de la corrupción aumentando el salario y las condiciones de los funcionarios públicos y, por último, incrementar los controles y las penas aplicables a los eventos de corrupción[303].

MILLER/GRODELAND/KOSHECHKINA proponen simplificar los procedimientos en áreas de actividad más propensas a la corrupción, re-

---

[299] ROSE-ACKERMAN, *La corrupción y los gobiernos*, 2001, 310 ss.

[300] JOHNSTON, M., en: HEIDENHEIMER/JOHNSTON/LE VINE, *Political Corruption*, 1982, 183.

[301] LOZANO/MERINO DINARI, *La hora de la transparencia en América Latina*, 1998, 61-68.

[302] TANZI, en: ABED/GUPTA, *Governance, Corruption & Economic Performance*, 2002, 54.

[303] TANZI, en: ABED/GUPTA, *Governance, Corruption & Economic Performance*, 2002, 122.

forzar a la gente abriendo debates y defendiendo la libertad de prensa y, por último, mejorar el sistema de contabilidad de la administración[304].

POVEDA PERDOMO plantea por su parte medidas políticas como fomentar la participación ciudadana y la voluntad política local, la despolitización de los órganos de control y la implantación de normas que favorezcan la transparencia en la administración pública, y medidas operativas como aumentar la efectividad del sistema de control interno, el perfeccionamiento de las formas de investigación y la coordinación entre los órganos de control[305].

CÁRDENAS/MIJANGOS defienden especialmente los mecanismos de control de cuentas institucionales y sociales como medios para luchar contra la corrupción y materializar una democracia representativa[306]. Estos mecanismos deben llevarse a cabo mediante organismos que tengan las siguientes características: autonomía e independencia, aprobación por la mayoría, apoliticidad, inmunidad, rendición de cuentas, transparencia e intangibilidad, es decir, que deben ser permanentes[307].

La CNUCC propone en el campo administrativo: la creación de un organismo especializado en la prevención de la corrupción;[308] el establecimiento de sistemas apropiados de contratación pública basados en la transparencia, la competencia y criterios objetivos de adopción de decisiones eficaces pa-

---

[304] MILLER/GRODELAND/KOSHECHKINA, *A Culture of Corruption*, 2001, 308.

[305] POVEDA PERDOMO, *La corrupción y el régimen*, 1998, 165.

[306] CÁRDENAS/MIJANGOS, *Estado de Derecho y corrupción*, 2005, 143.

[307] CÁRDENAS/MIJANGOS, *Estado de Derecho y corrupción*, 2005, 233.

[308] Art. 6, CNUCC: "Órgano u órganos de prevención de la corrupción:

1. Cada Estado Parte, de conformidad con los principios fundamentales de su ordenamiento jurídico, garantizará la existencia de un órgano u órganos, según proceda, encargados de prevenir la corrupción con medidas tales como:

a) La aplicación de las políticas a que se hace alusión en el artículo 5 de la presente Convención y, cuando proceda, la supervisión y coordinación de la puesta en práctica de esas políticas;

b) El aumento y la difusión de los conocimientos en materia de prevención de la corrupción.

2. Cada Estado Parte otorgará al órgano o a los órganos mencionados en el párrafo 1 del presente artículo la independencia necesaria, de conformidad con los principios fundamentales de su ordenamiento jurídico, para que puedan desempeñar sus funciones de manera eficaz y sin ninguna influencia indebida. Deben proporcionárseles los recursos materiales y el personal especializado que sean necesarios, así como la capacitación que dicho personal pueda requerir para el desempeño de sus funciones.

3. Cada Estado Parte comunicará al Secretario General de las Naciones Unidas el nombre y la dirección de la autoridad o las autoridades que puedan ayudar a otros Estados Parte a formular y aplicar medidas concretas de prevención de la corrupción.

ra prevenir la corrupción[309]; y la implantación de medidas que mejoren la transparencia y la obligación de rendir cuentas en la gestión de la hacienda pública[310].

En este sistema se da particular importancia a la publicidad de las actuaciones de la administración pública a través de sistemas que permitan a los ciudadanos acceder a la información pública, la simplificación de los procesos administrativos y la publicación periódica de información[311].

---

[309] Art. 9, CNUCC: "Contratación pública y gestión de la hacienda pública

1. Cada Estado Parte, de conformidad con los principios fundamentales de su ordenamiento jurídico, adoptará las medidas necesarias para establecer sistemas apropiados de contratación pública, basados en la transparencia, la competencia y criterios objetivos de adopción de decisiones, que sean eficaces, entre otras cosas, para prevenir la corrupción. Esos sistemas, en cuya aplicación se podrán tener en cuenta valores mínimos apropiados, deberán abordar, entre otras cosas:

a) La difusión pública de información relativa a procedimientos de contratación pública y contratos, incluida información sobre licitaciones e información pertinente u oportuna sobre la adjudicación de contratos, a fin de que los licitadores potenciales dispongan de tiempo suficiente para preparar y presentar sus ofertas;

b) La formulación previa de las condiciones de participación, incluidos criterios de selección y adjudicación y reglas de licitación, así como su publicación;

c) La aplicación de criterios objetivos y predeterminados para la adopción de decisiones sobre contratación pública a fin de facilitar la ulterior verificación de la aplicación correcta de las reglas o procedimientos;

d) Un mecanismo eficaz de examen interno, incluido un sistema eficaz de apelación, para garantizar recursos y soluciones legales en el caso de que no se respeten las reglas o los procedimientos establecidos conforme al presente párrafo;

e) Cuando proceda, la adopción de medidas para reglamentar las cuestiones relativas al personal encargado de la contratación pública, en particular declaraciones de interés respecto de determinadas contrataciones públicas, procedimientos de preselección y requisitos de capacitación".

[310] Art. 9.2, CNUCC: "Cada Estado Parte, de conformidad con los principios fundamentales de su ordenamiento jurídico, adoptará medidas apropiadas para promover la transparencia y la obligación de rendir cuentas en la gestión de la hacienda pública. Esas medidas abarcarán, entre otras cosas:

a) Procedimientos para la aprobación del presupuesto nacional;

b) La presentación oportuna de información sobre gastos e ingresos;

c) Un sistema de normas de contabilidad y auditoría, así como la supervisión correspondiente;

d) Sistemas eficaces y eficientes de gestión de riesgos y control interno; y

e) Cuando proceda, la adopción de medidas correctivas en caso de incumplimiento de los requisitos establecidos en el presente párrafo.

3. Cada Estado Parte, de conformidad con los principios fundamentales de su derecho interno, adoptará las medidas que sean necesarias en los ámbitos civil y administrativo para preservar la integridad de los libros y registros contables, estados financieros u otros documentos relacionados con los gastos e ingresos públicos y para prevenir la falsificación de esos documentos".

[311] Art. 10, CNUCC: "Información pública. Habida cuenta de la necesidad de combatir la corrupción, cada Estado Parte, de conformidad con los principios fundamentales de su derecho interno, adoptará las medidas que sean necesarias para aumentar la transparencia en su administración pública,

La CICC hace énfasis en otro tipo de medidas igualmente importantes, tales como la implantación de sistemas adecuados para la recaudación y el control de los ingresos del Estado que impidan la corrupción[312] y crear leyes que eliminen los beneficios tributarios a cualquier persona o sociedad que efectúe asignaciones violando la legislación contra la corrupción[313].

### *3.1.6. Reducción de la corrupción política*

Al estudiar la corrupción política hay que tomar como punto de partida que jamás se puede comparar la política con la corrupción y que existe un gran número de personas dedicadas a la política que son absolutamente honestas, sin que se desconozca que una parte de ellos son promotores de la corrupción. Pero el fenómeno de la corrupción se presenta generalmente como un vínculo entre la actividad política y los particulares que operan como satélites que giran y permanecen alrededor de quien ejerce la función pública. Es más, por lo general estos particulares permanecen y se adaptan a los distintos cambios en la administración pública sin importar el partido político que llegue al poder[314].

En relación con los partidos políticos, se propone la "adecuada articulación estructural de los partidos y agrupaciones distribuyendo la responsabilidad entre las asambleas de representantes locales y regionales, comisiones, etcétera; discusión exhaustiva de las decisiones políticas, formación política en todos los planos de la organización, movilidad de los dirigentes"[315].

---

incluso en lo relativo a su organización, funcionamiento y procesos de adopción de decisiones, cuando proceda. Esas medidas podrán incluir, entre otras cosas:

a) La instauración de procedimientos o reglamentaciones que permitan al público en general obtener, cuando proceda, información sobre la organización, el funcionamiento y los procesos de adopción de decisiones de su administración pública y, con el debido respeto a la protección de la intimidad y de los datos personales, sobre las decisiones y actos jurídicos que incumban al público;

b) La simplificación de los procedimientos administrativos, cuando proceda, a fin de facilitar el acceso del público a las autoridades encargadas de la adopción de decisiones; y

c) La publicación de información, lo que podrá incluir informes periódicos sobre los riesgos de corrupción en su administración pública".

312 Art. 7.6, CNUCC.

313 Art. 7.7, CNUCC.

314 LÓPEZ CALERA, en: LAPORTA SAN MIGUEL/ÁLVAREZ, *La corrupción política*, 1997, 129.

315 CÁRDENAS/MIJANGOS, *Estado de Derecho y corrupción*, 2005, 62, 155.

Existen también medidas dirigidas a reducir la corrupción política, tales como tomar en cuenta la corrupción al momento de tomar decisiones y encontrar el necesario poder político[316]. Por eso resulta útil apoyarse en la opinión pública, precisamente para enfrentarse a grupos corruptos que dominan la administración.

En este campo, es necesario limitar el derroche en la financiación de las campañas políticas, que luego crea lazos inescindibles entre los políticos y quienes los financian[317].

En este sentido, VANUCCI ha propuesto un sistema personal: "elegir la opción salida [...] limitando los contactos con las estructuras públicas a lo estrictamente necesario, elegir la opción voz, es decir, oponerse a la decisión y a la falta de exigencia de la administración pública denunciándolas abiertamente; proseguir las relaciones personales con las estructuras públicas por los procedimientos formales, con una estrategia de honradez pasiva"[318].

Resulta necesario estudiar, adaptar y corregir permanentemente las desviaciones que se producen en la financiación de los partidos políticos y de las respectivas campañas[319], asunto que se constata como una de las principales causas de la corrupción.

En este sentido, la CNUCC ha considerado básico este aspecto al señalar que "cada Estado Parte considerará asimismo la posibilidad de adoptar medidas legislativas y administrativas apropiadas, en consonancia con los objetivos de la presente Convención y de conformidad con los principios fundamentales de su derecho interno, para aumentar la transparencia respecto de la financiación de candidaturas a cargos públicos electivos y, cuando proceda, respecto de la financiación de los partidos políticos"[320].

### 3.2. Medidas preventivas coactivas

En la represión de la corrupción, la doctrina del análisis económico del derecho ha reconocido que aumentar la severidad de la sanción no disminuye

---

[316] MARQUETTE, en: NEWELL/BULL, *Corruption*, 2003, 78.

[317] JIMÉNEZ DE PARGA, en: LAPORTA SAN MIGUEL/ÁLVAREZ, *La corrupción política*, 1997, 152; PRADERA, *La maquinaria*, 1997, 162 y ss.

[318] VANUCCI, en: CARBONELL/VÁSQUEZ, *Poder, derecho y corrupción*, 2003, 116.

[319] JIMÉNEZ DE PARGA, en: LAPORTA SAN MIGUEL/ÁLVAREZ, *La corrupción política*, 1997, 152; TANZI, en: ABED/GUPTA, *Governance, Corruption & Economic Performance*, 2002, 54.

[320] Art. 7.3, CNUCC.

necesariamente un fenómeno ilícito si no está directamente relacionada con el aumento de probabilidad de ser descubierto y sancionado y de incentivos a las autoridades eficientes[321].

De acuerdo con la ecuación de KLITGAARD, el principio fundamental para la construcción de medidas coactivas contra la corrupción debe ser la eliminación total de eliminar los beneficios extraposicionales para reducir el deseo del sujeto de incurrir en un acto de corrupción[322].

La doctrina ha identificado unas herramientas necesarias para llevar a cabo una investigación por corrupción: definir correctamente las fuentes de información, analizar las zonas y los temas que se investigarán, realizar una investigación discreta y bien planificada, no concentrar la investigación en lo penal y por último dar a conocer los hechos a la opinión pública, con respeto a las garantías de los investigados[323].

En este ámbito, la doctrina y la comunidad internacional han sido conscientes de la gravedad del fenómeno de la corrupción y por ello han propuesto una serie de medidas contra este fenómeno que pueden ser clasificadas en cinco (5) grandes grupos:

### *3.2.1. Medidas de naturaleza civil*

Las medidas de naturaleza civil están orientadas fundamentalmente a la indemnización de los perjuicios causados por el comportamiento corrupto, mecanismos a los cuales se dedica una convención completa del Consejo de Europa. Concretamente, el Convenio de Derecho civil sobre la corrupción, realizado en Estrasburgo el 4 de noviembre de 1999, contempla una serie de mecanismos para la lucha contra este fenómeno, dentro de los cuales cabe destacar: la compensación para aquellas personas que hayan recibido un daño como consecuencia de la corrupción[324], para lo cual se exige que el demandado haya cometido o autorizado un acto de corrupción o fallado en tomar los pasos razonables para prevenir el acto de corrupción, que el demandante haya sufrido un perjuicio y que exista una relación causal entre el daño y el

---

[321] HARO, Análisis económico del diseño del mecanismo de sanción, 2003, 297 ss.

[322] GARZÓN VALDÉS, en: LAPORTA SAN MIGUEL/ÁLVAREZ, *La corrupción política*, 1997, 56 ss.

[323] CRUZ CASTRO, *RPE N° 1*, 1995, 91 y 92.

[324] Artículo 3, CDCC.

acto de corrupción[325], incluyendo la posibilidad de que sea el Estado quien tenga que responder[326].

Igualmente, dentro de esta misma convención, se establece una serie de mecanismos complementarios tales como la necesidad de declarar nulos aquellos contratos o cláusulas contractuales que favorezcan la corrupción[327], la necesidad de establecer normas para promover la transparencia de las cuentas y las auditorías[328] y la cooperación internacional en los procedimientos por los casos de corrupción y los costos de la investigación[329].

### *3.2.2. Derecho disciplinario*

Desde el punto de vista del Derecho disciplinario, existe un amplio régimen de faltas muy graves, graves y leves cuya aplicación está directamente relacionada con los actos de corrupción, el cual estaba inicialmente consagrado en la Ley 30/1984 y el Real Decreto 33/1986 y que más recientemente se contempla en el EBEP:

Dentro de las faltas muy graves se sanciona la adopción de acuerdos manifiestamente ilegales que causen perjuicio grave a la administración o a los ciudadanos[330], el incumplimiento de las normas sobre incompatibilidades[331], la publicación o utilización indebida de secretos oficiales[332] y la violación de la neutralidad o independencia políticas[333], actos claramente relacionados con la corrupción, pues implican la desviación de intereses y el abuso de poder para favorecer intereses ajenos a la administración pública.

Dentro de las faltas graves se incluyen las conductas constitutivas de delito doloso relacionadas con el servicio o que causen daño a la administración o a los administrados[334], el abuso de autoridad en el ejercicio del

---

325 Artículo 4, CDCC.

326 Artículo 5, CDCC.

327 Artículo 8, CDCC.

328 Artículo 10, CDCC.

329 Artículo 13, CDCC.

330 Art. 95.2, letra d), EBEP.

331 Art. 95.2, letra n), EBEP.

332 Art. 6, letra d) del Real Decreto 33/1986.

333 Art. 6, letra g) del Real Decreto 33/1986.

334 Art. 7, letra c) del Real Decreto 33/1986.

cargo[335], no guardar el debido sigilo respecto a los asuntos que se conozcan por razón del cargo[336] e intervenir en un procedimiento administrativo cuando se dé alguna de las causas de abstención legalmente señaladas[337].

La gran problemática que han generado estas faltas –especialmente la comisión de un delito doloso relacionado con el servicio– es su aplicación conjunta con los delitos contra la administración pública, posibilidad que si bien para la doctrina es rechazada de forma categórica (en virtud de la aplicación del *non bis in idem*)[338], se acepta en la jurisprudencia con base en la existencia de una relación de sujeción especial[339].

Dentro de las faltas leves se mencionan mayoritariamente meras infracciones de deberes, aunque cabe señalar que un acto de corrupción de escasa entidad podría sancionarse en virtud de la cláusula general contemplada en la letra e) del artículo octavo del RD 33/1986, que sanciona "el incumplimiento de los deberes y obligaciones del funcionario, siempre que no deban ser calificados como falta muy grave o grave".

En virtud de estos mecanismos, el Derecho disciplinario se puede convertir en el instrumento más idóneo para la lucha contra la corrupción, pues permite atajar el fenómeno desde la misma gestación de la desviación de intereses, aunque para ello deberán establecerse medidas para el descubrimiento oportuno de las irregularidades, como incentivar la denuncia y estudiar minuciosamente el patrimonio del funcionario público y de sus familiares.

En Colombia, el régimen disciplinario se encuentra regulado a través de la Ley 734 de 2002, dentro de la cual se acoge también un sistema triple de sanciones, aunque solamente exista una determinación legal de las faltas gravísimas, dejándose la determinación de si son graves o leves a criterios tales como el grado de culpabilidad, la naturaleza esencial del servicio o el grado de perturbación del servicio[340].

---

335 Art. 7, letra b) del Real Decreto 33/1986.

336 Art. 7, letra j) del Real Decreto 33/1986.

337 Art. 7, letra g) del Real Decreto 33/1986.

338 BENLLOCH PETIT, *RPJ N° 51*, 1998, 359; HUERTA TOCILDO, en: CEREZO MIR/ DIEZ RIPOLLÉS, *Ilícito penal e ilícito disciplinario*, 2002, 59.

339 DE VICENTE MARTÍNEZ, *Principio de legalidad*, 2004, 177 ss.; NIETO GARCÍA, *Derecho administrativo sancionador*, 2005, 511.

340 Art. 43 de la Ley 734 de 2002: "Criterios para determinar la gravedad o levedad de la falta. Las

Las faltas gravísimas son incluidas en un prolongado listado de sesenta y tres (63) hipótesis y cuatro (4) eventos especiales, dentro de los cuales cabe destacar las siguientes, por su especial relación con la corrupción:

- Realizar objetivamente una descripción típica consagrada en la Ley como delito sancionable a título de dolo, cuando se cometa en razón, con ocasión o como consecuencia de la función o cargo, o abusando del mismo[341] supuesto que, como sucede en la legislación española, podría dar lugar a la imposición de una doble sanción por los mismos hechos, a pesar de lo cual fue declarado constitucional en sentencia C-720 de 23-8-2006, pues la Corte Constitucional no encontró infracción del *non bis in idem*[342].

---

faltas gravísimas están taxativamente señaladas en este código. Se determinará si la falta es grave o leve de conformidad con los siguientes criterios:

1. El grado de culpabilidad.
2. La naturaleza esencial del servicio.
3. El grado de perturbación del servicio.
4. La jerarquía y mando que el servidor público tenga en la respectiva institución.
5. La trascendencia social de la falta o el perjuicio causado.
6. Las modalidades y circunstancias en que se cometió la falta, que se apreciarán teniendo en cuenta el cuidado empleado en su preparación, el nivel de aprovechamiento de la confianza depositada en el investigado o de la que se derive de la naturaleza del cargo o función, el grado de participación en la comisión de la falta, si fue inducido por un superior a cometerla, o si la cometió en estado de ofuscación originado en circunstancias o condiciones de difícil prevención y gravedad extrema, debidamente comprobadas.
7. Los motivos determinantes del comportamiento.
8. Cuando la falta se realice con la intervención de varias personas, sean particulares o servidores públicos.
9. La realización típica de una falta objetivamente gravísima cometida con culpa grave, será considerada falta grave".

341 Art. 48, numeral 1) de la Ley 734 de 2002.

342 SCC 23-8-2006: "Si bien es cierto que entre la acción penal y la disciplinaria existen ciertas similitudes puesto que las dos emanan de la potestad punitiva del Estado, se originan en la violación de normas que consagran conductas ilegales, buscan determinar la responsabilidad del imputado y demostrada ésta imponer la sanción respectiva, siguiendo los procedimientos previamente establecidos por el legislador, no es menos cierto que ellas no se identifican, ya que la acción disciplinaria se produce dentro de la relación de subordinación que existe entre el funcionario y la Administración en el ámbito de la función pública y se origina en el incumplimiento de un deber o de una prohibición, la omisión o extralimitación en el ejercicio de las funciones, la violación del régimen de inhabilidades, incompatibilidades, etc., y su finalidad es la de garantizar el buen funcionamiento, moralidad y prestigio del organismo público respectivo. Dichas sanciones son impuestas por la autoridad administrativa competente o por la Procuraduría General de la Nación, ente que tiene a su cargo la vigilancia de la

- Actuar u omitir, a pesar de la existencia de causales de incompatibilidad, inhabilidad y conflicto de intereses[343] o no declararse impedido oportunamente[344]. Las causas de inhabilidad e incompatibilidad se encuentran consagradas en la Constitución[345], en el Código disciplinario[346] y en la Ley de contratación estatal[347].
- Contraer obligaciones con personas naturales o jurídicas con las cuales se tengan relaciones[348], evento en el cual se incurre claramente en una situación de conflicto de intereses y, por tanto, de corrupción.
- Utilizar el cargo para participar en las actividades de los partidos y movimientos políticos y en las controversias políticas[349], situación que fue modificada muy recientemente ante las particularidades que implica la posibilidad de reelección presidencial.
- Ofrecer el servidor público, directa o indirectamente, la vinculación de recomendados a la administración o la adjudicación de contratos a favor de determinadas personas, con ocasión o por razón del trámite de un proyecto legislativo de interés para el Estado o solicitar a los congresistas, diputados o concejales tales prebendas, aprovechando su intervención en dicho trámite[350].
- Influir en otro servidor público[351], supuesto que podría constituir también un tráfico de influencias, el cual bajo la opinión de la Corte

---

conducta oficial de los servidores estatales". Sentencia C-244 de 1996. M.P. Carlos Gaviria Díaz. S. V. de Eduardo Cifuentes Muñoz y Julio César Ortiz Gutiérrez.

"La posibilidad de que un servidor público o un particular, en los casos previstos en la ley, sean procesados penal y disciplinariamente por una misma conducta no implica violación al principio *non bis in ídem*, pues, como lo ha explicado la Corte, se trata de dos juicios diferentes que buscan proteger bienes jurídicos diversos y que están encaminados, según exista mérito para ello, a imponer sanciones que se caracterizan por ser de naturaleza jurídica distinta". Sentencia C-720 de 2006. M.P. Clara Inés Vargas Hernández.

343 Art. 48, numerales 17 y 30 de la Ley 734 de 2002.

344 Art. 48, numeral 46) de la Ley 734 de 2002.

345 Arts. 179, 180, 183 y 197 de la Constitución Política de Colombia.

346 Art. 37 de la Ley 734 de 2002.

347 Art. 8 de la Ley 80 de 1993.

348 Art. 48, numeral 18) de la Ley 734 de 2002.

349 Art. 48, numerales 39) y 40) de la Ley 734 de 2002.

350 Art. 48, numeral 41) de la Ley 734 de 2002.

351 Art. 48, numeral 42) de la Ley 734 de 2002.

Constitucional también podría aplicarse de manera acumulada con esta falta disciplinaria[352].

### 3.2.3. *Derecho fiscal*

Desde el punto de vista del Derecho fiscal, el control financiero también es una herramienta importante para la lucha contra la corrupción[353], pues no puede olvidarse que la corrupción genera cuantiosos daños al presupuesto público y por ello deben exigirse responsabilidades patrimoniales a los funcionarios públicos.

En España, la fiscalización de las administraciones públicas es realizada por múltiples entidades, tales como la Intervención General de la Administración del Estado[354], la Intervención en las Comunidades Autónomas y en las Corporaciones Locales[355], el Tribunal de Cuentas[356] y los órganos de control externo de las comunidades autónomas:

---

[352] Sentencia de la Corte Constitucional C 128 de 2003.

[353] REZZOAGLI, *Corrupción y contratos públicos*, 2005.

[354] Art. 140, LGP: "Del control de la gestión económico-financiera del sector público estatal.

1. En su condición de supremo órgano fiscalizador de las cuentas y de la gestión económica del Estado y del sector público, corresponde al Tribunal de Cuentas el control externo del sector público estatal, en los términos establecidos en la Constitución, en su Ley Orgánica y en las demás leyes que regulen su competencia.

2. La Intervención General de la Administración del Estado ejercerá en los términos previstos en esta Ley el control interno de la gestión económica y financiera del sector público estatal, con plena autonomía respecto de las autoridades y demás entidades cuya gestión controle".

[355] Art. 136 de la Ley 57 de 2003: "La función pública de control y fiscalización interna de la gestión económica financiera y presupuestaria, en su triple acepción de su función interventora, función de control financiero y función de control de eficacia, corresponde a un órgano administrativo municipal, con la denominación de Intervención General Municipal".

[356] Art. 136 de la CE: "1. El Tribunal de Cuentas es el supremo órgano fiscalizador de las cuentas y de la gestión económica de Estado, así como del sector público.

Dependerá directamente de las Cortes Generales y ejercerá sus funciones por delegación de ellas en el examen y comprobación de la Cuenta General del Estado.

2. Las cuentas del Estado y del sector público estatal se rendirán al Tribunal de Cuentas y serán censuradas por éste.

El Tribunal de Cuentas, sin perjuicio de su propia jurisdicción, remitirá a las Cortes Generales un informe anual en el que, cuando proceda, comunicará las infracciones o responsabilidades en que, a su juicio, se hubiere incurrido.

3. Los miembros del Tribunal de Cuentas gozarán de la misma independencia e inamovilidad y estarán sometidos a las mismas incompatibilidades que los Jueces.

4. Una Ley Orgánica regulará la composición, organización y funciones del Tribunal de Cuentas".

La intervención General de la Administración del Estado realiza tres (3) tipos de funciones: una función interventora[357], una función de control financiero permanente[358] y una labor de auditoría pública[359].

La Intervención en las Comunidades Autónomas y en las Corporaciones Locales lleva a cabo la función interventora, el control financiero, y los controles de eficacia y eficiencia en el manejo del gasto público[360].

El Tribunal de Cuentas está encargado del seguimiento contable[361] y de una función fiscalizadora[362] en la cual revisa los contratos, las variaciones del patrimonio del Estado y los créditos públicos[363].

---

[357] Art. 148, LGP: "Definición. La función interventora tiene por objeto controlar, antes de que sean aprobados, los actos del sector público estatal que den lugar al reconocimiento de derechos o a la realización de gastos, así como los ingresos y pagos que de ellos se deriven, y la inversión o aplicación en general de sus fondos públicos, con el fin de asegurar que su gestión se ajuste a las disposiciones aplicables en cada caso".

[358] Art. 157, LGP: "Definición. El control financiero permanente se ejercerá en los órganos y entidades establecidos en el artículo siguiente y tendrá por objeto la verificación de una forma continua realizada a través de la correspondiente intervención delegada, de la situación y el funcionamiento de las entidades del sector público estatal en el aspecto económico-financiero, para comprobar el cumplimiento de la normativa y directrices que les rigen y, en general, que su gestión se ajusta a los principios de buena gestión financiera y en particular al cumplimiento del objetivo de estabilidad presupuestaria y de equilibrio financiero".

[359] Art. 162, LGP: "Definición. La auditoría pública consistirá en la verificación, realizada con posterioridad y efectuada de forma sistemática, de la actividad económico-financiera del sector público estatal, mediante la aplicación de los procedimientos de revisión selectivos contenidos en las normas de auditoría e instrucciones que dicte la Intervención General de la Administración del Estado".

[360] BALLESTEROS FERNÁNDEZ, *Modernización del gobierno local*, 2004, 277.

[361] Art. 15, LOTC: "1. El enjuiciamiento contable, como jurisdicción propia del Tribunal de Cuentas se ejerce respecto de las cuentas que deban rendir quienes recauden, intervengan, administren, custodien, manejen o utilicen bienes, caudales o efectos públicos.

2. La jurisdicción contable se extiende a los alcances de caudales o efectos públicos, así como a las obligaciones accesorias constituidas en garantía de su gestión".

[362] Art. 9, LOTC: "1. La función fiscalizadora del Tribunal de Cuentas se referirá al sometimiento de la actividad económico-financiera del sector público a los principios de legalidad, eficiencia y economía.

2. El Tribunal de Cuentas ejercerá su función en relación con la ejecución de los programas de ingresos y gastos públicos".

[363] Art. 11, LOTC: "El Tribunal de Cuentas fiscalizará en particular:

a. Los contratos celebrados por la Administración del Estado y las demás Entidades del sector público en los casos en que así esté establecido o que considere conveniente el Tribunal.

b. La situación y las variaciones del patrimonio del Estado y demás Entidades del sector público.

c. Los créditos extraordinarios y suplementarios, así como las incorporaciones, ampliaciones, transferencias y demás modificaciones de los créditos presupuestarios iniciales".

Por su parte, cada comunidad autónoma está dotada de un tribunal de cuentas, un consejo o una auditoría encargada del control y la fiscalización de los recursos propios de su competencia.

Por otro lado, es importante recalcar la introducción de la responsabilidad patrimonial de los funcionarios públicos a través de la LPAP, dentro de la cual, tal como sucede en el régimen disciplinario, se contempla un catálogo de faltas muy graves, graves y leves, y la relación de algunas de estas con actos de corrupción es evidente:

- Como infracciones muy graves se encuentran la producción de daños en bienes de dominio público, cuando su importe supere la cantidad de un millón de euros y la usurpación de bienes de dominio público[364].
- Como infracciones graves pueden citarse: la producción de daños en bienes de dominio público, cuando su importe supere la cantidad de 10 000 euros y no exceda de 1 000 000 de euros; la retención de bienes de dominio público una vez extinguido el título que legitima su ocupación; el uso común especial o privativo de bienes de dominio público sin la correspondiente autorización o concesión; el uso de bienes de dominio público objeto de concesión o autorización sin sujetarse a su contenido o para fines distintos de los que las motivaron; las actuaciones sobre bienes afectos a un servicio público que impidan o dificulten gravemente la normal prestación de aquél[365].
- Dentro de las infracciones leves pueden señalarse la producción de daños en los bienes de dominio público, cuando su importe no exceda de 10 000 euros, el incumplimiento de las disposiciones que regulan la utilización de los bienes destinados a un servicio público por los usuarios del mismo, el incumplimiento de las disposiciones que regulan el uso común general de los bienes de dominio público, y el incumplimiento del deber de los titulares de concesiones o autorizaciones de conservar en buen estado los bienes de dominio público[366].

[364] Art. 192.1, LPAP.

[365] Art. 192.2, LPAP.

[366] Art. 192.3, LPAP.

Lo importante de estas sanciones es la cuantía de las multas, las cuales podrán llegar a un millón de euros[367], independientemente de la indemnización de los perjuicios causados a la administración[368].

En Colombia, el control fiscal es llevado a cabo por la Contraloría General de la República[369], entidad facultada para realizar procesos de responsabilidad fiscal en los cuales deben determinarse tres (3) elementos: una conducta dolosa o culposa atribuible a una persona que realiza gestión fiscal, un daño patrimonial al Estado y un nexo causal entre los dos (2) elementos anteriores[370].

En este sistema se entiende por lesión del patrimonio público el menoscabo, disminución, perjuicio, detrimento, pérdida, uso indebido o deterioro de los bienes o recursos públicos, o a los intereses patrimoniales del Estado, producida por una gestión fiscal antieconómica, ineficaz, ineficiente, inequitativa e inoportuna[371], concepto bastante amplio pero que permite perfectamente encuadrar los comportamientos típicos de corrupción por estar relacionada con la desviación de poder.

Lo interesante de esta forma de control es que permite también la atribución de responsabilidad a particulares, concretamente a empresas que se encarguen del manejo de recursos públicos, tales como concesionarios, contratistas e interventores, convirtiéndose en una eficaz herramienta para exigir responsabilidades a sujetos que general y desafortunadamente en la práctica están excluidos de responsabilidad por constituir personas jurídicas particulares.

---

367 Art. 193.1, LPAP.

368 Art. 193.3, LPAP.

369 Art. 267 de la Constitución Política de Colombia: "El control fiscal es una función pública que ejercerá la Contraloría General de la República, la cual vigila la gestión fiscal de la administración y de los particulares o entidades que manejen fondos o bienes de la Nación.

Dicho control se ejercerá en forma posterior y selectiva conforme a los procedimientos, sistemas y principios que establezca la ley. Esta podrá, sin embargo, autorizar que, en casos especiales, la vigilancia se realice por empresas privadas colombianas escogidas por concurso público de méritos, y contratadas previo concepto del Consejo de Estado".

370 Art. 5 de la Ley 610 de 2000.

371 Art. 6 de la Ley 610 de 2000.

### *3.2.4. Derecho penal*

La justicia penal ha perdido terreno como garantía de los derechos económicos y sociales, frente a conductas de los grandes agentes económicos y sociales; no se persigue la delincuencia de cuello blanco, por ello, antes de analizar cuáles son los mecanismos específicos que tiene el Derecho penal frente a la corrupción, es necesario analizar los presupuestos mínimos que deben cumplirse para contrarrestar este fenómeno.

#### *a. Presupuestos mínimos para la lucha contra la corrupción*

En la actualidad existen dos grandes obstáculos para la lucha contra la corrupción a través del Derecho penal, un obstáculo dogmático, constituido por la crítica a las instituciones penales a través de las cuales se pretende luchar contra la criminalidad económica, y un obstáculo político criminal, especialmente caracterizado por la falta de independencia judicial:

a. Desde el punto de vista dogmático, la Escuela de Frankfurt denunció la pérdida de garantías en la persecución de delitos contra bienes jurídicos colectivos relacionados con la protección de la economía[372] y la hipertrofia del Derecho penal por la política[373], por lo cual, muchos autores de esta escuela como KAYβER[374]; SÜR[375]; KIRSCH[376], HAMM[377], ALBRECHT[378], GÜNTHER[379] y MÜLLER-TUCKFELD[380] critican las formas dogmáticas para la lucha contra bienes jurídicos colectivos dentro de los cuales incluyen particularmente a la criminalidad económica.

   Por otro lado, desde el punto de vista político-criminal, la lucha contra la corrupción está permanentemente obstaculizada por la falta

---

[372] HASSEMER/MUÑOZ CONDE, *La responsabilidad*, 1997, 26-37.

[373] ALBRECHT, en: AA.VV., *La insostenible situación*, 2000, 485.

[374] KAYβER, en: AA.VV., *La insostenible situación*, 2000, 149 a 165.

[375] SÜβ, en: AA.VV., *La insostenible situación*, 2000, 223 a 240.

[376] KIRSCH, en: AA.VV., *La insostenible situación*, 2000, 262.

[377] HAMM, en: AA.VV., *La insostenible situación*, 2000, 413 y 414.

[378] ALBRECHT, en: AA.VV., *La insostenible situación*, 2000, 485.

[379] GÜNTHER, en: AA.VV., *La insostenible situación*, 2000, 493 a 505.

[380] MÜLLER-TUCKFELD, en: AA.VV., *La insostenible situación*, 2000, 508 a 516.

de independencia judicial[381], lo cual se genera por la permanente intervención del ejecutivo y la politización de la justicia[382]. El poder judicial, modesto como poder en sus actuaciones ordinarias, debe ser firme en la independencia, que es lo que lo habilita para cumplir su papel constitucional de garante de los derechos fundamentales y de la democracia sustancial[383].

Sin embargo, a pesar de las dificultades dogmáticas y político criminales que afronta la lucha contra la corrupción, es necesario reconocer la necesidad de luchar contra este fenómeno criminal. Particularmente en relación con este tema SCHÜNEMANN sostiene que, si bien muchas de las críticas de la Escuela de Frankfurt son ciertas, no se puede retroceder en la igualdad ganada por el Derecho penal al criminar los delitos de la clase alta[384].

En este sentido, SCHÜNEMANN destaca la mayor lesividad de los delitos de la clase alta sobre los delitos de la clase baja y por ello señala que es necesario modernizar el Derecho penal para entregarle herramientas para la lucha contra las formas de criminalidad organizada[385].

El papel del Derecho moderno es garantizar la igualdad formal entre las personas[386] y ello se traduce en eliminar las disparidades, es decir, las fundadas solamente en la diversidad de los derechos patrimoniales[387], es allí donde el Derecho penal debe cobrar una función activa y no meramente pasivo - preventiva en relación con la realidad social.

b. En relación con los problemas político criminales de la lucha contra la corrupción en la jurisdicción penal, es necesario garantizar una serie de presupuestos mínimos para salvaguardar la independencia

---

[381] IBAÑEZ, en: LAPORTA SAN MIGUEL/ÁLVAREZ, *La corrupción política*, 1997, 231; HEIDENHEIMER, en: HEIDENHEIMER/JOHNSTON, *Political Corruption*, 2005, 918; ROSE-ACKERMANN, *Judicial Independence and Corruption*, 2007, 15-17.

[382] IBAÑEZ, en: LAPORTA SAN MIGUEL/ÁLVAREZ, *La corrupción política*, 1997, 228-231.

[383] FERRAJOLI, *Derechos y garantías*, 1999, 26 y 27.

[384] SCHÜNEMANN, *Temas actuales y permanentes*, 2002, 68-69.

[385] SCHÜNEMANN, *Temas actuales y permanentes*, 2002, 68-69.

[386] FERRAJOLI, *Derechos y garantías*, 1999, 23.

[387] FERRAJOLI, *Derechos y garantías*, 1999, 82.

judicial: cualificación del método de selección de los jueces, independencia presupuestaria, inmunidad de los jueces y protección frente a coacciones y chantajes[388].

En este campo, es necesario reconocer que la justicia se ha orientado siempre a evitar la coacción que ejerce el juez sobre las partes, pero no a evitar aquellos supuestos en los cuales el juez es objeto de presión por las partes o por otros funcionarios públicos.

Por ello es fundamental generar un cambio de mentalidad en relación con el análisis de delitos como el cohecho y el tráfico de influencias, pues estos no solamente buscan salvaguardar la integridad del sistema, sino también la independencia individual del funcionario que es presionado a través de dádivas o coacciones a tomar determinada decisión.

*b. Mecanismos penales específicos para la lucha contra la corrupción*

Las medidas de carácter penal contra la corrupción se circunscriben fundamentalmente a los delitos contra la administración pública[389], debiéndose recordar en todo caso que "el Derecho penal no es ni el único, ni el primero ni el más adecuado de los medios de lucha contra la corrupción"[390], pues existen múltiples herramientas para la lucha contra este fenómeno, dentro de las cuales cabe destacar instrumentos informales como el análisis económico del Derecho, la ética y la educación; e instrumentos formales como el Derecho disciplinario, el Derecho administrativo, el Derecho fiscal y, finalmente, el Derecho penal.

Sin embargo, no todos los delitos ubicados en el título XIX del CP podrían considerarse como constitutivos de este fenómeno, pues, por ejemplo, existen varias conductas punibles más relacionadas con la violación de deberes formales que no implican una desviación de intereses, tal como sucede con el abandono de destino, la omisión del deber de perseguir delitos, la desobediencia, la denegación de auxilio y la infidelidad en la custodia de documentos.

---

388 ROSE-ACKERMANN, *Judicial Independence and corruption*, 2007, 18.

389 DÍAZ Y GARCÍA CONLLEDO, *RDUC N° 7*, 2004, 159.

390 DÍAZ Y GARCÍA CONLLEDO, en: ASÚA BATARRITA, *Delitos contra la Administración pública*, 1997, 177.

Por ello, el núcleo de la corrupción no se encuentra en todos los delitos contra la administración pública, sino concretamente en algunos de ellos como el cohecho, el tráfico de influencias y la malversación, tal como se ha reconocido con su consagración en la Convención Interamericana contra la Corrupción y en la Convención de las Naciones Unidas contra la Corrupción.

La CNUCC señala la existencia de siete (7) conductas punibles relacionadas con la corrupción y solicita su tipificación a los países miembros: el soborno de funcionarios públicos, tanto el activo como el pasivo, pues se tipifica tanto la promesa como la solicitud[391]; el soborno de funcionarios públicos extranjeros y de funcionarios de organizaciones internacionales públicas[392]; la malversación o peculado, apropiación indebida u otras formas de desviación de bienes por un funcionario público[393]; el tráfico de influencias cometido por el funcionario público que acepta o solicita un beneficio como también por el particular que lo ofrece o entrega[394]; el abuso de funciones[395]; el enriquecimiento ilícito[396]; el soborno en el sector privado[397]; la malversación o peculado en el sector privado[398]; el blanqueo del producto del delito, que señala una serie de hipótesis en las cuales se convierte, oculta o disimula el origen ilícito de uno o varios bienes[399]; el encubrimiento como delito autónomo en el caso de los eventos de encubrimiento o retención continua de bienes a sabiendas de que dichos bienes son producto de cualesquiera de los delitos tipificados con arreglo a la presente Convención[400] y la obstrucción de la justicia a través del uso de fuerza física, de amenazas o intimidación, promesa, ofrecimiento o la concesión de un beneficio indebido[401].

---

[391] Art. 15, CNUCC.

[392] Art. 16, CNUCC.

[393] Art. 17, CNUCC.

[394] Art. 18, CNUCC.

[395] Art. 19, CNUCC.

[396] Art. 20, CNUCC.

[397] Art. 21, CNUCC.

[398] Art. 22, CNUCC.

[399] Art. 23, CNUCC.

[400] Art. 24, CNUCC.

[401] Art. 25, CNUCC.

La CICC señala también la necesidad de tipificar determinados actos relacionados con la corrupción dentro de los cuales se incluyen: los actos de corrupción activa y pasiva, la realización de actos tendientes a la obtención de un beneficio indebido, el aprovechamiento u ocultación de bienes pertenecientes a estas conductas y la participación en las anteriores conductas[402]; el soborno transnacional, entendido como el ofrecimiento o la entrega a un funcionario de otro Estado cualquier objeto de valor pecuniario u otros beneficios, como dádivas, favores, promesas o ventajas, a cambio de que dicho funcionario realice u omita cualquier acto, en el ejercicio de sus funciones públicas relacionado con una transacción de naturaleza económica o comercial[403]; y el enriquecimiento ilícito, entendido como el incremento del patrimonio de un funcionario público con significativo exceso respecto de sus ingresos legítimos durante el ejercicio de sus funciones y que no pueda ser razonablemente justificado por él[404].

Igualmente, los países parte de la CICC también se comprometen a la consagración progresiva de las siguientes conductas: el aprovechamiento indebido en beneficio propio o de un tercero, por parte de un funcionario público o una persona que ejerce funciones públicas, de cualquier tipo de información reservada o privilegiada de la cual ha tenido conocimiento en razón o con ocasión de la función desempeñada[405]; el uso o aprovechamiento indebido en beneficio propio o de un tercero, por parte de un funcionario público o una persona que ejerce funciones públicas de cualquier tipo de bienes del Estado o de empresas o instituciones en que este tenga parte, a los cuales ha tenido acceso en razón o con ocasión de la función desempeñada[406]; toda acción u omisión efectuada por cualquier persona que, por sí misma o por persona interpuesta o actuando como intermediaria, procure la adopción, por parte de la autoridad pública, de una decisión en virtud de la cual obtenga ilícitamente, para sí o para otra persona, cualquier beneficio o provecho, haya o no detrimento del patrimonio del Estado[407]; y la desviación ajena a su objeto

---

402 Art. 6, CICC.

403 Art. 8, CICC.

404 Art. 9, CICC.

405 Art. 11.1.a, CICC.

406 Art. 11.1.b, CICC.

407 Art. 11.1.c, CICC.

que, para beneficio propio o de terceros, hagan los funcionarios públicos, de bienes muebles o inmuebles, dinero o valores, pertenecientes al Estado, a un organismo descentralizado o a un particular, que los hubieran percibido por razón de su cargo, en administración, depósito o por otra causa[408].

El Convenio de Derecho Penal sobre corrupción adoptado en Estrasburgo el 27 de enero de 1999 señala la necesidad de tipificar una serie de delitos relacionados con este fenómeno criminal:

- El soborno activo de los funcionarios públicos nacionales, el cual se presenta cuando se promete, ofrece o entrega por cualquier persona, directa o indirectamente de cualquier ventaja indebida a cualquier funcionario, para sí o para otro, por su acto o por negarse a actuar en ejercicio de sus funciones[409].
- El soborno pasivo de los funcionarios públicos nacionales, el cual se presenta cuando se solicita o recibe por cualquier funcionario, directa o indirectamente cualquier ventaja indebida, para sí o para otro, o se acepta una promesa o ventaja para actuar o dejar de actuar en ejercicio de sus funciones[410].
- El soborno de los miembros de asambleas nacionales, es decir, aquellos que pertenezcan a cualquier asamblea dotada de poderes legislativos o administrativos[411].
- El soborno de funcionarios públicos extranjeros, es decir, la realización de alguna de las conductas anteriormente descritas cuando envuelvan a una persona cuando envuelva a un funcionario público de otro Estado[412].
- El soborno de los miembros de asambleas extranjeras, es decir, la realización de alguna de las conductas anteriormente descritas cuando envuelvan a cualquier miembro de una asamblea dotada de poderes legislativos o administrativos[413].

[408] Art. 11.1.d, CICC.

[409] Artículo 2, CDPCE.

[410] Artículo 3, CDPCE.

[411] Artículo 4, CDPCE.

[412] Artículo 5, CDPCE.

[413] Artículo 6, CDPCE.

- El soborno activo en el sector privado, el cual se presenta cuando en el curso de una actividad de negocios se prometa, ofrezca o de directa o indirectamente un beneficio excesivo a cualquier persona que dirija o trabaje en una entidad del sector privado, para esta o para otra, por actuar o negarse a actuar en cumplimiento de sus deberes[414].
- El soborno pasivo en el sector privado, el cual se presenta cuando en el curso de una actividad de negocios se solicita o recibe por cualquier funcionario, directa o indirectamente, cualquier ventaja indebida, para sí o para otro, o se acepta una promesa o ventaja para actuar o dejar de actuar en ejercicio de sus deberes[415].
- El soborno de los agentes de los organismos internacionales, es decir, la realización de alguna de las conductas anteriormente descritas cuando envuelvan a cualquier funcionario o empleado contratado por estas[416].
- El soborno de los miembros de las asambleas parlamentarias internacionales, es decir, la realización de alguna de las conductas anteriormente descritas cuando envuelvan a cualquier miembro de una asamblea parlamentaria de una organización internacional o supranacional[417].
- El soborno de jueces o funcionarios de las cortes internacionales, es decir, la realización de alguna de las conductas anteriormente descritas cuando envuelvan a cualquier funcionario de una corte internacional cuya jurisdicción haya sido aceptada por el Estado parte[418].
- El tráfico de influencias, que se comete cuando intencionalmente se promete, da u ofrece, directa o indirectamente, cualquier ventaja indebida a cualquiera que asevere o confirme que es capaz de desplegar una influencia indebida sobre las decisiones de cualquiera de las personas señaladas en la Convención, si la ventaja indebida es para sí o para otro, así como la petición, recepción, o la aceptación

[414] Artículo 7, CDPCE.

[415] Artículo 8, CDPCE.

[416] Artículo 9, CDPCE.

[417] Artículo 10, CDPCE.

[418] Artículo 11, CDPCE.

de la oferta de una ventaja en consideración de tal influencia, independientemente de que el ejercicio de la influencia logre el beneficio esperado[419].

- El lavado de dinero o del producto de la corrupción, cuya definición se encuentra en la Convención del lavado, la búsqueda, medición y confiscación de los productos del crimen (ETS)[420].
- Las ofensas contables, que se cometen con la creación o usar una factura u otro documento contable o consignar información falsa o incompleta u omitir consignar un pago realizado[421].

Tampoco puede dejarse de lado que existen algunos delitos que si bien no afectan exclusivamente a la administración pública, pueden facilitar los actos de corrupción como las falsedades documentales, los delitos informáticos y el blanqueo de capitales.

De todas estas conductas punibles, el tráfico de influencias es el mecanismo a través del cual es posible poner a funcionar el engranaje de una institución jerarquizada como la administración pública para la desviación de intereses[422], por ello se ha escogido como el objeto central de esta tesis.

Sin embargo, es necesario tener en cuenta que diversas circunstancias tales como el carácter público de los procesados, la denuncia de gravísimas irregularidades en el Estado, la demostración de la falta de efectividad de los controles preventivos y la intervención de la justicia penal en la deslegitimación de la justicia han aumentado la presencia de la justicia en la opinión pública y, por tanto, también la desafortunada politización de la justicia[423].

En este ámbito es necesario tener en cuenta que se ponen en peligro la imparcialidad del funcionario y las garantías del procesado, pues el funcionario judicial toma un interés personal por los hechos[424].

---

419 Artículo 12, CDPCE.

420 Artículo 13, CDPCE.

421 Artículo 14, CDPCE.

422 Sobre la importancia del tráfico de influencias para la corrupción véase CUGAT MAURI, *JPD N° 28*, 1997, 48 ss.

423 IBAÑEZ, en: LAPORTA SAN MIGUEL/ÁLVAREZ, *La corrupción política*, 1997, 225.

424 IBAÑEZ, en: LAPORTA SAN MIGUEL/ÁLVAREZ, *La corrupción política*, 1997, 225-233.

### *3.2.5. Derecho procesal y control ciudadano*

Dentro de la doctrina se han propuesto algunos mecanismos que contribuyen a la detección y represión efectiva de los comportamientos corruptos, tales como: la elaboración de reportes obligatorios, la protección de los informantes en casos de corrupción, la institucionalización de bases de datos, la cooperación en la vigilancia de las entidades públicas y la vigilancia en el manejo de las empresas públicas[425].

MARQUETTE propone una serie de medidas dentro de las cuales cabe destacar asistir a la sociedad civil y a los medios de comunicación en la lucha contra la corrupción, tomar en cuenta la misma al momento de tomar decisiones y encontrar el necesario control político[426].

MILLER/GRODELAND/KOSHECHKINA proponen dos (2) medidas procesales para reducir la corrupción dentro de la administración pública: la implantación de una legislación anticorrupción que motive la independencia de la administración con un sistema efectivo de sanciones y reforzar a la gente abriendo debates, libertad de prensa y contabilidad[427].

LÓPEZ PRESA plantea ampliar y fortalecer la participación ciudadana, continuar la profesionalización de los recursos humanos y la reforma de las organizaciones públicas, adecuar los marcos jurídicos a las necesidades actuales, extender el uso de tecnologías de la información y continuar el desarrollo administrativo y la desregulación[428].

Para combatir la corrupción, KLITGAARD propone una serie de medidas especialmente destinadas al control del ingreso y gestión de las personas que trabajen al servicio del Estado, dentro de las cuales cabe destacar: considerar a los terceros (los clientes y el público) como fuentes de información en la lucha contra la corrupción, aumentando los incentivos que estos reciban por la denuncia de actos corruptos e invertir la carga de la prueba para que sean los agentes los que tengan que demostrar que no han incurrido en actos corruptos[429]. A pesar de sus buenas intenciones, esta última propuesta

---

[425] Asian development Bank: Effective prosecution of corruption, Asian development Bank, Manila, 2003, 14-16.

[426] MARQUETTE, en: NEWELL/BULL, *Corruption*, 2003, 78.

[427] MILLER/GRODELAND/KOSHECHKINA, *A Culture of Corruption*, 2001, 308.

[428] LÓPEZ PRESA, *Corrupción y cambio*, 1998, 374.

[429] KLITGAARD, *Controlando la corrupción*, 1994, 84-98.

resulta claramente lesiva del principio del principio de *in dubio pro reo*, sin embargo, planteamientos como este ya han empezado a hacerse camino en las legislaciones penales, tal como sucede con la consagración del delito de enriquecimiento ilícito que sanciona la no justificación de un incremento patrimonial dentro de la administración pública.

En la CNUCC, se establecen fundamentalmente tres (3) medidas procesales frente a la corrupción y a la cooperación internacional para la represión de este fenómeno:

- En el capítulo 4 se contemplan múltiples mecanismos de cooperación internacional como la extradición[430], la asistencia judicial[431], la cooperación en la ejecución de la pena[432] y las técnicas de investigación conjuntas[433].

---

[430] Art. 44, CNUCC.

[431] Art. 46, CNUCC.

[432] Art. 48, CNUCC.

[433] Art. 49, CNUCC: "Investigaciones conjuntas

Los Estados Parte considerarán la posibilidad de celebrar acuerdos o arreglos bilaterales o multilaterales en virtud de los cuales, en relación con cuestiones que son objeto de investigaciones, procesos o actuaciones judiciales en uno o más Estados, las autoridades competentes puedan establecer órganos mixtos de investigación. A falta de tales acuerdos o arreglos, las investigaciones conjuntas podrán llevarse a cabo mediante acuerdos concertados caso por caso. Los Estados Parte participantes velarán por que la soberanía del Estado Parte en cuyo territorio haya de efectuarse la investigación sea plenamente respetada".

Art. 50, CNUCC: "Técnicas especiales de investigación

1. A fin de combatir eficazmente la corrupción, cada Estado Parte, en la medida en que lo permitan los principios fundamentales de su ordenamiento jurídico interno y conforme a las condiciones prescritas por su derecho interno, adoptará las medidas que sean necesarias, dentro de sus posibilidades, para prever el adecuado recurso, por sus autoridades competentes en su territorio, a la entrega vigilada y, cuando lo considere apropiado, a otras técnicas especiales de investigación como la vigilancia electrónica o de otra índole y las operaciones encubiertas, así como para permitir la admisibilidad de las pruebas derivadas de esas técnicas en sus tribunales.

2. A los efectos de investigar los delitos comprendidos en la presente Convención, se alienta a los Estados Parte a que celebren, cuando proceda, acuerdos o arreglos bilaterales o multilaterales apropiados para utilizar esas técnicas especiales de investigación en el contexto de la cooperación en el plano internacional. Esos acuerdos o arreglos se concertarán y ejecutarán respetando plenamente el principio de la igualdad soberana de los Estados y al ponerlos en práctica se cumplirán estrictamente las condiciones en ellos contenidas.

3. De no existir los acuerdos o arreglos mencionados en el párrafo 2 del presente artículo, toda decisión de recurrir a esas técnicas especiales de investigación en el plano internacional se adoptará sobre

- El capítulo 5 establece una serie de técnicas para la recuperación de activos, tales como mecanismos para la indemnización mediante acciones civiles[434] y el decomiso[435].

---

la base de cada caso particular y podrá, cuando sea necesario, tener en cuenta los arreglos financieros y los entendimientos relativos al ejercicio de jurisdicción por los Estados Parte interesados.

4. Toda decisión de recurrir a la entrega vigilada en el plano internacional podrá, con el consentimiento de los Estados Parte interesados, incluir la aplicación de métodos tales como interceptar los bienes o los fondos, autorizarlos a proseguir intactos o retirarlos o sustituirlos total o parcialmente".

[434] Art. 53, CNUCC: "Medidas para la recuperación directa de bienes

Cada Estado Parte, de conformidad con su derecho interno:

a) Adoptará las medidas que sean necesarias a fin de facultar a otros Estados Parte para entablar ante sus tribunales una acción civil con objeto de determinar la titularidad o propiedad de bienes adquiridos mediante la comisión de un delito tipificado con arreglo a la presente Convención;

b) Adoptará las medidas que sean necesarias a fin de facultar a sus tribunales para ordenar a aquellos que hayan cometido delitos tipificados con arreglo a la presente Convención que indemnicen o resarzan por daños y perjuicios a otro Estado Parte que haya resultado perjudicado por esos delitos; y

c) Adoptará las medidas que sean necesarias a fin de facultar a sus tribunales o a sus autoridades competentes, cuando deban adoptar decisiones con respecto al decomiso, para reconocer el legítimo derecho de propiedad de otro Estado Parte sobre los bienes adquiridos mediante la comisión de un delito tipificado con arreglo a la presente Convención".

[435] Art. 54, CNUCC: "Mecanismos de recuperación de bienes mediante la cooperación internacional para fines de decomiso

1. Cada Estado Parte, a fin de prestar asistencia judicial recíproca conforme a lo dispuesto en el artículo 55 de la presente Convención con respecto a bienes adquiridos mediante la comisión de un delito tipificado con arreglo a la presente Convención o relacionados con ese delito, de conformidad con su derecho interno:

a) Adoptará las medidas que sean necesarias para que sus autoridades competentes puedan dar efecto a toda orden de decomiso dictada por un tribunal de otro Estado Parte;

b) Adoptará las medidas que sean necesarias para que sus autoridades competentes, cuando tengan jurisdicción, puedan ordenar el decomiso de esos bienes de origen extranjero en una sentencia relativa a un delito de blanqueo de dinero o a cualquier otro delito sobre el que pueda tener jurisdicción, o mediante otros procedimientos autorizados en su derecho interno; y

c) Considerará la posibilidad de adoptar las medidas que sean necesarias para permitir el decomiso de esos bienes sin que medie una condena, en casos en que el delincuente no pueda ser enjuiciado por motivo de fallecimiento, fuga o ausencia, o en otros casos apropiados.

2. Cada Estado Parte, a fin de prestar asistencia judicial recíproca solicitada con arreglo a lo dispuesto en el párrafo 2 del artículo 55 de la presente Convención, de conformidad con su derecho interno:

a) Adoptará las medidas que sean necesarias para que sus autoridades competentes puedan efectuar el embargo preventivo o la incautación de bienes en cumplimiento de una orden de embargo preventivo o incautación dictada por un tribunal o autoridad competente de un Estado Parte requirente que constituya un fundamento razonable para que el Estado Parte requerido considere que existen razones suficientes para adoptar esas medidas y que ulteriormente los bienes serían objeto de una orden de decomiso a efectos del apartado a) del párrafo 1 del presente artículo;

- El capítulo 6 contiene una serie de disposiciones orientadas a la capacitación[436], el intercambio de información[437], la inteligencia financiera[438] y la recopilación de datos en materia de corrupción[439].

En la CICC se destacan dos (2) tipos de disposiciones procesales para la represión de la corrupción: las disposiciones sobre extradición[440], asistencia

---

b) Adoptará las medidas que sean necesarias para que sus autoridades competentes puedan efectuar el embargo preventivo o la incautación de bienes en cumplimiento de una solicitud que constituya un fundamento razonable para que Estado Parte requerido considere que existen razones suficientes para adoptar esas medidas y que ulteriormente los bienes serían objeto de una orden de decomiso a efectos del apartado a) del párrafo 1 del presente artículo; y

c) Considerará la posibilidad de adoptar otras medidas para que sus autoridades competentes puedan preservar los bienes a efectos de decomiso, por ejemplo sobre la base de una orden extranjera de detención o inculpación penal relacionada con la adquisición de esos bienes".

436 Art. 60, CNUCC.

437 Art. 61, CNUCC.

438 Art. 58, CNUCC: "Dependencia de inteligencia financiera

Los Estados Parte cooperarán entre sí a fin de impedir y combatir la transferencia del producto de delitos tipificados con arreglo a la presente Convención y de promover medios y arbitrios para recuperar dicho producto y, a tal fin, considerarán la posibilidad de establecer una dependencia de inteligencia financiera que se encargará de recibir, analizar y dar a conocer a las autoridades competentes todo informe relacionado con las transacciones financieras sospechosas".

439 Art. 61, CNUCC: "Recopilación, intercambio y análisis de información sobre la corrupción

1. Cada Estado Parte considerará la posibilidad de analizar, en consulta con expertos, las tendencias de la corrupción en su territorio, así como las circunstancias en que se cometen los delitos de corrupción.

2. Los Estados Parte considerarán la posibilidad de desarrollar y compartir, entre sí y por conducto de organizaciones internacionales y regionales, estadísticas, experiencia analítica acerca de la corrupción e información con miras a establecer, en la medida de lo posible, definiciones, normas y metodologías comunes, así como información sobre las prácticas óptimas para prevenir y combatir la corrupción.

3. Cada Estado Parte considerará la posibilidad de vigilar sus políticas y medidas en vigor encaminadas a combatir la corrupción y de evaluar su eficacia y eficiencia".

440 Art. 13, CICC: "Extradición

1. El presente artículo se aplicará a los delitos tipificados por los Estados Partes de conformidad con esta Convención.

2. Cada uno de los delitos a los que se aplica el presente artículo se considerará incluido entre los delitos que den lugar a extradición en todo tratado de extradición vigente entre los Estados Partes. Los Estados Partes se comprometen a incluir tales delitos como casos de extradición en todo tratado de extradición que concierten entre sí.

3. Si un Estado Parte que supedita la extradición a la existencia de un tratado recibe una solicitud de extradición de otro Estado Parte, con el que no lo vincula ningún tratado de extradición, podrá

y cooperación[441] y las medidas aplicables a los bienes dentro de los procesos que se llegaren a iniciar por los delitos descritos dentro de la CICC[442]; pero también encontramos la preocupación de los Estados parte por la utilización

---

considerar la presente Convención como la base jurídica de la extradición respecto de los delitos a los que se aplica el presente artículo.

4. Los Estados Partes que no supediten la extradición a la existencia de un tratado reconocerán los delitos a los que se aplica el presente artículo como casos de extradición entre ellos.

5. La extradición estará sujeta a las condiciones previstas por la legislación del Estado Parte requerido o por los tratados de extradición aplicables, incluidos los motivos por los que se puede denegar la extradición.

6. Si la extradición solicitada por un delito al que se aplica el presente artículo se deniega en razón únicamente de la nacionalidad de la persona objeto de la solicitud, o porque el Estado Parte requerido se considere competente, éste presentará el caso ante sus autoridades competentes para su enjuiciamiento, a menos que se haya convenido otra cosa con el Estado Parte requirente, e informará oportunamente a éste de su resultado final.

7. A reserva de lo dispuesto en su derecho interno y en sus tratados de extradición, el Estado Parte requerido podrá, tras haberse cerciorado de que las circunstancias lo justifican y tienen carácter urgente, y a solicitud del Estado Parte requirente, proceder a la detención de la persona cuya extradición se solicite y que se encuentre en su territorio o adoptar otras medidas adecuadas para asegurar su comparecencia en los trámites de extradición".

441 Art. 14, CICC: "Asistencia y cooperación

1. Los Estados Partes se prestarán la más amplia asistencia recíproca, de conformidad con sus leyes y los tratados aplicables, dando curso a las solicitudes emanadas de las autoridades que, de acuerdo con su derecho interno, tengan facultades para la investigación o juzgamiento de los actos de corrupción descritos en la presente Convención, a los fines de la obtención de pruebas y la realización de otros actos necesarios para facilitar los procesos y actuaciones referentes a la investigación o juzgamiento de actos de corrupción.

2. Asimismo, los Estados Partes se prestarán la más amplia cooperación técnica mutua sobre las formas y métodos más efectivos para prevenir, detectar, investigar y sancionar los actos de corrupción. Con tal propósito, propiciarán el intercambio de experiencias por medio de acuerdos y reuniones entre los órganos e instituciones competentes y otorgarán especial atención a las formas y métodos de participación ciudadana en la lucha contra la corrupción".

442 Art. 15, CICC: "Medidas sobre bienes

1. De acuerdo con las legislaciones nacionales aplicables y los tratados pertinentes u otros acuerdos que puedan estar en vigencia entre ellos, los Estados Partes se prestarán mutuamente la más amplia asistencia posible en la identificación, el rastreo, la inmovilización, la confiscación y el decomiso de bienes obtenidos o derivados de la comisión de los delitos tipificados de conformidad con la presente Convención, de los bienes utilizados en dicha comisión o del producto de dichos bienes.

2. El Estado Parte que aplique sus propias sentencias de decomiso, o las de otro Estado Parte, con respecto a los bienes o productos descritos en el párrafo anterior, de este artículo, dispondrá de tales bienes o productos de acuerdo con su propia legislación. En la medida en que lo permitan sus leyes y en las condiciones que considere apropiadas, ese Estado Parte podrá transferir total o parcialmente dichos bienes o productos a otro Estado Parte que haya asistido en la investigación o en las actuaciones judiciales conexas".

del secreto bancario como una forma de ocultar los actos corruptos, por ello señala que “el Estado Parte requerido no podrá negarse a proporcionar la asistencia solicitada por el Estado Parte requirente amparándose en el secreto bancario”[443], aunque el requirente se obliga a no utilizar las informaciones protegidas por el secreto bancario que reciba, para ningún fin distinto del proceso para el cual hayan sido solicitadas[444].

En el Convenio de Derecho penal del Consejo de Europa se consagra la necesidad de establecer autoridades especializadas en la lucha contra la corrupción[445], mecanismos de cooperación internacional como la ayuda logística y el intercambio de información[446], la protección de testigos y mecanismos para facilitar la recolección de las evidencias como el levantamiento del secreto bancario[447].

Por otro lado, en este mismo convenio se consagran mecanismos de cooperación internacional[448], asistencia mutua[449] y extradición[450], una organización central[451] y un sistema de control de la información[452], instrumentos coordinados por el Greco (Grupo de Estados contra la Corrupción)[453].

## 4. La tipificación del tráfico de influencias y del cohecho para la prevención de la corrupción

### 4.1. El tráfico de influencias como forma de corrupción

El tráfico de influencias es una de las principales formas de corrupción y constituye el nexo más directo entre la corrupción política y la corrupción administrativa, en un sistema en el cual tienen especial importancia los par-

443 Artículo 16.1, CICC.

444 Artículo 16.2, CICC.

445 Artículo 20, CDPCE.

446 Artículo 21, CDPCE.

447 Artículo 22, CDPCE.

448 Artículo 25, CDPCE.

449 Artículo 26, CDPCE.

450 Artículo 27, CDPCE.

451 Artículo 29, CDPCE.

452 Artículo 30, CDPCE.

453 Artículo 24, CDPCE.

tidos políticos: por una parte, el partido no paga a sus servidores, pero estos derivan su retribución de la influencia que ejercen sobre las autoridades administrativas, por otra parte, el tráfico de influencias se convierte en un seguro de cesantía para que los ex funcionarios como miembros del partido exploten su confianza en sus sucesores y en sus antiguos compañeros[454].

Por otro lado, algunos instrumentos internacionales en materia de corrupción también han hecho énfasis en la relación del tráfico de influencias con la corrupción y en la consecuente necesidad de consagrarlo como delito:

La CNUCC consagra la necesidad de tipificar el tráfico de influencias cometido por el funcionario público que acepta o solicita un beneficio, como también por el particular que lo ofrece o entrega.

En primer lugar, se tipifica la conducta del particular que consiste en

> "La promesa, el ofrecimiento o la concesión a un funcionario público o a cualquier otra persona, en forma directa o indirecta, de un beneficio indebido con el fin de que el funcionario público o la persona abuse de su influencia real o supuesta para obtener de una administración o autoridad del Estado Parte un beneficio indebido que redunde en provecho del instigador original del acto o de cualquier otra persona"[455].

En segundo lugar, se tipifica la conducta del servidor público que consiste en

> "La solicitud o aceptación por un funcionario público o cualquier otra persona, en forma directa o indirecta, de un beneficio indebido que redunde en su provecho o el de otra persona con el fin de que el funcionario público o la persona abuse de su influencia real o supuesta para obtener de una administración o autoridad del Estado Parte un beneficio indebido"[456].

Como puede verse, la CNUCC establece un supuesto de hecho muy parecido al del cohecho, aunque en este caso la dádiva no se entrega para la realización de una actuación administrativa, sino para el ejercicio de una influencia.

---

[454] NIETO GARCÍA, *Corrupción en la España democrática*, 1997, 122 y 123.

[455] Art. 18, literal a), CICC.

[456] Art. 18, literal b), CICC.

Por su parte, El Convenio de Derecho Penal sobre corrupción adoptado en Estrasburgo el 27 de enero de 1999 también señala la obligación de tipificar el tráfico de influencias dentro de cada uno de los países parte. Este delito se comete cuando intencionalmente se promete, da u ofrece, directa o indirectamente, cualquier ventaja indebida a cualquiera que asevere o confirme que es capaz de desplegar una influencia indebida sobre las decisiones de cualquiera de las personas señaladas en la Convención, si la ventaja indebida es para sí o para otro, así como la petición, recepción, o la aceptación de la oferta de una ventaja en consideración de tal influencia, independientemente de que el ejercicio de la influencia logre el beneficio esperado[457].

## 4.2. El cohecho como forma de corrupción

Concretamente sobre la tipificación de la corrupción, MOROFF/BLECHINGER realizaron un interesante estudio sobre la forma de tipificación de este fenómeno en el mundo, llegando a la conclusión de que las dos formas más importantes a través de las cuales se persigue el fenómeno en el mundo son el cohecho y el tráfico de influencias. En ese sentido, la siguiente tabla grafica dicho estudio[458]:

**Tabla 5.**

| País | Fenómenos | Delito |
|---|---|---|
| Países anglosajones | Corruption | graft, patronage nepotism, revolving door (idio), cronyism |
| Francia | corruption (leg) | pot-de-vin (col, idio) [symbolic of a bribe] traficd'influence (leg), subordination [bribing esp. of witnesses], venalite |
| Alemania | Korruption | Bestechung (leg) [bribery], Vorteilnahme (leg) [bribed to perform duty], Schmieren (col) [to grease] |

457 Art. 12, CDPCE.

458 HEIDENHEIMER, en: HEIDENHEIMER/JOHNSTON, *Political Corruption*, 2005, 890.

| País | Fenómenos | Delito |
|---|---|---|
| Japón | fuhai (corruption), daraku [corruption moral decay, decadence] | wairo (leg) [symbolic of a bribe], zowai (leg) [active bribery], shuwai (leg) [acceptance of a bribe, passive bribery], baishu (col) [bribery], settai [winning and dinning of official]. |
| España | Corrupción | cohecho [bribery esp. of officials], soborno [bribery, general], mordida (col) [symbolic of a bribe], tráfico de influencias (leg), venalidad, untar (col) [to grease] |

*Fuente:* MOROFF / BLECHINGER, Corruption terms, 2005, 890.

Podría afirmarse que todo delito contra la administración pública busca prevenir la corrupción, sin embargo, ello no es así, porque otras conductas punibles que reciben esa denominación también permiten combatir fenómenos que no necesariamente implican corrupción, en este sentido, no toda prevaricación implica corrupción, pues puede estar fundada en enemistad, mientras que la malversación no sanciona directamente la desviación de intereses, sino la afectación del patrimonio público.

La relación entre el cohecho y la corrupción es tan estrecha que en instrumentos como la CICC o en países como Italia[459] o Perú[460] se utiliza el término corrupción para identificar eventos en otros países son denominados como cohecho.

Similar situación sucede incluso en España, donde al cohecho cometido frente a un funcionario público extranjero o de una organización internacional se le llama corrupción de agente público extranjero o internacional.

La estrecha relación entre los actos de corrupción y el cohecho se plasmó inicialmente en la CICC, dentro de la cual las tres primeras modalidades

[459] Arts. 318 a 322 del CP de Italia.

[460] Art. 393 del CP de Perú.

de corrupción corresponden a supuestos claros de cohecho pasivo[461] y de cohecho activo[462].

Dentro de la convención de Naciones Unidas contra la corrupción se exige la tipificación de las cuatro (4) modalidades fundamentales de cohecho: el cohecho activo de funcionarios nacionales[463], el cohecho pasivo de funcionarios nacionales[464], el cohecho activo de funcionarios públicos extranjeros y de funcionarios de organizaciones internacionales públicas[465] y el cohecho pasivo de funcionarios públicos extranjeros y de funcionarios de organizaciones internacionales públicas[466].

---

461 Art. 6, CICC:"Actos de corrupción 1. La presente Convención es aplicable a los siguientes actos de corrupción:

a. El requerimiento o la aceptación, directa o indirectamente, por un funcionario público o una persona que ejerza funciones públicas, de cualquier objeto de valor pecuniario u otros beneficios como dádivas, favores, promesas o ventajas para sí mismo o para otra persona o entidad a cambio de la realización u omisión de cualquier acto en el ejercicio de sus funciones públicas;

462 Art. 6, CICC:"Actos de corrupción 1. La presente Convención es aplicable a los siguientes actos de corrupción: [...] b. El ofrecimiento o el otorgamiento, directa o indirectamente, a un funcionario público o a una persona que ejerza funciones públicas, de cualquier objeto de valor pecuniario u otros beneficios como dádivas, favores, promesas o ventajas para ese funcionario público o para otra persona o entidad a cambio de la realización u omisión de cualquier acto en el ejercicio de sus funciones públicas".

463 Art. 15, CNUCC: "Soborno de funcionarios públicos nacionales

Cada Estado Parte adoptará las medidas legislativas y de otra índole que sean necesarias para tipificar como delito, cuando se cometan intencionalmente: [...]

b) La solicitud o aceptación por un funcionario público, en forma directa o indirecta, de un beneficio indebido que redunde en su propio provecho o en el de otra persona o entidad con el fin de que dicho funcionario actúe o se abstenga de actuar en el cumplimiento de sus funciones oficiales".

464 Art. 15, CNUCC: "Soborno de funcionarios públicos nacionales

Cada Estado Parte adoptará las medidas legislativas y de otra índole que sean necesarias para tipificar como delito, cuando se cometan intencionalmente:

a) La promesa, el ofrecimiento o la concesión a un funcionario público, en forma directa o indirecta, de un beneficio indebido que redunde en su propio provecho o en el de otra persona o entidad con el fin de que dicho funcionario actúe o se abstenga de actuar en el cumplimiento de sus funciones oficiales".

465 Art. 16, CNUCC: "Soborno de funcionarios públicos extranjeros y de funcionarios de organizaciones internacionales públicas.

1. Cada Estado Parte adoptará las medidas legislativas y de otra índole que sean necesarias para tipificar como delito, cuando se cometan intencionalmente, la promesa, el ofrecimiento o la concesión, en forma directa o indirecta, a un funcionario público extranjero o a un funcionario de una organización internacional pública, de un beneficio indebido que redunde en su propio provecho o en el de otra persona o entidad con el fin de que dicho funcionario actúe o se abstenga de actuar en el ejercicio de sus funciones oficiales para obtener o mantener alguna transacción comercial u otro beneficio indebido en relación con la realización de actividades comerciales internacionales".

466 Art. 16, CNUCC: "Soborno de funcionarios públicos extranjeros y de funcionarios de organi-

Dentro de la Convención de Derecho Penal en materia de corrupción del Consejo de Europa, se le da tanta relevancia al cohecho como forma de corrupción que se tipifican diez (10) conductas constitutivas de cohecho dentro de la misma: el cohecho activo de funcionarios públicos nacionales[467], el cohecho pasivo de funcionarios públicos nacionales[468], el cohecho frente a miembros de las asambleas públicas[469], el soborno de funcionarios públicos extranjeros[470], el soborno de miembros de las asambleas públicas extranjeras[471], el cohecho activo en el sector privado[472], el cohecho pasivo en el sector

zaciones internacionales públicas. [...] 2. Cada Estado Parte considerará la posibilidad de adoptar las medidas legislativas y de otra índole que sean necesarias para tipificar como delito, cuando se cometan intencionalmente, la solicitud o aceptación por un funcionario público extranjero o un funcionario de una organización internacional pública, en forma directa o indirecta, de un beneficio indebido que redunde en su propio provecho o en el de otra persona o entidad, con el fin de que dicho funcionario actúe o se abstenga de actuar en el ejercicio de sus funciones oficiales".

467 Art. 2, CDPCE: "Active bribery of domestic public officials. Each Party shall adopt such legislative and other measures as may be necessary to establish as criminal offences under its domestic law, when committed intentionally, the promising, offering or giving by any person, directly or indirectly, of any undue advantage to any of its public officials, for himself or herself or for anyone else, for him or her to act or refrain from acting in the exercise of his or her functions".

468 Art. 3, CDPCE: "Passive bribery of domestic public officials. Each Party shall adopt such legislative and other measures as may be necessary to establish as criminal offences under its domestic law, when committed intentionally, the request or receipt by any of its public officials, directly or indirectly, of any undue advantage, for himself or herself or for anyone else, or the acceptance of an offer or a promise of such an advantage, to act or refrain from acting in the exercise of his or her functions".

469 Art. 4, CDPCE: "Bribery of members of domestic public assemblies. Each Party shall adopt such legislative and other measures as may be necessary to establish as criminal offences under its domestic law the conduct referred to in Articles 2 and 3, when involving any person who is a member of any domestic public assembly exercising legislative or administrative powers".

470 Art. 5, CDPCE: "Bribery of foreign public officials Each Party shall adopt such legislative and other measures as may be necessary to establish as criminal offences under its domestic law the conduct referred to in Articles 2 and 3, when involving a public official of any other State".

471 Art. 6, CDPCE: "Bribery of members of foreign public assemblies. Each Party shall adopt such legislative and other measures as may be necessary to establish as criminal offences under its domestic law the conduct referred to in Articles 2 and 3, when involving any person who is a member of any public assembly exercising legislative or administrative powers in any other State.

472 Art. 7, CDPCE: "Active bribery in the private sector. Each Party shall adopt such legislative and other measures as may be necessary to establish as criminal offences under its domestic law, when committed intentionally in the course of business activity, the promising, offering or giving, directly or indirectly, of any undue advantage to any persons who direct or work for, in any capacity, private sector entities, for themselves or for anyone else, for them to act, or refrain from acting, in breach of their duties.

privado[473], el cohecho de funcionarios de organizaciones internacionales[474], el cohecho de miembros de asambleas parlamentarias internacionales[475] e incluso el cohecho de jueces y funcionarios de las Cortes Internacionales[476].

Por otro lado, en el marco de la Ocde se suscribió en 1997 el Convenio de lucha contra la corrupción de agentes públicos extranjeros en las transacciones comerciales internacionales, donde igualmente se señala la necesidad de tipificar el delito de corrupción de agente público extranjero[477].

Por su parte, la jurisprudencia ha destacado también en múltiples sentencias que el cohecho es la principal forma de corrupción[478].

En sentencia del 5 de febrero de 1996, el Tribunal Supremo señaló:

---

[473] Art. 8, CDPCE: "Passive bribery in the private sector. Each Party shall adopt such legislative and other measures as may be necessary to establish as criminal offences under its domestic law, when committed intentionally, in the course of business activity, the request or receipt, directly or indirectly, by any persons who direct or work for, in any capacity, private sector entities, of any undue advantage or the promise thereof for themselves or for anyone else, or the acceptance of an offer or a promise of such an advantage, to act or refrain from acting in breach of their duties".

[474] Art. 9, CDPCE: "Bribery of officials of international organisations. Each Party shall adopt such legislative and other measures as may be necessary to establish as criminal offences under its domestic law the conduct referred to in Articles 2 and 3, when involving any official or other contracted employee, within the meaning of the staff regulations, of any public international or supranational organisation or body of which the Party is a member, and any person, whether seconded or not, carrying out functions corresponding to those performed by such officials or agents".

[475] Art. 10, CDPCE: "Bribery of members of international parliamentary assemblies. Each Party shall adopt such legislative and other measures as may be necessary to establish as criminal offences under its domestic law the conduct referred to in Article 4 when involving any members of parliamentary assemblies of international or supranational organisations of which the Party is a member".

[476] Art. 11, CDPCE: "Bribery of judges and officials of international courts. Each Party shall adopt such legislative and other measures as may be necessary to establish as criminal offences under its domestic law the conduct referred to in Articles 2 and 3 involving any holders of judicial office or officials of any international court whose jurisdiction is accepted by the Party".

[477] Art. 1 del Convenio de lucha contra la corrupción de agentes públicos extranjeros en las transacciones comerciales internacionales: " El delito de corrupción de agentes públicos extranjeros

1. Cada Parte tomará las medidas necesarias para tipificar como delito según su derecho el hecho de que una persona deliberadamente ofrezca, prometa o conceda cualquier beneficio indebido, pecuniario o de otra clase, directamente o mediante intermediarios, a un agente público extranjero, para ese agente o para un tercero, con el fin de que el agente actúe o se abstenga de actuar en relación con el ejercicio de funciones oficiales con el fin de conseguir o de conservar un contrato u otro beneficio irregular en la realización de actividades económicas internacionales".

[478] STS 16-11-1981; STS 19-5-1989; STS 24-5-1989; STS 11-5-1994; STS 5-2-1996; STS 5-2-1996; STS 19-12-2000; STS 12-6-2002; STS 13-6-2008; STS 8-6-2006; STS 16-12-1998; STSJ de Andalucía 20-3-2007; SAP de Cádiz 12-11-2001; AAP de Gipuzkoa 23-12-2004.

> "En el plano jurisprudencial, tiene declarado esta Sala que cohecho "es la corrupción de un funcionario público realizada mediante precio y con el fin de ejecutar un hecho opuesto al cumplimiento de los deberes oficiales inherentes el ejercicio de su cargo" (ver S. 29 abril 1947 [RJ 1947/556]); y que la única nota compartida por todos los tipos de cohecho no es otra que la idea de corrupción, pues fuera de ella los demás rasgos que pudieran significarse no concurren en todas las figuras de cohecho (ver S. 12 junio 1940 [RJ 1940/627]). Las figuras típicas del cohecho, en último término, persiguen la protección del normal funcionamiento de los servicios públicos que los órganos e instituciones del Estado vienen obligados a ofrecer a los miembros de la comunidad, con arreglo a los principios y criterios marcados por la Constitución y el resto del ordenamiento jurídico (ver artículo 103 CE)"[479].

Por su parte, en sentencia del 13 de junio de 2008, el Tribunal Supremo señaló:

> "La homogeneidad entre los distintos tipos de cohecho ha sido expresamente proclamada por esta Sala. En efecto, la STS 1417/1998, 16 de diciembre (RJ 1998, 10402), recuerda que "[...] la posible heterogeneidad de las diversas figuras de cohecho, es más aparente que real en cuanto que el bien jurídico que tratan de proteger, sus diferentes modalidades delictivas, es perfectamente unificable". Una moderna corriente doctrinal pone el acento en la necesidad de perseguir, con instrumentos penales, todas las actividades que revelan la corrupción de los funcionarios públicos y ponen en peligro la credibilidad democrática del sistema administrativo del Estado. Desde esta perspectiva se tiende a una política unitaria que trata de homologar todas las conductas que suponen la expresión de un comportamiento corrupto. En esta línea tanto el cohecho activo como el cohecho pasivo, el propio como el impropio, son manifestaciones de esta lacra de la corrupción que afecta a la buena marcha de la Administración

---

[479] Sentencia Tribunal Supremo núm. 84/1996 (Sala de lo Penal), de 5 febrero [RJ 1996, 797].

> pública y a la fe de los ciudadanos en las instituciones del Estado democrático y de derecho"[480].

En esta sentencia se destaca que la corrupción tiene dos notas características que cumple claramente:

> "Conforme a esta concepción las notas características de la corrupción se vertebrarían en torno a dos notas:
>
> 1. Existencia de una relación institucional entre el miembro de una organización pública encargada de adoptar decisiones que aboquen a la satisfacción del interés de la colectividad social a cuyo funcionamiento sirven;
> 2. la trasgresión de las normas que regulan la confrontación entre el mandato de la autoridad y los intereses privados.
>
> De ahí que el fenómeno corruptor se articule en torno a la presencia de un interés público atribuido a la Administración que se ve desvirtuado en beneficio de intereses privados, proceso de desvirtuación que se lleva a cabo infringiendo las normas que canalizan el flujo de los intereses privados hacia la adopción de la decisión pública.
> Estas notas caracterizadoras se encuentran presentes en el delito de cohecho, dado que la actividad administrativa desplegada por la autoridad o funcionario público viene mediatizada por la solicitud o recepción de dádiva o presente o la acepción del ofrecimiento o promesa de recepción de dádiva o presente para realizar una acción u omisión constitutiva de delito (artículo 419 CP [RCL 1995, 3170 y RCL 1996, 777] ), ejecución de una acto injusto no constitutivo de delito (artículo 420 CP) o abstención de un acto que deba practicar en el ejercicio de su cargo (artículo 421 CP) o realizar un acto propio de su cargo en recompensa del ya realizado (artículo 425 CP)"[481].

---

[480] Sentencia Tribunal Supremo núm. 362/2008 (Sala de lo Penal, Sección 1), de 13 junio (RJ 2008/4502).

[481] Auto Audiencia Provincial Guipúzcoa núm. 191/2004 (Sección 1), de 23 diciembre (JUR 2005/56061).

De esta manera, puede concluirse que en diversos países, entre otros España y Colombia, se ha reconocido la importancia de la criminalización del cohecho y del tráfico de influencias para la lucha contra la corrupción nacional e internacional, circunstancia que se deriva de que en ambas se desvía el interés público hacia el particular y además se afecta la imparcialidad de las actuaciones de la administración pública.

## Capítulo II
# Corrupción y bien jurídico tutelado en el tráfico de influencias y en el cohecho

En el capítulo anterior se analizó el concepto, las causas y las consecuencias de la corrupción, así como también se enunciaron los principales medios para luchar contra este fenómeno. En este capítulo se estudiará el bien jurídico afectado por los hechos corrupción y en especial por el tráfico de influencias y del cohecho.

Siguiendo a DÍAZ Y GARCÍA CONLLEDO, los delitos contra la administración pública se orientan "a prevenir de modo más o menos directo la corrupción en un sentido más amplio"[1]; por ello serán estudiados en el presente capítulo como la principal forma de respuesta del Derecho penal frente a la corrupción. Seguidamente, se analizará el objeto tutelado por el tráfico de influencias y el cohecho, distinguiendo entre sus diversas modalidades.

## 1. La corrupción y los delitos contra la administración pública

Resulta importante delimitar el bien jurídico que se busca proteger con el Derecho penal, y tratar de definir con precisión los comportamientos considerados como hechos de corrupción, para así cumplir con los principios de legalidad y lesividad, y así no caer en moralismos falsos que muchas veces utilizan los corruptos para enlodar a quienes los atacan o desenmascaran, y dar así la impresión de que en el mundo nadie se salva. Con frecuencia se confirma que quienes desenmascaran y luchan contra los corruptos muchas veces terminan acusados de hechos de corrupción. Por lo anterior, resulta

---

1 DÍAZ Y GARCÍA CONLLEDO, *RDUC Nº 7*, 2004, 159.

fundamental ensayar delimitar el concepto de bien jurídico asumido y las consecuencias que este fenómeno genera a nivel jurídico, económico y social.

Hoy se percibe la corrupción como el componente de la criminalidad que afecta de manera directa las bases del Estado social y democrático de Derecho, deslegitima la democracia, privatiza la ley, efectúa odiosas políticas económicas que fundamentan el Estado social y menoscaba la confianza de los ciudadanos en el propio sistema. Sin duda se afecta la cultura tributaria, pues existe la convicción de que esos impuestos serán desviados a destinos oscuros y distintos de la inversión social, y por otro lado se producirá mayor oposición y desprecio por lo público, por ello puede afirmarse que el bien jurídico afectado por la corrupción es precisamente el Estado social y democrático de derecho.

La lesividad generada por la corrupción pública no es homogénea, lejos de centrar sus efectos en un concreto sector del tráfico jurídico, la corrupción afecta sin duda ámbitos esenciales y diversos de la sociedad:

a) Desde el punto de vista económico, produce nefastos efectos tanto macroeconómicos como microeconómicos, pues incide en la revaluación, la tasa de cambio, la inflación, la inversión, las tasas de interés, y los precios, disminuye la inversión extranjera y la competitividad de las empresas, pero también desestimula el interés en lo público:

   - La corrupción afecta el consumo "por cuanto las familias han de traer una parte de la renta susceptible de ser destinada a tal destino para el pago de sobornos necesarios para el acceso a determinados bienes y servicios"[2].
   - La corrupción aumenta injustificadamente y de manera sensible los costos presupuestarios, pues agrega el valor del soborno al precio del contrato de obra, suministro y prestación, entre otros, circunstancia que a la vez disminuirá la demanda, afectando todo el circuito económico[3]. Sin duda, las obras públicas no sólo presentan sobrecostos escandalosos, sino que además en nuestra Latinoamérica es frecuente que ni siquiera las concluyan, o lle-

[2] MURIEL PATIÑO, en: CAPARRÓS, *Aspectos jurídicos y económicos*, 2000, 33.

[3] RODRÍGUEZ LÓPEZ, *Aspectos jurídicos y económicos*, 2000, 22.

guen al extremo de licitar varias veces la misma obra y se cancelen anticipos de obras que se destinan a lujosos fines privados.

- Al distorsionar y agregar el mercado económico del valor de los bienes y servicios, la corrupción también desestabiliza las tasas de interés y las tasas de cambio[4]. En este sentido, se llega al extremo de afectar el valor de la moneda, pues algunos factores de corrupción en temas tributarios en las exportaciones incrementan desmedidamente el ingreso de moneda extranjera, generando injustificada revaluación de la moneda.
- A su vez, la desestabilización de las condiciones de mercado, la inseguridad jurídica, el aumento del costo de producción de los bienes y servicios disminuye la inversión[5], tal como afirma MURIEL PATIÑO:

> "En segundo término, uno de los más evidentes y repetidos efectos del fenómeno de la corrupción es la reducción de la inversión, debida tanto al aumento de los costes (principalmente en forma de sobornos y pagos a intermediarios) como a la incertidumbre acerca de los mismos; de hecho algunos autores sostienen que la falta de certeza acerca de los sobornos a los que las empresas tendrán que hacer frente desincentivan más la inversión que la propia cuantía de los mismos, argumentando que se ve respaldado por resultados empíricos en el mismo sentido del Banco Mundial"[6].

- La corrupción afecta también las reglas de competencia, creando verdaderos monopolios en torno a quienes pagan los sobornos[7], o carteles de la contratación, con lo cual se afecta la igualdad y las relaciones económicas entre los individuos, en palabras de SABÁN GODOY:

---

4 HOPE, en: NEWELL/BULL, *Corruption*, 2003, 25.

5 ROSE-ACKERMAN, en: CARBONELL/VÁSQUEZ, *Poder, derecho y corrupción*, 2003, 45.

6 MURIEL PATIÑO, en: CAPARRÓS, *Aspectos jurídicos y económicos*, 2000, 33.

7 CAPARRÓS, en: FERRÉ OLIVÉ, *Fraude y corrupción*, 2002, 126.

"Dado que nos referimos a sociedades basadas en el interés privado que se deriva de actividades mercantiles –esa es la razón de su propio pacto social–, tal interés y actividad requieren una radicalización del principio de igualdad [...] La prosperidad, a la postre, es el valor individual que se obtiene de una situación que parte de la igualdad y que produce como resultado una más elevada situación económica"[8].

b) Desde el punto de vista social, se ha demostrado que la corrupción afecta el desarrollo económico del Estado, pues implica el sacrificio de partidas presupuestarias inicialmente dedicadas a la salud y a la educación para invertirlas en corrupción[9].
En palabras de GUPTA: "Los análisis empíricos muestran que un alto nivel de corrupción tiene consecuencias adversas para la infancia y las tasas de mortalidad infantil, el porcentaje de bajo peso en niños en el total de nacimientos, y la deserción escolar en escuelas primarias"[10]. Había recordado que la corrupción reduce los ingresos por impuestos[11] y multiplica las fugas de capital[12], generando mayores obstáculos en el crecimiento económico, pues existe una vinculación probada estadísticamente de que altos índices de corrupción degrada las posibilidades de crecimiento económico[13].
c) Desde el punto de vista jurídico, la corrupción reduce la confianza de los individuos en el ordenamiento jurídico. En la práctica se produce una pérdida de confianza y apatía en los votantes, generando un alejamiento entre representantes y representados[14], situación que finalmente termina socavando los pilares de la democracia[15]. Y

---

8 SABÁN GODOY, *El marco jurídico de la corrupción*, 1991, 102.

9 HOPE, en: NEWELL/BULL, *Corruption*, 2003, 15.

10 TANZI, en: ABED/GUPTA, *Govenance, Corruption & Economic*, 2002, 132.

11 CAPARRÓS, en: FERRÉ OLIVÉ, *Fraude y corrupción*, 2002, 125.

12 NYE, *Corruption*, 1997, 970.

13 MALEM SEÑA, en: CARBONELL/VÁSQUEZ, *Poder, derecho y corrupción*, 2003, 45.

14 BUSTOS GISBERT, *La corrupción de los gobernantes*, 2000, 71.

15 MALEM SEÑA, en: CARBONELL/VÁSQUEZ, *Poder, derecho y corrupción*, 2003, 52, del mismo texto, ROSE-ACKERMAN, 23; MONTENEGRO DE FLETCHER, *Corrupción, democracia y ética*, 1997, 77.

> se crea una convicción en los ciudadanos, y es que la corrupción la practica y la promueve, no uno o unos partidos políticos de derecha, de centro o de izquierda, sino que al final los protagonistas de la corrupción pública están enquistados en las administraciones independientemente del gobernante de turno. Surge entonces un partido independiente de la concepción filosófica del Estado, el partido de los contratistas, caballeros de la corrupción que financian a todos los candidatos, obviamente con alguna preferencia en lo personal más que en lo político o programático, y siempre con la convicción de que gane el que sea, alguna tajada importante de la contratación pública les entregará.

Tan diversos efectos obligan a preguntar todavía más sobre cuál es la relación entre la corrupción y la administración pública, puesto que anteriormente se han mencionado consecuencias tan disímiles como las económicas, las sociales y las jurídico-políticas.

La respuesta a esta cuestión implica necesariamente el obvio reconocimiento de que la corrupción es, político-criminalmente, un fenómeno pluriofensivo que afecta a múltiples intereses que la sociedad considera como fundamentales.

Sin embargo, para intentar delimitar desde ya el objeto del presente análisis, pues el alcance que se busca no es tratar las distintas modalidades de corrupción sino el cohecho y el tráfico de influencias en la corrupción, tendré en cuenta solamente los efectos que tiene este fenómeno frente a la administración pública[16]:

Nadie puede desconocer que la corrupción en general afecta la inversión, y que la corrupción en el sector público afecta concretamente la eficiencia de la inversión pública.

La corrupción no solamente afecta la economía privada, sino que también tiene terribles consecuencias frente al manejo de la economía pública, pues se disminuye la eficiencia de las inversiones públicas y en general del Estado[17].

---

[16] Ello necesariamente implica también el reconocimiento de otros efectos de la corrupción, pero también de la necesidad de que no solamente se considere la existencia de una corrupción pública, sino también de una corrupción privada.

[17] MURIEL PATIÑO, en: CAPARRÓS, *Aspectos jurídicos y económicos*, 2000, 33.

En este sentido, tal como afirma ROSE-ACKERMAN: "Los gobernantes corruptos favorecen los proyectos de capital intensivo sobre otros tipos de gastos públicos y favorecen la inversión pública sobre la inversión privada. Frecuentemente apoyarán proyectos de tipo 'elefante blanco' que tienen poco valor para promover el desarrollo económico"[18].

Plena razón le asiste a la cita anterior, un gran porcentaje de las regalías petroleras colombianas se han despilfarrado y perdido con proyectos suntuosos o inversiones en obras suntuarias o financiaciones cuestionables, y hasta ahora nada parece haber hecho la justicia penal.

En lo social, la corrupción no solamente afecta el crecimiento económico en general, sino que muy concretamente afecta la eficiencia de los proyectos de inversión pública en la prestación de los servicios públicos como la salud y la educación[19].

Y en lo político, sin duda, se afecta la confianza de los ciudadanos y, como consecuencia, se presentan elevadas cifras de abstencionismo electoral.

En consecuencia, puede concluirse que la corrupción afecta debido el funcionamiento del Estado, bien sea desde el punto de vista económico (reducción de la eficiencia de las inversiones), desde el punto de vista social (reducción de la eficiencia de la inversión social en la cobertura y calidad de servicios públicos, salud, educación, régimen de pensiones, entre otros) o desde el punto de vista jurídico político (reducción de la eficiencia en el funcionamiento de la democracia, vacíos en la administración de justicia, mora judicial, desconfianza en los fiscales y jueces, frustración y prevención ante la administración de justicia y sus actores, incluyendo por supuesto a los abogados).

Por ello, la identificación de la administración pública como el bien jurídico parte de la base del reconocimiento de la tesis que considera que la administración pública es el conjunto de actividades en servicio de los ciudadanos y que se materializa en el correcto funcionamiento de los servicios públicos.

La identificación entre el fenómeno lesivo y el objeto afectado por este resulta satisfactoria y permite algunos avances dogmáticos y político-criminales:

---

18 ROSE-ACKERMAN, en: CARBONELL/VÁSQUEZ, *Poder, derecho y corrupción,* 2003, 41.

19 MURIEL PATIÑO, en: CAPARRÓS, *Aspectos jurídicos y económicos,* 2000 36.

En primer término, permite la aplicación de criterios dogmáticos al análisis de un fenómeno criminal como la corrupción, el cual generalmente solamente es analizado desde un punto de vista criminológico o político-criminal ante las dificultades en su nítido encuadramiento en un grupo de conductas punibles específicas.

En segundo lugar, permite la aplicación de los criterios de estudios criminológicos y político-criminales propios del estudio de la corrupción y de los delitos de cuello blanco al análisis de un grupo de conductas punibles como los delitos contra la administración pública, en las cuales resultaba muy poco frecuente el estudio de aspectos extrajurídicos.

De esta manera, lo que aquí se propone es una simbiosis como la formulada por ROXIN entre la dogmática y la política criminal[20] en el estudio de un fenómeno criminal concreto como la corrupción a través del espectro de los delitos contra la administración pública.

## 2. La evolución de la tutela penal de la administración pública en España

La orientación legal, jurisprudencial y doctrinal de los delitos contra la administración pública en España ha evolucionado de considerar que estas conductas punibles tutelaban meros deberes de los funcionarios públicos a señalar que su objeto de protección es el correcto funcionamiento de la administración pública.[21]

Por lo anterior, mientras que en un principio algunas de las fórmulas de tipificación más utilizadas para consagrar los delitos cometidos por los funcionarios públicos en el ejercicio de sus cargos eran la imprudencia y la omisión, en la actualidad se prefiere la consagración de delitos dolosos, aspectos que serán analizados en el presente capítulo a través de un estudio legal, jurisprudencial y doctrinal del objeto tutelado en estos delitos.

### 2.1. De la tutela del deber a la tutela de la función

Si bien dentro de las primeras obras del Derecho penal especial español no se hizo especial referencia al objeto tutelado en los delitos contra la

---

20 ROXIN, *Política criminal*, 1972, 15, posición acogida en: LUZÓN PEÑA, *Lecciones PG*, 2012, 3-18.

21 V. por muchos en ASÚA BATARRITA, *Delitos contra la Administración Pública*, 1997, 20; DEMETRIO CRESPO, *Fraude y corrupción*, 2002, 69.

administración pública, sino que se analizó directamente cada conducta punible, debe destacarse que ya se señalaba que el criterio de sistematización que se utilizaba era el concepto de empleado[22], cuya determinación ocupaba siempre un gran espacio dentro de las consideraciones dedicadas a todo el título, tal como puede verificarse por ejemplo en la obra de PACHECO[23].

Años más tarde, en la obra de GROIZARD Y GÓMEZ DE LA SERNA, la doctrina comenzó a tomar una postura sobre el objeto de tutela de los delitos de los funcionarios públicos en el ejercicio de sus cargos. Para este autor, la justicia penal debía sancionar el incumplimiento de los deberes de mayor cuantía de los funcionarios públicos[24], considerando a la desobediencia como la sustancia primaria de estos delitos: "La desobediencia al Poder público, la rebelión contra sus órdenes; la violación de sus mandatos, el desprestigio de las leyes y de las autoridades es, pues, la sustancia primaria determinante de la configuración científica de esta clase de delitos. Todo lo demás es accidental y accesorio"[25].

Esta postura se fue consolidando dentro de la doctrina, especialmente en obras como la de JASO/ANTÓN ONECA/RODRÍGUEZ, quienes manifestaban que "los delitos de funcionarios suponen conductas contrarias al deber del servicio, que les impone de modo calificado el deber de colaborar en la obra del Estado cumpliendo y haciendo cumplir las normas jurídicas"[26].

Similar situación ocurre con otros autores como OLESA MUÑIDO[27], FERRER SAMA[28] y SUÁREZ MONTES, para quien estos delitos consisten en "la violación de un deber jurídico público propio de ciertas funciones sociales"[29].

---

22 Sobre la sistematización de los delitos contra la Administración Pública en los primeros códigos penales españoles v. CASABÓ RUIZ, *Escritos penales*, 1979, 180-190.

23 PACHECO, *El CP*, 1888, 393.

24 GROIZARD Y GÓMEZ DE LA SERNA, *El CP de 1870*, 1912, 91.

25 GROIZARD Y GÓMEZ DE LA SERNA, *El CP de 1870*, 1912, 92.

26 RODRÍGUEZ MUÑOZ/JASO ROLDÁN/RODRÍGUEZ DEVESA, DP, 1949, 192.

27 Cfr. OLESA MUÑIDO, *Estudios jurídicos*, 1983.

28 Cfr. FERRER SAMA, *Comentarios*, 1956.

29 SUÁREZ MONTES, *RGLJ*, 1966.

Incluso en la obra de CUELLO CALÓN, se señala, frente al análisis de algunos delitos como la malversación, que estos consisten fundamentalmente en la infracción del deber de probidad de los funcionarios públicos[30].

A principio de la década de los sesenta, QUINTANO RIPOLLÉS comenzó a señalar que el servicio público era el bien jurídico tutelado en los delitos de los funcionarios públicos en el ejercicio de sus cargos[31] y criticó la rúbrica del CP por no contener todos los delitos cometidos por los funcionarios públicos[32].

Poco a poco se comenzó a criticar la consideración del deber del cargo como el bien jurídico tutelado en los delitos cometidos por los funcionarios públicos en el ejercicio de sus cargos:

OCTAVIO DE TOLEDO Y UBIETO, tras un extenso análisis de los códigos penales de la Alemania nazi y de la Italia gobernada por Mussolini, afirmaba que la teoría del deber del cargo era propia de los sistemas totalitarios[33].

También se señalaba que la existencia de un conjunto de delitos que tutelara el ejercicio de los cargos de los funcionarios públicos implicaba realmente una violación al principio de la división de poderes[34], pues producía una intervención de la rama judicial en la rama ejecutiva, mediante el enjuiciamiento de los jueces del desempeño de las funciones del gobierno[35].

Otros afirmaban que el deber del cargo "se trata de un criterio meramente formal que nada dice sobre el contenido, y que carece por tanto de cualquier capacidad limitadora"[36].

Por último, también se aducía que la simple infracción de un deber no puede constituir un bien jurídico[37]. En este sentido, tal como afirma DÍAZ Y GARCÍA CONLLEDO, "la prevención y represión de la mera infracción

---

30 CUELLO CALÓN, *DP. PE*, 1980.

31 QUINTANO RIPOLLÉS, *Curso*, 1963, 549.

32 QUINTANO RIPOLLÉS, *Curso*, 1963, 550.

33 Cfr. OCTAVIO DE TOLEDO Y UBIETO, *La prevaricación*, 1980, 237.

34 CASABÓ RUIZ, *Escritos penales*, 1979, 191.

35 CASABÓ RUIZ, *Escritos penales*, 1979, 191.

36 DEMETRIO CRESPO, *Fraude y corrupción*, 2002, 70.

37 RAMOS TAPIA, *Prevaricación*, 2000, 98.

de deberes funcionariales sin especial trascendencia en el bien jurídico debe quedar en el ámbito del Derecho administrativo disciplinario"[38].

De esta manera, la tesis del deber del cargo fue paulatinamente abandonada por la doctrina y la discusión dogmática se centró en la posibilidad de encontrar un bien jurídico para todos los delitos contra la administración pública.

En este sentido, MUÑOZ CONDE destaca la dificultad de determinar un bien jurídico común para todos los delitos contra la administración pública y manifiesta que la denominación del título XIX del CP no es más que una rúbrica general, la cual luego tiene que concretarse en cada delito[39].

Esta tendencia a señalar la imposibilidad de identificar un bien jurídico único no solamente se extendió a todos los delitos contra la administración pública en general, sino también a algunos de ellos en particular, pues ni siquiera existe unanimidad en la determinación de un único bien jurídico tutelado en las modalidades de cohecho[40] o incluso de tráfico de influencias.

Sin embargo, estas críticas a la existencia de un único bien jurídico no han impedido que un gran sector de la doctrina intente concebir un interés común tutelado por los delitos contra la administración pública:

Para MIR PUIG[41], MORALES PRATS/RODRÍGUEZ PUERTA[42] y ORTÍZ DE URBINA GIMENO[43], GIMENO LAHOZ y CORBELLA HERREROS[44] y MIR PUIG/CORCOY BIDASOLO[45], el bien jurídico tutelado es el correcto funcionamiento de la administración pública, asociando a su vez este concepto al cumplimiento de los principios constitucionales de la administración pública consagrados en el art. 103 de la CE. Por su parte, para GONZÁLEZ CUSSAC el bien jurídico tutelado es la función pública

---

38 DÍAZ Y GARCÍA CONLLEDO, *RDUC N° 7*, 2004, 166.

39 MUÑOZ CONDE, *DP. PE*, 18.ª, 2010, 984.

40 STS 5-2-1996.

41 MIR PUIG C., *Delitos contra la Administración pública*, 2000, 19.

42 MORALES PRATS/RODRÍGUEZ PUERTA, en: QUINTERO OLIVARES, *Comentarios a la PE del DP*, 2011, 1207.

43 ORTIZ DE URBINA GIMENO, en: SILVA SÁNCHEZ, *Lecciones DP. PE*, 2011, 327.

44 GIMENO LAHOZ/CORBELLA HERREROS, *Delitos*, 1998, 14.

45 MIR PUIG C., *Delitos contra la Administración pública*, 2000, 887.

ejercida correctamente[46], interpretando igualmente este concepto de acuerdo a lo señalado en el art. 103 de la CE[47].

BUSTOS RAMÍREZ y OCTAVIO DE TOLEDO señalan que el bien jurídico tutelado es el correcto ejercicio de la potestad[48], si bien el segundo lo asocia también al art. 103 de la CE[49]. Para DÍAZ Y GARCÍA CONLLEDO y OLAIZOLA NOGALES[50], el bien jurídico tutelado es el buen funcionamiento de la administración pública, de conformidad con el art. 103 de la CE[51].

ASÚA BATARRITA señala que el bien jurídico tutelado es la preservación de la forma de actuación de la administración conforme a sus fines y el sometimiento a aquellos principios que informan el procedimiento en la adopción de decisiones de su competencia[52] en consideración con los principios constitucionales[53]. QUERALT[54], ORTS BERENGUER[55], DEMETRIO CRESPO[56], CUGAT MAURI[57] y ROCA AGAPITO[58], en una posición muy similar a la formulada por QUINTANO RIPOLLÉS, manifiestan que el servicio público es el bien jurídico tutelado en los delitos contra la administración pública.

---

46 GONZÁLEZ CUSSAC, *Los delitos de los funcionarios*, 1996, 17.

47 GONZÁLEZ CUSSAC, *Los delitos de los funcionarios*, 1996, 17.

48 Cfr. OCTAVIO DE TOLEDO Y UBIETO, *La prevaricación,* 1980, 333. En igual sentido, BUSTOS RAMÍREZ, *DP. PE*, 1991, 436.

49 OCTAVIO DE TOLEDO Y UBIETO, *La prevaricación*, 1980, 300.

50 DÍAZ Y GARCÍA CONLLEDO, *El delito de tráfico de influencias*, 1997; DÍAZ Y GARCÍA CONLLEDO/OLAIZOLA NOGALES, *Roce N° 6*, 1996, 40.

51 DÍAZ Y GARCÍA CONLLEDO, en: ASÚA BATARRITA, *Delitos contra la Administración pública*, 1997, 175.

52 DÍAZ Y GARCÍA CONLLEDO, en: ASÚA BATARRITA, *Delitos contra la Administración pública*, 1997, 21.

53 DÍAZ Y GARCÍA CONLLEDO, en: ASÚA BATARRITA, *Delitos contra la Administración pública*, 1997, 20.

54 QUERALT JIMÉNEZ, *DP Español, PE*, 2010, 1111.

55 ORTS BERENGUER, en: VIVES ANTÓN, *DP. PE*, 2004, 891.

56 DEMETRIO CRESPO, *Fraude y corrupción*, 2002, 69.

57 CUGAT MAURI, *Tráfico de influencias*, 1997, 76.

58 ROCA AGAPITO, *El delito de malversación de caudales públicos*, 1999, 64.

MIR PUIG/CORCOY BIDASOLO[59] manifiestan que el bien jurídico tutelado en estos delitos es "el correcto funcionamiento de la administración pública de acuerdo con su función constitucional de servir con eficacia y objetividad a los intereses generales"[60], destacando que la misma tiene un aspecto externo vinculado al servicio público y un aspecto interno relacionado con la relación entre la administración y el funcionario público[61].

En consecuencia, a partir de esta breve recapitulación de lo que ha considerado la doctrina española del bien jurídico tutelado en los delitos contra la administración pública, puede concluirse que inicialmente se pensaba que el objeto tutelado eran los deberes de los funcionarios públicos en el ejercicio de sus cargos y que en la actualidad se señala que es el buen o correcto funcionamiento de la administración pública orientado según los principios consagrados en el art. 103 de la CE.

### 2.2. De la tipificación del incumplimiento de los deberes del cargo a la tipificación de la desviación de intereses

El primer aspecto que se puede resaltar a partir del análisis de los delitos contra la administración pública es que la mayoría de estos tipos penales ha evolucionado de ser un incumplimiento de deberes (conducta axiológicamente omisiva) a constituir una desviación de intereses (conducta axiológicamente activa).

En este sentido, de manera mayoritaria hasta la promulgación del CP de 1995, se partía de la determinación de una norma positiva, como es el cumplimiento de los deberes del cargo, para luego configurar el delito a partir de la omisión de esta norma positiva, es decir, en virtud del incumplimiento de los deberes del cargo.

Por esta razón, el concepto fundamental sobre el cual se construía el bien jurídico tutelado en los delitos contra la administración pública era el de los deberes del cargo, circunstancia que se evidencia no solamente a partir de la denominación del título en el cual se incluían, sino también por medio del análisis de los capítulos y de los artículos a través de los cuales se tipificaban.

---

59 MIR PUIG, en: MIR PUIG/CORCOY BIDASOLO, *Comentarios al CP*, 2011, 887.

60 MIR PUIG, en: MIR PUIG/CORCOY BIDASOLO, *Comentarios al CP*, 2011, 887.

61 MIR PUIG, en: MIR PUIG/CORCOY BIDASOLO, *Comentarios al CP*, 2011, 887.

### *a. Evolución legal de la denominación del bien jurídico tutelado en los delitos cometidos por los funcionarios públicos*

La denominación del título dedicado a los delitos cometidos por los funcionarios públicos estuvo enfocada en el cargo desempeñado por el funcionario público, situación que se prolongó desde la promulgación del CP español de 1822 hasta el CP de 1995, en el cual se interpreta a la administración pública como un servicio del Estado hacia los ciudadanos:

En el CP de 1822, se les denominó "delitos y culpas de los funcionarios públicos en el ejercicio de sus cargos"[62], posteriormente, en los CP de 1848[63] y 1870[64] se mantuvo casi la misma denominación, salvo por la sustitución de la palabra funcionarios públicos por la de empleados públicos.

En el CP de 1928, se retomó la fórmula de "los delitos de los empleados públicos en el ejercicio de sus cargos"[65] y se agregó la expresión "y otros análogos", creándose además un título especial dedicado a los delitos contra la administración de justicia.

Sólo hasta 4 años más tarde, el CP de 1932 volvió a utilizar la rúbrica "De los delitos de los funcionarios públicos en el ejercicio de sus cargos"[66], la cual sería conservada en los CP de 1944[67] y 1973[68], este último en realidad una transcripción del primero, y recibiría múltiples críticas, como que se trataba de un título residual donde se incluían conductas no ubicables en otros títulos, que contra lo indicado en la denominación, no se incluían en dicho título todos los delitos cometidos por los funcionarios públicos y sí se incluían en cambio algunos delitos comunes y, por último, que lo esencial

62 Título VI del CP de 1822.

63 Título VIII del CP de 1848.

64 Título VII del CP de 1870. Referencia consultada en GROIZARD Y GÓMEZ DE LA SERNA, *El CP de 1870*, 1912.

65 Título V del CP de 1928, Real Decreto de 8 de septiembre de 1928. Referencia consultada en CÓDIGO PENAL, Edición oficial, Reus, Madrid, 1928.

66 Título VIII del CP de 1932, Ley de 27 de octubre de 1932. Referencia consultada en PECES-BARBA, Legislación Española, 1934.

67 Título VII del CP de 1944, Decreto de 23 de diciembre de 1944, conforme a las bases de 19 de julio de 1944.

68 Título VII del CP de 1973, Decreto 3096 de 14 de septiembre de 1973, por el que se publica el Código Penal, texto refundido conforme a la Ley 44 de 15 de noviembre de 1971.

de estos delitos en la configuración legal era la propia infracción del deber por parte del funcionario en su relación con el Estado[69].

El cambio vendría a presentarse con el CP de 1995, cuyo título XIX se denomina "Delitos contra la Administración Pública"[70], rúbrica con la cual se superan las críticas que hasta entonces se habían hecho al cargo y se abre la puerta para una nueva visión de este bien jurídico. En la reforma realizada a través de la Ley Orgánica 05/10 se conservó la misma denominación.

### *b. Evolución legal de la denominación de las modalidades de delitos cometidos por los funcionarios públicos*

La denominación de los capítulos de los códigos penales en España ha evolucionado de ser una descripción de la omisión o el incumplimiento de los deberes del cargo, más propia de una ley disciplinaria, a recoger cada vez menos infracciones de deberes.

En el CP de 1822, la orientación de la estructura de la legislación hacia la tipificación de la infracción del deber del cargo era evidente y se manifestaba con la sola lectura de algunos de los doce (12) capítulos de los cuales constaba el título de los delitos y culpas de los funcionarios públicos en el ejercicio de sus cargos: "De los funcionarios que no obedecen o no cumplen las leyes ú órdenes superiores; de los que impiden o embarazan, o se conciertan para impedir o embarazar su ejecución, o la de algún acto de justicia; y los que incurren en otras faltas de subordinación y asistencia al desempeño de sus obligaciones"[71]; "De los funcionarios públicos de mala conducta, y de los que tratan mal a sus inferiores y a las personas que tienen que acudir a ellos por razón de su oficio; de los que cometen violencias en el ejercicio de sus funciones"[72]; "De los funcionarios públicos que anticipan o prolongan indebidamente sus funciones, o ejercen las que no les corresponden"[73]; "De los funcionarios omisos en perseguir a los delincuentes, y de los que niegan o retardan la Administración de justicia, la protección o los remedios

---

69 OLAIZOLA NOGALES, *Nuevas tendencias*, 2006, 364.

70 CP de 1995, LO 10/1995.

71 Capítulo 6 del Título VI CP 1822.

72 Capítulo 7 del Título VI CP 1822.

73 Capítulo 8 del Título VI CP 1822.

legales que deben aplicar, no cooperan y auxilian, debiendo, a los actos del servicio público"[74].

La proliferación de los delitos que consistían una infracción del deber en el CP de 1822 se explica, según CASABÓ RUIZ, en el interés de la rama judicial de ejercer un control sobre la rama ejecutiva del poder público[75], lo cual explicaría en gran medida la confusión de estos con las infracciones disciplinarias, pues en todo caso la finalidad no sería solo la sanción, sino también el control del desempeño del gobierno por parte de un organismo externo a la administración pública.

En el CP de 1848, se varió la denominación de la mayoría de los capítulos que recogía el título de "los delitos cometidos por los funcionarios en el ejercicio del cargo", incluyendo múltiples conductas relacionadas con el cumplimiento negligente o ilegal de los deberes del cargo como la "negligencia punible"[76], "ignorancia culpable o ineptitud"[77] y la "conducta irregular"[78], y el "Ejercicio ilegal de funciones públicas"[79].

Adicionalmente, en las denominaciones de las secciones en las que se divide el capítulo dedicado a la prevaricación es posible observar también una inclinación a la tipificación de la infracción de deberes, pues reciben apelativos tales como "quebrantamiento de custodia" (sección 1.2), "quebrantamiento de secretos" (sección 1.3), "resistencia y desobediencia" (sección 1.4) y "denegación de auxilio y abandono de destino" (sección 1.5).

En el CP de 1870, se volvió a cambiar la denominación de la mayoría de los capítulos que forman parte del título dedicado a "los delitos cometidos por los funcionarios en el ejercicio del cargo", acogiéndose un sistema que fue conservado con algunas modificaciones hasta la promulgación del CP de 1995.

En este Código de 1870 se utilizaron denominaciones a través de las cuales claramente se hace referencia a la infracción de los deberes del cargo

---

74 Capítulo 9 del Título VI CP 1822.

75 CASABÓ RUIZ, *Escritos penales*, 1979, 182.

76 Capítulo 5 del Título VIII CP 1848.

77 Capítulo 6 del Título VIII CP 1848.

78 Capítulo 7 del Título VIII CP 1848.

79 Capítulo 4 del Título VIII CP 1848.

tales como: "infidelidad en la custodia de presos"[80], "infidelidad en la custodia de documentos"[81], "violación de secretos"[82], "desobediencia y denegación de auxilio"[83], "Anticipación, prolongación y abandono de funciones públicas"[84], "usurpación de atribuciones y nombramientos ilegales"[85] y "abusos contra la honestidad"[86].

En el CP de 1928, se conservó con algunas modificaciones el sistema adoptado por el CP de 1870, agregándose además otro capítulo cuya denominación permite concluir claramente la inclinación de este Código hacia considerar a los deberes del cargo como el núcleo del injusto de estos delitos: "infracciones a los deberes del cargo no comprendidas en otras disposiciones de este código o de leyes especiales"[87].

En los CP de 1932 y 1944, se excluyó a las infracciones a los deberes del cargo no comprendidas en otras disposiciones del código o de leyes especiales, adoptándose en reglas generales el mismo sistema contemplado desde 1870, aunque se conservaron las demás denominaciones consagradas en el CP de 1928.

En el CP de 1995 se dio un cambio muy importante, no solamente en la denominación del título, sino también en la determinación de los capítulos que forman parte del título de los delitos contra la administración pública, pues apenas se conservan tres (3) títulos relacionados con la infracción de deberes, los cuales además tienen determinadas particularidades que serán estudiadas más adelante y que permiten concluir que incluso en estas conductas punibles no es el deber lo protegido, sino el correcto funcionamiento de la administración pública. Igual situación se conserva en la Ley Orgánica 05/10.

Estos capítulos se denominan "Del abandono del destino y de la omisión del deber de perseguir delitos"[88], "De la desobediencia y denegación de

[80] Capítulo 2 del Título VII CP 1870.

[81] Capítulo 3 del Título VII CP 1870.

[82] Capítulo 4 del Título VII CP 1870.

[83] Capítulo 5 del Título VII CP 1870.

[84] Capítulo 6 del Título VII CP 1870.

[85] Capítulo 7 del Título VII CP 1870.

[86] Capítulo 8 del Título VII CP 1870.

[87] Capítulo 6 del Título V CP 1928.

[88] Capítulo 2 del título XIX CP 1995.

auxilio"[89] y "De la infidelidad en la custodia de documentos y de la violación de secretos"[90].

### *c. Evolución del contenido de los delitos cometidos por los funcionarios públicos*

La evolución de la regulación de los delitos contra la administración pública no solamente puede inferirse de la rúbrica utilizada para su denominación, sino también de la concreta redacción de los tipos penales a través de los cuales se plasman, en los cuales no solamente se hace referencia expresa a deberes propios del cargo (como custodiar documentos, presos o bienes públicos), sino también a una cantidad importante de verbos rectores omisivos como denegar, retardar o incumplir:

En el CP de 1822 se puede observar la tipificación como delito de la infracción de múltiples deberes como: el deber de administrar justicia[91], el deber de castigar delitos[92], el deber de vigilar a los presos[93], el deber de custodiar documentos[94], el deber de no revelar secretos[95], el deber de cumplir las órdenes de los superiores[96], el deber de cooperar con otras autoridades[97], el deber de prestar juramento para el cumplimiento de sus funciones[98], el deber de retirarse de su cargo una vez se ha sido depuesto o suspendido[99], el deber de conceder las apelaciones que ante ellos se presenten[100] y el deber de conservar los bienes puestos a su custodia[101].

En la mayoría de estos delitos, la consagración de verbos rectores omisivos o relacionados con conductas omisivas es evidente: negar, rehusar o retardar

---

[89] Capítulo 3 del título XIX CP 1995.

[90] Capítulo 4 del título XIX CP 1995.

[91] Art. 451 CP 1822.

[92] Arts. 451 y 506 CP 1822.

[93] Art. 354 CP 1822.

[94] Art. 440 CP 1822.

[95] Art. 421 CP 1822.

[96] Art. 483 CP 1822.

[97] Art. 451 CP 1822.

[98] Art. 501 CP 1822.

[99] Arts. 502 y 503 CP 1822.

[100] Art. 510 CP 1822.

[101] Art. 406 CP 1822.

la administración de justicia (art. 451.4), dejar de hacer (art. 451.6), no tomar las disposiciones (art. 506), no cumplir o ejecutar una orden (art. 483), ejercer funciones sin prestar el juramento (art. 501), no otorgar apelaciones (art. 510) o abandonar los bienes públicos (art. 406).

Similar situación ocurrió en la reforma de 1850 al CP de 1848, del cual cabe destacar las infracciones: del deber de abandono del destino[102], del deber de no excederse en sus atribuciones en lo reglamentos[103] y del deber de conservar los bienes puestos a su custodia[104].

En el CP de 1870, la relación entre la infracción del deber y los delitos de los funcionarios públicos es tan clara que se presenta de forma escalonada:

En una primera fase se tutelaban los deberes relacionados con el ingreso del sujeto al cargo público a través de la tipificación de conductas tales como negarse a desempeñar un cargo público de elección popular[105] y el ejercicio de funciones públicas sin haber prestado el juramento y la fianza correspondientes[106].

En una segunda fase, se tutelaban deberes propios del ejercicio del cargo público tales como el deber de proferir sentencias justas[107], el deber de juzgar[108], el deber de la custodia de los presos[109], el deber de custodiar documentos, el deber de conservar los sellos de los documentos[110], el deber de confidencialidad[111], el deber de dar cumplimiento a órdenes de autoridades superiores[112], el deber de colaborar con otras autoridades[113], el deber de no arrogarse funciones propias de otras autoridades[114], el deber de cus-

---

[102] Art. 289 CP según la reforma de 1850.

[103] Art. 307 CP según la reforma de 1850.

[104] Art. 318 CP según la reforma de 1850.

[105] Art. 383 CP 1870.

[106] Art. 384 CP 1870.

[107] Art. 366 CP 1870.

[108] Art. 368 CP 1870.

[109] Art. 373 CP 1870.

[110] Art. 376 CP 1870.

[111] Art. 378 CP 1870.

[112] Art. 380 CP 1870.

[113] Art. 382 CP 1870.

[114] Art. 389 CP 1870.

todiar los bienes públicos[115] y el deber de hacer los pagos correspondientes al Estado[116].

En una tercera fase, el Derecho penal también vigilaba el abandono del cargo público a través de la tipificación de conductas punibles tales como continuar ejerciendo el cargo después de haber sido cesado de la función pública[117] e incluso el abandonar el cargo sin que se haya aceptado la renuncia[118].

La utilización de verbos rectores omisivos, negativos o impeditivos también es evidente en el CP de 1870: rehusar, negar o dejar de desempeñar (art. 383), ejercer el cargo sin prestar el juramento o fianza (art. 384), negarse a juzgar (art. 368), connivencia en la evasión (art. 373), negarse a dar cumplimiento a sentencias, decisiones u órdenes de Autoridad superior (art. 380), no prestar la debida colaboración (art. 382), impedir la ejecución de una providencia (art. 389), abandonar bienes públicos (art. 406), no hacer un pago (art. 409).

El CP de 1928, además de suponer la continuación de esta tutela escalonada del cargo público, también constituyó una expansión aún más profunda del Derecho penal hacia fenómenos cada vez más lejanos del carácter fragmentario de esta rama del Derecho.

En principio, se contemplaba nuevamente una tutela de las tres fases del desempeño del cargo público: se tutelaba su inicio por medio de la tipificación de conductas tales como negarse a desempeñar un cargo público[119] –la norma no solamente se refería a cargos de elección popular, sino a cualquier cargo– y el ejercicio de funciones públicas sin haber prestado el juramento y la fianza correspondientes[120]; se tutelaba su ejercicio por medio de la tipificación de la infracción de obligaciones propias de la función pública tales como el deber de proferir sentencias justas[121], el deber de juzgar[122], el deber

115 Art. 406 CP 1870.

116 Art. 409 CP 1870.

117 Art. 385 CP 1870.

118 Art. 387 CP 1870.

119 Art. 446 CP 1928.

120 Art. 454 CP 1928.

121 Arts. 417 y 420 CP 1928.

122 Art. 418 CP 1928.

de la custodia de los presos[123], el deber de custodiar documentos[124], el deber de conservar los sellos de los documentos[125], el deber de conservar la integridad de los documentos[126], el deber de confidencialidad en actuaciones y frente a documentos[127], el deber de dar cumplimiento a órdenes de autoridades superiores[128], el deber de desobedecer las órdenes no suspendidas[129], el deber de colaborar con otras autoridades[130], el deber de desempeñar un cargo[131], el deber de ejecutar los actos propios de sus funciones[132], el deber de no abrogarse funciones propias de otras autoridades[133], el deber de custodiar los bienes públicos[134] y el deber de hacer los pagos correspondientes al Estado[135]; y se sancionaba su abandono a través de la tipificación de conductas tales como continuar ejerciendo el cargo después de haber sido cesado de la función pública[136], e incluso el abandonar el cargo sin que se haya aceptado la renuncia[137].

Pero, además, también se tipificaban conductas punibles nuevas relacionadas con los deberes frente a la correspondencia y los actos notariales tales como descubrir el secreto de la correspondencia[138], la transmisión de correspondencia que debe ser retenida[139] y el incumplimiento de las formalidades extrínsecas necesarias para la validez legal de un documento[140].

---

[123] Art. 426 CP 1928.

[124] Art. 431 CP 1928.

[125] Art. 432 CP 1928.

[126] Art. 434 CP 1928.

[127] Art. 437 CP 1928.

[128] Art. 443 CP 1928.

[129] Art. 444 CP 1928.

[130] Art. 445 CP 1928.

[131] Art. 446 CP 1928.

[132] Art. 448 CP 1928.

[133] Art. 461 CP 1928.

[134] Art. 481 CP 1928.

[135] Art. 484 CP 1928.

[136] Art. 455 CP 1928.

[137] Arts. 457 y 459 CP 1928.

[138] Art. 440 CP 1928.

[139] Art. 441 CP 1928.

[140] Arts. 451, 452 y 453 CP 1928.

Adicionalmente, la redacción de conductas punibles omisivas, negativas o impeditivas se incrementó considerablemente, como puede verse en la enumeración de los siguientes delitos: rehusar, negar o dejar de desempeñar un cargo obligatorio (art. 446), ejercer el cargo sin prestar el juramento o fianza (art. 454), negarse a juzgar (art. 418), connivencia en la evasión (art. 426), negarse a dar cumplimiento a sentencias, decisiones u órdenes de Autoridad superior (art. 443), desobedecer (art. 444), no prestar la debida colaboración (art. 445), impedir la ejecución de una providencia (art. 389), no hacer un pago (art. 484), negarse a practicar u omitir un acto de su ministerio (art. 448), abandonar su destino (art. 457), suspender el trabajo (art. 459), omitir el cumplimiento de las formalidades extrínsecas necesarias para la validez legal de un documento (art. 451).

En el CP de 1932 se redujo la expansión del Derecho penal a cuestiones netamente administrativas a través de la destipificación de aquellas relacionadas con el incumplimiento de los requisitos notariales y los deberes frente a la correspondencia, aunque también se mantuvo el esquema de tutela de todas las fases del cargo público: su ingreso a través de la tipificación de la infracción de deberes tales como el de desempeñar un cargo de elección popular[141]; su ejercicio a través de la tipificación de la infracción de deberes como proferir sentencias justas[142], juzgar[143], custodiar presos[144], custodiar documentos[145], conservar los sellos de los documentos[146], dar cumplimiento a órdenes de autoridades superiores[147], no desobedecer las órdenes no suspendidas[148], colaborar con otras autoridades[149], no arrogarse funciones propias de otras autoridades[150], custodiar los bienes públicos[151] y hacer los

---

[141] Art. 377 CP 1932.

[142] Art. 360 CP 1932.

[143] Art. 362 CP 1932.

[144] Art. 367 CP 1932.

[145] Art. 370 CP 1932.

[146] Art. 371 CP 1932.

[147] Art. 374 CP 1932.

[148] Art. 375 CP 1932.

[149] Arts. 376 y 381 CP 1932.

[150] Art. 383 CP 1932.

[151] Art. 400 CP 1932.

pagos correspondientes al Estado[152]; y su abandono a través de la tipificación de conductas tales como continuar ejerciendo el cargo después de haber sido cesado de la función pública[153] e incluso el abandonar el cargo sin que se haya aceptado la renuncia[154].

Adicionalmente, la redacción de conductas punibles omisivas, negativas o impeditivas se incrementó considerablemente, lo cual puede apreciarse en los siguientes delitos: rehusar, negar o dejar de desempeñar un cargo obligatorio (art. 377), ejercer el cargo sin prestar la fianza (art. 378), negarse a juzgar (art. 362), connivencia en la evasión (art. 367), negarse a dar cumplimiento a sentencias, decisiones u órdenes de Autoridad superior (art. 374), desobedecer (art. 375), no prestar la debida colaboración (art. 376), no hacer un pago (art. 403).

Los CP de 1944/1973 conservaron la misma estructura en la tutela de la administración pública[155], salvo por algunas modificaciones como la inclusión del juramento como un deber cuya omisión es constitutiva de delito.

Adicionalmente, la redacción de conductas punibles omisivas, negativas o impeditivas se incrementó considerablemente en delitos tales como rehusar, negar o dejar de desempeñar un cargo obligatorio (art. 372), ejercer el cargo sin prestar la fianza o el juramento (art. 373), negarse a juzgar (art. 357),connivencia en la evasión (art. 362), negarse a dar cumplimiento a sentencias,

---

[152] Art. 403 CP 1932.

[153] Art. 379 CP 1932.

[154] Art. 381 CP 1932.

[155] Se mantuvo el esquema de tutela de todas las fases del cargo público: su ingreso a través de la tipificación de la infracción de deberes tales como el deber de desempeñar un cargo de elección popular (art. 372 CP 1944/1973) y el desempeñar un cargo sin haber prestado el juramento o la fianza correspondiente (art. 373 CP 1944/1973) –se volvió a incluir la alusión al juramento–; su ejercicio a través de la tipificación de la infracción de deberes como proferir sentencias justas (art. 355 CP 1944/1973), juzgar (art. 357 CP 1944/1973), custodiar presos (art. 362 del CP de 1944), custodiar documentos (art. 364 CP 1944/1973), conservar los sellos de los documentos (art. 365 CP 1944/1973), dar cumplimiento a órdenes de autoridades superiores (art. 369 CP 1944/1973), no desobedecer las órdenes no suspendidas (art. 370 CP 1944/1973), colaborar con otras autoridades (art. 371 CP 1944/1973), no abrogarse funciones propias de otras autoridades (arts. 377 y 378 CP 1944/1973), custodiar los bienes públicos (art. 395 CP 1944/1973) y hacer los pagos correspondientes al Estado (art. 398 CP 1944/1973); y su abandono a través de la tipificación de conductas tales como continuar ejerciendo el cargo después de haber sido cesado de la función pública (art. 374 CP 1944/1973) e incluso el abandonar el cargo sin que se haya aceptado la renuncia (art. 376 CP 1944/1973).

decisiones u órdenes de Autoridad superior (art. 369), desobedecer (art. 370), no prestar la debida colaboración (art. 371), no hacer un pago (art. 398).

Si bien el CP de 1995 conserva algunas alusiones aisladas a la infracción de deberes, ha terminado con la estructura de las fases del cargo público (posesión, desarrollo y abandono), destipificando o cambiando el alcance de múltiples conductas punibles:

En primer lugar, se destipificaron las dos conductas que tenían una relación directa con el incumplimiento de deberes para ingresar en la administración pública como son: negarse a desempeñar un cargo público de elección popular y el ejercicio de funciones públicas sin haber prestado el juramento y la fianza correspondientes.

En segundo lugar, se destipificaron conductas punibles tales como la malversación culposa[156] y la malversación por aplicación oficial diferente[157], que estaban más centradas en la infracción de deberes de custodia o de seguir las normas presupuestarias.

En tercer lugar, se destipificaron las conductas relacionadas con el abandono del cargo público como continuar ejerciendo el cargo después de haber sido cesado de la función pública y el abandonar el cargo sin que se haya aceptado la renuncia.

La misma situación se mantiene en la reforma realizada a través de la Ley Orgánica 5/2010, en la cual se mantuvieron los mismos delitos consagrados en el CP de 1995, aunque con variaciones en el contenido de algunos de sus normas, especialmente las relacionadas con el cohecho, frente a las cuales se presentó una reformulación sistemática.

### 2.3. De la tipificación de la imprudencia a la tipificación del dolo

La segunda circunstancia que se evidencia a partir del análisis de la evolución de las fórmulas de tipificación de los delitos contra la administración pública en España es el cambio de tipificar una gran cantidad de delitos culposos a preferir únicamente la incriminación de dolosos.

---

156 DÍAZ Y GARCÍA CONLLEDO/OLAIZOLA NOGALES, *Roce N° 6*, 1996, 48.

157 Aunque autores como POLAINO NAVARRETE encuentren esta conducta tipificada en el 434, es claro que no lo está, pues el 397 CP 1944/1973 exigía que la aplicación se realizara a fines públicos (DÍAZ Y GARCÍA CONLLEDO, en: BARBERO SANTOS, 2001, 84).

Al respecto, DÍAZ Y GARCÍA CONLLEDO destaca como una de las características de los delitos contra la administración pública en el CP de 1995: "una clara destipificación de las conductas imprudentes (y con ello una restricción de la responsabilidad penal de los funcionarios), dentro del nuevo sistema establecido por el actual CP de incriminación selectiva y restrictiva caso por caso de los delitos y faltas imprudentes (art. 12 CP) de manera que no se encuentran en este ámbito delitos imprudentes"[158].

En este sentido, bien sea por la incriminación directa de conductas punibles imprudentes o bien a través de la existencia de cláusulas de extensión de la responsabilidad o bien por medio de la aplicación de una teoría del delito en la cual la culpa y el dolo eran elementos formas de la culpabilidad, la imprudencia era la forma de tipificación preferida respecto de los delitos contra la administración pública en los códigos penales españoles hasta la promulgación del CP de 1995. En el CP de 1995 no solamente se han abolido los delitos imprudentes contra la administración pública, sino que además en la mayoría de los tipos penales consagrados en el título XIX del CP se exigen elementos subjetivos especiales.

En el CP de 1822 ya se consagraban las modalidades imprudentes de la mayoría de los delitos contra la administración pública, tales como la prevaricación[159], la evasión o fuga de presos[160], la infidelidad en la custodia de documentos[161] y la malversación[162].

En el CP de 1848 y en su posterior reforma de 1850 se consagró un sistema en el cual todas las conductas imprudentes cometidas por los funcionarios públicos en el ejercicio de sus cargos se reunieron en tres capítulos denominados "Negligencia punible", "Ignorancia culpable o ineptitud" y "Conducta irregular", en los cuales se consagraron cláusulas generales aplicables a todos los delitos[163].

En el CP de 1870, la consagración de delitos contra la administración pública en la modalidad imprudente se redujo considerablemente, pues so-

---

158 DÍAZ Y GARCÍA CONLLEDO, *RDUC N° 7*, 2004, 167.

159 Art. 513 CP 1822.

160 Art. 354 CP 1822.

161 Art. 442 CP 1822.

162 Art. 466 CP 1822.

163 CASABÓ RUIZ, *Escritos penales*, 1979, 184.

lamente se estableció la prevaricación[164] y la malversación[165]. Pero además se comenzaron a exigir requisitos especiales para la configuración de estos delitos como la manifiesta e inexcusable injusticia de la decisión en el delito de prevaricación imprudente[166].

En el CP de 1928, se dio una corta marcha atrás en la destipificación paulatina de la imprudencia en la administración pública, pues además de conservar la prevaricación[167] y la malversación imprudente[168] se incluyó la revelación de secretos imprudente de los abogados o procuradores[169].

En el CP de 1932 se consagraron nuevamente el prevaricato[170] y la malversación culposa[171]. Adicionalmente, mientras que el tipo relativo a abogados y procuradores que en el CP de 1928 se circunscribía solamente a la revelación de secretos imprudente de los clientes, ahora en el CP de 1932 incluía en general cualquier perjuicio negligentemente causado al cliente[172].

En los CP de 1944/1973 se destipificó la señalada infidelidad imprudente a los deberes profesionales del abogado, dejándose únicamente consagrados la prevaricación[173] y la malversación[174] culposos.

El CP de 1995 no solamente destipificó todas las conductas imprudentes contra la administración pública, sino que, además, como se señaló al principio de este capítulo, se incluyeron nuevos delitos directamente relacionados con la corrupción y llenos de elementos subjetivos especiales:

A sabiendas de la injusticia en la prevaricación (art. 404), a sabiendas de la ilegalidad en los nombramientos ilegales (art. 405), el propósito de no impedir o no perseguir cualquiera de los delitos comprendidos en los títulos XXI, XXII, XXIII y XXIV en el abandono de destino (art. 407), dejar inten-

---

[164] Art. 366 CP 1870.

[165] Art. 406 CP 1870.

[166] GROIZARD Y GÓMEZ DE LA SERNA, *El CP de 1870*, 1912, 100.

[167] Art. 417 CP 1928.

[168] Art. 481 CP 1928.

[169] Art. 439 CP 1928.

[170] Art. 360 CP 1932.

[171] Art. 400 CP 1932.

[172] Art. 365 CP 1932.

[173] Art. 355 CP 1944.

[174] Art. 395 CP 1944.

cionadamente de promover la persecución de los delitos (art. 408), a sabiendas en la infidelidad en la custodia de documentos (art. 413), a sabiendas (art. 414), a sabiendas (art. 415), realizar en el ejercicio de su cargo una acción u omisión constitutivas de delito (art. 419), ejecutar un acto injusto relativo al ejercicio de su cargo que no constituya delito (art. 420), la abstención de un acto que debiera practicaren el ejercicio de su cargo (art. 421), realizar un acto propio de su cargo o como recompensa del ya realizado (art. 425), consideración a su función o para la consecución de un acto no prohibido legalmente (art. 426), conseguir una resolución que le pueda generar directa o indirectamente un beneficio económico para sí o para un tercero (arts. 428 y 429), ánimo de lucro (art. 432), ánimo de lucro propio o ajeno (art. 434), defraudar a cualquier ente público (art. 436), forzar o facilitarse cualquier forma de participación, directa o por persona interpuesta, en tales negocios o actuaciones (art. 439), ánimo de obtener un beneficio económico para sí o para un tercero (art. 442) y el fin de que actúen o se abstengan de actuar en relación con el ejercicio de funciones públicas para conseguir o conservar un contrato u otro beneficio irregular en la realización de actividades económicas internacionales (art. 445 bis)[175].

Dentro de la reformulación sistemática llevada a cabo por la Ley Orgánica 5/10 se siguió la misma tendencia, respecto del delito de cohecho pasivo propio se incluyó el elemento "para realizar en el ejercicio de su cargo un acto contrario a los deberes inherentes al mismo o para no realizar o retrasar injustificadamente el que debiera practicar"[176], frente al cohecho pasivo impropio "para realizar un acto propio de su cargo"[177] y en el cohecho activo "para que no realice o retrase el que debiera practicar, o en consideración a su cargo o función"[178].

De esta manera, puede concluirse que no solamente se extinguieron las conductas imprudentes contra la administración pública en el CP vigente, además, ya no basta con el dolo para su comisión, sino que en múltiples casos se requiere además la configuración de una finalidad que va más allá

---

[175] A pesar de que este delito fue reubicado para pasar a conformar un título independiente, en un principio se concibió también como un delito contra la administración pública.

[176] Art. 419 CP con la reforma realizada por la LO 5/2010.

[177] Art. 420 CP con la reforma realizada por la LO 5/2010.

[178] Art. 424 CP con la reforma realizada por la LO 5/2010.

de la comisión del mismo tipo penal y que generalmente se relaciona con la corrupción[179].

## 3. Concreción del bien jurídico tutelado

A partir del análisis anterior se puede concluir que la legislación penal española ha pasado de tutelar los deberes del cargo a proteger el buen o correcto funcionamiento de la administración pública y ha encontrado en la desviación de intereses cometida dolosamente el núcleo de estas conductas punibles. Sin embargo, para poder utilizar este concepto para la solución de problemas dogmáticos concretos es necesario darle un contenido al correcto funcionamiento de la administración pública, analizando los criterios de conducta de los funcionarios públicos.

Desde el punto de vista normativo existen cuatro criterios fundamentales para la determinación de las normas de conducta de los funcionarios públicos: los principios constitucionales, los deberes consagrados en la Ley de Funcionarios Civiles del Estado, los deberes consagrados en normas especiales y los deberes específicos de los funcionarios públicos consagrados en los estatutos y reglamentos de las entidades en las cuales laboran.

### 3.1. Principios constitucionales de la administración pública

Dentro de la Constitución existen criterios generales, positivos y negativos que permiten delimitar la conducta de los funcionarios públicos. Dentro de los primeros encontramos los principios de la administración pública, aplicables también a los funcionarios públicos, pues son sus representantes ante los ciudadanos, pero también existen deberes positivos específicos de conducta y deberes negativos constituidos por prohibiciones especiales como el régimen de incompatibilidades.

Si bien a partir del análisis de todos los artículos de la Constitución española deberían deducirse la existencia de deberes de conducta de la administración pública y, por tanto, también de los funcionarios como los representantes de esta última, existen algunos artículos especialmente relevantes que serán estudiados a continuación.

179 Circunstancia que convierte estos delitos en tipos penales cortados por el resultado.

***a. Los principios consagrados en el artículo 103 de la CE***

El fundamento constitucional de la administración pública en España se encuentra consagrado en el artículo 103 de la Carta fundamental española, el cual consta de tres apartados:

El primero de ellos es netamente axiológico y señala que "la Administración Pública sirve con objetividad los intereses generales y actúa de acuerdo con los principios de eficacia, jerarquía, descentralización, desconcentración y coordinación, con sometimiento pleno a la ley y al Derecho".

Esta disposición permite señalar que los principios sobre los cuales se erige la administración y que constituyen los primeros deberes de conducta que deben seguir los funcionarios públicos son la objetividad, la eficacia, la jerarquía, la descentralización, la coordinación y la legalidad en sentido amplio:

La objetividad implica el deber de los funcionarios públicos de desempeñar sus funciones en los procedimientos en los que intervengan con desinterés personal[180].

Al respecto ha señalado el Tribunal Supremo español:

> "La característica inherente a la función administrativa es la objetividad, como equivalente a imparcialidad o neutralidad, de tal forma que cualquier actividad ha de desarrollarse en virtud de pautas estereotipadas, no de criterios subjetivos. Ello constituye el reflejo de dos principios acogidos ambos en la Constitución, uno general, el de igualdad de todos, con múltiples manifestaciones de las que el art. 14 es sólo núcleo, sin agotarlas. El otro principio es inherente a la concepción contemporánea de la Administración pública, y consiste en el "sometimiento pleno a la Ley y al Derecho", principio de legalidad (arts. 103 y 9). No rige aquí la autonomía de la voluntad y menos aún el voluntarismo o decisionismo, ni por supuesto la arbitrariedad"[181].

De esta manera la objetividad tiende a que los funcionarios actúen de acuerdo al interés general. Sin embargo, la generalidad del interés es un aspecto bastante difícil de calificar, el TS ha establecido un interesante criterio sobre el particular:

---

[180] STC 22-2-1999.

[181] STS 21-11-1990.

> "La "generalidad" de los asuntos que conforman ese ámbito de actuación excluye, pues, por definición, cualquier otra perspectiva parcial, tanto si proviene de la propia organización burocrática o de sus agentes, como si tiene un carácter sectorial dentro de la sociedad, aun cuando en principio puedan ser absolutamente legítimos. En el campo de fuerzas de los intereses particulares, individuales o de grupo, la resultante histórica en cada momento conforma el interés público, que no es por tanto mera suma o yuxtaposición, algo cuantitativo, sino más bien una sublimación cualitativa"[182].

Este principio conlleva a su vez una serie de consecuencias en materia de la administración pública que han sido señaladas por la jurisprudencia constitucional y contencioso administrativa.

Desde el punto de vista negativo, la objetividad implica la interdicción de la arbitrariedad, la discriminación, la irrazonabilidad y la desviación de poder[183].

La desviación de poder es precisamente lo opuesto al principio de objetividad, pues consiste en el ejercicio de potestades administrativas para fines distintos de los fijados en el ordenamiento jurídico[184].

El aspecto más relevante para la calificación de la desviación del acto es que se encuentre "ajustado a la legalidad extrínseca, pero sin responder su motivación interna al sentido teleológico de la actividad administrativa, dirigida a la promoción del interés público e ineludibles principios de moralidad"[185].

---

[182] STS 21-11-1990.

[183] STSJ de Murcia 14-12-1999: "La Administración, de acuerdo con lo que establece el art.103 de la Constitución Española y el art. 3 de la Ley 30/92 debe servir con objetividad los intereses generales y, por supuesto, debe hacerlo con respeto a los principios y derechos constitucionales de los ciudadanos y de una manera que no pueda ser tachada de arbitraria, discriminatoria, irrazonable o, en definitiva, con desviación de poder".

[184] La TSJ de Aragón 19-1-1991. En similar sentido, STS 17-12-1991, STS 15-1-1992, STS 14-2-1992, STS 6-3-1992, STS 30-4-1992 y STS 14-12-1992.

[185] STS 30-4-1992. En similar sentido, STS (Sala de lo Contencioso-Administrativo, Sección 7ª) de 6-3-1992: "Son reiteradas las Sentencias de esta Sala –Sentencias entre otras muchas 17-12-1991, 15 enero y 14 febrero 1992, entre las más recientes– que vienen declarando que el vicio de desviación de poder consagrado a nivel constitucional en el art. 106.1 en relación con el art. 103 de la Constitución y definido en el art. 83 de la Ley Jurisdiccional como el ejercicio de potestades administrativas para fines distintos de los fijados en el Ordenamiento Jurídico, precisa para poder ser apreciado que quien

Por su parte, desde el punto de vista positivo, la objetividad implica que cada administración tenga por única finalidad asegurar el funcionamiento eficaz del servicio público que le está encomendado[186].

En este sentido, cabe señalar que la objetividad no se refiere a los funcionarios públicos como simples ciudadanos, sino en el cumplimiento de sus funciones[187]; por ello, el objeto tutelado por los delitos contra la administración pública no son criterios internos como la honestidad, sino cuestiones objetivas como la imparcialidad de las actuaciones de la administración pública.

Por otro lado, la jurisprudencia ha destacado que la existencia de incompatibilidades es una manifestación y una garantía del cumplimiento del deber de objetividad de los funcionarios públicos:

> "Dentro de la materia que ahora nos ocupa las incompatibilidades de los funcionarios públicos tienden a garantizar su objetividad de actuación, en evitación de relaciones de dependencia perturbadoras, así como su eficacia, procurando la máxima dedicación a las funciones propias de su empleo o cargo, características aquella y ésta predicables constitucionalmente de la actividad de las Administraciones Públicas y, por tanto, exigible también de sus servidores (art. 103 CE)"[188].

La eficacia, por su parte, no es un principio estático, sino un desiderátum sobre la forma y el resultado de la acción administrativa[189]; por ello se valora

---

lo invoque alegue los supuestos en que se funde y los pruebe cumplidamente, no pudiendo fundarse en meras presunciones ni en suspicacias o amplias interpretaciones del acto de autoridad y de la oculta intención que lo determine, siendo presupuesto indispensable para que se dé que el acto esté ajustado a la legalidad extrínseca, pero sin responder su motivación interna al sentido teleológico de la actividad administrativa, dirigida a la promoción del interés público e ineludibles principios de moralidad".

[186] STC 10-12-1991: "El interés legítimo de la Administración en su conjunto es, el de servir con objetividad los intereses generales (art. 103.1 C.E.); el de cada uno de los entes u órganos que la integran, en particular el de asegurar el funcionamiento eficaz del servicio público que les está encomendado [...]".

[187] STC 10-12-1991: "[...] conducta de los funcionarios como simples ciudadanos, al margen de su función propia, no entra dentro del círculo de interés legítimo de la Administración y no puede ser objeto de la disciplina de ésta, salvo, claro está, y la salvedad es decisiva, que esa conducta redunde en perjuicio del servicio dada la naturaleza de éste".

[188] STC 31-10-1996, STC 11-4-1997.

[189] PÉREZ TREMPS, *Derecho constitucional*, 2003, 194.

de acuerdo a las actuaciones concretas que se produzcan y de los medios con que cuenta la administración para el cumplimiento de sus fines[190].

De esta manera, el deber de eficacia tiene diversas manifestaciones en el ordenamiento jurídico:

Se manifiesta en un antiformalismo ponderado que, sin merma ni quiebra de la legalidad, permite el desarrollo de la situación administrativa conforme a normas y principios de celeridad y eficacia –art. 103.1 de la Constitución de 1978–, hasta el punto de que al vicio de forma o de procedimiento no se le reconoce virtud invalidante o anulabilidad más que en aquellos casos excepcionales en que el acto carezca de los requisitos indispensables para alcanzar su fin, se dicte fuera del plazo previsto, cuando este tenga un valor esencial o se produzca una situación de indefensión[191].

También se materializa en circunstancias muy concretas como la limitación eventual de determinadas garantías tales como la publicidad[192], el principio de ejecutividad de los actos administrativos y el poder de autotutela de las administraciones públicas[193].

---

190 ÁLVAREZ CONDE, *Curso de Derecho Constitucional*, 2000, 231.

191 STS de 11-4-2000.

192 STS 4-4-1997: "Pero es igualmente cierto que las propias exigencias de eficacia de la acción administrativa, aludidas en el artículo 103.1 de la Constitución o la necesidad de preservar la existencia misma del Estado, en cuanto presupuesto lógico de su configuración como Estado de Derecho, pueden justificar que se impongan límites a la publicidad de la acción estatal y más concretamente, y por lo que hace al caso a resolver, que se encomiende al Gobierno, a quien compete la dirección de la defensa del Estado –art. 97 de la Constitución–, una competencia primaria, en los términos que fije el legislador –art. 105, b) de la Constitución–, para decidir sobre la imposición de restricción a la publicidad de la acción estatal frente a cualquier autoridad".

193 STC 20-5-1996: "3. Hemos declarado en relación con este género de cuestiones que 'el privilegio de autotutela atribuido a la Administración Pública no es contrario a la Constitución, sino que engarza con el principio de eficacia enunciado en el art. 103 de la CE' (STC 22/1984), y la ejecutividad de sus actos en términos generales y abstractos tampoco puede estimarse como incompatible con el art. 24.1 de la CE (STC 66/1984 y AATC 458/1988, 930/1988 y 1095/1988), pero que de este mismo derecho fundamental deriva la potestad jurisdiccional para adoptar medidas cautelares y suspender la ejecución por los motivos que la Ley señala. Mas 'la efectividad de la tutela judicial respecto de derechos o intereses legítimos reclama la posibilidad de acordar medidas adecuadas para asegurar la eficacia real del pronunciamiento futuro que recaiga en el proceso' (STC 14/1992), evitando un daño irremediable de los mismos. 'Es más, la fiscalización plena, sin inmunidades de poder, de la actuación administrativa impuesta por el art. 106.1 de la CE comporta que el control judicial se extienda también al carácter inmediatamente ejecutivo de sus actos' (STC 238/1992), doctrina conforme con la de la Sentencia 148/1993 antes citada.

La ejecución inmediata de un acto administrativo es, pues, relevante desde la perspectiva del art. 24.1 de la CE ya que si tiene lugar imposibilitando el acceso a la tutela judicial puede suponer la

Por el principio de autotutela, la administración está exenta de la carga de un juicio declarativo o ejecutivo para el ejercicio de sus pretensiones[194] y por ello cuando adopta decisiones legales autónomas no está incurriendo en abuso de poder.

Por último, el principio de eficacia constituye un baremo de valoración de las decisiones de las administraciones públicas de acuerdo a los criterios de economía y la oportunidad[195].

El principio de jerarquía tiene en cuenta que una característica de toda estructura administrativa es su organización piramidal[196] y por ello alude a "la diferenciación entre órganos políticos y órganos administrativos y al sistema de relaciones entre los diversos órganos administrativos"[197].

En este sentido, "el principio de jerarquía se convierte en el deber de obediencia, cuyo incumplimiento conlleva no sólo consecuencias disciplinarias,

---

desaparición o pérdida irremediable de los intereses cuya protección se pretende o incluso prejuzgar irreparablemente la decisión final del proceso causando una real indefensión. En consecuencia, el derecho a la tutela se extiende a la pretensión de suspensión de la ejecución de los actos administrativos que, si formulada en el procedimiento administrativo, debe permitir la impugnación jurisdiccional de su denegación y si se ejercitó en el proceso debe dar lugar en el mismo a la correspondiente revisión específica. 'El derecho a la tutela se satisface, pues, facilitando que la ejecutividad pueda ser sometida a la decisión de un Tribunal y que éste, con la información y contradicción que resulte menester, resuelva sobre la suspensión' (STC 66/1984). Si, pues, hemos declarado que la tutela se satisface así, es lógico entender que mientras se toma aquella decisión no pueda impedirse ejecutando el acto con lo cual la Administración se habría convertido en Juez. Los obstáculos insalvables a esta fiscalización lesionan, por tanto, el derecho a la tutela judicial y justifican que, desde el art. 24.1 de la CE, se reinterpreten los preceptos aplicables como también dijimos en la STC 66/1984. 'Por ello hemos declarado la inconstitucionalidad de las normas que impiden radicalmente suspender la ejecutividad de las decisiones de la Administración (SsTC 238/1992 y 115/1987 [RTC 1987/115], fundamento jurídico 4.º), que los defectos o errores cometidos en incidentes cautelares del procedimiento son relevantes desde la perspectiva del art. 24.1 de la CE si imposibilitan la efectividad de la tutela judicial, implican la desaparición o pérdida irremediable de los intereses cuya protección se pretende o prejuzgan irreparablemente la decisión firme del proceso (STC 237/1991 [RTC 1991/237]) y, en fin, que el derecho a la tutela se satisface facilitando que la ejecutividad pueda ser sometida a la decisión de un Tribunal y que éste resuelva sobre la suspensión» (STC 148/1993 [RTC 1993/148], fundamento jurídico 4.º)".

194 GARCÍA DE ENTERRÍA/FERNÁNDEZ, *Curso de Derecho Administrativo*, 2006, 518 ss.

195 STS 21-11-1990: "Un segundo grupo de orientación es la eficacia, mencionado no sólo como referencia para la actuación administrativa en general sino también para su vertiente económica (art. 31). Todo lo dicho nos sitúa en la función del procedimiento como garantía y como instrumento para asegurar 'la legalidad, acierto y oportunidad' de las disposiciones, según frase expresiva incluida en el párrafo que encabeza el procedimiento especial regulado para su elaboración".

196 PÉREZ TREMPS, *Derecho constitucional*, 2003, 192.

197 ÁLVAREZ CONDE, *Curso de Derecho Constitucional*, 2000, 230.

sino incluso penales, siendo las posiciones recíprocas de supra ordenación y subordinación en el mismo aspecto inherentes a la relación jerárquica"[198]. Este principio es fundamental para el análisis de los elementos del delito de tráfico de influencias.

El principio de desconcentración "supone el ejercicio de competencias por parte de órganos administrativos pertenecientes a una misma unidad o entidad administrativa"[199].

En este sentido, "Se trata, pues, de hacer que la acción administrativa corresponda al órgano situado lo más cerca posible del administrado dentro del entramado administrativo"[200].

Por ello este principio "supone el ejercicio de competencias, y la titularidad de las mismas, por diversas entidades administrativas que escapan del marco de la misma Administración pública"[201].

La coordinación se puede presentar entre varias administraciones públicas o en la misma administración[202] e "implica que ningún órgano de la Administración puede desconocer o ir claramente contra lo decidido por otro órgano de la propia Administración"[203].

En este sentido, se exige que en la administración pública "existan instrumentos que hagan posible la acción conjunta, racionalizada y eficaz de todos y cada uno de esos elementos"[204].

Sobre este principio ha señalado la STSJ de Las Palmas de Gran Canaria:

> "Esto es así por cuanto en las relaciones entre Administraciones Públicas rige un principio legal y constitucional de coordinación, cooperación y colaboración (artículo 103 de la Constitución y 4 y siguientes de la Ley 30/1992), en cuya virtud la separación entre distintas personas jurídico-públicas, aun cuando su institucionalización jurídica venga a responder a la expresión de un poder autónomo

---

[198] ÁLVAREZ CONDE, *Curso de Derecho Constitucional*, 2000, 230.

[199] ÁLVAREZ CONDE, *Curso de Derecho Constitucional*, 2000, 230.

[200] PÉREZ TREMPS, *La Administración Pública*, 2003, 194.

[201] ÁLVAREZ CONDE, *Curso de Derecho Constitucional*, 2000, 231.

[202] ÁLVAREZ CONDE, *Curso de Derecho Constitucional*, 2000, 230.

[203] ÁLVAREZ CONDE, *Curso de Derecho Constitucional*, 2000, 230.

[204] PÉREZ TREMPS, *La Administración Pública*, 2003, 192.

dentro de la estructura del Estado protegido por la Constitución, no debe llevar a la interdicción de toda relación entre las mismas, sino, antes al contrario, la colaboración entre ellas debe ser un eje de la vertebración territorial del Estado"[205].

El principio de sometimiento de la administración al ordenamiento jurídico es una manifestación del dogma del Estado de Derecho[206] e implica cuatro consecuencias: la administración se encuentra sujeta a todo el ordenamiento jurídico (Ley y Derecho: Constitución, normas con fuerza de ley, reglamentos, principios generales del Derecho, etc.), pleno (no existen zonas de actuación inmunes a la dependencia del ordenamiento), sólo existe una actuación legítima de la administración cuando existe cobertura legal, implica un control por jueces y tribunales[207].

Sobre este aspecto, la jurisprudencia ha destacado el carácter positivo y negativo de la aplicación de este principio:

Desde el punto de vista positivo, la STS 3-1-1979 señala la conformidad total a las normas –y a los principios que las sostienen– y no a manera de libertad básica de acción con el solo límite externo de las mismas[208].

En similar sentido, la STSJ de Castilla y León 29-7-1998 manifiesta que desde el punto de vista positivo la administración sólo puede hacer aquello para lo que la ley la habilita expresamente mediante la llamada técnica de atribución legal de potestades[209].

---

205 STSJ de Las Palmas de Gran Canaria, a 30 de noviembre de 2004.

206 GARCÍA DE ENTERRÍA/FERNÁNDEZ, *Curso de Derecho Administrativo*, 2006, 439.

207 PÉREZ TREMPS, *Derecho constitucional*, 2003, 190 ss.

208 STSJ Castilla y León 29-7-1998. En sentido similar, STSJ Castilla y León 24-7-1998: "El derecho objetivo no solamente limita la actividad de la Administración, sino que la condiciona a la existencia de una norma que permita esa actuación concreta, a la que en todo caso debe ajustarse", y se desprende del artículo 103.1 de la Constitución Española, que dice: "la Administración Pública sirve con objetividad los intereses generales y actúa [...] con sometimiento pleno a la ley y al Derecho", expresión que, obviamente, alude a la necesidad de una conformidad total a las normas –y a los principios que las sostienen– y no a manera de libertad básica de acción con el solo límite externo de las mismas.

209 STSJ Castilla y León 29-7-1998: "Dejando al margen exposiciones históricas y doctrinales, impropias de una resolución judicial, es de señalar que en nuestro ordenamiento jurídico la Administración en su actuar está vinculada a la ley no sólo negativamente, sino también positivamente; lo que significa que la Administración sólo puede hacer aquello para lo que la ley la habilita expresamente mediante la llamada técnica de atribución legal de potestades; lo expresa en estos términos la Sentencia del Tribunal Supremo de 3 de enero 1979 (RJ 1979/7): 'El derecho objetivo no solamente limita la actividad

Por su parte, desde el punto de vista negativo, la STS (Sala de lo Contencioso-Administrativo, Sección 7ª) de 25 abril 1995 señala la prohibición generalizada de que existan áreas de inmunidad en el Derecho administrativo y, por tanto, de la arbitrariedad en las actuaciones de los poderes públicos[210].

Por lo anterior, se ha destacado que incluso los actos discrecionales están sometidos al control de determinados elementos reglados.

El segundo número del artículo 103 de la Constitución Española es meramente remisorio, pues establece que "Los órganos de la Administración del Estado son creados, regidos y coordinados de acuerdo con la ley".

El tercer número del artículo 103 de la Constitución Española establece los aspectos que deberán ser regulados por ley, concretamente "el acceso a la función pública de acuerdo con los principios de mérito y capacidad, las peculiaridades del ejercicio de su derecho a sindicación, el sistema de incompatibilidades y las garantías para la imparcialidad en el ejercicio de sus funciones".

Si bien en estos dos últimos apartados no se establece directamente ningún deber de conducta, sí se señalan los ámbitos en los cuales es posible encontrar otros deberes de conducta: concretamente, la regulación sobre

---

de la Administración, sino que la condiciona a la existencia de una norma que permita esa actuación concreta, a la que en todo caso debe ajustarse', y se desprende del artículo 103.1 de la Constitución Española, que dice: 'la Administración Pública sirve con objetividad los intereses generales y actúa [...] con sometimiento pleno a la ley y al Derecho', expresión que, obviamente, alude a la necesidad de una conformidad total a las normas –y a los principios que las sostienen– y no a manera de libertad básica de acción con el solo límite externo de las mismas. Y en este sentido hay que entender la referencia que al principio de legalidad hace el artículo 9.3 de la Constitución Española. Pues bien, ninguna norma atribuye a la Administración demandada la potestad de retener coactivamente un porcentaje mensual de las retribuciones de los funcionarios que ocupan pabellones del Servicio de Prisiones, de aquí que tanto los actos administrativos impugnados como la resolución y la instrucción a cuyo amparo se dictaron, son nulos de pleno Derecho". En sentido similar, STSJ Castilla y León 24-7-1998.

[210] STS 25-4-1995: "Por supuesto que, como tiene establecido la doctrina constitucional, el reconocimiento de la sumisión de la Administración a la Ley y al Derecho, que la Constitución eleva a núcleo central que preside el obrar administrativo (artículo 103.1 CE) equivale a una prohibición generalizada de áreas de inmunidad en esta parcela del ordenamiento jurídico, conectándose de este modo la garantía de sumisión a la norma con la interdicción de arbitrariedad en el obrar de los poderes públicos (artículo 9 CE) y la primacía de la ley, como postulado básico de un Estado de Derecho; (artículo 1 CE) siendo corolario inevitable de este marco normativo en que la Constitución encaja la actuación administrativa, la sujeción de los actos de ésta al control de los Tribunales de Justicia (artículo 106.1 CE) y la disponibilidad de instrumentos procesales que hagan posible ese control jurisdiccional de tal modo que aseguren, sin inmunidades de poder, una fiscalización plena del ejercicio de las atribuciones administrativas".

acceso a la función pública, el ejercicio del derecho a la sindicación, las incompatibilidades y, especialmente, las garantías de imparcialidad en la administración pública.

***b. Los principios consagrados en el artículo 9 de la CE***

El artículo 9 de la Constitución española consagra los principales deberes de los poderes públicos para con los ciudadanos, de allí su importancia para la delimitación de los deberes de conducta de los funcionarios públicos.

El número segundo de este artículo establece que "2. Corresponde a los poderes públicos promover las condiciones para que la libertad y la igualdad del individuo y de los grupos en que se integra sean reales y efectivas; remover los obstáculos que impidan o dificulten su plenitud y facilitar la participación de todos los ciudadanos en la vida política, económica, cultural y social"[211].

Esta disposición está consagrando fundamentalmente la existencia de tres deberes de conducta de la administración pública y, por tanto, también de sus funcionarios como sus legítimos representantes, frente a los ciudadanos:

En primer lugar, el deber de promover las condiciones de libertad e igualdad de los ciudadanos, obligación que exige en primer lugar la neutralidad en la ejecución de la ley[212], la cual implica determinadas premisas que han sido señaladas puntualmente por el Tribunal Constitucional:

Desde el punto de vista positivo "el principio de igualdad exige que a iguales supuestos de hecho se apliquen iguales consecuencias jurídicas, debiendo considerarse iguales dos supuestos de hecho cuando la utilización o introducción de elementos diferenciadores sea arbitraria o carezca de fundamento racional"[213].

En este sentido se ha señalado puntualmente que la comparación a efectos de la verificación del cumplimiento del principio de igualdad debe hacerse frente a las resoluciones anteriores y no a las posteriores al pronunciamiento cuestionado[214].

---

[211] Art. 2 de la CE.

[212] PÉREZ ROYO, *Curso de Derecho Administrativo*, 2005, 298: "La igualdad constitucional exige la neutralidad en la ejecución de la ley. La ley debe ser neutral no solo en su formulación, sino también en su ejecución. Esta exigencia se extiende a toda la actividad ejecutiva y afecta tanto a los reglamentos como a los puros actos administrativos".

[213] STC 26-4-1990.

[214] STS 29-1-1998: "En esa primera apreciación se podría decir que el actor pretendía algo, no

Desde el punto de vista negativo, "no toda desigualdad de trato en la ley supone una infracción del art. 14 de la Constitución, sino sólo aquella que introduce una diferencia entre situaciones que pueden considerarse iguales y que carece de una justificación objetiva y razonable[215].

Por lo anterior, como ha señalado el Tribunal Constitucional español, "El principio de igualdad no prohíbe al legislador cualquier desigualdad de trato, sino sólo aquellas desigualdades que resulten artificiosas, o injustificadas por no venir fundadas en criterios objetivos y suficientemente razonables de acuerdo con criterios o juicios de valor generalmente aceptados[216].

Por ello, concluye el Tribunal Constitucional español,

> "para que la diferenciación resulte constitucionalmente lícita no basta con que lo sea el fin que con ella se persigue, sino que es indispensable además que las consecuencias jurídicas que resultan de tal distinción sean adecuadas y proporcionadas a dicho fin, de manera que la relación entre la medida adoptada, el resultado que se produce y el fin pretendido por el legislador superen un juicio de proporcionalidad en sede constitucional, evitando resultados especialmente gravosos o desmedidos"[217].

De esta manera, la igualdad ante la Ley o en la Ley "impone al legislador el deber de dispensar un mismo tratamiento a quienes se encuentren en situaciones jurídicas iguales, con prohibición de toda desigualdad que, desde el punto de vista de la finalidad de la norma cuestionada, carezca de justificación objetiva y razonable o resulte desproporcionada en relación con

---

pretendido por los ascendidos, cual era el cambio de situación administrativa; mientras que los demás no pretendían ningún cambio de situación, y se hallaban en una posición de continuidad en el servicio activo; que, cuando los ascensos se concedieron, el actor había causado baja en el ejército a petición propia, y que los ascensos fueron posteriores a la baja, lo que además comportaría que el pretendido término de comparación, por razón de su temporalidad, pudiera no ser idóneo, si se parte de que, según una conocida jurisprudencia del Tribunal Constitucional, las resoluciones idóneas como término de comparación en el juego del principio de igualdad, son las anteriores, y no las posteriores (SsTC 188/1987, 100/1988, 242/1992, 91/1993, 92/1993, 152/1994, 34/1995 y 132/1997".

[215] STC 26-4-1990.

[216] STC 26-4-1990.

[217] STC 26-4-1990.

dicha justificación"[218]. Por ello, "Lo que prohíbe el principio de igualdad son, en suma, las desigualdades que resulten artificiosas o injustificables según criterios o juicios de valor generalmente aceptados"[219].

Por último, se consagra el deber de promover la participación de los ciudadanos, el cual tiene tres manifestaciones principales: la audiencia en el procedimiento de elaboración de las disposiciones administrativas que les afecten el acceso a los archivos y la audiencia del interesado en la producción de los actos administrativos[220].

Por su parte, el numeral tercero del artículo noveno señala que "la Constitución garantiza el principio de legalidad, la jerarquía normativa, la publicidad de las normas, la irretroactividad de las disposiciones sancionadoras no favorables o restrictivas de derechos individuales, la seguridad jurídica, la responsabilidad y la interdicción de la arbitrariedad de los poderes públicos".

A partir del análisis de esta disposición también puede deducirse la existencia de otros deberes de conducta de los funcionarios públicos:

El deber de garantizar el principio de legalidad, el cual puede tener manifestaciones específicas en cada rama del Derecho y que en el Derecho administrativo se desarrolla de manera positiva y negativa: desde el punto de vista positivo "la Administración carece de una voluntad propia que rija su destino, limitándose a ejecutar los dictados de la ley"[221], mientras que desde el punto de vista negativo "la actividad de la administración es lícita siempre que no viole la ley"[222].

El deber de garantizar la jerarquía normativa tiene tres consecuencias consagradas en la LRJAP: las disposiciones administrativas no podrán vulnerar la Constitución o las leyes ni regular aquellas materias que la Constitución o los estatutos de autonomía reconocen de la competencia de las cortes generales o de las asambleas legislativas de las comunidades autónomas, ninguna disposición administrativa podrá vulnerar los preceptos de otra de

---

218 STS 7-7-1997.

219 STS 7-7-1997, STC 25-3-1993.

220 ÁLVAREZ CONDE, *Curso de Derecho Constitucional*, 2000, 231; PÉREZ ROYO, *Curso de Derecho Administrativo*, 2005, 856; PÉREZ TREMPS, *La Administración Pública*, 2003, 194 ss.

221 ESCUIN PALOP, *Curso de Derecho Administrativo*, 2003, 131.

222 ESCUIN PALOP, *Curso de Derecho Administrativo*, 2003, 132.

rango superior y, por último, las disposiciones administrativas se ajustarán al orden de jerarquía que establezcan las leyes[223].

El deber de garantizar la publicidad, desarrollado en materia administrativa en la LRJAP, según la cual "para que produzcan efectos jurídicos las disposiciones administrativas habrán de publicarse en el Diario oficial que corresponda".[224]

El deber de garantizar la seguridad jurídica de las decisiones de las administraciones públicas, el cual se entiende como "la suma de certeza y legalidad, jerarquía y publicidad normativa, y retroactividad de lo favorable, interdicción de la arbitrariedad, equilibrada de tal suerte que permita promover en el orden jurídico, la justicia y la igualdad en libertad"[225].

En la práctica, este principio se manifiesta en la certeza sobre el ordenamiento jurídico aplicable y los intereses jurídicamente tutelados, es decir, la expectativa razonablemente fundada del ciudadano en cuál ha de ser la actuación del poder en la aplicación del derecho, como la claridad del legislador y no la confusión normativa[226], es decir, como certeza del Derecho[227].

Por último, el deber de excluir la arbitrariedad de las decisiones públicas, el cual se manifiesta en la necesidad de la existencia de una motivación real y legal de las decisiones administrativas y que está directamente conectado con el principio de sometimiento a la ley y al derecho anteriormente señalado.

---

[223] Art. 51 de la Ley 30/1992, de 26 de noviembre, de Régimen Jurídico de las Administraciones Públicas y del Procedimiento Administrativo Común.

[224] Art. 52 de la Ley 30/1992, de 26 de noviembre, de Régimen Jurídico de las Administraciones Públicas y del Procedimiento Administrativo Común.

[225] ATC 71 26-2-2003: "Hemos declarado con reiteración que este principio viene a ser la suma de certeza y legalidad, jerarquía y publicidad normativa, y retroactividad de lo no favorable, interdicción de la arbitrariedad, equilibrada de tal suerte que permita promover en el orden jurídico la justicia y la igualdad en libertad (por todas, STC 27/1981). Pues bien, aunque, partiendo de esta caracterización general, no pueda olvidarse que el principio de seguridad jurídica no ampara la necesidad de preservar indefinidamente el régimen jurídico que se establece en un momento histórico dado en relación con derechos o situaciones determinadas (STC 227/1988), hay que considerar que dicho principio también implica que no se generen dudas sobre las consecuencias derivadas de las normas vigentes (STC 46/1990)".

[226] ATC 5 14-1-2003; ATC 71 26-2-2003.

[227] STC 1-7-1999.

### *c. Principios consagrados en el artículo 29 de la CE*

Según esta disposición, "todos los españoles tendrán el derecho de petición individual y colectiva, por escrito, en la forma y con los efectos que determine la ley"[228].

Esta disposición constituye la fuente de un derecho netamente instrumental como el derecho de petición, es decir, un derecho de tutela tendiente a facilitar el ejercicio de otros derechos fundamentales[229].

Este derecho no solamente está consagrado a nivel nacional, sino también en el Derecho comunitario, concretamente en los párrafos primero y tercero del artículo 21 TCE[230] y resulta también una pauta fundamental para determinar los abusos de poder y los fallos en la prestación de los servicios cometidos por los funcionarios públicos respecto de los ciudadanos.

### *d. Los deberes de conducta consagrados en el artículo 31 de la CE*

El artículo 31 de la CE consagra los principios sobre los cuales se erige la Hacienda Pública española, tanto en materia de impuestos como en el campo presupuestario, fundamentales en la interpretación de tipos penales de contenido patrimonial como la malversación o el enriquecimiento sin causa. Frente al primero se establecen los principios de generalidad, igualdad, progresividad y no confiscatoriedad de los impuestos.

Por el principio de legalidad "ningún tributo puede ser exigido sin una previa ley que lo autorice"[231].

Según el principio de generalidad, todos son llamados al levantamiento de las cargas públicas[232]. Este principio supone que todos los sujetos de Derecho están sometidos al poder tributario y que no se pueden establecer

---

[228] Art. 29 de la CE.

[229] TOMÁS MALLÉN, *El derecho fundamental a una buena administración*, 2004, 224.

[230] Art. 21 del Tratado Constitutivo de la Unión: "Todo ciudadano de la Unión tendrá el derecho de petición ante el Parlamento Europeo, de conformidad con lo dispuesto en el artículo 194.

Todo ciudadano de la Unión podrá dirigirse al Defensor del Pueblo instituido en virtud de lo dispuesto en el artículo 195.

Todo ciudadano de la Unión podrá dirigirse por escrito a cualquiera de las instituciones u organismos contemplados en el presente artículo o en el artículo 7 en una de las lenguas mencionadas en el artículo 314 y recibir una contestación en esa misma lengua".

[231] FERREIRO LAPATZA, *Derecho financiero*, 2004, 48.

[232] MARTÍN QUERALT/LOZANO SERRANO, *Curso de Derecho financiero y tributario* 2005, 105. En similar sentido, FERREIRO LAPATZA, *Derecho financiero*, 2004, 57.

exoneraciones individuales o de grupo (a personas físicas o jurídicas) que no estén justificadas por el propio ordenamiento y concretamente por la constitución misma[233], por ello no deben existir privilegios ni tratos diferenciados[234].

El principio de igualdad en materia tributaria "se traduce en el respeto al principio de capacidad económica, de forma que situaciones económicamente iguales deben ser tratadas de la misma manera"[235]. Por ello se concreta en "la obligación que tienen los poderes públicos de gravar igual a los sujetos que se encuentren en la misma situación y desigualmente a los que están en situaciones diferentes"[236].

El principio de progresividad consiste en que "el establecimiento de un tributo debe hacerse de manera que a un aumento de la base a imponer (de la materia que se grava) corresponda un incremento de la deuda tributaria más que proporcional"[237].

El principio de no confiscación es un límite derivado del respeto a la propiedad[238] y se materializa en la interdicción de que una carga fiscal exorbitante o extraordinaria del sistema considerado como un todo[239].

Por su parte, en relación con el manejo del gasto público se señalan cuatro principios: distribución equitativa, programación, eficacia y economía y la reserva legal en materia de prestaciones personales o patrimoniales:

Con el principio de distribución equitativa se trata de proceder a una delimitación equitativa de los fines que van a satisfacerse[240].

El principio de programación consiste en la planificación previa del manejo del presupuesto público y se rige por los criterios de estabilidad

---

233 CALVO ORTEGA, *Curso de Derecho financiero*, 2004, 50.

234 FERREIRO LAPATZA, *Derecho financiero*, 2004, 57.

235 MARTÍN QUERALT/LOZANO SERRANO, *Curso de Derecho financiero y tributario*, 2005, 113.

236 MARTÍN QUERALT/LOZANO SERRANO, *Curso de Derecho financiero y tributario*, 2005, 113.

237 CALVO ORTEGA, *Curso de Derecho financiero*, 2004, 57.

238 MARTÍN QUERALT/LOZANO SERRANO, *Curso de Derecho financiero y tributario*, 2005, 114.

239 MARTÍN QUERALT/LOZANO SERRANO, *Curso de Derecho financiero y tributario*, 2005, 61.

240 MARTÍN QUERALT/LOZANO SERRANO, *Curso de Derecho financiero y tributario*, 2005, 120.

presupuestaria, plurianualidad, transparencia y eficiencia en la asignación y utilización de los recursos públicos[241].

Igualmente, los parámetros de planeación del gasto público deberán seguir un marco de objetividad y transparencia en su actividad administrativa[242].

Los principios de eficacia y economía tienen relación con el cumplimiento de los objetivos fijados y del manejo de las asignaciones y recursos públicos[243].

Por último se señala que sólo podrán establecerse prestaciones personales o patrimoniales de carácter público con arreglo a la ley.

Si bien algunos de estos principios resultan más unas pautas para el cumplimiento de determinadas funciones, por ello precisamente son muy importantes para la delimitación del riesgo permitido, pues resultan parámetros orientativos de los deberes de conducta de los funcionarios públicos.

En relación con el riesgo permitido se acoge la posición del profesor LUZÓN PEÑA, para quien esta figura excluye la antijuridicidad y puede dar a una causal de atipicidad o de justificación según el caso: excluirá la tipicidad si de entrada falta toda relevancia jurídica de la conducta y la antijuricidad –y por tanto la parte negativa del tipo– en los demás casos, lo cual dependerá del ámbito de la actividad y del grado del riesgo[244].

### 3.2. Los deberes de conducta consagrados en la Ley de funcionarios civiles del Estado

Desde el punto de vista legal los deberes de los funcionarios públicos se encuentran consagrados en los artículos 76 a 81 de la Ley de Funcionarios

---

241 Art. 26 LGP: "Principios y reglas de programación presupuestaria. 1. La programación presupuestaria se regirá por los principios de estabilidad presupuestaria, plurianualidad, transparencia y eficiencia en la asignación y utilización de los recursos públicos, conforme a lo dispuesto en la Ley 18/2001, de 12 de diciembre, General de Estabilidad Presupuestaria".

242 Art. 69 LGP: "Principios de funcionamiento de la gestión económico-financiera. 1. Los sujetos que integran el sector público estatal adecuarán su gestión económico-financiera al cumplimiento de la eficacia en la consecución de los objetivos fijados y de la eficiencia en la asignación y utilización de recursos públicos, en un marco de objetividad y transparencia en su actividad administrativa".

243 Art. 69 LGP: "Principios de funcionamiento de la gestión económico-financiera. 1. Los sujetos que integran el sector público estatal adecuarán su gestión económico-financiera al cumplimiento de la eficacia en la consecución de los objetivos fijados y de la eficiencia en la asignación y utilización de recursos públicos, en un marco de objetividad y transparencia en su actividad administrativa".

244 LUZÓN PEÑA, *Lecciones PG*, 2012, 22 - 48.

Civiles del Estado[245], la mayoría demasiado formales, pero algunos de ellos fundamentales para la interpretación de los delitos contra la administración pública:

El art. 77 se refiere a un deber meramente formal de residencia de los funcionarios públicos en el lugar en el cual presten sus servicios[246].

El art. 78 establece el deber de cumplir con la jornada de trabajo[247], lo que influye en la eficacia y eficiencia en la prestación de la función pública.

El art. 79 consagra el deber de obediencia y respeto de los funcionarios públicos a sus superiores[248], axioma fundamental para la interpretación del principio de jerarquía, el criterio de división de funciones, temas de delegación, criterios útiles en el estudio de la adecuación típica en casos de tráfico de influencias. Pero también el punto relacionado con el respeto parece necesario a fin de evitar malinterpretaciones en el delito de concusión.

El art. 80 señala los deberes de sigilo, decoro y mejora en las funciones públicas[249], el primero muy relacionado para la interpretación del delito de abuso de información privilegiada. Pero también en la aplicación de los términos del régimen de inhabilidades después de dejar el cargo.

Por último, el artículo 81 establece el deber de realizar una buena gestión por los funcionarios públicos y la consecuente responsabilidad civil, penal y administrativa por no cumplir con esta obligación[250], axioma derivado del

---

[245] PALOMAR OLMEDA, *Derecho de la Función Pública*, 1996, 441.

[246] Art. 77 LFCE: "1. Los funcionarios deberán residir en el término municipal donde radique la Oficina, Dependencia o lugar donde presten sus servicios.

2. Por causas justificadas, el Subsecretario del Departamento podrá autorizar la residencia en lugar distinto, siempre y cuando ello sea compatible con el exacto cumplimiento de las tareas propias del cargo.

[247] Art. 78 LFCE: "La jornada de trabajo de los funcionarios de la Administración del Estado será la que reglamentariamente se determine. Su adaptación para puestos de trabajo concretos se consignará en la clasificación de los mismos, requiriendo, consiguientemente, la aprobación del Ministerio de Administraciones Públicas a propuesta de la Comisión Superior de Personal".

[248] Art. 79 LFCE: "Los funcionarios deben respeto y obediencia a las autoridades y superiores jerárquicos, acatar sus órdenes con exacta disciplina, tratar con esmerada corrección al público y a los funcionarios subordinados y facilitar a éstos el cumplimiento de sus obligaciones".

[249] Art. 80 LFCE: "Los funcionarios han de observar en todo momento una conducta de máximo decoro, guardar sigilo riguroso respecto de los asuntos que conozcan por razón de su cargo, y esforzarse en la mejora de sus aptitudes profesionales y de su capacidad de trabajo".

[250] Art. 81 LFCE: "1. Los funcionarios son responsables de la buena gestión de los servicios a su cargo.

principio de eficiencia de las administraciones públicas y que puede constituir un criterio para considerar que acciones que se hacen con el objeto de mejorar la gestión dentro de las administraciones públicas puedan considerarse dentro del riesgo permitido, caso en el cual en todo caso el riesgo permitido no se derivaría de la ponderación de intereses y por ello no constituiría una causal de atipicidad, sino de justificación y, por tanto, de la parte negativa del tipo[251].

### 3.3. Los deberes de conducta consagrados en la Ley de incompatibilidades

Las leyes de incompatibilidades establecen deberes de no actuar a los funcionarios públicos en determinadas situaciones en las cuales la administración pública excluye la aplicación del riesgo permitido y adicionalmente permite establecer criterios de interpretación de eventos en los cuales una determinada remuneración se considera permitida y no puede considerarse como constitutiva de cohecho o enriquecimiento sin causa por formar parte de las actividades permitidas a los funcionarios públicos.

Desde esta perspectiva lo que ha de considerarse básico es la prohibición de realizar simultáneamente actividades en el sector privado y en el público cuando se perciban retribuciones complementarias por especial dedicación al puesto de trabajo en las administraciones públicas[252]. Pero también es importante establecer términos claros de inhabilidad para ejercer cargos privados después de haber ejercido determinadas funciones públicas, que impliquen algún manejo de información privilegiada o poder dentro de esa institución, lo que puede darse en situaciones concretas, pero debo

---

2. La responsabilidad propia de los funcionarios no excluye la que pueda corresponder a otros grados jerárquicos.

3. La responsabilidad civil y penal se hará efectiva en la forma que determina la Ley de Régimen Jurídico de la Administración del Estado (Véanse los artículos 145 y 146 de la Ley de Régimen Jurídico de las Administraciones Públicas y del Procedimiento Administrativo Común -desarrollado el primero de ellos por Real Decreto 429/1993, de 26 de marzo, por el que se aprueba el Reglamento de los procedimientos de las Administraciones Públicas en materia de responsabilidad patrimonial).

La administrativa se exigirá con arreglo a las prescripciones del capítulo VIII de este título y de lo establecido en el título IV, capítulo II, de la Ley de Régimen Jurídico de la Administración del Estado y en el Título VI de la Ley de Procedimiento Administrativo. (Ambos textos legales han sido derogados por las Leyes 6/1997 y 50/1997)".

[251] Sobre la distinción entre los eventos en los que el riesgo permitido constituye una causal de atipicidad y de justificación cfr. LUZÓN PEÑA, *Lecciones PG*, 2012, 22-48.

[252] STC 31-10-1996.

advertir que con frecuencia se cometen atropellos al derecho al trabajo y derecho al honor al cuestionar que un funcionario que ha dejado un cargo público, cumpliendo con el término de inhabilidad, trabaje en empresas privadas nacionales o extranjeras. En mi opinión, es fundamental señalar la importancia de no llegar a extremos en los que por falsos moralismos se amplíen términos de inhabilidad, generando por el contrario motivaciones de corrupción, e inclusive, se desestimule a posibles buenos funcionarios a acceder al servicio público.

En España, el régimen de incompatibilidades se encuentra disperso en múltiples normas constitucionales y legales cuyos aspectos básicos serán señalados a continuación.

### *a. Régimen constitucional de incompatibilidades*

Por regla general, la Constitución Española solamente establece la obligación de regulación a través de leyes de las incompatibilidades de determinados cargos de la administración pública y judicial, tal como sucede con los diputados y senadores[253], los miembros del gobierno[254], los funcionarios públicos[255], los miembros del Consejo General del Poder Judicial[256], los miembros del

---

[253] Art. 70 CE: "1. La ley electoral determinará las causas de inelegibilidad e incompatibilidad de los Diputados y Senadores, que comprenderán, en todo caso:

a) A los componentes del Tribunal Constitucional.

b) A los altos cargos de la Administración del Estado que determine la ley, con la excepción de los miembros del Gobierno.

c) Al Defensor del Pueblo.

d) A los Magistrados, Jueces y Fiscales en activo.

e) A los militares profesionales y miembros de las Fuerzas y Cuerpos de Seguridad y Policía en activo.

f) A los miembros de las Juntas Electorales.

2. La validez de las actas y credenciales de los miembros de ambas Cámaras estará sometida al control judicial, en los términos que establezca la ley electoral".

[254] Art. 98.4 CE: "La ley regulará el estatuto e incompatibilidades de los miembros del Gobierno".

[255] Art. 103.3 CE: "La ley regulará el estatuto de los funcionarios públicos, el acceso a la función pública de acuerdo con los principios de mérito y capacidad, las peculiaridades del ejercicio de su derecho a sindicación, el sistema de incompatibilidades y las garantías para la imparcialidad en el ejercicio de sus funciones".

[256] Art. 122.2 CE: "El Consejo General del Poder Judicial es el órgano de gobierno del mismo. La Ley Orgánica establecerá su estatuto y el régimen de incompatibilidades de sus miembros y sus funciones, en particular en materia de nombramientos, ascensos, inspección y régimen disciplinario".

poder judicial[257], los miembros del Tribunal de Cuentas[258], los miembros del Tribunal Constitucional[259].

Sin embargo, dentro de la misma Constitución es posible encontrar algunas causas de incompatibilidad:

La primera incompatibilidad es la de no poder ejercer un cargo o representación política mientras se está a cargo de la tutela del Rey menor[260].

La segunda incompatibilidad se refiere a los miembros del gobierno, según la cual estos "no podrán ejercer otras funciones representativas que las propias del mandato parlamentario, ni cualquier otra función pública que no derive de su cargo, ni actividad profesional o mercantil alguna"[261].

La tercera incompatibilidad constitucional se circunscribe a los jueces, magistrados y fiscales y consiste en que "mientras se hallen en activo, no podrán desempeñar otros cargos públicos, ni pertenecer a partidos políticos o sindicatos. La ley establecerá el sistema y modalidades de asociación profesional de los Jueces, Magistrados y Fiscales"[262].

La última incompatibilidad consagrada en la Constitución se refiere a los miembros del Tribunal Constitucional: "La condición de miembro del Tribunal Constitucional es incompatible: con todo mandato representativo; con los cargos políticos o administrativos; con el desempeño de funciones directivas en un partido político o en un sindicato y con el empleo al servicio de los mismos; con el ejercicio de las carreras judicial y fiscal, y con cualquier actividad profesional o mercantil"[263].

---

[257] Art. 127.2 de la CE: "La ley establecerá el régimen de incompatibilidades de los miembros del poder judicial, que deberá asegurar la total independencia de los mismos".

[258] Art. 136.3 de la CE: "Los miembros del Tribunal de Cuentas gozarán de la misma independencia e inamovilidad y estarán sometidos a las mismas incompatibilidades que los Jueces".

[259] Art. 159.4 CE: "En lo demás los miembros del Tribunal Constitucional tendrán las incompatibilidades propias de los miembros del poder judicial".

[260] Art. 60 CE: "1. Será tutor del Rey menor la persona que en su testamento hubiese nombrado el Rey difunto, siempre que sea mayor de edad y español de nacimiento; si no lo hubiese nombrado, será tutor el padre o la madre mientras permanezcan viudos. En su defecto, lo nombrarán las Cortes Generales, pero no podrán acumularse los cargos de Regente y de tutor sino en el padre, madre o ascendientes directos del Rey.

2. El ejercicio de la tutela es también incompatible con el de todo cargo o representación política".

[261] Art. 98.3 CE.

[262] Art. 127 CE.

[263] Art. 159.4 CE.

### *b. Régimen legal de incompatibilidades*

El régimen de incompatibilidades se encuentra disperso en diversas disposiciones dentro de las cuales cabe destacar dos de ellas: la Ley 53/1984 y la Ley 5/2006.

La Ley 53/1984, de 26 de diciembre, consagra el régimen general de incompatibilidades del Personal al Servicio de las Administraciones Públicas[264].

En su primer artículo esta ley establece un conjunto de principios que resultan fundamentales para el análisis de los deberes de los funcionarios públicos:

El primero de ellos establece la obligación general de los funcionarios públicos de no ejercer un segundo puesto de trabajo[265].

---

[264] Art. 2 de la Ley 53/1984:

"1. La presente ley será de aplicación a:

a) el personal civil y militar al servicio de la administración del estado y de sus organismos autónomos. b) el personal al servicio de las administraciones de las comunidades autónomas y de los organismos de ellas dependientes, así como de sus asambleas legislativas y órganos institucionales. c) el personal al servicio de las corporaciones locales y de los organismos de ellas dependientes. d) el personal al servicio de entes y organismos públicos exceptuados de la aplicación de la ley de entidades estatales autónomas.

e) el personal que desempeñe funciones públicas y perciba sus retribuciones mediante arancel. f) el personal al servicio de la seguridad social, de sus entidades gestoras y de cualquier otra entidad u organismo de la misma.

g) el personal al servicio de entidades y corporaciones de derecho público cuyos presupuestos se doten ordinariamente en más de un 50 por 100 con subvenciones u otros ingresos procedentes de las administraciones públicas.

h) el personal que preste servicios en empresas en que la participación del capital, directa o indirectamente, de las administraciones públicas sea superior al 50 por 100.

i) el personal al servicio del banco de España y de las instituciones financieras públicas. j) el restante personal al que resulte de aplicación el régimen estatutario de los funcionarios públicos. 2. En el ámbito delimitado en el apartado anterior se entenderá incluido todo el personal, cualquiera que sea la naturaleza jurídica de la relación de empleo".

[265] Art. 1.1 de la Ley 53/1984: "El personal comprendido en el ámbito de aplicación de esta ley no podrá compatibilizar sus actividades con el desempeño, por si o mediante sustitución, de un segundo puesto de trabajo, cargo o actividad en el sector público, salvo en los supuestos previstos en la misma.

A los solos efectos de esta ley se considerará actividad en el sector publico la desarrollada por los miembros electivos de las asambleas legislativas de las comunidades autónomas y de las corporaciones locales, por los altos cargos y restante personal de los órganos constitucionales y de todas las administraciones públicas, incluida la administración de justicia, y de los entes, organismos y empresas de ellas dependientes, entendiéndose comprendidas las entidades colaboradoras y las concertadas de la seguridad social en la prestación sanitaria".

El segundo tiene relación con el anterior y consiste en el deber de no percibir más de una remuneración con cargo a los presupuestos de las administraciones públicas[266].

El tercer principio señala la imposibilidad de que los funcionarios públicos ejerzan cargos, profesiones o actividades privadas[267].

Con base en estos tres deberes se erigen las demás disposiciones de la Ley 53/1984, señalando los deberes de los funcionarios públicos frente a la inhibición de realizar actividades públicas y posteriormente frente a las actividades privadas:

Frente a las incompatibilidades relacionadas con las actividades públicas se señala la posibilidad de ejercer actividades docentes o sanitarias o por razones de interés público con requisitos y limitaciones[268].

Por otro lado, también se consagra la imposibilidad de percibir pensión de jubilación o retiro si se desempeña un puesto de trabajo en el sector público[269].

---

[266] Art. 1.2 de la Ley 53/1984: "Además, no se podrá percibir, salvo en los supuestos previstos en esta ley, más de una remuneración con cargo a los presupuestos de las administraciones públicas y de los entes, organismos y empresas de ellas dependientes o con cargo a los de los órganos constitucionales, o que resulte de la aplicación de arancel, ni ejercer opción por percepciones correspondientes a puestos incompatibles.

A los efectos del párrafo anterior, se entenderá por remuneración cualquier derecho de contenido económico derivado, directa o indirectamente, de una prestación o servicio personal, sea su cuantía fija o variable y su devengo periódico u ocasional".

[267] Art. 1.3. de la Ley 53/1984: "En cualquier caso, el desempeño de un puesto de trabajo por el personal incluido en el ámbito de aplicación de esta ley será incompatible con el ejercicio de cualquier cargo, profesión o actividad, público o privado, que pueda impedir o menoscabar el estricto cumplimiento de sus deberes o comprometer su imparcialidad o independencia".

[268] Art. 3 de la Ley 53/1984: "1. El personal comprendido en el ámbito de aplicación de esta ley solo podrá desempeñar un segundo puesto de trabajo o actividad en el sector público en los supuestos previstos en la misma para las funciones docente y sanitaria, en los casos a que se refieren los artículos 5. y 6. y en los que, por razón de interés público, se determinen por el consejo de ministros, mediante real decreto, u órgano de gobierno de la comunidad autónoma, en el ámbito de sus respectivas competencias; en este último supuesto la actividad solo podrá prestarse en régimen laboral, a tiempo parcial y con duración determinada, en las condiciones establecidas por la legislación laboral. Para el ejercicio de la segunda actividad será indispensable la previa y expresa autorización de compatibilidad, que no supondrá modificación de jornada de trabajo y horario de los dos puestos y que se condiciona a su estricto cumplimiento en ambos. En todo caso la autorización de compatibilidad se efectuará en razón del interés público".

[269] Art. 3.2 de la Ley 53/1984: "El desempeño de un puesto de trabajo en el sector público, delimitado en el párrafo segundo del apartado 1 del Artículo primero, es incompatible con la percepción de pensión de jubilación o retiro por derechos pasivos o por cualquier régimen de seguridad social público y obligatorio.

Frente a las incompatibilidades relacionadas con las actividades privadas se consagra más específicamente que el funcionario público "no podrá ejercer, por si o mediante sustitución, actividades privadas, incluidas las de carácter profesional, sean por cuenta propia o bajo la dependencia o al servicio de entidades o particulares que se relacionen directamente con las que desarrolle el departamento, organismo o entidad donde estuviera destinado"[270].

Adicionalmente, también se señalan una serie de actividades que en ningún caso podrán realizarse y que podrán entenderse como deberes de abstención en la administración pública:

- El desempeño de actividades privadas en los asuntos en que este interviniendo, haya intervenido en los dos últimos años o tenga que intervenir por razón del puesto público[271].
- La pertenencia a consejos de administración u órganos rectores de empresas o entidades privadas relacionadas con asuntos gestionados por la entidad a la cual pertenezcan[272].

---

La percepción de las pensiones indicadas quedara en suspenso por el tiempo que dure el desempeño de dicho puesto, sin que ello afecte a sus actualizaciones. Por excepción, en el ámbito laboral, será compatible la pensión de jubilación parcial con un puesto de trabajo a tiempo parcial".

[270] Art. 11 de la Ley 53/1984: "1. De acuerdo con lo dispuesto en el Artículo 1., 3, de la presente ley, el personal comprendido en su ámbito de aplicación no podrá ejercer, por si o mediante sustitución, actividades privadas, incluidas las de carácter profesional, sean por cuenta propia o bajo la dependencia o al servicio de entidades o particulares que se relacionen directamente con las que desarrolle el departamento, organismo o entidad donde estuviera destinado. Se exceptúan de dicha prohibición las actividades particulares que, en ejercicio de un derecho legalmente reconocido, realicen para si los directamente interesados.

2. El gobierno, por Real Decreto, podrá determinar, con carácter general, las funciones, puestos o colectivos del sector público, incompatibles con determinadas profesiones o actividades privadas, que puedan comprometer la imparcialidad o independencia del personal de que se trate, impedir o menoscabar el estricto cumplimiento de sus deberes o perjudicar los intereses generales".

[271] Art. 12 de la Ley 53/1984: "1. En todo caso, el personal comprendido en el ámbito de aplicación de esta ley no podrá ejercer las actividades siguientes: a) el desempeño de actividades privadas, incluidas las de carácter profesional, sea por cuenta propia o bajo la dependencia o al servicio de entidades o particulares, en los asuntos en que este interviniendo, haya intervenido en los dos últimos años o tenga que intervenir por razón del puesto público. Se incluyen en especial en esta incompatibilidad las actividades profesionales prestadas a personas a quienes se esté obligado a atender en el desempeño del puesto público".

[272] Art. 12 de la Ley 53/1984: "1. En todo caso, el personal comprendido en el ámbito de aplicación de esta ley no podrá ejercer las actividades siguientes [...] b) la pertenencia a consejos de administración u órganos rectores de empresas o entidades privadas, siempre que la actividad de las mismas esté

- El desempeño de cargos en empresas concesionarias o contratistas[273].
- La participación superior al 10 por 100 en sociedades contratistas o concesionarias[274].

Si un funcionario llega a realizar una de estas actividades se encontrará en principio realizando una conducta antijurídica que podría ser constitutiva eventualmente de falta disciplinaria o aun de delito.

Por otro lado, se establece la posibilidad de pedir autorización para realizar actividades profesionales, laborales, mercantiles o industriales, pero solamente mediante un reconocimiento de compatibilidad[275]. Sin embargo, esta misma ley establece un listado de eventos en los cuales tampoco podrá efectuarse dicho reconocimiento: "No podrá reconocerse compatibilidad alguna para actividades privadas a quienes se les hubiera autorizado la compatibilidad para un segundo puesto o actividad públicos, siempre que la suma de jornadas de ambos sea igual o superior a la máxima en las administraciones públicas"[276].

Esta autorización en principio coloca al funcionario en una posición opuesta a la de los supuestos del art. 12, pues en principio deberá considerarse que actúa dentro del riesgo permitido si está autorizado para realizar la actividad objeto de cuestionamiento. En estos casos el riesgo permitido operaría como una causal de atipicidad, pues falta de entrada toda relevancia jurídica de la conducta al ser autorizada directamente por la propia ley[277].

---

directamente relacionada con las que gestione el departamento, organismo o entidad en que preste sus servicios el personal afectado".

[273] Art. 12 de la Ley 53/1984: "1. En todo caso, el personal comprendido en el ámbito de aplicación de esta ley no podrá ejercer las actividades siguientes [...] c) el desempeño, por si o persona interpuesta, de cargos de todo orden en empresas o sociedades concesionarias, contratistas de obras, servicios o suministros, arrendatarias o administradoras de monopolios, o con participación o aval del sector público, cualquiera que sea la configuración jurídica de aquellas".

[274] Art. 12 de la Ley 53/1984: "1. En todo caso, el personal comprendido en el ámbito de aplicación de esta ley no podrá ejercer las actividades siguientes: [...] d) la participación superior al 10 por 100 en el capital de las empresas o sociedades a que se refiere el párrafo anterior".

[275] Art. 14 de la Ley 53/1984: "El ejercicio de actividades profesionales, laborales, mercantiles o industriales fuera de las administraciones públicas requerirá el previo reconocimiento de compatibilidad".

[276] Art. 13 de la Ley 53/1984.

[277] Sobre la distinción entre los eventos en los que el riesgo permitido constituye una causal de atipicidad y de justificación cfr. LUZÓN PEÑA, *Lecciones PG*, 2012, 22-48.

Por último, se establece el deber de no invocar la condición pública para ejercer las actividades autorizadas[278], axioma que en caso de incumplirse por parte del funcionario público podría claramente llegar a ser constitutivo de un prevalimiento propio del tráfico de influencias.

Por su parte, la Ley 5/2006 de abril 10 establece el régimen de conflicto de intereses e incompatibilidades de los altos funcionarios de la administración pública, consagrando una serie de deberes de acción y omisión que mencionaremos a continuación:

En primer lugar, señala un deber de acción consistente en la dedicación exclusiva al cargo público junto con un deber de omisión consistente en no compatibilizar su actividad con el "desempeño, por sí, o mediante sustitución o apoderamiento, de cualquier otro puesto, cargo, representación, profesión o actividad, sean de carácter público o privado, por cuenta propia o ajena"[279].

Adicionalmente, consagra un deber importantísimo para efectos de la interpretación de los deberes de conducta relacionados con el cohecho, como es la obligación de no "percibir cualquier otra remuneración con cargo a los presupuestos de las Administraciones públicas o entidades vinculadas o dependientes de ellas, ni cualquier otra percepción que directa o indirectamente provenga de una actividad privada".

Sin embargo, la aplicación de estas disposiciones se exceptúa en los eventos señalados en el art. 9 de la misma ley, tales como el desempeño de cargos comisionados por el gobierno[280], el desarrollo de misiones temporales[281], la presidencia de sociedades relacionadas con el ejercicio de sus funciones[282] y

---

[278] Art. 15 de la Ley 53/1984: "El personal a que se refiere esta ley no podrá invocar o hacer uso de su condición pública para el ejercicio de actividad mercantil, industrial o profesional".

[279] Art. 5 de la Ley 5/2006.

[280] Art. 9 de la Ley 5/2006: "Compatibilidad con actividades públicas

1. El ejercicio de las funciones de un alto cargo será compatible con las siguientes actividades públicas: a) El desempeño de los cargos que les correspondan con carácter institucional, de aquellos para los que sean comisionados por el Gobierno, o de los que fueran designados por su propia condición".

[281] Art. 9 de la Ley 5/2006: "Compatibilidad con actividades públicas

1. El ejercicio de las funciones de un alto cargo será compatible con las siguientes actividades públicas: [...] b) El desarrollo de misiones temporales de representación ante otros Estados, o ante organizaciones o conferencias internacionales".

[282] Art. 9 de la Ley 5/2006: "Compatibilidad con actividades públicas

1. El ejercicio de las funciones de un alto cargo será compatible con las siguientes actividades

la de ser miembro de las cortes[283], claros eventos en los cuales la percepción de un beneficio puede considerarse dentro del riesgo permitido.

Adicionalmente, también se permite la mera administración del patrimonio personal[284], la producción académica, literaria, artística, científica o técnica[285] y la participación en entidades culturales o benéficas[286].

---

públicas: [...] c) El desempeño de la presidencia de las sociedades a que se refiere el artículo 166.2 de la Ley 33/2003, de 3 de noviembre, del Patrimonio de las Administraciones Públicas, cuando la naturaleza de los fines de la sociedad guarde conexión con las competencias legalmente atribuidas al alto cargo, así como la representación de la Administración General del Estado en los órganos colegiados, directivos o consejos de administración de organismos o empresas con capital público o de entidades de derecho público.

No se podrá pertenecer a más de dos consejos de administración de dichos organismos, empresas, sociedades o entidades salvo que lo autorice el Consejo de Ministros. Será precisa también esta autorización para permitir a un alto cargo de los incluidos en este Título ejercer la presidencia de las sociedades a que se refiere el párrafo anterior.

En los supuestos previstos en los párrafos anteriores los altos cargos no podrán percibir remuneración alguna con excepción de las indemnizaciones por gastos de viaje, estancias y traslados que les correspondan de acuerdo con la normativa vigente. Las cantidades devengadas por cualquier concepto que no deban ser percibidas serán ingresadas directamente por el organismo, ente o empresa en el Tesoro Público".

[283] Art. 9 de la Ley 5/2006: "2. Los miembros del Gobierno y los Secretarios de Estado podrán compatibilizar su actividad con la de Diputado o Senador de las Cortes Generales en los términos previstos en la Ley Orgánica del Régimen Electoral General".

[284] Art. 10 de la Ley 5/2006: "Compatibilidad con actividades privadas. El ejercicio de un puesto de alto cargo será compatible con las siguientes actividades privadas, siempre que con su ejercicio no se comprometa la imparcialidad o independencia del alto cargo en el ejercicio de su función, sin perjuicio de la jerarquía administrativa: a) Las de mera administración del patrimonio personal o familiar con las limitaciones establecidas en el artículo 6 de la presente ley".

[285] Art. 10 de la Ley 5/2006: "Compatibilidad con actividades privadas. El ejercicio de un puesto de alto cargo será compatible con las siguientes actividades privadas, siempre que con su ejercicio no se comprometa la imparcialidad o independencia del alto cargo en el ejercicio de su función, sin perjuicio de la jerarquía administrativa: [...] b) Las de producción y creación literaria, artística, científica o técnica y las publicaciones derivadas de aquéllas, así como la colaboración y la asistencia ocasional y excepcional como ponente a congresos, seminarios, jornadas de trabajo, conferencias o cursos de carácter profesional, siempre que no sean consecuencia de una relación de empleo o de prestación de servicios o supongan un menoscabo del estricto cumplimiento de sus deberes".

[286] Art. 10 de la Ley 5/2006: "Compatibilidad con actividades privadas. El ejercicio de un puesto de alto cargo será compatible con las siguientes actividades privadas, siempre que con su ejercicio no se comprometa la imparcialidad o independencia del alto cargo en el ejercicio de su función, sin perjuicio de la jerarquía administrativa: [...]

c) La participación en entidades culturales o benéficas que no tengan ánimo de lucro o fundaciones siempre que no perciban ningún tipo de retribución o percepción por dicha participación superior a

En segundo lugar, se establece un conjunto de limitaciones patrimoniales en participaciones en sociedades mercantiles, orientadas a prohibir tener una participación de más del diez por ciento en empresas que hayan celebrado contratos públicos[287].

En tercer lugar, se consagra el deber de los funcionarios de abstenerse de conocer asuntos en los cuales hayan intervenido o que "interesen a empresas o sociedades en cuya dirección, asesoramiento o administración hubieran tenido alguna parte ellos, su cónyuge o persona con quien conviva en análoga relación de afectividad, o familiar dentro del segundo grado y en los dos años anteriores a su toma de posesión como cargo público"[288].

Por último se establece el deber de realizar una declaración de actividades[289], una declaración de bienes y derechos[290] y la obligación de contratar la gestión y administración de valores o activos con una entidad financiera registrada en la Comisión Nacional del Mercado de Valores[291].

De esta manera, las incompatibilidades consagradas en la ley sirven como un criterio, bien sea para admitir la existencia de determinados beneficios

---

la autorizada por el artículo 3.5 de la Ley 49/2002, de 23 de diciembre, que regula el régimen fiscal de las entidades sin fines lucrativos y de los incentivos fiscales al mecenazgo".

287 Art. 6 de la Ley 5/2006: "Limitaciones patrimoniales en participaciones societarias. 1. Los titulares de los cargos previstos en el artículo 3 no podrán tener, por sí o junto con su cónyuge, sea cual sea el régimen económico matrimonial, o persona que conviva en análoga relación de afectividad e hijos dependientes y personas tuteladas, participaciones directas o indirectas superiores a un diez por ciento en empresas en tanto tengan conciertos o contratos de cualquier naturaleza, con el sector público estatal, autonómico o local, o sean subcontratistas de dichas empresas o que reciban subvenciones provenientes de la Administración General del Estado. 2. En el supuesto de las sociedades anónimas cuyo capital social suscrito supere los 600 000 euros, dicha prohibición afectará a las participaciones patrimoniales que sin llegar a este porcentaje supongan una posición en el capital social de la empresa que pueda condicionar de forma relevante su actuación. 3. En el supuesto de que la persona que sea nombrada para ocupar un puesto de los comprendidos en el artículo 3, poseyera una participación en los términos a los que se refieren los apartados anteriores, tendrá que desprenderse de ella en el plazo de tres meses, contados desde el día siguiente a su nombramiento. Si la participación se adquiriera por sucesión hereditaria u otro título gratuito durante el ejercicio del cargo, tendrá que desprenderse de ella en el plazo de tres meses desde su adquisición. Dicha participación y posterior transmisión serán, asimismo, declaradas a los Registros de Actividades y de Bienes y Derechos Patrimoniales en la forma que reglamentariamente se determine".

288 Art. 7.1 de la Ley 5/2006.

289 Art. 11 de la Ley 5/2006.

290 Art. 12 de la Ley 5/2006.

291 Art. 13 de la Ley 5/2006.

permitidos, como la recepción de beneficios derivados del ejercicio de alguna de las actividades contempladas en el artículo 9 de la Ley 5/2006.

### 3.4. Los deberes de conducta específicos de los funcionarios públicos

Si bien la Constitución, la Ley de Funcionarios Civiles del Estado y las leyes de incompatibilidades son los principales estatutos generales a través de cuyo análisis pueden inferirse los principios de la administración pública, existen otras normas muy importantes para tal efecto, tales como la Ley General Presupuestaria.

Sin embargo, más allá de esta normativa aplicable en general a todos los funcionarios públicos, la determinación de los deberes de conducta de estos últimos requiere del análisis del estatuto o manual de funciones del organismo en el cual labore el funcionario público cuya conducta se pretenda valorar y especialmente el manual de funciones concretas a su cargo.

En muchos casos, estos manuales constituirán un elemento muy importante para inferir el elemento cognoscitivo del dolo y, por tanto, la actuación dolosa del funcionario. Por ello, de llegar a existir errores en dichos estatutos también se afecta la percepción del funcionario y, por tanto, pueden presentarse eventos de error.

## 4. Bien jurídico tutelado en el delito de tráfico de influencias

El análisis del bien jurídico tutelado en los delitos de tráfico de influencias requiere que se realice una distinción entre las diferentes modalidades típicas de esta conducta punible, pues mientras frente al ejercicio de influencias (arts. 428 y 429 del CP) la doctrina ha elaborado diversas teorías para explicar su objeto de protección, en relación con el ofrecimiento de influencias (art. 430 del CP) la doctrina mayoritaria niega la existencia de un verdadero bien jurídico tutelado por esta conducta punible o señala algunos que en todo caso se consideran ilegítimos.

### 4.1. Bien jurídico tutelado en el ejercicio de influencias (arts. 428 y 429 del CP)

La mayoría de la doctrina señala que el bien jurídico tutelado en los delitos consagrados en los arts. 428 y 429 del CP español es la imparcialidad, individualmente considerada o junto al principio de objetividad. Sin embargo, existen posturas doctrinales y jurisprudenciales que señalan que a través de la tipificación de estas conductas punibles se tutelan otros bienes jurídicos como la integridad y buen nombre de las administraciones públicas, los deberes de la función pública, el interés general o el correcto funcionamiento de la administración pública.

***a. Imparcialidad y objetividad***

La mayoría de la doctrina se refiere a los principios de imparcialidad y de objetividad como los objetos tutelados por las modalidades de tráfico de influencias consagradas en los arts. 428 y 429 CP, axiomas que en algunos casos se consideran sinónimos y en otros se distinguen.

CUGAT MAURI manifiesta que "la imparcialidad constituye el bien jurídico afectado por el delito de tráfico de influencias"[292]. En este sentido, esta autora establece una relación de especie a género entre los principios de imparcialidad y objetividad al manifestar que "como se ha dicho, la imparcialidad vendría a ser el momento personal del respeto a la objetividad"[293]. Pero además relaciona estos dos principios con la igualdad y la democracia, al manifestar: "La exclusión de factores subjetivos garantiza las condiciones personales necesarias para la satisfacción de los intereses generales objetivados en la ley y en definitiva pues del principio de igualdad, que está en la raíz de la definición democrática de aquéllos"[294].

Similar posición adopta ORTS BERENGUER, quien señala que a través del tráfico de influencias se "lesiona, una vez más, la imparcialidad y objetividad con que los poderes públicos deben actuar en la prestación de servicios a la comunidad"[295].

También asume este enfoque RODRÍGUEZ RAMOS, aunque resaltando la importancia del interés público, para lo cual manifiesta que

> "el fin perseguido por el legislador al introducir esta figura es, al igual que en el delito de cohecho, evitar la interferencia de intereses ajenos o contrarios a los públicos, tutelando y protegiendo un bien jurídico tan esencial como es la imparcialidad y objetividad de las decisiones

[292] CUGAT MAURI, *Tráfico de influencias*, 1997, 104.

[293] CUGAT MAURI, *Tráfico de influencias*, 1997, 104.

[294] CUGAT MAURI, *Tráfico de influencias*, 1997, 104.

[295] ORTS BERENGUER, en: VIVES ANTÓN, *DP. PE*, 2004, 928.

> de las autoridades y funcionarios públicos, que velan por el bien común y el interés general de la sociedad"[296].

Con el objeto de concretar y legitimar aun más los principios de imparcialidad y objetividad como el objeto tutelado por los delitos de tráfico de influencias, un sector de la doctrina ha relacionado directamente estos principios con la CE.

En este sentido, OCTAVIO DE TOLEDO Y UBIETO hace especial referencia a la importancia de los valores constitucionales para determinar un bien jurídico común en los delitos de tráfico de influencias y encontrarlo en varios principios constitucionales, al expresar:

> "Denominador común que parece viable identificar, a partir de la prohibición de arbitrariedad de los poderes públicos y de la proclamación de la igualdad de los españoles (art. 14 de la CE), con la objetividad, imparcialidad, independencia y respeto por la igualdad tanto de los individuos como en el tratamiento público de sus derechos, que han de observarse en el ejercicio de esas mismas actividades administrativas, judiciales y fiscales"[297].

Con base en este planteamiento, OCTAVIO DE TOLEDO Y UBIETO concluye que mientras en los delitos de tráfico de influencias estos axiomas constitucionales se protegen directamente, en el cohecho se protegen mediatamente: "ello habla a favor de que los bienes jurídicos afectados por los delitos de cohecho y los relativos al 'tráfico de influencias' son en algo diferentes: en aquellos se tratará de la no venalidad en el ejercicio del cargo, como antecedente de la legalidad, no arbitrariedad, objetividad, imparcialidad, independencia e igualdad; mientras que en éstos se trata, ya directamente, de estos valores"[298].

MIR PUIG también relaciona los citados principios de imparcialidad y objetividad con el artículo 103 de la CE al señalar que el bien jurídico protegido corresponde al correcto funcionamiento de la administración

---

[296] RODRÍGUEZ RAMOS, *CP*, 2005, 805.

[297] OCTAVIO DE TOLEDO Y UBIETO, *RJEDJB N° 5*, 1998, 1516.

[298] OCTAVIO DE TOLEDO Y UBIETO, *RJEDJB N° 5*, 1998, 1523.

pública, conforme a los criterios de objetividad e imparcialidad, recogidos en el artículo 103 de la CE[299].

MIR PUIG/CORCOY BIDASOLO señalan que el bien jurídico tutelado es la imparcialidad de la actuación administrativa en el sentido de la objetividad y la neutralidad de la misma, deslindándose los intereses públicos de los intereses particulares[300].

Tal como sucede en la doctrina, la jurisprudencia mayoritaria considera a los principios de imparcialidad y objetividad como los objetos afectados por los delitos de tráfico de influencias.

Esta posición ha sido acogida en múltiples fallos del Tribunal Supremo, dentro de los cuales cabe destacar las STS 10-3-1998[301], 19-7-2001[302], 15-2-2000, 7-4-2004 y 24-3-2006[303].

Esta postura también se ha adoptado en la jurisprudencia local, a través de pronunciamientos tales como la SAP León 28-4-1997[304], el ATS Madrid

---

299 MIR PUIG C., *Delitos contra la Administración pública*, 2000, 251.

300 MIR PUIG, en: MIR PUIG/CORCOY BIDASOLO, *Comentarios al CP*, 2011, 931.

301 STS 10-3-1998: "Antes de entrar en el examen y resolución del caso concreto, nos parece lógico hacer una breve referencia previa y de carácter general a este delito de tráfico de influencias, indicando primeramente que su descripción tipificadora contiene una indudable afinidad con el delito de cohecho ya que ambos tienen como finalidad o meta inicial y común 'evitar la interferencia de intereses ajenos o contrarios a los públicos' tutelando o protegiendo un bien jurídico tan esencial como es la imparcialidad u objetividad de las decisiones de los funcionarios públicos".

302 STS 19-7-2001: "Porque el fin perseguido por el legislador al introducir esta figura en el Código Penal por la LO 9/1991, de 22 Mar. es, al igual que en el delito de cohecho, evitar la interferencia de intereses ajenos o contrarios a los públicos, tutelando y protegiendo un bien jurídico tan esencial como es la imparcialidad y objetividad de las decisiones de las Autoridades y funcionarios públicos, que velan por el bien común y el interés general de la sociedad (véase STS 18 Mar. 1998), o, como ya se dijo por esta misma Sala en ocasión precedente al examinar las coincidencias y diferencias de esta figura con el delito de prevaricación, en uno y otro tipo se trata de mantener dentro del Derecho, de la Ley y de la Ética, en cuanto valor social indiscutible, a la función pública (STS 24 Jun. 1994)".

303 STS 24-3-2006: "El delito es de simple actividad, y en él, el legislador ha mostrado un rigor inusitado al criminalizar un acto preparatorio, todavía alejado de lo que sería el bien jurídico protegido: la objetividad e imparcialidad de las decisiones administrativas, exigencia primordial para un correcto funcionamiento de las Administraciones públicas".

304 SAP León 28-4-1997: "Por ello, ambos atacan o conculcan el principio de imparcialidad que debe regir de modo escrupuloso la conducta de toda persona encargada de tomar decisiones públicas, conteniendo, desde el punto de vista subjetivo, dos vertientes, la que afecta a la persona que trata de influir en el responsable de la decisión, y la que se refiere a la persona influida ('influyente' e 'influido')".

6-5-2002[305], la SAP La Coruña 26-12-2002[306], la SAP Palencia 16-6-2003[307] y la SAP Cáceres 21-4-2005[308].

En este sentido, la SAP La Coruña 26-12-2002 establece que el objeto de tutela en el delito de tráfico de influencias es la apariencia de imparcialidad

---

[305] ATS Madrid 6-5-2002: "Recuérdese al efecto que la jurisprudencia (Sentencia del 19 Jul. 2001) ha venido señalando al efecto que 'Porque el fin perseguido por el legislador al introducir esta figura en el Código Penal, al igual que en el delito de cohecho, es evitar la interferencia de intereses ajenos o contrarios a los públicos, tutelando y protegiendo un bien jurídico tan esencial como es la imparcialidad y objetividad de las decisiones de las Autoridades y funcionarios públicos, que velan por el bien común y el interés general de la sociedad (Sentencia del 18 Mar. 1998), o, como ya se dijo por esta misma Sala en ocasión precedente al examinar las coincidencias y diferencias de esta figura con el delito de prevaricación, en uno y otro tipo se trata de mantener dentro del derecho, de la Ley y de la Ética en cuanto valor social indiscutible, a la función pública (Sentencia del 24 Jun. 1994)'".

[306] SAP La Coruña 26-12-2002: "Es un delito que adelanta la barrera de protección del bien jurídico tutelado (la imparcialidad y objetividad de las decisiones de las Autoridades y funcionarios públicos) mediante la punición de conductas que sin traducirse en un menoscabo real y material de las mismas, pues no exigen que el solicitante de la dádiva influya o intente influir ilícitamente en el funcionario o autoridad, sí que lesionan la apariencia de imparcialidad y objetividad al hacer aparecer como venales o influenciables a quienes han de servir a los intereses públicos. La exigencia de dádivas revela la seriedad y trascendencia del propósito de descrédito de tales valores por el autor, estando justificado el adelantamiento de la protección del bien jurídico por la necesidad de erradicar la corrupción de la vida pública".

[307] SAP Palencia 16-6-2003: "Más concreta y claramente, la Sentencia del Tribunal Supremo de 19-7-2001, en su Fundamento de Derecho 27° y refiriéndose al artículo 430 del Código Penal establece: '[...] se trata de un delito de mera actividad que se consuma con la ejecución de la actividad típica que describe (incluso por remisión) el precepto sin necesidad de resultado alguno, ni siquiera que la actitud del oferente sea aceptada por aquel a quien se dirige la oferta y sin que sea preciso que la 'influencia', real o ficticia, sea efectivamente ejercitada en tanto el fin perseguido por el Legislador es, al igual que en el cohecho, evitar la interferencia de intereses ajenos o contrarios a los Públicos, tutelando un bien jurídico tan esencial como la objetividad e imparcialidad de las decisiones de las Autoridades y de los Funcionarios Públicos [...]'".

[308] SAP Cáceres 21-4-2005: "Undécimo.- Idéntica suerte corren los dos delitos restantes, tráfico de influencias y negociaciones prohibidas a los funcionarios. Trayendo otra vez a colación el postulado básico de que la acusación no nos ha ofrecido un substrato de hechos en que basar la misma, ni los ha probado en relación con el alcalde, lo cierto es que el tráfico de influencias tiene como *ratio legis* evitar la interferencia de intereses ajenos o contrarios a los públicos, siendo el bien jurídico protegido la imparcialidad u objetividad de las decisiones de los funcionarios. Influir equivale a sugestión, inclinación, invitación o instigación que una persona lleva a cabo sobre otra para alterar el proceso motivador, artículo 428 del Cód. Penal y SSª T.S. de 10/3/1998 y 24/6/1994 y Audiencias Provinciales de Madrid, sección tercera 13/2/2004 y Autos de las de Teruel, 24/4/2003 y Madrid 6/5/2002".

y objetividad de los funcionarios públicos[309] y por ello justifica el adelantamiento de protección del bien jurídico a través de este delito[310].

El denominador común de la posición acogida en estos pronunciamientos es la alusión a que la *ratio legis* del tráfico de influencias es evitar la interferencia de intereses ajenos a los públicos dentro de la administración,[311] postura que nuevamente coloca a la desviación de intereses como el núcleo del injusto de este delito.

Por otro lado, debe señalarse que no existe unanimidad sobre el objeto de la imparcialidad, pues este se ha determinado en la administración, en las decisiones de la administración[312] y en sus funcionarios[313].

En este sentido, cabe afirmar que resulta más conveniente considerar que la imparcialidad se predica de las decisiones de los funcionarios públicos (traducidas en actuaciones administrativas) y no de ellos como tales, pues esto último implicaría la remisión a deberes netamente disciplinarios pero no a una afectación real de la administración pública.

Sin embargo, esto no implica que finalmente tenga que producirse una actuación administrativa, pues como bien resalta la jurisprudencia, el tráfico de influencias es un delito de peligro y de mera conducta[314] y por ello solamente se requiere de una conducta idónea para transgredir la imparcialidad de una decisión administrativa.

---

[309] SAP La Coruña 26-12-2002: "Es un delito que adelanta la barrera de protección del bien jurídico tutelado (la imparcialidad y objetividad de las decisiones de las Autoridades y funcionarios públicos) mediante la punición de conductas que sin traducirse en un menoscabo real y material de las mismas, pues no exigen que el solicitante de la dádiva influya o intente influir ilícitamente en el funcionario o autoridad, sí que lesionan la apariencia de imparcialidad y objetividad al hacer aparecer como venales o influenciables a quienes han de servir a los intereses públicos. La exigencia de dádivas revela la seriedad y trascendencia del propósito de descrédito de tales valores por el autor, estando justificado el adelantamiento de la protección del bien jurídico por la necesidad de erradicar la corrupción de la vida pública".

[310] SAP La Coruña de 26-12-2002: "La exigencia de dádivas revela la seriedad y trascendencia del propósito de descrédito de tales valores por el autor, estando justificado el adelantamiento de la protección del bien jurídico por la necesidad de erradicar la corrupción de la vida pública".

[311] STS 10-3-1998, STS 19-7-2001, ATS Madrid 6-5-2002, SAP La Coruña 26-12-2002, SAP Palencia 16-6-2003, SAP Cáceres 21-4-2005, SAP Palencia 16-6-2003.

[312] STS 24-3-2006, STS 10-3-1998, STS 19-7-2001, SAP La Coruña 26-12-2002, SAP Palencia 16-6-2003, SAP Cáceres 21-4-2005, SAP de Cáceres 21- 4-2005.

[313] SAP León 28-4-1997.

[314] STS 24-3-2006.

Esta sutil distinción, que parece intrascendente, resulta fundamental en el momento de determinar la idoneidad de la conducta para lesionar el bien jurídico, pues no podrá hacerlo la influencia para que un funcionario lleve a cabo un acto sobre el cual no tiene competencia alguna, planteamiento que será analizado más adelante.

***b. La imparcialidad***

Algunos autores no se refieren conjuntamente a los principios de imparcialidad y objetividad como los bienes jurídicos tutelados en los delitos de tráfico de influencias, sino que circunscriben el bien jurídico directamente al primero de ellos.

MUÑOZ CONDE afirma frente a los delitos de tráfico de influencias que estos "tienen una naturaleza parecida a la del cohecho, con el que tiene en común un mismo bien jurídico protegido (la imparcialidad en la función pública) y una misma finalidad político criminal: evitar la desviación del interés general hacia fines particulares"[315].

MORALES PRATS/RODRÍGUEZ PUERTA también señalan que el bien jurídico tutelado en los delitos de tráfico de influencias es la imparcialidad, pese a que no consideran que la totalidad de este principio se vea afecta por estas conductas:

> "en el delito de tráfico de influencias, sólo se confiere tutela a una de las vertientes del principio de imparcialidad, que se corresponde con aquella que concierne al particular en el delito de cohecho, concretada en la obligación de dirigirse a la Administración para formular sus peticiones sin interferir ilícitamente en la toma de decisiones, es decir, utilizando los cauces ilícitos para su obtención"[316].

De esta manera, ambas posturas parten de la similitud de los delitos de cohecho y tráfico de influencias, aunque la segunda señala la orientación diversa que debe existir en la interpretación de cada uno de ellos.

---

[315] MUÑOZ CONDE, *DP. PE*, 18.ª, 2010, 1044.

[316] MORALES PRATS/RODRÍGUEZ PUERTA, en: QUINTERO OLIVARES, *Comentarios a la PE del DP*, 2011, 1254.

### *c. La integridad y buen nombre de las administraciones públicas*

SUÁREZ MIRA RODRÍGUEZ concentra el bien jurídico tutelado en los delitos de tráfico de influencias en la integridad de las administraciones públicas, pese a hacer referencia también a la imparcialidad: "El bien jurídico protegido es la integridad de las Administraciones públicas; los artículos 9, 103, 106 y 117 de la Constitución reclaman de las distintas administraciones un comportamiento imparcial, no discriminatorio y no arbitrario"[317].

Similar posición adopta QUERALT JIMÉNEZ, quien, además de situar el bien jurídico también en la integridad de las administraciones públicas, conecta este objeto de tutela con los servicios del Estado:

> "Dejando de lado lo ya dicho desde una perspectiva político-criminal. Ha de señalarse ahora que la inclusión de este nuevo capítulo supone dotar de carta de naturalización el bien jurídico que, difusamente, podría denominarse integridad de las Administraciones públicas (s-2-2000: caso Auto-Fira) –elemento asegurador de la capacidad prestacional de servicios de un Estado social y democrático de Derecho–"[318].

En algunos fallos jurisprudenciales se señala que el bien jurídico tutelado en el delito de tráfico de influencias es el buen nombre[319] o la imagen de la administración Pública[320], postura que puede tenerse en cuenta para la determinación de uno de los efectos de esta conducta punible, mas no para concretar el núcleo del injusto en el delito de tráfico de influencias.

---

[317] SUÁREZ MIRA-RODRÍGUEZ, *Manual de DP, PE*, 2005, 533-534.

[318] QUERALT JIMÉNEZ, *DP Español, PE*, 2010, 1176.

[319] SAP Palencia 16-6-2003: Se "trata de un delito de 'mera actividad'; cuyo bien jurídico protegido, para algún sector, es el 'buen nombre' de la Administración y que despliega su acción en el ámbito privado al tratarse, tanto el sujeto activo como el pasivo, de 'particulares'; que se consuma tan pronto tiene lugar el 'ofrecimiento' activo de hacer uso de 'su' influencia cerca de Autoridad o Funcionario Público y ello al margen que el 'ofrecimiento' encuentre, o no, positiva acogida por parte de su receptor, esto es que se reciba, o no, el beneficio perseguido, entendiéndose por él, con la sentencia de la Audiencia Provincial de Málaga 10 Oct., 2000, '[...]todo provecho económico directo o indirecto, esto es tanto la ganancia como la ausencia de pérdida' [...] o que se materialice lo ofrecido".

[320] STS 23-9-2003, STS 7-4-2004.

### *d. Deberes de la función pública*

Existen algunos pronunciamientos jurisprudenciales en los cuales se reconoce que el delito de tráfico de influencias constituye una infracción de deberes jurídicos, concretamente de los deberes frente a la transparencia en el ejercicio de la función y la imagen de la administración[321], aunque también se acepte en este pronunciamiento que no basta con la mera infracción de deberes, sino que también es necesario desarrollar los elementos del tipo penal[322].

En relación a dichos deberes, la SAP Barcelona 4-2-1998 señala frente al delito de tráfico de influencias que "se trata, en definitiva, de mantener dentro del Derecho, de la Ley y de la Ética, en cuanto valor social indiscutible, a la función pública"[323].

Con una fundamentación similar, también se ha considerado que el tráfico de influencias tiene por objeto velar por la pureza de la función pública, tal como se menciona en el AAP Castellón 12-7-2003[324].

---

[321] STS 7-4-2004: "En otro orden de cosas, aunque hipotéticamente se admitiera la posibilidad de una influencia por omisión para la realización del tipo objeto de la acusación, esta conducta ha de reunir las exigencias del art. 11 del Código penal y entre ellas, la infracción del deber 'jurídico' y la equivalencia de la omisión a la causación por acción. Con relación al primer apartado, la infracción del deber jurídico, se afirma en la sentencia impugnada, y no es rebatida en los recursos, que el acusado actuó en el margen de la legalidad, pues pudo realizar la resolución de la contrata sin someterla al Pleno, pudo contratar con esa persona al exceder del tercer grado entre parientes, y el Ayuntamiento puede contratar con personas físicas, jurídicas y sociedades en constitución. La sentencia impugnada detalla el ordenamiento jurídico administrativo aplicable con expresión de la normativa respecto a lo que ni se ha denunciado su incumplimiento ni la sentencia lo declara. Consecuentemente no hay infracción del deber jurídico. La infracción de la norma 'ética y estética' que refiere la sentencia y que los recurrentes invocan como acreditativa de la agresión al bien jurídico 'la transparencia en el ejercicio de la función y la imagen de la administración' (STS 1497/2002, DE 23 DE SEPTIEMBRE), ha de ser relativizada, pues la realización del tipo penal no se produce por la inobservancia de los principios de ética y de actuación política generales, sino por la realización de las conductas típicas reflejadas en los Códigos penales".

[322] STS 7-4-2004: "Debiéndose añadir que el hecho ha de afectar al principio de imparcialidad de la administración pública (STS 15.2.2000). Ese acto concluyente de prevalimiento es difícil que concurra con la omisión de un dato".

[323] SAP Barcelona 4-2-1998. En similar sentido, STS 24-6-1994 y ATS Madrid de 6-5-2002.

[324] AAP Castilla 12-7-2003 : "Y en cuanto atañe al tipo penal contemplado en el art. 441, que trata de velar por la pureza de la función pública pretendiendo evitar que los funcionarios abusen de su especial situación para lucrarse con merma de la dignidad del cargo, al margen de las consideraciones exculpatorias realizadas por el instructor que esta sala comparte, ha de añadirse, vista la dinámica de los hechos, donde todos estaban convencidos de la inexistencia de incompatibilidad alguna afectante al Sr. Inocencio, permite apreciar la exclusión de responsabilidad vía error de prohibición del art. 14 del

Frente a estas posturas pueden oponerse los mismos argumentos empleados para criticar la tesis de los deberes del cargo como bien jurídico tutelado en los delitos contra la administración pública: se tutelaría sólo la relación del funcionario con la administración, la cual puede tener trascendencia en el campo disciplinario, pero no en el penal.

***e. El interés general***

OCTAVIO DE TOLEDO señala que la tipificación de los delitos de tráfico de influencias responde a la necesidad de salvaguardar los principios constitucionales de puesta al servicio de los intereses generales y sometimiento a la legalidad, el primero consagrado en los artículos 103.1, 106.1, 117.1 y 124.1 y 2 y el segundo en los artículos 103.1 y 106.1 CE[325].

Bajo esta interpretación, los intereses generales se afectan al motivar la resolución en un interés particular como es la generación directa o indirecta de un beneficio económico individual, mientras que la legalidad se funda en que las conductas de tráfico de influencias han de tener por finalidad conseguir una resolución que al menos puede ser contraria a la legalidad[326].

Sin embargo, este autor reconoce el distanciamiento entre los comportamientos tipificados en el tráfico de influencias y el objeto de protección al incriminarse conductas tendenciales como influir o comportamientos como ofrecerse a realizar, concluyendo que los mismos constituyen delitos de peligro e incluso de riesgo de peligro[327].

MESTRE DELGADO aproxima su postura a la tutela del interés general en el delito de tráfico de influencias, al señalar que "con la tipificación expresa de un Capítulo dedicado al tráfico de influencias, el legislador ha querido reprochar la utilización de la Administración Pública para la satisfacción de intereses particulares de los funcionarios o autoridades, y no para el servicio del interés general"[328]. También alude este autor –como lo hacen los anteriores– a los principios de la administración pública, al manifestar

---

texto punitivo, y es que no es infrecuente que por la complejidad normativa y a veces asesoramientos defectuosos, pueda pensar una persona que actúa legalmente cuando ello no es así, como es el caso".

[325] OCTAVIO DE TOLEDO Y UBIETO, *RJEDJB N° 5*, 1998, 1514.

[326] OCTAVIO DE TOLEDO Y UBIETO, *RJEDJB N° 5*, 1998, 1515.

[327] OCTAVIO DE TOLEDO Y UBIETO, *RJEDJB N° 5*, 1998, 1516.

[328] MESTRE DELGADO, *Delitos contra el patrimonio*, 2005, 590.

que esta conducta "supone una grave inversión de los valores y principios que legitiman la actuación administrativa"[329].

CABELLO MOHEDANO señala al interés privado como el elemento determinante en los delitos de tráfico de influencias, manifestando que "en nuestro Código, el interés privado en su acepción vulgar es igualmente el elemento que determina la conducta típica de los artículos 358 y siguientes y, en general, subyace en todos los delitos de funcionarios"[330].

Sobre este punto, GIMENO LAHOZ/CORBELLA HERREROS, dando relevancia también a la libertad, han dicho: "Constituye el núcleo de estos delitos un ataque a la libertad del funcionario, que tiene que adoptar en el ejercicio de su cargo una decisión motivada por intereses ajenos a los públicos"[331].

En este sentido, BLANCO LOZANO señala que a través del tráfico de influencias "se trata de evitar la desviación del interés general hacia fines particulares"[332].

Por su parte, CATALÁN SENDER también hace énfasis en la idea del interés general, al expresar que con el delito de tráfico de influencias "se vulnera con la conducta aquí sancionada el mandato constitucional de que la Administración debe servir con objetividad a los intereses generales (art. 103.3 C.E.) y no a los individuales y espurios de los gobernantes o funcionarios que formen parte del entramado de la misma"[333].

De esta manera, tal como sucedió frente a la determinación del bien jurídico tutelado en el delito de cohecho, puede concluirse que no existe unanimidad frente a la consideración del bien jurídico tutelado en los delitos de tráfico de influencias, pese a lo cual, a partir de las tesis expuestas pueden extraerse algunas conclusiones:

En primer término, existe una estrecha relación entre el bien jurídico tutelado en los delitos de tráfico de influencias y los principios constitucionales de la administración pública, concretamente con el numeral primero

---

[329] MESTRE DELGADO, *Delitos contra el patrimonio*, 2005, 590.

[330] CABELLO MOHEDANO, en: GONZÁLEZ RUS, *Estudios penales*, 1996, 91.

[331] GIMENO LAHOZ/CORBELLA HERREROS, *Delitos*, 1998, 90.

[332] BLANCO LOZANO, *Tratado*, 2005, 513.

[333] CATALÁN SENDER, *Los delitos cometidos por autoridades*, 1999, 226.

del art. 103, según el cual "la Administración Pública sirve con objetividad los intereses generales".

En este sentido, podría señalarse que el bien jurídico tutelado por estas conductas punibles es la objetividad o la imparcialidad en las actuaciones de la administración pública, pero lo que realmente tiene vital trascendencia para la determinación del injusto es la desviación del interés general hacia el interés particular.

Por ello, resulta muy interesante la posición de CABELLO MOHEDANO, para quien "por otra vía, por la vía de los intereses privados sobre los propios de la función pública, esto es, los generales, encontramos un camino sobre el que situar los elementos comunes al nuevo tipo penal creado y, en general, a todos los delitos de funcionarios"[334].

Esta desviación del interés público, sin embargo, no puede considerarse genéricamente, sino que debe estar referida a los procedimientos administrativos, tal como señala FLORES PÉREZ: "[...] reservando el tráfico de influencias para aquellas actuaciones en las que el bien jurídico afectado es la correcta utilización de acceso y seguimiento de los procedimientos administrativos, sin interferir ilícitamente en la toma de decisiones, aun cuando la decisión adoptada no se pueda calificar de injusta"[335].

De esta manera, el núcleo del injusto en los delitos de tráfico de influencias es la desviación de intereses, cuyas características, contenido y delimitación de acuerdo al riesgo permitido serán analizadas en el cuarto capítulo de esta tesis.

#### *f. Otras posturas*

Existen otras posturas similares a las anteriores sobre el bien jurídico tutelado en los delitos de tráfico de influencias, aunque en las mismas se analicen otros elementos, los cuales se expondrán brevemente a continuación, con el objeto de derivar nuevos criterios para el análisis de estos delitos.

CRESPO BARQUERO considera que "con carácter general puede considerarse como bien jurídico protegido de todos los delitos contra la Administración Pública, es decir, la eficacia imparcial de dicha Administración

---

[334] CABELLO MOHEDANO, en: GONZÁLEZ RUS, *Estudios penales*, 1996, 91.

[335] FLORES PÉREZ, *Delitos contra la administración pública*, 2002, 190.

es esa actividad tendiente a cubrir las prestaciones que de ella se esperan en un Estado social y democrático de derecho (art. 1.1. CE)"[336].

Por otro lado, si bien también menciona a la imparcialidad, la postura de CATALÁN SENDER es mucho más amplia, al señalar que "es, en fin, la imparcialidad (art. 103.3 CE), pureza y rectitud de la Administración y, por extensión, de los servidores públicos el bien jurídico tutelado"[337], agregando también que "de otra forma la sociedad deja de confiar en la Administración, produciéndose una deslegitimación constitucional de ésta y, a la postre, un caso social y jurídico"[338].

POLAINO NAVARRETE señala que el bien jurídico es el valor de la incorruptibilidad funcionarial, la cual se ve lesionada en tres sentidos: por la abusiva influencia del cargo público, por la finalidad de conseguir una resolución corrupta y por la susceptibilidad de generar un enriquecimiento económico[339].

Por otro lado, SERRANO GÓMEZ/SERRANO MAÍLLO afirma que el bien jurídico en este delito es "el correcto funcionamiento de la Administración pública"[340], en ambas modalidades de tráfico de influencias, aunque frente al tráfico de influencias consagrado en el artículo 430 "el legislador ha pretendido adelantar las barreras en este sentido salvaguardando el prestigio de la Administración pública"[341].

En otra posición encontramos una tesis bastante interesante desarrollada por FLORES PÉREZ, quien identifica al delito de tráfico de influencias como una de las manifestaciones de la delincuencia económica:

> "Así sin ánimo exhaustivo, la delincuencia económica puede integrar manifestaciones [...] Que afectan a los elementos integrantes del concepto de Administración Pública, como son los criterios de objetividad con sometimiento al ordenamiento jurídico, recogido en el artículo 103 de la Constitución que integra, el principio de sometimiento al

---

336 CRESPO BARQUERO, *C.P., Comentarios*, 2002, 2382.

337 CATALÁN SENDER, *Los delitos cometidos por autoridades*, 1999, 226 y 227.

338 CATALÁN SENDER, *Los delitos cometidos por autoridades*, 1999, 227.

339 POLAINO NAVARRETE, *Lecciones*, 2011, 337.

340 SERRANO GÓMEZ/SERRANO MAÍLLO, *DP. PE*, 2007, 816.

341 SERRANO GÓMEZ/SERRANO MAÍLLO, *DP. PE*, 2007, 818.

> ordenamiento jurídico de todos los poderes públicos recogido en el artículo 9 CE. Integran esta área, las figuras delictivas de malversación, cohecho, tráfico de influencia, información privilegiada"[342].

Este planteamiento tiene gran importancia criminológica en la actualidad, pues desafortunadamente en muchas ocasiones la actividad económica va ligada a la corrupción ejercida para poder acceder a prerrogativas estatales en materia de impuestos, contratación o subvenciones. Sin embargo, resulta muy difícil aplicar esta asimilación en el plano dogmático, pues existen pocos elementos comunes entre el tráfico de influencias y otros delitos que clásicamente son considerados económicos, como los delitos financieros.

***g. Toma de postura***

Existe una estrecha relación entre el bien jurídico tutelado en los delitos de tráfico de influencias y los principios constitucionales de la administración pública, concretamente con el número primero del art. 103 CE, según el cual "la Administración Pública sirve con objetividad los intereses generales".

En este sentido, podría señalarse que el bien jurídico tutelado por estas conductas punibles es la objetividad o la imparcialidad en las actuaciones de la administración pública, pero lo que realmente tiene vital trascendencia para la determinación del injusto es la desviación del interés general hacia el interés particular.

Por ello, resulta muy interesante la posición de CABELLO MOHEDANO, para quien "por otra vía, por la vía de los intereses privados sobre los propios de la función pública, esto es, los generales, encontramos un camino sobre el qué situar los elementos comunes al nuevo tipo penal creado y, en general, a todos los delitos de funcionarios"[343].

Esta desviación del interés público, sin embargo, no puede considerarse genéricamente, sino que debe estar referida a los procedimientos administrativos, tal como señala FLORES PÉREZ: "[...] reservando el tráfico de influencias para aquellas actuaciones en las que el bien jurídico afectado es la correcta utilización de acceso y seguimiento de los procedimientos admi-

---

[342] FLORES PÉREZ, *Delitos contra la administración pública*, 2002, 152.

[343] CABELLO MOHEDANO, en: GONZÁLEZ RUS, *Estudios penales*, 1996, 91.

nistrativos, sin interferir ilícitamente en la toma de decisiones, aun cuando la decisión adoptada no se pueda calificar de injusta"[344].

De esta manera, puede concluirse que los bienes jurídicos tutelados por los delitos relacionados con el ejercicio de influencias son la imparcialidad y la objetividad de las administraciones públicas y el núcleo del injusto de los mismos es la desviación del interés, posición a partir de la cual pueden extraerse las siguientes consecuencias:

En primer término, el objeto tutelado en el ejercicio de influencias (arts. 428 y 429 del CP) son los principios de imparcialidad y objetividad, pero no del funcionario sino de las actuaciones de la administración pública. La imparcialidad y la objetividad son atributos predicados constitucionalmente respecto de actuaciones e instituciones, mas no de personas, frente a las cuales los términos más adecuados serían los de honestidad u honradez, atributos que en todo caso no pueden ser tutelados por el Derecho penal, no solamente por su carácter de *ultima ratio*[345], sino también porque se llegaría al absurdo de señalar que no hay antijuridicidad material cuando en el tráfico de influencias interviene un funcionario corrupto.

Este bien jurídico se funda en el numeral primero del art. 103 de la CE y concretamente en la objetividad de los intereses generales, los cuales deben ser ajenos a la influencia de intereses particulares que los puedan afectar.

Por último, se puede concluir que si bien el tráfico de influencias se basa en la existencia de deberes de los funcionarios públicos, no basta con su mera vulneración para que se consume el tráfico de influencias, pues si así fuera estaríamos solamente ante una falta disciplinaria.

Como se verá más adelante, estas conductas punibles son delitos de peligro, por lo cual no se requiere de la efectiva lesión de la imparcialidad ni de la objetividad, pero sí que la conducta sea idónea para lesionar dicho bien jurídico, lo cual como se verá más adelante se traduce fundamentalmente en la capacidad de la influencia para motivar la actuación del funcionario público que se pretende influir y en la exigencia de que la influencia sea real y no falsa o fingida.

---

[344] FLORES PÉREZ, *Delitos contra la administración pública*, 2002, 190.

[345] Principio derivado del de necesidad que entiende al Derecho penal como último recurso al que debe acudirse solamente cuando hayan fracasado otros medios menos lesivos (cfr. LUZÓN PEÑA, *Lecciones PG*, 2012, 2-14).

### 4.2. Bien jurídico tutelado en el ofrecimiento de influencias (art. 430 del CP)

Casi la totalidad de la doctrina rechaza la legitimación de este delito al encontrar que realmente no tutela bien jurídico alguno o que tutela bienes jurídicos etéreos y difícilmente aprehensibles como el prestigio de las administraciones públicas, aunque existen algunos autores que justifican su existencia como una puesta en peligro de la administración pública.

#### *a. Inexistencia de bien jurídico específico para este delito*

Un importante sector de la doctrina considera que en el delito de tráfico de influencias consagrado en el art. 430 del CP no existe realmente un bien jurídico específicamente tutelado por este delito, sino que con este se está sancionando un mero acto preparatorio que constituye un adelanto injustificado de las barreras de protección.

MORILLAS CUEVA señala la inexistencia de un verdadero bien jurídico en el delito de tráfico de influencias a particular, encontrando solamente un acto preparatorio que no merece tutela penal al señalar que "nos encontramos ante la punición de un acto preparatorio de los delitos anteriores, de que no existe una lesión o puesta en peligro relevante de un bien jurídico, y de que los medios probatorios para concretar la existencia de estas conductas son extremadamente complicados, no dudados en criticar la existencia del tipo contenido en el art. 430"[346].

Posición similar asume SUÁREZ-MIRA RODRÍGUEZ, al afirmar que "es difícil encontrar el bien jurídico protegido en esta figura" por similares motivos a los citados anteriormente, es decir, que "semejante forma de castigar comportaría un adelantamiento injustificado de las barreras de protección"[347].

FEIJÓO SÁNCHEZ es aún más crítico al señalar que este delito es absolutamente ilegítimo al sancionar un acto preparatorio de un delito que tiene una pena muy leve e indicar incluso que "no se está haciendo más que demagogia o se está convirtiendo al Derecho penal en un puro símbolo inútil"[348]. Al respecto debo señalar que la LO 5/2010 aumentó las penas de las modalidades de tráfico de influencias.

---

346 MORILLAS CUEVA, en: COBO DEL ROSAL, *DP español*, 2005, 911.

347 SUÁREZ MIRA-RODRÍGUEZ, *Manual de DP, PE*, 2005, 536.

348 FEIJÓO SÁNCHEZ, en: RODRÍGUEZ MOURULLO, *Comentarios*, 1997, 1143.

### *b. El prestigio de las administraciones públicas*

Un sector de la doctrina señala que difícilmente podría encontrarse un bien jurídico respecto del ofrecimiento de influencias, pese a lo cual se señala que este podría ser eventualmente el prestigio o buen nombre de las administraciones públicas.

MUÑOZ CONDE señala que este delito se encuentra tan alejado de la efectiva lesión o puesta en peligro de la función pública que difícilmente puede justificarse su incriminación, por lo que admite que este delito parece proteger el prestigio y el buen nombre de la administración, concepto que acertadamente califica como etéreo y difícilmente aprehensible[349].

POLAINO NAVARRETE sostiene igualmente que el bien jurídico es el prestigio y el buen nombre de las administraciones públicas, junto con la incolumidad de la función pública y la corruptibilidad de los funcionarios públicos[350].

FERRÉ OLIVÉ acoge la posición de MUÑOZ CONDE, al considerar que con esta conducta punible solamente se estaría tutelando un bien jurídico muy cuestionable como el prestigio de la administración y propone la desaparición de este concepto al poder sancionar las conductas más relevantes que tipifica a través de la estafa si las influencias son falsas o de la modalidad de tráfico de influencias consagrada en el art. 429 del CP si no son falsas[351].

Similar posición tienen SERRANO GÓMEZ/SERRANO MAÍLLO, para quienes la no intervención de funcionarios públicos hace que estas conductas no puedan tutelar el buen funcionamiento de la administración pública y parece que el legislador pretende salvaguardar el prestigio de la administración pública adelantando las barreras de protección a la misma[352].

### *c. La administración pública o la función pública*

Con base en criterios sistemáticos, otros autores prefieren señalar que el bien jurídico afectado por el ofrecimiento de influencias consagrado en el art. 430 del CP es la administración pública o la función pública.

---

349 MUÑOZ CONDE, en: ECHEBURÚA ODRIOZOLA/DE LA CUESTA ARZAMENDI, *Criminología y Derecho*, 2010, 1044.

350 POLAINO NAVARRETE, *Lecciones*, 2011, 340.

351 FERRÉ OLIVÉ, en: ARROYO ZAPATERO, *Comentarios al CP*, 2007, 906 ss.

352 SERRANO GÓMEZ/SERRANO MAÍLLO, *DP. PE*, 2007, 822.

CUGAT MAURI se niega a considerar que el bien jurídico tutelado en el tráfico de influencias del art. 430 sea el prestigio y el buen nombre de las administraciones públicas, basándose en la ubicación de esta conducta punible como un delito contra la administración pública, por lo cual considera que es un delito de peligro contra el ejercicio de funciones públicas[353].

ORTS BERENGUER señala la dificultad de descubrir el bien jurídico protegido en este delito, al no ser funcionario ni autoridad el sujeto activo y no comprometer, por tanto, a los poderes públicos con sus actuaciones y además al no exigirse siquiera que el funcionario no llegue a tener conocimiento de nada, por lo cual no se verá afectada su objetividad e imparcialidad[354].

A partir de estas afirmaciones, este autor manifiesta que el ofrecimiento de influencias constituye un delito de peligro que castiga un acto preparatorio frente al bien jurídico categorial de los delitos contra la administración pública[355].

***d. Toma de postura***

El primer aspecto que debe reconocerse frente al tráfico de influencias consagrado en el art. 430 CP es que se trata de una conducta que tiene su ámbito de aplicación entre particulares y por ello su relación con la administración pública es bastante lejana.

Este carácter inicialmente privado del ámbito de aplicación de esta modalidad de tráfico de influencias hace que no pueda considerarse que el bien jurídico tutelado a través de este delito pueda ser la buena imagen o el prestigio de la administración pública, pues estos atributos difícilmente pueden ser afectados por un particular, si no se exige siquiera que se realice realmente una influencia frente a un funcionario público.

La remisión que se hace dentro de este delito a las otras dos modalidades de tráfico de influencias permite concluir que el tráfico de influencias del art. 430 tutela el mismo bien jurídico que ellas, aunque, como se verá más adelante, constituye simplemente la tipificación de un acto preparatorio de aquellas.

De esta manera, el problema del tráfico de influencias consagrado en el art. 430 CP es que tutela conductas que constituyen una preparación de

---

353 CUGAT MAURI, *Tráfico de influencias*, 1997, 241 s.

354 ORTS BERENGUER, en: VIVES ANTÓN, *DP. PE*, 2004, 929.

355 ORTS BERENGUER, en: VIVES ANTÓN, *DP. PE*, 2004, 929.

tipos penales que consagran delitos de peligro abstracto, lo cual, como se verá más adelante, será uno de los argumentos para cuestionar la legitimidad de este delito.

## 5. El bien jurídico tutelado en el delito de cohecho

Existen fundamentalmente dos posiciones frente a la determinación del bien jurídico tutelado en los delitos de cohecho: aquella que señala que en los mismos se tutela un único objeto jurídico y las que establecen que se tutelan distintos en cada modalidad de cohecho, posiciones cuyos fundamentos básicos serán analizadas a continuación.

### 5.1. Posiciones que defienden la existencia de un único bien jurídico tutelado en todas las modalidades de cohecho

La mayoría de la doctrina considera que, si bien existen múltiples diferencias entre las diversas modalidades de cohecho, puede identificarse un único bien jurídico tutelado en todas ellas, el cual en un principio fue identificado con valores como la integridad y la pureza del funcionario público, pero que en la actualidad se identifica con valores constitucionales como la imparcialidad, la objetividad o el correcto funcionamiento de la administración pública.

#### *a. Antecedentes*

Dentro de algunas de las primeras obras del Derecho penal español moderno puede comenzar a vislumbrarse la existencia de determinadas posiciones frente al objeto tutelado en los delitos de cohecho que generalmente corresponden a la integridad, la limpieza, la lealtad y la conciencia pública.

Ya en la *Novísima Recopilación* se pueden apreciar diversas ideas que resultan importantes para el análisis de los intereses tutelados en el delito de cohecho pasivo, que permiten identificar que en la época se consideraban como tales a la integridad y la limpieza de los funcionarios o jueces[356].

---

[356] Ley 9 de la Novísima Recopilación: "La recta administración de justicia es inseparable de la integridad y limpieza de los jueces; por cuyo motivo les está prohibido tan seria y repetidamente en las leyes el recibir dones ni regalos de qualquiera naturaleza que sean, de los que tuvieren pleyto ante ellos, o probablemente pudieren tenerle, aunque no lo tengan en la actualidad: por tanto se recomienda con toda especialidad á los corregidores la puntual observancia de este capítulo; en la inteligencia de que no se les disimulará nada en esta parte, y los contraventores serán irremisiblemente castigados, probado que sea el delito, con privación de oficio, inhabilitándolos perpetuamente para exercer ninguno otro que tenga administración de justicia, y en volver el quatro tanto de lo que hubieren recibido".

Llama la atención que ya para la época se justificaba la existencia del delito de cohecho en cadena en la imposibilidad de tutelar correctamente la integridad y pureza de la administración si se permite que los funcionarios reciban las dádivas a través de otros sujetos[357].

Si bien todavía no se refiere dentro de su obra a bienes jurídicos, GROIZARD señala diversos conceptos muy importantes para su determinación, a través de los cuales se puede interpretar el concepto que tenía este autor sobre el interés tutelado en el delito de cohecho:

> "De todos los delitos que los empleados pueden cometer, ninguno más vergonzoso que el que tiene por causa móviles tan reprobados. Participa de la repulsión que inspiran los delitos contra la propiedad y de la indignación que engendran los delitos de traición. Ladrones y desleales son á un tiempo sus autores. Aplauso nos merece el Código que castiga con rigor los que sin probidad ni conciencia convierten en infame trafico el mandato recibido del poder social para aplicar rectamente las leyes y administrar justicia, proteger todos los derechos y gobernar el Estado"[358].

PACHECO por su parte se refiere de forma radical al cohecho al señalar que "si un juez ó un empleado de cualquier clase, que cede á pasiones malévolas, es ciertamente criminal; el que cede al soborno es, á más de criminal, infame ante la conciencia pública. La admisión del dinero lleva consigo cierta cosa de bajo y despreciable, cuando se mezcla con los deberes, que no tienen, ó difícilmente tienen, las demás prevaricaciones"[359].

---

357 Ley 9 de la Novísima Recopilación: "[...] De poco serviría que los jueces procediesen por sí con integridad y pureza en la administración de justicia, si indirectamente se dexasen cohechar por medio de sus familiares y dependientes: en cuyo concepto serán responsables los corregidores, como si por sí mismos recibiesen dones y regalos prohibidos, é incurrirán las mismas penas, siempre que se les probare que por malicia, omisión ó condescendencia permitan que los reciban sus mujeres, hijos y demás familias y domésticos. Por la misma razón deberán celar también con el mayor cuidado que los oficiales de justicia, dependientes de su tribunal, procedan con la misma integridad y pureza, castigándolos en caso de contravención con las mismas penas impuestas por las leyes; y estarán siempre á la mira de que las justicias de su distrito se porten como corresponde en esta parte".

358 GROIZARD Y GÓMEZ DE LA SERNA, *El CP de 1870*, 1912, 223.

359 PACHECO, *El C.P.*, 1888, 497.

Por su parte frente al cohecho activo, PACHECO justifica su punición, aunque con una menor pena que la del funcionario, pues el particular tiene una obligación menor y además no afecta la conciencia pública:

> "Aprobamos en principio esta disposición: es decir, nos parece bien que el sobornante no sufra tan recia pena como el que se dejó sobornar. La situación era distinta. Las obligaciones de aquél eran menores. La ley no le había colocado en un puesto para desempeñarle con justicia. Su delito no hiere la conciencia pública. Fue arrastrado por un interés personal que se concibe, por más que no se apruebe. Si obraba mal ofreciendo, mucho peor obraba el empleado aceptando"[360].

***b. Los deberes de los funcionarios públicos de la función pública***

A partir de las anteriores consideraciones puede concluirse que la doctrina inicialmente consideraba que el objeto tutelado en los delitos de cohecho son determinados deberes de los funcionarios públicos respecto de la función pública, tales como la integridad, la pureza, el prestigio de la función pública o su incorruptibilidad.

VIADA señala que el delito de cohecho constituye una deslealtad o infidelidad que implica el abuso de la confianza depositada por el Estado en el funcionario y, por otro, el tráfico de funciones[361].

Varios autores posteriores continuaron considerando que los delitos de cohecho tutelaban deberes de la función pública relacionados con la probidad de los funcionarios tal como señalan CUELLO CALÓN[362] y FERRER SAMA[363].

La consideración de los deberes del cargo como el objeto de tutela en los delitos de cohecho fue continuada por algunos autores como RODRÍGUEZ DEVESA[364], quien sin embargo defendía la tesis de la diferenciación entre el bien jurídico tutelado en el cohecho activo y en el cohecho pasivo y por ello su posición será analizada en el siguiente apartado.

---

360 PACHECO, *El C.P.*, 1888, 502.

361 VIADA, *El CP de 1870*, 1926, 162 ss.

362 CUELLO CALÓN, *DP. PE*, 1980, 387.

363 FERRER SAMA, *Comentarios*, 1956, 159 ss.

364 RODRÍGUEZ DEVESA, *Problemática jurídico-penal*, 1999, 1169.

Sin embargo, dentro de la doctrina penal se presentaron múltiples críticas a la consideración de que el objeto tutelado a través de los delitos de cohecho eran los deberes del cargo, dentro de las cuales la más radical fue formulada por OCTAVIO DE TOLEDO Y UBIETO, quien en su obra *La Prevaricación* señaló que este sistema era propio de regímenes totalitarios, pues se fundaba meramente en la relación entre el funcionario y la administración, sin consideración a la sociedad[365], posición acogida también por GARCÍA ARÁN.[366]

En este sentido, la infracción de deberes en la administración pública no constituye el bien jurídico, sino que está en relación de funcionalidad frente al mismo, pues tales deberes no podrán nunca adquirir por tal el rango de bien jurídicos[367].

A pesar de lo anterior, en algunas sentencias, la jurisprudencia siguió sosteniendo que el bien jurídico tutelado en los delitos de cohecho podría identificarse con determinadas instituciones como el prestigio y la integridad de la función pública y de sus funcionarios.

El Tribunal Supremo español ha señalado en la STS 7-10-1993 y la STS 5-2-1996 (posición acogida en la SAP Valencia 2-12-1997) que con los delitos de cohecho se busca garantizar la incolumidad del prestigio de la función y de los funcionarios, a quienes hay que mantener siempre a salvo de cualquier injusta sospecha de interesada y voluntaria trasgresión de sus deberes[368].

En sentencia del 3-1-2005 el Tribunal Superior de Justicia de Cataluña señaló que el delito de cohecho protege ante todo el prestigio y eficacia de la administración pública[369], postura muy similar a la acogida por la Audiencia Provincial de Las Palmas en la SAP Las Palmas 10-10-2001, en la

---

365 OCTAVIO DE TOLEDO Y UBIETO, *La prevaricación*, 1980, 237.

366 GARCÍA ARÁN, en: MUÑOZ CONDE, *Prevaricación judicial*, 1990, 37.

367 OCTAVIO DE TOLEDO Y UBIETO, *La prevaricación*, 1980, 244.

368 STS de 5-2-1996: "Como dice la Sentencia de 7 octubre 1993, 'no se trata sólo de asegurar la rectitud de la función pública, sino también de garantizar la incolumidad del prestigio de la función y de los funcionarios, a quienes hay que mantener siempre a salvo de cualquier injusta sospecha de interesada y voluntaria transgresión de sus deberes'. Los actos en que se concrete el cohecho en cada caso han de ser relativos al ejercicio del cargo que desempeña el funcionario (ver S. 4 abril 1994)".

369 STSJ Cataluña de 3-1-2005: "El delito de cohecho protege ante todo el prestigio y eficacia de la Administración Pública teniendo por norte la erradicación de la corrupción mediante el forta-

cual se afirma que con el delito de cohecho se protege el prestigio y eficacia de la administración pública, garantizando la probidad e imparcialidad de sus funcionarios y la eficacia del servicio público encomendado[370], posición confirmada en la SAP Las Palmas 14-11-2001[371].

De la misma manera, en la STS 29-4-1995, acogida en la SAP Málaga 15-12-2004 y en la SAP La Coruña 20-10-1999 se señala que con el delito de cohecho se busca tutelar el prestigio y eficacia de la administración pública, garantizando la probidad e imparcialidad de sus funcionarios y la eficacia del servicio público encomendado[372].

---

lecimiento de la probidad e imparcialidad de todos sus funcionarios, lográndose también con ello una mayor sensibilidad y eficacia en la prestación del servicio público".

370 SAP Las Palmas 10-12-2001: "SEGUNDO Con el delito de cohecho se protege el prestigio y eficacia de la Administración Pública, garantizan lo la probidad e imparcialidad de sus funcionarios y la eficacia del servicio público encomendado (STS de 29 de abril de 1995). El bien jurídico protegido es la protección debida al correcto funcionamiento de los órganos de la Administración, así como la imagen misma del Estado de Derecho, en el sentido de preservar la confianza de los ciudadanos en que los servidores públicos –funcionarios públicos– ejerzan sus funciones sometidos al imperio de la ley imagen que se ve seriamente afectada si tales funciones son retribuidas al margen –y además– de los presupuestos públicos, directamente por las particulares que se sirven de ella, por ejecutar el funcionario un acto relativo a su cargo que sea injusto o que constituya delito, pues con ello se cuestiona de forma grave en la sociedad la seriedad y probidad del ejercicio de la función pública".

371 SAP Las Palmas 14-11-2001: "Con el delito de cohecho se protege el prestigio y eficacia de la Administración Pública, garantizando la probidad e imparcialidad de sus funcionarios y la eficacia del servicio público encomendado (STS de 29 de abril de 1995). El bien jurídico protegido es la protección debida al correcto funcionamiento de los órganos de la Administración, así como la imagen misma del Estado de Derecho, en el sentido de preservar la confianza de los ciudadanos en que los servidores públicos –funcionarios públicos– ejerzan sus funciones sometidos al imperio de la ley, imagen que se ve seriamente afectada si tales funciones son retribuidas al margen –y además– de los presupuestos públicos, directamente por los particulares que se sirven de ella por ejecutar el funcionario un acto relativo a su cargo que sea injusto o que constituya delito, pues con ello se cuestiona de forma grave en la sociedad la seriedad y probidad del ejercicio de la función pública".

372 SAP Málaga 15-12-2004: "Con el delito de cohecho se protege el prestigio y eficacia de la Administración Pública, garantizando la probidad e imparcialidad de sus funcionarios y la eficacia del servicio público encomendado (STS de 29 de abril de 1995). El bien jurídico protegido es la protección debida al correcto funcionamiento de los órganos de la Administración, así como la imagen misma del Estado de Derecho, en el sentido de preservar la confianza de los ciudadanos en que los servidores públicos –funcionarios públicos– ejerzan sus funciones sometidos al imperio de la ley, imagen que se ve seriamente afectada si tales funciones son retribuidas al margen –y además– de los presupuestos públicos, directamente por los particulares que se sirven de ella por ejecutar el funcionario un acto relativo a su cargo que sea injusto o que constituya delito, pues con ello se cuestiona de forma grave en la sociedad la seriedad y probidad del ejercicio de la función pública".

La audiencia provincial de Lleida consideró que el bien jurídico tutelado en el delito de cohecho es la integridad de la función administrativa y la lesividad de la conducta está en la traición de la confianza depositada en el funcionario público[373].

Similar posición adoptó la audiencia provincial de Guipúzcoa, la cual consideró que con los delitos de cohecho se lesiona la integridad de la administración pública, que identifica con la confianza de los ciudadanos en la correcta administración de acuerdo con los principios del Estado de derecho[374].

Por último, cabe destacar la STS de 29-10-2001, en la cual se afirma que "el bien jurídico protegido en el delito de cohecho es la probidad del funcionario público que le permite a la Administración asegurar una prestación adecuada, objetiva y no discriminatoria de los servicios públicos"[375].

### *c. El correcto funcionamiento de la administración pública o de la función administrativa*

Como respuesta al movimiento que consideraba que el bien jurídico tutelado en los delitos de cohecho eran deberes de los funcionarios se presentó un movimiento en Alemania, Italia y España que defendía que con aquellos delitos no se protegían meros deberes funcionariales, sino el correcto funcionamiento de la administración pública.

---

373 SAP Lleida 8-11-1999: "b) Respecto al delito de cohecho, delito contra la integridad en la gestión administrativa al dejarse llevar el funcionario por móviles ajenos, concretamente el lucro ilícito, al traicionar la confianza en él depositada, el funcionario infiel abandona su función mediante un precio; el particular desempeña un papel subordinado, punible únicamente por haber determinado al funcionario a que incumpla sus deberes, se lleva de esta manera a su último extremo el pensamiento de que, el cohecho es un negocio jurídico, del tipo compraventa y con él la afirmación de que constituye una infracción compleja 'que supone el concurso de dos personas igualmente culpables e igualmente punibles'; cualquiera que sea la posición que se adopte lo cierto es que el código (1973) hace del cohecho cometido por particulares y del realizado por un funcionario, títulos diferentes de imputación, aunque los subordine al mismo '*nomen iuris*'".

374 SAP Guipúzcoa 20-12-1999: "El bien jurídico protegido es la integridad de la Administración Pública, en cualquiera de sus modalidades, o dicho de otra forma, siguiendo al profesor B., la confianza de los ciudadanos en la correcta administración de acuerdo con los principios del Estado de Derecho, la cual resulta ya lesionada con la recepción, promesa o exigencia de una dádiva o alguna otra ventaja. Así se desprende de la Jurisprudencia del Tribunal Supremo en Sentencias, entre otras, de 7 de octubre de 1985, 18 de enero de 1993 y 22 de diciembre de 1980, que se refieren a otras múltiples resoluciones del Alto Tribunal".

375 STS 29-10-2001.

En Alemania, autores como SCHRÖDER y MAURACH destacaron que el bien jurídico tutelado en el delito de cohecho es la confianza de la sociedad en el correcto funcionamiento de la administración pública[376], posición acogida igualmente por otros autores como JESCHECK, OTTO, HARDTUNG y LACKNER[377] y más recientemente por DOLLING, FISCHER, MAIWALD, MAURER, RUDOLPHI y SCHWIEGER[378].

En Italia, gran parte de la doctrina acoge al buen funcionamiento de la administración como bien jurídico tutelado, tal como sucede con TAGLIARINI, BRICOLA, VASSALI, MIRRI, FIANDACA/MUSCO[379].

Igualmente, en España, gran parte de la doctrina ha acogido la posición del correcto funcionamiento como bien jurídico tutelado en los delitos de cohecho gracias en gran medida a la crítica realizada por OCTAVIO DE TOLEDO Y UBIETO a la consideración de que el objeto tutelado en estos delitos eran meros deberes funcionariales.

En este sentido, cabe agregar además que la jurisprudencia ha señalado el cambio de perspectiva que implicó la modificación en el CP de 1995 el título en el que se consagra el delito de cohecho, la cual implica la necesidad de determinar el objeto de tutela, no de acuerdo al sujeto activo, sino a criterios materiales como la repercusión en el correcto funcionamiento de la administración pública entendida como un servicio al ciudadano[380].

---

376 Vid. OLAIZOLA NOGALES, *El delito de cohecho*, 1999, 21.

377 Vid. OLAIZOLA NOGALES, *El delito de cohecho*, 1999, 21.

378 Vid. DE LA MATA BARRANCO, *La respuesta a la corrupción pública*, 2003, 69.

379 Vid. RODRÍGUEZ PUERTA, *Problemática jurídico-penal*, 1999, 59.

380 AAP Barcelona 24-3-1999: "El nuevo Código Penal de 1995 se ha hecho eco de la crítica que se venía realizando sobre el lugar sistemático en que se encontraba integrado el delito de cohecho en el Código Penal derogado, quedando situado en el Capítulo V, del Título XIX del Libro II, 'Delitos contra la Administración Pública'. Así pues, queda clasificado por el bien jurídico y no por la persona que lo comete. Dicha modificación fija con toda claridad cuál es el bien jurídico que efectivamente quiere proteger el legislador. No el cumplimiento de los deberes propios del cargo, sino su repercusión sobre el correcto funcionamiento de la Administración Pública, entendida como servicio al ciudadano, sometida al derecho y en especial a los principios constitucionales.

Por todo lo expuesto, se llega a la conclusión que atendido el bien jurídico protegido por el delito por el que se siguen las diligencias, el Excmo. Ayuntamiento de Barcelona podría haber resultado perjudicado por la conducta que se imputa al recurrente. Así pues, procede admitir su personación en la causa, como así lo ha hecho el Juzgado de Instrucción, sin perjuicio de lo que en su caso pueda resolverse para el supuesto de que al citado municipio finalmente se le exigieran responsabilidades civiles. Todo ello, por supuesto, sin poner en duda, ni cuestión la presunción de inocencia que ampara al recurrente".

MORILLAS CUEVA reconoce que, aunque cada artículo puede tener dimensiones diferenciadas, el bien jurídico genérico corresponde al correcto funcionamiento de la administración pública para la prestación de servicios a los ciudadanos y, en concreto, la protección de los principios de objetividad e imparcialidad[381].

SERRANO GÓMEZ/SERRANO MAÍLLO sostienen una posición intermedia manifestando de un lado que el bien jurídico protegido en estos delitos es el normal funcionamiento de la administración pública y una transparencia frente a la corrupción de autoridades y funcionarios públicos, e igualmente la imparcialidad, que ha de ser principio rector de autoridades y funcionarios públicos en el ejercicio de sus funciones[382].

Para QUERALT JIMÉNEZ, con el delito de cohecho se afecta el correcto funcionamiento de los poderes públicos, es decir, concretamente la prestación de servicios de los poderes públicos[383].

Para POLAINO NAVARRETE, con los delitos de cohecho se afecta el correcto ejercicio de la función pública y la incorruptibilidad de los titulares de la misma[384].

FERRE OLIVÉ por su parte señala la existencia de un único bien jurídico tutelado en los delitos de cohecho que corresponde al buen funcionamiento de la administración pública, el cual implica su ejercicio de acuerdo a los parámetros constitucionales de objetividad, imparcialidad y transparencia[385]. En este sentido, justifica esta afirmación en que "la sociedad exige que los servicios públicos funcionen correctamente, con objetividad, imparcialidad y transparencia conforme a los parámetros constitucionales"[386].

LAMARCA PÉREZ señala la existencia de un único bien jurídico tutelado en el delito de cohecho, constituido por el correcto funcionamiento de esta infraestructura organizativa (o, en los términos de la jurisprudencia: "el recto y normal funcionamiento de la actividad de la Administración pú-

---

381 MORILLAS CUEVA, en: COBO DEL ROSAL, *DP español*, 2005, 898.

382 SERRANO GÓMEZ/SERRANO MAÍLLO, *DP. PE*, 2007, 810.

383 QUERALT JIMÉNEZ, *DP. Español, PE*, 2010, 1151.

384 POLAINO NAVARRETE, *Lecciones*, 2011, 324.

385 FERRÉ OLIVÉ, en: ARROYO ZAPATERO, *Comentarios al CP*, 2007, 887.

386 FERRÉ OLIVÉ, en: ARROYO ZAPATERO, *Comentarios al CP*, 2007, 888.

blica, con sujeción al sistema de valores instaurado en la Constitución y, en definitiva, el correcto ejercicio de la potestad administrativa")[387].

En este sentido, esta autora resalta la posición de GARCÍA VALDÉS, para quien "lo que caracteriza a estos delitos es, pues, la confianza traicionada en la correcta gestión de la cosa pública por parte de los encargados de servir a la ausencia de integridad del autor que se debe presuponer siempre, precisamente por la propia índole del puesto, mando o cargo desempeñado"[388].

ORTÍZ DE URBINA GIMENO señala que "el objetivo de estas disposiciones es preservar el buen funcionamiento de la Administración mediante la evitación de la influencia del interés privado"[389].

Particular opinión tuvo el Tribunal Supremo español al considerar que el objeto tutelado correspondía al buen funcionamiento de los servicios públicos y que si bien "la mayor responsabilidad le incumbe al funcionario por los deberes de fidelidad al cargo que notoriamente quebranta, no pueden excluirse las sanciones contra los particulares que con su conducta hacen posible el grave daño a la causa pública"[390].

La STS 18-1-1993 señala que el bien jurídico en estos delitos es la confianza de los ciudadanos en la correcta administración de acuerdo con los principios del Estado de derecho[391].

La SAP Valencia de 2-12-1997 señala que los delitos de cohecho "persiguen la protección del normal funcionamiento de los servicios públicos que los órganos e instituciones del Estado vienen obligados a ofrecer a los miembros de la comunidad, con arreglo a los principios y criterios marcados por la Constitución y el resto del ordenamiento jurídico (artículo 103 de la Constitución Española)"[392].

---

[387] LAMARCA PÉREZ, *DP. PE.*, 2005, 563.

[388] GARZÓN VALDÉS, en: LAPORTA SAN MIGUEL/ÁLVAREZ, *La corrupción política*, 1997, 345.

[389] ORTIZ DE URBINA GIMENO, en: SILVA SÁNCHEZ, *Lecciones DP. PE*, 2011, 335 y 336.

[390] STS 4-10-1990.

[391] AAP Navarra 3-11-2004: "En cuanto a la jurisprudencia, cabe citar las siguientes sentencias del Tribunal Supremo: STS 18 de enero de 1993 (RJ 1993, 126): '[...] pues se debe entender cometido el delito en grado de consumación [...] en cuanto se atenta al bien jurídico protegido como es la confianza de los ciudadanos en la correcta administración de acuerdo con los principios del Estado de Derecho, de modo que la lesión y, en consecuencia, la consumación se ha de reputar producida, en cuanto se hace la petición o se recibe la dádiva [...]'".

[392] SAP Valencia de 2-12-1997.

Similar posición tiene la STSJ Andalucía 2-6-2000, en la cual se señala que la consagración de los delitos de cohecho "persiguen la protección del normal funcionamiento de los servicios públicos que los órganos e instituciones del Estado vienen obligados a ofrecer a los miembros de la comunidad, con arreglo a los principios y criterios marcados por la Constitución y el resto del ordenamiento jurídico (art. 103 CE)"[393].

La SAP Burgos 11-3-2004 señala que

> "el bien jurídico protegido es la protección debida al correcto funcionamiento de los órganos de la Administración, así como la imagen misma del Estado de Derecho, en el sentido de preservar la confianza de los ciudadanos en que los servidores públicos –funcionarios públicos– ejerzan sus funciones sometidos al imperio de la ley, imagen que se ve seriamente afectada si tales funciones son retribuidas al margen –y además– de los presupuestos públicos, directamente por los particulares que se sirven de ella por ejecutar el funcionario un acto relativo a su cargo que sea injusto o que constituya delito, pues con ello se cuestiona de forma grave en la sociedad la seriedad y probidad del ejercicio de la función pública"[394].

En la STS 24-2-1993 se señala que "la protección debida al correcto funcionamiento de los órganos oficiales (entendida la expresión en sentido, muy amplio, de función pública)"[395].

La SAP Albacete 31-7-2000 establece por su parte frente a este delito: "quebrantándose así tanto el correcto funcionamiento de los órganos

---

[393] STSJ Andalucía 2-6-2000.

[394] SAP Burgos 11-3-2004.

[395] STS 24-2-1993: "Probablemente no es innecesario poner de relieve la gravedad que estas infracciones penales conllevan. Ciertamente que el cohecho es un delito muy grave, ya lo ha dicho esta Sala en innumerables ocasiones, teniendo en cuenta que el bien jurídico protegido es la protección debida al correcto funcionamiento de los órganos oficiales (entendida la expresión en sentido, muy amplio, de función pública) y ello es definitivamente importante, atendida la circunstancia del desaliento y desmoralización que los comportamientos de esta naturaleza producen en la sociedad. Y reflejo de ello es el Código Penal, debiéndose significar que más grave es el comportamiento cuanto más alta es la autoridad o funcionario que delinque, aunque ello ha de hacerse siempre compatible con las exigencias que en un Estado de Derecho han de cumplirse de acuerdo con la Constitución, el resto del Ordenamiento Jurídico y de la Jurisprudencia del Tribunal Constitucional y de esta Sala".

oficiales en la modalidad del art. 391 del Código Penal (RCL 1995, 3170 y RCL 1996, 777) como la imagen del Estado de Derecho al verse seriamente afectada tal imagen si tales funciones son retribuidas por los funcionarios que se benefician de ellas"[396].

Por su parte, la SAP Granada 3-3-2000 señala que con la consagración del delito de cohecho se busca la "protección del normal funcionamiento de los servicios públicos que los órganos e instituciones del Estado vienen obligados a ofrecer a los miembros de la comunidad, con arreglo a los principios y criterios marcados por la Constitución y el resto del ordenamiento jurídico"[397].

Cabe destacar la existencia de jurisprudencias en los cuales se fusionan varias teorías sobre la determinación del contenido del bien jurídico en los delitos de cohecho, tales como la SAP Madrid de 24-6-2004 (Sección 4ª), en la cual se afirma:

> "En cuanto al delito de cohecho, con su tipificación se persigue la protección y salvaguarda de dos bienes jurídicos distintos aunque directamente relacionados entre sí: por un lado, el normal funcionamiento de los servicios públicos que los órganos e instituciones del Estado vienen obligados a dispensar a los ciudadanos con arreglo a la Constitución y al resto del ordenamiento jurídico, esto es, la rectitud y honorabilidad de la función pública, y, por otro lado, la indemnidad del prestigio de la función y de los servidores públicos, a quienes se debe proteger frente a cualquier injusta sospecha en relación al adecuado cumplimiento de los deberes inherentes a su cargo"[398].

Sin embargo, la tesis del correcto funcionamiento de la administración pública como bien jurídico tutelado en los delitos de cohecho no está exenta de críticas. En este sentido, DE LA MATA BARRANCO señala que dicho concepto constituye una referencia en exceso amplia y poco indicativa del contenido sustancial del injusto de cada una de las figuras agrupadas en el título XIX, insuficiente además para determinar la necesidad de tutela penal,

---

396 SAP Albacete 31-7-2000.

397 SAP Granada 3-3-2000.

398 SAP Madrid 24-6-2004.

por lo que este autor propone que sean concretados en cada uno de los delitos contra la administración pública "las características esenciales del proceso y función administrativa de que se trate"[399].

### *d. Los principios de imparcialidad y objetividad*

Otro sector importante de la doctrina ha preferido concretar más el bien jurídico tutelado en los delitos de cohecho, al identificarlo con los principios de imparcialidad y de objetividad.

En Alemania existen dos sectores que defienden esta posición: de una parte SCHMIDT y GEERDS consideran que el bien jurídico tutelado es la imparcialidad[400], mientras que JESCHECK y WESSELS señalan que lo tutelado es la confianza de la colectividad en la incorruptibilidad y objetividad de los actos y decisiones de la administración[401].

En Italia, el principal defensor de la teoría que defiende la imparcialidad como bien jurídico tutelado en los delitos de cohecho es PAGLIARO, quien considera que se tutela mediatamente el buen funcionamiento y la imparcialidad, principios recogidos en el art. 97 de la Constitución y como interés inmediato el deber del funcionario de no recibir retribuciones por el cumplimiento de sus funciones[402].

Por su parte, en España la posición que considera fundamentalmente a la imparcialidad como bien jurídico tutelado en los delitos de cohecho fue expuesta de manera brillante por las diversas monografías que se escribieron en los años noventa sobre estas conductas punibles, especialmente las realizadas por VALEIJE ÁLVAREZ, OLAIZOLA NOGALES y RODRÍGUEZ PUERTA.

VALEIJE ÁLVAREZ señala que el bien jurídico tutelado en los delitos de cohecho es la imparcialidad en el ejercicio de la función pública como forma de alcanzar la salvaguarda del derecho a la igualdad de todos los ciudadanos en las prestaciones públicas[403].

---

399 DE LA MATA BARRANCO, *La respuesta a la corrupción pública*, 2004, 72.

400 Vid. OLAIZOLA NOGALES, *El delito de cohecho*, 1999, 94.

401 Vid. RODRÍGUEZ PUERTA, *Problemática jurídico-penal*, 1999, 53.

402 Vid. RODRÍGUEZ PUERTA, *Problemática jurídico-penal*, 1999, 57.

403 VALEIJE ALVAREZ, *El tratamiento penal de la corrupción*, 1996, 351.

OLAIZOLA NOGALES sigue la posición de RUDOLPHI y LOOS frente a la determinación del bien jurídico en el delito de cohecho. En este sentido, adopta la posición de RUDOLPHI para señalar que el bien jurídico último en el delito de cohecho es la institución de la administración como unidad funcional valiosa, tanto en su función interna como externa[404]:

Desde el punto de vista interno OLAIZOLA NOGALES señala que "el contacto entre corruptor y corrompido amenaza la satisfacción de los objetivos públicos a los que, conforme a los criterios de objetividad e imparcialidad, debe orientarse la actividad de los funcionarios"[405].

Por su parte, desde el punto de vista externo OLAIZOLA NOGALES manifiesta que "el delito de cohecho supone una amenaza a la confianza del público en la imparcialidad de las decisiones"[406], definiendo dicha confianza como "como aquellas expectativas legítimas y concretas de cada ciudadano en que la Administración funciona con objetividad e imparcialidad sin que se mezclen los intereses públicos con los intereses privados"[407].

RODRÍGUEZ PUERTA toma como punto de partida una perspectiva constitucional del bien jurídico de la Administración pública, destacando que el bien jurídico tutelado es el principio de imparcialidad en el ejercicio de las funciones públicas[408]; sin embargo, hace una importante precisión sobre la aplicación del mismo en los diversos órganos del Estado para concluir que no se aplica a las decisiones políticas[409], caso en el cual se deberá circunscribir a la desviación del fin, en la actividad legislativa o política[410].

Otra interesante aportación de la posición de RODRÍGUEZ PUERTA es que, de acuerdo a su visión constitucional y no meramente orgánica del bien jurídico tutelado en los delitos contra la administración pública, señala que el principio de imparcialidad también es predicable respecto de los ciudadanos como destinatarios de la actividad pública, lo cual fundamenta

---

404 OLAIZOLA NOGALES, *El delito de cohecho*, 1999, 99.

405 OLAIZOLA NOGALES, *El delito de cohecho*, 1999, 101.

406 OLAIZOLA NOGALES, *El delito de cohecho*, 1999, 101.

407 OLAIZOLA NOGALES, *El delito de cohecho*, 1999, 101.

408 RODRÍGUEZ PUERTA, *Problemática jurídico-penal*, 1999, 79.

409 RODRÍGUEZ PUERTA, *Problemática jurídico-penal*, 1999, 83.

410 RODRÍGUEZ PUERTA, *Problemática jurídico-penal*, 1999, 83.

de manera coherente la punición de estos frente a un delito contra la administración pública, como sucede en el cohecho activo[411].

Esta posición es abiertamente criticada por VIZUETA FERNÁNDEZ, para quien la posición de RODRÍGUEZ PUERTA sobre el principio de imparcialidad se va diluyendo, especialmente frente a su aplicación en relación con la actividad parlamentaria, concluyendo que "una defensa coherente del principio de imparcialidad debería excluir, sin miramientos, de este delito toda solicitud o aceptación de dádivas realizada por parlamentario que tenga como contrapartida un acto inherente a su función"[412].

Por último, VIZUETA FERNÁNDEZ critica otros aspectos de la posición de RODRÍGUEZ PUERTA, tales como la forma como se viola el principio de imparcialidad y el tratamiento que le otorga a los actos discrecionales[413]. Citando a RODRÍGUEZ PUERTA, VIZUETA FERNANDEZ expresa:

> "Cuando el objeto del cohecho es un acto de naturaleza reglada no se lesiona ni se pone en peligro, según esta autora, el principio de imparcialidad, pues el proceso de toma de decisión no puede verse alterado por el acuerdo con el particular, debido a que la decisión es obligatoria y su contenido no puede ser configurado libremente por la Administración sino que ha de limitarse a lo que la propia ley ha previsto de modo preciso y completo. La situación cambia en relación de los actos discrecionales. En ellos, el funcionario tiene la facultad de decidir entre varias opciones, todas ellas lícitas, aquella que considere más acorde con los intereses generales. Como esta decisión no depende ya de criterios estrictamente objetivos (constatación del supuesto de hecho y aplicación de la consecuencia jurídica prevista en la ley sino de un juicio subjetivo de oportunidad, siempre que uno de estos actos sea objeto del delito de cohecho se producirá, en opinión de RODRÍGUEZ PUERTA, la lesión del principio de imparcialidad. Sin embargo, ni desde su propio planteamientos se puede

---

411 RODRÍGUEZ PUERTA, *Problemática jurídico-penal*, 1999, 83.

412 VIZUETA FERNÁNDEZ, *El delito de cohecho*, 2003, 225.

413 VIZUETA FERNÁNDEZ, *El delito de cohecho*, 2003, 227 ss.

llegar tan lejos. De entre todas las opciones posibles que se presentan ante el funcionario, existe una que, objetivamente considerada, es la más acorde con los intereses generales. Si es ésta, y no otra, la opción elegida por el funcionario, y acepta una dádiva ofrecida por un particular para llevarla a efecto, *no se han producido interferencias en la toma de decisiones públicas*, y, en consecuencia no se vería afectado el principio de imparcialidad"[414].

Para FEIJÓO SÁNCHEZ en estos delitos se intenta proteger fundamentalmente la "objetividad" como una característica general de la administración pública mediante la tipificación de actuaciones de funcionarios que fomentan exclusivamente fines privados[415]. Existen entonces dos finalidades generales de estos delitos: el deseo de eliminar la corrupción o venalidad de la administración pública para que pueda servir con objetividad a los intereses generales y poder actuar con eficacia y eliminar la corrupción[416].

En la STS 7-11-2001, el Tribunal Supremo señaló que con el delito de cohecho se afectan los principios de imparcialidad y objetividad[417], posición que igualmente sostuvo dentro de la STS 6-11-2002, en la cual resaltó que en estos casos se debería aplicar solamente a las infracciones más graves de acuerdo al principio de intervención mínima[418].

En la SAP Cantabria 14-5-2004 se señala que los objetos tutelados a través del delito de cohecho son el principio de imparcialidad en el ejercicio de la actividad pública consustancial a la actividad democrática y el principio

[414] VIZUETA FERNÁNDEZ, *El delito de cohecho*, 2003, 229.

[415] FEIJÓO SÁNCHEZ, en: RODRÍGUEZ MOURULLO, *Comentarios*, 1997, 1125.

[416] FEIJÓO SÁNCHEZ, en: RODRÍGUEZ MOURULLO, *Comentarios*, 1997, 1125.

[417] STS 7-11-2001: "Pero cuando las dádivas o presentes se ofrecen o entregan a quienes en sentido jurídico-penal son funcionarios públicos, es decir, a profesionales sanitarios integrados en el Servicio Nacional de Salud, constituyen un delito de cohecho, pues en este caso se vulneran adicionalmente los principios de imparcialidad y objetividad que deben presidir el desempeño de las funciones públicas".

[418] STS 6-de 2002: "DÉCIMO. La tutela de la objetividad e imparcialidad de la función pública exige la coordinación de medidas administrativas y penales que se complementan, ocupando cada ordenamiento su lugar específico: al Derecho Administrativo le corresponde desempeñar un papel preventivo y sancionador de primer grado, reservando el Derecho Penal, conforme al principio de intervención mínima, para las infracciones más graves".

de legalidad al que pone en peligro[419], afirmación que se reitera en la SAP Cádiz 12-11-2001[420].

En la sentencia STSJ Cataluña 3-1-2005 se señala que el bien jurídico tutelado en los delitos de cohecho corresponde a los principios de imparcialidad y legalidad[421].

Similar posición se acoge en las sentencias STS de fecha 16-12-1998 y SAP de Málaga 15-12-2004, dentro de las cuales se señala que "el bien jurídico tutelado por este delito es el debido respeto al principio de imparcialidad en el ejercicio de la actividad pública, consustancial a una administración democrática"[422].

En la STS 6-11-1993, se señaló que el objeto tutelado en los delitos de cohecho es la confianza en la objetividad de las decisiones de los funcionarios y en su no venalidad[423].

---

[419] SAP Cantabria 14-5-2004: "SEGUNDO. En relación con el delito de cohecho previsto en el art. 423.1 en relación con el art. 419 del. Lo injusto del delito de cohecho, desde la perspectiva del bien jurídico protegido –principio de imparcialidad en el ejercicio de la actividad pública consustancial a la actividad democrática e incluso del de legalidad al que pone en peligro–, se agota con el intento de acuerdo o con su obtención, siendo irrelevante, que con posterioridad se dé cumplimiento a lo acordado. El Tribunal Supremo señala que cohecho es la corrupción de un funcionario público realizada mediante precio y con el fin de ejecutar un hecho opuesto al cumplimiento de los deberes oficiales inherentes al ejercicio del cargo".

[420] SAP Cádiz 12-11-2001:- "La doctrina en primer lugar sostiene que ante todo, debe insistirse en que lo injusto del delito de cohecho, desde la perspectiva del bien jurídico objeto de la protección –principio de imparcialidad en el ejercicio de la actividad pública consustancial a la actividad democrática e incluso del de legalidad al que pone en peligro–, se agota con el intento de acuerdo o con su obtención, siendo irrelevante, que con posterioridad se dé cumplimiento a lo acordado".

[421] STSJ de Cataluña 3-1-2005: "Desde siempre ha preocupado al Estado la salvaguarda de dichos principios de imparcialidad y objetividad que, si son exigibles con carácter general de cualquier función pública, ha de alcanzar el grado sumo y máximo, su total plenitud, en el vital y delicadísimo campo de la Administración de Justicia. Ya las Partidas, en su Ley 7, aludía a que 'la codicia ciega a los corazones de algunos jueces, y de la torpe ganancia deben huir los buenos jueces porque '[...] es muy fea la codicia, mayormente en aquellos que gobiernan la cosa pública', añadiendo que 'no sean osados de tomar ni tomen en público ni en escondido, por si ni por otros, dones algunos de ninguna ni algunas personas, de cualquier estado ó condición que sean, de los que ante ellos hubieren de venir ó vinieren a pleito', de tal manera que '[...] cualquiera que lo tomare por si ó por otro, que pierda por el mismo hecho el oficio y que peche lo que tomare con el doble'. En el Trienio Liberal, el Código de 1822, en su objetivo de laminar toda expresión corruptora, disponía incluso que 'los funcionarios públicos no podrán recibir ni admitir regalo alguno de los que se han llamado de tabla ó de costumbre'".

[422] SAP Málaga 15-12-2004.

[423] STS 6-11-1993: "En efecto, el concepto de dádiva no se debe entender como sinónimo de

Similar posición se acoge en el AAP Barcelona 24-3-1999, dentro del cual se señala con base en las STS 6-11-1993, 8-10-1991 y 11-5-1994:

> "el bien jurídico protegido por el delito de cohecho, por el que se siguen las presentes diligencias, es la confianza en la objetividad de las decisiones de los funcionarios y no su venalidad, el ejercicio honrado y transparente de la función pública, manteniendo la última de las sentencias citadas que el delito de cohecho no perjudica la institución a la que pertenece el funcionario cuya corrupción se intenta lograr, dado que las acciones del funcionario y del que lo corrompe no afectan a su autoridad y su prestigio, sino a la confianza de los ciudadanos en el ejercicio efectivo y no venal de la función pública, y añade que por todo ello ningún daño material y moral se había producido al municipio que se había constituido en acusación particular"[424].

***e. Otras posiciones***

En una posición particular, CÓRDOBA RODA señala que el bien jurídico tutelado en los delitos de cohecho es el interés de que los funcionarios públicos no incurran en corrupción, es decir, "evitar que ejerciten sus funciones, ya de modo conforme a Derecho, ya contrariamente a él, en atención a las recompensas entregadas u ofrecidas a los mismos"[425].

Sin embargo, este autor realiza una importante reflexión sobre la afectación del objeto tutelado en relación con el funcionario que ya ha sido corrupto, agregando al anterior bien jurídico otros intereses "como los de los propios administrados que se ven solicitados al pago de una dádiva por el funcionario, o los de la propia Administración, que pueden resultar pues-

---

regalo, sino como ventaja obtenida por el funcionario a cambio de un acto del servicio de su competencia o contrario a sus deberes funcionariales. Este concepto de dádiva se vincula con el bien jurídico que protegen estos delitos: la confianza en la objetividad de las decisiones de los funcionarios y en su no venalidad. Es indudable entonces que este bien jurídico resulta lesionado ya cuando el funcionario recibe ventajas patrimoniales, o de otra especie, que aparecen a los ojos de los ciudadanos como contrapartida por prestaciones consistentes en actuaciones públicas propias o no de su competencia".

[424] AAP Barcelona 24-3-1999.

[425] CÓRDOBA RODA/GARCÍA ARÁN, *Comentarios*, 2004, 1995.

tos en peligro como consecuencia del acuerdo entre el funcionario y quien atiende su solicitud"[426].

Por su parte, BUSTOS RAMÍREZ considera que el bien jurídico es la función administrativa y no las cualidades del funcionario, pues de lo contrario no habría cohecho en aquellos supuestos en los cuales se trata de un funcionario corrupto, resaltando que con este objeto de tutela "se trata de mantener la racionalidad e imparcialidad del ejercicio de la función administrativa, que se vería atacada por la corrupción de los funcionarios"[427].

Por otro lado, MIR PUIG/CORCOY BIDASOLO señalan que el bien jurídico tutelado con todas las modalidades del cohecho es el desempeño objetivo y no venal de la función pública[428].

### 5.2. Posiciones que defienden la existencia de diversos bienes jurídicos tutelados en cada una de las modalidades de cohecho

Las diferencias existentes entre las modalidades de cohecho han motivado la formulación de teorías que consideran que en cada una de ellas se tutelan bienes jurídicos distintos de acuerdo al sujeto activo y a la finalidad perseguida con el soborno, posición que incluso ha sido acogida por el Tribunal Supremo español en la STS 5-2-1996.

En torno al sujeto activo el cohecho puede ser pasivo o activo: cohecho pasivo es un delito especial propio, pues solamente puede ser cometido por quien tiene la condición de autoridad o funcionario público[429] en ejercicio de sus funciones[430], mientras que el cohecho activo es el reverso del cohecho pasivo[431], y por ello la conducta en este delito consiste en

---

[426] CÓRDOBA RODA/GARCÍA ARÁN, *Comentarios*, 2004, 1995 s.

[427] BUSTOS RAMÍREZ, *DP. PE*, 1991, 374.

[428] MIR PUIG, en: MIR PUIG/CORCOY BIDASOLO, *Comentarios al CP*, 2011, 916.

[429] MUÑOZ CONDE, *DP. PE*, 18.ª, 2010, 1019; RAMOS RUBIO, *El delito de cohecho*, 2002, 110; FEIJÓO SÁNCHEZ, en: RODRÍGUEZ MOURULLO, *Comentarios*, 1997, 1126; STS 434 16-5-1996; SAP Madrid 398 31-12-2003; SAP Málaga 15-12-2004.

[430] AAP de Navarra 3-11-2004.

[431] MUÑOZ CONDE, *DP. PE*, 18.ª, 2010, 1026; MORALES PRATS/RODRÍGUEZ PUERTA, en: QUINTERO OLIVARES, *Comentarios a la PE del DP*, 2011, 1242; VIZUETA FERNÁNDEZ, *El delito de cohecho*, 2003, 307.

> "el mero ofrecimiento de la dádiva al funcionario con la finalidad de corromperle, es decir, inducirle a realizar un acto injusto en el ejercicio de su cargo, con independencia de la aceptación de la dádiva por el funcionario y de que el acto injusto llegue o no a ejecutarse, constituye el delito a que nos referimos que se imputa al acusado"[432].

ORTS BERENGUER/VALEIJE ÁLVAREZ señalan la existencia de dos bienes jurídicos tutelados diferenciados de acuerdo a la modalidad de cohecho específica: el quebrantamiento del deber y la confianza depositada en el funcionario (cohecho pasivo), y el respeto que se debe al normal funcionamiento de los órganos del Estado (cohecho activo)[433].

ORTS BERENGUER/VALEIJE ÁLVAREZ definen al principio de imparcialidad como "la obligación de los Poderes Públicos de obrar con una sustancial neutralidad y objetividad respecto a los intereses privados, cualquiera que sea su naturaleza"[434]. Sin embargo, estos autores realizan un interesante análisis del principio de imparcialidad distinguiendo también en las modalidades delictivas del cohecho[435]:

La primera se presentaría en la mayoría de modalidades de cohecho y se caracteriza por la protección de la imparcialidad en el ejercicio de la gestión de la cosa pública.

La segunda se presenta en el cohecho subsiguiente e implica la tutela del prestigio de la administración pública, entendida esta como aceptación de dones por actos realizados en el pasado.

### *a. Distinción tradicional*

La distinción tradicional entre los bienes jurídicos tutelados en las diversas modalidades de cohecho es expuesta por múltiples autores dentro de los

---

[432] SAP de Las Palmas 10-12-2001. En sentido similar, SAP de León 28-4-1999: "A propósito del delito de cohecho activo del art. 391 del Código Penal, su elemento definidor es el ánimo o pretensión de corromper al funcionario (STS de 9 de marzo de 1994 [RJ 1994/1832]), propósito o intencionalidad que existe siempre que el regalo o dádiva alcanza una suma elevada de dinero".

[433] ORTS BERENGUER/VALEIJE ÁLVAREZ, *Del cohecho*, 1996, 1809.

[434] ORTS BERENGUER/VALEIJE ÁLVAREZ, *Del cohecho*, 1996, 1810.

[435] ORTS BERENGUER/VALEIJE ÁLVAREZ, *Del cohecho*, 1996, 1810.

cuales cabe destacar a RODRÍGUEZ DEVESA, quien, para el efecto se basa en la posición expuesta por BINDING en Alemania.

Para RODRÍGUEZ DEVESA el bien jurídico tutelado en el cohecho pasivo es la integridad en la gestión administrativa del funcionario al dejarse llevar por móviles ajenos y de manera específica por un lucro ilícito[436].

Por su parte, en relación con el cohecho activo, RODRÍGUEZ DEVESA reconoce que en el particular no concurre aquella especial obligación del funcionario y, en consecuencia, el bien jurídico objeto de ataque es distinto y está constituido por "el respeto que debe al normal funcionamiento de los órganos del Estado"[437].

***b. Distinción moderna***

VIZUETA FERNÁNDEZ parte de la imposibilidad de señalar un único bien jurídico tutelado por todas las modalidades de cohecho, distinguiendo un objeto tutelado frente a cada uno de ellos:

El cohecho subsiguiente y la denominada modalidad de admisión de dádiva o regalo por funcionario público en consideración a su función tutelarían la honradez o integridad de la condición de funcionario público[438], bien jurídico que en consideración de este autor no es merecedor de tutela penal[439].

El cohecho antecedente para la consecución de un acto no prohibido legalmente (art. 426, inciso segundo) o para realizar un acto propio de su cargo tutela la honradez o integridad de la condición de funcionario público[440].

Los artículos 420 y 421 del Código Penal protegen la honradez o integridad de la condición de funcionario público en forma secundaria. Otro objeto es lo relacionado con la concreta acción u omisión ilícita a cuya realización se compromete el funcionario público a cambio de una dádiva: el 420.2 y el 421 protegerán el bien jurídico que la falta o delito correspondiente pretende evitar, por lo cual se sancionarían meros actos preparatorios que deberían ser despenalizados[441].

---

436 RODRÍGUEZ DEVESA, *Problemática jurídico-penal*, 1999, 1169.

437 RODRÍGUEZ DEVESA, *Problemática jurídico-penal*, 1999, 1169.

438 VIZUETA FERNÁNDEZ, *El delito de cohecho*, 2003, 249.

439 VIZUETA FERNÁNDEZ, *El delito de cohecho*, 2003, 250.

440 VIZUETA FERNÁNDEZ, *El delito de cohecho*, 2003, 261.

441 VIZUETA FERNÁNDEZ, *El delito de cohecho*, 2003, 295.

El cohecho activo afecta por su parte, pero ni siquiera en grado de lesión sino de peligro, a la honradez o integridad de la condición de funcionario público, por lo cual este autor propone igualmente su destipificación[442].

VIZUETA FERNÁNDEZ parte del presupuesto acertado de que no solo el Derecho penal protege bienes jurídicos, y cuestiona el pensar que la honradez o la integridad de la condición del funcionario

> "es una realidad con entidad suficiente para ser tutelada por el Derecho, no implica necesariamente que haya de ser nuestra disciplina la rama encargada de dispensar esa protección. Hoy en día el verdadero caballo de batalla no está tanto en determinar la materia de lo que ha de ser protegido jurídicamente, sino, más bien, en ofrecer criterios validos que limiten la intervención del Derecho penal. Y el primero de ellos, con independencia como decimos del concreto concepto de bien jurídico que sigamos, es el de la exigencia de consagración constitucional, directa o indirecta, de los bienes que han de ser tutelados penalmente. La Constitución debe operar, en este sentido, a modo de filtro –no el único, sin embargo–, de forma que aquel bien jurídico que no haya encontrado un reconocimiento expreso o implícito en la Norma Fundamental no podrá ser protegido por el Derecho penal. Una lectura sosegada de nuestro texto constitucional nos revela que *la honradez o integridad de la condición de funcionario público* no ha hallado acogida, en nuestra opinión ni siquiera de un modo indirecto, en su articulado, por lo que este bien jurídico no es merecedor de protección penal, no tiene la importancia suficiente como para que se ocupe de él nuestra disciplina.
>
> La sola ausencia de *merecimiento* de protección penal es ya razón suficiente para que el bien jurídico que nos ocupa deje de tutelarse por el Derecho penal. Pero, por si esto no bastara, cabe cuestionarse también en este caso la necesidad de la intervención penal. Ésta, en un Estado democrático, sólo está legitimada en la medida en que sea necesaria para la protección de la sociedad. Como indica CEREZO MIR "sólo se debe acudir a la pena cuando sea absolutamente imprescindible por resultar insuficientes otras formas de reacción jurí-

---

442 VIZUETA FERNÁNDEZ, *El delito de cohecho*, 2003, 305.

> dica (sanciones administrativas, civiles, etc)". Cuando un *bien* pueda protegerse razonablemente a través de otras ramas del ordenamiento menos lesivas que la intervención penal, ésta no estará justificada en ningún caso"[443].

También resulta importante resaltar una postura diferente, que se consagra en una interesante providencia de la audiencia provincial de Granada, la cual señaló que "Como en el resto de los delitos cometidos por funcionarios públicos, el delito de cohecho –desde el punto de vista del 'bien jurídico' protegido– es un típico delito pluriofensivo, hasta el punto de que, como resulta obvio, el acento de la tutela penal no es el mismo en el cohecho activo que en el pasivo"[444].

Por otro lado, en relación con la finalidad del soborno, el cohecho puede ser propio o impropio. En el cohecho propio, el soborno es realizado con el objeto de que el funcionario o autoridad realice una acción u omisión constitutivas de delito –el cual debe ser entendido en sentido estricto y por ello no incluye la comisión de faltas[445]– o para la realización de un acto injusto[446].

MIR PUIG distingue entre el bien jurídico tutelado las modalidades propia e impropia de cohecho, señalando que con el primero se busca preservar la legalidad de los actos administrativos que no tengan por causa la venalidad del funcionario, mientras que con el segundo se busca tutelar "la probidad económica o austeridad del funcionario en garantía de la futura legalidad o imparcialidad de sus actos administrativos; se pretende evitar la codicia del funcionario, que aprovechándose de su cargo se enriquece injustamente mediante un cobro indebido, que puede ser preludio de futuras ilegalidades venales"[447].

El Tribunal Supremo ha señalado que el cohecho es un delito pluriofensivo, pues el acento de tutela no es el mismo en el cohecho activo y en el pasivo[448].

---

[443] VIZUETA FERNÁNDEZ, *El delito de cohecho*, 2003, 238-239.

[444] SAP Granada de 3-3-2000.

[445] OLAIZOLA NOGALES, *El delito de cohecho*, 1999, 278; RAMOS RUBIO, *El delito de cohecho*, 2002, 131.

[446] MORALES PRATS/RODRÍGUEZ PUERTA, en: QUINTERO OLIVARES, *Comentarios a la PE del DP*, 2011, 1211.

[447] MIR PUIG C., *Delitos contra la Administración pública*, 2000, 227.

[448] STS 5-2-1996: "Como en el resto de los delitos cometidos por los funcionarios públicos, el delito

### 5.3. Toma de postura

#### *a. Frente a la infracción del deber*

Como se señaló anteriormente, los delitos contra la administración pública no pueden estar basados en la mera infracción de deberes, pues se consagraría un bien jurídico de naturaleza meramente institucional que excluiría a los ciudadanos y por tanto correspondería en mayor medida a una visión autoritaria del poder[449]. Sin embargo, no puede negarse que si bien los deberes del cargo no constituyen la esencia del bien jurídico, sí tienen particular importancia para la determinación de otros aspectos como la autoría.

En este sentido, cabe concluir, como hace DE LA MATA BARRANCO, que

> "el contenido material de antijuridicidad que se exige para la intervención del Derecho penal no se satisface en la mera infracción de un deber del cargo, sino que es necesario que esa infracción comporte una cierta entidad para afectar a un correcto funcionamiento de la Administración, que incluso sin ulterior especificación constituye una referencia demasiado general e insuficiente en sí misma para determinar la necesidad de tutela penal"[450].

La anterior precisión es necesaria, pues permite seguir considerando que los delitos contra la administración pública son delitos de infracción de deber en materia de autoría, pero que la mera infracción de deber no constituye el injusto en estos delitos, pues además es necesario lesionar o poner en peligro el sustrato que los fundamenta.

En este sentido, la infracción del deber es fundamental para la determinación de la responsabilidad, pero no es suficiente para la misma, pues

---

de cohecho –desde el punto de vista del 'bien jurídico' protegido– es un típico delito pluriofensivo, hasta el punto de que, como resulta obvio, el acento de la tutela penal no es el mismo en el cohecho activo que en el pasivo. Es característica común de ambas modalidades, sin embargo, que las dádivas, presentes, ofrecimientos o promesas en que se materializa la acción típica no son debidas. El funcionario carece, en todo caso, del derecho para su exigencia o percepción".

[449] GARCÍA ARÁN, en: MUÑOZ CONDE, *Prevaricación judicial*, 1990, 37.

[450] DE LA MATA BARRANCO, *La respuesta a la corrupción pública*, 2004, 62.

si así lo fuera, en palabras de ROXIN, no podría penarse por ejemplo a los *extranei* en los delitos de infracción de deber[451].

Como en todo delito de infracción del deber, el elemento que decide sobre la autoría es la infracción de un deber extrapenal que no se extiende necesariamente a todos los implicados en el delito, pero que es necesario para la realización del tipo[452]. De esta manera, sólo un *intranei* puede ser autor de un delito de funcionarios[453] y los *extranei* tendrán la mera calidad de partícipes cuyo fundamento de su responsabilidad está, como ya se anotó, en el bien jurídico, que no es el deber mismo deber extrapenal de los funcionarios públicos, sino otro objeto tutelado como la función pública, la imparcialidad o la objetividad.

***b. Frente a la determinación del bien jurídico en los delitos de cohecho***

El primer aspecto que aparentemente debe definirse para determinar cuál es el bien jurídico tutelado en los delitos de cohecho es si puede predicarse la existencia de un único objeto tutelado en todas sus modalidades, o si por el contrario, el mismo varía de acuerdo a la forma específica de cohecho. Sin embargo, como veremos a continuación, esta circunstancia es sólo aparente, pues la determinación de si en todas las modalidades de cohecho se tutela el mismo bien jurídico dependerá precisamente de cuál es concretamente el bien jurídico que presumiblemente se tutela a través de estas conductas punibles.

De esta manera, la respuesta a la pregunta de si con los delitos de cohecho se tutela siempre el mismo bien jurídico dependerá de la perspectiva desde la cual se analice el objeto tutelado en los delitos contra la administración pública, pues si se parte de una visión meramente institucional fundada en la violación de deberes de los funcionarios públicos, necesariamente habrá que reconocerse que no es el mismo objeto tutelado en el cohecho activo, en el pasivo, en el propio y en el impropio.

La posición institucional del bien jurídico en los delitos contra la administración pública parte de la consideración de que en la misma se busca tutelar la relación existente entre la administración como institución y sus funcionarios y principios generados específicamente dentro de la misma

451 ROXIN, *Autoría y dominio del hecho*, 2000, 405.

452 ROXIN, *Autoría y dominio del hecho*, 2000, 387.

453 ROXIN, *Autoría y dominio del hecho*, 2000, 386.

como la integridad o la pureza de los funcionarios. En esta perspectiva, los delitos son vistos como infracciones a deberes propios de la función pública que no pueden predicarse frente a particulares, por ello existiría una distinción entre el objeto tutelado de acuerdo al sujeto activo en las formas pasiva y activa de cohecho.

Pero además, si se considera que lo tutelado son deberes de naturaleza institucional, necesariamente también tendrá que concluirse que los mismos podrían variar en relación con las modalidades propia e impropia de cohecho, pues en la primera también pueden estar involucrados los principios de legalidad y eficiencia de los funcionarios públicos.

Por otro lado, a partir de una perspectiva constitucional del bien jurídico de la administración pública, puede predicarse inicialmente que la del bien jurídico puede tener igual naturaleza en las diversas modalidades de cohecho.

En este sentido, si la Constitución es predicable respecto de funcionarios públicos y particulares y no solamente de los primeros, como sucedería con una norma meramente administrativa de la función pública, necesariamente debe reconocerse que el bien jurídico tutelado en los delitos de cohecho activo y pasivo puede ser en principio el mismo.

En relación con la distinción fundada en las finalidades del sujeto activo con la comisión del delito de cohecho, es decir, de aquella que distingue entre el cohecho propio y el cohecho impropio debe reconocerse que, si lo tutelado es el ejercicio de la administración pública de acuerdo a los principios que frente a la misma consagra la Constitución, el bien jurídico también puede ser genéricamente el mismo en las modalidades propia e impropia de cohecho.

Debe reconocerse con DE LA MATA BARRANCO que considerar que el bien jurídico tutelado en los delitos de cohecho es el correcto funcionamiento de la administración pública resulta demasiado amplio y deben concretarse en cada uno de los delitos contra la administración pública "las características esenciales del proceso y función administrativa de que se trate"[454].

Por lo anterior, es necesario concretar el objeto tutelado en los delitos de cohecho para diferenciarlo de otras conductas punibles, pues en efecto, determinar que el bien jurídico es el mismo en todos los delitos contra la administración pública implicaría igualar conductas punibles muy disímiles

[454] DE LA MATA BARRANCO, *La respuesta a la corrupción pública*, 2003, 72.

como la prevaricación, el cohecho o el fraude funcionarial. En este sentido, el punto de partida para la determinación del bien jurídico especialmente tutelado en el delito de cohecho deben ser los elementos de la corrupción, los cuales fueron analizados en el primer capítulo de esta tesis, es decir, la desviación de intereses y el abuso de poder.

Con base en lo anterior se puede inferir que si la desviación de intereses es el elemento fundamental de la corrupción y, por tanto, también de los delitos de cohecho, el bien jurídico tutelado por este debe estar vinculado con el principio constitucional que se encuentre relacionado con el deber del funcionario de no hacer prevalecer intereses privados sobre los públicos, es decir, los principios de objetividad y de imparcialidad.

La objetividad implica por una parte una constatación del supuesto ajeno a toda consideración personal[455], pero se complementa con el principio de imparcialidad, que consiste en la necesidad de que el funcionario prescinda de la opinión y voluntad propias, adecuándose a la ley[456].

Sin embargo, ambos principios por sí solos no explicarían la autoría de los particulares respecto de los delitos de cohecho y particularmente del supuesto del cohecho activo, en el cual aquellos se consideran incluso autores, independientemente incluso de si el funcionario acepta la dádiva, por lo que considero bastante útil lo señalado por la Profesora OLAIZOLA NOGALES, quien considera que la imparcialidad puede apreciarse desde un punto de vista interno y un punto de vista externo.

Lo anterior implica la adopción de un único bien jurídico tutelado en todas las modalidades de cohecho, pues el principio de imparcialidad tiene carácter constitucional y por ello es predicable tanto frente a funcionarios públicos como en relación con particulares.

Desde el punto de vista interno, el cohecho afecta los criterios de objetividad e imparcialidad[457], mientras que desde el punto de vista externo "el delito de cohecho supone una amenaza a la confianza del público en la imparcialidad de las decisiones"[458].

---

[455] MORELL OCAÑA, *Reda N° 111,* 2001, 360.

[456] MORELL OCAÑA, *Reda N° 111*, 2001, 365.

[457] OLAIZOLA NOGALES, *El delito de cohecho*, 1999, 101.

[458] OLAIZOLA NOGALES, *El delito de cohecho*, 1999, 101.

Esta postura no debe confundirse con la mera tutela de deberes de imparcialidad del funcionario, pues, además de mediar el correcto funcionamiento de la administración pública como criterio esencial de la definición de todo delito contra la administración pública, es necesario entender que lo tutelado no es la imparcialidad como deber, sino la confianza que en la misma tienen los ciudadanos, única forma de solucionar la problemática de resolver aspectos como la lesividad en delitos como el cohecho para la consecución de un acto no prohibido legalmente[459] o por un acto ya realizado[460].

[459] Art. 426 CP.

[460] Art. 425.2 CP.

# Capítulo III
# La tipificación del tráfico de influencias en el CP español

## 1. Evolución de su tipificación

### 1.1. Antecedentes

El delito de tráfico de influencias se consagró por primera vez en España en el art. 476 del CP de 1928[1], el cual se basaba a su vez en el CP italiano de la época[2]. En ambas legislaciones, el tráfico de influencias se contemplaba como una modalidad de cohecho que consistía en recibir o hacerse prometer dinero u otras cosas, como recompensa de una mediación o de la obtención de una resolución favorable de un funcionario o autoridad[3], pero, al requerir el tipo que el sujeto aparentara ("manifestara o diera a entender lo que no es o no hay", según el *DRAE*) relaciones o influencia ante el funcionario para así obtener la recompensa, la figura coincidía más bien con la versión fraudulenta del ofrecimiento de influencias, que puede encajar también, junto con la modalidad no engañosa, en el delito de ofrecimiento de influencias del actual art. 430 CP.

---

1 CASAS BARQUERO, *Estudios penales*, 1989, 167; GARCÍAS PLANAS, *RPJ N° 29*, 1993, 25; FEIJÓO SÁNCHEZ, en: RODRÍGUEZ MOURULLO, *Comentarios*, 1997, 1144; SÁNCHEZ MARTÍNEZ/GONZÁLEZ RUS, *Estudios penales y jurídicos*, 1996, 798; CUGAT MAURI, *Tráfico de influencias*, 1997, 237 y 238; CATALÁN SENDER, *Los delitos cometidos por autoridades*, 1999, 223; MIR PUIG C., *Delitos contra la Administración pública*, 2000, 250.

2 CATALÁN SENDER, *Los delitos cometidos por autoridades*, 1999, 223.

3 Art. 476 del CP de 1928: "El que aparentando crédito, influencia o relaciones cerca de las autoridades, agentes de éstas o funcionarios públicos, recibiere o se hiciere prometer dinero u otras cosas, como recompensa de su mediación o resolución favorable de un asunto que de aquéllos dependa, será castigado con las penas de 6 meses a 3 años de prisión y multa de 1000 a 10 000 pesetas".

No obstante, en el vigente CP la realización de un ofrecimiento engañoso de influencias ante funcionarios para obtener una remuneración plantea inmediatamente la cuestión de si hay concurso ideal de delitos entre el del art. 430 y la estafa, mientras que en el caso del art. 476 CP de 1928 probablemente este precepto, al recoger en su seno ya todos los elementos del fraude además de la conexión con la corrupción administrativa, podía considerarse *lex specialis* y, por tanto, apreciarse concurso de leyes respecto de la estafa (que estaría ya integrada dentro de aquel art. 476), salvo en los supuestos de enorme cuantía de la defraudación, en los que la estafa fuera un tipo más grave.

Adicionalmente, el art. 477 del mismo CP tipificaba una conducta similar, pero cometida por los abogados, procuradores, mandatarios extrajudiciales, agentes de negocios o representantes de cualquier clase que exigieren remuneración o recibieren de su cliente alguna dádiva para obtener resolución favorable de cualquier funcionario público[4].

Debido a la aprobación del CP de 1932, estas dos disposiciones tendrían una vida jurídica muy corta, pues ambos supuestos fueron excluidos de la tipificación de las modalidades de cohecho.

Sin embargo, durante muchos años subsistió la idea de la tipificación del tráfico de influencias en un sector doctrinal[5] encabezado por RODRÍGUEZ DEVESA[6], lo cual dio frutos en el Proyecto de Código Penal de 1980 (art. 480), en el cual se reguló una modalidad similar a la contemplada en el CP de 1928, sólo que ya sin la connotación de aparentar influencias como requisito básico, según la cual:

> "Los que ofreciendo hacer uso de influencias cerca de los funcionarios o encargados de servicios públicos solicitaren de terceros dádivas, presentes o aceptaren ofrecimiento o promesa, serán castigados con la pena de multa de doce a veinticuatro meses, sin perjuicio de las

[4] Art. 477 del CP de 1928: "Los Abogados, procuradores, mandatarios extrajudiciales, agentes de negocios o representantes de cualquier clase, que exigieren remuneración o recibieren de su cliente alguna dádiva con el pretexto de obtener resolución favorable de cualquier funcionario público, o de pagar costas, derechos a remuneraciones indebidas, o en cuanto a mayor que la procedente". Las palabras "con el pretexto de" nuevamente sugieren una conducta fraudulenta hacia el cliente.

[5] Sobre la evolución vid. CATALÁN SENDER, *Los delitos cometidos por autoridades*, 1999, 223.

[6] RODRÍGUEZ DEVESA, *Problemática jurídico-penal*, 1999, 454.

penas en que puedan incurrir si alegasen falsamente que el provecho es en todo o en parte para el funcionario".

Este artículo también contemplaba una modalidad agravada por la cual "Si este delito fuere cometido por funcionario público que se ofrezca a influir sobre otro u otros funcionarios, se le impondrá además la pena de suspensión por tiempo de 3 a 6 meses"[7].

De manera muy similar, la Propuesta de Anteproyecto de Nuevo Código Penal de 1983 (PANCP) contemplaba una conducta punible también cercana al delito de cohecho, según la cual "los que, ofreciendo hacer uso de influencias cerca de las autoridades, funcionarios o encargados de servicios públicos solicitaren de terceros dádivas o presentes o aceptaren ofrecimiento o promesa, serán castigados con la pena de multa de doce a veinticuatro meses, sin perjuicio de las penas en que puedan incurrir si alegaren falsamente que el provecho era en todo o en parte para el funcionario"[8].

Con base en estas propuestas, CASAS BARQUERO[9] identificaba dos modalidades de tráfico de influencias que no podían sancionarse a través del delito de cohecho y cuya tipificación debía ser discutida dentro de una futura reforma:

- El tráfico de influencias propiamente dicho, que sanciona a quienes soliciten, acepten o se hagan prometer cualquier ventaja como precio por su mediación o como recompensa de una resolución favorable[10].
- Los supuestos en los cuales se hace creer falsamente que se tratará de influir sobre la voluntad de un funcionario público, a través de alegaciones falsas o exagerando una influencia existente[11]. No obstante,

---

7 Art. 473, párr. 2º del Proyecto de Código Penal de 1980.

8 Art. 407 de la Propuesta de Anteproyecto de Nuevo Código Penal de 1983 (PANCP).

9 CASAS BARQUERO, *Estudios penales*, 1989, 165.

10 CASAS BARQUERO, *Estudios penales*, 1989, 167 y 168: "en tal sentido, resulta indicado estimar, de un lado, los supuestos que propiamente pueden ser denominados como de tráfico de influencias y que abarca el comportamiento de aquellos que aparentando tener influencias sobre los funcionarios públicos, solicitan, aceptan o se hacen prometer, por sí o mediante otros, cualquier utilidad o ventaja, para sí mismos o para terceros, como precio por la propia mediación o como recompensa de la resolución favorable conseguida".

11 CASAS BARQUERO, *Estudios penales*, 1989, 168: "Podría estimarse a este respecto que el ánimo de defraudar, lo que difiere de los supuestos inicialmente aludidos, es consustancial en aquellos

> aunque Casas no lo diga, hay que destacar que en estos proyectos la propuesta no era la de crear un tipo específico para este supuesto, sino sólo recordar que en ese caso se puede cometer además otro delito (estafa, incluso falsedad), es decir, remitir a un concurso de delitos.

En esta primera etapa, se destaca la vinculación del tráfico de influencias al cohecho, compartiendo con el mismo la conducta (solicitar o aceptar dádivas u otros beneficios) e incluso la finalidad (obtener una resolución), aunque el tráfico de influencias sancione más propiamente una mediación del sujeto activo, tal como sucede en los códigos penales de Francia[12] y Portugal[13].

### 1.2. El informe sobre tráfico de influencias de las cortes generales

En 1988 se realizó el *Informe sobre tráfico de influencias* de las cortes generales por la Comisión de investigación sobre incompatibilidades y tráfico de influencias creada en el Congreso de los Diputados, documento pocas veces citado pero de gran importancia, pues revela la perspectiva del legislador sobre esta conducta, pocos años antes de su tipificación como delito[14].

La primera conclusión del informe es categórica: "el tráfico de influencias no es una actividad delictiva", pues, según el mismo, se produce en las relacio-

---

comportamientos de los que con el fin de conseguir una ilícita ventaja provecho, hacen creer falsamente que tratará de influir sobre la voluntad del funcionario público para la resolución favorable de algún asunto que les competa, bien a través de alegaciones falsas de que los beneficios que se solicitan hayan de ser para remunerar al funcionario público, o, incluso exagerando poseer influencia sobre aquéllos, que en realidad no la tienen".

[12] Art. 432.11 del Código penal de Francia: "1. Será castigado con diez años de prisión y multa de 1 000 000 francos el hecho, cometido por una persona depositaria de la autoridad pública, encargada de una misión de servicio público, o investida de un mandato público de carácter electivo, de solicitar o aceptar, sin tener derecho a ello y en cualquier momento, directa o indirectamente, ofertas, promesas, dádivas, regalos u otras ventajas cualesquiera".

2. Bien para abusar de su influencia real o supuesta con el fin de obtener de una autoridad o de una administración pública distinciones, empleos, contratos o cualquier otra resolución favorable".

[13] Art. 335 del Código penal de Portugal: "Tráfico de influencia. Quien, por sí o por interpuesta persona, con o sin consentimiento o ratificación, solicita o acepta, para sí o para tercero, ventaja patrimonial o no patrimonial, o su promesa, para abusar de su influencia, real o supuesta, con el fin de obtener de entidades públicas encomiendas, adjudicaciones, contratos, empleos, subsidios, subvenciones, beneficios u otras decisiones ilegales favorables, es castigado con pena de prisión de 6 meses a 5 años".

[14] Informe sobre el concepto de tráfico de influencias y sobre derechos comparado en materia de incompatibilidades, Revista de las Cortes Generales, No. 14, 1988, 198 ss.

nes que la actividad pública tiene con intereses privados con una intensidad que no afecta los valores fundamentales de la comunidad[15].

Esta conclusión se lleva a cabo inicialmente a través de un análisis de *lege lata* sobre la imposibilidad de encuadrar la conducta de tráfico de influencias en otros delitos como la prevaricación o el cohecho. Sin embargo, y pese a que dentro del estudio se incluye el análisis de la tipificación de esta conducta en otros países como Estados Unidos y Francia, no se realizan consideraciones de *lege ferenda* sobre la necesidad de su tipificación en España, sino que se analiza básicamente como una conducta de consecuencias negativas, pero no penalmente relevantes.

En segundo lugar, se delimita el concepto de tráfico de influencias, señalando que no es una actividad que infrinja las normas y prohibiciones en materia de incompatibilidades a las que están sometidos los parlamentarios y los altos cargos de la administración; ni constituye una influencia indebida en las relaciones contractuales sometidas al Derecho civil; ni implica la gestión de intereses ajenos legítimos que suponga la obtención de mera información o mediar para que el negocio se arregle[16].

Con base en esta determinación, el tráfico de influencias se define como

> "actos o conductas no delictivas ni incursas en ilegalidad que pueden generar beneficio, ventaja o provecho particular, presente o futuro, de carácter económico o no, para sí o para terceros, producido con ocasión del mandato parlamentario o del desempeño de un alto cargo, por medio del uso del prestigio social, las relaciones personales, el ejercicio de facultades que dimanan de las propias competencias o la información obtenidas o recibidas por cualquier otro medio que el mandato o el cargo proporcionen"[17].

En razón de las anteriores consideraciones, no se propone la tipificación como delito del tráfico de influencias, sino la adopción de ciertas medidas

---

[15] Informe sobre el concepto de tráfico de influencias y sobre derecho comparado en materia de incompatibilidades, Revista de las Cortes Generales, No. 14, 1988, 198.

[16] Informe sobre el concepto de tráfico de influencias y sobre derecho comparado en materia de incompatibilidades, Revista de las Cortes Generales, No. 14, 1988, 198 y 199.

[17] Informe sobre el concepto de tráfico de influencias y sobre derecho comparado en materia de incompatibilidades, Revista de las Cortes Generales, No. 14, 1988, 201 y 202.

como la adecuación de los reglamentos del Congreso de los Diputados y del Senado de acuerdo a lo dispuesto en el art. 160 de la Ley de Régimen Electoral General en relación con las declaraciones de bienes y actividades de proporcionar ingresos, la posibilidad de establecer un régimen de incompatibilidades ulteriores a la expiración del mandato, la regulación de los grupos de interés y la intermediación parlamentaria de intereses particulares[18].

### 1.3. La Ley Orgánica de 22 de marzo de 1991

Pese a la negativa del informe de las Cortes Generales de 1988 a considerar la necesidad de tipificar el tráfico de influencias como delito, en el ámbito académico existían algunas voces que reclamaban el estudio de su tipificación en el Código Penal[19], mientras que en algunos sectores políticos se presentaron diversas propuestas para su consagración[20]:

a) El Grupo parlamentario de Izquierda Unida-Iniciativa por Cataluny a propuso la incorporación de un nuevo artículo en el CP que tipificara de manera conjunta el tráfico de influencias y la información privilegiada[21].
   El delito propuesto estaba mucho más orientado a la sanción de la utilización de información privilegiada, si bien, se hace una referencia al tráfico de influencias al sancionar a quien intercediera frente a cualquier clase de autoridad para el otorgamiento de concesión, contrato u operación mercantil, servicio o nombramiento.

---

[18] Informe sobre el concepto de tráfico de influencias y sobre derechos comparado en materia de incompatibilidades, Revista de las Cortes Generales, No. 14, 1988, 207 y 208.

[19] Sobre la evolución vid. CATALÁN SENDER, *Los delitos cometidos por autoridades*, 1999, 223.

[20] GARCÍAS PLANAS, *RPJ N° 29*, 1993, 25; CASAS BARQUERO, *Estudios penales*, 1989, 167.

[21] Propuesta de IU de art. 368 bis: "El funcionario público que en propio o ajeno beneficio, mediando o no recompensa, participación o dádiva para sí o la persona interpuesta, suministrare a otro información privilegiada, de la que tenga conocimiento por razón de su oficio para facilitar la ventajosa o más favorable consecución de cualquier negocio o intercediera frente a cualquier clase de autoridad para el otorgamiento de concesión, contrato u operación mercantil, servicio o nombramiento será castigado con la pena de arresto mayor, suspensión y multa de 300 000 a 1 000 000 de pesetas además de inhabilitación absoluta".

b) El grupo parlamentario del Partido Popular formuló una proposición para la creación de una Ley Orgánica reguladora del Tráfico de Influencias y del Manejo de Información Privilegiada[22]. Cabe resaltar que esta propuesta por fin desliga al tráfico de influencias del cohecho, pues no exige que se tenga que solicitar, aceptar o recibir una dádiva como contraprestación del ejercicio de la influencia.
c) El Grupo parlamentario catalán *Convergència i Unió* propuso la incorporación en el Código Penal de dos (2) artículos[23] dentro de

---

[22] Art. 1 de la Propuesta del PP de Ley orgánica reguladora del Tráfico de Influencias y del Manejo de Información Privilegiada: "Concepto legal. 1. Se entiende por tráfico de influencias a los efectos de esta Ley, aquella actividad de aproximación, inducción o persuasión, ante la Administraciones o Poderes Públicos, autoridades o funcionarios, o de intervención ilegítima en asuntos o negocios pertenecientes a la esfera pública, practicadas con el fin de incidir en la formación de la voluntad de los órganos administrativos o sus titulares y obtener de este modo beneficios patrimoniales para sí mismo o para terceros.

2. Se considerará manejo de información privilegiada, a los efectos de esta Ley, la utilización, por quien ostenta un alto cargo o lo ha ostentado en los dos años anteriores, de informaciones o datos de los que haya tenido conocimiento en razón de su cargo con el fin de obtener un beneficio patrimonial para sí o para terceros".

Art. 2 de la Propuesta del PP de Ley orgánica reguladora del Tráfico de Influencias y del Manejo de Información Privilegiada: "Tipificación penal. 1. quienes ejercieren tráfico de influencias o manejaren información privilegiada y obtuvieran para sí o para terceros un beneficio patrimonial, serán castigados con la pena de arresto mayor y multa del tanto al duplo del valor del beneficio obtenido.

2. Será tipo cualificado de este delito el hecho de que su autor ostente un alto cargo o lo haya ostentado en los dos años anteriores. A tales efectos, se consideran altos cargos:

a) Aquellos que resultaron elegidos en convocatoria a las Cortes Generales o Parlamentos autonómicos, así como a Ayuntamientos y Diputaciones Provinciales.

b) Los miembros de órganos cuya provisión corresponda a las Cortes Generales o parlamentos autonómicos.

c) Los cargos de las Administraciones Públicas cuyo nombramiento exija la forma de decreto, así como todos aquellos que se hayan comprendidos en el ámbito de aplicación de la Ley 25/1983 de 26 de diciembre.

En este supuesto, la multa será del duplo al triplo del beneficio obtenido y se aplicará, en todo caso, la inhabilitación absoluta".

[23] Art. 404 bis a): "1. Toda persona que desarrollando acciones ilícitas ante las Administraciones Públicas o de intervención en asuntos o negocios de naturaleza pública, hubiera obtenido un beneficio propio o ajeno, será castigada con la pena de arresto mayor y multa del tanto al duplo del beneficio obtenido.

2. Incurrirá en la misma pena establecida en el número 1 de este artículo la autoridad pública, sea electiva o no, que utilizando informaciones o datos procedentes del ejercicio de su cargo hubiera obtenido un beneficio propio o ajeno.

3. La autoridad pública, sea electiva o no, que cometa alguno de los delitos expresados en este artículo será castigada también con la pena de inhabilitación especial.

Art. 404 bis b): "Los delitos de los funcionarios públicos en el ejercicio de sus cargos regulados en este Título serán de aplicación a todas las autoridades públicas, sean electivas o no".

los cuales lo esencial era la obtención de un beneficio derivado de la realización de acciones ilícitas ante las administraciones públicas, haciéndose especial énfasis en la necesidad de sancionar a todas las autoridades públicas, sean electivas o no.

d) El Partido Socialista presentó enmienda de sustitución por otro texto legal en el cual se regulaba el tráfico de influencias a través de tres (3) modalidades típicas[24] y que resulta muy similar a como finalmente quedó consagrado[25].

En efecto, en la propuesta del grupo parlamentario socialista se contemplaban las tres (3) modalidades de tráfico de influencias que subsisten en la actualidad, con sólo dos (2) diferencias:

En primer lugar, se exigía que con la influencia se "obtuviere una resolución que comportare un beneficio económico" y no que se "consiguiere una resolución, obteniendo por ello un beneficio económico", lo cual a simple vista parece intrascendente, pero que en realidad lleva a que en el primer caso exista un solo resultado (obtener una resolución que comporta un beneficio económico), mientras que en el segundo supuesto se contemplan dos resultados (obtener una resolución y conseguir un beneficio económico). La relevancia de esta distinción se encuentra en el campo de la consumación, pues en

---

[24] Art. 404 bis, literal a): "El funcionario público o autoridad que influyere en otro funcionario público o autoridad prevaliéndose del ejercicio de las facultades de su cargo o de cualquier otra situación derivada de su relación personal o jerárquica con éste o con otro funcionario o autoridad y obtuviere una resolución que comportare un beneficio económico para sí directa o indirectamente o para tercero o para alguno de sus parientes a que se refiere el artículo 11 de este Código, será castigado con las penas de arresto mayor, inhabilitación especial y multa por el importe del valor del beneficio obtenido".

[25] Art. 404 bis, literal b): "El particular que influyere en un funcionario público o autoridad prevaliéndose de cualquier situación derivada de su relación personal con éste o con otro funcionario público o autoridad y obtuviere una resolución que comportare un beneficio económico para sí directa o indirectamente o para alguno de sus parientes a que se refiere el artículo 11 de este Código, será castigado con las penas de arresto mayor y multa por el importe del valor del beneficio obtenido".

Art. 404 bis, literal c): "Los que, ofreciendo hacer uso de influencias cerca de las autoridades o funcionarios públicos, solicitaren de terceros dádivas, presentes o cualquier otra remuneración o aceptaren ofrecimiento o promesa, serán castigados con la pena de arresto mayor.

Si los hechos a que se refiere el párrafo anterior fueren realizados por profesional titulado, se impondrá, además, como accesoria la pena de inhabilitación especial.

En cualquiera de los supuestos a que se refiere este artículo la autoridad judicial podrá imponer también la suspensión de las actividades de la sociedad, empresa, organización o despacho y la clausura de sus dependencias abiertas al público por tiempo de seis meses a tres años".

GARCÍAS PLANAS, *RPJ N° 29*, 1993, 23.

el primer caso basta para la misma con la obtención de la resolución que tenga un contenido económico (por ejemplo la obtención de una licencia de explotación), mientras que en el segundo se requiere que además se haya obtenido efectivamente el beneficio económico (en el ejemplo mencionado se exigiría que se haya empezado a explotar económicamente la licencia).

En segundo lugar, en la propuesta del Partido Socialista el beneficio debe ser obtenido por el autor o las personas mencionadas en el art. 11 del CP, es decir, "el cónyuge o ascendiente, descendiente, hermano legítimo, natural o adoptivo, o afín en los mismos grados del ofensor", mientras que en la LO 9/1991 se menciona genéricamente a cualquier tercero.

Finalmente, las modalidades actuales del delito de tráfico de influencias fueron tipificadas por primera vez en España a través de la LO/1991[26], entre un conjunto de medidas destinadas a deslindar los intereses públicos de los privados en el ámbito de la función pública[27].

Dentro del art. 3 de esta ley, se consagraban las tres modalidades que todavía se conservan dentro del CP con pocas variaciones[28]: el tráfico de influencias de funcionario, incluido en el literal a) del art. 404 del CP[29], el tráfico de influencias de particular, incorporado en el literal b) del art. 404 del CP[30] y el ofrecimiento de influencias, tipificado en el literal c) del art. 404 del CP[31].

---

[26] STS 5-4-2002; STSJ de Cataluña de 27-3-2003 y AAP de Girona de 18-2-2003.

[27] CUGAT MAURI, en: CORDOBA RODA/GARCÍA ARÁN, *Comentarios al CP. PE*, 2004, 2039.

[28] MORILLAS CUEVA, en: COBO DEL ROSAL, *DP español*, 2005, 907.

[29] Art. 404 bis, literal a) de la LO 9/1991: "El funcionario público o autoridad que influyere en otro funcionario público o autoridad prevaliéndose del ejercicio de las facultades de su cargo o de cualquier otra situación derivada de su relación personal o jerárquica con éste o con otro funcionario o autoridad y consiguiere una resolución, obteniendo por ello un beneficio económico para sí directa o indirectamente o para tercero, será castigado con las penas de arresto mayor, inhabilitación especial y multa por el importe del valor del beneficio obtenido".

[30] Art. 404 bis, literal b) de la LO 9 de 1991: "El particular que influyere en un funcionario público o autoridad prevaliéndose de cualquier situación derivada de su relación personal con éste o con otro funcionario público o autoridad y consiguiere una resolución, obteniendo por ello un beneficio económico para sí directa o indirectamente o para tercero, será castigado con las penas de arresto mayor y multa por el importe del valor del beneficio obtenido".

[31] Art. 404 bis, literal c) de la LO 9/1991: "Los que, ofreciendo hacer uso de influencias cer-

Las dos primeras modalidades constituían delitos de resultado, pues se exigía la obtención de un beneficio económico para su consumación[32], diferenciándose por el sujeto activo, pues mientras el primero (404 bis a) sólo podía ser cometido por un funcionario público y por ello era un delito especial[33], el sujeto activo del segundo (404 bis b) era un particular y por ello se trataba de un delito común[34].

La acción en ambas conductas era influir prevaliéndose del ejercicio de las facultades de su cargo, o de cualquier relación derivada de una relación jerárquica o personal[35] y requería una relación de causalidad e imputación objetiva con el beneficio económico obtenido[36].

Por último, en las modalidades consagradas en los arts. 428 y 429 del CP se exigían dos resultados típicos: que el funcionario influido tome, dentro del ámbito del ejercicio de sus funciones, una resolución (incorrecta), y a consecuencia de la misma se haya producido un beneficio económico para el funcionario o particular que influye con prevalimiento, directa o indirectamente, o para un tercero[37].

Por su parte, en el ofrecimiento de influencias, sus sujetos son particulares[38] y la conducta consiste en que el sujeto activo solicite o acepte alguna

---

ca de las autoridades o funcionarios públicos, solicitaren de terceros dádivas, presentes o cualquier otra remuneración o aceptaren ofrecimiento o promesa, serán castigados con la pena de arresto mayor.

Si los hechos a que se refiere el párrafo anterior fueren realizados por profesional titulado, se impondrá, además, como accesoria la pena de inhabilitación especial.

En cualquiera de los supuestos a que se refiere este artículo la autoridad judicial podrá imponer también la suspensión de las actividades de la sociedad, empresa, organización o despacho y la clausura de sus dependencias abiertas al público por tiempo de seis meses a tres años".

32 SÁNCHEZ MARTÍNEZ/GONZÁLEZ RUS, *Estudios penales y jurídicos*, 1996, 801; MIR PUIG C., *Delitos contra la Administración pública*, 2000, 251.

33 OCTAVIO DE TOLEDO Y UBIETO, *RJEDJB N° 5*, 1998, 1518.

34 MIR PUIG C., *Delitos contra la Administración pública*, 2000, 251.

35 MIR PUIG C., *Delitos contra la Administración pública*, 2000, 252.

36 DÍAZ Y GARCÍA CONLLEDO, en: ASÚA BATARRITA, *Delitos contra la Administración pública*, 1997, 172 y 173; MIR PUIG C., *Delitos contra la Administración pública*, 2000, 254 y 255.

37 SÁNCHEZ MARTÍNEZ/GONZÁLEZ RUS, *Estudios penales y jurídicos*, 1996, 800; CATALÁN SENDER, *Los delitos cometidos por autoridades*, 1999, 235; MIR PUIG C., *Delitos contra la Administración pública*, 2000, 258; STS 29-1-1997.

38 MIR PUIG C., *Delitos contra la Administración pública*, 2000, 263.

clase de remuneración actual o futura para sí o para tercero, por ofrecer hacer uso de las influencias que tiene cerca de funcionarios públicos o autoridades[39].

Dentro del art. 404 bis, literal c), también se hace alusión a que "en cualquiera de los supuestos a que se refiere este artículo la autoridad judicial podrá imponer también la suspensión de las actividades de la sociedad, empresa, organización o despacho y la clausura de sus dependencias abiertas al público por tiempo de seis meses a tres años", lo cual es calificado como un disparate, pues no se exige que las mismas estén vinculadas al tráfico de influencias[40].

En este sentido, GARCÍAS PLANAS anota de manera acertada que: "sorprendentemente en el art. 404 c) nos encontramos que nos habla de sociedad sin antes haber atribuido al sujeto activo su pertenencia a la misma"[41].

En efecto, la alusión a la imposición de sanciones a las personas jurídicas, además de ser dogmáticamente discutible, requeriría que al menos se hiciera mención a la intervención que las mismas tienen en el delito de tráfico de influencias, pues de lo contrario se deja la determinación de la misma a la subjetividad del juez.

La doctrina ha criticado también la denominación de este delito[42], pues solamente la última modalidad, es decir, el ofrecimiento de influencias, constituye verdaderamente un tráfico, mientras que las otras dos sancionan al funcionario público por utilizar la posible influencia que tiene sobre otro funcionario, sin que requiera haber comerciado con aquella[43].

### 1.4. El CP de 1995

En el Proyecto de CP de 1992, se regulaban de manera casi idéntica las tres modalidades de tráfico de influencias consagradas en la LO 9/1991[44], diferenciándose solamente en el sistema de penas que lo sancionaba.

---

39 MIR PUIG C., *Delitos contra la Administración pública*, 2000, 262.

40 SÁNCHEZ MARTÍNEZ/GONZÁLEZ RUS, *Estudios penales y jurídicos*, 1996, 802.

41 GARCÍAS PLANAS, *RPJ N° 29*, 1993, 33.

42 MIR PUIG C., *Delitos contra la Administración pública*, 2000, 253 y 254; ORTS BERENGUER, en: VIVES ANTÓN, *DP. PE*, 2004, 927; MORALES PRATS/RODRÍGUEZ PUERTA, en: QUINTERO OLIVARES, *Comentarios a la PE del DP*, 2011, 1253; ORTIZ DE URBINA GIMENO, en: SILVA SÁNCHEZ, *Lecciones DP. PE*, 2011, 352.

43 ORTS BERENGUER, en: VIVES ANTÓN, *DP. PE*, 2004, 927; MORALES PRATS/RODRÍGUEZ PUERTA, en: QUINTERO OLIVARES, *Comentarios a la PE del DP*, 2007, 1254.

44 STSJ de Cataluña 9 27-3-2003. Art. 409 del Proyecto de CP de 1992: "El funcionario público

En el CP de 1995 se mantuvo la denominación y gran parte del contenido de los tipos penales de tráfico de influencias contemplados en la LO 9/1991[45], con las siguientes modificaciones:

a) El tráfico de influencias de funcionario público, contemplado en el art. 428[46] del CP, adelanta el momento de la consumación respecto de la figura contemplada en el art. 404 a), pues se entiende consumado el tipo por influir en el otro funcionario o autoridad, cuando se tiene la finalidad de conseguir un beneficio económico para sí o para un tercero –elemento subjetivo del tipo–[47].
Sobre esta modificación la jurisprudencia ha señalado que "la voluntad del legislador, como se ha dicho, es la de castigar la mera interfe-

---

o autoridad que influyere en otro funcionario público o autoridad prevaliéndose del ejercicio de las facultades de su cargo o de cualquier otra situación derivada de su relación personal o jerárquica con éste o con otro funcionario o autoridad y consiguiere una resolución, obteniendo por ello, directa o indirectamente, un beneficio económico para sí o para un tercero, será castigado con las penas de prisión de seis meses a un año, multa del tanto al duplo del beneficio obtenido e inhabilitación especial para empleo o cargo público por tiempo de tres a seis años".

Art. 410 del Proyecto de CP de 1992: "El particular que influyere en un funcionario público o autoridad prevaliéndose de cualquier situación derivada de su relación personal con éste o con otro funcionario público o autoridad y consiguiere una resolución, obteniendo por ello, directa o indirectamente, un beneficio económico para sí o para un tercero, será castigado con las penas de prisión de seis meses a un año y multa del tanto al duplo del beneficio obtenido".

Art. 411 del Proyecto de CP de 1992: "Los que, ofreciendo hacer uso de influencias cerca de las autoridades o funcionarios públicos, solicitaren de terceros dádivas, presentes o cualquier otra remuneración o aceptaren ofrecimiento o promesa, serán castigados con la pena de prisión de seis meses a un año.

En cualquiera de los supuestos a que se refiere este artículo la autoridad judicial podrá imponer también la suspensión de las actividades de la sociedad, empresa, organización o despacho y la clausura de sus dependencias abiertas al público por tiempo de seis meses a tres años".

[45] MORILLAS CUEVA, en: COBO DEL ROSAL, *DP español*, 2005, 907; GIMENO LAHOZ/ CORBELLA HERREROS, *Delitos*, 1998, 88; STS 335 24-3-2006.

[46] Art. 428 del CP de 1995: "El funcionario público o autoridad que influyere en otro funcionario público o autoridad prevaliéndose del ejercicio de las facultades de su cargo o de cualquier otra situación derivada de su relación personal o jerárquica con éste o con otro funcionario o autoridad para conseguir una resolución que le pueda generar directa o indirectamente un beneficio económico para sí o para un tercero, incurrirá en las penas de prisión de seis meses a un año, multa del tanto al duplo del beneficio perseguido u obtenido, e inhabilitación especial para empleo o cargo público por tiempo de tres a seis años. Si obtuviere el beneficio perseguido se impondrán las penas en su mitad superior".

[47] FEIJÓO SÁNCHEZ, en: RODRÍGUEZ MOURULLO, *Comentarios*, 1997, 1143; CUGAT MAURI, *Tráfico de influencias*, 1997, 206; GIMENO LAHOZ/CORBELLA HERREROS, *Delitos*, 1998, 89; SAP de Almería 235 25-9-2006.

rencia de situaciones derivadas de relaciones personales, profesionales o de jerarquía en el proceso de decisión, como conducta que pone en riesgo la objetividad e imparcialidad de la función pública"[48]. En este sentido, se afirma que el tráfico de influencias pasa de ser un delito de resultado a ser de mera actividad[49] y cortado de resultado o de resultado cortado[50], ampliándose las hipótesis que pueden regularse a través de esta conducta punible.
Sobre este particular, la jurisprudencia ha manifestado que

> "el injusto hoy se presenta como un delito de actividad y de resultado cortado. Un delito de actividad en la medida en que acción y resultado se presentan simultáneamente y de resultado cortado porque el legislador ha adelantado la línea de reprobación a un momento anterior al resultado que se pretende evitar. De ahí que algún sector doctrinal haya visto el bien jurídico objeto de protección no tanto en la objetividad y la imparcialidad de la función pública cuanto en la quiebra de la confianza o peligro de la imparcialidad de esa función"[51].

Ahora bien, esto es correcto en relación con el resultado final perseguido de beneficio, pero realmente el tipo requiere la producción de un previo resultado: la efectiva influencia en la autoridad o ("influyere en otro funcionario público o autoridad") resultado necesario para conseguir el ulterior objetivo de beneficio ajeno o propio que el tipo sólo requiere como finalidad; y no es cierto que, como afirma la citada sentencia, el resultado (de influir) se produzca simultáneamente con la actividad, puesto que el autor puede realizar el intento de convencer al funcionario (la actividad), pero no lograr convencerlo y por tanto no conseguir el resultado de influir en este.

---

[48] SAP de Almería 235 25-9-2006.

[49] MIR PUIG C., *Delitos contra la Administración pública*, 2000, 264; CUGAT MAURI, *Tráfico de influencias*, 1997, 206; MARTÍNEZ GALINDO, *RDPP N° 22*, 2005, 42; STSJ de Cataluña 9 27-3-2003.

[50] MIR PUIG C., *Delitos contra la Administración pública*, 2000, 264; MARTÍNEZ GALINDO, *RDPP N° 22*, 2005; STSJ de Cataluña 9 27-3-2003.

[51] STSJ de Cataluña 9 27-3-2003.

La razón de esta modificación de no exigir en el tipo la obtención del beneficio, sino sólo el propósito de obtenerlo, se encuentra en el temor del legislador a que quedaran impunes aquellos supuestos en los cuales no se obtenía el beneficio económico, los cuales no podían castigarse como tentativa si el mismo se concebía como una condición objetiva de punibilidad, por lo cual se propuso incluir una cláusula donde se señalaba como punible la tentativa de este delito, pero luego, ante la falta de técnica legislativa que presenta esta solución, se decidió convertir en elementos subjetivos no solo al mencionado beneficio económico, sino también a la obtención de una resolución[52].

Por otro lado, cabe destacar que en principio esta ampliación tiene un fundamento lógico, pues no parece esencial, desde el punto de vista del bien jurídico protegido, la efectiva producción del beneficio[53], al no tutelarse con la consagración de este delito el patrimonio de la administración, sino su imparcialidad.

Como consecuencia de la anterior, en aquellos supuestos en los cuales se obtenga el beneficio económico se incurrirá en el subtipo agravado contemplado en el mismo artículo[54].

Adicionalmente, teniendo en cuenta la variación del sistema punitivo del CP, la pena privativa de la libertad pasó de ser arresto mayor a ser de prisión de seis (6) meses a un (1) año. Por otro lado, la pena de multa varió positivamente de ser el mero importe del valor del beneficio obtenido al tanto al duplo del mismo.

Persiste el problema de la determinación de la multa en aquellos supuestos en los cuales no consta la cuantía del beneficio, caso en el cual DÍAZ Y GARCÍA CONLLEDO plantea dos posibles solu-

---

[52] Así lo señala GARCÍA ARÁN, en MUÑOZ CONDE, *Los delitos*, 1997, 20; CUGAT MAURI, *Tráfico de influencias*, 1997, 206.

[53] Así DÍAZ Y GARCÍA CONLLEDO, en: ASÚA BATARRITA, *Delitos contra la Administración pública*, 1997, 173.

[54] FEIJÓO SÁNCHEZ, en: RODRÍGUEZ MOURULLO, *Comentarios*, 1997, 1143; DÍAZ Y GARCÍA CONLLEDO, en: ASÚA BATARRITA, *Delitos contra la Administración pública*, 1997, 171.

ciones: no imponer pena alguna de multa o bien imponer la cuantía mínima de esta según la escala del CP, solución preferible[55].

b) El tráfico de influencias de particular quedó consagrado en el art. 429[56] del CP y sufrió iguales modificaciones que el art. 428, es decir, la conversión del beneficio en un elemento subjetivo del tipo y la variación del sistema punitivo.
   Por otro lado, también se derogó la alusión a la inhabilitación especial como pena accesoria si los hechos a que se refiere el párrafo anterior fueren realizados por profesional titulado[57], lo cual venía siendo solicitado por la doctrina, dado que el título profesional del sujeto activo carece en la mayoría de los casos de importancia en el delito[58].
c) El ofrecimiento de influencias se tipificó en el art. 430[59] del CP y ya no hace referencia al ejercicio de la influencia, sino que el tipo penal se limita a remitir a las otras dos modalidades de tráfico de influencias[60].

---

[55] DÍAZ Y GARCÍA CONLLEDO, en: ASÚA BATARRITA, *Delitos contra la Administración pública*, 1997, 173.

[56] Art. 429 del CP: "El particular que influyere en un funcionario público o autoridad prevaliéndose de cualquier situación derivada de su relación personal con éste o con otro funcionario público o autoridad para conseguir una resolución que le pueda generar directa o indirectamente, un beneficio económico para sí o para un tercero, será castigado con las penas de prisión de seis meses a un año, y multa del tanto al duplo del beneficio perseguido u obtenido. Si obtuviere el beneficio perseguido se impondrán las penas en su mitad superior".

[57] DÍAZ Y GARCÍA CONLLEDO, en: ASÚA BATARRITA, *Delitos contra la Administración pública*, 1997, 171; MIR PUIG C., *Delitos contra la Administración pública*, 2000, 272.

[58] SÁNCHEZ MARTÍNEZ/GONZÁLEZ RUS, *Estudios penales y jurídicos*, 1996, 801 y 802: "La alusión al profesional titulado, requiere una interpretación correctora, dado que realmente el hecho de que el sujeto posea un Título Profesional, carece de importancia, salvo que dicho Título le hubiere servido al sujeto para realizar el ofrecimiento de la influencia, pero no es esa la intención del legislador, dado que se establecería una absurda agravación de la pena por el hecho de poseer un Título Profesional".

[59] Art. 430 del CP: "Los que, ofreciéndose a realizar las conductas descritas en los artículos anteriores, solicitaren de terceros dádivas, presentes o cualquier otra remuneración, o aceptaren ofrecimiento o promesa, serán castigados con la pena de prisión de seis meses a un año.

En cualquiera de los supuestos a que se refiere este artículo, la autoridad judicial podrá imponer también la suspensión de las actividades de la sociedad, empresa, organización o despacho y la clausura de sus dependencias abiertas al público por tiempo de seis meses a tres años".

[60] FEIJÓO SÁNCHEZ, en: RODRÍGUEZ MOURULLO, *Comentarios*, 1997, 1147; DÍAZ

Con la nueva regulación, se equipara de algún modo la pena, con la de las otras dos modalidades de tráfico de influencias[61].

### 1.5. La Ley Orgánica 15/2003

El delito de tráfico de influencias no fue modificado en la LO 15/2003, mientras que en el anteproyecto de reforma al Código Penal se plantea solamente la reforma del párrafo segundo del art. 430, de conformidad con la inclusión en el mismo de la responsabilidad de las personas jurídicas.

En este sentido, el art. 111 del anteproyecto señalaba: "Se modifica el párrafo segundo del artículo 430, que tendrá la siguiente redacción: 'En cualquiera de los supuestos a que se refiere este artículo y los anteriores, si los hechos se hubieren realizado en el marco o con ocasión de las actividades de una persona jurídica y procediere la declaración de su responsabilidad penal de acuerdo con lo establecido en el artículo 31 bis de este Código, se le impondrá la pena de suspensión de las actividades sociales por un plazo de dos a cinco años y clausura de sus locales y establecimientos durante el mismo período de tiempo'".

### 1.6. La Ley Orgánica 5/2010

La Ley Orgánica 5/2010 realizó múltiples modificaciones al Código Penal; sin embargo, las variaciones realizadas sobre el tipo penal de tráfico de influencias fueron exclusivamente punitivas[62].

En primer lugar, el artículo 128 de la LO 5/2010 aumenta el máximo de la pena del delito de tráfico de influencias de funcionario de uno a dos años de prisión[63], modificación que sigue los parámetros internacionales sobre el

---

Y GARCÍA CONLLEDO, en: ASÚA BATARRITA, *Delitos contra la Administración pública*, 1997, 171; MIR PUIG C., *Delitos contra la Administración pública*, 2000, 272.

[61] MIR PUIG C., *Delitos contra la Administración pública*, 2000, 272.

[62] POZUELO PÉREZ, en: DÍAZ-MAROTO/RODRÍGUEZ, *Sobre las reformas*, 2011, 599; GARCÍA ARÁN, en: ÁLVAREZ GARCÍA/GONZÁLEZ CUSSAC, *Comentarios a la reforma*, 2010, 475 y 476; RAMOS RUBIO, *El delito de cohecho*, 2002, 351.

[63] Art. Centésimo vigésimo octavo de la LO 5/2010:

"Se modifica el artículo 428, que queda redactado como sigue:

'El funcionario público o autoridad que influyere en otro funcionario público o autoridad prevaliéndose del ejercicio de las facultades de su cargo o de cualquier otra situación derivada de su relación personal o jerárquica con éste o con otro funcionario o autoridad para conseguir una resolución que le pueda generar directa o indirectamente un beneficio económico para sí o para un tercero, incurrirá en

aumento de las penas por delitos constitutivos de corrupción. Esta modificación tiene un ingrediente adicional, pues el aumento de la pena dificulta la obtención de la sustitución de la pena de prisión por trabajo y multa y trabajos en beneficio de la comunidad[64].

Frente a esta perspectiva, sobre este aumento MORALES PRATS/RODRÍGUEZ PUERTA señalan que la misma es inconveniente, pues en algunos casos la pena aplicable al tráfico de influencias será superior a la de la prevaricación, lo cual vulnera el principio de proporcionalidad en un delito que además es fruto del fracaso de otras medidas para el control de la corrupción[65]. No obstante, esta crítica es discutible, ya que son diferentes el desvalor de la prevaricación, la injusticia de una resolución adoptada por un funcionario en principio por propia iniciativa, y el desvalor del tráfico de influencias, el interferir en el proceso de decisión del funcionario para que este no adopte de modo objetivo e imparcial la decisión (injusta o no), sino influido por la relación funcionarial o incluso de dependencia jerárquica con el autor, que, al ser funcionario y prevalerse de esa condición, añade un plus de gravedad a la infracción; y ese desvalor del tráfico de influencias no ha de ser necesariamente inferior al de la prevaricación, especialmente en esta modalidad de tráfico cometido por funcionario.

En segundo lugar, el artículo 129 de la LO 5/2010 aumenta el máximo de la pena del delito de tráfico de influencias de particular de uno a dos años de prisión[66]. Cabe reproducir respecto de este aumento las reflexiones que acabo de hacer sobre el incremento de pena en la modalidad cometida por

---

las penas de prisión de seis meses a dos años, multa del tanto al duplo del beneficio perseguido u obtenido e inhabilitación especial para empleo o cargo público por tiempo de tres a seis años. Si obtuviere el beneficio perseguido, estas penas se impondrán en su mitad superior'".

64 Así MIR PUIG, en: MIR PUIG/CORCOY BIDASOLO, *Comentarios al CP*, 2011, 931.

65 MORALES PRATS/RODRÍGUEZ PUERTA, en: QUINTERO OLIVARES, *Comentarios a la PE del DP*, 2011, 1256.

66 Art. Centésimo vigésimo noveno de la LO 5/2010:

"Se modifica el artículo 429, que queda redactado como sigue:

'El particular que influyere en un funcionario público o autoridad prevaliéndose de cualquier situación derivada de su relación personal con éste o con otro funcionario público o autoridad para conseguir una resolución que le pueda generar directa o indirectamente un beneficio económico para sí o para un tercero, será castigado con las penas de prisión de seis meses a dos años y multa del tanto al duplo del beneficio perseguido u obtenido. Si obtuviere el beneficio perseguido, estas penas se impondrán en su mitad superior'".

funcionario, aunque respecto del desvalor del tráfico de influencias de particular naturalmente no hay prevalimiento de condición funcionarial, pero sí de una buena o especial relación personal con el funcionario para que este no adopte imparcialmente la decisión.

En tercer lugar, de conformidad con la introducción de la responsabilidad penal de las personas jurídicas se establece la posibilidad de imponer la pena de multa de seis meses a dos años e igualmente la posibilidad de imponer las penas contempladas en los literales b) a g) del apartado 7 del artículo 33 del Código Penal[67].

Debe destacarse que de acuerdo a lo señalado en el art. 31 bis del CP solamente podrá imponerse responsabilidad penal a personas jurídicas particulares, pues las entidades públicas se encuentran excluidas de la misma[68], lo cual además está justificado político-criminalmente en este delito, ya que en virtud del principio de colaboración armónica es absolutamente legal que dos entidades públicas celebren acuerdos para la obtención de beneficios patrimoniales. Por lo anterior, es claro además que una persona jurídica solamente podrá cometer los delitos contemplados en los artículos 429 (tráfico de influencias de particulares) y 430 (ofrecimiento de influencias), pues la modalidad tipificada en el art. 428 requiere que el sujeto activo sea servidor público[69].

Esta norma que hace "referencia a la posible responsabilidad penal de personas jurídicas puede conducir a sociedades dedicadas a tal intermediación a cambio de contraprestación económica, y también a supuestos aislados en que se ofrece ejercer determinada influencia en un negocio concreto a cambio, por ejemplo, de una comisión en sus beneficios"[70].

---

[67] Art. Centésimo trigésimo de la LO 5/2010:

"Se modifica el párrafo segundo y se añade un párrafo tercero al artículo 430, que quedan redactados como sigue:

'Cuando de acuerdo con lo establecido en el artículo 31 bis de este Código una persona jurídica sea responsable de los delitos recogidos en este Capítulo, se le impondrá la pena de multa de seis meses a dos años.

Atendidas las reglas establecidas en el artículo 66 bis, los jueces y tribunales podrán asimismo imponer las penas recogidas en las letras b) a g) del apartado 7 del artículo 33'".

[68] POZUELO PÉREZ, en: DÍAZ-MAROTO/RODRÍGUEZ, *Sobre las reformas*, 2011, 600; GARCÍA ARÁN, en: ÁLVAREZ GARCÍA/GONZÁLEZ CUSSAC, *Comentarios a la reforma*, 2010, 478.

[69] Así MIR PUIG, en: MIR PUIG/CORCOY BIDASOLO, *Comentarios al CP*, 2011, 937.

[70] GARCÍA ARÁN, en: ÁLVAREZ GARCÍA/GONZÁLEZ CUSSAC, *Comentarios a la reforma*, 2010, 478.

Sobre esta reforma, MORALES PRATS/RODRÍGUEZ PUERTA señalan que con esta modificación se busca la sanción de las empresas (no partidos políticos) que influyan o intenten influir en las administraciones públicas, así como también, de las empresas que se dediquen a la intermediación ofreciendo influencias reales o presuntas[71].

En este sentido, con ocasión de la reforma podrán imponerse a las personas jurídicas que participen en la comisión de un delito de tráfico de influencias las penas de disolución de la persona jurídica e intervención judicial para salvaguardar los derechos de los trabajadores o de los acreedores por el tiempo que se estime necesario[72].

Para la adopción de las dos anteriores penas será necesario analizar la necesidad preventiva de la medida, sus consecuencias económicas y sociales y el lugar que ocupa la persona física u órgano que incumplió el deber de control en la estructura de la persona jurídica. Así mismo, para la aplicación de estas medidas se tendrá que presentar alternativamente una de dos circunstancias: la reincidencia de la persona jurídica o que la persona jurídica se utilice instrumentalmente para la comisión de ilícitos penales[73].

---

71 MORALES PRATS/RODRÍGUEZ PUERTA, en: QUINTERO OLIVARES, *Comentarios a la PE del DP*, 2011, 1265.

72 Art. Quinto de la LO 5/2010:

"Se añade la letra j) al apartado 2, se modifica la letra j) y se añaden las letras l) y m) al apartado 3, se modifica la letra g) del apartado 4 y se añade un apartado 7 al artículo 33 con el siguiente contenido:

'7. Las penas aplicables a las personas jurídicas, que tienen toda la consideración de graves, son las siguientes: [...]

b) Disolución de la persona jurídica. La disolución producirá la pérdida definitiva de su personalidad jurídica, así como la de su capacidad de actuar de cualquier modo en el tráfico jurídico, o llevar a cabo cualquier clase de actividad, aunque sea lícita.

[...]

g) Intervención judicial para salvaguardar los derechos de los trabajadores o de los acreedores por el tiempo que se estime necesario, que no podrá exceder de cinco años'".

73 Art. Decimoctavo de la LO 5/2010:

"Se añade un artículo 66 bis nuevo, que tendrá la siguiente redacción:

'En la aplicación de las penas impuestas a las personas jurídicas se estará a lo dispuesto en las reglas 1.ª a 4.ª y 6.ª a 8.ª del primer número del artículo 66, así como a las siguientes:

1.ª En los supuestos en los que vengan establecidas por las disposiciones del Libro II, para decidir sobre la imposición y la extensión de las penas previstas en las letras b) a g) del apartado 7 del artículo 33 habrá de tenerse en cuenta:

a) Su necesidad para prevenir la continuidad de la actividad delictiva o de sus efectos.

b) Sus consecuencias económicas y sociales, y especialmente los efectos para los trabajadores.

En todo caso, tal como señala RAMOS RUBIO, la exclusiva reforma punitiva realizada por la LO 5/2010 ha implicado la pérdida de la oportunidad para fijar fronteras más precisas con el delito de cohecho, por una parte, y para clarificar conceptos que se muestran dudosos, como es el de "resolución"[74].

## 2. El ejercicio de influencias

### 2.1. Valoración previa

Los delitos de tráfico de influencias han sido unas de las conductas punibles contra la administración pública que han generado mayores críticas entre la doctrina, dentro de las cuales se pueden destacar las siguientes:

a) Se les acusa de coyunturales, de poco necesarios por poderse solapar con los delitos de cohecho y de prevaricación[75], hasta el punto de que la tipificación del tráfico de influencias en el CP de 1928 se hizo en el capítulo dedicado al cohecho[76]. En este sentido, CUGAT MAURI alerta sobre el posible solapamiento entre el tráfico de influencias y la inducción a la prevaricación, teniendo en cuenta que la inducción no se prueba de manera directa, sino mediante indicios como la relación de prevalimiento con el sujeto influido o el beneficio económico obtenido con la resolución[77].

---

c) El puesto que en la estructura de la persona jurídica ocupa la persona física u órgano que incumplió el deber de control.

2.ª Cuando las penas previstas en las letras c) a g) del apartado 7 del artículo 33 se impongan con una duración limitada, ésta no podrá exceder la duración máxima de la pena privativa de libertad prevista para el caso de que el delito fuera cometido por persona física.

Para la imposición de las sanciones previstas en las letras c) a g) por un plazo superior a dos años será necesario que se dé alguna de las dos circunstancias siguientes:

a) Que la persona jurídica sea reincidente.

b) Que la persona jurídica se utilice instrumentalmente para la comisión de ilícitos penales. Se entenderá que se está ante este último supuesto siempre que la actividad legal de la persona jurídica sea menos relevante que su actividad ilegal"'.

[74] RAMOS RUBIO, *El delito de cohecho*, 2002, 351.

[75] SÁNCHEZ MORÓN, en: LAPORTA SAN MIGUEL/ÁLVAREZ, *La corrupción política*, 1996, 797; MORILLAS CUEVA, en: COBO DEL ROSAL, *DP español*, 2005, 907.

[76] FEIJÓO SÁNCHEZ, en: RODRÍGUEZ MOURULLO, *Comentarios*, 1997, 1144.

[77] CUGAT MAURI, *JPD N° 28*, 1997, 82.

Sin embargo, si bien existen algunas similitudes entre estas conductas y el tráfico de influencias, también hay determinadas diferencias entre los mismos:

- En el cohecho es necesario que se solicite o reciba dádiva o presente o se acepte ofrecimiento o promesa, lo cual sólo se exige en la tercera modalidad de tráfico de influencias (art. 430), aunque en este supuesto es cometido por un particular que solicita la dádiva o presente a otro particular, mientras que en el cohecho quien lo hace es un funcionario[78].
  En este sentido, GARCÍAS PLANAS analiza los posibles supuestos en los cuales otros delitos contra la administración pública podrían llegar a tipificar supuestos del tráfico de influencias: cuando en el tráfico de influencias mediare dádiva, presente, ofrecimiento o promesa sería aplicable el delito de cohecho; cuando la resolución que se pretende expedir es injusta se podría imputar el delito de prevaricación, si existe un ejercicio de una profesión directamente relacionada con la esfera de las atribuciones oficiales por un funcionario público se imputaría el art. 359 del CP derogado, y en los supuestos en que concurra un interés del funcionario público en un contrato u operación en que deba intervenir por razón de su cargo pueden aplicarse los fraudes y exacciones ilegales del art. 401 del CP derogado[79]. Sin embargo, este autor concluye que existen algunas formas de nepotismo que no pueden ser sancionadas a través de los delitos mencionados[80].
  Al respecto, la jurisprudencia ha señalado que si bien el cohecho y el tráfico de influencias tienen por principal finalidad la interferencia de intereses ajenos o contrarios a los públicos tutelando o protegiendo un bien jurídico tan esencial como es la imparcialidad u objetividad de las decisiones de los funcionarios públicos, se distinguen en que en el tráfico de influencias se deben utilizar

78 SERRANO GÓMEZ/SERRANO MAÍLLO, *DP. PE,* 2007, 818.

79 GARCÍAS PLANAS, *RPJ Nº 29*, 1993, 28.

80 GARCÍAS PLANAS, *RPJ Nº 29*, 1993, 29.

medios distintos a las dádivas o presentes[81], posición acogida en la SAP León 30 28-4-1999, en la AAP Girona 442 28-7-2005 y en la AAP Las Palmas 238 18-10-2000.

Adicionalmente, la misma jurisprudencia destaca que en el cohecho son responsables "el cohechante y el cohechado", mientras que en el tráfico de influencias en principio solamente responde quien ejerce la influencia[82], posición también acogida en la SAP León 30 28-4-1999, en la AAP Girona 442 28-7-2005 y en la AAP Las Palmas 238 18-10-2000. No obstante, como veremos infra 4.2 b), cabe sostener de modo más correcto que la conducta del funcionario que acepta la influencia no es impune, sino punible a título de participación con el autor, concretamente como cooperación necesaria con el mismo.

---

[81] STS 10-3-1998: "La descripción tipificadora del delito de tráfico de influencias contiene una indudable afinidad con el delito de cohecho ya que ambos tienen como finalidad o meta inicial y común 'evitar la interferencia de intereses ajenos o contrarios a los públicos' tutelando o protegiendo un bien jurídico tan esencial como es la imparcialidad u objetividad de las decisiones de los funcionarios públicos. Sin embargo, según doctrina generalizada, que hacemos nuestra, a diferencia de lo que ocurre en el delito de cohecho, en el de tráfico de influencias están comprendidos aquellos supuestos en los que si bien se pretende conseguir del funcionario una parcial (o no del todo imparcial) decisión, para conseguirlo se emplean en realidad medios distintos a las 'dádivas o presentes', debiéndose resaltar también que tanto el anterior Código Penal (art. 404 bis) como el vigente (arts. 428 y 429) 'únicamente contemplan la conducta del particular o del funcionario que pretende incidir en la voluntad de otro funcionario público prevaliéndose, bien de una relación puramente personal, bien de una relación jerárquica', mientras que, paradójicamente y por el contrario no parece tipificarse la conducta del propio funcionario que se deja influir o inducir por presiones de terceras personas. Por ello, ambos atacan o conculcan el principio de imparcialidad que debe regir de modo escrupuloso la conducta de toda persona encargada de tomar decisiones públicas, conteniendo, desde el punto de vista subjetivo, dos vertientes, la que afecta a la persona que trata de influir en el responsable de la decisión, y la que se refiere a la persona influida ('influyente' e 'influido')".

[82] STS 10-3-1998: "Sin embargo, y como antes hemos dicho, a diferencia de lo que ocurre con el delito de cohecho, en el que tan responsable es el cohechante como el cohechado, en el de tráfico de influencias sólo se tipifica y sanciona la conducta de la persona que influye, careciendo de tipicidad la del funcionario que se deja influir por situaciones ajenas a los intereses públicos y adopta una resolución (o se muestra dispuesto a adoptarla) que beneficie a la persona que ha influido en él siempre, eso sí, que la decisión adoptada no contenga los requisitos que tipifican el delito de prevaricación previsto en los arts. 404 del Código Penal vigente y 351 y siguientes del Código Penal derogado. Se ha dicho por ello y con razón que esta falta de simetría entre la sanción que corresponde al que influye y la falta de sanción al que se deja influir 'enturbia' considerablemente la interpretación lógica que ha de darse a estos delitos, al ser muy difícil determinar, aunque sea en cada caso concreto, el contenido tanto cuantitativo como cualitativo de la 'influencia', es decir, el grado de antijuridicidad que acompaña al agente comisor".

Sin embargo, no puede negarse la relación entre el cohecho y el tráfico de influencias, pues el delito de tráfico de influencias podría configurarse como residual del delito de cohecho, al objeto de ofrecer respuesta punitiva a aquellos atentados contra el principio de imparcialidad, consistentes en la utilización de otra vías distintas a las económicas para obtener una resolución caracterizada por su no imparcialidad[83].

- En el delito de tráfico de influencias, sólo se confiere tutela a una de las vertientes del principio de imparcialidad, que se corresponde con aquella que concierne al particular en el delito de cohecho, concretada en la obligación de dirigirse a la administración para formular sus peticiones, sin interferir ilícitamente en la toma de decisiones, es decir, utilizando los cauces lícitos para su obtención[84].

b) Se señala que son instrumentos para la judicialización de la vida política, cuando no vías propagandísticas en las confrontaciones de esta índole[85]. En este sentido, CABELLO MOHEDANO destaca que este tipo penal puede ser una manifestación de la huida al Derecho penal para solucionar problemas políticos que deben solucionarse en el ámbito donde se producen[86].

Sin embargo, si bien en muchas ocasiones el tráfico de influencias se utiliza como forma de propaganda política, también permitiría sancionar el abuso de la política dentro de la administración pública, situación que desafortunadamente resulta muy frecuente, aunque poco sancionada[87].

c) Se afirma la dificultad de la prueba de los elementos objetivos del delito[88] y es claro que el ámbito de lo injusto se amplía ostensiblemente, lo cual puede producir dos efectos diametralmente opuestos:

---

[83] MORALES PRATS/RODRÍGUEZ PUERTA, en: QUINTERO OLIVARES, *Comentarios a la PE del DP*, 2011, 1254.

[84] MORALES PRATS/RODRÍGUEZ PUERTA, en: QUINTERO OLIVARES, *Comentarios a la PE del DP*, 2011, 1254.

[85] MORILLAS CUEVA, en: COBO DEL ROSAL, *DP español*, 2005, 907.

[86] CABELLO MOHEDANO, en: GONZÁLEZ RUS, *Estudios penales*, 1996, 96.

[87] GARCÍAS PLANAS, *RPJ N° 29*, 1993, 24.

[88] CUGAT MAURI, *Tráfico de influencias*, 2004, 2042 y 2043.

o que el precepto se aplique de modo muy amplio, o, por su vaguedad y abstracción, no se aplique apenas nunca[89].

Esta crítica resulta completamente justificada; sin embargo, no se circunscribe al delito mismo sino a la forma como se encuentra tipificado en la Ley penal, por lo cual debe procurarse su concreción para evitar su inaplicabilidad efectiva.

d) Se critica también la falta de simetría entre la sanción que corresponde al que influye y al que se deja influir, aunque muchas veces ambos contribuyan con su conducta a cercenar el principio de imparcialidad, que debe presidir la adopción de decisiones públicas[90]. En este sentido, MORALES PRATS y RODRÍGUEZ PUERTA solicitan que, al menos para guardar coherencia con el modo en el que se tipifica la conducta del que se deja influir, debería exigirse que la resolución perseguida con la influencia fuera injusta o, cuanto menos, discrecional y, además, como ya hace el Código Penal, que beneficiara económicamente al particular que influyó[91].

La valoración de esta crítica depende de la interpretación que se haga del concepto de influencia, pues si se entiende como un delito bilateral fundado en el acuerdo entre quien influye y quien se deja influir no cabe duda de que ambos deberían ser sancionados.

Sin embargo, si se considera que la influencia resulta un ataque a la libertad del funcionario, entendido como un constreñimiento o coacción, es claro que este último no podría ser sancionado, o al menos sería menos reprochable su conducta, al ser el objeto de la conducta del autor de la influencia.

Por otro lado, una posición intermedia, que sostenga que si bien no existe un acuerdo entre quien influye y quien es influido, el primero sí induce al segundo a cometer el delito, podría llevar a sancionar al segundo en aquellos supuestos en los cuales el mismo lleve a cabo la conducta por la cual se ejerce la influencia, es decir, cuando profiere una resolución que genere un beneficio económico.

---

89 MIR PUIG C., *Delitos contra la Administración pública*, 2000, 265.

90 MORALES PRATS/RODRÍGUEZ PUERTA, en: QUINTERO OLIVARES, *Comentarios a la PE del DP*, 2011, 1255 y 1256.

91 MORALES PRATS/RODRÍGUEZ PUERTA, en: QUINTERO OLIVARES, *Comentarios a la PE del DP*, 2011, 1255.

Considero que, si se tiene en cuenta exclusivamente las conductas sancionadas en los tipos correspondientes del 428 y 429, es decir las conductas de autoría del delito, parece que el legislador ha optado claramente por la tercera opción al dejar en principio impune la conducta de quien se deja influir, salvo que profiera una resolución injusta, incurriendo en el delito de prevaricación, dejando en todo caso fuera de lo punible aquellos supuestos en los cuales el funcionario se deja influir y profiere una resolución justa o meramente ilegal, pero no injusta. Sin embargo, como he anticipado supra en a) y veremos con más detalle infra 4.2 b), cabe sostener de modo más correcto que la conducta del funcionario que acepta la influencia no es impune, sino punible a título de participación con el autor que ejerce la influencia, concretamente como cooperación necesaria con el mismo.

e) Por último, se cuestiona la gravedad de la pena de estos delitos, que se podrían sancionar a través de otros mecanismos y que tienen una pena mucho más grave que el delito de prevaricación, situación que viene a acentuarse con la LO 05/2010[92].

Este cuestionamiento resulta completamente acertado, aunque como sucede con otros, no afecta al delito en sí mismo, sino a la forma como se ha tipificado en el CP español. En efecto, si se considera que el delito de tráfico de influencias sanciona una conducta similar a la inducción a la prevaricación, realizada a su vez en la mayoría de las veces por un sujeto ajeno a la función pública, no se explica cómo pueda tener una pena mayor a la del delito del autor (la prevaricación), realizado además con un mayor desvalor de acción, al ser cometido por un funcionario público infringiendo sus deberes.

### 2.2. Sujeto activo

El ejercicio del tráfico de influencias por funcionario del art. 428 es un delito especial impropio[93], es decir uno que cuenta con una modalidad paralela de

[92] MORALES PRATS/RODRÍGUEZ PUERTA, en: QUINTERO OLIVARES, *Comentarios a la PE del DP*, 2011, 1256.

[93] MIR PUIG C., *Delitos contra la Administración pública*, 2000, 265; CUGAT MAURI, en: CORDOBA RODA/GARCÍA ARÁN, *Comentarios al CP. PE*, 2004, 2040; MORILLAS CUEVA,

delito común[94], teniendo en cuenta que su primera modalidad debe ser cometida por un funcionario público o autoridad[95], siendo un delito especial[96] y la segunda, por particulares, siendo un delito común (art. 429)[97].

Sin embargo, como señala OCTAVIO DE TOLEDO, esta distinción no resulta tan clara, pues el art. 429 también exige la existencia de una relación personal entre el particular y el funcionario, lo cual determina también cierta calificación del sujeto activo en el tráfico de influencias de particular[98], por lo que incluso el ejercicio de influencias por el particular bien relacionado con el funcionario podría considerarse como un delito especial.

Por otro lado, el mismo autor señala que no se encuentra justificada la inclusión del funcionario público que se prevale de una relación personal en el art. 428, pues su conducta tiene el mismo contenido de injusto que la de los particulares al no prevalerse de la función pública, lo cual tendría como consecuencia la no aplicación a dicho funcionario de la pena de inhabilitación especial[99].

El funcionario influido no puede ser autor de un tráfico de influencias y se sostiene que tampoco cooperador necesario, pues no puede participar en una influencia que recae sobre él, y que sin embargo, sí puede responder como autor del delito de prevaricación si adopta una resolución ilegal[100]. Está claro que el funcionario influido no es autor ni coautor del delito, puesto que

---

en: COBO DEL ROSAL, *DP español*, 2005, 908; SUÁREZ MIRA-RODRÍGUEZ, *Manual de DP, PE*, 2005, 488; FERRÉ OLIVÉ, en: ARROYO ZAPATERO, *Comentarios al CP*, 2007, 904; OCTAVIO DE TOLEDO Y UBIETO, *RJEDJB N° 5*, 1998, 1519; MIR PUIG, en: MIR PUIG/CORCOY BIDASOLO, *Comentarios al CP*, 2011, 933.

94 Así LUZÓN PEÑA, *Lecciones PG*, 2012, 26.

95 GARCÍAS PLANAS, *RPJ N° 29*, 1993, 29; DÍAZ Y GARCÍA CONLLEDO, en: ASÚA BATARRITA, *Delitos contra la Administración pública*, 1997, 175; MORALES PRATS/RODRÍGUEZ PUERTA, en: QUINTERO OLIVARES, *Comentarios a la PE del DP*, 2011, 1257; 171. STS 5-4-2002; AAP Castellón 206 A 12-7-2003, STS 537 5-4-2002.

96 DÍAZ Y GARCÍA CONLLEDO, en DÍAZ Y GARCÍA CONLLEDO, en: ASÚA BATARRITA, *Delitos contra la Administración pública*, 1997, 171; MORILLAS CUEVA, en: COBO DEL ROSAL, *DP español*, 2005, 909 y 910; SERRANO GÓMEZ/SERRANO MAÍLLO, *DP. PE*, 2007, 820.

97 MIR PUIG C., *Delitos contra la Administración pública*, 2000, 265.

98 OCTAVIO DE TOLEDO Y UBIETO, *La prevaricación*, 1980, 1519.

99 OCTAVIO DE TOLEDO Y UBIETO, *La prevaricación*, 1980, 1519.

100 MIR PUIG, en: MIR PUIG/CORCOY BIDASOLO, *Comentarios al CP*, 2011, 935.

no realiza el tipo, pero, como acabo de advertir, no compartimos la imposibilidad de castigar como cooperador al funcionario influido.

De esta manera, analizaremos brevemente a continuación el concepto de funcionario o autoridad, el de particular y las situaciones especiales que se pueden presentar en materia de autoría.

#### *2.2.1. Funcionario público o autoridad*

##### *2.2.1.1. Concepto administrativo*

La Ley administrativa establece un concepto especial de funcionarios públicos contemplado hasta hace poco en la LFCE, en la cual luego de definirse a estos como "las personas incorporadas a la misma por una relación de servicios profesionales y retribuidos, regulada por el Derecho administrativo"[101], se realiza su clasificación en funcionarios de carrera[102], interinos[103] y eventuales. Sin embargo, dicha ley fue derogada recientemente por la Ley 7 de 12 de abril de 2007 que consagra el EBEP, dentro del cual a las clásicas modalidades de funcionario de carrera interino se agrega el laboral[104], ampliando así la aplicación administrativa del concepto[105].

---

[101] Art. 1 de la LFCE.

[102] Art. 4 de la LFCE: "Son funcionarios de carrera los que, en virtud de nombramiento legal, desempeñan servicios de carácter permanente, figura en las correspondientes plantillas y perciben sueldos o asignaciones fijas con cargo a las consignaciones de personal de los Presupuestos generales del Estado".

Art. 5 de la LFCE: "Son funcionarios interinos los que, por razón de necesidad o urgencia, ocupan plazas de plantillas en tanto no se provean por funcionarios de carrera".

[103] Art. 3 de la LFCE: "Los funcionarios de carrera se integran en Cuerpos Generales y cuerpos especiales. Los funcionarios de empleo pueden ser eventuales o interinos".

[104] Si bien este se mencionaba en el art. 7 de la LFCE, no se incluye dentro de la lista asignada a los funcionarios públicos y señalada en el art. 1 de la misma ley.

[105] Art. 8 de la LFCE: "Concepto y clases de empleados públicos

1. Son empleados públicos quienes desempeñan funciones retribuidas en las Administraciones Públicas al servicio de los intereses generales.

2. Los empleados públicos se clasifican en:

a) Funcionarios de carrera.

b) Funcionarios interinos.

c) Personal laboral, ya sea fijo, por tiempo indefinido o temporal.

d) Personal eventual".

Según el EBEP, los funcionarios de carrera son quienes, en virtud de nombramiento legal, están vinculados a una administración pública por una relación estatutaria regulada por el Derecho administrativo para el desempeño de servicios profesionales retribuidos de carácter permanente[106], los funcionarios interinos son los que, por razones expresamente justificadas de necesidad y urgencia, son nombrados como tales para el desempeño de funciones propias de funcionarios de carrera[107], el personal laboral es el que en virtud de contrato de trabajo formalizado por escrito presta servicios retribuidos por las administraciones públicas[108], mientras que el personal eventual es aquel que en virtud de nombramiento y con carácter no permanente sólo realiza funciones expresamente calificadas como de confianza o asesoramiento especial, siendo retribuido con cargo a los créditos presupuestarios consignados para este fin[109].

#### *2.2.1.2. Concepto penal*

Es comúnmente admitido que el concepto penal de funcionario no tiene por qué coincidir con el concepto propio del Derecho administrativo[110], y por ello la doctrina ha preferido la existencia de un concepto penal autónomo[111], pues al legislador no le interesa la calificación jurídica del desempeño de un trabajo o la responsabilidad en la administración, sino el hecho de que un sujeto interviene en el funcionamiento de la administración[112], posición igualmente coincidente con la identificación de los fundamentos constitucionales de la administración pública. Y esta posición es compartida en el Derecho positivo español tradicionalmente por el Código Penal, en el actualmente vigente de 1995 por el art. 24 CP, que, como es sabido y de modo sustancialmente igual al del art. 119 del anterior CP de 1944/1973, da un concepto penal específico

---

[106] Art. 9 del EBEP.

[107] Art. 10 del EBEP.

[108] Art. 11 del EBEP.

[109] Art. 12 del EBEP.

[110] CUGAT MAURI, en: CORDOBA RODA/GARCÍA ARÁN, *Comentarios al CP. PE*, 2004, 20-40.

[111] MORILLAS CUEVA, en: COBO DEL ROSAL, *DP español*, 2005, 862. El legislador penal realiza en el art. 24 del CP una interpretación auténtica de la ley distinta a la contemplada en el Derecho administrativo.

[112] OLAIZOLA NOGALES, *El delito de cohecho*, 1999, 77.

de autoridad y de funcionario público[113], en los que por cierto el concepto de autoridad encaja también dentro del de funcionario.

El concepto penal de funcionario público está constituido fundamentalmente por dos elementos[114]:

En primer lugar, la participación en el ejercicio de funciones públicas, para lo cual es fundamental definir la función pública, la cual es la proyectada al interés colectivo o social, al bien común y realizada por órganos estatales o paraestatales y, por ello, funciones públicas son las actividades económicas centrales, autonómicas, provinciales y locales, las sanitarias, comunicaciones, enseñanza, etc.[115].

Similar posición acoge el TSE, para el cual la función pública es "aquella actividad determinada por el interés servido, por la tendencia y finalidad de los actos realizados para conseguir actividades públicas y no privadas, provincial o corporativo de igual condición pública"[116].

SUÁREZ MIRA va más allá, pues para este autor, la participación en el ejercicio de funciones públicas "requiere que el sujeto esté en posición –dentro de la estructura organizativa– que le permita de modo directo actuar las citadas potestades públicas"[117].

Por su parte, OLAIZOLA NOGALES entiende que la función pública está compuesta por tres elementos: uno subjetivo, según el cual la función pública debe ser llevada a cabo por los entes públicos; uno objetivo, por el cual la función pública es realizada mediante actos sometidos al Derecho público; y un elemento teleológico, según el cual la función pública es aquella que persigue fines públicos[118].

---

[113] Artículo 24.1.: "A los efectos penales se reputará autoridad al que por sí solo o como miembro de alguna corporación, tribunal u órgano colegiado tenga mando o ejerza jurisdicción propia. En todo caso, tendrán la consideración de autoridad los miembros del Congreso de las Diputados, del Senado, de las Asambleas Legislativas de las Comunidades Autónomas y del Parlamento Europeo. Se reputará también autoridad a los funcionarios del Ministerio Fiscal.

2. Se considerará funcionario público todo el que por disposición inmediata de la ley o por elección o por nombramiento de autoridad competente participe en el ejercicio de funciones públicas.

[114] MIR PUIG C., *Delitos contra la Administración pública*, 2000, 22; OLAIZOLA NOGALES, *El delito de cohecho*, 1999, 79-83.

[115] MUÑOZ CONDE, *DP. PE*, 18.ª, 2010, 988.

[116] STS 23-4-1973. En similar sentido, STS 4-12-2001.

[117] SUÁREZ MIRA-RODRÍGUEZ, *Manual de DP, PE*, 2005, 460.

[118] OLAIZOLA NOGALES, *El delito de cohecho*, 1999, 80.

Considero más acertada la posición de OLAIZOLA NOGALES, ante la necesidad de utilizar criterios objetivos y teleológicos para la identificación de quién puede considerarse como funcionario público.

En segundo lugar, la existencia de un título que habilite para dicha participación, la cual se puede presentar por disposición inmediata de la ley, elección y nombramiento por autoridad competente[119].

En este sentido, a pesar del casuismo que muchas veces reina en estos supuestos, OLAIZOLA NOGALES llega a dos conclusiones: es indiferente para ser considerado funcionario a efectos penales que la relación del empleado con la administración sea a través de un contrato laboral o que los cargos políticos son considerados como funcionarios públicos a efectos penales[120].

La doctrina coincide en la inutilidad de la mención a la autoridad junto al funcionario público, considerándose la primera como una modalidad especial de la segunda[121].

Sin embargo, es necesario tener en cuenta que si bien pueden ser entendidos también como funcionarios públicos para efectos penales, existen supuestos en los cuales la ley solamente hace referencia a las autoridades, pero no a los simples funcionarios, como en el caso del art. 551 CP, para lo cual se requieren dos requisitos: que el funcionario público tenga además mando o ejerza jurisdicción propia: tiene mando quien pueda exigir obediencia a sus órdenes[122] y tiene jurisdicción propia el juez que actúe dentro de su competencia y los funcionarios que posean competencia para resolver (jurídicamente) en negocios administrativos, pero con jurisdicción propia y no delegada[123].

Esta visión material de funcionario permite hacer referencia al "funcionario de hecho", que incluye a aquellos sujetos que por algún defecto en el título de acceso a la función pública o falta de cualquier requisito no pueden considerarse funcionarios a efectos administrativos[124].

---

[119] OLAIZOLA NOGALES, *El delito de cohecho*, 1999, 80; MIR PUIG C., *Delitos contra la Administración pública*, 2000, 24.

[120] OLAIZOLA NOGALES, *El delito de cohecho*, 1999, 81.

[121] CUGAT MAURI, en: CORDOBA RODA/GARCÍA ARÁN, *Comentarios al CP. PE*, 2004, 2041.

[122] OLAIZOLA NOGALES, *El delito de cohecho*, 1999, 84.

[123] OLAIZOLA NOGALES, *El delito de cohecho*, 1999, 84.

[124] CUGAT MAURI, en: CORDOBA RODA/GARCÍA ARÁN, *Comentarios al CP. PE*, 2004, 2040.

### 2.2.2. Particular

El particular puede ser también autor del delito de tráfico de influencias, a través de la modalidad contemplada en el art. 429 del CP, cuyo análisis no presenta particularidades respecto del tráfico de influencias de funcionario o autoridad[125] y por ello serán tratados de manera conjunta en esta tesis.

### 2.2.3. Situaciones especiales

La especial naturaleza del delito de tráfico de influencias requiere el análisis especial de algunas situaciones relacionadas con la determinación del sujeto activo del mismo, que serán estudiadas brevemente a continuación:

a) En primer lugar, la doctrina ha debatido la posibilidad de tráfico de influencias en cadena[126], que se realiza cuando la influencia no se ejerce directamente sobre el funcionario o autoridad que ha de adoptar la pretendida resolución, sino sobre otro diferente para que a su vez influya sobre aquel que es competente, con aplicación en ambos casos de sujetos influenciadores del art. 428.
SUÁREZ MIRA[127] y OCTAVIO DE TOLEDO[128] rechazan esta modalidad de tráfico de influencias, mientras que MORILLAS CUEVA[129], SÁNCHEZ MARTÍNEZ[130], MUÑOZ CONDE[131], MARTÍNEZ GALINDO[132] y CATALÁN SENDER[133] lo aceptan. La posición de OCTAVIO DE TOLEDO se fundamenta en que de aceptarse la influencia en cadena nos hallaríamos ante una cascada de influencias que progresivamente estarán más lejanas con respecto al bien jurídico[134]. Para solucionar la impunidad que puede derivarse

---

125 GARCÍA ARÁN, en MUÑOZ CONDE, *Los delitos*, 1997, 19.

126 MIR PUIG, en: MIR PUIG/CORCOY BIDASOLO, *Comentarios al CP*, 2011, 933.

127 SUÁREZ MIRA-RODRÍGUEZ, *Manual de DP, PE*, 2005, 489.

128 OCTAVIO DE TOLEDO Y UBIETO, *RJEDJB N° 5*, 1998, 1521 y 1522.

129 MORILLAS CUEVA, en: COBO DEL ROSAL, *DP español*, 2005, 910.

130 SÁNCHEZ MARTÍNEZ/GONZÁLEZ RUS, *Estudios penales y jurídicos*, 1996, 1996, 799.

131 MUÑOZ CONDE, *DP. PE*, 18.ª, 2010, 1046.

132 MARTÍNEZ GALINDO, *RDPPP N° 22*, 2005, 42.

133 CATALÁN SENDER, *Los delitos cometidos por autoridades*, 1999, 233.

134 OCTAVIO DE TOLEDO Y UBIETO, *RJEDJB N° 5*, 1998, 1521 y 1522.

de esta situación, lo que sí reconoce este autor es la posibilidad de una inducción al tráfico de influencias, exigiendo en todo caso que el sujeto inducido dé comienzo a los actos ejecutivos de influir[135]. Compartimos la posición de MORILLAS CUEVA y MUÑOZ CONDE, pues, como manifiesta este último, el tráfico de influencias en cadena es una de las manifestaciones más frecuentes de la "corrupción política y administrativa" y puede llegar a ser el germen de una verdadera organización criminal, constituyendo un aparato de poder dentro de la propia administración[136].

Por otro lado, como señala CATALÁN SENDER, en este supuesto lo relevante es que el beneficio puede ser conseguido directa o indirectamente cuando la relación no se da directamente con el funcionario o autoridad, sino con otro que a su vez influye en él[137].

b) En segundo lugar, también existe polémica sobre la punibilidad del sujeto influido. Sobre ello remito a lo que se expondrá infra 4.2. a).

c) También resulta interesante analizar los supuestos de autoría mediata, especialmente en relación con la consagración autónoma del tráfico de influencias de particular en el art. 429 del CP. MIR PUIG/CORCOY BIDASOLO acogen esta modalidad de autoría en aquellos supuestos en que un funcionario se sirve de otro que se encuentra en una situación de error de tipo[138].

En los supuestos de autoría mediata, cuando el sujeto se sirve de un instrumento no cualificado (por ejemplo en el caso de que actúe en error de tipo), "el hombre de atrás" debe responder como autor mediato del art. 428, mientras que si es un *extraneus* el que se sirve de un funcionario, se aplica el tráfico de influencias de particular[139]. De esta manera, si actúa un *extraneus*, se aplica el tráfico de influencias del art. 429[140].

---

135 OCTAVIO DE TOLEDO Y UBIETO, *RJEDJB N° 5*, 1998, 1522.

136 MUÑOZ CONDE, *DP. PE*, 18.ª, 2010, 1046 y 1047; MORILLAS CUEVA, en: COBO DEL ROSAL, *DP español*, 2005, 910.

137 CATALÁN SENDER, *Los delitos cometidos por autoridades*, 1999, 233.

138 MIR PUIG, en: MIR PUIG/CORCOY BIDASOLO, *Comentarios al CP*, 2011, 933.

139 MORILLAS CUEVA, en: COBO DEL ROSAL, *DP español*, 2005, 909 y 910.

140 CUGAT MAURI, en: CORDOBA RODA/GARCÍA ARÁN, *Comentarios al CP. PE*, 2004, 2040; MIR PUIG, en: MIR PUIG/CORCOY BIDASOLO, *Comentarios al CP*, 2011, 933.

### 2.3. Conducta

Para la comisión del delito de tráfico de influencias deben reunirse tres requisitos especiales: la acción de influir, el prevalimiento de una cierta situación y la finalidad de beneficio económico[141], los cuales serán analizados a continuación.

#### *2.3.1. La influencia*

Para la doctrina, la conducta en el delito de tráfico de influencias consiste fundamentalmente en la influencia[142], posición igualmente acogida por la jurisprudencia española[143].

##### *2.3.1.1. Concepto*

Dentro de la doctrina se han elaborado numerosos conceptos de influencia, destacándose fundamentalmente tres grupos:

a) En primer lugar, se encuentra un grupo de conceptos que relacionan la influencia con la inducción, tal como señalan GARCÍA ARÁN, MIR PUIG, SÁNCHEZ MARTÍNEZ, CATALÁN SENDER, SUÁREZ MIRA y parcialmente CUGAT MAURI:
GARCÍA ARÁN relaciona la similitud de la influencia con la inducción basada en que la utilización del término influencia conduce a la "utilización del influjo psicológico sobre otro para determinar su comportamiento"[144]. Sin embargo, reconoce la existencia de algunas diferencias entre la misma y la inducción general a la prevaricación, señalando que la influencia no necesita ser eficaz ni directa e inclu-

---

[141] SUÁREZ MIRA-RODRÍGUEZ, *Manual de DP, PE*, 2005, 488 y 489.

[142] GARCÍAS PLANAS, *RPJ N° 29*, 1993, 30; SÁNCHEZ MARTÍNEZ/GONZÁLEZ RUS, *Estudios penales y jurídicos*, 1996, 799; CUGAT MAURI, *Tráfico de influencias*, 1997, 190; GIMENO LAHOZ/CORBELLA HERREROS, *Delitos*, 1998, 90; CATALÁN SENDER, *Los delitos cometidos por autoridades*, 1999, 228; MIR PUIG C., *Delitos contra la Administración pública*, 2000, 265; SUÁREZ MIRA-RODRÍGUEZ, *Manual de DP, PE*, 2005, 489; MUÑOZ CONDE, *DP. PE*, 18.ª, 2010, 1045; FERRÉ OLIVÉ, en: ARROYO ZAPATERO, *Comentarios al CP*, 2007, 904. SAP de Málaga 113 10-10-2000; GARCÍA ARÁN, en MUÑOZ CONDE, *Los delitos*, 1997, 19; OCTAVIO DE TOLEDO Y UBIETO, *RJEDJB N° 5*, 1998, 1519.

[143] SAP de Almería 235 25-9-2006; STS 24-6-1994, STSJ DE CATALUÑA 9 27-3-2003.

[144] GARCÍA ARÁN, en MUÑOZ CONDE, *Los delitos*, 1997, 19.

yendo dentro de las hipótesis reguladas a la influencia para dictar resoluciones ilegales pero no injustas[145].

OCTAVIO DE TOLEDO relaciona los delitos de tráfico de influencias con la proposición para delinquir o la inducción al delito, teniendo en cuenta el carácter de delitos de resultado cortado de aquellos y de que corresponden a actos preparatorios punibles[146]. Sin embargo, el mismo autor señala que estos delitos tienen una característica especial que los coloca en un escalón intermedio entre la inducción y la proposición constituida por la mayor intensidad de la eficiencia que requiere la conducta de influir con prevalimiento que las de proponer o invitar, requiriendo la real captación de la voluntad del funcionario[147].

C. MIR PUIG relaciona la influencia con la inducción al señalar: "Dicho verbo tiene, pues, una estructura parecida o similar a la inducción, en el sentido de que 'provoca' en el influido, por medios psíquicos –influjo psíquico–, 'una decisión' (en nuestro caso, la resolución favorable económicamente para el autor o un tercero)"[148].

SÁNCHEZ MARTÍNEZ señala que con la influencia se trata de sancionar que alguien pueda incidir en el proceso motivador que conduce a un funcionario o autoridad a tomar una decisión en un asunto relativo a su cargo[149].

CATALÁN SENDER señala que a través del tráfico de influencias el legislador ha optado por castigar autónomamente la inducción renunciando al juego de sus reglas generales[150].

SUÁREZ MIRA entiende por influir cualquier conducta capaz de determinar a alguien a realizar alguna cosa. Esa capacidad de influencia ha de derivarse de unas previas relaciones entre el influyente y el influido, concretadas en tres posibilidades: a) las derivadas de las facultades del cargo; b) las derivadas de una relación jerárquica

---

145 GARCÍA ARÁN, en MUÑOZ CONDE, *Los delitos*, 1997, 22-24.

146 OCTAVIO DE TOLEDO Y UBIETO, *RJEDJB N° 5*, 1998, 1520.

147 OCTAVIO DE TOLEDO Y UBIETO, *RJEDJB N° 5*, 1998, 1521.

148 MIR PUIG C., *Delitos contra la Administración pública*, 2000, 266.

149 SÁNCHEZ MARTÍNEZ/GONZÁLEZ RUS, *Estudios penales y jurídicos*, 1996, 799.

150 CATALÁN SENDER, *Los delitos cometidos por autoridades*, 1999, 229.

entre ambos sujetos; y c) las derivadas de la relación personal, es decir, ajena a la relación funcionarial[151].

CUGAT MAURI señala que el tráfico de influencias tiene una estructura de conducta similar a la participación, pues quien influye participa de algún modo en la conducta voluntaria y eventualmente delictiva del funcionario influido, y no considera que la presión sea una amenaza y si actúa bajo un margen de libertad cumpliría los requisitos del tipo de prevaricación[152]. Sin embargo, como lo veremos más adelante, esta autora también destaca algunas diferencias entre la inducción y el tráfico de influencias.

b) En segundo lugar, se encuentra un grupo de conceptos que relacionan la influencia con la presión, las coacciones o la fuerza moral, a partir de su relación con el prevalimiento, tal como lo hacen GARCÍAS PLANAS, CABELLO MOHEDANO, ORTÍZ URBINA DE JIMENO, ORTS BERENGUER, MUÑOZ CONDE, JUANES PECES y MARTÍNEZ GALINDO.

GARCÍAS PLANAS[153], CABELLO MOHEDANO[154] y ORTIZ URBINA DE JIMENO[155] definen la influencia como ejercicio de «predominio o fuerza moral», quedando excluida la influencia que la relación en sí misma pueda ejercer[156], constituyendo una conducta cercana a la intimidación[157].

ORTS BERENGUER entiende por influencia presión, actuación sobre otro para que obre de una determinada manera —la deseada por el sujeto activo—. Supone, por tanto, una interferencia en el proceso de toma de decisiones del funcionario influido[158].

MUÑOZ CONDE, por su parte señala que al influir se sanciona a alguien que pueda incidir en el proceso motivador que conduce a un

---

[151] SUÁREZ MIRA-RODRÍGUEZ, *Manual de DP, PE*, 2005, 489.

[152] CUGAT MAURI, *Tráfico de influencias*, 1997, 192.

[153] GARCÍAS PLANAS, *RPJ N° 29*, 1993, 30.

[154] CABELLO MOHEDANO, en: GONZÁLEZ RUS, *Estudios penales*, 1996, 97.

[155] ORTIZ DE URBINA GIMENO, en: SILVA SÁNCHEZ, *Lecciones DP. PE*, 2011, 352.

[156] CABELLO MOHEDANO, en: GONZÁLEZ RUS, *Estudios penales*, 1996, 97.

[157] CABELLO MOHEDANO, en: GONZÁLEZ RUS, *Estudios penales*, 1996, 97.

[158] ORTS BERENGUER, en: VIVES ANTÓN, *DP. PE*, 2004, 928.

funcionario o autoridad a adoptar una decisión en un asunto relativo a su cargo[159]. En este sentido, considera al tráfico de influencias como un ataque a la libertad del funcionario o autoridad[160] y asemeja su estructura a las coacciones o amenazas, aunque sin llegar al grado de constreñimiento físico o psíquico que estos delitos exigen[161].

JUANES PECES relaciona la influencia con las coacciones al señalar que en estas lo esencial es "abusar de una relación de superioridad por cualquier causa, e intentar por medio de ella condicionar la voluntad del funcionario para que adopte una decisión contraria al interés general"[162].

MARTINEZ GALINDO señala por su parte que en la influencia debe concurrir un acto concluyente, consistente en que se ejerza un predominio o fuerza moral sobre el sujeto, de manera que su resolución o actuación se deba a la presión psicológica ejercida[163].

La STSJ de Cataluña 9/2003 27-3-2003 ha entendido por "influencia" tanto autoridad moral como predominio en el ánimo, una presión moral determinante en la acción o decisión de otra persona. Algo así como el influjo psíquico que conforma la inducción, pero esta vez integrado por la posición o status del influyente[164].

La misma jurisprudencia ha destacado que "la doctrina ha hecho ver, respecto de este elemento, la necesidad de relegar extramuros de la previsión penal los supuestos de la llamada influencia adecuada socialmente, en los casos en que comúnmente no queda reprobada la conducta por su inmersión social, y de la llamada influencia no causal u omnímodo facturus, por la prerresolución tomada ya por el funcionario"[165].

---

[159] MUÑOZ CONDE, *DP. PE*, 18.ª, 2010, 1045 y 1046. Acoge esta posición CATALÁN SENDER, *Los delitos cometidos por autoridades*, 1999, 228.

[160] MUÑOZ CONDE, *DP. PE*, 18.ª, 2010, 1045 y 1046.

[161] MUÑOZ CONDE, *DP. PE*, 18.va, 2010, 1045 y 1046.

[162] JUANES PECES, en: COORDERO SAAVEDRA, *Las universidades públicas*, 1999, 1599.

[163] MARTÍNEZ GALINDO, *RDPPP N° 22*, 2005, 39.

[164] STSJ de Cataluña 9 27-3-2003.

[165] STSJ de Cataluña 9 27-3- 2003.

Para QUERALT JIMÉNEZ, el tráfico de influencias exige presión y, por ello, es necesario deslindar este delito de meros usos sociales como actos como el compañerismo o la recomendación[166].

c) Por último, se encuentran las definiciones que incluyen dentro de la influencia supuestos de inducción y de presión o que mezclan ambos conceptos.
En este sentido, MORILLAS CUEVA define la influencia como "la sugestión, inclinación, invitación o instigación que una persona lleva a cabo sobre otra para alterar el proceso motivador de ésta, que ha de ser una autoridad o funcionario, respecto de una decisión a tomar en un asunto relativo a su cargo abusando de una situación de superioridad"[167].
MIR PUIG/CORCOY BIDASOLO consideran que la influencia está relacionada con la sugestión, inducción o instigación de otra persona realizada mediante el abuso de poder de la primera para alterar el proceso motivador de la segunda[168].
Por su parte, el TS define en alguna sentencia el influir como

> "la sugestión, inclinación, invitación o instigación que una persona lleva a cabo sobre otra para alterar el proceso motivador de ésta, que ha de ser una autoridad o funcionario, respecto de una decisión a tomar en asunto relativo a su cargo abusando de una situación de superioridad, lo que un sector de la doctrina científica ha llamado ataque a la libertad del funcionario o autoridad que tiene que adoptar, en el ejercicio del cargo, una decisión, introduciendo en su motivación elementos ajenos a los intereses públicos, que debieran ser los únicos ingredientes de su análisis, previo a la decisión"[169].

Esta última posición resultaría la más adecuada si sólo existiera el delito de ejercicio de influencia por autoridad o funcionario que abusa de su rela-

---

166 QUERALT JIMÉNEZ, *DP. Español, PE*, 2010, 1178.

167 MORILLAS CUEVA, en: COBO DEL ROSAL, *DP español*, 2005, 908.

168 MIR PUIG, en: MIR PUIG/CORCOY BIDASOLO, *Comentarios al CP*, 2011, 933.

169 STS 24-6-1994; similar STS 537/2002, de 5-4: prevalimiento requiere ataque a la libertad del funcionario; SAP Almería 235 25-9-2006; AAP Girona 442 28-7-2005; AAP Girona 216 19-4-2005; STSJ Cataluña 9 27-3-2003.

ción jerárquica o en general de superioridad respecto de otro funcionario, que en efecto es una de las modalidades típicas del art. 428, pues el grado de influencia dependerá de la forma de prevalimiento utilizada, puesto que los supuestos fundados en una relación jerárquica o en el abuso del cargo sí que pueden llegar a constituir una coacción para el funcionario o la autoridad proveniente de otra autoridad o funcionario jerárquicamente superior o en todo caso en posición más alta.

Pero ocurre que existen otras modalidades típicas de ejercicio de influencias que no requieren abuso de superioridad o de coacción. Ya en el propio art. 428, junto a la influencia del funcionario basada en la "relación jerárquica" con el funcionario influido, la ley admite que la autoridad o funcionario influyente pueda hacerlo basándose en (prevaliéndose de) su "relación personal" con el otro funcionario o autoridad, o sea, en una relación precisamente de compañeros o colegas o incluso de amistad generada por el compañerismo funcionarial; o incuso prevaliéndose del "ejercicio de facultades del cargo", que no necesariamente han de implicar la superioridad jerárquica y poder por ello ordenar o presionar, sino que pueden suponer informes, propuestas o similares al funcionario que resuelve. Y de modo aún más claro, existe además el ejercicio de influencia del art. 429 por parte de un particular, que desde luego no es superior jerárquico del funcionario ni tampoco ha de presionarlo necesariamente, sino que influye prevaliéndose "de cualquier situación derivada de su relación personal" con el funcionario; por tanto, situación cualquiera y cualquier relación personal, que incluye desde luego las de amistad, parentesco, sexuales, de negocios o intereses, etc. Así lo reconoce claramente en la jurisprudencia, p. e., la STS 184/2000[170].

En definitiva, la influencia puede producirse tanto presionando o coaccionando, prevaliéndose entonces de la superioridad jerárquica (de otro

---

[170] STS 184/2000, de 15-2, que admite tráfico de influencias en un caso en que el hijo de un alcalde, prevaliéndose de dicho parentesco íntimo, consigue que este conceda una licencia de obras (por cierto claramente ilegal, por lo que se apreció también prevaricación) a una sociedad constituida por su hijo y unos compañeros, fundamentándolo así: "El prevalimiento que menciona el art. 404 bis b) CP/1973 no se debe identificar con una forma coactiva sobre la voluntad del funcionario. La tipicidad sólo requiere que los autores se hayan valido de una situación que pueda influir sobre la motivación al funcionario. Desde este punto de vista es indudable que el recurrente se ha valido de su situación de socio de la empresa beneficiaria para motivar a su padre al otorgamiento de la licencia [...] el requisito de prevalimiento se debe tener por acreditado cada vez que los peticionantes de una decisión de la autoridad son conscientes de emplear medios que estimulen actos de favoritismo del funcionario".

funcionario) o de la fuerza moral de la presión o amenaza (de un particular), como induciendo o convenciendo precisamente por la relación personal y no por razones objetivas, pero sin coacción, amenaza o creación de temor, prevaliéndose entonces el particular o el funcionario de su estrecha relación personal de amistad, sentimental, sexual, de parentesco, de negocios, de colegas etc. con el funcionario influido (o sea, la corrupción derivada del nepotismo, amiguismo, coleguismo, favoritismo, etc.). "Prevalerse", según el *DRAE*, es "valerse o servirse de algo para ventaja o provecho propio", puesto que "pre-" solamente implica idea de adelantarse u obtener ventaja frente a otros, pero ello puede lograrse perfectamente mediante relaciones, astucia, dinero o cualquier otro medio no coactivo o violento ni de superioridad y de coacción de la libertad del otro. Es decir, el "prevalimiento" del que habla el tipo no tiene que ser necesariamente prevalerse de superioridad o coacción como tantas veces se sostiene, sino que puede consistir también en prevalerse de la relación personal especial, como reconoce expresamente el tenor literal tanto en el art. 428 como en el 429.

Por tanto, la más adecuada es la interpretación amplia que incluye en la acción de influir tanto la inducción basada en la elación personal sin coacción como la presión o coacción.

Ahora bien, cuando el medio de influir en el funcionario consista en una amenaza o coacción que rebase claramente la simple presión o el abuso de superioridad, se podrá apreciar un concurso medial (del art. 77 CP) de un delito de amenazas condicionales de los arts. 169 o 171 o de coacciones del art. 172 con el delito de tráfico de influencias del art. 428 o 429, dado que, junto con el ataque a la imparcialidad de la administración pública propio del tráfico de influencias habrá un adicional desvalor de un claro ataque a la libertad y seguridad del funcionario amenazado o coaccionado que excede de la posibilidad implícita en el art. 428 o 429. Y como hemos apuntado, ello a su vez podrá repercutir en la atenuación o incluso exención de culpabilidad del funcionario coaccionado o amenazado.

#### *2.3.1.2. Características*

No cualquier influencia puede ser considerada como punible por el ordenamiento jurídico, pues de lo contrario se violaría el principio de intervención mínima o se establecerían como típicas conductas adecuadas socialmente[171]:

a) La influencia no puede concretarse en el ofrecimiento o entrega de una dádiva, porque tal cosa constituiría un delito de cohecho[172], conducta que sería aplicable preferentemente al tráfico de influencias en aplicación de principio de especialidad.
b) La influencia debe ser concreta, no difusa, como podría ser la existencia de conversaciones o de encuentros[173]. En este sentido, la jurisprudencia ha sido estricta en exigir que se pruebe la existencia de una influencia concreta y sobre un funcionario concreto para que se configure el delito de tráfico de influencias, tal como se ha hecho en la AAPM 570 21-10-2005[174] y en el ATS 19-9-5, donde se profirió sobreseimiento por no haberse demostrado este elemento[175].

---

171 MUÑOZ CONDE, *DP. PE*, 18.ª, 2010, 1045 y 1046; MIR PUIG C., *Delitos contra la Administración pública*, 2000, 266.

172 SÁNCHEZ MARTÍNEZ/GONZÁLEZ RUS, *Estudios penales y jurídicos*, 1996, 799; SERRANO GÓMEZ/SERRANO MAÍLLO, *DP. PE*, 2007, 818; ORTÍZ DE URBINA GIMENO, en: SILVA SÁNCHEZ, *Lecciones DP. PE*, 2011, 352; MUÑOZ CONDE, *DP. PE*, 18.ª, 2010, 1046.

173 CATALÁN SENDER, *Los delitos cometidos por autoridades*, 1999, 229.

174 AAPM 570 21-10-2005: "Con independencia de la dudosa condición de funcionario público o autoridad que se atribuye al comisario de la quiebra querellado, lo más esencial a los efectos de desestimar la pretensión de la querellante, es que no consta entre las extensas alegaciones que efectúa para justificar su pretensión, en qué concreta actuación se hubiera ejercido la supuesta influencia y quién es el funcionario público o autoridad sobre el que se hubiera materializado esa actuación para conseguir una resolución que pudiera generar directa o indirectamente un beneficio económico para el comisario querellado o para un tercero, conforme exige el artículo 429 del Código Penal (RCL 1995, 3170 y RCL 1996, 777) al tipificar el delito de tráfico de influencias".

175 ATS 19-9-5: "Ante todo es necesario recordar que la recepción de donaciones para un partido político no constituye delito, pues como lo ha reconocido nuestra jurisprudencia, no existe en el derecho vigente un régimen de financiación de partidos cuya infracción haya sido tipificada legalmente como delito (Confr. STS 1/1997, DE 28 DE OCTUBRE [RJ 1997, 7843] ). De acuerdo con la Exposición Razonada es claro que ninguno de los dos aforados puede haber sido autor del delito de prevaricación (art. 404 Cp [RCL 1995, 3170 y RCL 1996, 777]). En toda la Exposición no existe la menor constancia de que hubieran dictado resoluciones arbitrarias en asunto administrativo alguno. Tampoco existe la menor constancia de que las subvenciones hayan sido otorgadas mediante resoluciones arbitrarias del funcionario competente. Se ignora quiénes eran estos funcionarios competentes que suscribieron tales actos administrativos. Consecuentemente, no existe tampoco el menor punto de apoyo para imputarles acciones de inducción o de cooperación en delito alguno de prevaricación. Las mismas razones excluyen la posibilidad de subsumir estos hechos bajo el tipo del tráfico de influencias (art. 428/431 CP), dado que se ignora ante qué funcionarios podrían haber influido los aforados con prevalimiento del ejercicio

c) La influencia se puede dar no sólo sobre el funcionario con competencias para resolver, sino también sobre aquellos que desarrollen funciones "significativamente condicionantes" de aquella, como en el caso de los informes técnicos[176].
En este sentido, OCTAVIO DE TOLEDO señala que no es preciso que el funcionario influido tenga la competencia para resolver el asunto correspondiente, sino que basta con que posea facultades próximas a la actuación resolutoria y condicionantes de la misma, pues la finalidad de conseguir una resolución podrá canalizarse directamente influyendo en quien dicta la resolución o indirectamente a través de quienes han de emitir informes favorables a la misma[177].
En este sentido, por ejemplo tiene igual efecto influir sobre quien debe dictar una licencia urbanística o ambiental a hacerlo sobre aquel que simplemente tenga que emitir un informe favorable a la misma, pues en ambos casos materializará la finalidad de obtener una resolución de la cual se derive un beneficio económico.
d) Algunos sostienen que la influencia no puede consistir en la mera inducción[178], pues esta ya se podría sancionar a través de una inducción a la prevaricación. Ya sabemos que eso no es exacto, puesto que la resolución del funcionario influido será no imparcial o favoritista, pero no ha de ser necesariamente prevaricadora. Sin embargo, siguiendo aquel punto de vista, CUGAT MAURI destaca por ello junto con la jurisprudencia algunas diferencias específicas entre la inducción a la prevaricación y el tráfico de influencias[179]:

- No debe probarse que quien influye haga nacer la resolución criminal en otro.

---

del cargo o de alguna relación jerárquica en el otorgamiento de las subvenciones de las que disfrutaron las empresas de Daniel".

176 OCTAVIO DE TOLEDO Y UBIETO, *RJEDJB N° 5*, 1998, 1521; SUÁREZ MIRA-RODRÍGUEZ, *Manual de DP, PE*, 2005, 489.

177 OCTAVIO DE TOLEDO Y UBIETO, *RJEDJB N° 5*, 1998, 1521.

178 DÍAZ Y GARCÍA CONLLEDO, *Delitos contra la Administración pública*, 1997, 172; CUGAT MAURI, en: CORDOBA RODA/GARCÍA ARÁN, *Comentarios al CP. PE*, 2004, 20 y 42.

179 CUGAT MAURI, en: CORDOBA RODA/GARCÍA ARÁN, *Comentarios al CP. PE*, 2004, 2042.

- Se admite la influencia directa y la indirecta –la llamada influencia en cadena.
- No se requiere que la influencia sea eficaz, basta con que sea idónea.
- Tampoco se exige que la resolución sea positiva (como exige parte de la doctrina respecto de la prevaricación) y prevaricadora, sino que se incluyen las resoluciones por omisión y meramente desviadas (en la línea del cohecho pasivo impropio).

En este sentido concluye CUGAT MAURI que "con la introducción del tipo de tráfico de influencias el legislador pretende llegar allí donde no puede llegar la inducción a la prevaricación: la creación de redes de favor que eventualmente aunque no necesariamente pueden facilitar la adopción de resoluciones orientadas a la satisfacción de intereses privados"[180].

e) La influencia debe ser real, no simulada, pues si media un engaño se configura una estafa y no un tráfico de influencias[181]. No obstante, tal conducta sí podría encajar además en el delito de ofrecimiento de influencias del art. 430, lo que examinaremos infra 3.4.

f) Por último, para la doctrina, no basta la simple influencia sin más, como un tanto precipitadamente entendió algún sector doctrinal en los primeros comentarios a estos nuevos preceptos[182].

En este sentido señala MUÑOZ CONDE que "no se trata de penalizar la recomendación, una práctica por lo demás habitual y que, por inmoral y rechazable que parezca, no afecta directamente, o no tiene por qué afectar a la decisión que se adopte"[183]; por ello se requiere además el prevalimiento, cuyos aspectos más importantes serán explicados más adelante.

En este sentido, la jurisprudencia ha señalado además que la influencia debe ser idónea, constituyendo realmente una presión psicológica

---

[180] CUGAT MAURI, en: CORDOBA RODA/GARCÍA ARÁN, *Comentarios al CP. PE*, 2004, 2042.

[181] MIR PUIG, en: MIR PUIG/CORCOY BIDASOLO, *Comentarios al CP*, 2011, 934.

[182] MUÑOZ CONDE, *DP. PE*, 18.ª, 2010, 1045. En sentido similar, MIR PUIG, en: MIR PUIG/CORCOY BIDASOLO, *Comentarios al CP*, 2011, 934.

[183] MUÑOZ CONDE, *DP. PE*, 18.ª, 2010, 1045.

de la voluntad del funcionario[184] y exigiendo concretamente que la resolución debe ser objetivamente imputable a la presión ejercida[185], en el sentido de que no se hubiera producido sin tal influencia[186].
El núcleo del medio reprobable del tráfico de influencias se encuentra en el ataque o afectación a la libertad del funcionario que tiene que adoptar en el ejercicio de su cargo una decisión motivada por intereses ajenos a los públicos[187] o como lo ha entendido la jurisprudencia: predominio o fuerza moral sobre el sujeto pasivo de manera que su resolución o actuación sea debida a la presión ejercida[188]. Sin embargo, como hemos visto, no es preciso que haya coacción, amenaza –ni menos constitutivas de delito– o gran presión por relación jerárquica o de superioridad/inferioridad, sino que basta una afectación difusa a la libertad del funcionario constituida por la presión que para él supone que la petición provenga de un amigo, pareja, pariente, compañero o personas con relación y proximidad muy estrecha.
De esta manera, para respetar el principio de intervención mínima del Derecho penal deben excluirse del tipo los supuestos en que la actividad influenciadora del autor no despliegue efectividad alguna en el funcionario que se trata de influir, siendo imprevisible objetivamente y ex ante dicha efectividad –con lo que faltaría la imputación objetiva al no crearse ningún riesgo típicamente relevante–[189].

---

[184] SAP Almería 235 25-9-2006: "Es por lo tanto, un delito de mera actividad y se necesita que se ejerzan actos externos de presión psicológica con la voluntad de obtener la resolución y, en el caso del subtipo agravado, un beneficio; de modo que cualquier acto de influencia idónea, consumará el delito y si carece de esa idoneidad, bien porque la influencia se acomode al uso social o simplemente porque la influencia sea manifiestamente inoperante a los fines que se persiguen, será simplemente impune".

[185] STS 5-4- 2002; AAP Castellón 206 A 12-7-2003.

[186] AAP Castellón 304 22-11-2003.

[187] GIMENO LAHOZ/CORBELLA HERREROS, *Delitos*, 1998, 90.

[188] AAP Girona 216 19-4-2005: "Y en la Sts Sala 2ª de 7-4-2004 (RJ 2004, 2818) , se recuerda que 'la jurisprudencia de esta Sala ha declarado que entre los requisitos del tráfico de influencias, además de la condición de funcionario público del autor y del destinatario de la influencia, y de la finalidad de obtención de un beneficio económico, propio o de tercero, ha de concurrir un acto concluyente que rellene el tipo penal, esto es, que se ejerza predominio o fuerza moral sobre el sujeto pasivo de manera que su resolución o actuación sea debida a la presión ejercida (SSTS 29-10-2001 [RJ 2001, 9758] y 5-4-2002 [RJ 2002, 4267])'".

[189] MIR PUIG C., *Delitos contra la Administración pública*, 2000, 266.

También están fuera del concepto de tráfico de influencias aquellos supuestos en los cuales la influencia no haya causado en el funcionario sujeto pasivo de la acción efectividad alguna en la toma de la decisión, al ya estar previamente a la influencia "resuelto" a actuar de conformidad con la misma de todos modos[190], razón por la cual debe considerarse impune la influencia para realizar un acto completamente lícito, pues era deber o derecho del funcionario haberlo efectuado, por lo cual de cualquier manera se habría producido el mismo efecto.

#### *2.3.2. El prevalimiento*

La doctrina exige que la influencia vaya acompañada del prevalimiento para aplicar el delito de tráfico de influencias[191], posición igualmente acogida por la jurisprudencia[192], situación que lo diferencia de otros delitos contra la administración pública[193].

##### *2.3.2.1. Concepto*

Si bien la doctrina y la jurisprudencia han exigido el prevalimiento como uno de los elementos fundamentales del tráfico de influencias, no existe acuerdo sobre el concepto del mismo:

SERRANO GÓMEZ y SERRANO MAÍLLO entienden el prevalimiento en el sentido de presión de un funcionario sobre otro para que resuelva en determinado sentido, sin llegar a la coacción o amenaza, pues entonces podríamos estar ante uno de estos delitos que sería de aplicación preferente por el principio de especialidad[194].

---

[190] MIR PUIG C., *Delitos contra la Administración pública*, 2000, 266.

[191] GARCÍA ARÁN, en MUÑOZ CONDE, *Los delitos*, 1997, 19; CUGAT MAURI, *Tráfico de influencias*, 1997, 197; DÍAZ Y GARCÍA CONLLEDO, en: ASÚA BATARRITA, *Delitos contra la Administración pública*, 1997, 172; MIR PUIG C., *Delitos contra la Administración pública*, 2000, 267; SUÁREZ MIRA-RODRÍGUEZ, *Manual de DP, PE*, 2005, 489; MORALES PRATS/RODRÍGUEZ PUERTA, en: QUINTERO OLIVARES, *Comentarios a la PE del DP*, 2011, 1257; ORTÍZ DE URBINA GIMENO, en: SILVA SÁNCHEZ, *Lecciones DP. PE*, 2011, 352; SERRANO GÓMEZ/SERRANO MAÍLLO, *DP. PE*, 2007, 352; MUÑOZ CONDE, *DP. PE*, 18.ª, 2010, 1045 y ss.; POLAINO NAVARRETE, *Comentarios*, 2011, 336.

[192] AAP Girona 442 28-7-2005; SAP de Almería 235 25-9-2006; AAP Girona 216 19-4-2005 y AAP Castellón 304 22-11-2003.

[193] CUGAT MAURI, en: CORDOBA RODA/GARCÍA ARÁN, *Comentarios al CP. PE*, 2004, 2043.

[194] SERRANO GÓMEZ/SERRANO MAÍLLO, *DP. PE*, 2007, 819 y 820.

Para GARCÍA ARÁN, el prevalimiento de la relación es el elemento que mediatiza la voluntad del funcionario y afecta a la imparcialidad de la administración pública[195].

Para GIMENO LAHOZ/CORBELLA HERREROS, el prevalimiento consiste en "el abuso de una situación de superioridad originada en cualquier causa, como la superioridad en el orden jerárquico o político cuando es una autoridad o funcionario el sujeto activo, o las relaciones personales cuando el sujeto activo es un particular, como es el caso de las familiares, afectivas o amistosas"[196].

MORILLAS CUEVA entiende por prevalimiento la "utilización, por parte del funcionario o autoridad, de una determinada situación de poder como mero instrumento que permite, con mayor facilidad, el condicionamiento de la decisión que, en el marco de la gestión pública, debe de adoptar otro funcionario o autoridad".

Para MUÑOZ CONDE por prevalimiento se entiende el influir abusando de una situación de superioridad originada por cualquier causa[197]. En este sentido, MUÑOZ CONDE considera al tráfico de influencias como un ataque a la libertad del funcionario o autoridad que tiene que adoptar, en el ejercicio de su cargo, una decisión, introduciendo en su motivación elementos ajenos a los intereses públicos, lo que supone un factor de incremento del riesgo de desviación de la función pública[198]. Por ello, este autor asemeja su estructura a las coacciones o amenazas, aunque sin llegar al grado de constreñimiento físico o psíquico que estos delitos exigen[199].

Para CUGAT MAURI, el ejercicio de influencia con prevalimiento "implica cierto grado de restricción de la libertad del funcionario objeto de la influencia, que se reputa idóneo para el aseguramiento de la obtención de la resolución administrativa"[200], constituyendo el abuso de la influencia que se posee[201].

---

195 GARCÍA ARÁN, en MUÑOZ CONDE, *Los delitos*, 1997, 19.

196 GIMENO LAHOZ/CORBELLA HERREROS, *Delitos*, 1998, 90.

197 MUÑOZ CONDE, *DP. PE*, 18.ª, 2010, 1045. Acoge esta posición SÁNCHEZ MARTÍNEZ/GONZÁLEZ RUS, *Estudios penales y jurídicos*, 1996, 802.

198 MUÑOZ CONDE, *DP. PE*, 18.ª, 2010, 1045 y 1046.

199 MUÑOZ CONDE, *DP. PE*, 18.ª, 2010, 1045 y 1046.

200 CUGAT MAURI, *Tráfico de influencias*, 1997, 197.

201 CUGAT MAURI, *Tráfico de influencias*, 1997, 197.

CATALÁN SENDER define al prevalimiento como el abuso de una situación de superioridad o el abuso o uso indebido de la condición subjetiva del funcionario[202]. En similar sentido, POLAINO NAVARRETE exige el abuso del cargo como elemento del tipo y señala que son por tanto atípicas por adecuación social las conductas constitutivas de influencia que no impliquen abuso ni provecho ilícito[203].

C. MIR PUIG, identifica a este requisito con el abuso de la influencia, el influir por medios ilícitos: el prevalimiento de determinada situación (abusando de las facultades del cargo o de otra relación personal o jerárquica)[204].

Para SUÁREZ MIRA, en el prevalimiento las relaciones citadas han de usarse de un modo abusivo, o sea, que sirvan para fines distintos de los que resulten apropiados[205]. En este sentido, se prevale de las facultades de su cargo el funcionario que influye sobre su subordinado[206].

DÍAZ Y GARCÍA CONLLEDO entiende por prevalimiento una mayor presión sobre la voluntad del funcionario o autoridad, de manera que se afecta en cierta medida la libertad en la formación de esa voluntad (sin que sea necesaria una anulación de la misma ni una fuerte coacción sobre ella)[207].

En mi opinión, el concepto de prevalimiento tiene dos claves fundamentales: en primer término, el abuso de una situación o prevalimiento de una situación de amistad íntima, del estrecho conocimiento, del vínculo de sangre o de superioridad, entre otras, como destaca MUÑOZ CONDE[208], y la posibilidad de afectar con la misma la libertad del funcionario público, como señala DÍAZ Y GARCÍA CONLLEDO[209].

---

[202] CATALÁN SENDER, *Los delitos cometidos por autoridades*, 1999, 230.

[203] POLAINO NAVARRETE, *Lecciones*, 2011, 337.

[204] MIR PUIG C., *Delitos contra la Administración pública*, 2000, 267.

[205] SUÁREZ MIRA-RODRÍGUEZ, *Manual de DP, PE*, 2005, 489.

[206] ORTÍZ DE URBINA GIMENO, en: SILVA SÁNCHEZ, *Lecciones DP. PE*, 2011, 352.

[207] DÍAZ Y GARCÍA CONLLEDO, en: ASÚA BATARRITA, *Delitos contra la Administración pública*, 1997, 172.

[208] MUÑOZ CONDE, *DP. PE*, 18.ª, 2010, 1045. Acoge esta posición SÁNCHEZ MARTÍNEZ/ GONZÁLEZ RUS, *Estudios penales y jurídicos*, 1996, 801.

[209] DÍAZ Y GARCÍA CONLLEDO, en: ASÚA BATARRITA, *Delitos contra la Administración pública*, 1997, 172.

*2.3.2.2. Formas de prevalimiento*

No cualquier prevalimiento es constitutivo del tráfico de influencias, pues debe fundarse en el ejercicio de las facultades del cargo, en una relación de jerarquía o en una relación personal[210]:

a) El prevalimiento fundado en el abuso de facultades propias del cargo se refiere a un ejercicio abusivo y fuera de las normales competencias administrativas de la autoridad o funcionario que se dirige al que ha de decidir[211], es decir, se concreta en abusar de la condición subjetiva de funcionario o de las atribuciones propias del cargo que desempeña[212].

   En este sentido, CABELLO MOHEDANO, señala la similitud de esta forma de prevalimiento con el agravante contemplado en el numeral 10 del art. del CP: "prevalerse del carácter público que tenga el culpable"[213].

   Las especiales condiciones de esta forma de influencia hacen que únicamente pueda ser llevada a cabo por un funcionario público y no por un particular[214].

   El elemento fundamental que el tipo requiere, en la modalidad delictiva analizada, reside en el uso indebido de facultades por parte del funcionario, con la precisa finalidad de obtener una resolución que le beneficie a él o a un tercero[215].

   Por "facultades del cargo" se han entendido las facultades de carácter subjetivo o personal que tienen todos los funcionarios por estar investidos de un carácter público u oficial, dado que dicho carácter

---

[210] MORILLAS CUEVA, en: COBO DEL ROSAL, *DP español*, 2005, 908 y 909; MUÑOZ CONDE, *DP. PE*, 18.ª, 2010, 1045.

[211] SAP de Almería 235 25-9-2006.

[212] MORALES PRATS/RODRÍGUEZ PUERTA, en: QUINTERO OLIVARES, *Comentarios a la PE del DP*, 2011, 1258.

[213] CABELLO MOHEDANO, en: GONZÁLEZ RUS, *Estudios penales* 1996, 98.

[214] MORALES PRATS/RODRÍGUEZ PUERTA, en: QUINTERO OLIVARES, *Comentarios a la PE del DP*, 2011,1258.

[215] MORALES PRATS/RODRÍGUEZ PUERTA, en: QUINTERO OLIVARES, *Comentarios a la pe del dp*, 2007, 1259.

les reporta, como norma general, mayores ventajas o privilegios para entrar en contacto con otros funcionarios públicos[216].

b) En el prevalimiento fundado en la jerarquía, la acción de influir puede consistir en dar una orden, si se trata del superior jerárquico del funcionario obligado a emitir la resolución, o en hacer uso de su superior rango para incidir en la resolución del que no es inferior jerárquico[217], situación con mayor carga coactiva que la modalidad de prevalimiento anterior, pues de la decisión depende cualquier ventaja o expectativa profesional del influido[218].

   En este sentido, CATALÁN SENDER considera esta forma de prevalimiento aplicable a los funcionarios que se encuentren en la carrera funcionarial para considerar que pueden tener influencia jerárquica, lo cual no sucedería en el supuesto de cargos políticos donde incluso un funcionario de menor jerarquía podría influir en uno de mayor, aunque sin que pueda sancionarse por medio de este tipo penal[219], posición que acogemos, aunque consideramos que este última hipótesis no quedará impune, sino que podrá sancionarse a través de la última forma de prevalimiento, es decir, aquella derivada de una situación personal.

   CUGAT MAURI destaca con la jurisprudencia que la amplitud de supuestos que contiene el tipo permite incluir tanto la influencia al inferior jerárquico o vertical, como la de carácter horizontal, es decir, la llevada a cargo entre personas con igual jerarquía dentro de la administración[220].

   FERRÉ OLIVÉ señala algunos casos como la actuación del funcionario que recibe la influencia puede motivarse en el respeto que le merece el cargo o en otras circunstancias propias de las relaciones

---

216 MIR PUIG C., *Delitos contra la Administración pública*, 2000, 267.

217 MORALES PRATS/RODRÍGUEZ PUERTA, en: QUINTERO OLIVARES, *Comentarios a la PE del DP*, 2005, 1258.

218 SAP Almería 235 25-9-2006.

219 CATALÁN SENDER, *Los delitos cometidos por autoridades*, 1999, 231.

220 STS 21-12-1999; CUGAT MAURI, en: CORDOBA RODA/GARCÍA ARÁN, *Comentarios al CP. PE*, 2004, 2044.

funcionariales, como por ejemplo las expectativas de obtener un puesto de confianza o superior[221].

En la mayoría de los supuestos de esta forma de prevalimiento, el funcionario obligado a emitir la resolución puede actuar por miedo a futuras represalias o perjuicios, o movido por el interés de obtener en el futuro un mejor trato de su superior[222], de allí el carácter coactivo de esta forma de prevalimiento.

c) El prevalimiento de las relaciones personales se distingue de los dos anteriores en que para abusar de esta clase de relaciones (de parentesco, de amistad, de pertenencia a un mismo partido político o incluso amorosas) no se requiere la condición de funcionario y porque el ejercicio de influencias prevaliéndose de esta clase relaciones reportará como ventaja subjetiva la satisfacción de relaciones de amistad o parentesco, o incluso la posibilidad de un ascenso en la carrera política)[223].

La STS de 5 de abril de 2002, señala otros claros ejemplos de situaciones constitutivas de tráfico de influencias como el chantaje moral, las relaciones amorosas serias, las perspectivas futuras de carrera profesional o política, etc.[224]

Por su parte, MUÑOZ CONDE considera como ejemplos de tráfico de influencias los supuestos de "intimidación implícita" o de "chantaje moral", derivados del "clientelismo político", "mejores perspectivas en la carrera política o profesional" o "relaciones amorosas o afectivas", aunque siempre interpretados de manera restrictiva, pues de lo contrario se sancionarían conductas carentes de nocividad social como tomar una copa con los amigos o pertenecer al mismo club o asociación deportiva[225].

---

221 FERRÉ OLIVÉ, en: ARROYO ZAPATERO, *Comentarios al CP*, 2007, 904.

222 MORALES PRATS/RODRÍGUEZ PUERTA, en: QUINTERO OLIVARES, *Comentarios a la PE del DP*, 2011, 1258.

223 MORALES PRATS/RODRÍGUEZ PUERTA, en: QUINTERO OLIVARES, *Comentarios a la PE del DP*, 2011, 1258.

224 ORTS BERENGUER, en: VIVES ANTÓN, *DP. PE*, 2004, 928.

225 MUÑOZ CONDE, *DP. PE*, 18.ª, 2010, 1046. Acoge esta posición, MARTÍNEZ GALINDO, *RDPP N° 22*, 2005, 42.

C. MIR PUIG destaca que la influencia puede venir propiciada por motivos de afinidad política, amistad u otro tipo de relaciones personales o afectivas (dentro de las que tienen cabida las sexuales)[226]. MUÑOZ CONDE sugiere una interpretación restrictiva de las relaciones personales, pues de lo contrario relaciones de carácter familiar, afectivas o amistosas entrarían dentro del tipo penal[227], por ello en estas requiere de manera especial que se trate de un verdadero ataque a la libertad del funcionario o autoridad[228].
Al respecto ha señalado la jurisprudencia

> "que si bien en principio parece puede tomarse en consideración cualquier relación familiar, afectiva o amistosa, dado que el "prevalimiento" es empleado como elemento diferenciador de la simple influencia atípica, debe darse al mismo una interpretación restrictiva, en cuanto supone un verdadero ataque a la libertad del funcionario o de la autoridad que tiene que adoptar una decisión en el ejercicio de su cargo. Citándose como casos concretos de ello el chantaje moral, las relaciones amorosas serias o las perspectivas futuras en la carrera profesional o política, como puede ser en los cargos de elección pública el temor a ser eliminado de las listas electorales en próximas convocatorias. En definitiva, la resolución debe ser objetivamente imputable a la presión ejercida, en el sentido de que no se hubiera producido sin tal influencia"[229].

Sobre esta forma de prevalimiento el TSJ de Cataluña y la AP de Almería han destacado que lo mismo se presenta,

> "bien por una situación derivada de una relación personal (de amistad, de parentesco, de afinidad política, amorosa, etc.), que pueda mover el ánimo del funcionario afectado, por humana presión, más análoga a las previstas en el artículo siguiente; bien por una situación derivada

[226] MIR PUIG C., *Delitos contra la Administración pública*, 2000, 267.

[227] MUÑOZ CONDE, *DP. PE*, 18.ª, 2010, 1046 y 1047.

[228] MUÑOZ CONDE, *DP. PE*, 18.ª, 2010, 1045 y 1046.

[229] STS 5-4-2002; AAP Castellón 206 A 12-7-2003 y AAP Girona 96 18-2-2003.

de relación jerárquica, con mayor carga coactiva todavía que la primera, en cuanto depende de la decisión cualquier ventaja o expectativa profesional del influido"[230].

Esta posición es compartida en la STS 184/2000, de acuerdo con la cual existen otras modalidades típicas de ejercicio de influencias que no requieren abuso de superioridad o de coacción.

#### *2.3.2.3. Eficacia del prevalimiento*

El prevalimiento debe tener un cierto grado de eficacia, esto es, exceder de la mera "recomendación", y estar en condiciones de determinar el comportamiento del funcionario. Con esta interpretación se pretende dar significado al término "prevaliéndose" que usa el Código, reduciendo el grado de indefinición del tipo[231], aunque el delito se consuma, según una interpretación posible, en el momento en que se influye con la finalidad de obtener la resolución[232], y, según otra posible interpretación más restrictiva, cuando se influye efectivamente en la actuación del funcionario logrando que resuelva favorablemente: v. al respecto infra 4.1 c).

En este sentido, aunque el tráfico de influencias constituye un delito de peligro[233], la jurisprudencia exige al menos que la resolución debe ser objetivamente imputable a la presión ejercida, en el sentido de que no se hubiera producido sin tal "influencia"[234].

### **2.4. La resolución**

La acción de influir debe dirigirse hacia un acto concluyente, una resolución que pueda generar un beneficio económico y afecte la imparcialidad de la administración[235], situación reconocida también por la jurispruden-

---

230 STSJ Cataluña 9 27-3–2003 y SAP Almería 235 25-9-2006.

231 SUÁREZ MIRA-RODRÍGUEZ, *Manual de DP, PE*, 2005, 489.

232 MORILLAS CUEVA, en: COBO DEL ROSAL, *DP español*, 2005, 909.

233 SERRANO GÓMEZ/SERRANO MAÍLLO, *DP. PE*, 2007, 820.

234 FERRÉ OLIVÉ, en: ARROYO ZAPATERO, *Comentarios al CP*, 2007, 904.

235 CATALÁN SENDER, *Los delitos cometidos por autoridades*, 1999, 231; MIR PUIG C., *Delitos contra la Administración pública*, 2000, 268; MORALES PRATS/RODRÍGUEZ PUERTA, en: QUINTERO OLIVARES, *Comentarios a la PE del DP*, 2011, 1259; FERRÉ OLIVÉ, en: ARROYO ZAPATERO, *Comentarios al CP*, 2007, 905.

cia[236]. No basta con la intención de realizar una gestión o una actuación no regulada por el Derecho, es necesario que la conducta se dirija a obtener una resolución[237].

### *2.4.1. Concepto*

Dentro de la interpretación estricta el TS ha entendido por la resolución a la que hace referencia el tráfico de influencias, un acto administrativo o una decisión judicial propia de su competencia en el momento en el que se ejerce sobre él la influencia[238].

Sin embargo, en un entendimiento más amplio y acertado del concepto de resolución, CUGAT MAURI señala que el concepto de la misma en el campo penal no coincide necesariamente con el administrativo y por ello incluye dentro de aquel concepto también a los acuerdos y decisiones de órganos colegiados, excluyendo los dictámenes y los informes[239].

En este sentido, esta autora entiende por resolución "cualquier acto administrativo que suponga una declaración de voluntad, de contenido decisorio que afecte a los derechos de los administrados y a la colectividad en general"[240], concepto dentro del cual se incluyen los acuerdos y las decisiones[241].

De este concepto excluye los informes y los actos de ejecución de la resolución, pues se requiere como en la prevaricación que la resolución tenga carácter resolutorio[242], aunque no exige que las decisiones finalicen el procedimiento administrativo[243].

CATALÁN SENDER, en una interpretación bastante amplia, señala que la norma no señala que la resolución deba ser administrativa, por lo cual

---

236 SAP Almería 235 25-9-2006 y STSJ Cataluña 9 27-3-2003.

237 QUERALT JIMÉNEZ, *DP. Español, PE*, 2010, 1178.

238 STS 11-5-1994.

239 CUGAT MAURI, *Tráfico de influencias*, 1997, 209.

240 CUGAT MAURI, en: CORDOBA RODA/GARCÍA ARÁN, *Comentarios al CP. PE*, 2004, 2046.

241 CUGAT MAURI, en: CORDOBA RODA/GARCÍA ARÁN, *Comentarios al CP. PE*, 2004, 2046.

242 CUGAT MAURI, en: CORDOBA RODA/GARCÍA ARÁN, *Comentarios al CP. PE*, 2004, 2046 y 2047; MIR PUIG, en: MIR PUIG/CORCOY BIDASOLO, *Comentarios al CP*, 2011, 933.

243 CUGAT MAURI, en: CORDOBA RODA/GARCÍA ARÁN, *Comentarios al CP. PE*, 2004, 2048.

también podrá ser de naturaleza privada o laboral, aunque excluye en todo caso los actos políticos[244], interpretación que aunque en principio parece exagerada, podría ser útil para responder al fenómeno de la huida del Derecho administrativo, por el cual con fines bastante dudosos muchas administraciones públicas han optado por aplicar el Derecho privado a sus relaciones, situación que se escapa al delito de prevaricación por hacerse referencia al carácter administrativo de la resolución, pero puede incluirse cubierta por el tráfico de influencias, siempre y cuando la decisión –a pesar de ser de Derecho privado– se encuentre dentro de las funciones del sujeto activo.

Nada impide que se tenga por resoluciones también aquellas de carácter jurisdiccional, aunque los criterios para la valoración de la desviación en el ejercicio de la función jurisdiccional son más estrictos que en la función administrativa[245].

Se incluyen tanto los actos reglados como aquellos de carácter discrecional, aunque en estos últimos sea más difícil probar la influencia[246].

### *2.4.2. Carácter de la resolución*

La doctrina y la jurisprudencia mayoritarias opinan que cabe el delito tanto cuando la conducta conduce a la adopción de una resolución prevaricadora, como cuando deriva en la adopción de una resolución meramente ilegal[247], situación que GARCÍA ARÁN explica con dos (2) argumentos[248]:

- Las peculiaridades de la función administrativa permiten no descartar la existencia de resoluciones que infringiendo algún precepto legal no alcancen la categoría de prevaricación.
- No tendría sentido adelantar la consumación a la influencia ejercida para provocar una resolución y reducir la provocación solamente a aquellas calificables como constitutivas del delito de prevaricación.

---

[244] CATALÁN SENDER, *Los delitos cometidos por autoridades*, 1999, 232.

[245] CUGAT MAURI, *Tráfico de influencias*, 1997, 213.

[246] CUGAT MAURI, *Tráfico de influencias*, 1997, 213.

[247] Vid por todos, CUGAT MAURI, *Tráfico de influencias*, 1997, 213; GARCÍA ARÁN, en MUÑOZ CONDE, *Los delitos*, 1997, 20; MARTÍNEZ GALINDO, *RDPP N° 22*, 2005, 43.

[248] GARCÍA ARÁN, en MUÑOZ CONDE, *Los delitos*, 1997, 22.

En todo caso, se admite la atipicidad del ejercicio de la influencia para conseguir una resolución absolutamente justa que no reúna el grado de ofensividad mínimo exigido para las infracciones penales[249], como una aplicación de la fórmula de la adecuación social[250] o como una aplicación de la imputación objetiva[251].

En este sentido, la resolución obtenida no tiene por qué ser ilícita: basta con que no sea imparcial, pues si es injusta aunque no gravísimamente, será constitutiva de un ilícito administrativo o disciplinario, y en caso de que la resolución fuera delictiva o arbitrariamente injusta, estaríamos además ante un delito de prevaricación o de cohecho[252].

Al respecto, la AAP Castellón 304 22-11-2003 ha señalado que: "lo que exige es solamente que la decisión sea parcial o no del todo imparcial; lo que resulta conforme con la postura que estima que si la resolución fuera delictiva o injusta, estaríamos además ante un delito de prevaricación o, en su caso, de cohecho, a sancionar como concurso de delitos en relación de medio a fin"[253].

En similar sentido, la AAP Girona 96 18-2-2003 afirma que

> "algún sector de la doctrina añade que la decisión que se adopte debe ser injusta, requisito que no aparece recogido en los preceptos penales examinados. La STS., Sala 2ª, de 10 de marzo de 1998 lo que exige es solamente que la decisión sea parcial o no del todo imparcial; lo que resulta conforme con la postura que estima que si la resolución fuera delictiva o injusta, estaríamos además ante un delito de prevaricación o, en su caso, de cohecho, a sancionar como concurso de delitos en relación de medio a fin (ver sentencia 1312/1994, de 24 de junio)"[254].

MORALES PRATS y RODRÍGUEZ PUERTA sugieren que la expresión resolución sea interpretada en el mismo sentido que en el delito de

---

249 CUGAT MAURI, *Tráfico de influencias*, 1997, 211; OCTAVIO DE TOLEDO Y UBIETO, *RJEDJB Nº 5*, 1998, 1520, MARTÍNEZ GALINDO, *RDPPP Nº 22*, 2005, 43.

250 MIR PUIG C., *Delitos contra la Administración pública*, 2000, 268.

251 GARCÍA ARÁN, en MUÑOZ CONDE, *Los delitos*, 1997, 22.

252 ORTIZ DE URBINA GIMENO, en: SILVA SÁNCHEZ, *Lecciones DP. PE*, 2011, 352; MIR PUIG, en: MIR PUIG/CORCOY BIDASOLO, *Comentarios al CP*, 2011, 933.

253 AAP Castellón 304 22-11-2003.

254 AAP Girona 96 18-2-2003.

prevaricación[255]. De este modo, quedarían excluidas del ámbito típico del precepto las influencias ejercidas sobre un funcionario para, por ejemplo retrasar un expediente, acelerarlo o realizar cualquier otra conducta que no consista en emitir una resolución[256], posición que comparto.

En todo caso debe tratarse de una resolución que genere o pueda generar un beneficio económico para aquel que influye o para un tercero[257], pues de lo contrario sería imposible configurar la parte subjetiva del tipo consistente en la finalidad de obtener un beneficio económico.

En todo caso, la resolución pretendida debe ser idónea objetivamente para producir un beneficio, aunque este no debe derivarse de ella de forma directa, pues es suficiente con que pueda suponer, por ejemplo, el ahorro de unos gastos necesarios[258].

### *2.4.3. Influencias para omitir*

Otro de los temas discutidos en relación con la tipificación del delito de tráfico de influencias es la posibilidad de imputar la finalidad de obtener la pasividad de la administración, problemática frente a la cual existen fundamentalmente dos teorías:

CATALÁN SENDER excluye del tipo las influencias llevadas a cabo para que el funcionario se abstenga de dictar resolución o demore su ejecución, señalando que el tipo penal exige que la influencia sea para que se dicte una resolución[259].

Por el contrario, CUGAT MAURI y MIR PUIG/CORCOY BIDASOLO incluyen las influencias realizadas para llevar a cabo una omisión cuando se influye con miras a lograr la pasividad de la administración[260],

---

255 MORALES PRATS/RODRÍGUEZ PUERTA, en: QUINTERO OLIVARES, *Comentarios a la PE del DP*, 2011, 1259.

256 MORALES PRATS/RODRÍGUEZ PUERTA, en: QUINTERO OLIVARES, *Comentarios a la PE del DP*, 2011, 1259.

257 FERRÉ OLIVÉ, en: ARROYO ZAPATERO, *Comentarios al CP*, 2007, 905; POLAINO NAVARRETE, *Lecciones*, 2011, 337.

258 MORALES PRATS/RODRÍGUEZ PUERTA, en: QUINTERO OLIVARES, *Comentarios a la PE del DP*, 2011, 1259.

259 CATALÁN SENDER, *Los delitos cometidos por autoridades*, 1999, 233.

260 CUGAT MAURI, en: CORDOBA RODA/GARCÍA ARÁN, *Comentarios al CP. PE*, 2004, 2047 y 2048; MIR PUIG, en: MIR PUIG/CORCOY BIDASOLO, *Comentarios al CP*, 2011, 933.

teniendo en cuenta que además de ser fácticamente posible, el tipo penal ni siquiera hace referencia a un verbo de naturaleza activa como dictar, como sí sucede en el caso de la prevaricación[261].

La posición de CUGAT MAURI en este aspecto resulta más adecuada, pues efectivamente el tipo penal no hace ninguna referencia al verbo dictar, sino a conseguir una resolución, lo cual puede presentarse en el caso de las omisiones, concretamente en el supuesto del silencio administrativo, en el cual se genera un acto administrativo presunto, cuyos efectos pueden ser muy importantes, especialmente en los casos de silencio administrativo positivo, donde el particular puede obtener derechos de la inactividad de la administración.

## 2.5. Omisión

Tal como sucede con la tentativa, son difícilmente apreciables los supuestos de omisión en el tráfico de influencias. En este sentido, CATALÁN SENDER señala que el tráfico de influencias por omisión es difícilmente concebible y difícil de probar aunque no imposible[262].

MARTÍNEZ GALINDO expresa por su parte que el tráfico de influencias requiere un acto concluyente de fuerza moral, por lo cual no acepta que aquel pueda cometerse por omisión[263].

Al respecto, el TS ha admitido la posibilidad de tráfico de influencias por omisión, utilizando en primer lugar los mismos argumentos que le llevan a aceptar la inducción por omisión, aunque reconociendo la dificultad de ambas, especialmente porque, además de requerir su posibilidad fáctica, deben cumplirse los requisitos que exige el art. 11 del CP para que se presente la omisión[264].

---

261 CUGAT MAURI, *Tráfico de influencias*, 1997, 210.

262 CATALÁN SENDER, *Los delitos cometidos por autoridades*, 1999, 235: "En cuanto a la omisión, es difícilmente concebible que un funcionario o particular pueda influir por omisión en otro funcionario para que éste dicte resolución beneficiosa, aunque no imposible, obviamente si bien normalmente será problemático llegar a probarlo. Ej. Si el Delegado del Gobierno a sabiendas nada dice respecto de la resolución que no impone una multa a su esposa, familiar o amigo, y que es dictada ilegalmente (pues sí habían tenido lugar los hechos), por delegación suya, por el Jefe Superior de Tráfico. Será en los casos de delegación de competencias o atribuciones donde más ostensiblemente o nítidamente se aprecie esta conducta omisiva muchas veces".

263 MARTÍNEZ GALINDO, *RDPP N° 22*, 2005, 40.

264 STS 480 7-4-2004: "Ciertamente esa dificultad es evidente y esta Sala al estudiar la inducción,

Pues bien, si se parte de la naturaleza de mera conducta de los tipos básicos de tráfico de influencias imposibilita el reconocimiento de su modalidad omisiva, pues uno de los requisitos para reconocer la omisión impropia es que nos encontremos ante un delito de resultado, para poder aplicar la cláusula de equivalencia.

---

como forma de responsabilidad equiparada penológicamente a la autoría, se ha planteado la compatibilidad de una conducta omisiva con las exigencias de la inducción que supone hacer nacer en otro la idea de realizar un hecho antijurídico de manera que el inductor 'dará lugar' a que el autor material del delito lo cometa. La inducción 'es la creación del dolo en el autor principal'. Para la inducción hemos afirmado la excepcionalidad de su comisión omisiva, dado que consistiría no ya en crear la voluntad de realización del tipo, sino en no disuadir a quien hubiera decidido tal realización. En parecidos términos debiéramos pronunciarnos ahora respecto al tráfico de influencias y la posibilidad de su realización a través de un engaño omisivo, pues de la mera ocultación de un dato, difícilmente puede resultar un acto de influencia en favor de un determinado sentido de la resolución o del acto administrativo. En este sentido, la jurisprudencia de esta Sala ha declarado que entre los requisitos del tráfico de influencias, además de la condición de funcionario público del autor y del destinatario de la influencia, y de la finalidad de obtención de un beneficio económico, propio o de tercero, ha de concurrir un acto concluyente que rellene el tipo penal, esto es, que se ejerza predominio o fuerza moral sobre el sujeto pasivo de manera que su resolución o actuación sea debida a la presión ejercida (SSTS 29.10.2001 [RJ 2001, 9758] y 5.4.2002 [RJ 2002, 4267]). Debiéndose añadir que el hecho ha de afectar al principio de imparcialidad de la administración pública (STS 15.2.2000 [RJ 2000, 1135]). Ese acto concluyente de prevalimiento es difícil que concurra con la omisión de un dato.

El acto de influir no puede ser equiparado, como afirma la acusación particular, a una alteración del proceso de resolución y sí a la utilización de procedimientos capaces de conseguir que otro realice la voluntad de quien influye. La utilización conjunta de los términos influir y prevalimiento, nos indica que no basta la mera sugerencia sino que éste ha de ser realizada por quien ostenta una determinada situación de ascendencia y que el influjo tenga entidad suficiente para asegurar su eficiencia por la situación prevalente que ocupa quien influye.

En otro orden de cosas, aunque hipotéticamente se admitiera la posibilidad de una influencia por omisión para la realización del tipo objeto de la acusación, esta conducta ha de reunir las exigencias del art. 11 del Código Penal (RCL 1995, 3170 y RCL 1996, 777) y entre ellas, la infracción del deber jurídico y la equivalencia de la omisión a la causación por acción. Con relación al primer apartado, la infracción del deber jurídico, se afirma en la sentencia impugnada, y no es rebatida en los recursos, que el acusado actuó en el margen de la legalidad, pues pudo realizar la resolución de la contrata sin someterla al Pleno, pudo contratar con esa persona al exceder del tercer grado entre parientes, y el Ayuntamiento puede contratar con personas físicas, jurídicas y sociedades en constitución. La sentencia impugnada detalla el ordenamiento jurídico administrativo aplicable con expresión de la normativa respecto a lo que ni se ha denunciado su incumplimiento ni la sentencia lo declara. Consecuentemente no hay infracción del deber jurídico. La infracción de la norma 'ética y estética' que refiere la sentencia y que los recurrentes invocan como acreditativa de la agresión al bien jurídico 'la transparencia en el ejercicio de la función y la imagen de la administración' (STS 1497/2002, de 23 de septiembre [RJ 2002, 8169]), ha de ser relativizada, pues la realización del tipo penal no se produce por la inobservancia de los principios de ética y de actuación política generales, sino por la realización de las conductas típicas reflejadas en los Códigos penales".

En ese orden de ideas, la modalidad omisiva sólo sería aplicable al tipo cualificado, es decir, a aquellos supuestos en los cuales se haya obtenido el beneficio económico, si se cumplen además los demás requisitos de la omisión impropia.

Pero si ya en los tipos básicos el ejercicio de influencia es un delito de resultado, que exige el resultado de influir al menos en la voluntad (o incluso en la actuación) del funcionario, como sostenemos infra 4.1 b) y c), entonces sí cabe plantearse la aplicabilidad o no de la comisión por omisión conforme al art. 11 CP.

## 2.6. Tipo subjetivo

### *2.6.1. Dolo*

El tráfico de influencias es un delito doloso por naturaleza[265], ya que la imprudencia es incompatible con las expresiones "influyen" y "prevalimiento"[266], así como también con el ánimo de conseguir un "beneficio económico" para sí o para tercero[267]. Aparte de estos argumentos, que ya valdrían para la interpretación de la situación del tráfico de influencias en el anterior CP, que dejaba abierta con cláusulas generales la posibilidad de comisión imprudente en principio de cualquier delito (sistema de *numerus apertus*), en el actual sistema español de *numerus clausus* de delitos imprudentes conforme a la exigencia del art. 12 CP 1995, es evidente que no cabe la comisión imprudente, puesto que no está expresamente tipificada esa modalidad en la regulación de los arts. 428 a 431.

---

[265] GARCÍAS PLANAS, *RPJ N° 29*, 1993, 31; SÁNCHEZ MARTÍNEZ/GONZÁLEZ RUS, *Estudios penales y jurídicos*, 1996, 800; DÍAZ Y GARCÍA CONLLEDO, en: ASÚA BATARRITA, *Delitos contra la Administración pública*, 1997, 173; CATALÁN SENDER, *Los delitos cometidos por autoridades*, 1999, 234; GIMENO LAHOZ/CORBELLA HERREROS, *Delitos*, 1998, 89; MORILLAS CUEVA, en: COBO DEL ROSAL, *DP español*, 2005, 909; MUÑOZ CONDE, *DP. PE*, 18.ª, 2010, 1047, así como en: SAP de Madrid 66 13-2-2004; AAP Castellón 304 22-11-2003; AAP Castellón 10-3-1998.

[266] GARCÍAS PLANAS, *RPJ N° 29*, 1993, 31; DÍAZ Y GARCÍA CONLLEDO, en: ASÚA BATARRITA, *Delitos contra la Administración pública*, 1997, 173; GIMENO LAHOZ/CORBELLA HERREROS, *Delitos*, 1998, 89; CATALÁN SENDER, *Los delitos cometidos por autoridades*, 1999, 234; MUÑOZ CONDE, *DP. PE*, 18.ª, 2010, 1045; SERRANO GÓMEZ/SERRANO MAÍLLO, *DP. PE*, 2007, 820; AAP Castellón 304 22-11-2003; AAP Castellón 10-3-1998.

[267] MUÑOZ CONDE, *DP. PE*, 18.ª, 2010, 1047.

La exigencia de la utilización del prevalimiento para condicionar la voluntad del otro funcionario con el ánimo de obtener un beneficio económico para sí o para un tercero excluye cualquier otra posibilidad que no sea la del dolo directo, por lo cual tampoco es posible no sólo la imprudencia sino el dolo eventual[268].

Al respecto, CATALÁN SENDER señala que es dudoso que pueda darse el dolo eventual, pues si no existió pacto previo, siempre será solamente probable que se pueda influir en otro o conseguir beneficio[269], posición que comparto.

El dolo requiere el conocimiento por el autor del uso del prevalimiento y la voluntad de ejercer tal predominio, que dado el carácter intencional del delito se presentan como obvios[270].

Con lo que cabría naturalmente un favorecimiento no derivado de influencia alguna, sino p. e. de la ignorancia o de la equivocación, que quedaría obviamente fuera del Derecho penal[271].

### *2.6.2. El propósito de obtener un beneficio económico*

El tráfico de influencias es un delito cortado de resultado[272] o, en la terminología usual, de resultado cortado[273]; no es suficiente el dolo para la comisión del delito de tráfico de influencias, sino que el autor tiene que actuar con una finalidad específica: conseguir una resolución que le pueda generar directa o indirectamente un beneficio económico para sí o para un tercero[274].

Al respecto ha señalado la jurisprudencia:

---

[268] MORILLAS CUEVA, en: COBO DEL ROSAL, *DP español*, 2005, 909; CATALÁN SENDER, *Los delitos cometidos por autoridades*, 1999, 234; GARCÍA ARÁN, en MUÑOZ CONDE, *Los delitos*, 1997, 23; MARTÍNEZ GALINDO, *RDPP N° 22*, 2005, 41.

[269] CATALÁN SENDER, *Los delitos cometidos por autoridades,* 1999, 234.

[270] MORILLAS CUEVA, en: COBO DEL ROSAL, *DP español*, 2005, 909.

[271] AAP Castellón 304 22-11-2003.

[272] Así indica LUZÓN PEÑA, *Curso de DP. PG*, 1996, 396, 316; así como del mismo autor, *Lecciones PG*, 2012, 16 /14, 12/56.

[273] MIR PUIG, en: MIR PUIG/CORCOY BIDASOLO, *Comentarios al CP*, 2011, 933.

[274] FEIJÓO SÁNCHEZ, en: RODRÍGUEZ MOURULLO, *Comentarios*, 1997, 1144; MIR PUIG C., *Delitos contra la Administración pública*, 2000, 268. STS 5-4-2002; CUGAT MAURI, en: CORDOBA RODA/GARCÍA ARÁN, *Comentarios al CP. PE*, 2004, 2045.

> "las acciones típicas deben ir dirigidas –teleológicamente orientadas– a conseguir una resolución beneficiosa. Este elemento, como hemos dicho al principio, distingue la normativa actual de la anterior. La resolución beneficiosa aparece ahora como el ánimo tendencial, no como resultado tipificado. La norma no requiere ni la emisión de la resolución ni la efectiva obtención del beneficio económico. Deberá no obstante probarse que la influencia iba encaminada a la obtención de ambos, porque este ánimo tendencial constituye el elemento subjetivo del injusto. Quedan, pues, fuera del ámbito prohibitivo penal aquellas influencias que no se dirijan a la obtención de una verdadera resolución, sino, por ejemplo, a la aceleración o ralentización de expedientes, conocimiento de datos, etc."[275].

Dentro del concepto de beneficio económico se comprende tanto el beneficio directo como el indirecto, tanto el beneficio en el sentido de ganancia como en el sentido de ausencia de pérdidas[276], puede consistir tanto en lograr algo positivo como en un ahorro de gastos necesarios[277].

El beneficio puede tener múltiples formas: una cantidad dineraria, otras situaciones que reporten una ventaja económica, como los puestos de libre designación que se otorgan a funcionarios que no lo merecen o una gratificación complementaria sin base legal alguna[278], un bien evaluable económicamente o un servicio de iguales características[279], una concesión, una licencia, la atribución de un empleo[280], etc.

Igualmente, el beneficio debe ser económico, como el acceso a un cargo, el ascenso laboral, la concesión de un título, licencia o autorización, la adjudi-

---

[275] STSJ Cataluña 9 27-3-2003.

[276] MARTÍNEZ GALINDO, *RDPP N° 22*, 2005, 42 y 43. SAP Almería 235 25-9-2006; SAP Málaga 113 10-10-2000: "Como ha dicho el Tribunal Supremo (sentencia de 29 de enero de 1997 [RJ 1997, 390]): 'El Código circunscribe, pues, la influencia a la obtención final de un beneficio económico, lo cual ha de ser interpretado en un sentido amplio comprendiendo tanto el beneficio directo como el indirecto, tanto el beneficio en el sentido de ganancia como en el sentido de ausencia de pérdidas'. En similar sentido, STSJ de Cataluña 9 27-3-2003".

[277] CATALÁN SENDER, *Los delitos cometidos por autoridades*, 1999, 233.

[278] SERRANO GÓMEZ/SERRANO MAÍLLO, *DP. PE*, 2007, 821.

[279] CUGAT MAURI, en: CORDOBA RODA/GARCÍA ARÁN, *Comentarios al CP. PE*, 2004, 2045.

[280] SUÁREZ MIRA-RODRÍGUEZ, *Manual de DP, PE*, 2005, 489.

cación de un contrato, la bonificación de tributo, por lo que otros beneficios como el prestigio profesional quedan fuera del marco penal[281].

No se requiere, a diferencia de los delitos patrimoniales, que del lucro se derive el empobrecimiento correlativo del sujeto pasivo, por lo cual, el lucro no debe ser fruto del simultáneo empobrecimiento de la administración pública, aunque puede suceder así[282].

Tampoco se exige que el lucro lo proporcione directamente la resolución administrativa, pues la misma puede generar el beneficio económico directo indirectamente[283].

Este elemento hace que una de las características de la resolución que se pretende obtener tenga la idoneidad de producir un beneficio económico, por lo cual quedan fuera del ámbito prohibitivo penal aquellas influencias que no se dirijan a la obtención de una verdadera resolución, sino, por ejemplo, a la aceleración o ralentización de expedientes, conocimiento de datos, etc.[284].

Sobre el beneficio económico OCTAVIO DE TOLEDO ha señalado dos características especiales: dicho beneficio puede tener patrimonialmente carácter público o privado, como sucedería en aquel derivado de la concesión de una licencia, y no se requiere un crecimiento económico inmediatamente efectivo, sino que basta con situaciones de mejora como ascensos o destinos[285].

En efecto, si el bien jurídico tutelado no es el patrimonio de las administraciones públicas, sino principios como el de imparcialidad, el interés general o la objetividad, es irrelevante que el beneficio se obtenga respecto de bienes públicos o privados.

### 2.7. Tipo cualificado: obtención del beneficio

En la LO 9 de 1991, la obtención del beneficio económico se mencionaba en el tipo básico, por lo cual se discutía si podía interpretarse como un resultado

---

[281] CATALÁN SENDER, *Los delitos cometidos por autoridades*, 1999, 234.

[282] CUGAT MAURI, en: CORDOBA RODA/GARCÍA ARÁN, *Comentarios al CP. PE*, 2004, 2045.

[283] CUGAT MAURI, en: CORDOBA RODA/GARCÍA ARÁN, *Comentarios al CP. PE*, 2004, 2045.

[284] SAP Almería 235 25-9-2006.

[285] OCTAVIO DE TOLEDO Y UBIETO, *RJEDJB N° 5*, 1998, 1522.

o una condición objetiva de punibilidad[286] cuyas consecuencias serían muy importantes, pues si fuera considerada como una modalidad de esta última los casos en que no se alcanzara el beneficio serían impunes y no sancionables a través de la tentativa[287].

Al respecto CUGAT MAURI y DÍAZ Y GARCÍA CONLLEDO consideran que en estos casos el beneficio económico era un resultado[288], posición que acogemos en esta tesis, pues la intención de obtener un beneficio siempre se ha analizado dentro del dolo, lo cual sería imposible si fuera una condición objetiva de punibilidad.

Esta discusión fue resuelta en el CP de 1995, en el cual la obtención del beneficio económico es simplemente lo que distingue la modalidad básica con la calificada del tráfico de influencias[289]. Cabe señalar que bajo la redacción prevista en el CP de 1995, tampoco puede considerarse que la obtención del beneficio económico sea una condición objetiva de punibilidad, pues el ánimo de conseguir un beneficio económico pasa a ser abarcado por el dolo del autor en el delito calificado, al remitirse este último al delito base[290].

En la LO 9/1991 y ahora en el tipo cualificado

> "entre el ejercicio de influencia y el resultado de consecución de la resolución debía existir una relación de causalidad (que la segunda fuera efecto de la primera o, expresado a la inversa, que la primera fuera causa de la segunda) y de imputación objetiva (que también desde un punto de vista valorativo jurídico-penal tuviera sentido afirmar que el resultado era obra de la acción), que si faltaban impedían la apreciación de la consumación del delito"[291].

---

[286] DÍAZ Y GARCÍA CONLLEDO, en: ASÚA BATARRITA, *Delitos contra la Administración pública*, 1997, 172; GARCÍA ARÁN, en MUÑOZ CONDE, *Los delitos*, 1997, 20. Al respecto CUGAT MAURI, *Tráfico de influencias*, 1997, 206.

[287] CUGAT MAURI, *Tráfico de influencias,* 1997, 206.

[288] DÍAZ Y GARCÍA CONLLEDO, en: ASÚA BATARRITA, *Delitos contra la Administración pública*, 1997, 172; CUGAT MAURI, *Tráfico de influencias*, 1997, 206.

[289] CUGAT MAURI, en: CORDOBA RODA/GARCÍA ARÁN, *Comentarios al CP. PE*, 2004, 2045.

[290] OCTAVIO DE TOLEDO Y UBIETO, *RJEDJB N° 5*, 1998, 1518.

[291] DÍAZ Y GARCÍA CONLLEDO, en: ASÚA BATARRITA, *Delitos contra la Administración pública*, 1997, 172 y 173.

De esta manera, en la actualidad, si se obtiene un beneficio económico para el cual se ejerce el tráfico de influencias, se incurrirá en el tipo cualificado del mismo[292].

La dificultad se encuentra en separar la obtención de la resolución beneficiosa del efectivo beneficio económico que debiera derivarse de su disfrute[293], bastando que la resolución beneficie económicamente al sujeto (por ejemplo que se le conceda una concesión, sin esperar a que la explote), pues de lo contrario se haría depender este elemento del tipo de factores aleatorios ajenos a la conducta del autor, como que el beneficiario posponga la explotación de la resolución a intereses coyunturales[294].

Quien ejerce la influencia puede ser distinto del beneficiario de la misma[295]. La expresión "directa o indirectamente" alude a la forma en que el sujeto consigue el beneficio, bien a título personal a través de una persona interpuesta, o a través del "efecto rebote" de la decisión que adopte el funcionario o autoridad influida[296].

Cuando la obtención del beneficio sea fruto de la adopción de una resolución absolutamente arbitraria e injusta, cabe el concurso entre los delitos de tráfico de influencias y prevaricación[297].

## 3. El ofrecimiento de influencias

Este delito, el del art. 430 CP, también llamado oferta u ofrecimiento de influencias[298], es realmente la única modalidad de tráfico de influencias que

---

292 CUGAT MAURI, en: CORDOBA RODA/GARCÍA ARÁN, *Comentarios al CP. PE*, 2004, 2050; MUÑOZ CONDE, *DP. PE*, 18.ª, 2010, 1047.

293 CUGAT MAURI, en: CORDOBA RODA/GARCÍA ARÁN, *Comentarios al CP. PE*, 2004, 2050.

294 CUGAT MAURI, en: CORDOBA RODA/GARCÍA ARÁN, *Comentarios al CP. PE*, 2004, 2050.

295 CUGAT MAURI, en: CORDOBA RODA/GARCÍA ARÁN, *Comentarios al CP. PE*, 2004, 2050.

296 MUÑOZ CONDE, *DP. PE*, 18.ª, 2010, 1046 y 1047.

297 CUGAT MAURI, en: CORDOBA RODA/GARCÍA ARÁN, *Comentarios al CP. PE*, 2004, 2051.

298 ORTÍZ DE URBINA GIMENO, en: SILVA SÁNCHEZ, *Lecciones DP. PE*, 2011, 354; SAP Palencia 2 16-6-2003; SÁNCHEZ MARTÍNEZ/GONZÁLEZ RUS, *Estudios penales y jurídicos*, 1996, 799.

se corresponde con su denominación, pues implica realmente la venta o comercio de la influencia a cambio de una dádiva[299].

### 3.1. Valoración previa

La doctrina ha señalado múltiples críticas a la consagración de este delito, hasta el punto de que se considera como un delito inútil, que no tutela ningún bien jurídico y que viola los principios básicos del Derecho penal:

a) En primer lugar, se ha señalado que en este delito la afectación de la función pública es muy lejana, pues no se requiere que se influya al funcionario, sino que sanciona una mera relación entre particulares con un objetivo final y muy lejano, como la promesa de influenciar a una autoridad o funcionario[300].
De esta manera, este delito no ataca realmente ningún bien jurídico[301] o sólo pretende proteger el prestigio y el buen nombre de la administración, un concepto ciertamente etéreo y difícilmente aprehensible[302], pues no se requiere afectar la imparcialidad al no exigirse una influencia directa, sino simplemente una puesta en peligro en abstracto de la objetividad como criterio básico de la gestión pública[303]. Incluso el sujeto puede o no tener la influencia o hacer o no uso de ello[304], sin que se requiera siquiera la aceptación de la oferta[305].

---

[299] ORTS BERENGUER, en: VIVES ANTÓN, *DP. PE*, 2004, 927; FERRÉ OLIVÉ, en: ARROYO ZAPATERO, *Comentarios al CP*, 2007, 907; MORALES PRATS/RODRÍGUEZ PUERTA, en: QUINTERO OLIVARES, *Comentarios a la PE del DP*, 2011, 1263.

[300] MORILLAS CUEVA, en: COBO DEL ROSAL, *DP español*, 2005, 911; CUGAT MAURI, *Tráfico de influencias*, 1997, 239. En sentido similar, GARCÍA ARÁN, en MUÑOZ CONDE, *Los delitos*, 1997, 25; OCTAVIO DE TOLEDO Y UBIETO, *RJEDJB N° 5*, 1998, 1522.

[301] MORILLAS CUEVA, en: COBO DEL ROSAL, *DP español*, 2005, 911.

[302] SÁNCHEZ MARTÍNEZ/GONZÁLEZ RUS, *Estudios penales y jurídicos*, 1996, 800; GIMENO LAHOZ/CORBELLA HERREROS, *Delitos*, 1998, 93; MORALES PRATS/RODRÍGUEZ PUERTA, en: QUINTERO OLIVARES, *Comentarios a la PE del DP*, 2007, 1263; MUÑOZ CONDE, *DP. PE*, 18.ª, 2010, 1048 y 1049; FERRÉ OLIVÉ, en: ARROYO ZAPATERO, *Comentarios al CP*, 2007, 906 y 907; MARTÍNEZ GALINDO, *RDPP N° 22*, 2005, 45.

[303] GIMENO LAHOZ/CORBELLA HERREROS, *Delitos*, 1998, 93; SUÁREZ MIRA-RODRÍGUEZ, *Manual de DP. PE*, 2005, 490; ORTS BERENGUER, en: VIVES ANTÓN, *DP. PE*, 2004, 929; MORILLAS CUEVA, en: COBO DEL ROSAL, *DP español*, 2005, 911.

[304] CUGAT MAURI, *Tráfico de influencias*, 1997, 239; MUÑOZ CONDE, *DP. PE*, 18.ª, 2010, 1049.

[305] CUGAT MAURI, *Tráfico de influencias*, 1997, 239.

La SAP Palencia 2 16–6–2003 señala en este sentido:

> "Se trata de un delito de "mera actividad"; cuyo bien jurídico protegido, para algún sector, es el "buen nombre" de la Administración y que despliega su acción en el ámbito privado al tratarse, tanto el sujeto activo como el pasivo, de "particulares"; que se consuma tan pronto tiene lugar el "ofrecimiento" activo de hacer uso de "su" influencia cerca de Autoridad o Funcionario Público y ello al margen que el "ofrecimiento" encuentre, o no, positiva acogida por parte de su receptor, esto es que se reciba, o no, el beneficio perseguido, entendiéndose por él, con la Sentencia de la Audiencia Provincial de Málaga de 10-10-2000, "[...] todo provecho económico directo o indirecto, esto es tanto la ganancia como la ausencia de pérdida [...]"o que se materialice lo ofrecido".

Está claro entonces que no se ataca el buen funcionamiento de la administración pública[306], así como tampoco puede vincularse con la tutela de intereses patrimoniales, pues el tipo no requiere la efectiva entrega o aceptación de la solicitud[307].
En este sentido, la acción que se castiga es precisamente el ofrecimiento a un tercero, al margen de si realmente se hace o no uso de esas hipotéticas influencias[308], por lo cual el hecho nada tiene que ver directamente con el ejercicio de la función pública, pues los intervinientes en la conducta son particulares, teniendo esta conducta un carácter meramente privado[309].

---

306 DÍAZ Y GARCÍA CONLLEDO, en: ASÚA BATARRITA, *Delitos contra la Administración pública*, 1997, 175; GIMENO LAHOZ/CORBELLA HERREROS, *Delitos*, 1998; GARCÍAS PLANAS, *rpj N° 29*, 1993, 32.

307 GIMENO LAHOZ/CORBELLA HERREROS, *Delitos*, 1998, 93; MORALES PRATS/ RODRÍGUEZ PUERTA, en: QUINTERO OLIVARES, *Comentarios a la pe del dp*, 2011, 1263.

308 MORILLAS CUEVA, en: COBO DEL ROSAL, *dp español*, 2005, 911; CUGAT MAURI, *Tráfico de influencias*, 1997, 239.

309 CUGAT MAURI, *Tráfico de influencias*, 1997, 239; ORTS BERENGUER, en: VIVES ANTÓN, *dp. pe*, 2004, 929; MORALES PRATS/RODRÍGUEZ PUERTA, en: QUINTERO OLIVARES, *Comentarios a la pe del dp*, 2011, 1264; MUÑOZ CONDE, *dp. pe*, 2010, 1049 y 1050.

b) En segundo lugar, se afirma que este delito sanciona un mero acto preparatorio[310]. Concretamente, se ha señalado que a través del tráfico de influencias se sanciona un acto preparatorio de los delitos de cohecho, prevaricación[311] e incluso de tráfico de influencias[312], aunque demasiado alejado de la comisión de estos delitos como para que se justifique su consagración independiente[313] además no existe ninguna proporción punitiva entre estos actos preparatorios y la efectiva realización de las influencias[314].
En este sentido, MUÑOZ CONDE señala que con este delito se sanciona una participación intentada (conspiración, proposición o provocación para delinquir) en un delito de cohecho[315].
Al respecto, DÍAZ Y GARCÍA CONLLEDO señala que la decisión de anticipación punitiva en este delito contrasta con la opción general del CP 1995 de castigar sólo excepcional y selectivamente los actos preparatorios, pues el mismo no puede incluirse dentro de

---

310 DÍAZ Y GARCÍA CONLLEDO, en: ASÚA BATARRITA, *Delitos contra la Administración pública*, 1997, 175; MIR PUIG C., *Delitos contra la Administración pública*, 2000, 273; MORILLAS CUEVA, en: COBO DEL ROSAL, *dp español*, 2005, 911; MUÑOZ CONDE, *dp. pe*, 18.ª, 2010, 1014; ORTS BERENGUER, en: VIVES ANTÓN, *dp. pe*, 2004, 929; FEIJÓO SÁNCHEZ, en: RODRÍGUEZ MOURULLO, *Comentarios*, 1997, 1146; MARTÍNEZ GALINDO, *RDPP N° 22*, 2005, 45. En la jurisprudencia SAP Palencia 2 16-6-2003 señala: "Referida infracción delictiva del artículo 430 del Código Penal, conceptuada por algún sector doctrinal como de 'ofrecimiento de influencias' a diferencia de los dos preceptos anteriores que se refieren al tráfico de influencias 'propio' (artículo 428 del Código Penal) o 'impropio' (artículo 430 del Código Penal), se puede considerar como un 'acto preparatorio' elevado a la categoría de delito independiente respecto a figuras afines u homogéneas, tales como el cohecho impropio o el tráfico de influencias estrictamente considerado. No obstante lo anterior, otros autores consideran que lo preceptuado en los artículos 428 y 429 del Código Penal sanciona el 'ejercicio de influencias' en tanto el 430 se refiere al verdadero 'tráfico de influencias'".

311 DÍAZ Y GARCÍA CONLLEDO, en: ASÚA BATARRITA, *Delitos contra la Administración pública*, 1997, 175; SUÁREZ MIRA-RODRÍGUEZ, *Manual de DP, PE*, 2005, 490; MUÑOZ CONDE, *DP. PE*, 18.ª, 2010, 1049.

312 FEIJÓO SÁNCHEZ, en: RODRÍGUEZ MOURULLO, *Comentarios*, 1997, 1147.

313 DÍAZ Y GARCÍA CONLLEDO, en: ASÚA BATARRITA, *Delitos contra la Administración pública*, 1997, 175; SUÁREZ MIRA-RODRÍGUEZ, *Manual de DP, PE*, 2005, 490; MUÑOZ CONDE, *DP. PE*, 18.ª, 2010, 1049.

314 FEIJÓO SÁNCHEZ, en: RODRÍGUEZ MOURULLO, *Comentarios*, 1997, 1146.

315 MUÑOZ CONDE, *DP. PE*, 18.ª, 2010, 1049.

aquellos excepcionalmente punibles, ya que no se trata ni de conspiración, ni de proposición ni de provocación[316].

c) En tercer lugar, se señala que los medios probatorios para concretar la existencia de este delito son extremadamente complicados[317], lo cual consideramos que se presenta especialmente por el carácter particular de los sujetos intervinientes, pues mientras en relación con un funcionario público, es claro que una dádiva entregada al mismo ya tiene el carácter de punible, en relación con los particulares, será muy difícil de demostrar el límite entre lo que puede ser considerado como una dádiva o como un pago por cualquier concepto ajeno a la administración pública.
En este sentido, como manifiesta OCTAVIO DE TOLEDO, existe una gran dificultad de la prueba en estos delitos, pues la situación es expresiva de connivencia entre los intervinientes[318].
d) En cuarto lugar, la forma en la cual está tipificada esta modalidad de tráfico de influencias resulta completamente ineficaz, pues en muchos supuestos de corrupción no existe un ofrecimiento explícito, como el castigado en el art. 430 del CP, sino implícito y derivado de la propia fama o de las relaciones personales de profesionales que aparecen en los medios de comunicación, asisten a fiestas, cenas y recepciones oficiales y hacen ostentación de sus buenas relaciones con las más altas instancias del poder[319].
e) Por último, también se afirma que ni siquiera este precepto se justifica en el posible engaño a quien se ofrece a hacer uso de la influencia, pues para ello ya existe el delito de estafa[320].

---

316 DÍAZ Y GARCÍA CONLLEDO, en: ASÚA BATARRITA, *Delitos contra la Administración pública*, 1997, 175.

317 FEIJÓO SÁNCHEZ, en: RODRÍGUEZ MOURULLO, *Comentarios*, 1997, 1146; DÍAZ Y GARCÍA CONLLEDO, en: ASÚA BATARRITA, *Delitos contra la Administración pública*, 1997, 175; MORILLAS CUEVA, en: COBO DEL ROSAL, *DP español*, 2005, 911; OCTAVIO DE TOLEDO Y UBIETO, *RJEDJB N° 5*, 1998, 1522.

318 OCTAVIO DE TOLEDO Y UBIETO, *RJEDJB N° 5*, 1998, 1522.

319 MUÑOZ CONDE, *DP. PE*, 18.ª, 2010, 1048 y 1049.

320 FEIJÓO SÁNCHEZ, en: RODRÍGUEZ MOURULLO, *Comentarios*, 1997, 1147; MORALES PRATS/RODRÍGUEZ PUERTA, en: QUINTERO OLIVARES, *Comentarios a la PE del DP*, 2005, 1264; MUÑOZ CONDE, *DP. PE*, 18.ª, 2010, 1015; SERRANO GÓMEZ/SERRANO

De esta manera, se sanciona un hecho inocuo en sí, pues no se exige que efectivamente llegue a hacerse uso de la influencia, ni se exige siquiera que el sujeto acepte la oferta[321].

En consecuencia, se afirma que con la consagración de este delito no se está haciendo más que demagogia o se está convirtiendo al Derecho penal en un puro símbolo inútil[322].

Ciertamente, es comprensible la preocupación del legislador ante la existencia de negocios que se dedican casi exclusivamente al tráfico de influencias, pero esta no era la medida acertada para reducirlos[323], lo cual se demuestra en la nula relevancia práctica de este delito[324].

### 3.2. Sujeto activo

El sujeto activo de este delito ha de ser el particular o el funcionario o autoridad que no actúa en el ejercicio del cargo[325], pues si actúa en ejercicio del mismo se estará en las tipologías del cohecho[326].

Un sector afirma que quien como *extraneus* ofrezca supuestas influencias puede cometer lo que se conoce como venta de humo, y que en nuestro Derecho penal puede castigarse, en su caso, como delito de estafa[327]. La cuestión es si esa oferta de influencias supuestas y no reales además puede

---

MAÍLLO, *DP. PE,* 2007, 822; FERRÉ OLIVÉ, en: ARROYO ZAPATERO, *Comentarios al CP,* 2007, 906 y 907.

321 MUÑOZ CONDE, *DP. PE,* 18.ª, 2010, 1049.

322 FEIJÓO SÁNCHEZ, en: RODRÍGUEZ MOURULLO, *Comentarios*, 1997, 1146; DÍAZ Y GARCÍA CONLLEDO, en: ASÚA BATARRITA, *Delitos contra la Administración pública,* 1997, 177.

323 FEIJÓO SÁNCHEZ, en: RODRÍGUEZ MOURULLO, *Comentarios*, 1997, 1146.

324 FEIJÓO SÁNCHEZ, en: RODRÍGUEZ MOURULLO, *Comentarios*, 1997, 1147.

325 CUGAT MAURI, *Tráfico de influencias*, 1997, 244; MIR PUIG C., *Delitos contra la Administración pública*, 2000, 273; MORILLAS CUEVA, en: COBO DEL ROSAL, *DP español*, 2005, 911; MUÑOZ CONDE, *DP. PE*, 18.ª, 2010, 1015; SERRANO GÓMEZ/SERRANO MAÍLLO, *DP. PE,* 2007, 822; MORALES PRATS/RODRÍGUEZ PUERTA, en: QUINTERO OLIVARES, *Comentarios a la PE del DP*, 2005, 1264; MIR PUIG, en: MIR PUIG/CORCOY BIDASOLO, *Comentarios al CP*, 2011, 936.

326 MORILLAS CUEVA, en: COBO DEL ROSAL, *DP español*, 2005, 911; SERRANO GÓMEZ/SERRANO MAÍLLO, *DP. PE,* 2007, 822; MIR PUIG, en: MIR PUIG/CORCOY BIDASOLO, *Comentarios al CP*, 2011, 936.

327 CUGAT MAURI, en: CORDOBA RODA/GARCÍA ARÁN, *Comentarios al CP. PE*, 2004, 2053.

encajar también en el delito de ofrecimiento de influencias: formalmente, desde luego que sería subsumible también en el tenor literal del art. 430, que no exige que la influencia ofrecida sea real; es más, en el origen histórico del precepto en los proyectos de CP, estaba precisamente el ofrecimiento engañoso de supuestas influencias. Sin embargo, la idoneidad de la influencia es fundamental para la lesión del bien jurídico, pues es imposible llegar a configurar siquiera un peligro para el bien jurídico de la administración pública y en concreto para la imparcialidad o la objetividad si la influencia es falsa. Si bien el objeto de los delitos contra la administración pública se ha venido ampliando, no puede llegarse al extremo de sancionarse como un delito de esta clase una conducta completamente alejada de la función o del servicio público.

Sujeto activo sólo puede serlo el particular (o el funcionario o autoridad que no actúa en el ejercicio de su función) que ofrece hacer uso de la influencia a cambio de una remuneración (dádiva o presente)[328].

En este aspecto, OCTAVIO DE TOLEDO manifiesta que este tipo penal no es propiamente un delito común, no solamente frente a la participación de un funcionario público, sino también respecto del particular, pues el tipo se refiere a las conductas cometidas en los artículos anteriores, dentro de los cuales se requiere una característica en el sujeto activo como es la de tener una relación especial con el sujeto influido[329].

La estructura del delito como tipo de participación necesaria excluye la posibilidad de que el particular receptor de la indicada solicitud responda por tráfico de influencias, con independencia de si acepta o no la oferta[330].

### 3.3. Conducta

La conducta típica consiste en solicitar o aceptar alguna clase de remuneración actual o futura para sí o un tercero por ofrecer influencias que se dicen tener con determinados funcionarios o autoridades[331] y se concreta en la solicitud

[328] MUÑOZ CONDE, *DP. PE*, 18.ª, 2010, 1049.

[329] OCTAVIO DE TOLEDO Y UBIETO, *RJEDJB N° 5*, 1998, 1522.

[330] MORALES PRATS/RODRÍGUEZ PUERTA, en: QUINTERO OLIVARES, *Comentarios a la PE del DP*, 2011, 2005, 1264.

[331] SÁNCHEZ MARTÍNEZ/GONZÁLEZ RUS, *Estudios penales y jurídicos*, 1996, 800; CUGAT MAURI, *Tráfico de influencias*, 1997, 245; MORILLAS CUEVA, en: COBO DEL ROSAL, *DP*

de dádivas entre particulares[332] Este delito es plurisubsistente, pues para su configuración requiere del conjunto de varios actos[333].

En este caso para QUERALT JIMÉNEZ lo que se castiga no es la influencia, sino el alarde de poder ejercerla[334]. En todo caso, la influencia debe ser real, pues de lo contrario se configuraría un delito de estafa[335] y además no podría siquiera llegar a ponerse en peligro el bien jurídico de la administración pública al constituir el ofrecimiento del ejercicio de una influencia falsa una conducta completamente alejada de la administración pública.

Se trata de un tipo de mera conducta[336], de peligro abstracto[337] y mutilado de dos actos[338], en el cual no se presenta siquiera un peligro concreto, pues no se requiere que la influencia ofrecida sea aceptada, ni que se haya comenzado su ejercicio sobre el funcionario[339].

Basta la solicitud o aceptación de la contraprestación para la perfección típica sin que se requiera que el acuerdo se perfeccione con la entrega efectiva de la cosa o la realización de la promesa[340].

No queda abarcada en principio por el tipo penal la conducta del que acepta la propuesta de un tercero a hacer uso de influencias sobre autoridad o funcionario, lo cual es criticado por SÁNCHEZ MARTÍNEZ[341], pero nos parece entendible, pues si ese sujeto ejerce luego la influencia le podrá ser imputado un tráfico de influencias propiamente dicho, es decir, el art. 428

---

*español*, 2005, 911; MORALES PRATS/RODRÍGUEZ PUERTA, en: QUINTERO OLIVARES, *Comentarios a la PE del DP*, 2011, 1264.

332 FERRÉ OLIVÉ, en: ARROYO ZAPATERO, *Comentarios al CP*, 2007, 907.

333 POLAINO NAVARRETE, *Lecciones*, 2011, 340.

334 QUERALT JIMÉNEZ, *DP. Español, PE*, 2010, 1181.

335 MIR PUIG, en: MIR PUIG/CORCOY BIDASOLO, *Comentarios al CP*, 2011, 936.

336 MIR PUIG, en: MIR PUIG/CORCOY BIDASOLO, *Comentarios al CP*, 2011, 936; POLAINO NAVARRETE, *Lecciones*, 2011, 340.

337 MIR PUIG C., *Delitos contra la Administración pública*, 2000, 273; CUGAT MAURI, *Tráfico de influencias*, 1997, 246; GARCÍA ARÁN, en MUÑOZ CONDE, *Los delitos*, 1997, 27; MIR PUIG, en: MIR PUIG/CORCOY BIDASOLO, *Comentarios al CP*, 2011, 936.

338 MIR PUIG C., *Delitos contra la Administración pública*, 2000, 273; MIR PUIG, en: MIR PUIG/CORCOY BIDASOLO, *Comentarios al CP*, 2011, 936.

339 CUGAT MAURI, *Tráfico de influencias*, 1997, 246.

340 CUGAT MAURI, *Tráfico de influencias*, 1997, 245.

341 SÁNCHEZ MARTÍNEZ/GONZÁLEZ RUS, *Estudios penales y jurídicos*, 1996, 801.

del CP, si es funcionario, o el art. 429, si es particular, bajo la modalidad de tráfico de influencias en cadena. Al contrario, MIR PUIG/CORCOY BIDASOLO señalan que en este caso el particular sería cooperador necesario respecto del ofrecimiento de influencias[342], lo cual extendería demasiado la responsabilidad si no se alcanza a realizar la influencia.

Por otro lado, en este delito se trata de un tipo mixto alternativo, que sanciona las conductas de solicitar o aceptar dádivas, presentes, ofrecimientos o promesas, verbos relacionados directamente con el delito de cohecho[343].

Del tenor del artículo 430 del CP se infiere que no es necesaria ni la aceptación de la solicitud, ni el efectivo uso de las influencias, por lo cual, el delito se consuma con la mera solicitud de recompensas, una vez se ha efectuado el referido ofrecimiento[344]. La segunda modalidad delictiva alude a la aceptación del ofrecimiento de dádivas o promesas, supuesto en el cual se halla implícita una potencial contraprestación consistente en un hipotético tráfico de influencias[345].

Por último, cabe señalar que se contemplan las diferentes fases por las que puede atravesar el acuerdo o intento de acuerdo entre los dos particulares[346]: solicitar, aceptar o prometer un acuerdo.

### 3.4. Las dádivas, presentes u otra remuneración

La solicitud o aceptación se refiere a una dádiva, presente, ofrecimiento u oferta, los cuales pueden ser entendidos en el mismo sentido del delito de cohecho[347] y por ello serán analizados con criterios similares a los utilizados frente a este delito, teniendo en cuenta además que ambos tutelan el mismo bien jurídico y que sancionan una conducta muy similar.

---

342 MIR PUIG, en: MIR PUIG/CORCOY BIDASOLO, *Comentarios al CP*, 2011, 937.

343 FEIJÓO SÁNCHEZ, en: RODRÍGUEZ MOURULLO, *Comentarios*, 1997, 1147; MORALES PRATS/RODRÍGUEZ PUERTA, en: QUINTERO OLIVARES, *Comentarios a la PE del DP*, 2011, 1264.

344 MORALES PRATS/RODRÍGUEZ PUERTA, en: QUINTERO OLIVARES, *Comentarios a la PE del DP*, 2011, 1264.

345 MORALES PRATS/RODRÍGUEZ PUERTA, en: QUINTERO OLIVARES, *Comentarios a la PE del DP*, 2011, 1264.

346 MORALES PRATS/RODRÍGUEZ PUERTA, en: QUINTERO OLIVARES, *Comentarios a la PE del DP*, 2011, 1264.

347 SÁNCHEZ MARTÍNEZ/GONZÁLEZ RUS, *Estudios penales y jurídicos*, 1996, 801.

La totalidad de la doctrina ha calificado a los términos dádiva y presente como sinónimos[348], mientras que al igual que en el delito de cohecho, el ofrecimiento y la oferta hacen referencia a la dádiva o el presente, pero en un momento anterior[349].

La similitud de esta conducta con el cohecho hace que en el tráfico de influencias los dos aspectos más importantes que deben analizarse respecto de la dádiva o presente sean también la naturaleza y cuantía de la misma:

***a. Naturaleza***

Se discute si la dádiva o presente deben tener un carácter económico, tal como exige la doctrina mayoritaria frente al delito de cohecho[350]. En el cohecho, la doctrina ha justificado el carácter económico y material de la dádiva o presente con base en tres argumentos: desde el punto de vista histórico, el delito de cohecho se ha interpretado tradicionalmente como una retribución indebida pagada al funcionario; desde el punto de vista gramatical, las dádivas o presentes se definen por el *DRAE* como cosas que se regalan, lo cual evidencia su carácter material; desde el punto de vista literal de la norma, la multa se establece con carácter proporcional a la dádiva; y a partir de un criterio jurídico, el merecimiento y necesidad de la pena, requieren que el medio utilizado tenga la idoneidad ex ante necesaria para poner en peligro la administración pública, habiéndose constatado sociológicamente que existe una vulnerabilidad de la administración frente a beneficios económicos[351].

Algunos de estos criterios también pueden emplearse frente al delito de tráfico de influencias; así sucede, por ejemplo con el carácter material y económico que envuelve el concepto de dádiva o presente y la idoneidad ex ante de los beneficios económicos para afectar la administración pública.

Sin embargo, frente al tráfico de influencias no puede utilizarse el argumento de la cuantía de la dádiva como fundamento de la multa para defender la naturaleza económica de aquella[352], por lo cual es necesario esgrimir otras

---

[348] RODRÍGUEZ PUERTA, *Problemática jurídico-penal,* 1999, 186; OLAIZOLA, *El delito de cohecho,* 1999, 327.

[349] OLAIZOLA, *El delito de cohecho,* 1999, 328.

[350] OLAIZOLA, *El delito de cohecho,* 1999, 305-307.

[351] OLAIZOLA, *El delito de cohecho,* 1999, 322-334.

[352] CUGAT MAURI, *Tráfico de influencias,* 1997, 250; MORILLAS CUEVA, en: COBO DEL ROSAL, *DP español,* 2005, 912.

razones para exigir el carácter material de la dádiva o presente del tráfico de influencias consagrado en el art. 430:

En primer lugar, la utilización de la cláusula general "cualquier otra remuneración" dentro del tipo penal señala claramente que el legislador ha considerado a las dádivas y presentes como una especie de remuneración y por ello de contraprestación económica entregada u ofrecida por una influencia[353].

En segundo lugar, existe otro argumento que muy claramente indica que la dádiva o presentes deben tener un carácter económico: la denominación del delito. En efecto, la expresión "tráfico" de influencias alude a la venta o comercio de influencias, es decir, al ejercicio de las mismas por una remuneración económica.

Por otro lado, si bien CUGAT MAURI señala también que el carácter económico no puede derivarse de la fundamentación de la multa en el valor de la dádiva, no existen obstáculos para otorgar un contenido económico a toda ventaja que sea evaluable en términos económicos, término dentro del cual es posible incluir: una mejora profesional o la utilización de determinados bienes, aunque no se transfiera su propiedad[354].

***b. Cuantía***

Al reconocer el carácter económico de la dádiva o presente, se puede debatir también la relevancia de la cuantía de la misma para poner en peligro el bien jurídico de la imparcialidad u objetividad, tal como sucede frente al delito de cohecho, para lo cual, al no pronunciarse la doctrina frente a esta problemática en relación con el delito de tráfico de influencias del art. 430 del CP, analizaremos las diversas posturas expuestas en relación con esta problemática en el delito de cohecho.

En este punto ya WELZEL analizaba el supuesto de entregar habitualmente regalos al cartero como un caso de adecuación social:

> "Por ser socialmente adecuadas quedan excluidas, asimismo, las lesiones corporales insignificantes, del § 223; las privaciones de

[353] CUGAT MAURI, en: CORDOBA RODA/GARCÍA ARÁN, *Comentarios al CP. PE*, 2004, 2054. En similar sentido, MORILLAS CUEVA, en: COBO DEL ROSAL, *DP español*, 2005, 912; CABELLO MOHEDANO, en: GONZÁLEZ RUS, *Estudios penales*, 1996, 100.

[354] CUGAT MAURI, *Tráfico de influencias*, 1997, 250.

> libertad irrelevantes del § 239, el jugar pequeñas cantidades, de los §§ 284 ss.; la entrega habitual de regalos de escaso valor para Año Nuevo, del § 331 (véase infra § 78 A I); las conductas meramente indecorosas o impertinentes, de los delitos contra la honestidad, entre otros más"[355].

MUÑOZ CONDE señala que "la cuantía de la dádiva o presente debe ser relevante en orden a motivar al funcionario en su actuación"[356]. En sentido similar DÍAZ Y GARCÍA CONLLEDO afirma que "su cuantía deberá ser la suficiente para poseer una cierta capacidad objetiva de corromper atendidas las circunstancias del caso"[357].

Por su parte, MORALES PRATS y RODRÍGUEZ PUERTA manifiestan frente a las dádivas que "no quedarían así comprendidos en el ámbito del precepto mentado los regalos hechos a un funcionario dentro de los 'usos del tráfico' o de cortesía. Así, por ejemplo, los regalos de escaso valor hechos al funcionario en navidad, etc."[358].

Estos autores también se refieren a la idoneidad de la dádiva para doblegar la voluntad del funcionario como criterio fundamental para determinar la relevancia de la dádiva, al señalar que

> "deben quedar excluidos los regalos de nimio valor o aquellos incapaces de doblegar la voluntad imparcial del funcionario, esto es, los no adecuados "ex ante" para conseguir la finalidad que la norma pretende evitar, el cercenamiento del principio de imparcialidad. Desde esta perspectiva, no podría calificarse como típica la conducta del funcionario que solicita una invitación a comer, por ejemplo, como contrapartida por la comisión de un delito de malversación"[359].

---

355 WELZEL, *DP Alemán*, 1976, 84.

356 MUÑOZ CONDE, *DP. PE*, 18.ª, 2010, 1049.

357 DÍAZ Y GARCÍA CONLLEDO/OLAIZOLA NOGALES, *Roce N° 6*, 1996, 43 y 44.

358 MORALES PRATS/RODRÍGUEZ PUERTA, en: QUINTERO OLIVARES, *Comentarios a la PE del DP*, 2005, 1632.

359 MORALES PRATS/RODRÍGUEZ PUERTA, en: QUINTERO OLIVARES, *Comentarios a la PE del DP*, 2005, 1632 y 1633.

Para OLAIZOLA NOGALES, "se puede defender que no cualquier obsequio va a ser adecuado va a ser adecuado para constituir dádiva en el sentido de los artículos 419 ss. CP, sino sólo aquellos capaces objetivamente de motivar al funcionario a actuar"[360].

DÍAZ Y GARCÍA CONLLEDO también comparte la necesidad de excluir la punibilidad de los supuestos de dádivas claramente insignificantes: "No se especifica la cuantía de la dádiva, por lo que habrá que exigir que la misma tenga al menos una cierta capacidad objetiva de corromper, atendiendo a las circunstancias del caso, excluyendo del delito los supuestos de dádivas claramente insignificantes (siempre seguirán siendo problemáticos en los casos fronterizos"[361].

Siguiendo esta postura, MORILLAS CUEVA señala frente a la dádiva que "habrá que exigir que la misma tenga al menos una cierta capacidad de corromper, con exclusión de los claramente insignificantes"[362].

En similar sentido, RODRÍGUEZ PUERTA afirma que "debe requerirse una mínima idoneidad de las dádivas, desde la perspectiva del bien jurídico, que deberá constatarse en cada caso para determinar el carácter retributivo o no de las mismas"[363].

Por su parte, CRESPO BARQUERO manifiesta sobre este tema junto a la mayoría de la doctrina que "debe existir algún tipo de correlación o proporcionalidad entre aquella y el acto relativo al cargo del funcionario que se aspira a obtener, en orden a extraer del ámbito delictivo conductas socialmente admitidas o manifestaciones insuficientes o inidóneas para alcanzar el supuesto fin pretendido"[364].

De esta manera, puede concluirse que la doctrina actual considera que la dádiva debe ser relevante e idónea para poner en peligro el bien jurídico, la imparcialidad de las administraciones públicas. Pero además, esta situación también se extiende a la ley, pues, por ejemplo, según el EBEP, "Se rechazará cualquier regalo, favor o servicio en condiciones ventajosas que vaya más allá

---

360 OLAIZOLA NOGALES, *El delito de cohecho*, 1999, 345.

361 DÍAZ Y GARCÍA CONLLEDO, en: ASÚA BATARRITA, *Delitos contra la Administración pública*, 1997, 163.

362 MORILLAS CUEVA, en: COBO DEL ROSAL, *DP español*, 2005, 900.

363 RODRÍGUEZ PUERTA, *Problemática jurídico-penal*, 1999, 201.

364 DEMETRIO CRESPO, *Fraude y corrupción*, 2002, 2349.

de los usos habituales, sociales y de cortesía, sin perjuicio de lo establecido en el Código Penal"[365], por lo cual puede concluirse que se encuentran permitidos aquellos regalos, favores o servicios derivados de los usos habituales, sociales y de cortesía.

El concepto de bien jurídico de la administración pública exige que la idoneidad de la conducta para poner en peligro el bien jurídico deba valorarse objetivamente, es decir, de acuerdo a criterios como el valor de la dádiva y las características propias del acto. En este sentido, una posición en la cual se considerara que el bien jurídico tutelado es la honestidad o la integridad de los funcionarios públicos en el marco de sus deberes del cargo, requeriría el análisis de la situación específica del destinatario de la dádiva, es decir, la situación económica del funcionario público sobornado. Esta interpretación llevaría a considerar que tiene mayor importancia una dádiva menor, pero otorgada a un funcionario público con escasos recursos, que una dádiva multimillonaria entregada a un funcionario público con un alto poder adquisitivo.

Dicha proporcionalidad podría llevar a equívocos como pensar que un regalo de sesenta (60) euros recibido por un funcionario con un patrimonio de treinta mil (30 000) euros que paga mensualmente una hipoteca por su vivienda es más grave que un soborno de quince mil (15.000) euros entregado a un senador con un patrimonio de un millón (1 000 000) de euros. Esta consideración es equivalente a pensar que el robo de un coche a la Mercedes Benz debe quedar impune, lo cual además de absurdo llevaría a múltiples equívocos en materia de prevención general y especial.

Por ello, teniendo en cuenta que el bien jurídico tutelado no es la honestidad del funcionario público, sino la imparcialidad de la administración pública, las consideraciones para determinar si la conducta aumentó considerablemente el riesgo para el bien jurídico deben ser objetivas:

- En primer lugar, es necesario considerar el carácter de la dádiva para excluir de la punición penal todos aquellos regalos que resulten insignificantes tanto por su cuantía como por su naturaleza, tales como objetos comestibles y consumibles dentro de los usos normales. Estos pequeños obsequios en la mayoría de los casos no buscan condicionar la conducta de los funcionarios públicos ni la imparcialidad

[365] Art. 54. 6 del EBEP.

de la administración, sino lograr un trato amable por los funcionarios públicos, finalidad que no merece un reproche jurídico penal, sino eventualmente una corrección disciplinaria para el funcionario que las acepta. Sin embargo, debe tenerse en cuenta su cuantía, pues si son desproporcionados podrían afectar la imparcialidad del funcionario que los recibe.

- En segundo lugar, deben tenerse en cuenta las características propias del acto presuntamente objeto de soborno, pues si el acto que se pretende corresponde a las funciones del funcionario, mucho más irrelevante será la entrega de una dádiva insignificante.

### 3.5. El ofrecimiento

El ofrecimiento se refiere a la obtención de una resolución, aunque sin prevalimiento[366], requisito con el cual se conecta este delito con las otras dos modalidades de tráfico de influencias (incluso como un acto preparatorio de las mismas)[367] y que debe reunir algunas características:

a) En primer lugar, la influencia que se ofrece debe ser cierta, verdadera ex ante y real, pues las faltas influencias son constitutivas de una estafa agravada[368], debiendo el sujeto activo poseer la capacidad de influir que ofrece[369]. La oferta de las influencias tiene un aspecto importante y es que no puede ser engañosa, pues de serlo estaríamos ante un delito de estafa[370].

   En palabras de FEIJÓO SÁNCHEZ: "el presumir falsamente de capacidad para influir sólo puede afectar a lo sumo al prestigio de la Administración, pero no a su funcionamiento"[371], por ello, siguiendo

---

366 CABELLO MOHEDANO, en: GONZÁLEZ RUS, *Estudios penales*, 1996, 100.

367 FEIJÓO SÁNCHEZ, en: RODRÍGUEZ MOURULLO, *Comentarios*, 1997, 1147.

368 SÁNCHEZ MARTÍNEZ/GONZÁLEZ RUS, *Estudios penales y jurídicos*, 1996, 801; CUGAT MAURI, *Tráfico de influencias*, 1997, 246.

369 OCTAVIO DE TOLEDO Y UBIETO, *RJEDJB N° 5*, 1998, 1523.

370 GARCÍA ARÁN, en MUÑOZ CONDE, *Los delitos*, 1997, 28; FEIJÓO SÁNCHEZ, en: RODRÍGUEZ MOURULLO, *Comentarios*, 1997, 1147; MORILLAS CUEVA, en: COBO DEL ROSAL, *dp español*, 2005, 912; ORTS BERENGUER, en: VIVES ANTÓN, *dp. pe*, 2004, 929.

371 FEIJÓO SÁNCHEZ, en: RODRÍGUEZ MOURULLO, *Comentarios*, 1997, 1147.

al mismo autor: "Cuando la capacidad de influir es falsa sólo se está atacando al patrimonio de la persona engañada"[372].

En sentido similar, GARCÍA ARÁN señala la necesidad de que la influencia sea real con base en que la conducta debe tener la potencialidad para llegar a crear peligro para el bien jurídico y porque el ofrecimiento de una influencia de la que se carece se debe calificar como estafa[373].

Sin embargo, en una decisión bastante particular, la SAP de La Coruña 50/2002, de 26-12-2002 considera que hay ambos delitos al señalar que en estos supuestos

> "estamos pues ante una misma conducta (la petición de dinero para influir en la actuación administrativa) que lesiona dos bienes jurídicos distintos (el patrimonio ajeno en la estafa y la integridad de la Administración en el tráfico de influencias) sin que ninguna de tales infracciones alcance a comprender todo el desvalor de la conducta –que antes pudiera abarcarse por el desaparecido art. 529.6 CP 1973– por lo que no puede apreciarse un supuesto de concurso de normas sino de concurso de infracciones como sostuvieron las acusaciones, que debe ser considerado ante la unicidad de la acción natural como concurso ideal y no como concurso medial, aunque ello sea irrelevante"[374].

No comparto la posición de esta jurisprudencia, pues si bien se está ante dos bienes jurídicos distintos, las conductas imputadas son excluyentes, pues o la influencia es real y se pone en peligro la administración pública o la influencia es falsa y se afecta el patrimonio. Otra conclusión llevaría a hacer aún más difusa la lesividad en este delito que de por sí ya constituye un tipo de peligro abstracto, pues no se entiende cómo se pudiera poner en riesgo la administración pública con el ofrecimiento de una influencia falsa.

---

[372] FEIJÓO SÁNCHEZ, en: RODRÍGUEZ MOURULLO, *Comentarios*, 1997, 1147.

[373] GARCÍA ARÁN, en MUÑOZ CONDE, *Los delitos*, 1997, 28.

[374] SAP La Coruña 50 26-12-2002.

b) Las influencias deben ser idóneas, pues de lo contrario se incurriría en el delito de estafa[375], ya que la conducta no reuniría la necesaria ofensividad o peligro para la función pública[376].
Presupuesto ineludible para la aparición de este delito es entonces que el sujeto activo tenga las influencias que se ofrece a ejercitar sobre el funcionario público; de lo contrario podría haber una estafa, pero no tráfico de aquellas[377].
c) El ofrecimiento implica una actitud activa, de suerte que si no se explicita no se realiza el tipo, aunque pueda, en su caso, realizarse otro[378].

## 3.6. Tipo subjetivo

### *3.6.1. Dolo*

Al igual que las otras dos modalidades de tráfico de influencias, esta conducta es dolosa por naturaleza por su cercanía con la inducción[379] e igualmente por la remisión a las otras dos conductas punibles constitutiva de tráfico de influencias (arts. 428 y 429 del CP) en las cuales se hace referencia a verbos típicamente dolosos como el influir y el prevalerse. Además, en Derecho positivo actual no está castigada expresamente la modalidad imprudente.

### *3.6.2. El propósito de obtener un beneficio económico*

Al igual que en las otras dos modalidades de tráfico de influencias se exige un elemento subjetivo del injusto, que consiste en la finalidad de realizar cualquiera de las conductas tipificadas en los artículos anteriores, esto es, que las dádivas o presentes solicitados o recibidos constituyan una contraprestación a un potencial tráfico de influencias[380].

---

375 CABELLO MOHEDANO, en: GONZÁLEZ RUS, *Estudios penales*, 1996, 100; CUGAT MAURI, *Tráfico de influencias*, 1997, 246; MIR PUIG C., *Delitos contra la Administración pública*, 2000, 273.

376 CUGAT MAURI, en: CORDOBA RODA/GARCÍA ARÁN, *Comentarios al CP. PE*, 2004, 2053.

377 ORTS BERENGUER, en: VIVES ANTÓN, *DP. PE*, 2004, 929.

378 MIR PUIG C., *Delitos contra la Administración pública*, 2000, 273.

379 CUGAT MAURI, *Tráfico de influencias*, 1997, 250 y 251.

380 MORALES PRATS/RODRÍGUEZ PUERTA, en: QUINTERO OLIVARES, *Comentarios a la PE del DP*, 2007, 1264.

## 4. *Iter Criminis* y participación en estos delitos (ejercicio u ofrecimiento de influencias)

### 4.1 Tentativa y consumación

#### *4.1.1. Comienzo de la tentativa*

La determinación del comienzo de la tentativa en las tres modalidades típicas, y la frontera por tanto, con el simple acto preparatorio impune (no sólo el de un autor aislado, sino que tampoco se castigan aquí los de conspiración, proposición y provocación), según la teoría mayoritaria y más convincente, comienza con el "disponerse inmediatamente a realizar el primer acto típico"[381]. Para el caso del ejercicio de influencias el comienzo de la ejecución se podría configurar cuando un funcionario público haya enviado una carta o email a otro funcionario público ejerciendo idóneo para constituir un prevalimiento antes de su recepción por parte de su destinatario. Similar situación se puede presentar en el caso de ofrecimiento de influencias cuando se envía el ofrecimiento a través de un medio idóneo como una carta un email o incluso a través de un emisario, antes de su recepción por su destinatario.

#### *4.1.2. Tentativa inacabada o acabada*

En los arts. 428 y 429, como son delitos de resultado (contra lo que opina gran parte de doctrina y jurisprudencia) que exigen conseguir "influir" en el funcionario para que resuelva en un sentido (el resultado entendido como la influencia o influjo en el funcionario y su resolución), cabe tanto la tentativa inacabada como la tentativa acabada o frustración[382]. En el ofrecimiento de influencias, como es delito de mera actividad (delito compuesto de dos actos: ofrecerse a influir y solicitar dádiva o aceptar ofrecimiento) que no requiere ningún resultado distinto de esa doble actividad, no cabe tentativa acabada o frustración, pero sí cabe perfectamente tentativa inacabada[383]: tanto si se realiza el primer acto típico, ofrecerse, pero por la razón que sea no se llega a realizar el segundo, o sea solicitar o aceptar; como si el sujeto comienza (se dispone inmediatamente a) a realizar el primer acto típico de ofrecerse a otro

---

[381] WELZEL, *DP Aleman*, 1976, 263.

[382] LUZÓN PEÑA, *Lecciones PG*, 2012, 12/30.

[383] LUZÓN PEÑA, *Lecciones PG*, 2012, 12/29.

a influir en un funcionario conocido, amigo, etc., pero no llega a concluir el ofrecimiento. En este segundo supuesto de tentativa inacabada el problema obviamente será el probatorio: probar que las palabras, frases, insinuaciones ya comenzadas, pero incompletas, tienen un inequívoco sentido delictivo, de ofrecerse a influir, y no otro sentido.

#### *4.1.3. Consumación*

En los arts. 428 y 429 no se exige ciertamente el resultado de beneficio para sí o para otro, pero sí el resultado de la influencia o influjo en la voluntad y actuación del funcionario que resuelve. Este hecho de lograr influir en el funcionario es por tanto necesario para la consumación. Si el autor no logra ese resultado pese a sus esfuerzos, no habrá consumación, sino sólo tentativa acabada como acabamos de ver.

Pero hay que delimitar qué significa "influir": es decir, si basta con influir en su voluntad, convencerle de que haga lo que se le pide o propone (y que eso se pueda probar: por testimonios de terceros, de los involucrados, correspondencia, etc.), aunque el funcionario luego, por las razones que sean (incidentes, accidentes, cambio de idea, etc.), no llegue a adoptar la resolución sugerida; o si influir es no sólo influir en su voluntad, sino en su actuación, es decir, lograr que resuelva como se le pide o sugiere, tanto si la resolución produce el beneficio deseado como si la resolución no llega a producir ese beneficio. Cuestión dudosa. Es verdad que el tenor del texto legal, "influyere en funcionario para conseguir una resolución", parece más bien que indica la primera alternativa, influir en la voluntad aunque no haya luego la actuación (la resolución favorable); pero también puede hacer una interpretación restrictiva del tipo y sostener que, pese a la redacción (que se debería a razones simplemente de estilo en la frase), "influir" es influir no sólo en la voluntad sino en la actuación, y por tanto conseguir que adopte una resolución en sentido favorable.

En el ofrecimiento de influencias del 430, al ser un delito de actividad (de dos actos), la consumación sólo requiere llevar a cabo ambos actos, ofrecerse a influir (sea cierto o falso que se tiene buena relación y capacidad de influir o que se piensa realmente influir o no) y solicitar o aceptar dádivas o promesas, sin que se exija ningún ulterior resultado.

### 4.2. La participación en el tráfico de influencias: en especial, la cooperación del funcionario que acepta la influencia

#### *4.2.1. Participación de extraños en delito común o especial*

Sobre participación rigen las reglas generales de la inducción y cooperación (necesaria o complicidad, que en muchos casos podrán ser cooperaciones no materiales, sino psíquicas o morales). Cuando se trata de participación de extraños en los delitos cometidos por particular de los arts. 429 y 430, si se los considera delitos comunes, no habría problema alguno en admitir la participación (inducción o cooperación) de extraños, que cabe perfectamente en los delitos comunes. Pero si se considera que el sujeto que influye, aunque sea un particular, es alguien que tiene una determinada relación (de amistad, parentesco, etc.) con y sobre el funcionario y que por eso realmente también es un delito especial, entonces ya se plantea respecto de los extraños, que no tienen esa relación personal con el funcionario pero inducen al sujeto activo o cooperan con él, la cuestión de la participación de extraños en delitos especiales.

Y ese problema se plantea por supuesto en la participación de algún extraño en el delito inequívocamente especial del tráfico de influencias cometido por funcionario del art. 428.

Problema resuelto en el Derecho español actual desde que la LO 15/2003, de 25-11, introdujo en el art. 65 el ap. 3, que consagra legalmente lo que ya décadas antes sostenía la doctrina mayoritaria española y la jurisprudencia del TS: los inductores y cooperadores necesarios *extranei* en un delito especial responden penalmente como tales, pero el juez puede facultativamente atenuar la pena (bajando a la inferior en grado) si su "culpabilidad" es menor que la del autor *intraneus* que sí tiene la cualidad o relación especial; sobre la responsabilidad del mero cómplice *extraneus* no se pronuncia el precepto, así que es interpretable y discutible si es que a) no responde, o b) sí responde como cómplice, pero no se le puede atenuar la pena.

#### *4.2.2. La posible cooperación del funcionario que acepta la influencia*

En el tráfico de influencias, según doctrina mayoritaria, sólo se tipifica y sanciona la conducta de la persona que influye, careciendo de tipicidad la conducta del funcionario que se deja influir, pudiendo solamente constituir un eventual delito de prevaricación si se cumplen los requisitos de esta conducta punible[384], situación que es criticada por MORALES PRATS/ RODRÍGUEZ PUERTA[385].

CUGAT MAURI rechaza que el funcionario sobre el que se ejerce la influencia pueda ser también cómplice de este delito, pues aunque su intervención es necesaria para que se configure el delito, no puede participar del ejercicio de la influencia que recae sobre él[386].

CABELLO MOHEDANO señala al respecto que no puede haber la aquiescencia por parte de quien debe dictar la resolución, pues en ese caso habría coautoría[387].

De igual forma, CUGAT MAURI y GARCÍAS PLANAS rechazan que el tráfico de influencias pueda ser considerado como un delito bilateral[388], pues se manifiesta en el abuso de influencias que mediatiza la decisión del funcionario, por lo cual sería desmesurado imputarle responsabilidad cuando la resolución ha sido justa[389], no existiendo un igual desvalor al que existe en el cohecho impropio, pues en este al menos se recibe una retribución indebida[390].

Adicionalmente, se manifiesta que si se aceptara la incriminación del funcionario sobornado por las influencias en relación con una resolución justa, se le pondría ante una difícil situación, pues si expide la resolución incurriría en tráfico de influencias y si no lo hace, en prevaricación al no expedir una resolución justa[391].

---

384 GARCÍAS PLANAS, *RPJ N° 29*, 1993; GIMENO LAHOZ/CORBELLA HERREROS, *Delitos*, 1998, 91; CATALÁN SENDER, *Los delitos cometidos por autoridades*, 1999, 227; CUGAT MAURI, en: CORDOBA RODA/GARCÍA ARÁN, *Comentarios al CP. PE*, 2004, 2044; MUÑOZ CONDE, *DP. PE*, 18.ª, 2010, 1046; FERRÉ OLIVÉ, en: ARROYO ZAPATERO, *Comentarios al CP*, 2007, 905; SERRANO GÓMEZ/SERRANO MAÍLLO, *DP. PE*, 2007, 820.

385 MORALES PRATS/RODRÍGUEZ PUERTA, en: QUINTERO OLIVARES, *Comentarios a la PE del DP*, 2011, 1260.

386 CUGAT MAURI, en: CORDOBA RODA/GARCÍA ARÁN, *Comentarios al CP. PE*, 2004, 2044.

387 CABELLO MOHEDANO, en: GONZÁLEZ RUS, *Estudios penales*, 1996, 98.

388 CUGAT MAURI, *Tráfico de influencias*, 1997, 173; GARCÍAS PLANAS, *RPJ N° 29*, 1993, 31.

389 CUGAT MAURI, *Tráfico de influencias*, 1997, 173.

390 CUGAT MAURI, *Tráfico de influencias*, 1997, 173.

391 CUGAT MAURI, *Tráfico de influencias*, 1997.

Esta posición es aceptada por la jurisprudencia con los mismos argumentos y en las mismas decisiones que buscan distinguir al cohecho del tráfico de influencias[392], con base en la sanción del sujeto que realiza el delito y del que es objeto del mismo en el cohecho y no en el tráfico de influencias, en el cual solamente se sanciona al primero de estos[393].

Sin embargo, esta solución es muy problemática, pues al particular que corrompe con su amistad, relación o presión al funcionario se le va a castigar, y la autoridad o funcionario, que es precisamente quien tiene un deber de imparcialidad, objetividad, rectitud y buena imagen en su actuación en los

---

[392] STS 10-3-1998, SAP León 30 28-4-1999, en la AAP Girona 442 28-7-2005 y en la AAP Las Palmas 238 18-10-2000.

[393] STS 1534/1997: "Antes de entrar en el examen y resolución del caso concreto, nos parece lógico hacer una breve referencia previa y de carácter general a este delito de tráfico de influencias, indicando primeramente que su descripción tipificadora contiene una indudable afinidad con el delito de cohecho ya que ambos tienen como finalidad o meta inicial y común 'evitar la interferencia de intereses ajenos o contrarios a los públicos' tutelando o protegiendo un bien jurídico tan esencial como es la imparcialidad u objetividad de las decisiones de los funcionarios públicos. Sin embargo, según doctrina generalizada, que hacemos nuestra, a diferencia de lo que ocurre en el delito de cohecho, en el de tráfico de influencias están comprendidos aquellos supuestos en los que si bien se pretende conseguir del funcionario una parcial (o no del todo imparcial) decisión, para conseguirlo se emplean en realidad medios distintos a las 'dádivas o presentes', debiéndose resaltar también que tanto el anterior Código Penal (art. 404 bis) como el vigente (artículos 428 y 429) 'únicamente contemplan la conducta del particular o del funcionario que pretende incidir en la voluntad de otro funcionario público prevaliéndose, bien de una relación puramente personal, bien de una relación jerárquica', mientras que, paradójicamente y por el contrario no parece tipificarse la conducta del propio funcionario que se deja influir o inducir por presiones de terceras personas. Por ello, ambos atacan o conculcan el principio de imparcialidad que debe regir de modo escrupuloso la conducta de toda persona encargada de tomar decisiones públicas, conteniendo, desde el punto de vista subjetivo, dos vertientes, la que afecta a la persona que trata de influir en el responsable de la decisión, y la que se refiere a la persona influida ('influyente' e 'influido'). Sin embargo, y como antes hemos dicho, a diferencia de lo que ocurre con el delito de cohecho, en el que tan responsable es el cohechante como el cohechado, en el de tráfico de influencias sólo se tipifica y sanciona la conducta de la persona que influye, careciendo de tipicidad la del funcionario que se deja influir por situaciones ajenas a los intereses públicos y adopta una resolución (o se muestra dispuesto a adoptarla) que beneficie a la persona que ha influido en él siempre, eso sí, que la decisión adoptada no contenga los requisitos que tipifican el delito de prevaricación previsto en los arts. 404 del vigente Código y 351 y siguientes del Código derogado. Se ha dicho por ello y con razón que esta falta de simetría entre la sanción que corresponde al que influye y la falta de sanción al que se deja influir 'enturbia' considerablemente la interpretación lógica que ha de darse a estos delitos, al ser muy difícil determinar, aunque sea en cada caso concreto, el contenido, tanto cuantitativo, como cualitativo, de la 'influencia', es decir, el grado de antijuridicidad que acompaña al agente comisor. Esta dificultad interpretativa hará casi siempre concluir en dudas muy fundadas sobre la comisión delictiva y su imputabilidad, dudas que (obvio es decirlo) habrán de resolverse '*in bonam partem*', a favor del reo".

asuntos públicos va a quedar incomprensiblemente impune; más incomprensible si se piensa que estos son delitos fundamentalmente de funcionarios contra la recta administración pública. Por lo anterior, la otra solución posible, mucho más justa y satisfactoria político-criminalmente, es interpretar que la autoridad o funcionario que se deja influir por el tercero con el que tiene relación es punible, aplicando las reglas generales de la participación: es un cooperador y concretamente un cooperador necesario con el tercero autor del tráfico del 428 o 429. En efecto, el tipo de ambos, como hemos visto, requiere para la consumación el resultado de "influir" en la voluntad y actuación del funcionario decisor, de modo que si este no se deja influir, el acto del tercero autor queda en tentativa pero no se consuma. Por tanto para la consumación es necesaria, absolutamente necesaria, la aceptación del funcionario decisor, el que se deje influir y acepte resolver en ese sentido (o incluso que resuelva así, según la otra interpretación posible). Se trata, pues, de una cooperación necesaria del art. 28, 1º b) al delito del 428 o 429; y en principio, dado que el funcionario decisor precisamente es quien tiene y vulnera los deberes de rectitud, imparcialidad etc., no parece adecuada la posible atenuación de su pena por menor culpabilidad como permite el art. 65.3 CP, sino castigar con la misma pena que el autor.

Solamente en los casos en que la influencia se deba no a amistad, parentesco buena relación, sino a presión o coacción que se ejerce sobre el funcionario decisor, entonces sí cabe atenuar la pena por disminución de su culpabilidad (por el art. 65.3: rebaja en un grado; o por la eximente incompleta de miedo del art. 21,1.ª en relac. con el art. 20, 6.º, con el efecto del art. 68: rebaja en 1 o 2 grados; o atenuante analógica del art. 21,7ª, con los efectos del art. 66).

Y en casos de coacción, amenaza o presión (creada por el superior jerárquico o por un particular amenazante) extrema o insoportable para el funcionario que la sufre, este puede incluso estar totalmente exculpado por miedo insuperable o por una situación análoga de inexigibilidad penal subjetiva: cfr. ampliamente sobre la eximente (causa de exculpación) supralegal o analógica de inexigibilidad penal subjetiva o individual y sobre la causa de exculpación legalmente recogida en el art. 20.6.º CP de miedo insuperable.

## 5. La delimitación del delito de tráfico de influencias

### 5.1. Problemática

El delito de tráfico de influencias se ha cuestionado seriamente por parte de la doctrina por la amplitud de su redacción[394], por la dificultad de que se ajuste a los principios de subsidiariedad, fragmentariedad, efectividad y exclusiva protección de bienes jurídicos[395] y por punibilizar hipócritamente conductas permitidas en el ámbito administrativo[396].

Sobre la amplitud del delito de tráfico de influencias, FLORES PÉREZ ha señalado: "la figura del tráfico de influencias llegó al Código con unas urgencias innecesarias, e introdujo conceptos vagos e inaprehensibles, lo que incrementó la inseguridad jurídica y las dificultades de persecución, sobre todo en el ámbito probatorio"[397].

OCTAVIO DE TOLEDO cuestiona el cumplimiento de los principios de subsidiariedad, fragmentariedad, efectividad y exclusiva protección de bienes jurídicos por parte del delito de tráfico de influencias, señalando especialmente la existencia de múltiples leyes administrativas y disciplinarias para la prevención de estas conductas e incluso la existencia de delitos por medio de los cuales se sanciona la obtención de beneficios ilícitos tales como el abuso de información privilegiada, la malversación y los nombramientos ilegales[398].

De esta manera, el balance doctrinal es la amplitud del delito de tráfico de influencias y la existencia de otros mecanismos administrativos que prohíben o permiten las conductas tipificadas a través de este delito; por ello se requiere de la existencia de determinados parámetros dogmáticos a través de los cuales se pueda delimitar el injusto de dicha conducta punible, especificando su supuesto de hecho y excluyendo la punibilidad de conductas permitidas por otras ramas del ordenamiento jurídico.

En este sentido, la doctrina ha destacado la necesidad de delimitar el tráfico de influencias de la mera recomendación, a través de criterios como el

---

394 FLORES PÉREZ, *Delitos contra la administración pública*, 2002, 195.

395 OCTAVIO DE TOLEDO Y UBIETO, *rjedjb N° 5*, 1998, 1517.

396 FLORES PÉREZ, *Delitos contra la administración pública*, 2002, 195.

397 FLORES PÉREZ, *Delitos contra la administración pública*, 2002, 195.

398 OCTAVIO DE TOLEDO Y UBIETO, *RJEDJB N° 5*, 1998, 1517.

prevalimiento. Sin embargo, una estructura jerárquica como la que constituye la administración pública requiere que también se diferencie la influencia realizada abusando del cargo de la simple orden en consideración al cargo del funcionario público.

### 5.2. Formas de delimitación del delito de tráfico de influencias respecto de conductas fronterizas lícitas o no punibles

De acuerdo a las anteriores críticas, la principal problemática en el análisis del delito de tráfico de influencias es su delimitación frente a formas de conducta que son próximas, pero que se mantienen aún en el ámbito de lo lícito o al menos de lo no punible.

En primer lugar examinaremos la posible colisión con intereses tales como la jerarquía. En este sentido, la actual estructura de los gobiernos dificulta el cumplimiento de esta obligación[399], por ello deben seguirse pautas previas tales como la Constitución y el ordenamiento jurídico de acuerdo a los intereses generales[400].

Esta ponderación resulta especialmente aplicable para la determinación del riesgo permitido en el delito de tráfico de influencias, pues el prevalimiento de una posición jerárquica es el núcleo del injusto de este delito.

El criterio fundamental para solucionar esta ponderación es que la ejecución de las órdenes de los funcionarios públicos se haga a través de la utilización de la pirámide a través de la cual está constituida la administración pública y que implica que los directivos de una entidad no impartan órdenes directas a funcionarios meramente ejecutores, sino que deban hacerlo frente a sus directamente inferiores y así sucesivamente hasta llegar al ejecutor. Igualmente estará excluido del riesgo permitido cualquier prevalimiento que viole el rango jerárquico organizativo de una entidad.

#### *a. La ponderación de los principios de jerarquía y objetividad*

La ponderación entre los principios de jerarquía y objetividad resulta fundamental en la interpretación del delito de tráfico de influencias, pues la consecuencia de una aplicación del primero es el deber de obediencia, cuyo

---

399 PÉREZ TREMPS, *Derecho constitucional*, 2003, 194.

400 ÁLVAREZ CONDE, *Curso de derecho constitucional*, 2000, 222.

incumplimiento implica no solamente consecuencias disciplinarias, sino también penales[401].

Al respecto, la ley de funcionarios civiles del Estado consagraba la insubordinación como una falta muy grave: "Se considerarán faltas muy graves [...] b) La manifiesta insubordinación individual o la colectiva"[402].

Esta disposición fue derogada con la Ley 30 de 1984, norma que si bien no consagra concretamente la insubordinación como una falta muy grave, sí establece como falta "El incumplimiento del deber de fidelidad a la Constitución en el ejercicio de la función pública"[403], disposición a través de la cual se puede sancionar el incumplimiento grave del principio de jerarquía consagrado en el artículo 103 de la Constitución española.

Por otro lado, el reglamento de régimen disciplinario consagra la falta de obediencia debida a los superiores y funcionaros[404] y la incorrección con los superiores como falta leve[405].

Por su parte, en el campo penal, el principio de jerarquía también tiene dos manifestaciones muy importantes, el delito de desobediencia y el cumplimiento de un deber como causal de justificación.

Por el delito de desobediencia "Las autoridades o funcionarios públicos que se negaren abiertamente a dar el debido cumplimiento a resoluciones judiciales, decisiones u órdenes de la autoridad superior, dictadas dentro del ámbito de su respectiva competencia y revestidas de las formalidades legales, incurrirán en la pena de multa de tres a doce meses e inhabilitación especial para empleo o cargo público por tiempo de seis meses a dos años"[406].

Mientras tanto, por el cumplimiento de un deber está exento de responsabilidad penal "El que obre en cumplimiento de un deber o en el ejercicio legítimo de un derecho, oficio o cargo"[407].

Por su parte, el principio de imparcialidad se encuentra consagrado en el artículo 103 de la Constitución y su incumplimiento también puede originar responsabilidades disciplinarias y penales.

---

401 ÁLVAREZ CONDE, *Curso de derecho constitucional*, 2000, 230.

402 Art. 81 de la LFCE.

403 Art. 88 de la LFCE.

404 Art. 7.1.a del Reglamento disciplinario.

405 Art. 8 del Reglamento disciplinario.

406 Art. 410 del Código Penal.

407 Art. 20.7. del Código Penal.

En el campo disciplinario, el incumplimiento grave del principio de imparcialidad también puede ser sancionado como falta muy grave en aplicación del artículo 88 de la Ley 30 de 1984 como un incumplimiento del deber de fidelidad a la Constitución en el ejercicio de la función pública.

Esta misma ley consagra diversas faltas graves relacionadas con el principio de imparcialidad tales como la violación de la neutralidad o independencia políticas[408] y el incumplimiento de las normas sobre incompatibilidades[409].

Desde el punto de vista penal la violación de este principio puede llevar a la comisión de los delitos de tráfico de influencias, cohecho, negociaciones incompatibles a los funcionarios públicos y corrupción del funcionario público extranjero e internacional.

De esta manera, tanto el principio de imparcialidad como el de jerarquía se encuentran consagrados constitucionalmente y tutelados penal y disciplinariamente y por ello ninguno de ellos prevalece en todos los supuestos, razón por la cual solamente existen determinadas reglas para aplicar en el caso concreto:

En primer lugar, tal como ha señalado el Tribunal Supremo español, el cumplimiento del principio de jerarquía no tiene por qué afectar la objetividad de los funcionarios públicos: "Por eso, la mera condición de funcionario inserto en un esquema necesariamente jerárquico no puede ser, por sí misma, una causa de pérdida de la objetividad constitucionalmente requerida, desde el momento en que constituye supuesto de su actuación"[410].

De aquí se desprende que una mera orden del superior a un inferior no conculca el principio de imparcialidad y por ello no puede ser constitutiva del delito de tráfico de influencias.

En segundo lugar, la ponderación entre los principios de imparcialidad y jerarquía requiere del análisis específico de la rama en la cual se presente, pues como ha señalado el Tribunal Constitucional, debe diferenciarse la aplicación de este axioma en las ramas judicial y administrativa: "Cabe reiterar aquí de nuevo, como hicimos en la STC 22/1990 (fundamento jurídico 4º),

---

408 Art. 31.1., literal g) de la Ley 30 de 1984: "La violación de la neutralidad o independencia políticas, utilizando las facultades atribuidas para influir en procesos electorales de cualquier naturaleza y ámbito".

409 Art. 31.1. literal h) de la Ley 30 de 1984.

410 STC 22-2-1999.

que 'sin perjuicio de la interdicción de toda arbitrariedad y de la posterior revisión judicial de la sanción, la estricta imparcialidad e independencia de los órganos del poder judicial no es, por esencia, predicable en la misma medida de un órgano administrativo'"[411].

En tercer lugar, es necesario analizar la posición específica del funcionario que da la orden, por ello una orden de un funcionario a su inferior inmediato se encuentra dentro del riesgo permitido, en cambio una orden directa del jefe de una entidad pública a un funcionario ejecutor no se encuentra en principio dentro de lo permitido, pues para ejecutar una determinada política cuenta con una estructura piramidal que debe utilizar coordinadamente.

En este sentido, un supuesto en el cual debe destacarse absolutamente el riesgo permitido es cuando un funcionario da una orden a otro con el cual no tiene ninguna relación de superioridad. Piénsese por ejemplo que el secretario de educación de un ayuntamiento da una orden a un funcionario de la secretaría de tránsito, supuesto que constituye un claro tráfico de influencias si se realiza con el objeto de obtener un beneficio económico.

#### *b. Los deberes de conducta de los funcionarios públicos en relación con el delito de tráfico de influencias*

El cumplimiento de determinados deberes de conducta de los funcionarios públicos coloca la actuación de los funcionarios públicos dentro del riesgo permitido:

> "El principio de eficacia determina la permisividad de las órdenes dadas en pro del antiformalismo, de la ejecutividad de los actos administrativos y el ejercicio de las facultades de autotutela.
>
> El principio de jerarquía determina la permisión de las órdenes lícitas que se presenten en el marco de las relaciones jerárquicas directas entre un funcionario público y sus inferiores jerárquicos.
>
> Por el principio de desconcentración se permite el ejercicio de competencias por parte de órganos administrativos pertenecientes a una misma unidad o entidad administrativa"[412].

---

411 STC 22-2-1999.

412 ÁLVAREZ CONDE, *Curso de derecho constitucional*, 2000, 230.

Por el principio de coordinación, la mera interacción entre funcionarios de diversas administraciones públicas no es constitutiva de tráfico de influencias, por lo cual una mera recomendación de un funcionario de una entidad al de otra en el marco de sus funciones públicas no es constitutiva del delito de tráfico de influencias.

Por los principios de sometimiento de la administración al ordenamiento jurídico, de legalidad y jerarquía normativa se encuentran dentro del riesgo permitido todas las órdenes realizadas en cumplimiento de una ley. Igualmente, también es lícita cualquier presión ejercida sobre un funcionario público para que cumpla la ley.

***c. El aumento del riesgo en el tráfico de influencias***

La mera ejecución de la conducta no basta para la comisión del delito de tráfico de influencias, pues para ello también es necesario que la conducta aumente el riesgo del principio de imparcialidad[413], para cuya determinación es necesario tener en cuenta dos aspectos: la relación entre el principio de imparcialidad y la igualdad ante la ley y el grado de riesgo para constreñir la libertad de los funcionarios públicos:

En primer lugar, debe tenerse en cuenta que la imparcialidad es una de las manifestaciones del trato igual a los ciudadanos y por tanto del mencionado principio de igualdad ante la ley.

El principio de igualdad implica que a iguales supuestos de hecho se apliquen iguales consecuencias jurídicas[414]; habrá desigualdad y por tanto violación del principio de imparcialidad cuando la utilización o introducción de elementos diferenciadores sea arbitraria o carezca de fundamento racional[415].

Dos cuestiones son relevantes para determinar la violación del principio de imparcialidad conectado con la igualdad[416]:

- Se presenta violación a este principio cuando se introduce una diferencia entre situaciones que pueden considerarse iguales[417].

---

413 MUÑOZ CONDE, *DP. PE*, 18.ª, 2010, 1045; CUGAT MAURI, *Tráfico de influencias*, 1997, 197.

414 STC 26-4-1990.

415 STC 26-4-1990.

416 Sobre la conexión entre la imparcialidad, la objetividad y la igualdad Vid. STS 21-11-1990.

417 STC 26-4-1990.

En este sentido, no se puede violar el principio de imparcialidad cuando la influencia se dirige a otorgar un trato diferenciado a dos supuestos distintos.

- En segundo lugar, se vulnera el principio de igualdad cuando la diferencia realizada no está basada en una justificación objetiva y razonable[418]. Por ello se encuentran dentro del riesgo permitido aquellas manifestaciones de la influencia que tengan una justificación objetiva y razonable.

  De esta manera se viola el principio de imparcialidad a través de desigualdades que resulten artificiosas o injustificables, según criterios o juicios de valor generalmente aceptados[419].

En segundo lugar, para el análisis del injusto del tráfico de influencias debe tenerse en cuenta que la influencia debe ser idónea para afectar la imparcialidad del funcionario, por ello se debe excluir la punición de las presiones mínimas o influencias usuales y cotidianas mediante la adecuación social, el principio de insignificancia o la tolerancia social. Por lo anterior, no podrán ser constitutivas del delito de tráfico de influencias las meras sugerencias, sino aquellas presiones que condicionen la voluntad del funcionario público, de manera que si no se hubieren llegado a producir no se hubiera alterado la voluntad del funcionario público. A partir de este análisis pueden deducirse las siguientes premisas sobre el tráfico de influencias:

- No se incurre en este delito cuando el funcionario ya ha adoptado una decisión[420].
- No se tipifica este delito cuando la influencia no tiene ninguna efectividad sobre el funcionario que tomará la decisión[421], lo cual sucederá, por ejemplo, si el funcionario de mayor jerarquía no tiene

---

[418] STC 26-4-1990, STS 7-7-1997.

[419] STS 7-7-1997, STC 25-3-1993.

[420] MIR PUIG C., *Delitos contra la Administración pública*, 2000, 266.

[421] MIR PUIG C., *Delitos contra la Administración pública*, 2000, 266: "también cuando la influencia no haya causado en el funcionario sujeto pasivo de la acción efectividad alguna en la toma de la decisión, al ya estar previamente a la influencia, 'resuelto' a actuar de conformidad con la misma de todos modos –caso conocido como el '*omimodofacturus*' (así, cuando el funcionario que ha de dictar la resolución favorable al sujeto activo o tercero está ya decidido a hacerlo antes de la influencia de ése)".

relación de superioridad con el "influenciado" o si se ejerciere una sugerencia a un funcionario que apenas se conoce.

- Por último, tal como sucede frente al delito de cohecho, tampoco se incurre en esta conducta si el funcionario público no tiene competencia para adoptar la resolución por la cual se ha ejercido la influencia, en aquellos supuestos en los cuales esta situación constituye una influencia en cadena, sino un supuesto de error de quien ejerce la influencia.

## Capítulo IV
# La tipificación del cohecho en el CP español

### 1. Evolución del delito de cohecho

La tipificación del delito de cohecho en la legislación española ha sufrido históricamente diversas modificaciones que han venido delimitando su contenido y alcance, las cuales resultan fundamentales para la comprensión de la regulación actual, razón por la cual se estudiarán a continuación con el objeto de identificar los principales cambios que se han venido presentando sobre la concepción de esta conducta punible.

#### 1.1. Regulación en el CP de 1822

El CP 1822 tipificaba el cohecho dentro del capítulo 2 de su título VI, consagrando tres modalidades de esta conducta punible:

En primer lugar, se consagran formas de cohecho para cuya comisión se exige que se haya proferido la resolución objeto del soborno: el artículo 454 sanciona la prevaricación cometida por soborno, el artículo 455 sanciona a quien haga que la provisión o propuesta recaiga en favor de persona determinada, mientras que el artículo 456 sanciona algún soborno o regalo para hacer cosa contraria a su obligación, o para dejar de hacer alguna a que esté obligada:

- La primera forma de cohecho se cometía por "el juez de hecho ó de derecho, ó árbitro de cualquiera clase, ó otro funcionario público que cometa prevaricación por soborno ó cohecho dado ó prometido á él o a su familia, directamente ó por interpuesta persona"[1]. Para estos casos se imponía "además de las penas de prevaricador, la de infamia, y una reclusión de uno a cuatro años, si no estuviere señalada otra mayor al delito que cometiere"[2].

- La segunda forma de cohecho sancionaba al "funcionario público, de cualquiera clase, que encargado de proveer alguna dignidad, cargo, oficio ó empleo público, o comisión del Gobierno, ó de hacer las propuestas para su provisión, o de intervenir en ello por razón de su destino, haga, en virtud de algún soborno ó cohecho, que la provisión ó propuesta recaiga en favor de persona determinada, por más acreedora que sea"[3].
- Por su parte, el artículo 456 sancionaba al "juez de hecho ó de derecho, ó árbitro, o cualquiera otro funcionario público, que por sí ó por su familia, ó por interpuesta persona, admita á sabiendas, o se convenga en admitir algún soborno, cohecho ó regalo, y en su consecuencia haga alguna cosa contraria á su obligación, ó deje de hacer alguna a que esté obligado"[4]. Igualmente, se establecía que "Si la acción que cometiere por soborno fuese no solo contraria á su obligación, sino que constituya otro delito a que esté señalada alguna pena, se le impondrá esta igualmente"[5].

Esta forma de tipificación vincula directamente dos delitos como el cohecho y la prevaricación, situación que es muy importante en esta tesis, pues esta fórmula luego sería copiada por el CP de Colombia de 1890. Esta conexión, sin embargo, resulta parcialmente innecesaria y pudo haberse solucionado con la inclusión de una agravación en el delito de prevaricación.

---

[1] Art. 414 CP 1822.

[2] Art. 414 CP 1822.

[3] Art. 455 CP 1822: "También sufrirá las penas prescritas en el artículo anterior el funcionario público, de cualquiera clase, que encargado de proveer alguna dignidad, cargo, oficio ó empleo público, o comisión del Gobierno, ó de hacer las propuestas para su provisión, o de intervenir en ello por razón de su destino, haga, en virtud de algún soborno ó cohecho, que la provisión ó propuesta recaiga en favor de persona determinada, por más acreedora que sea".

[4] Art. 456 CP 1822.

[5] Art. 456 CP 1822.

En segundo lugar, se consagraban tres modalidades de cohecho en las cuales no es necesario proferir la resolución del acto:

- La primera sancionaba a "cualquiera de las personas expresadas, que por sí o por su familia, ó por interpuesta persona, admita á sabiendas, ó se convenga en admitir algún soborno ó regalo para hacer cosa contra contraría á su obligación, ó dejar de hacer alguna á que esté obligada, aunque no llegue á hacer la una, ó á dejar de hacer la otra"[6].
- La segunda sancionaba a "cualquiera de dichas personas, que del mismo modo admita ó se convenga en admitir, además de su legítimo salario, algún regalo para hacer un acto de su oficio ó cargo, aunque sea justo, ó para dejar de hacer uno que no deba ejecutar"[7].
- La tercera sancionaba a "los jueces de hecho ó de derecho, ó cualesquiera otros funcionarios públicos que ejerzan alguna autoridad, sea judicial ó gubernativa, y los demás empleados con sueldo por el Gobierno, en el caso de que admita regalo, de cualquiera clase que sea , de subalterno suyo, ó de alguno que tenga pleito, causa ó negocio oficial ante ellos, ó de otros que hagan el regalo en consideración de estas personas, serán apercibidos y suspensos de empleo y sueldo, y de todo cargo público por dos meses á un año"[8].

La misma norma contenía una cláusula especial de acuerdo con la cual: "Iguales penas sufrirán si resultare haber admitido algún regalo que se les haya hecho en consideración del pleito, causa ó negocio oficial antes ó después de este"[9].

Estas normas tipifican más directamente el cohecho pasivo propio y el cohecho pasivo impropio en el CP 1822 y vinculan la comisión de esta conducta punible a un acto propio de las funciones del sujeto activo.

En tercer lugar, se sancionaban dos modalidades de cohecho activo cometido respecto de las anteriores modalidades mediante cláusulas de remisión general: la primera se remitiría a los casos de los artículos 454,

6 Art. 457 CP 1822.

7 Art. 458 CP 1822.

8 Art. 459 CP 1822.

9 Art. 459 CP 1822.

455, 456 y 457[10], mientras que la segunda se refería a los casos de los artículos 458 y 459[11].

### 1.2. Regulación en el CP de 1848

El CP 1848 simplificó la tipificación de las modalidades de cohecho y eliminó los delitos que vinculaban el cohecho a la comisión de una prevaricación.

El artículo 305 castigaba la recepción de una dádiva o promesa para la comisión de uno de los delitos contemplados en el título o para ejecutar u omitir cualquier acto lícito o debido, propio de su cargo[12].

El artículo 306 sancionaba el cohecho cuando se reciba para la comisión del delito de prolongación de funciones públicas[13].

El artículo 307 castigaba el cohecho activo remitiendo a los artículos anteriores y aplicándole al sujeto activo las penas de los cómplices[14].

---

[10] Art. 460 CP 1822: "Los que hagan el soborno, cohecho ó regalo para alguno de los casos de los artículos 454, 455, 456 y 457, sufrirán una reclusión de uno á tres años, sin perjuicio de otra pena mayor si estuviere señalada al delito que hagan cometer con el soborno, conforme al artículo 15 del título preliminar. Si el soborno en estos casos no hubiere sido aceptado, el sobornador será reprendido, y sufrirá un arresto de dos á seis meses, y una multa equivalente al precio de lo ofrecido. Pero los que hayan sobornado, cohechado ó regalado, procurado sobornar, cohechar ó regalar con el fin de obtener el ser propuestos para dignidad, cargo, oficio ó empleo público, sufrirán, además de las penas prescritas respectivamente en este artículo, la de perder lo que hayan obtenido por tal medio, y no poder obtener cargo alguno público en adelante".

[11] Art. 461 CP 1822: "Los que en cualquiera de los casos de los artículos 458 y 459 hagan el regalo, serán apercibidos, y sufrirán un arresto de ocho á treinta días. Si no se les hubiere aceptado, serán reprendidos, y pagarán una multa equivalente al precio de lo ofrecido".

[12] Art. 305 CP 1848: "El empleado público que por dádiva ó promesa cometiere alguno de los delitos expresados en los capítulos precedentes de este título, además de las penas en ellos designadas, incurrirá en las de inhabilitación absoluta perpetua, y multa de la mitad al tanto de la dádiva o promesa aceptada.

En la misma multa y en la pena de inhabilitación especial temporal incurrirá el empleado público que por dádiva o promesa ejecutare u omitiere cualquier acto lícito o debido, propio de su cargo.

El empleado público que admitiere regalos que le fueren presentados en consideración á su oficio, será castigado por este solo hecho con la reprensión pública, y en caso de reincidencia, con la de inhabilitación especial.

Lo dispuesto en este artículo es aplicable á los asesores árbitros, arbitradores y peritos".

[13] Art. 306 CP 1848: "En el caso de que el delito cometido por dádiva ó promesa se halle comprendido en el artículo 301, será castigado con las penas de inhabilitación especial temporal y la misma multa".

[14] Art. 307 CP 1848: "El sobornante será castigado con las penas correspondientes en los casos respectivos á los cómplices, excepto las de inhabilitación ó suspensión.

### 1.3. Regulación en el CP de 1850

El CP 1850 transcribió las modalidades de cohecho contempladas en el CP 1848 en los artículos 314[15], 315[16] y 316[17], por lo cual no se observan modificaciones en estas conductas punibles.

### 1.4. Regulación en el CP de 1870

Respecto de la regulación del delito de cohecho en el CP 1870 ya señalaba GROIZARD Y GÓMEZ DE LA SERNA: "Aplauso nos merece el Código que castiga con rigor los que sin probidad ni conciencia convierten en infame tranco el mandato recibido del poder social para aplicar rectamente las leyes y administrar justicia, proteger todos los derechos y gobernar el Estado"[18].

En este sentido, se tipifican tres supuestos en los cuales se acepta o recibe el soborno para la realización de una actuación administrativa:

- El cohecho pasivo propio por la realización de un acto que constituya delito: "El funcionario público que recibiere por si ó por persona intermedia dádiva ó presente, ó aceptare ofrecimientos ó promesas por ejecutar un acto relativo al ejercicio de su cargo, que constituya

---

Cuando el soborno mediare en causa criminal á favor del reo por parte de cónyuge, ó de algún ascendiente, descendiente, hermano ó afín en los mismos grados, solo se impondrá al sobornante una multa igual al valor de la dádiva ó promesa".

[15] Art. 314 CP 1850: "El empleado público que por dádiva ó promesa cometiere alguno de los delitos expresados en los capítulos precedentes de este título, además de las penas con ellos designadas incurrirá en las de inhabilitación absoluta perpetua, y multa de la mitad al tanto de la dádiva ó promesa aceptada.

En la misma multa y en la pena de inhabilitación especial temporal incurrirá el empleado público que por dádiva ó promesa ejecutare ú omitiere cualquier acto lícito ó debido, propio de su cargo. El empleado público que admitiere regalos que le fueren presentados en consideración á su oficio, será castigado por este solo hecho con la reprensión pública, y en caso de reincidencia, con la de inhabilitación especial.

Lo dispuesto en este artículo es aplicable á los asesores, árbitros, arbitradores y peritos".

[16] Art. 315 CP 1850: "En el caso do que el delito cometido por dádiva ó promesa se halle comprendido en el artículo 313, será castigado con las penas de inhabilitación especial temporal y la misma multa".

[17] Art. 316 CP 1850: "El sobornante será castigado con las penas correspondientes en los casos respectivos á los cómplices, excepto las de inhabilitación ó suspensión.

Cuando el soborno mediare en causa criminal á favor del reo por parte de su cónyuge, ó de algún ascendiente, descendiente, hermano ó afín en los mismos grados, solo se impondrá al sobornante una multa igual al valor de la dádiva ó promesa".

[18] GROIZARD Y GOMEZ DE LA SERNA, *El CP de 1870,* 1912, 223.

delito, ser castigado con las penas de presidio correccional en su grado mínimo al medio y multa del tanto al triplo del valor de la dádiva, sin perjuicio de la pena correspondiente al delito cometido por la dádiva ó promesa, si lo hubiere ejecutado"[19].

- El cohecho pasivo propio por la realización de un acto injusto: "El funcionario público que recibiere por sí ó por persona intermedia dádiva ó presente, ó aceptare ofrecimiento ó promesa por ejecutar un acto injusto, relativo al ejercicio de su cargo, que no constituya delito, y que lo ejecutare"[20].
- El cohecho por abstenerse el funcionario público de un acto, que se presenta "Cuando la dádiva recibida ó prometida tuviere por objeto abstenerse el funcionario público de un acto que debiera practicar en el ejercicio de los deberes de su cargo"[21].

Respecto de estas normas GROIZARD Y GÓMEZ DE LA SERNA señalaba que tenían los siguientes elementos: "1° Que el culpable tenga la cualidad de funcionario público. 2° Que haya recibido dádiva ó presente ó aceptado ofrecimiento ó promesa. 3° Que la dádiva haya sido hecha, ó los ofrecimientos admitidos para ejecutar un acto injusto ó para dejar de practicar un acto debido en el ejercicio de su cargo. Cuando estas tres condiciones se reúnen, siempre el delito de cohecho existe. Podrán concurrir otras también, pero serán accidentales, contribuyendo solo á ensanchar ó estrechar la responsabilidad, pero no á cambiar la naturaleza genérica del hecho"[22].

En segundo lugar, se castiga el llamado cohecho aparente cometido por "el funcionario público que admitiere regalos que le fueren presentados en consideración á su oficio"[23].

Sobre esta norma GROIZARD Y GÓMEZ DE LA SERNA ya señalaba:

---

[19] Art. 396 CP 1870.

[20] Art. 397 CP 1870.

[21] Art. 398 CP 1870.

[22] GROIZARD Y GÓMEZ DE LA SERNA, *El CP de 1870*, 1912, pp. 241 ss.

[23] Art. 401 CP 1870: "El funcionario público que admitiere regalos que le fueren presentados en consideración á su oficio, será castigado con la suspensión en sus grados mínimo y medio y reprensión pública".

> Subsana este texto, hasta cierto punto, una falta que hemos lamentado en el comentario anterior. Allí hemos probado que la realización de actos funcionales justos, cediendo á estímulos de lucro, no era punible, según los términos en que están redactados los artículos 396 y 397. Ahora vemos con satisfacción que en la mayor parte de los casos lo será, toda vez que se incrimina el mero hecho de aceptar regalos el funcionario, que le fueren presentados en consideración á su oficio"[24].

En tercer lugar, se consagra también el cohecho activo referido a las modalidades anteriores de cohecho: "Los que con dádivas, presentes, ofrecimientos ó promesas corrompieran á los funcionarios públicos, serán castigados con las mismas penas que los empleados sobornados, menos la de inhabilitación"[25].

Sobre la justificación de este artículo GROIZARD Y GÓMEZ DE LA SERNA señalaba:

> "El cohecho pertenece al género de los delitos, para cuya perpetración se exige la concurrencia por lo menos de dos personas. Para que un funcionario sea corrompido, es necesario que haya quien procure su corrupción. Sin la excitación ajena á faltar á los deberes funcionales por estímulo de lucro, el delito no existiría. Ambos, el que entrega la dádiva ó hace la promesa y el que la recibe ó acepta, son causa de la existencia del hecho incriminado: los dos autores del delito ante la ley racional, lo son también ante las reglas generales de imputación que el Código contiene. El legislador no se ha contentado con esto y ha añadido aquí una disposición especial cuyo fin es evitar que en caso alguno deje de hacerse aplicación de aquella regla genérica á esta clase de hechos concretos"[26].

### 1.5. Regulación en el CP de 1928

EL CP 1928 retoma la sistemática de la tipificación del cohecho contemplada en los CP anteriores y configura en particular cuatro modalidades de cohecho pasivo:

---

24 GROIZARD Y GÓMEZ DE LA SERNA, *El CP de 1870*, 1912, 245.

25 Art. 402 CP 1870.

26 GROIZARD Y GÓMEZ DE LA SERNA, *El CP de 1870*, 1912, 251.

- El cohecho pasivo impropio, que se comete por "el funcionario público que recibiere por sí o por persona intermedia dádiva o presente, o aceptare ofrecimientos o promesas para ejecutar un acto relativo al ejercicio de su cargo, que constituya delito"[27].
- El cohecho pasivo propio, que se comete por "el funcionario público que recibiere por sí o por persona intermedia dádiva o presente, o aceptare ofrecimiento o promesas por ejecutar un acto injusto relativo al ejercicio de su cargo que no constituya delito, y que lo ejecutare"[28].
- El cohecho cometido "cuando la dádiva, recibida, o prometida tuviere por objeto abstenerse, el funcionario público, de un acto que debiere practicar en el ejercicio de los deberes de su cargo"[29].
- El cohecho aparente, que se comete por "el funcionario público que en consideración a su oficio admitiese dádivas o regalos cuyo valor intrínseco, realizable desvirtué el carácter de ofrenda honorífica a sus servicios de índole general"[30]. También se agrega una cláusula según la cual: "Cuando los regalos se hicieren a la esposa, hijos, hermanos o afines del funcionario que vivan en su compañía o estén, bajo su autoridad, se entenderá que existe delito, para los efectos de éste y de los anteriores artículos"[31].

---

[27] Art. 468 CP 1928: "El funcionario público que recibiere por sí o por persona intermedia dádiva o presente, o aceptare ofrecimientos o promesas para ejecutar un acto relativo al ejercicio de su cargo, que constituya delito, será castigado con las penas de tres a ocho años de prisión, multa de 1.000 a 10.000 pesetas e inhabilitación especial de diez a treinta años, sin perjuicio de la pena correspondiente al delito cometido en virtud de la dádiva o promesa, si lo hubiere ejecutado".

[28] Art. 469 CP 1928: "El funcionario público que recibiere por sí o por persona intermedia dádiva o presente, o aceptare ofrecimiento o promesas por ejecutar un acto injusto relativo al ejercicio de su cargo que no constituya delito, y que lo ejecutare, incurrirá en las penas de dos a seis años de prisión y multa de 1.000 a 10.000 pesetas.

Si el acto injusto no llegare a ejecutarse, se impondrán las penas de uno a tres años de prisión y multa de 1.000 a 5.000 pesetas, y, en ambos casos, inhabilitación especial de ocho a veinte años.

Si la dádiva tuviera por objeto la consecución de un acto, no comprendido en los párrafos anteriores y que no deba ser remunerado; aunque sea justo, la pena que se imponga será de seis meses a un año de prisión, multa, de. 1.000, a 3.000, pesetas e inhabilitación especial de dos a cuatro años".

[29] Art. 470 CP 1928: "Cuando la dádiva, recibida, o prometida tuviere por objeto abstenerse, el funcionario público, de un acto que debiere practicar en el ejercicio de los deberes de su cargo, las penas serán de seis meses á dos años de prisión, multa de 1.000 a 3.600 pesetas e inhabilitación especial de cuanto a diez años".

[30] Art. 472 CP 1928.

[31] Art. 472 CP 1928.

Sin embargo, no se tipifica como cohecho el supuesto en el cual es el funcionario público el que exige o solicita la dádiva, por lo cual tendría que aplicarse el delito de exacciones ilegales, según el cual: "El funcionario público, que exigiere directa o indirectamente mayores derechos que los que le estuvieren señalados por razón de su cargo, será castigado con la pena de multa de 1.000 a 10.000 pesetas"[32].

Por otro lado, también se tipifica el cohecho activo en todas sus modalidades[33]:

> "El que con dádivas, presentes, ofrecimientos o promesas intentare corromper á un funcionario público, será castigado con las mismas penas menos la de inhabilitación que, en el caso de que el funcionario de, que se trate aceptare el soborno, corresponderían a éste. Si el soborno, fuere aceptado por el funcionario. Sera penado solamente éste, aun cuando no hubiere llegado a percibir la dádiva, o no hubiere llegado a cumplirse el ofrecimiento, o promesa que le fueren hechos.
>
> El funcionario a quien se hiciere cualquiera proposición que implique dádiva, presente, ofrecimiento o promesa para su corrupción, deberá denunciar el hecho a su jefe inmediato, o al Juez de instrucción, y a falta de éste al municipal o al funcionario fiscal más próximo. Si no lo hiciere, aunque no haya llegado a aceptar el soborno, será castigado como encubridor del delito realizado por quien haya tratado de corromperle.
>
> Cuando la iniciativa para la dádiva, presente, ofrecimiento o promesa haya partido del funcionario público al cual se haya dirigido o hayan de dirigirse, será penado como autor de cohecho solamente el funcionario y, en su caso, el tercero de que se valiere; pero nunca las personas a quienes la proposición fuera dirigida, aunque ésta haya sido aceptada y ejecutada en todo o en parte.
>
> El hecho de hacer un funcionario público, por sí o por tercera persona, proposiciones de esta clase, será castigado con las penas que determinan los artículos anteriores de este Capítulo, según la naturaleza de la proposición en relación con cada uno de dichos artículos.

[32] Art. 490 CP 1928.

[33] Art. 473 CP 1928.

> La persona a quien tales proposiciones se refieran, tendrá el deber de denunciar el hecho al jefe del funcionario de que se trate, el cual procederá inmediatamente a lo que haya lugar, o al Juez de instrucción d funcionario del Ministerio fiscal más próximo. Si no lo hiciere incurrirá en las penas correspondientes a los encubridores del delito que el funcionario público hubiera realizado".

La responsabilidad se atenúa "cuando el soborno mediare en causa criminal en favor del reo, por parte de éste ó de su cónyuge, o de algún ascendiente, descendiente, hermano o afín en los mismos grados, no se impondrá en ningún caso pena al sobornante y se aplicarán al sobornado las penas que fija el artículo anterior"[34].

Por último, también se sanciona el cohecho del mediador:

> "El que aparentando crédito, influencia relaciones cerca de las Autoridades, agentes de éstas o funcionarios públicos, recibiere o se hiciere prometer dinero u otras cosas, como recompensa de su mediación o resolución favorable de un asunto que de aquéllos dependa, será castigado con las penas de seis meses a tres años de prisión y multa de 1.000 a 10.000 pesetas. Si el dinero o la cosa se reclamaren para corromper con el pretexto de remunerar al funcionario público, la pena de prisión se impondrá en el grado máximo y la multa podrá elevarse a 15.000 pesetas"[35].

Adicionalmente, se tipifican tres delitos relacionados con el cobro indebido de honorarios aplicables a los abogados, procuradores, mandatarios extrajudiciales, agentes de negocios o representantes de cualquier clase[36].

---

[34] Art. 474 CP 1928.

[35] Art. 476 CP 1928.

[36] Art. 477 CP 1928: "Los Abogados, Procuradores, mandatarios extrajudiciales, agentes de negocios o representantes de cualquier clase, que exigieren remuneración o recibieren de su. cliente alguna dádiva con el pretexto de obtener resolución favorable de cualquier funcionario público, o de pagar costas, derechos a. remuneraciones indebidas, o en cuantía mayor que la procedente, serán castigados con las penas de seis meses a dos años de prisión, inhabilitación especial de dos años a seis y multa de 1.000 a 15.000 pesetas".

Art. 478 CP 1928: "El Abogado o Procurador que celebrare con su cliente pacto de recibir como premio de sus trabajos una parte de la cosa litigiosa, o un premio cualquiera que dependa del éxito del

## 1.6. Regulación en el CP de 1932

El CP 1932 tipifica el cohecho pasivo propio para la comisión de un delito,[37] el cohecho pasivo propio por la ejecución de un acto injusto[38], el cohecho pasivo propio para abstenerse de un acto en ejercicio de las funciones[39], el cohecho aparente[40], el cohecho activo[41], agravado si es en una causa criminal[42].

## 1.7. Regulación en el CP de 1944

El CP sanciona el cohecho pasivo propio por la ejecución de un acto que constituya delito[43], el cohecho pasivo propio por la ejecución de un acto in-

---

negocio, será castigado con las penas de inhabilitación especial de cuatro a diez años y multa de 2.000 a 10.000 pesetas".

Art. 479 CP 1928: "El Abogado o Procurador de oficio que exigiere de sus defendidos una remuneración que las leyes no' permitan, será castigado con la pena de dos a cuatro años de inhabilitación especial y multa de 1.000 a 5.000 pesetas".

[37] Art. 390 CP 1932: "El funcionario público que recibiere por sí o por persona intermedia dádiva o presente, o aceptare ofrecimientos o promesas por ejecutar un acto relativo al ejercicio de su cargo, que constituya delito, será castigado con las penas de presidio menor en su grado mínimo al medio y multa del tanto al triplo del valor de la dádiva, sin perjuicio de la pena correspondiente al delito cometido por la dádiva o promesa, si lo hubiere ejecutado".

[38] Art. 391 CP 1932: "El funcionario público que recibiere por sí o por persona intermedia dádiva o presente, o aceptare ofrecimiento o promesa por ejecutar un acto injusto, relativo al ejercicio de su cargo, que no constituya delito que lo ejecutare, incurrirá en la pena de presidio menor en su grado mínimo y multa del tanto al triplo del valor de la dádiva; si el acto injusto no llegare a ejecutarse, se impondrán las penas de arresto mayor en su grado máximo a presidio menor en su grado mínimo y multa del tanto al duplo del valor de la dádiva".

[39] Art. 392 CP 1932: "Cuando la dádiva recibida o prometida tuviere por objeto abstenerse el funcionario público de un acto que debiera practicar en el ejercicio de los deberes de su cargo, las penas serán las de arresto mayor en su grado medio al máximo y multa del tanto al triplo del valor de aquélla".

[40] Art. 395 CP 1932: "El funcionario público que admitiere regalos que le fueren presentados en consideración a su oficio, será castigado con la suspensión en sus grados mínimo y medio y reprensión pública".

[41] Art. 396 CP 1932: "Los que con dádivas, presentes, ofrecimientos o promesas corrompieren a los funcionarios públicos, serán castigados con las mismas penas que los empleados sobornados, menos la de inhabilitación".

[42] Art. 397 CP 1932: "Cuando el soborno mediare en causa criminal en favor del reo, por parte de su cónyuge o de algún ascendiente, descendiente, hermano o afín en los mismos grados, sólo se impondrá al sobornante una multa equivalente al valor de la dádiva o promesa".

[43] Art. 385 CP 1944: "El funcionario público que solicitare o recibiere, por sí o por persona intermedia, dádiva o presente, o aceptare ofrecimiento o promesa por ejecutar un acto relativo al ejercicio de su cargo que constituya delito, será castigado con las penas de presidio menor y multa del tanto al

justo[44], el cohecho pasivo propio para abstenerse el funcionario público de un acto que debiera practicar en el ejercicio de los deberes de su cargo[45], una modalidad de cohecho que sanciona tanto los eventos de cohecho pasivo impropio como los de cohecho aparente[46] y el cohecho activo cometido en relación con las anteriores modalidades[47]. Este texto con algunas modificaciones fue recogido en el texto refundido de 1973.

Respecto de este CP, el Tribunal Supremo español destacaba que los delitos de cohecho tenían tres características:

> "a) Que el delito de cohecho es un delito formal o de mera actividad que se perfecciona en cuanto el agente realiza la acción típica, con independencia de que se produzca o no el resultado finalísticamente perseguido; b) Que el objeto jurídico penalmente tutelado es la integridad del funcionario, por lo que se ha de entender que se produce la lesión del mismo, en cuanto se emite la declaración exteriorizadora de la voluntad de corromperse o de corromper, (solicitud del funcionario u ofrecimiento o promesa del particular); c) Que por tanto, el momento consumativo del delito, es aquel en el que, como queda dicho, se produce la lesión del bien jurídico protegido, o sea, el acto demostrativo de la falta de honestidad del funcionario o de

---

triplo del valor de la dádiva, sin perjuicio de la pena correspondiente al delito cometido en razón dé la dádiva o promesa".

44 Art. 385 CP 1944: "El funcionario público que solicitare o recibiere, por sí o por persona intermedia, dádiva o presente, o aceptare ofrecimiento o promesa por ejecutar un acto relativo al ejercicio de su cargo que constituya delito, será castigado con las penas de presidio menor y multa del tanto al triplo del valor de la dádiva, sin perjuicio de la pena correspondiente al delito cometido en razón dé la dádiva o promesa".

45 Art. 387 CP 1944: "Cuando la dádiva solicitada, recibida o prometida tuviere por objeto abstenerse el funcionario pública de un acto que debiera practicar en el ejercicio de los deberes de su cargo, las penas serán las de arresto mayor y multa del tanto al triplo del valor de aquélla. Art. 388. Lo dispuesto en los artículos precedentes tendrá aplicación a los jurados, árbitros, arbitradores, peritos, hombres buenos o cualesquiera personas que desempeñaren una función pública".

46 Art. 390 CP 1944: "El funcionario público que admitiere regalos que le fueren presentados en consideración a su oficio, o para la consecución de un acto justo que no deba ser retribuido, será castigado con las penas de suspensión y multa de 1.000 a 5.000 pesetas".

47 Art. 391 CP 1944: "Los que con dádivas, presentes, ofrecimientos o promesas corrompieren o intentaren corromper a los funcionarios públicos, o aceptaren sus solicitudes, serán castigados con las mismas penas que éstos, menos la de inhabilitación".

> la intención del particular de corromperle o atentar a su integridad, siendo irrelevante para que la consumación se produzca el que tenga lugar o no la aceptación por parte de la persona a quien va dirigida la declaración de voluntad recepticia y cuya sola emisión constituye la actividad delictiva; que en caso de pacto o contrato ilícito, las partes cumplan o dejen de cumplir las prestaciones a las que respectivamente se hubiesen obligado como son la entrega de la dádiva o retribución indebida o la realización del acto o la omisión prometida y, por último, el que dicho acto u omisión entren o no dentro de las facultades o cometidos legalmente asignados al funcionario de que se trate, ya que basta tan sólo que tengan relación con el cargo y no resulten manifiestamente extrañas a él, en los supuestos de los artículos 385 y 386, ya que en el supuesto del 390 basta con que la entrega haya sido hecha en consideración al oficio, como así lo ha declarado esta Sala, entre otras, en Sentencias de 21 noviembre 1945, 8 julio 1946, 22 junio 1948, 30 enero 1950, 26 enero y 15 marzo 1961 y 22 diciembre 1969"[48].

Igualmente, la jurisprudencia ya se había referido a los tres requisitos fundamentales del delito de cohecho: "1º Que el sujeto activo del delito sea funcionario público. 2º Que solicite o reciba dádiva, presente, o aceptare ofrecimiento o promesa. 3º Para ejecutar un acto relativo al ejercicio del cargo que sea delito"[49].

La jurisprudencia también había destacado las diferencias entre el cohecho activo y el cohecho pasivo:

> "[...] el cohecho pasivo, cuya comisión corre a cargo del funcionario, y la de cohecho activo, en que puede entrar en juego la acción ilícita de un particular, destacándose, como características esenciales de ambas la de que se trata de un delito formal, que encuentra su acción consumativa en cuanto el agente logra la realización de la acción típica, aun cuando no se haya producido en todos sus efectos el resultado apetecido o proyectado y que habida cuenta del bien jurídico

48 STS 16-11-1979 (RJ 1979/4242).

49 STS 7-4-1981 (RJ 1981/1605).

> protegido, de que se hizo mención, basta la declaración de voluntad de corromper o corromperse, aun cuando la dádiva, presente, ofrecimiento o promesa no se hubieren aceptado, unido al dolo específico de corrupción del funcionario"[50].

En esta época el Tribunal Supremo español también se había referido a que el cohecho no es un delito bilateral:

> "[…] la doctrina mayoritariamente hoy día entiende que aunque para cometer el delito de cohecho se requiere la intervención de más de una persona, no puede reputarse como un delito bilateral que requiere el acuerdo de voluntades, pues se debe entender cometido el delito en grado de consumación —en cuanto que no es posible, dada su estructura, admitir formas imperfectas de ejecución—, en cuanto se atenta al bien jurídico protegido como es la confianza de los ciudadanos en la correcta administración de acuerdo con los principios del Estado de Derecho, de modo que la lesión, y en consecuencia, la consumación se ha de reputar producida, en cuanto se hace la petición o se reciba la dádiva, como condición para omitir el cumplimiento del deber, o en cuanto se ofrece con la misma finalidad y del relato fáctico aparece que el recurrente solicitó de los autores de los anteriores delitos contra la propiedad y de sus familias la entrega de la cantidad de cuarenta y cinco mil pesetas a cada uno de los dos autores de dichos delitos, como "única forma de evitar la cárcel y arreglar las cosas"[51].

## 1.8. Regulación en el CP de 1995

El CP 1995, por su parte, tipificó, siguiendo en parte el modelo tradicional, el cohecho pasivo propio para la realización de un delito[52], el cohecho pa-

---

[50] STS 16-11-1981 (RJ 1981/4335).

[51] STS 21 18-1-1993 (RJ 1993/126).

[52] Art. 419 CP 1995: "La autoridad o funcionario público que, en provecho propio o de un tercero, solicitare o recibiere, por sí o por persona interpuesta, dádiva o presente o aceptare ofrecimiento o promesa para realizar en el ejercicio de su cargo una acción u omisión constitutivas de delito, incurrirá en la pena de prisión de dos a seis años, multa del tanto al triplo del valor de la dádiva e inhabilitación especial para empleo o cargo público por tiempo de siete a doce años, sin perjuicio de la pena correspondiente al delito cometido en razón de la dádiva o promesa".

sivo propio para la realización de un acto injusto[53], el cohecho para que el funcionario se abstenga de un acto que debiera practicar en el ejercicio de su cargo[54], el cohecho pasivo impropio[55] y el subsiguiente, el cohecho aparente o cohecho pasivo impropio clásico[56] y el cohecho activo en relación con las anteriores modalidades[57], atenuado si es en relación con una causa criminal[58], y la exención de punibilidad del particular que denuncie el cohecho[59].

Las principales novedades que presenta la regulación de los delitos de cohecho en el CP de 1995 son

[53] Art. 420 CP 1995: "La autoridad o funcionario público que, en provecho propio o de un tercero, solicite o reciba, por sí o por persona interpuesta, dádiva o promesa por ejecutar un acto injusto relativo al ejercicio de su cargo que no constituya delito, y lo ejecute, incurrirá en la pena de prisión de uno a cuatro años e inhabilitación especial para empleo o cargo público por tiempo de seis a nueve años, y de prisión de uno a dos años e inhabilitación especial para empleo o cargo público por tiempo de tres a seis años, si no llegara a ejecutarlo. En ambos casos se impondrá, además, la multa del tanto al triplo del valor de la dádiva".

[54] Art. 421 CP 1995: "Cuando la dádiva solicitada, recibida o prometida tenga por objeto que la autoridad o funcionario público se abstenga de un acto que debiera practicar en el ejercicio de su cargo, las penas serán de multa del tanto al duplo del valor de la dádiva e inhabilitación especial para empleo o cargo público por tiempo de uno a tres años".

[55] Art. 425 CP 1995: "1. La autoridad o funcionario público que solicitare dádiva o presente o admitiere ofrecimiento o promesa para realizar un acto propio de su cargo o como recompensa del ya realizado, incurrirá en la pena de multa del tanto al triplo del valor de la dádiva y suspensión de empleo o cargo público por tiempo de seis meses a tres años. 2. En el caso de recompensa por el acto ya realizado, si éste fuera constitutivo de delito se impondrá, además, la pena de prisión de uno a tres años, multa de seis a diez meses e inhabilitación especial para empleo o cargo público por tiempo de diez a quince años".

[56] Art. 426 CP 1995: "La autoridad o funcionario público que admitiere dádiva o regalo que le fueren ofrecidos en consideración a su función o para la consecución de un acto no prohibido legalmente, incurrirá en la pena de multa de tres a seis meses".

[57] Art. 423 CP 1995: "1. Los que con dádivas, presentes, ofrecimientos o promesas corrompieren o intentaren corromper a las autoridades o funcionarios públicos serán castigados con las mismas penas de prisión y multa que éstos. 2. Los que atendieren las solicitudes de las autoridades o funcionarios públicos, serán castigados con la pena inferior en grado a la prevista en el apartado anterior".

[58] Art. 424 CP 1995: "Cuando el soborno mediare en causa criminal en favor del reo por parte de su cónyuge u otra persona a la que se halle ligado de forma estable por análoga relación de afectividad, o de algún ascendiente, descendiente o hermano, por naturaleza, por adopción o afines en los mismos grados, se impondrá al sobornador la pena de multa de tres a seis meses".

[59] Art. 427 CP 1995: "Quedará exento de pena por el delito de cohecho el particular que haya accedido ocasionalmente a la solicitud de dádiva o presente realizada por autoridad o funcionario público y denunciare el hecho a la autoridad que tenga el deber de proceder a su averiguación, antes de la apertura del correspondiente procedimiento, siempre que no hayan transcurrido más de diez días desde la fecha de los hechos".

"[...] una más clara ordenación y gradación de las conductas de cohecho pasivo propio; la introducción de una nueva figura de cohecho pasivo impropio en el artículo 425.1 CP, manteniendo la clásica y menos grave del artículo 426 CP; la tipificación del llamado cohecho pasivo subsiguiente; la ruptura de la anterior equiparación en penas del particular al funcionario en el cohecho activo, estableciéndose ahora una pena menor para el particular que se limite a atender las solicitudes constitutivas de cohecho de autoridades o funcionarios (artículo 423.2 CP); y la introducción de una exención de pena al particular que, en determinados casos y con determinados requisitos, denuncie haber accedido a la solicitud constitutiva de cohecho de una autoridad o funcionario público (artículo 427 CP)"[60].

## 1.9. Regulación en la LO 5/2010

Uno de los delitos que fue más modificado a través de la LO 5/2010 fue el cohecho, frente al cual se realizó un incremento relevante de las sanciones[61], adaptando el CP a la normativa del convenio penal sobre la corrupción de la Unión Europea y a otros instrumentos internacionales[62].

Dentro de estas convenciones se encuentran: el Convenio Penal sobre la Corrupción del Consejo de Europa (STE n° 173) de 27 de enero de 1999, el Protocolo Adicional (STE n° 191) al mencionado convenio de 15 de mayo de 2003, el Convenio de la OCDE de Lucha contra la Corrupción de Agentes Públicos Extranjeros en las Transacciones Comerciales Internacionales de 1997 y, por supuesto, la Convención de Naciones Unidas contra la Corrupción de 2003.

Sin embargo, RODRÍGUEZ RAMOS manifiesta que la verdadera razón de la reforma al delito de cohecho ha sido el informe de evaluación

60 DÍAZ Y GARCÍA CONLLEDO, en: ASÚA BATARRITA, *Delitos contra la administración pública*, 1997, 161.

61 RODRÍGUEZ PUERTA, en: ÁLVAREZ GARCÍA/GONZÁLEZ CUSSAC, *Comentarios a la Reforma Penal*, 2010, 467; QUERALT JIMÉNEZ, *DP español, PE*, 2010, 1161; ORTIZ DE URBINA GIMENO, en: SILVA SÁNCHEZ, *Lecciones DP. PE*, 2011, 335; MIR PUIG, en: MIR PUIG/CORCOY BIDASOLO, *Comentarios al CP*, 2011, 917; POLAINO NAVARRETE, *Lecciones*, 2011, 325.

62 MORALES PRATS/RODRÍGUEZ PUERTA, en: QUINTERO OLIVARES, *Comentarios a la PE del DP*, 2011, 1212; POZUELO PÉREZ, en: DÍAZ-MAROTO/RODRÍGUEZ, *Sobre las reformas*, 2011, 582.

llevado a cabo por el GRECO el 15 de mayo de 2009 sobre la situación de la corrupción en España que recomienda el aumento de penas aplicables a esta conducta punible[63], posición seguida por MIR PUIG[64].

En este sentido, MORALES PRATS/RODRÍGUEZ PUERTA señalan que algunos de los aumentos punitivos no se realizaron tomando en consideración las penas aplicables los delitos contra la administración pública, por lo cual se atenta contra el principio de proporcionalidad[65].

DÍAZ Y GARCÍA CONLLEDO manifiesta con razón que tanto el incremento de penas como el cambio de modelo tradicional en la tipificación del delito de cohecho en España merecería una mayor justificación[66].

Además, la sistemática utilizada en todo el capítulo dedicado al cohecho fue claramente simplificada, mejorándose la redacción y eliminándose la casuística[67]:

En primer lugar, se ha determinado la responsabilidad del particular corruptor, pues el artículo 424 CP sanciona los particulares en los mismos supuestos y con las mismas penas que a los funcionarios en los casos de cohecho impropio y de cohecho propio[68], tal como sucedía antes del Código Penal de 1995, lo cual es criticado por RAMOS RUBIO, quien considera que el desvalor del particular es menor que el del funcionario, quien es el titular inicial del deber de imparcialidad[69].

En segundo lugar, el artículo 119 de la LO 5/2010 unifica la tipificación del delito de cohecho pasivo impropio en el artículo 419 del CP[70],

---

63 RAMOS RUBIO, *El delito de cohecho*, 2002, 340.

64 MIR PUIG, en: MIR PUIG/CORCOY BIDASOLO, *Comentarios al CP*, 2011, 917.

65 MORALES PRATS/RODRÍGUEZ PUERTA, en: QUINTERO OLIVARES, *Comentarios a la PE del DP*, 2011, 1213.

66 DÍAZ Y GARCÍA CONLLEDO, en ARANGÜENA FANEGO/SANZ MORÁN, *La reforma de la justicia penal*, 2008, 180.

67 RODRÍGUEZ PUERTA, en: ÁLVAREZ GARCÍA/GONZÁLEZ CUSSAC, *Comentarios a la Reforma Penal*, 2010, 467; QUERALT JIMÉNEZ, *DP español, PE*, 2010, 1160; MORALES PRATS/RODRÍGUEZ PUERTA, en: QUINTERO OLIVARES, *Comentarios a la PE del DP*, 2011, 1212.

68 RODRÍGUEZ PUERTA, en: ÁLVAREZ GARCÍA/GONZÁLEZ CUSSAC, *Comentarios a la Reforma Penal*, 2010, 467; MORALES PRATS/RODRÍGUEZ PUERTA, en: QUINTERO OLIVARES, *Comentarios a la PE del DP*, 2011, 1213.

69 RAMOS RUBIO, *El delito de cohecho*, 2002, 348.

70 POZUELO PÉREZ, en: DÍAZ-MAROTO/RODRÍGUEZ, *Sobre las reformas*, 2011, 583; RAMOS RUBIO, *El delito de cohecho*, 2002, 341 y 342.

sancionando la solicitud o recepción de dádiva o presente o la aceptación de dádiva, favor o retribución de cualquier clase con la finalidad de realizar "un acto contrario a los deberes inherentes al mismo o para no realizar o retrasar injustificadamente el que debiera practicar"[71].

En este sentido, la nueva normativa no establece un tratamiento especial para el cohecho que se lleva a cabo para la comisión de un delito, situación justificada por completo, pues la propia norma antes y después de su modificación ha señalado que se responderá autónomamente por el acto realizado, por lo cual es claro que no tiene justificación la sanción del desvalor adicional.

Por otro lado, también se realiza una modificación en la pena aplicable, pues se aumenta el mínimo de dos a tres años y la multa deja de depender del valor de la dádiva y se fija entre doce y veinticuatro meses e inhabilitación especial para empleo o cargo público por tiempo de siete a doce años.

Una modificación que hace la LO 5/2010 es reemplazar la palabra presente por la de favor o retribución de cualquier clase, situación que enfatiza en que el soborno puede presentarse a través de cualquier beneficio, situación que para RAMOS RUBIO pretende cumplir con el Convenio Penal sobre la Corrupción del Consejo de Europa y que amplía el ámbito de punición al utilizarse la expresión retribución de cualquier clase, lo cual es criticado por este autor[72].

En tercer lugar, el artículo 120 modificó el artículo 420 CP, el cual pasa a regular el cohecho pasivo impropio, es decir, el realizado para realizar un acto propio de su cargo[73]. Por otro lado, siguiendo una tendencia internacio-

---

[71] Art. 119 LO 5/2010: "Se modifica el artículo 419, que tendrá la siguiente redacción:

«La autoridad o funcionario público que, en provecho propio o de un tercero, recibiere o solicitare, por sí o por persona interpuesta, dádiva, favor o retribución de cualquier clase o aceptare ofrecimiento o promesa para realizar en el ejercicio de su cargo un acto contrario a los deberes inherentes al mismo o para no realizar o retrasar injustificadamente el que debiera practicar, incurrirá en la pena de prisión de tres a seis años, multa de doce a veinticuatro meses e inhabilitación especial para empleo o cargo público por tiempo de siete a doce años, sin perjuicio de la pena correspondiente al acto realizado, omitido o retrasado en razón de la retribución o promesa, si fuera constitutivo de delito»".

[72] RAMOS RUBIO, *El delito de cohecho*, 2002, 345.

[73] Art. 120 LO 05/2010: "Se modifica el artículo 420, que tendrá la siguiente redacción:

«La autoridad o funcionario público que, en provecho propio o de un tercero, recibiere o solicitare, por sí o por persona interpuesta, dádiva, favor o retribución de cualquier clase o aceptare ofrecimiento o promesa para realizar un acto propio de su cargo, incurrirá en la pena de prisión de dos a cuatro años, multa de doce a veinticuatro meses e inhabilitación especial para empleo o cargo público por tiempo de tres a siete años»".

nal, la pena pasa de ser de multa a la prisión de dos a cuatro años y la multa de doce a veinticuatro meses e inhabilitación especial para empleo o cargo público por un tiempo de tres a siete años.

En cuarto lugar, el artículo 121 modificó el artículo 421 CP, contemplando ahora el cohecho subsiguiente[74], frente al cual se aplicará la misma del cohecho pasivo, razón por la cual en todos los casos la pena pasa a ser de prisión, dependiendo la duración de la misma de si se comete bajo la modalidad propia o impropia.

En quinto lugar, el artículo 122 modificó el artículo 422 CP, el cual pasa a regular ahora el cohecho impropio clásico[75], es decir, el realizado en consideración a su cargo o función pero no directamente para la realización o abstención de un acto específico. En este caso, la pena deja de ser la multa y se deberá aplicar la prisión de seis meses a un año y la suspensión de empleo y cargo público de uno a tres años. Adicionalmente, se elimina la alusión especial al cohecho por acto no prohibido legalmente, la cual solamente había generado confusiones en la distinción del cohecho por acto propio de las funciones.

Por otro lado, se conserva la llamada 'extensión de responsabilidad' en los delitos de cohecho pasivo aplicable a jurados, árbitros, peritos, interventores, administradores y cualesquiera personas que participen en el ejercicio de la función pública[76], pero se agrega también a los administradores e interventores designados judicialmente[77], extensión bastante cuestionada

---

[74] Art. 121 LO 05/2010: "Se modifica el artículo 421, que tendrá la siguiente redacción:

«Las penas señaladas en los artículos precedentes se impondrán también cuando la dádiva, favor o retribución se recibiere o solicitare por la autoridad o funcionario público, en sus respectivos casos, como recompensa por la conducta descrita en dichos artículos»".

[75] Art. 122 LO 05/2010: "Se modifica el artículo 422, que tendrá la siguiente redacción:

«La autoridad o funcionario público que, en provecho propio o de un tercero, admitiera, por sí o por persona interpuesta, dádiva o regalo que le fueren ofrecidos en consideración a su cargo o función, incurrirá en la pena de prisión de seis meses a un año y suspensión de empleo y cargo público de uno a tres años»".

[76] Art. 123 LO 05/2010: "Se modifica el artículo 423, que tendrá la siguiente redacción:

«Lo dispuesto en los artículos precedentes será igualmente aplicable a los jurados, árbitros, peritos, administradores o interventores designados judicialmente, o a cualesquiera personas que participen en el ejercicio de la función pública»".

[77] POZUELO PÉREZ, en: DÍAZ-MAROTO/RODRÍGUEZ, *Sobre las reformas*, 2011, 583; MORALES PRATS/RODRÍGUEZ PUERTA, en: QUINTERO OLIVARES, *Comentarios a la PE del DP*, 2011, 1213; POLAINO NAVARRETE, *Lecciones*, 2011, 328. 331.

por POLAINO NAVARRETE, para quien mediante esta disposición los particulares quedan incluidos de manera ilegítima en la esfera de la función pública en virtud de una intervención ocasional en la misma[78].

Así mismo, se sancionan las conductas cometidas por los funcionarios de la Unión Europea o los Estados de otro Estado miembro de la Unión[79].

En sexto lugar, el artículo 124 modifica el artículo 424 del CP, tipificando ahora el delito de cohecho activo[80] con las siguientes modificaciones

- El delito pasa de ser común a cualificado, pues ya no se utiliza la expresión 'el que' sino que se hace referencia al particular, lo cual no es del todo adecuado, pues existen múltiples eventos en los cuales un funcionario público puede sobornar a otro servidor público, bien sea a través de recursos propios o mediante recursos de la propia administración pública en la cual labora, evento en el cual residualmente habrá que aplicar el delito de tráfico de influencias de servidor público.
- La conducta del cohecho activo pasa de ser corromper o intentar corromper a la de ofrecer o entregar dádiva o retribución de cualquier otra clase a una autoridad, modificación que mejora la técnica legislativa en este delito, pues las expresiones corromper o intentar corromper pueden dar lugar a múltiples interpretaciones[81].

---

78 POLAINO NAVARRETE, *Lecciones*, 2011, 330.

79 POZUELO PÉREZ, en: DÍAZ-MAROTO/RODRÍGUEZ, *Sobre las reformas*, 2011, 583.

80 Art. 124 de la LO 05/2010: Se modifica el artículo 424, que tendrá la siguiente redacción:

«1. El particular que ofreciere o entregare dádiva o retribución de cualquier otra clase a una autoridad, funcionario público o persona que participe en el ejercicio de la función pública para que realice un acto contrario a los deberes inherentes a su cargo o un acto propio de su cargo, para que no realice o retrase el que debiera practicar, o en consideración a su cargo o función, será castigado en sus respectivos casos, con las mismas penas de prisión y multa que la autoridad, funcionario o persona corrompida.

2. Cuando un particular entregare la dádiva o retribución atendiendo la solicitud de la autoridad, funcionario público o persona que participe en el ejercicio de la función pública, se le impondrán las mismas penas de prisión y multa que a ellos les correspondan.

3. Si la actuación conseguida o pretendida de la autoridad o funcionario tuviere relación con un procedimiento de contratación, de subvenciones o de subastas convocados por las Administraciones o entes públicos, se impondrá al particular y, en su caso, a la sociedad, asociación u organización a que representare la pena de inhabilitación para obtener subvenciones y ayudas públicas, para contratar con entes, organismos o entidades que formen parte del sector público y para gozar de beneficios o incentivos fiscales y de la Seguridad Social por un tiempo de tres a siete años»".

81 MORALES PRATS/RODRÍGUEZ PUERTA, en: QUINTERO OLIVARES, *Comentarios a la PE del DP*, 2011, 1244.

- Desde el punto de vista punitivo, las penas aplicables son las mismas aplicables al cohecho pasivo, lo cual implica su aumento, pues, como ya se señaló, estas últimas fueron elevadas[82].
- Se establece la responsabilidad penal de las personas jurídicas por la conducta punible de cohecho activo[83], que no se aplica a empresas públicas o a partidos políticos o sindicatos[84]. Sin embargo, la alusión a partidos y sindicatos se ha suprimido mediante la LO 7/2012, de 27 de diciembre (artículo único, uno). Adicionalmente, si el delito se presenta en un proceso de contratación, de subvenciones o de subastas convocados por las administraciones o entes públicos[85], también podrán imponerse las penas de inhabilitación para obtener subvenciones y ayudas públicas, para contratar con entes, organismos o entidades que formen parte del sector público y para gozar de beneficios o incentivos fiscales y de la seguridad social por un tiempo de tres a siete años.
- Se consagra una modalidad especial de cohecho activo cometido en el ámbito de un procedimiento de contratación, de subvenciones o de subastas convocados por las administraciones o entes públicos, caso en el cual el particular corrompe al funcionario a quien corresponde la decisión de la adjudicación o a quien pueda facilitarla[86].

Sobre esta situación POLAINO NAVARRETE señala que la responsabilidad de la persona jurídica es de carácter subsidiaria a la del representante legal[87].

---

[82] POZUELO PÉREZ, en: DÍAZ-MAROTO/RODRÍGUEZ, *Sobre las reformas*, 2011, 583; MORALES PRATS/RODRÍGUEZ PUERTA, en: QUINTERO OLIVARES, *Comentarios a la PE del DP*, 2011, 1212.

[83] POZUELO PÉREZ, en: DÍAZ-MAROTO/RODRÍGUEZ, *Sobre las reformas*, 2011, 583; MORALES PRATS/RODRÍGUEZ PUERTA, en: QUINTERO OLIVARES, *Comentarios a la PE del DP*, 2011, 1212.

[84] MORALES PRATS/RODRÍGUEZ PUERTA, en: QUINTERO OLIVARES, *Comentarios a la PE del DP*, 2011, 1252.

[85] POZUELO PÉREZ, en: DÍAZ-MAROTO/RODRÍGUEZ, *Sobre las reformas*, 2011, 583; MORALES PRATS/RODRÍGUEZ PUERTA, en: QUINTERO OLIVARES, *Comentarios a la PE del DP*, 2011, 1212.

[86] POZUELO PÉREZ, en: DÍAZ-MAROTO/RODRÍGUEZ, *Sobre las reformas*, 2011, 596 y 597.

[87] POLAINO NAVARRETE, *Lecciones*, 2011, 332.

El artículo 125 contempla la atenuación de la pena en aquellos supuestos en los cuales el soborno se presente en una causa criminal por parte de su cónyuge u otra persona a la que se halle ligado de forma estable por análoga relación de afectividad, o de algún ascendiente, descendiente o hermano por naturaleza, por adopción o afines en los mismos grados[88]. Esta modalidad atenuada ya se encontraba contemplada en el artículo 424 del CP, pero solamente se preveía frente a la misma la pena de multa, mientras que en la reforma la pena es de seis meses a un año de prisión.

Por último, se consagra la exención de la pena para quien, habiendo accedido a pagar un soborno, denuncie los hechos ante las autoridades[89]. Esta norma simplemente se modifica aumentando el plazo para denunciar los hechos de diez días a dos meses, lo cual puede facilitar la aplicación de esta disposición, pues, de acuerdo a la situación, diez días pueden ser un periodo de tiempo muy corto[90], aunque lo ideal hubiera sido no hacer referencia al tiempo[91].

Sobre este aspecto RAMOS RUBIO señala:

> "Ya el propio CGPJ, con referencia al texto del Anteproyecto 2008, que mantenía el breve plazo de los 10 días para denunciar, hizo notar lo inútil de este instrumento de política criminal y la necesidad de señalar un plazo más extenso para favorecer las denuncias de corrupción, asumida la realidad de que existe una relevante 'cifra oculta', o, conjunta o alternativamente, la necesidad de articular un instrumento

---

88 Art. 125 LO 05/2010: "Se modifica el artículo 425, que tendrá la siguiente redacción:

«Cuando el soborno mediare en causa criminal a favor del reo por parte de su cónyuge u otra persona a la que se halle ligado de forma estable por análoga relación de afectividad, o de algún ascendiente, descendiente o hermano por naturaleza, por adopción o afines en los mismos grados, se impondrá al sobornador la pena de prisión de seis meses a un año»".

89 Art. 126 LO 05/2010: "Se modifica el artículo 426, que tendrá la siguiente redacción:

«Quedará exento de pena por el delito de cohecho el particular que, habiendo accedido ocasionalmente a la solicitud de dádiva u otra retribución realizada por autoridad o funcionario público, denunciare el hecho a la autoridad que tenga el deber de proceder a su averiguación antes de la apertura del procedimiento, siempre que no haya transcurrido más de dos meses desde la fecha de los hechos»".

90 POZUELO PÉREZ, en: DÍAZ-MAROTO/RODRÍGUEZ, *Sobre las reformas*, 2011, 583; MORALES PRATS/RODRÍGUEZ PUERTA, en: QUINTERO OLIVARES, *Comentarios a la PE del DP*, 2011, 1247 y 1248.

91 MORALES PRATS/RODRÍGUEZ PUERTA, en: QUINTERO OLIVARES, *Comentarios a la PE del DP*, 2011, 1249.

> similar al previsto para otras formas de delincuencia muy graves, como el terrorismo (artículo 579.3 CP 1995) y el tráfico de drogas (artículo 376 CP 1995), con exigencias de conductas activas de colaboración con la Administración de Justicia y sin condicionantes temporales tan estrictos ni la exigencia de la presentación de una denuncia"[92].

Lo anterior por cuanto la única forma de luchar efectivamente contra la corrupción es "facilitar sistemas que favorezcan la 'delación' por parte de funcionarios y particulares"[93]. Respecto de esta forma de exclusión de la responsabilidad ORTIZ URBINA DE GIMENO señala que la expresión 'espontánea' exige que la misma no se aplique cuando el particular ha tenido la iniciativa frente al soborno, es decir, cuando ha ofrecido o entregado la dádiva[94].

Igualmente ORTIZ URBINA DE GIMENO señala que desafortunadamente este mecanismo ha tenido una aplicación muy restringida, pues el GRECO solamente menciona un caso en el cual se utilizó en la STS de Madrid de 2006[95].

Esta forma de exclusión de la responsabilidad penal requiere de la configuración de cinco requisitos: que se haya cometido un cohecho activo, que el mismo haya sido netamente ocasional, que se denuncie el hecho a autoridad que tenga el deber de proceder a la averiguación, que la denuncia se haya realizado hasta dos meses después de la ocurrencia de los hechos y que la misma se presente antes de la apertura de procedimiento[96]. En caso de que no se presente alguno de los anteriores requisitos solamente se podrá aplicar la rebaja por confesión[97].

POLAINO NAVARRETE interpreta el carácter ocasional como no reiterativo, por lo cual señala que no se podrá excluir la responsabilidad si previamente se ha cometido otro delito de cohecho[98].

---

92 RAMOS RUBIO, *El delito de cohecho*, 2002, 350.

93 RODRÍGUEZ PUERTA, en: ÁLVAREZ GARCÍA/GONZÁLEZ CUSSAC, *Comentarios a la Reforma Penal*, 2010, 472.

94 ORTIZ DE URBINA GIMENO, en: SILVA SÁNCHEZ, *Lecciones DP. PE*, 2011, 342.

95 ORTIZ DE URBINA GIMENO, en: SILVA SÁNCHEZ, *Lecciones DP. PE*, 2011, 342.

96 MIR PUIG, en: MIR PUIG/CORCOY BIDASOLO, *Comentarios al CP*, 2011, 929.

97 MIR PUIG, en: MIR PUIG/CORCOY BIDASOLO, *Comentarios al CP*, 2011, 929.

98 POLAINO NAVARRETE, *Lecciones*, 2011, 333.

MORALES PRATS/RODRÍGUEZ PUERTA señalan que la exclusión operaría incluso si se ha iniciado la investigación mediante una diligencia preliminar o investigativa del Ministerio Fiscal, siempre y cuando el denunciante no hubiere conocido la existencia de la misma[99].

Cabe señalar, siguiendo a MORALES PRATS/RODRÍGUEZ PUERTA, que, si bien la reforma contiene un gran avance respecto de la legislación anterior, desaprovechó la oportunidad para realizar una delimitación más concreta de los delitos de cohecho y tráfico de influencias.

## 2. El objeto material en el delito de cohecho

### 2.1. Naturaleza

Tradicionalmente el término 'dádiva' ha constituido el objeto material del delito de cohecho, y suele identificarse con el de recompensa[100]. La dádiva puede definirse como una cosa que se da graciosamente[101], una mera liberalidad[102], mientras que el presente se identifica como "obsequio, regalo"[103], el ofrecimiento, como "exponer una cantidad o presente que se está dispuesto a dar o pagar"[104] y la promesa, como "promesa, expresión de voluntad de dar o hacer algo"[105].

Se incluyen no solamente las cosas que se entregan directamente, sino también ventas a precios inferiores a los reales, comisiones, descuentos, participaciones en negocios, los viajes de agradecimiento y el pago de deudas[106].

---

99 MORALES PRATS/RODRÍGUEZ PUERTA, en: QUINTERO OLIVARES, *Comentarios a la PE del DP*, 2011, 1248.

100 LUZÓN CUESTA, *DP. PE*, 2007, 293; CATALÁN SENDER, *Los delitos cometidos por autoridades*, 1999, 77.

101 GIMENO LAHOZ/CORBELLA HERREROS, *Delitos*, 1998, 73; CATALÁN SENDER, *Los delitos cometidos por autoridades*, 1999, 202; MORILLAS CUEVA, en: COBO DEL ROSAL, *DP español*, 2005, 900.

102 QUERALT JIMÉNEZ, *DP español, PE*, 2010, 1162.

103 GIMENO LAHOZ/CORBELLA HERREROS, *Delitos*, 1998, 73; CATALÁN SENDER, *Los delitos cometidos por autoridades*, 1999, 202; MORILLAS CUEVA, en: COBO DEL ROSAL, *DP español*, 2005, 900.

104 MORILLAS CUEVA, en: COBO DEL ROSAL, *DP español*, 2005, 900.

105 MORILLAS CUEVA, en: COBO DEL ROSAL, *DP español*, 2005, 900.

106 CATALÁN SENDER, *Los delitos cometidos por autoridades*, 1999, 205.

Pese a lo anterior, es indiferente que la dádiva o recompensa suponga un enriquecimiento para el funcionario o para un tercero[107].

La dádiva no debe ser necesariamente presente, puede ser futura[108], siempre que haya sido pactada o solicitada con anterioridad a su realización[109].

En la reforma realizada por la Ley Orgánica 5/2010 se reemplaza la palabra presente por las expresiones favor o retribución de cualquier clase, situación que enfatiza que el objeto material del delito de cohecho puede estar constituido por cualquier clase de contraprestación.

## 2.2. Carácter patrimonial

DÍAZ Y GARCÍA CONLLEDO señala que la dádiva debe tener un contenido patrimonial, "pues ello se adecúa mejor al sentido tradicional del delito de cohecho y es político-criminalmente preferible, además de permitir fijar (si se conoce la cuantía de la dádiva) claramente la pena de multa proporcional que, junto a otras, aparece en estos preceptos"[110]. En este sentido agrega que, si la dádiva no tiene un contenido patrimonial, la conducta puede configurar otros tipos penales como la prevaricación, el tráfico de influencias y, si es de connotación sexual "los tipos de los artículos 443 y 444 CP"[111].

VALEIJE ÁLVAREZ señala que solamente pueden considerarse bienes materiales como constitutivos de dádiva o presente, porque solamente estos son susceptibles de traslado[112] y porque desde la óptica teleológica-valorativa, "la comisión del hecho delictivo mediante una recompensa o promesa carentes de sentido patrimonial no justificaría en el delito de cohecho un incremento de la gravedad del injusto respecto del resto de los delitos de funcionarios"[113].

OLAIZOLA afirma el carácter patrimonial de la dádiva por tres argumentos: un argumento histórico que resalta que históricamente se ha con-

---

[107] LUZÓN CUESTA, *DP. PE*, 2007, 293; MUÑOZ CONDE, *DP. PE*, 18[va], 2010, 1021.

[108] GIMENO LAHOZ/CORBELLA HERREROS, *Delitos*, 1998, 79; CATALÁN SENDER, *Los delitos cometidos por autoridades*, 1999, 205; MUÑOZ CONDE, *DP. PE*, 18[va], 2010, 1022.

[109] MUÑOZ CONDE, *DP. PE*, 18[va], 2010, 1022.

[110] DÍAZ Y GARCÍA CONLLEDO, en: ASÚA BATARRITA, *Delitos contra la administración pública*, 1997, 162.

[111] DÍAZ Y GARCÍA CONLLEDO, en: ASÚA BATARRITA, *Delitos contra la administración pública*, 1997, 162.

[112] VALEIJE ÁLVAREZ, *El tratamiento penal de la corrupción*, 1996, 146.

[113] VALEIJE ÁLVAREZ, *El tratamiento penal de la corrupción*, 1996, 146.

sagrado la dádiva con un contenido económico[114]; un argumento gramatical que destaca que el DRAE define a la dádiva como "cualquier cosa que se da graciosamente, que se regala"[115], y un argumento teleológico según el cual solamente se podrán poner en peligro los bienes jurídicos de objetividad o de imparcialidad con la mezcla de intereses privados que supongan para él una mejora económica directa o indirecta[116].

ORTS BERENGUER, por su parte, defiende el carácter patrimonial de las dádivas con base en la tipificación del cohecho como una preocupación por reprimir la "venta de la función pública"; consideración que, de no mediar una contraprestación económica, la conducta del funcionario no sería tan desvaliosa como para elevar al rango de delito[117].

CATALÁN SENDER señala que la dádiva debe ser de contenido económico porque dádiva o presente expresan categorías de contenido económico y por la referencia de la pena al valor de la dádiva[118], por su parte, si la dádiva es un ascenso laboral se configurará tráfico de influencias[119].

La jurisprudencia también ha señalado el carácter patrimonial de la dádiva:

> "Se impugna, en segundo lugar, la concurrencia de los elementos integradores del delito de cohecho alegando que la dádiva debe tener un valor económico y que en ningún momento se ha determinado así en los hechos considerados probados, pero con ello se realiza una interpretación muy personal de los mismos pues en el relato fáctico se consigna expresamente que la oferta realizada al contribuyente consistió en prometer una ventajosa valoración de los inmuebles "a cambio de una cierta compensación económica", siendo indiferente a los efectos de la concurrencia del tipo que no se haya llegado a precisar su cuantía"[120].

---

114 OLAIZOLA NOGALES, *El delito de cohecho*, 1999, 322-327.

115 OLAIZOLA NOGALES, *El delito de cohecho*, 1999, 327.

116 OLAIZOLA NOGALES, *El delito de cohecho*, 1999, 330.

117 ORTS BERENGUER, en: VIVES ANTÓN, *DP. PE*, 2004, 921.

118 CATALÁN SENDER, *Los delitos cometidos por autoridades*, 1999, 203.

119 CATALÁN SENDER, *Los delitos cometidos por autoridades*, 1999, 204.

120 STS 8-5-2001. (RJ 2001/2700).

Antes de la reforma MORALES PRATS/RODRÍGUEZ PUERTA no excluían radicalmente la inclusión de los favores sexuales dentro del objeto material del delito de cohecho: "Así, si es el funcionario el que requiere los favores sexuales de un particular que se encuentra bajo su guarda o tiene asuntos pendientes de resolución que puedan afectarle, vendrían en aplicación los citados preceptos. No así, si la iniciativa la tomó el particular, ofreciendo relaciones sexuales con la intención de obtener una resolución del funcionario que le beneficie"[121].

Con posterioridad a la reforma por LO 5/2010 MORALES PRATS/ RODRÍGUEZ PUERTA señalan que la nueva redacción posibilitaría la inclusión de cualquier ventaja, con independencia de su naturaleza, aunque por una interpretación sistemática sostienen que el ámbito de la dádiva debe restringirse a "prestaciones de carácter material valorables económicamente"[122].

POLAINO NAVARRETE señala igualmente que la dádiva debe tener un contenido económico, lo cual se manifestaría en la mención a la comisión de este delito en provecho propio o de un tercero[123]. De esta manera, la doctrina y la jurisprudencia descartan las dádivas que no tengan contenido económico como el acceso carnal[124].

Sobre esta problemática, resultaban absolutamente convincentes los argumentos de la mayoría de la doctrina para defender el carácter patrimonial del objeto material de la dádiva, no solamente por el argumento normativo de la definición de la multa a través del valor de la dádiva, sino también por la imposibilidad de considerar que favores sexuales u otras actuaciones humanas como dádivas, pues de lo contrario se instrumentalizaría la conducta humana afectándose el principio de dignidad humana.

Sin embargo, la LO 05/10 modificó el objeto material del delito de cohecho, señalando que el mismo está constituido por una "dádiva, favor o retribución de cualquier clase", variación que incide directamente en la in-

---

[121] MORALES PRATS/RODRÍGUEZ PUERTA, en: QUINTERO OLIVARES, *Comentarios a la PE del DP*, 2011, 1642.

[122] MORALES PRATS/RODRÍGUEZ PUERTA, en: QUINTERO OLIVARES, *Comentarios a la PE del DP*, 2011, 1219.

[123] POLAINO NAVARRETE, *Lecciones*, 2011, 322 ss.

[124] MUÑOZ CONDE, *DP. PE*, 18va, 2010, 1021; LUZÓN CUESTA, *DP. PE*, 2007, 292 ss.

terpretación de su naturaleza, pues no se requiere que el favor sea valorable económicamente[125]. En este sentido, de acuerdo a esta modificación legislativa, la multa deja de ser determinada de acuerdo al valor de la dádiva y por ello también se elimina el problema de tener que valorar una relación sexual desde el punto de vista patrimonial si la dádiva se presenta a través de esta. De igual manera, se incluye la expresión "retribución de cualquier clase", lo cual daría a entender que el legislador se ha inclinado por no limitar el carácter de la dádiva a una remuneración netamente patrimonial. Sobre este aspecto MIR PUIG manifiesta que el objeto material del cohecho también puede estar constituido por "un favor sexual, un título honorífico, pertenencia a alguna red social o club restringido"[126].

Sin lugar a dudas esta situación es bastante compleja, sin embargo, la redacción de la nueva norma permite concluir que con el nuevo texto la dádiva podría tener una naturaleza distinta a la netamente patrimonial, no obstante, no se podría incluir en principio las dádivas de naturaleza sexual, pues las mismas estarían comprendidas en los artículos 443 ss. CP[127].

### 2.3. Idoneidad de la dádiva

VALEIJE ÁLVAREZ examina cuatro criterios en torno a la dádiva: irrelevancia, proporcionalidad, causalidad adecuada y adecuación social[128], las cuales son fundamentales para considerar un verdadero desvalor de resultado de la conducta.

OLAIZOLA NOGALES señala la irrelevancia *lege lata* de la naturaleza cuantitativa de la dádiva por dos razones: gramaticalmente, los artículos 419 ss. CP no exigen el carácter proporcional de la dádiva y teleológicamente, el bien jurídico protegido puede peligrar también aunque la dádiva no sea proporcional al acto oficial[129].

---

[125] MIR PUIG C., *Delitos contra la administración pública*, 2000, 917; QUERALT JIMÉNEZ, *DP español, PE*, 2010, 1163.

[126] MIR PUIG C., *Delitos contra la administración pública*, 2000, 917.

[127] QUERALT JIMÉNEZ, *DP español, PE*, 2010, 1163.

[128] VALEIJE ÁLVAREZ, *El tratamiento penal de la corrupción*, 1996, 136-142.

[129] OLAIZOLA NOGALES, *El delito de cohecho*, 1999, 345.

La cuantía de la dádiva o presente debe ser relevante en orden a motivar al funcionario en su actuación[130] para excluir la obligación del funcionario de actuar de forma imparcial[131].

En este sentido, DÍAZ Y GARCÍA CONLLEDO señala: "No se especifica la cuantía de la dádiva, por lo que habrá que exigir que la misma tenga al menos una cierta capacidad objetiva de corromper, atendiendo a las circunstancias del caso, excluyendo del delito los supuestos de dádivas claramente insignificantes (siempre seguirán siendo problemáticos los casos fronterizos)"[132].

En este sentido, MIR PUIG manifiesta que no son constitutivas de delito por insignificancia o adecuación social la entrega o la solicitud de objetos de escasa valoración como cigarros, puros, libros, artículos de publicidad, flores o participaciones en la lotería de Navidad[133].

Se exige además que la dádiva tenga un carácter indebido para la comisión del delito de cohecho pasivo impropio, en el caso de los demás delitos la dádiva tendrá siempre un carácter indebido[134]. En el cohecho pasivo propio, la retribución es siempre en sí misma indebida, puesto que el carácter ilegítimo del acto (en este caso su indisponibilidad) se transfiere a la retribución[135].

En este campo, debe existir una conexión causal entre la dádiva o presente y el acto a realizar[136]. Frente a este tema, VALEIJE ÁLVAREZ señala que "si ésta no hubiera intervenido, al menos en algún supuesto (los recogidos en los artículos 386, 387 y 390) aquella actuación no sería delictiva, y el acto de realizarse integraría a lo sumo una irregularidad administrativa"[137]. De esta manera, "lo trascendente para el Derecho penal es que intervenga un precio

---

[130] MUÑOZ CONDE, *DP. PE*, 18va, 2010, 1021.

[131] MORALES PRATS/RODRÍGUEZ PUERTA, en: QUINTERO OLIVARES, *Comentarios a la PE del DP*, 2007, 1219.

[132] DÍAZ Y GARCÍA CONLLEDO, en: ASÚA BATARRITA, *Delitos contra la administración pública*, 1997, 163.

[133] MIR PUIG, en: MIR PUIG/CORCOY BIDASOLO, *Comentarios al CP*, 2011, 917.

[134] OLAIZOLA NOGALES, *El delito de cohecho*, 1999, 360 ss.; VALEIJE ÁLVAREZ, *El tratamiento penal de la corrupción*, 1996, 131.

[135] VALEIJE ÁLVAREZ, *El tratamiento penal de la corrupción*, 1996, 131.

[136] MUÑOZ CONDE, *DP. PE*, 18va, 2010, 1022; CATALÁN SENDER, *Los delitos cometidos por autoridades*, 1999, 203.

[137] VALEIJE ÁLVAREZ, *El tratamiento penal de la corrupción*, 1996, 144.

por la actuación del funcionario o, lo que es lo mismo, que el motivo de su comportamiento sea el precio dado u ofrecido por el particular"[138].

Respecto de la dádiva el Tribunal Supremo ha señalado que la misma no debe ser debida para que se consume el delito: "Es característica común de ambas modalidades, sin embargo, que las dádivas, presentes, ofrecimientos o promesas en que se materializa la acción típica no son debidas. El funcionario carece, en todo caso, del derecho para su exigencia o percepción"[139].

## 3. Modalidades de cohecho

### 3.1. Cohecho pasivo propio

El cohecho pasivo propio consiste en "la conducta del funcionario que solicita o acepta una dádiva (en sentido amplio) o promesa para realizar un acto en su esfera de competencia"[140]. En este sentido, antes de la reforma es el funcionario el sujeto que solicita o admite[141] y se configura "si el acto a realizar por el funcionario es un acto injusto, constituye delito o una abstención del deber del cargo"[142].

Sobre el núcleo conceptual de este delito, la jurisprudencia señalaba antes de la reforma que

> "En el ámbito doctrinal, constituye la esencia del delito de cohecho la consecución de un provecho abusando de las funciones desempeñadas, con el consiguiente ataque a la integridad en la gestión administrativa. Suele decirse que existe delito de cohecho cuando un funcionario público recibe por sí o por persona interpuesta dádivas o promesas por realizar un hecho, sea o no delictivo, relacionado con el ejercicio de su cargo"[143].

---

138 VALEIJE ÁLVAREZ, *El tratamiento penal de la corrupción*, 1996, 144.

139 QUERALT JIMÉNEZ, *DP español, PE*, 2010, 1160; STS 5-2-1996 (RJ 1996\797).

140 DÍAZ Y GARCÍA CONLLEDO, en: ASÚA BATARRITA, *Delitos contra la administración pública*, 1997, 162.

141 CATALÁN SENDER, *Los delitos cometidos por autoridades*, 1999, 203; STS 16-11-1981 (RJ 1981/4335).

142 CATALÁN SENDER, *Los delitos cometidos por autoridades*, 1999, 193.

143 STS 5-2-1996 (RJ 1996\797).

Respecto de los elementos del delito el Tribunal Supremo español ha destacado: "Los tipos configurados en aquellos artículos presentan los siguientes elementos comunes a todos ellos: 1º como elemento subjetivo el tratarse de funcionario público; 2º como elemento objetivo que el acto de que se trate guarde relación con su función o cargo; 3º como acción la de solicitar o recibir dádiva o presente, u ofrecimiento o promesa en atención a su comportamiento"[144], posición que también ha sido acogida por la jurisprudencia de las audiencias provinciales[145].

POZUELO PÉREZ destaca que las modalidades más frecuentes de este delito en la jurisprudencia son los incentivos económicos para la prescripción de determinados medicamentos, la alteración del sistema de contratación pública y la libre concurrencia y el transfuguismo o compra de votos[146].

### *3.1.1. Sujetos*

El cohecho pasivo propio es un delito especial[147], pues el sujeto activo es la autoridad o el funcionario público, a los cuales se equiparan expresamente en el artículo 423: "los jurados, árbitros, peritos, o cualesquiera personas que participen en el ejercicio de la función pública", lo que relativiza el concepto de funcionario que da el artículo 24[148].

La LO 5/2010 agrega a los sujetos activos en el delito de cohecho pasivo a los administradores o interventores designados judicialmente y a los funcionarios de la Unión Europea y a los funcionarios nacionales de otro Estado miembro de la Unión. Los primeros fueron incluidos porque ejercen temporalmente funciones públicas relacionadas con una entidad judicialmente intervenida y los segundos se agregaron para armonizar la normativa española a otras codificaciones europeas[149].

---

[144] STS 29-4-1995 (RJ 1995\2881); 22-12-2005; 22-12-2006 (RJ 2006/591); 27-10-2006 (RJ 2006\6737); 7-2-2007(RJ 2007/1921); STSJ de Andalucía 20-3-2007 (JUR 2007\102062).

[145] SAP Murcia 30-5-2007 (ARP 2007/629).

[146] POZUELO PÉREZ, en: DÍAZ-MAROTO/RODRÍGUEZ, *Sobre las reformas*, 2011, 590.

[147] MORILLAS CUEVA, en: COBO DEL ROSAL, *DP español*, 2005, 899; MIR PUIG, en: MIR PUIG/CORCOY BIDASOLO, *Comentarios al CP*, 2011, 918.

[148] MUÑOZ CONDE, *DP. PE*, 18va, 2010, 1021.

[149] QUERALT JIMÉNEZ, *DP español, PE*, 2010, 1161; POZUELO PÉREZ, en: DÍAZ-MAROTO/RODRÍGUEZ, *Sobre las reformas*, 2011, 585; MORALES PRATS/RODRÍGUEZ PUERTA, en: QUINTERO OLIVARES, *Comentarios a la PE del DP*, 2011, 1216 ss.

Los árbitros y jurados fueron incluidos de conformidad con el Protocolo Adicional al Convenio Penal sobre Corrupción del Consejo de Europa, de acuerdo con el cual por árbitro se entiende "una persona que, en virtud de un acuerdo de arbitraje, esté llamada a dictar una decisión jurídicamente obligatoria en un litigio que le haya sido sometido por las partes en dicho acuerdo"[150] y por jurado, "una persona que, actuando como miembro no profesional de un órgano colegiado, se encarga de pronunciarse en el ámbito de un procedimiento penal acerca de la culpabilidad de un acusado"[151]. En este convenio se exige la tipificación de los delitos de corrupción activa de árbitros nacionales (artículo 2), corrupción pasiva de árbitros nacionales (artículo 3), corrupción de árbitros extranjeros (artículo 4), corrupción de jurados nacionales (artículo 5) y corrupción de jurados extranjeros (artículo 6).

No se puede ser autor de este delito si se carece de competencia para realizar lo prometido, aunque puede existir participación si el sujeto actúa en relación con el cohecho de otro[152].

En este sentido, la jurisprudencia ha señalado la ampliación del espectro de los sujetos activos en el delito de cohecho pasivo:

> "Siendo así no pueden cuestionarse ni la subsunción de tal conducta en el delito de cohecho del artículo 420, ni que el recurrente en su condición de comisario de la quiebra puede ser considerado autor, por cuanto el círculo de posibles autores del delito de cohecho pasivo propio se amplía en el artículo 422 a cualesquiera persona que "participen en el ejercicio de la función pública", comprendiendo con esta frase no los funcionarios públicos sino todas las demás personas que por cualquier circunstancia efectivamente desempeñen una función pública".

Mediante esta fórmula general y amplia, el interés social queda en muy dilatada extensión salvaguardado frente a comportamientos de todas aque-

[150] Art. 1.1 del Protocolo Adicional al Convenio Penal sobre la Corrupción del Consejo de Europa.

[151] Art. 1.3 del Protocolo Adicional al Convenio Penal sobre la Corrupción del Consejo de Europa.

[152] QUERALT JIMÉNEZ, *DP español, PE*, 2010, 1161; POZUELO PÉREZ, en: DÍAZ-MAROTO/RODRÍGUEZ, *Sobre las reformas*, 2011, 1162; CATALÁN SENDER, *Los delitos cometidos por autoridades* 1999, 201; MIR PUIG, en: MIR PUIG/CORCOY BIDASOLO, *Comentarios al CP*, 2011, 918.

llas personas que, debiendo cumplir sus deberes públicos, no proceden a la observancia de estos en virtud del cohecho efectuado.

En esta dirección, la STS 169/97 de 14.2 (RJ 1997, 2206), transcrita en parte en las sentencia de instancia y a la que el recurrente hace referencia, considera que el delito de los artículos 386 y 388 CP 1973 (RCL 1973, 2255) (equivalentes a los actuales 420 y 422) lo comete el comisario de la quiebra, representante de la autoridad judicial que solicita una cantidad a quien sabe no está obligado a pagarla, siendo el acto injusto que se ofrecía como contraprestación que 'las cosas se verían de otro modo', lo que viene a significar que se está ofreciendo una mayor permisividad en la comprobación de las cuentas[153]. Igual posición se ha acogido en la STS núm. 1096/2006 de 16 noviembre de 2006 (RJ 2007\495).

No es necesario que el sujeto ostente facultades decisorias, pueden ser de mero informe o asesoría. Son posibles todas las formas de participación, teniendo en cuenta en todo caso que las conductas de entregar o prometer la dádiva, necesarias para la consumación de determinadas modalidades de cohecho, constituyen un cohecho activo[154]. En todo caso tendrá que determinarse si se auxilió a un partícipe o a un particular, pues la punibilidad es menor en el segundo caso[155].

En todo caso,

> "La persona a la que beneficia la dádiva puede ser la autoridad o funcionario público o un tercero (lo que se menciona ahora expresamente en los artículos 419 y 420 CP, si bien es posible que se sigan planteando dudas en los eventuales casos de exclusividad del beneficio para el tercero, sobre todo cuando éste es la propia institución a la que pertenece el funcionario o está relacionado de alguno modo con ésta y con el interés público que la misma persigue)"[156].

---

[153] STS 16-11-2006 (RJ 2007\495).

[154] MORALES PRATS/RODRÍGUEZ PUERTA, en: QUINTERO OLIVARES, *Comentarios a la PE del DP*, 2011, 1216.

[155] MORALES PRATS/RODRÍGUEZ PUERTA, en: QUINTERO OLIVARES, *Comentarios a la PE del DP*, 2011, 1232.

[156] DÍAZ Y GARCÍA CONLLEDO, en: ASÚA BATARRITA, *Delitos contra la administración pública*, 1997, 163.

Al respecto, la jurisprudencia ha señalado:

> "Por este motivo, la STS 504/2003, de 2 de abril (RJ 2003, 4204), recoge que "Es doctrina reiterada de esta Sala, que no es exigible en el delito de cohecho que el funcionario que solicita o recibe la dádiva sea el funcionario encargado del acto sobre el que actúa el cohecho, bastando con que el mismo se vea facilitado por la acción del funcionario receptor o que solicita el cohecho, interpretación pacífica que resulta del propio tenor legal del tipo penal que se refiere la recepción para la realización de un acto en el ejercicio de su cargo. Como dijimos en la STS 1319/2002, de 11 de julio (RJ 2002, 7652), el delito de cohecho se consuma cuando se solicita o se acepta una dádiva que le fuera ofrecida en consideración a la función que como funcionario realiza". En igual sentido se expresa la STS 701/1994, de 4 de abril (RJ 1994, 2867) cuando manifiesta que "[...] los actos que el funcionario cohechado ha de realizar para ser subsumibles en el respectivo tipo, sólo han de ser relativos al ejercicio del cargo que desempeñe. Relativo es lo que hace relación o referencia a una cosa, guarda relación con ella, por lo que lo único que exige el Texto Legal es que el acto que el funcionario ejecuta por dádiva, presente ofrecimiento o promesa, guarde relación o conexión con las actividades públicas que desempeña, de modo que a él se dirija el particular corruptor por cuanto entiende que le es posible la ejecución del acto requerido en atención a su condición o cargo, y tal acto en efecto puede realizarlo con especial facilidad por la clase de función que desempeña o ejercita, sin que hay de ser precisamente un acto que le corresponde efectuar en el uso de sus específicas competencias, sino sólo con ellas relacionado"[157].

Respecto de la autoría es necesario tener en cuenta que el funcionario que solicita o recibe la dádiva sea el funcionario encargado del acto sobre el que actúa el cohecho:

---

[157] STSJ Canarias 29-11-2007.

> Es doctrina reiterada de esta Sala, en la que se apoya el tribunal de instancia y recoge el Ministerio fiscal en su impugnación, que no es exigible en el delito de cohecho que el funcionario que solicita o recibe la dádiva sea el funcionario encargado del acto sobre el que actúa el cohecho, bastando con que el mismo se vea facilitado por la acción del funcionario receptor o que solicita el cohecho, interpretación pacífica que resulta del propio tenor legal del tipo penal que refiere la recepción para la realización de un acto en el ejercicio de su cargo. Como dijimos en la STS 1319/2002, de 11 de julio (RJ 2002, 7652), el delito de cohecho se consuma cuando se solicita o se acepta una dádiva que le fuera ofrecida en consideración a la función que como funcionario realiza[158].

En este sentido señala DÍAZ Y GARCÍA CONLLEDO:

> "El particular que corrompe o intenta corromper al funcionario o acepta su solicitud no será castigado como mero partícipe en el delito del funcionario, sino que su conducta encajará, como autor, en los tipos de cohecho activo a los que más adelante nos referiremos, aunque si, además, la dádiva se preordena a la comisión de un delito por el funcionario, si éste llega a cometerse, el funcionario será autor del mismo (o si se intenta, de su tentativa), además del de cohecho (como el propio artículo 419 CP viene a recordar en su inciso final), y el particular será, además de autor del correspondiente delito de cohecho activo, partícipe en el delito cometido (o intentado cometer) por el funcionario"[159].

En relación con el tema de la participación, el TS señaló el carácter no plurisubjetivo del delito de cohecho pasivo y la posibilidad de cometer este delito como *intraneus* o como *extraneus*[160]. En este sentido, QUERALT

---

[158] STS 2-4-2003 (RJ 2003, 4204).

[159] DÍAZ Y GARCÍA CONLLEDO, en: ASÚA BATARRITA, *Delitos contra la administración Pública*, 1997, 164.

[160] STS 18-10-1994 (RJ 1994\8026): "En los comportamientos propios de los delitos de cohecho siempre aparece la perspectiva de dos conductas diferentes, la del particular que corrompe o intenta

JIMÉNEZ destaca que el *extraneus* funcionario tendrá la calidad de cooperador necesario cuando carezca de poder de decisión pero colabore activamente con la comisión del delito, mientras que el particular comete su propio delito de cohecho[161].

Respecto al tema de la autoría y la participación ha señalado el TS que es indiferente que se trate de la instrumentalización de un sujeto o de la interposición de terceros:

> "La solicitud, mutación o recepción de la promesa o dádiva puede hacerla la autoridad o funcionario por sí o por persona interpuesta. Respecto de la autoridad o funcionario, es indiferente que se trate de la instrumentalización de un sujeto o de la interposición de terceros, que actúan consciente y voluntariamente, de acuerdo con dicho funcionario, a quien corresponde el dominio del acto (STS de 5 de febrero de 1996).
>
> Se trata pues, de la elevación a grado de autoría de una conducta de participación necesaria en el ilícito de cohecho cometido por funcionario público, tesis de participación o cooperación necesaria en un delito cualificado o de propia mano cometido por funcionario

corromper (cohecho activo) y la del funcionario que solicita o acepta (cohecho pasivo).Sin embargo, a la hora de tipificar los comportamientos delictivos, nuestro Código Penal no contempla figuras plurisubjetivas [véase la reciente Sentencia de esta Sala de 9 marzo 1994 (RJ 1994\1832)] en las que aparecen diversos sujetos como intervinientes en el desarrollo del hecho delictivo, sino que construye los correspondientes delitos dedicando diversos preceptos, los artículos 385 a 390, a los cohechos de los funcionarios en sus diversas modalidades (pasivos) y otro, el 391, a los cometidos por los particulares (activos), pudiendo cometerse uno sin el otro cuando no llega a producirse el correspondiente acuerdo de voluntades [...].

Por lo que aquí interesa, aparece en el Código Penal, por un lado, el delito del funcionario del artículo 387, solicitud de la dádiva, y por otro el delito del particular si hubiera llegado a acceder a la solicitud entregando el regalo, comprendido en el 391. Tanto en uno como en otro es posible la participación de personas distintas del autor o autores principales o directos del número 1.º del artículo 14, a título de cooperadores, necesarios o no, o de alguna otra de las formas previstas en dicho artículo 14. Si, como aquí ocurrió, algún particular («*extraneus*») participa en el delito cometido por el funcionario («*intraneus*») de alguna de las formas recogidas en los artículos 14 ó 16 CP, entendemos que, como sucede con la malversación de caudales públicos o con el alzamiento de bienes de comerciante, asimismo delitos especiales por la exigencia de determinada condición en el sujeto activo, tal particular habrá de responder por su actuación en el hecho conforme el principio de accesoriedad en relación con el delito realmente cometido y no con referencia a otro delito distinto".

[161] QUERALT JIMÉNEZ, *DP español, PE*, 2010, 1162.

> público, que es admitida por el Tribunal Supremo, en sentencias, entre otras, de 20 de mayo de 2004, 25 de marzo de 1997, 24 de junio de 1994, y de 3 de noviembre de 1993: "La jurisprudencia de esta Sala ha admitido la participación accesoria (incluso por vía de inducción o cooperación necesaria) del *extraneus* en un delito comisible sólo por un sujeto activo cualificado, al entender, que al fundirse la voluntad del *intraneus* funcionario público con la del *extraneus* cooperando, éste último materialmente en el hecho delictivo con una aportación causa necesaria al mismo, la conducta aparece finalmente ejecutada de forma necesaria con la participación ineludible de los dos y la conducta del sujeto no cualificado pierde sustantividad a favor de la principal y preferente del cualificado, pues ambas aparecen finalmente ejecutadas para el logro del resultada típico y el *extraneus* asume el plus de disvalor de la conducta del funcionario sujeto activo propio, al ser consciente de que induce y coopera a que aquel quebrante los deberes ínsitos a su función"[162].

El particular o funcionario que no actúa en el ejercicio de su cargo y tiene la calidad de intermediario puede ser partícipe como cooperador, necesario o no, o como inductor[163], salvo aquellos supuestos en los cuales se considere que ha incurrido específicamente en el delito de cohecho activo en eventos de conductas como entregar o prometer la dádiva[164].

En este sentido, el TS ha señalado:

> "Como recuerda la Sentencia de 2 de mayo de 1996, núm. 274/1996, la jurisprudencia de esta Sala viene sosteniendo desde la STS de 14-1-1994 que el texto del artículo 14 CP/1973 (hoy artículo 28 del CP/1995) no requería que los partícipes (inductores, cooperadores necesarios y cómplices) en un delito especial propio —es decir, en aquellos delitos en los que el tipo penal prevé exclusivamente la au-

---

[162] STSJ Andalucía 10-3-2007. (No es del 10, es: STSJ Andalucía 20-3-2007 (JUR 2007/102062).

[163] GIMENO LAHOZ/CORBELLA HERREROS, *Delitos*, 1998, 79; CATALÁN SENDER, *Los delitos cometidos por autoridades*, 1999, 201; MUÑOZ CONDE, *DP. PE*, 18$^{va}$, 2010, 1024.

[164] MORALES PRATS/RODRÍGUEZ PUERTA, en: QUINTERO OLIVARES, *Comentarios a la PE del DP*, 2011, 1231 y 1232; MUÑOZ CONDE, *DP. PE*, 18$^{va}$, 2010, 1024.

> toría de un sujeto activo con especial cualificación— tengan la misma condición jurídica que el autor. Dicho en la terminología tradicional: la ley no impide la punibilidad del '*extraneus*' como partícipe en el delito propio del '*intraneus*'".

Esta solución tiene una clara fundamentación normativa, como señala la sentencia indicada de 2 de mayo de 1996. "El partícipe no infringe la norma que respalda el tipo penal de la parte especial, sino la prohibición contenida en las reglas de la participación que amplían el tipo penal (artículos 14.2 y 3 y 16 CP/1973 hoy 28.2 a) y 28.2 b) y 29 del CP/1995). Todas las explicaciones del fundamento de la participación conducen sin ninguna fricción a esta solución. Si este fundamento se ve en la participación en la ilicitud el autor, es evidente que la ilicitud del hecho del autor es el resultado de la conducta del partícipe, que en forma mediata ataca al mismo bien jurídico. Si el fundamento de la punibilidad del partícipe se viera en la causación del ilícito, la situación no sería en modo alguno diferente pues el partícipe contribuye a la producción del acto ilícito. Por lo tanto, cualquiera sea el fundamento de la punibilidad del partícipe, la participación en los delitos especiales propios no es impune"[165].

La jurisprudencia, siguiendo una doctrina fuertemente consolidada, ha entendido que

> "[...] lo único que debe ser tenido en cuenta en favor del partícipe es que éste no infringe el deber específico del autor y que, por tal razón, el partícipe puede ser condenado con una pena atenuada respecto del autor. La falta de infracción del deber especial del autor importa, por regla general, un menor contenido de la ilicitud del partícipe, pero no elimina su cooperación en la infracción del deber del autor y en la lesión del bien jurídico"[166].

En este caso, la comisión del delito debe ser dirigida y planeada por el funcionario, pues si el intermediario actúa por cuenta propia, faltando el conocimiento y el consentimiento del funcionario obligado a realizar el acto,

---

165 STS 21-12-1999 (RJ 1999\9436).

166 STS 21-12-1999 (RJ 1999\9436).

la conducta realizada ya no será constitutiva de un delito de cohecho pasivo propio, sino que entraríamos en el campo de aplicación de otros delitos[167].

El partícipe *extraneus* en un delito especial propio debe ser condenado de todos modos con una pena atenuada respecto del autor *intraneus*, debido a que el primero no infringe personalmente el deber específico que da contenido al tipo especial, lo que reduce el contenido de la ilicitud y aconseja aplicar una atenuante por analogía[168].

Al respecto ha señalado la jurisprudencia del Tribunal Supremo:

> "Como señala la sentencia de 18 de octubre de 1994, en el delito de cohecho es posible la participación de personas distintas del autor o autores principales o directos, a título de cooperadores, necesarios o no. Si, como sucede en el caso actual, un particular, '*extraneus*', participa en el delito cometido por el funcionario '*intraneus*', dicho particular habrá de responder por su participación delictiva conforme al principio de accesoriedad en relación con el delito realmente ejecutado, sin perjuicio de que se modere la penalidad atendiendo a la ausencia de la condición especial de funcionario.
>
> La jurisprudencia de esta Sala (Sentencia de 26 de enero de 1994, Sentencia de 20 de mayo de 1996, núm. 274/1996, Sentencia de 21 de diciembre de 1999, núm. 1493/1999, caso R.) ha señalado reiteradamente que el texto del artículo 14 CP 1973 (hoy artículo 28 del CP 1995) no requiere que los partícipes (inductores, cooperadores necesarios y cómplices) en un delito especial propio —es decir, en aquellos delitos en los que el tipo penal prevé exclusivamente la autoría de un sujeto activo con especial cualificación— tengan la misma condición jurídica que el autor. Dicho en la terminología doctrinal: la ley no impide la punibilidad del '*extraneus*' como partícipe en el delito propio del '*intraneus*'.
>
> Esta solución tiene una clara fundamentación normativa, como señalan las sentencias de 20 de mayo de 1996 y 21 de diciembre de 1999. El partícipe no infringe la norma que respalda el tipo penal de la parte especial, sino la prohibición contenida en las reglas de la

---

[167] VALEIJE ÁLVAREZ, *El tratamiento penal de la corrupción*, 1996, 107.

[168] ORTS BERENGUER, en: VIVES ANTÓN, *DP. PE*, 2004, 924.

> participación que amplían el tipo penal (arts. 28.2 a) y b), y 29 del CP 1995). Todas las explicaciones del fundamento de la participación conducen a esta solución. Si este fundamento se ve en la participación en la ilicitud el autor, es claro que la ilicitud del hecho del autor es el resultado de la conducta del partícipe, que en forma mediata ataca al mismo bien jurídico. Si el fundamento de la punibilidad del partícipe se viera en la causación del ilícito, la situación no sería en modo alguno diferente pues el partícipe contribuye a la producción del acto ilícito. Por lo tanto, cualquiera sea el fundamento de la punibilidad del partícipe, la participación en los delitos especiales propios no puede ser impune"[169].

La jurisprudencia, siguiendo de esta manera una doctrina fuertemente consolidada, ha entendido que

> "[...] lo único que debe ser tenido en cuenta en favor del partícipe es que éste no infringe el deber específico del autor y que, por tal razón, el partícipe puede ser condenado con una pena atenuada respecto del autor. La falta de infracción del deber especial del autor importa, por regla general, un menor contenido de la ilicitud del partícipe, pero no elimina su cooperación en la infracción del deber del autor y en la lesión del bien jurídico (STS 21 de diciembre de 1999). Conforme a lo dispuesto en el artículo 420 del Código Penal 1995, el autor del cohecho puede recibir la dádiva "por sí o por persona interpuesta". Pues bien dicha persona interpuesta, cuando actúa con pleno conocimiento y voluntad de cooperar en dicha acción delictiva, como sucede en el caso actual, es partícipe en el delito de cohecho"[170].

Es posible la comisión de este delito si la actividad del funcionario es administrativa *stricto sensu*, jurisdiccional o política, como cuando se solicita dinero para revelar un secreto de un asunto debatido en una comisión parlamentaria de investigación[171].

---

[169] STS 28-3-2001 (RJ 2001\751).

[170] STS 28-3-2001 (RJ 2001\751).

[171] MORALES PRATS/RODRÍGUEZ PUERTA, en: QUINTERO OLIVARES, *Comentarios a la PE del DP*, 2011, 1216.

Puede presentarse la coautoría cuando varios funcionarios conjuntamente solicitan o reciben dádivas, aunque "solamente responderán aquel o aquellos funcionarios que solicitaron o recibieron las dádivas por votar a favor o en contra de la decisión"[172] y a partir además del momento en cual se realiza el acuerdo para votar en determinado sentido[173].

### *3.1.2. Conducta*

#### *a. No es necesaria la bilateralidad*

La conducta equipara el "acuerdo bilateral (aceptación de un ofrecimiento), como la solicitud unilateral del funcionario"[174]. Basta "que el funcionario se dirija a alguien en solicitud de la dádiva para que el delito se consume, independientemente de que se acepte o no"[175], ni que se llegue a cometer el delito[176] por lo cual, "no caben, por tanto, las formas imperfectas de ejecución"[177]. Cuando hay un pacto entre funcionario y particular, el primero responde por la correspondiente figura de cohecho pasivo, y el segundo, por el tipo de cohecho activo[178].

En materia de consideración del número de conductas cometidas y la posibilidad de que se configure un delito continuado es necesario tener en

---

[172] MORALES PRATS/RODRÍGUEZ PUERTA, en: QUINTERO OLIVARES, *Comentarios a la PE del DP*, 2011, 1232.

[173] MORALES PRATS/RODRÍGUEZ PUERTA, en: QUINTERO OLIVARES, *Comentarios a la PE del DP*, 2011, 1232.

[174] GIMENO LAHOZ/CORBELLA HERREROS, *Delitos*, 1998, 72; LUZÓN CUESTA, *DP. PE*, 2007, 291; ORTS BERENGUER, en: VIVES ANTÓN, *DP. PE*, 2004, 924; MUÑOZ CONDE, *DP. PE*, 18va, 2010, 1021.

[175] DÍAZ Y GARCÍA CONLLEDO, en: ASÚA BATARRITA, *Delitos contra la administración pública*, 1997, 163; OLAIZOLA NOGALES, *El delito de cohecho*, 1999, 259; CATALÁN SENDER, *Los delitos cometidos por autoridades*, 1999, 195; ORTS BERENGUER, en: VIVES ANTÓN, *DP. PE*, 2004, 924; POLAINO NAVARRETE, *Lecciones*, 2011, 658.

[176] DÍAZ Y GARCÍA CONLLEDO, en: ASÚA BATARRITA, *Delitos contra la administración pública*, 1997, 163; ORTIZ DE URBINA GIMENO, en: SILVA SÁNCHEZ, *Lecciones DP. PE*, 2011, 337.

[177] DÍAZ Y GARCÍA CONLLEDO, en: ASÚA BATARRITA, *Delitos contra la administración pública*, 1997, 163; ORTS BERENGUER, en: VIVES ANTÓN, *DP. PE*, 2004, 1023; CATALÁN SENDER, *Los delitos cometidos por autoridades*, 1999, 210; GIMENO LAHOZ/CORBELLA HERREROS, *Delitos*, 1998, 75.

[178] ORTS BERENGUER, en: VIVES ANTÓN, *DP. PE*, 2004, 924.

cuenta que lo relevante es el acto de recibir o solicitar la dádiva y no los actos que se realicen en virtud de la misma:

> "Basta para rechazar esta alegación recordar que el delito que se le imputa deriva de sus actos de entrega de dádiva y no del número de actos que, por razón de aquellas, entregas, haya realizado el funcionario corrompido por el recurrente. Como dijimos en la Sentencia 1335/2001 de 19 de julio, todas las figuras delictivas de cohecho se configuran como delitos de mera actividad, sin que el resultado de la posterior conducta del funcionario sea relevante, toda vez que los tipos penales se consuman con la ejecución de la acción típica descrita en la ley que, en el caso que nos ocupa, consiste en el intento de corromper al funcionario público. Lo que permitió estimar delito continuado de cohecho en el caso de la Sentencia 2052/2001 de 7 de noviembre, en atención a la pluralidad de actos de entrega del acusado y no de actos realizados por el funcionario corrupto"[179].

Sobre la existencia de un pacto, la jurisprudencia del Tribunal Supremo incluso llegó a elaborar una doctrina en vigencia del Código Penal anterior en sentencias de 1957, 1963, 1948 y 1981, sobre el carácter contractual del cohecho fundado en que el mismo constituye la venta de la función pública:

> "Ciñéndonos al tercero, dice la doctrina jurisprudencial, que es una solicitud o recepción de beneficios para quebrantar el deber (S. de 17 junio 1957, —que es una auténtica venta de función pública, expresa elocuentemente la S. de 16 marzo 1953—, y que la expresión que el funcionario, en el ejercicio del cargo comete un acto que constituya delito tanto abarca cuando se pone precio a la conducta ilícita del funcionario por él mismo, como cuando dolosamente cooperan con los terceros con los medios conducentes a la consecución del fin punible convenido —S. de 17 diciembre 1948—. De tal forma que dentro de la tesis del delito contractual, con pluralidad de sujetos que pacten ilícitamente sobre la función pública que uno desempeña para

179 STS 23-7-2008 (RJ 2008\5484).

apartarla de los cauces legales, con lesión de los intereses generales, no se puede concluir que sea un acto personalísimo, sino que basta para reputar autores del delito a los llamados contratantes en cuanto haya acuerdo sobre el acto ilícito o injusto a realizar, porque la materia o el contenido del delito de cohecho no es acto que el funcionario ejecute o deje de ejecutar indebidamente, sino el consentimiento prestado al mismo, aunque no se lleve a efecto y quede consumado para entre otras"[180].

***b. Momento consumativo***

El cohecho pasivo es un delito de mera conducta[181] en el cual se equiparan la recepción a la solicitud,[182]

> "[...] el momento para su percepción puede ser anterior o posterior a la realización del hecho del funcionario a la que se preordena y este hecho ha de ser un acto (de distinta especie, según las modalidades) "relativo al ejercicio de su cargo", o sea, propio de su ámbito de competencia, aunque se interpreta esta competencia como genérica y no específica (salvo tal vez en la tercera de las modalidades, la de abstención de un acto debido)"[183].

Sobre este aspecto el TS ya se había pronunciado en vigencia del CP 1944/73 en la STS 16-11-1979, señalando que: "Que el delito de cohecho es un delito formal o de mera actividad que se perfecciona en cuanto el agente realiza la acción típica, con independencia de que se produzca o no el resultado finalísticamente perseguido"[184].

---

[180] STS 7-4-1981 (RJ 1981/1605).

[181] VALEIJE ÁLVAREZ, *El tratamiento penal de la corrupción*, 1996, 94; CATALÁN SENDER, *Los delitos cometidos por autoridades*, 1999, 210; OLAIZOLA NOGALES, *El delito de cohecho*, 1999, 258; QUERALT JIMÉNEZ, *DP español, PE*, 2010, 1161; POZUELO PÉREZ, en: DÍAZ-MAROTO/ RODRÍGUEZ, *Sobre las reformas*, 2011, 1163.

[182] VALEIJE ÁLVAREZ, *El tratamiento penal de la corrupción*, 1996, 77.

[183] DÍAZ Y GARCÍA CONLLEDO, en: ASÚA BATARRITA, *Delitos contra la administración pública*, 1997, 163.

[184] STS 16-11-1979 (RJ 1979/4242).

En la misma sentencia, el TS se refirió al momento consumativo del cohecho, señalando que el mismo

> "[...] es aquel en el que, como queda dicho, se produce la lesión del bien jurídico protegido, o sea, el acto demostrativo de la falta de honestidad del funcionario o de la intención del particular de corromperle o atentar a su integridad, siendo irrelevante para que la consumación se produzca el que tenga lugar o no la aceptación por parte de la persona a quien va dirigida la declaración de voluntad recepticia y cuya sola emisión constituye la actividad delictiva; que en caso de pacto o contrato ilícito, las partes cumplan o dejen de cumplir las prestaciones a las que respectivamente se hubiesen obligado como son la entrega de la dádiva o retribución indebida o la realización del acto o la omisión prometida"[185].

En la STS 16-11-1981 se señaló:

> "Se trata de un delito formal, que encuentra su acción consumativa en cuanto el agente logra la realización de la acción típica, aun cuando no se haya producido en todos sus efectos el resultado apetecido o proyectado y que habida cuenta del bien jurídico protegido, de que se hizo mención, basta la declaración de voluntad de corromper o corromperse, aun cuando la dádiva, presente, ofrecimiento o promesa no se hubieren aceptado, unido al dolo específico de corrupción del funcionario"[186].

En este sentido, la STS 16-11-2006 ha destacado:

> "La dinámica de la conducta típica pone de manifiesto que el cohecho pasivo propio, es un delito unilateral, de mera actividad que se consuma con la mera solicitud, con la mera manifestación exterior de la actitud personal del sujeto, no siendo necesaria la producción de resultado material externo alguno para la consumación, esto es, la

[185] STS 16-11-1979 (RJ 1979/4242).

[186] STS 16-11-1981 (RJ 1981/4335).

> aceptación de la solicitud en el abono de la dádiva, en la realización del acto injusto ofrecido o solicitado como contraprestación (SS. 776/2001 de 8.5, 1114/2002 de 12.6). En definitiva no es tampoco preciso para la consumación de esta modalidad típica del cohecho que el funcionario ejecute efectivamente el comportamiento contrario a derecho que de él se pretende o que el mismo se propone realizar con tal de recibir la dádiva; no se requiere que el funcionario cometa realmente el acto injusto"[187].

En relación con este aspecto, la jurisprudencia más reciente ha señalado:

> "En cuanto que la infracción enjuiciada se comete y consuma con la simple solicitud de la dádiva (*vid.* artículo 419 CP) por parte del funcionario para realizar, en el ejercicio de su cargo, una acción u omisión constitutivas de delito, como en este caso en el que el recurrente vinculaba tal solicitud al improcedente, y por ello prevaricador, archivo de un expediente tributario, que él mismo tramitaba y que es lo que se relata, como probado, en la Sentencia de la primera instancia"[188].

En el mismo sentido, en sentencia del 7 de febrero de 2007 el TS señaló:

> "El otro elemento necesario varía en cada uno de los tipos y consiste precisamente en ese comportamiento ilícito, siendo en el caso del artículo 419 realizar una acción u omisión constitutiva de delito, bien entendido que la consumación en el tipo delictivo de cohecho pasivo propio se produce desde el momento en que la conducta tipificada por la ley se cumple por el sujeto, es decir, a partir del instante en que el funcionario solicite la dádiva o bien desde el momento en el que recibe o acepta el ofrecimiento o la promesa. En definitiva, como recuerda la STS 776/2001, un delito unilateral que se consuma por la mera solicitud de la dádiva, por lo que no requiere para su consumación, ni la aceptación, ni el abono, ni la realización del acto delictivo ofrecido como contraprestación que, caso de realizarse, se sancionaría

---

[187] STS 16-11-2006 (RJ 2007/495).

[188] STS 6-6-2008 (RJ 2008\3637).

> separadamente en concurso con el cohecho, y hay una correcta equiparación entre aquellos supuestos en los que el objeto del cohecho y una acción constitutiva de delito con los que el referido delito es una omisión, también constitutiva de delito. Así se clasifica la conducta del funcionario que por precio se compromete a abstenerse de llevar a cabo una conducta propia de su cargo"[189].

Es independiente quien tome la iniciativa[190]. En este sentido, "se castigan conductas del funcionario a iniciativa del propio funcionario (solicitar) y otras que presuponen una actividad de terceros (recibir, aceptar), conductas que unas veces implican una entrega más próxima (recibir dádiva) y otras más remotas (aceptar promesa)[191]. En resumen, la consumación se produce "cuando la declaración de voluntad del autor llega a conocimiento de la otra parte, o bien cuando se alcanza el acuerdo entre el funcionario y particular, aunque, por ejemplo, no se haya concretado definitivamente el '*quantum*' de la dádiva o la precisa forma que va a revestir la acción u omisión objeto del cohecho (STS 16 marzo 1998)"[192].

En la reforma por LO 5/2010 esta situación no se modificó y por ello el cohecho sigue siendo un delito de mera conducta que se consuma con el mero hecho de solicitar, aceptar o recibir la dádiva, por lo cual el funcionario deberá responder también por el delito cometido como prevaricación o revelación de secretos u otro delito[193].

Más controvertida resulta la posibilidad de admitir la tentativa en el delito de cohecho, en casos en los cuales, por ejemplo, el ofrecimiento se realiza a través de una carta que no llega a su destinatario, evento en el cual MIR PUIG considera que es posible tanto la tentativa como el desistimiento voluntario[194].

---

[189] STS 7-2-2007 (RJ 2007/1921).

[190] CATALÁN SENDER, *Los delitos cometidos por autoridades*, 1999, 75.

[191] DÍAZ Y GARCÍA CONLLEDO, en: ASÚA BATARRITA, *Delitos contra la administración pública*, 1997, 162.

[192] MORALES PRATS/RODRÍGUEZ PUERTA, en: QUINTERO OLIVARES, *Comentarios a la PE del DP*, 2011, 1229.

[193] POZUELO PÉREZ, en: DÍAZ-MAROTO/RODRÍGUEZ, *Sobre las reformas*, 2011, 591.

[194] MIR PUIG, en: MIR PUIG/CORCOY BIDASOLO, *Comentarios al CP*, 2011, 919.

***c. Verbos rectores***

El núcleo fundamental del injusto en el delito de cohecho reside en la obtención del 'acuerdo injusto', momento en el que se conculca el principio de imparcialidad, sin embargo, la gravedad de este tipo de comportamiento ha conducido al legislador a adelantar las barreras de protección, para lo cual ha equiparado la efectiva obtención del acuerdo y su intento, que desde la perspectiva del bien jurídico propuesto integra una mera puesta en peligro[195]. El delito de cohecho pasivo es una conducta punible compuesto alternativa y contempla tres verbos rectores, solicitar, recibir y aceptar:

Solicitar, es el primer verbo rector en el delito de cohecho pasivo, el más frecuente y el más alejado de la lesión del bien jurídico tutelado, por ello su interpretación ha sido debatida por un gran sector de la doctrina.

Para OLAIZOLA solicitar es "una declaración de voluntad del funcionario tendente a pedir algo a otra persona"[196]. La 'solicitud' ha de ser "capaz, idónea y apta para que aquel juicio pueda formularse"[197].

Para MORILLAS CUEVA "pedir supone una declaración unilateral de voluntad dirigida a otra persona por la que, en este caso, el funcionario o autoridad pide recibir una dádiva o presente para realizar a cambio un acto en el ejercicio de su cargo"[198].

MORALES PRATS/RODRÍGUEZ PUERTA señalan que solicitar es "emitir una declaración de voluntad dirigida a un tercero, por la que se manifiesta la disposición a recibir una dádiva o presente a cambio de la realización de un acto propio del cargo"[199].

ORTS BERENGUER manifiesta que es una "petición seria y concreta de una dádiva que el funcionario público hace a persona determinada, para su propio beneficio o el de un tercero, a cambio de la realización de un acto en el ejercicio del cargo"[200].

---

[195] MORALES PRATS/RODRÍGUEZ PUERTA, en: QUINTERO OLIVARES, *Comentarios a la PE del DP*, 2011, 1218.

[196] OLAIZOLA NOGALES, *El delito de cohecho*, 1999, 231.

[197] VALEIJE ÁLVAREZ, *El tratamiento penal de la corrupción*, 1996, 104.

[198] MORILLAS CUEVA, en: COBO DEL ROSAL, *DP español*, 2005, 900.

[199] MORALES PRATS/RODRÍGUEZ PUERTA, en: QUINTERO OLIVARES, *Comentarios a la PE del DP*, 2011, 1217.

[200] ORTS BERENGUER, en: VIVES ANTÓN, *DP. PE*, 2004, 922.

Para OLAIZOLA "basta con que la solicitud sea reconocible objetivamente para que pueda afectar al orden interno debido a que supone un mal ejemplo que afecta a la 'ética' de los funcionarios, así como al orden externo basado en la confianza que los ciudadanos deben tener en la imparcialidad y objetividad de la Administración para que ésta puede funcionar"[201].

Para POLAINO NAVARRETE la solicitud implica la "activa puesta en práctica de la iniciativa de una conducta tendente a un objetivo económico cuyo logro el sujeto trata de conseguir provocando una determinada conducta de un tercero"[202]. Esta acción tiene una naturaleza unilateral, pues no requiere la aceptación del particular[203].

La petición puede ser de manera expresa o tácita, oral o escrita, por sí o por persona interpuesta[204], "Lo esencial es que sea determinada y clara, capaz de ser comprendida por la persona a la que va dirigida"[205]. Lo más importante en la interpretación de este verbo rector es que no se requiere un real acuerdo entre el funcionario o autoridad, solo la manifestación externa de la voluntad por parte del sujeto; se presenta de esta forma como un delito de peligro[206]. También se presenta cuando se solicita que la dádiva se dé a un tercero[207]. En todo caso, si la solicitud fuera amenazante, podrá existir concurso con los delitos de cohecho pasivo y amenazas[208].

---

201 OLAIZOLA NOGALES, *El delito de cohecho*, 1999, 232.

202 POLAINO NAVARRETE, *Lecciones*, 2011, 322.

203 POLAINO NAVARRETE, *Lecciones*, 2011, 679.

204 VALEIJE ÁLVAREZ, *El tratamiento penal de la corrupción*, 1996, 94; OLAIZOLA NOGALES, *El delito de cohecho*, 1999, 231; MORILLAS CUEVA, en: COBO DEL ROSAL, *DP español*, 2005, 900; MORALES PRATS/RODRÍGUEZ PUERTA, en: QUINTERO OLIVARES, *Comentarios a la PE del DP*, 2011, 1217.

205 MORALES PRATS/RODRÍGUEZ PUERTA, en: QUINTERO OLIVARES, *Comentarios a la PE del DP*, 2011, 1217.

206 ORTS BERENGUER, en: VIVES ANTÓN, *DP. PE*, 2004, 900; MORILLAS CUEVA, en: COBO DEL ROSAL, *DP español*, 2005, 292; MORALES PRATS / RODRÍGUEZ PUERTA, en: QUINTERO OLIVARES, *Comentarios a la PE del DP*, 2011, 1217.

207 MORALES PRATS/RODRÍGUEZ PUERTA, en: QUINTERO OLIVARES, *Comentarios a la PE del DP*, 2011, 1217.

208 OLAIZOLA NOGALES, *El delito de cohecho*, 1999, 242 ss.; MIR PUIG, en: MIR PUIG/ CORCOY BIDASOLO, *Comentarios al CP*, 2011, 927; MORALES PRATS / RODRÍGUEZ PUERTA, en: QUINTERO OLIVARES, *Comentarios a la PE del DP*, 2011, 1235.

El segundo verbo rector que tipifica el delito de cohecho pasivo es aceptar, que se ha interpretado como "recibir alguien voluntariamente lo que se le da, ofrece o encarga; en este caso hay que unirlo al ofrecimiento o promesa, y será recibir el ofrecimiento de algo o su promesa de futuro"[209] o "la aceptación de una oferta de futura dádiva o presente"[210].

El acuerdo supone para el funcionario o autoridad la obtención de ventajas en el futuro[211] o el funcionario pretende cerrar el acuerdo injusto con la intención de obtener más tarde la ventaja[212] o "recibe del particular una declaración de voluntad mediante la cual éste se compromete a dar, hacer o decir algo en favor del funcionario"[213]. Se precisa la conducta de dos personas[214] y es el estadio temporal anterior a la recepción[215], en este sentido, la aceptación de la promesa o del ofrecimiento supone posponer por un tiempo la entrega de la dádiva, una vez cerrado el compromiso[216].

De cualquier modo,

> "[...] para que exista aceptación típica, no basta cualquier asentimiento del funcionario a la propuesta del particular relativa a la entrega de una ganancia futura u otro tipo de ventaja, sino que es necesario que, respectivamente, el funcionario reconozca la propuesta en su sentido de promesa, es decir, debe reconocer en la conducta del particular una declaración de voluntad que le asegure una ventaja económica aunque sea en el futuro como contraprestación de un acto contrario al ejercicio del cargo y que el particular promete u ofrece esperando la contraprestación del funcionario"[217].

---

209 MORILLAS CUEVA, en: COBO DEL ROSAL, *DP español*, 2005, 900.

210 MORALES PRATS/RODRÍGUEZ PUERTA, en: QUINTERO OLIVARES, *Comentarios a la PE del DP*, 2011, 1218.

211 MORILLAS CUEVA, en: COBO DEL ROSAL, *DP español*, 2005, 900; POLAINO NAVARRETE, *Lecciones*, 2011, 323.

212 MORALES PRATS/RODRÍGUEZ PUERTA, en: QUINTERO OLIVARES, *Comentarios a la PE del DP*, 2011, 1218.

213 VALEIJE ÁLVAREZ, *El tratamiento penal de la corrupción*, 1996, 121.

214 OLAIZOLA NOGALES, *El delito de cohecho*, 1999, 257.

215 OLAIZOLA NOGALES, *El delito de cohecho*, 1999, 257.

216 ORTS BERENGUER, en: VIVES ANTÓN, *DP. PE*, 2004, 923.

217 VALEIJE ÁLVAREZ, *El tratamiento penal de la corrupción*, 1996, 122 ss.

Si este ha sido realizado de tal forma que el funcionario no se ha percatado del contenido del acuerdo, aunque existe previamente una promesa, no puede haber aceptación típica y estaremos entonces ante una hipótesis de tentativa inidónea de cohecho activo[218].

Cuando el funcionario público simula la aceptación a los fines de descubrir el delito no existe verdadera aceptación y, por lo tanto, no existe delito de cohecho pasivo propio, respondiendo solo el particular por su intento de corromper al funcionario del delito de cohecho activo[219].

El último verbo rector del delito de cohecho pasivo, que particularmente implica al menos un acuerdo tácito es recibir, entendido como "tomar uno lo que le dan o envían; en consecuencia, el funcionario o autoridad toma la dádiva o presente y aquí sí se produce, a diferencia de la forma anterior, un previo acuerdo entre el funcionario —a sancionar por este tipo— y el tercero —a hacerlo por cohecho activo—"[220]. Esta acción tiene una naturaleza pasiva, pues el sujeto se limita a "mostrar conformidad sobre la entrega que un tercero le hace"[221].

La recepción supone "la efectiva admisión de la dádiva o presente por parte del funcionario con la voluntad de hacerla suya"[222] y "que un particular entrega una dádiva al funcionario, quien la incorpora a su patrimonio o al de un tercero"[223].

La recepción de la dádiva o el presente se produce cuando el funcionario la incorpora a su propio patrimonio, es decir, cuando actúa respecto a ella como dueño. Es en este sentido un acto de apropiación del funcionario[224].

Para CATALÁN SENDER "se considera que el funcionario recibe también la dádiva cuando ya tenía en su poder previamente la cosa por otro título condonándole por ejemplo una deuda"[225]. La conducta, por tanto, se

---

218 VALEIJE ÁLVAREZ, *El tratamiento penal de la corrupción*, 1996, 122 ss.

219 VALEIJE ÁLVAREZ, *El tratamiento penal de la corrupción*, 1996, 123.

220 MORILLAS CUEVA, en: COBO DEL ROSAL, *DP español*, 2005, 900.

221 POLAINO NAVARRETE, *Lecciones*, 2011, 322 y 323.

222 MORALES PRATS/RODRÍGUEZ PUERTA, en: QUINTERO OLIVARES, *Comentarios a la PE del DP*, 2011, 1217.

223 ORTS BERENGUER, en: VIVES ANTÓN, *DP. PE*, 2004, 922.

224 OLAIZOLA NOGALES, *El delito de cohecho*, 1999, 255.

225 CATALÁN SENDER, *Los delitos cometidos por autoridades*, 1999, 202.

puede realizar de dos maneras. Bien recibiendo, mediante una conducta activa, lo que el particular le entrega o le envía, o bien no devolviendo, conducta pasiva, lo que ya obra en poder del funcionario[226].

En todo caso, el TS ha destacado que

> "[...] consumado el delito es irrelevante el destino posterior que pueda darse a la dádiva recibida, pero además, el motivo al alegar el destino que pensaba darle el recurrente incurre en la causa de inadmisión del núm. 3.º del artículo 884 de la Ley de Enjuiciamiento Criminal que en este momento procesal se convierte en causa de desestimación, dado que en la sentencia recurrida se sienta como dato fáctico, el que el propósito del inculpado "era el de obtener un beneficio inmediato" y que "el único propósito del acusado consistía en lucrarse"[227].

Por último, en relación con los verbos rectores cabe señalar que no puede cometerse este delito por omisión pura[228]. En este sentido, para VALEIJE ÁLVAREZ "a falta de un comportamiento positivo no existe delito de cohecho", pues "incluso en aquellos supuestos en que la dádiva o presente esté previamente en poder del funcionario, se requiere una conducta positiva de incorporación o disfrute, por lo que no es admisible la mera conducta omisiva para fundamentar la existencia de este delito"[229].

Los tres verbos rectores pueden desarrollarse directamente o por persona interpuesta, lo cual sucede si todo es negociado por intermediarios y el beneficiario es el propio funcionario o un tercero[230].

### *d. Restricciones a su aplicación*

El injusto del delito de cohecho pasivo propio no se satisface con la existencia de cualquier "manifestación de voluntad", es decir, con la mera subsunción formal de "la petición de un funcionario" en alguna de las descripciones típicas de cohecho pasivo propio, sino que es necesario que esta 'declaración'

[226] OLAIZOLA NOGALES, *El delito de cohecho*, 1999, 255.

[227] STS 18-1-1993 (RJ 1993/126).

[228] CATALÁN SENDER, *Los delitos cometidos por autoridades*, 1999, 209.

[229] VALEIJE ÁLVAREZ, *El tratamiento penal de la corrupción*, 1996, 116.

[230] QUERALT JIMÉNEZ, *DP español, PE*, 2010, 1162.

sea portadora de un mínimo de objetividad para causar o poner en peligro el bien jurídico protegido por este delito[231].

En este sentido, VALEIJE ÁLVAREZ señala que "Sólo aquellas «solicitudes de dádivas o presentes» que sean susceptibles de poner en peligro la imparcialidad de la función pública, o, lo que es lo mismo, aquellas peticiones del funcionario que sean susceptibles de generar compromisos o connivencias entre los órganos de la Administración Pública y los intereses privados de ciudadanos ajenos a ella y, por lo tanto, puedan dar lugar a indebidas injerencias en la imparcial actuación de los poderes públicos pueden ser calificadas como delito de cohecho pasivo propio bien jurídico protegido por este delito"[232].

Por lo anterior, VALEIJE ÁLVAREZ indica tres restricciones fundamentales a la declaración de voluntad en el cohecho[233]:

> "[...] a) Que debe tratarse de una declaración de voluntad recepticia, (la solicitud del funcionario ha de llegar a conocimiento del destinatario). b) Que debe tratarse de una declaración de voluntad dirigida a destinatario determinado. ('proposición concreta y dirigida personalmente a un sujeto o sujetos determinados'). c) Que ha de tratarse de una declaración de voluntad concreta, seria y precisa, la solicitud debe ser seria y ha de realizarse de modo convincente, preciso y persuasivo, de tal forma que pueda influir en la voluntad del particular a entregar la dádiva solicitada".

Los anteriores criterios son fundamentales para la restricción de la conducta en el delito de cohecho, pues, de lo contrario, podría llegar a cometerse el delito de cohecho en circunstancias absurdas. En este sentido, cabe señalar que, si bien el cohecho es un delito de peligro respecto de la imparcialidad, la conducta que lo constituye debe ser idónea para afectar el bien jurídico, puesto que de lo contrario se estaría afectando gravemente el principio de lesividad.

En una STSJ Andalucía, se hizo referencia a algunos de estos criterios restrictivos:

---

[231] VALEIJE ÁLVAREZ, *El tratamiento penal de la corrupción*, 1996, 95.

[232] VALEIJE ÁLVAREZ, *El tratamiento penal de la corrupción*, 1996, 95.

[233] VALEIJE ÁLVAREZ, *El tratamiento penal de la corrupción*, 1996, 97 ss.

"Es de esencia en el delito de cohecho del artículo 419, que el acto dictado por la autoridad o funcionario público como consecuencia o contraprestación de la promesa o recepción de la dádiva sea delito, lo que evidentemente exigiría la posterior comisión de un hecho delictivo que evidentemente llevaría aparejada la correspondiente pena, a este respecto, el Tribunal Supremo en su Sentencia de 8 de mayo de 2001, estableció que en nuestro ordenamiento penal positivo el delito de cohecho es un delito unilateral que se consuma por la mera solicitud de dádiva, como se deduce expresamente del texto legal y como ha declarado reiteradamente la doctrina jurisprudencial, no requiriendo para su consumación ni la aceptación de la solicitud, ni el abono de la dádiva ni la realización del acto delictivo ofrecido como contraprestación, que caso de realizarse se sancionaría separadamente en concurso con el delito de cohecho[234].

[...]

La conducta típica o acción nuclear del cohecho del artículo 419 viene constituida por una serie de conductas alternativas no necesariamente excluyentes unas de otras, y que generan indistintamente la responsabilidad penal, consistentes en solicitar o recibir dádiva o presente, o aceptar ofrecimiento o promesa. Este precepto describe un delito de mera actividad (SSTS de 11 de julio de 2002 y de 6 de mayo de 2005), que se consuma por el mero hecho de solicitar, recibir o aceptar. No es necesario pues, que el provecho perseguido llegue a producirse, ni que el funcionario o autoridad llegué a realizar u omitir el acto relativo a su cargo, ni siquiera que alcance a percibir la dádiva, cuando la conducta se subsume en las variantes de solicitar dádiva o presente (STS de 8 mayo de 2001 o aceptar o recibir ofrecimiento o promesa.

La solicitud de dádiva o promesa es una declaración de voluntad concreta, seria y precisa, dirigida a persona determinada, que puede realizarse de cualquier forma, explícita o implícita, expresa o tácita. La recepción de dádivas o presentes puede igualmente producirse de cualquier modo, expreso o tácito, siempre y cuando concurra el elemento intencional de la contraprestación que se espera del fun-

[234] STSJ Andalucía 20-3-2007 (JUR 2007/102062).

> cionario. La aceptación de ofrecimiento o promesa también consuma el delito cualquiera que sea la forma en que se presente, siempre que concurran la seriedad de la aceptación y la idoneidad o credibilidad de la promesa.
>
> [...]
>
> En cuanto al objeto material del cohecho, es decir, la dádiva o presente, tanto la doctrina como la jurisprudencia sostienen unánimemente que la dádiva, presente o promesa que se solicita, acepta o recibe, ha de tener, al menos como proyección psicológica del autor del delito, el carácter de retribución del acto contrario al cargo que se trata de generar"[235].

En virtud de lo anterior, no quedarían comprendidos en el ámbito del precepto comentado los regalos hechos a un funcionario dentro de los "usos del tráfico" o de cortesía, como regalos de Navidad o de nimio valor[236], pues no basta con la solicitud o recepción de una ventaja económica sino que es fundamental la desviación de las funciones públicas a fines ajenos o contrarios a los generales[237].

En este sentido, es necesario que se configure un umbral mínimo de relevancia penal de la cuantía de la dádiva para que se comprometa realmente la imparcialidad y objetividad del funcionario público[238].

#### *3.1.3. El acto en el ejercicio del cargo como elemento normativo del tipo de injusto*

Los actos deben estar relacionados con el cargo del funcionario[239]. Si el funcionario no tiene "competencia o atribuciones sobre el acto, habrá todo lo más estafa y/o tráfico de influencias, si solicita la remuneración con el

---

235 STSJ Andalucía 20-3-2007 (JUR 2007/102062).

236 MORALES PRATS/RODRÍGUEZ PUERTA, en: QUINTERO OLIVARES, *Comentarios a la PE del DP*, 2011, 1220.

237 MORALES PRATS/RODRÍGUEZ PUERTA, en: QUINTERO OLIVARES, *Comentarios a la PE del DP*, 2011, 1220.

238 POZUELO PÉREZ, en: DÍAZ-MAROTO/RODRÍGUEZ, *Sobre las reformas*, 2011, 596.

239 CATALÁN SENDER, *Los delitos cometidos por autoridades*, 1999, 207; OLAIZOLA NOGALES, *El delito de cohecho*, 1999, 270; ORTS BERENGUER, en: VIVES ANTÓN, *DP. PE*, 2004, 922; LUZÓN CUESTA, *DP. PE*, 2007, 293; MUÑOZ CONDE, *DP. PE*, 18va, 2010, 1022; QUERALT

pretexto de tener unas relaciones que realmente no tiene, o una participación en cohecho, si el funcionario interviene como persona intermedia para sobornar a otro funcionario"[240].

Estando vigente el CP 1944/73, el TS español había ya exigido este elemento:

> "En cambio, en los artículos citados referentes al delito de cohecho, los actos que el funcionario cohechado ha de realizar para ser subsumibles en el respectivo tipo, sólo han de ser relativos al ejercicio del cargo que desempeñe. Relativo es lo que hace relación o referencia a una cosa, guarda conexión con ella, por lo que lo único que exige el Texto Legal es que el acto que el funcionario ejecuta por dádiva, presente ofrecimiento o promesa, guarde relación o conexión con las actividades públicas que desempeña, de modo que a él se dirija el particular corruptor por cuanto entiende le es posible la ejecución del acto requerido en atención a su condición o cargo, y tal acto en efecto puede realizarlo con especial facilidad por la clase de función que desempeña o ejercita, sin que haya de ser precisamente un acto que le corresponde ejecutar en el uso de sus específicas competencias, sino sólo con ellas relacionado"[241].

En una sentencia posterior afirmó:

> "En el caso del recurrente la actividad realizada haciendo constar la salida y entrada por la frontera española de los titulares de los pasaportes falseados aunque, de un lado no le estuviera específicamente encomendada, sí lo estaba de un modo genérico, ya que forma parte de la actividad policial de seguridad ciudadana el controlar la estancia de extranjeros ilegales, así como que el paso de fronteras se haga en debida forma; y, de otro, fue su cargo y función policial lo que le

---

JIMÉNEZ, *DP español, PE*, 2010, 1161; POZUELO PÉREZ, en: DÍAZ-MAROTO/RODRÍGUEZ, *Sobre las reformas*, 2011, 599.

[240] MUÑOZ CONDE, *DP. PE*, 18[va], 2010, 991. En similar sentido, LUZÓN CUESTA, *DP. PE*, 2007, 294; ORTS BERENGUER, en: VIVES ANTÓN, *DP. PE*, 2004, 1022.

[241] STS 4-4-1994.

> permitió introducirse en el ámbito de otras funciones —la del control de fronteras— y acceder a los sellos oficiales en ellas custodiados, de modo que existió la necesaria conexión o relación entre su cargo y el acto ilícito realizado venalmente [en sentido análogo, las Sentencias de 28 octubre 1986 y 21 enero 1994]"[242].

En la STS 16-11-2006, se realizó un análisis profundo sobre la interpretación de este requisito, en el cual estudió particularmente el concepto de lo que debe entenderse por actos relativos al ejercicio del cargo:

> "Es cierto que el comportamiento del funcionario ha de hacer referencia a actos relativos al ejercicio del cargo del funcionario, han de constituir actos determinados y propios de las atribuciones o de la competencia que el funcionario desempeña. Los supuestos típicos de cohecho pasivo propio están referidos a la realización de una conducta contraria a los deberes del cargo que desempeña el funcionario.
>
> En este sentido se estima que un acto es contrario a los deberes del cargo cuando está en contradicción con las normas que regulan el desarrollo de las funciones del cargo o del servicio tango genéricas como específicas, tal acto ilegitimo es de por sí antijurídico. Dentro de la actividad discrecional también es posible la violación de un deber del cargo.
>
> Los actos han de ser relativos al ejercicio del cargo que desempeña el funcionario. Relativo es lo que hace relación o referencia a una cosa, guarda conexión con ella, por lo que lo único que exige el texto legal es que el acto que ejecuta el funcionario guarde relación o conexión con las actividades públicas que desempeña, sin que haya de ser precisamente un acto que le corresponde ejecutar en el uso de sus especificas competencias, sino sólo con ella relacionado (STS 701/94 de 4.4).
>
> Por tanto no es exigible en el delito de cohecho que el funcionario que solicita o recibe la dádiva sea el funcionario encargado del acto sobre el que actúa el cohecho, bastando con que el mismo se vea facilitado por la acción del funcionario receptor o que solicite el co-

[242] STS 4-4-1994.

> hecho, interpretación pacifica que resulta del propio tenor legal del tipo penal que refiere la recepción para la realización de un acto en el ejercicio de su cargo (STS 504/2003 de 2.4). Consecuentemente el comisario de la quiebra como representante de la autoridad judicial, debe cumplir su cometido con sumisión estricta a lo dispuesto en la Ley, sin establecer acuerdos o convenios al margen de la legalidad, de ahí que la solicitud o percepción de una cantidad de dinero, proveniente de quien es parte, para emitir un informe favorable en la quiebra es equiparable a si fuera el propio Juez quien lo recibiera"[243].

Para la interpretación de este elemento es fundamental que el funcionario tenga la competencia genérica para realizar el acto. En este sentido, DÍAZ Y GARCÍA CONLLEDO exige que el acto sea

> "'relativo al ejercicio de su cargo', o sea, propio de su ámbito de competencia, aunque se interpreta esta competencia como genérica y no específica (salvo tal vez en la tercera de las modalidades, la de abstención de un acto debido), todo lo cual implica que no comete un delito de cohecho el funcionario que recibe una dádiva por realizar un hecho totalmente fuera de su competencia"[244].

Si se solicita u ofrece la dádiva por verificar un acto que nada tiene que ver con las competencias que aquél tiene atribuidas, no puede hablarse de cohecho, aunque puede haber un delito de usurpación de funciones[245].

Respecto de la competencia en el delito de cohecho propio, VALEIJE ÁLVAREZ señala que

> "La ley nunca confiere competencia para la realización de actos injustos o ilícitos, por lo que cabe colegir que la posibilidad de ejecución no se debe a la «competencia», sino única y exclusivamente a los poderes fácticos derivados de la «relación funcionarial inmediata» del agente con el cargo al que se encuentra adscrito. Esto es, el funcionario realiza

---

[243] STS 16-11-2006 (RJ 2007/495).

[244] DÍAZ Y GARCÍA CONLLEDO, en: ASÚA BATARRITA, *Delitos contra la administración pública*, 1997, 163.

[245] ORTS BERENGUER, en: VIVES ANTÓN, *DP. PE*, 2004, 922.

> el acto en virtud de las facilidades u oportunidades que se derivan de la situación subjetiva de la que es titular"[246].

OLAIZOLA NOGALES observa que es suficiente para que un acto sea considerado acto del ejercicio del cargo a efectos del delito de cohecho, con que haya una competencia genérica del funcionario respecto al mismo por dos razones[247]: "atendiendo al bien jurídico protegido no es necesario que se trate de un acto propio del funcionario y porque los arts. 419 y 420 tipifican la solicitud, etc. de dádivas por realizar un acto en el ejercicio de su cargo que «constituya delito» o «que constituya un acto injusto», lo cual lógicamente no tiene relación con la competencia del funcionario"[248].

CATALÁN SENDER basta con que el acto a realizar tenga relación con el cargo, no siendo preciso que figure expresamente entre los asignados por Ley o Reglamento al funcionario[249].

El TS ya se había referido a este elemento en vigencia del CP 1944/73, señalado que "el que dicho acto u omisión entren o no dentro de las facultades o cometidos legalmente asignados al funcionario de que se trate, ya que basta tan sólo que tengan relación con el cargo y no resulten manifiestamente extrañas a él, en los supuestos de los arts. 385 y 386, ya que en el supuesto del 390 basta con que la entrega haya sido hecha en consideración al oficio, como así lo ha declarado esta Sala, entre otras, en SS. de 21 noviembre 1945, 8 julio 1946, 22 junio 1948, 30 enero 1950, 26 enero y 15 marzo 1961 y 22 diciembre 1969"[250].

Se cuestiona en concreto que este modo de operar pueda ser calificado de acto relativo al cargo. Sobre este extremo, el precepto requiere que los actos sean relativos al ejercicio del cargo que desempeñe el funcionario. Relativo es lo que hace relación o referencia a una cosa, guarda conexión con ella, por lo que lo único que exige el texto legal es que el acto que ejecuta el funcionario guarde relación o conexión con las actividades públicas que desempeña, de modo que a él se dirija el particular por cuanto entiende que le es posible la

---

246 VALEIJE ÁLVAREZ, *El tratamiento penal de la corrupción*, 1996, 201.

247 OLAIZOLA NOGALES, *El delito de cohecho*, 1999, 273.

248 OLAIZOLA NOGALES, *El delito de cohecho*, 1999, 274.

249 CATALÁN SENDER, *Los delitos cometidos por autoridades*, 1999, 207.

250 STS 16-11-1979 (RJ 1979/4242).

realización del acto requerido, que, en efecto, puede realizarlo con especial facilidad por la función que desempeña, sin que haya de ser precisamente un acto que le corresponda ejecutar en el uso de sus específicas competencias, sino sólo con ellas relacionado (S. 701/94, de 4 de abril)". Y en el mismo sentido se pronuncia la Sentencia del Tribunal Supremo de 27 de octubre de 2006 (Sentencia número 1076/2006)[251].

Por otro lado, el TS ha señalado que el concepto injusto también es aplicable respecto de actos políticos, pues los mismos están sometidos a la Constitución y no pueden ser arbitrarios:

> "La parte recurrente estima que falta uno de los componentes inseparables del tipo penal aplicado, como es la concurrencia del 'acto injusto' exigido por el artículo 386 del Código Penal de 1973 (en relación con el artículo 391) y también por el artículo 420 del vigente, respecto del artículo 426.
>
> En su opinión, por "acto injusto" ha de entenderse todo acto contrario al ordenamiento jurídico y en el caso que nos ocupa estamos ante un "acto político de gobierno que no admite control jurisdiccional" entre otras cosas, porque en nuestro sistema no existe mandato imperativo. En consecuencia, como ya se ha dicho, faltaría uno de los elementos normativos del tipo, lo que convertiría la conducta de vender el voto en atípica"[252].

No todos los actos realizados por un funcionario son actos administrativos[253] y además pueden ser sujetos activos por extensión sujetos que no profieren actos administrativos[254].

El acto por el que se solicita, etc. la dádiva debe estar determinado o al menos ser determinable, no se ofrece o se entrega para comprar un favor general del funcionario, sino por un acto concreto[255]. No es preciso que el acto

---

[251] SAP Murcia 30-5-2007 (ARP 2007/629).

[252] STS 19-12-2000 (RJ 2000\10190).

[253] VALEIJE ÁLVAREZ, *El tratamiento penal de la corrupción*, 1996, 192; CATALÁN SENDER, *Los delitos cometidos por autoridades*, 1999, 208.

[254] CATALÁN SENDER, *Los delitos cometidos por autoridades*, 1999, 208.

[255] OLAIZOLA NOGALES, *El delito de cohecho*, 1999, 275 ss.

esté determinado al detalle, sino que esté lo suficientemente individualizado para que objetivamente se pueda saber que la solicitud, etc. de la dádiva es contraprestación a un acto concreto[256].

Por otro lado, no es relevante si el acto es un acto decisorio o una actuación de mero trámite[257]. La expresión penal "'acto en el ejercicio del cargo' abarca toda conducta de carácter formal o material que el funcionario pueda realizar en el ejercicio de su tareas"[258].

Para VALEIJE ÁLVAREZ, "El término de 'acto del cargo' se extiende no sólo a los actos jurídicos (reglamentos, actos administrativos, contratos, etc.), sino también a todas las actividades materiales y técnicas que realiza el funcionario y que no implican ninguna modificación de situaciones jurídicas específicas ligadas a su sola emanación"[259].

VALEIJE exige una relación funcional inmediata y "hay que atender no sólo a los principios generales que rigen en materia de organización administrativa (por lo que siempre cabe la posibilidad que funcionarios de órganos diversos tengan las mismas competencias), sino también a específicas disposiciones estatutarias, a los criterios de delegación y a otros procedimientos relacionados con los criterios de división de trabajo del ente de que se trate"[260].

La inclusión del adverbio 'cuando', con el que se inicia la descripción de la conducta típica en el artículo 421 CP pone de manifiesto la necesaria relación entre éste y el precepto que le antecede (artículo 420 CP)[261].

Para concluir cabe señalar que el propio TS ha destacado en la STS 16-11-2006 que no es posible imputar el delito de cohecho pasivo si el funcionario es completamente incompetente para proferir el acto para el cual solicita, recibe o acepta el soborno:

> "Siendo así no es posible encuadrar los hechos en un delito de cohecho cuando el funcionario no es competente para llevar a cabo el acto

[256] OLAIZOLA NOGALES, *El delito de cohecho*, 1999, 275 ss.

[257] OLAIZOLA NOGALES, *El delito de cohecho*, 1999, 275 ss.

[258] VALEIJE ÁLVAREZ, *El tratamiento penal de la corrupción*, 1996, 195.

[259] VALEIJE ÁLVAREZ, *El tratamiento penal de la corrupción*, 1996, 195.

[260] VALEIJE ÁLVAREZ, *El tratamiento penal de la corrupción*, 1996, 201.

[261] MORALES PRATS/RODRÍGUEZ PUERTA, en: QUINTERO OLIVARES, *Comentarios a la PE del DP*, 2007, 1657.

propio del cargo al que se ha comprometido como contraprestación de la dádiva, pues la falta de competencia del funcionario determina la ausencia del elemento subjetivo de lo injusto referido por esta figura delictiva"[262].

### 3.2. Cohecho activo

El cohecho activo se configuraría cuando "es el particular quien corrompe al funcionario"[263], es decir, en este delito "puede entrar en juego la acción ilícita de un particular"[264].

La jurisprudencia ha justificado la tipificación de este delito de la siguiente manera:

> "Asimismo resulta indiscutible que la disposición legal contenida en el artículo 391 CP no infringe el artículo 14 CE por el hecho de incriminar sólo el intento de corrupción del funcionario. En efecto, el artículo 391 no establece discriminación alguna, dado que el legislador no estaba obligado —como viene a sostenerlo la Defensa— a incriminar la mera solicitud de dádivas por parte del funcionario ni ello implica un tratamiento desigual favorable a los funcionarios. Asimismo, el no haberlo hecho tampoco le imponía renunciar a la sanción del particular que hace el ofrecimiento o intenta la corrupción de aquél, toda vez que la incriminación del particular en tales casos no carece en modo alguno de fundamento. Más aún: en realidad, desde el punto de vista político-criminal, el particular que ofrece así como el que está dispuesto a acceder a las exigencias de un funcionario revela con su acción una tendencia, al menos, tan peligrosa para el bien jurídico protegido como el funcionario que la acepta. Como es sabido el corruptor tiene una responsabilidad decisiva en el fenómeno criminológico de la corrupción del funcionario y su conducta es una contribución esencial a la conmoción de la confianza pública en el ejercicio recto y objetivo de la función pública provocada por esta especie de hecho punible. Esto explica que desde el punto de vista

---

262 STS 16-11-2006 (RJ 2007/495).

263 CATALÁN SENDER, *Los delitos cometidos por autoridades*, 1999, 192.

264 STS 16-11-1981 (RJ 1981/4335).

> de la protección de los intereses del Estado de Derecho, a los que se vinculan las diversas hipótesis del delito de cohecho, la creación de un tipo penal de peligro abstracto, como el previsto en el artículo 391 CP resulte totalmente justificada"[265].

La LO 5/2010 establece una reforma muy relevante desde el punto de vista político-criminal, pues equipara la responsabilidad y por tanto la pena del funcionario y del particular que participan en un acto de corrupción, lo cual para algunos es la única forma de luchar efectivamente contra este fenómeno[266], teniendo en cuenta la existencia de verdaderas redes de particulares dedicadas a estos hechos y que el funcionario es sólo un pequeño eslabón en la misma. Sin embargo, existen razones para una diferencia en la punibilidad de los funcionarios y de los particulares, que justifican que, si bien la sanción de estos últimos debe ser considerable, la pena de los primeros deba ser un poco mayor en razón a la afectación adicional que además de afectar la administración pública también vulnera sus deberes especiales en esta.

A continuación se abordarán particularmente cada uno de los elementos objetivos y subjetivos del cohecho activo.

#### *3.2.1. Sujeto activo*

Tradicionalmente se ha considerado que el sujeto activo en el delito de cohecho puede ser cualquiera, "tanto el particular como el funcionario o autoridad que no cuente entre sus funciones"[267], es decir, que "no tenga facultades para realizar el acto objeto de las dádivas"[268]. En este sentido, se afirmaba que la iniciativa puede partir del particular o del funcionario[269].

---

[265] STS 11-5-1994 (RJ 1994\3687).

[266] RODRÍGUEZ PUERTA, en: ÁLVAREZ GARCÍA/GONZÁLEZ CUSSAC: *Comentarios a la Reforma Penal*, 2010, 470; MIR PUIG, en: MIR PUIG/CORCOY BIDASOLO, *Comentarios al CP*, 2011, 925; MORALES PRATS/RODRÍGUEZ PUERTA, en: QUINTERO OLIVARES, *Comentarios a la PE del DP*, 2011, 1242.

[267] ORTS BERENGUER, en: VIVES ANTÓN, *DP. PE*, 2004, 925; MORILLAS CUEVA, en: COBO DEL ROSAL, *DP español*, 2005, 904; MORALES PRATS/RODRÍGUEZ PUERTA, en: QUINTERO OLIVARES, *Comentarios a la PE del DP*, 2011, 1242.

[268] MORALES PRATS/RODRÍGUEZ PUERTA, en: QUINTERO OLIVARES, *Comentarios a la PE del DP*, 2011, 1242.

[269] LUZÓN CUESTA, *DP. PE*, 2007, 296.

Por lo anterior se expresaba que se trataba de un delito común y no especial, por lo que rigen las reglas generales sobre autoría y participación, si la iniciativa parte del particular y tiene por objeto la comisión de un delito por parte del funcionario que se comete, el particular es, además inductor del delito correspondiente, mientras que si la iniciativa parte del funcionario el particular podrá considerarse cooperador necesario[270].

Sin embargo, cuando la LO 5/2010 se refiere al sujeto activo del cohecho activo se circunscribe directamente al particular, lo cual para ORTIZ URBINA DE GIMENO se presenta para evitar los problemas de participación del *extranei* en los delitos especiales[271]. Sobre esta norma POZUELO PÉREZ señala que a través de la misma también se podría sancionar al funcionario público siempre y cuando actúe como particular, es decir, cuando no se trate de cuestiones relacionadas con el ejercicio del cargo[272].

El incluir, bajo la vigencia de la nueva ley, al funcionario como sujeto activo vulneraría el principio de legalidad; sin embargo, excluirlo totalmente de responsabilidad penal podría llegar a producir graves consecuencias político-criminales, razón por la cual se plantean las siguientes alternativas para evitar la impunidad:

En primer lugar, el funcionario público que solicita a otro servidor público la realización u omisión de un acto en contra de sus funciones a través de un soborno podría llegar a convertirse en un inductor de una prevaricación, siempre que se den los elementos de esta.

En segundo lugar, si el funcionario público utiliza recursos públicos o los desvía para otorgar una dádiva a otro funcionario estará incurriendo en el delito de malversación de caudales públicos, siempre que se den sus requisitos.

Por último, si el funcionario no utiliza ninguna prerrogativa pública sino su propio patrimonio para realizar un soborno, no estará actuando como un servidor público sino como un particular y por ello tendría que ser juzgado por el delito de cohecho.

---

270 DÍAZ Y GARCÍA CONLLEDO, en: ASÚA BATARRITA, *Delitos contra la administración pública*, 1997, 168.

271 ORTIZ DE URBINA GIMENO, en: SILVA SÁNCHEZ, *Lecciones DP. PE*, 2011, 340.

272 POZUELO PÉREZ, en: DÍAZ-MAROTO/RODRÍGUEZ, *Sobre las reformas*, 2011, 596.

La reforma incluye como posibles sujetos activos de este delito a las personas jurídicas, lo cual se aplica solamente a las particulares y no a las públicas[273].

### *3.2.2. Conducta*

#### *a. Criterios generales*

Para ORTS BERENGUER la conducta en el cohecho activo consiste en "ofrecer dádiva o promesa al funcionario para conseguir de él una determinada actuación o en atender su petición, a cambio también de un acto favorable del mismo"[274] y se configura "cuando particular y funcionario han llegado a un acuerdo para la 'compraventa' de la función pública"[275].

Para la jurisprudencia,

> "La conducta típica del 423 (hoy 424) se concreta en corromper o intentar corromper a las autoridades o funcionarios, o atender sus solicitudes. En ella concurren dos elementos del tipo incorporados al verbo nuclear corromper; el primero es que la dádiva se entregue o la solicitud se admita en consideración al cargo del funcionario o autoridad implicado, el segundo que el propósito de tal acción sea la realización u omisión de un acto relacionado con el ejercicio de este cargo"[276].

La LO 5/2010 es mucho más explícita respecto de la conducta en el delito de cohecho activo, pues ya no utiliza las expresiones corromper o intentar corromper, sino que se refiere directamente a ofrecer o entregar dádiva o retribución de cualquier otra clase, lo cual resulta mucho más expreso y está muy orientado a la interpretación que la doctrina y la jurisprudencia realizaban de la legislación anterior[277]. Adicionalmente, se incluye de manera

---

[273] MORALES PRATS/RODRÍGUEZ PUERTA, en: QUINTERO OLIVARES, *Comentarios a la PE del DP*, 2011, 1252.

[274] ORTS BERENGUER, en: VIVES ANTÓN, *DP. PE*, 2004, 926.

[275] ORTS BERENGUER, en: VIVES ANTÓN, *DP. PE*, 2004, 925.

[276] STSJ de Andalucía 20-5-2007.

[277] RAMOS RUBIO, *El delito de cohecho*, 2002, 348.

expresa la sanción por el cohecho cometido por el particular en relación con el cargo o función de la autoridad o funcionario, aunque la misma ya podría entenderse sancionada pero no de manera explícita[278].

El cohecho es además un delito de cortado resultado, lo cual implica que es un delito de mera conducta a pesar de que la intención del autor vaya más allá de los elementos objetivos exigidos por el tipo penal,[279] lo cual ha sido confirmado por la jurisprudencia:

> "Nos hallamos ante una figura de infracción penal, el cohecho, que, al menos en algunos de sus modos de comisión, tiene las características de un delito de resultado cortado, en el cual el legislador ha querido anticipar el momento de su consumación, de forma que la actuación posterior pertenece al campo del agotamiento de delito. Basta, en esta clase de cohechos, con el ofrecimiento del dinero, y esta conducta la realizó la Dª Erica con esos otros elementos del delito que no han sido aquí discutidos"[280].

***b. La no bilateralidad del cohecho activo***

Este delito incluye tanto "la acción concertada como la unilateral" y la recepción de la dádiva o presente puede ser expresa o por escrito, tácita u oral[281], por lo cual el delito de cohecho no tiene que ser bilateral ni fruto de un acuerdo[282].

En este sentido, el TS en sentencia del 18 de enero de 1993 ha señalado que el cohecho no es un delito bilateral:

> "[...] la doctrina mayoritariamente hoy día entiende que aunque para cometer el delito de cohecho se requiere la intervención de más de una persona, no puede reputarse como un delito bilateral que requiere el acuerdo de voluntades, pues se debe entender cometido el delito en grado de consumación —en cuanto que no es posible, dada su estruc-

---

278 POZUELO PÉREZ, en: DÍAZ-MAROTO/RODRÍGUEZ, *Sobre las reformas*, 2011, 596.

279 POLAINO NAVARRETE, *Lecciones*, 2011, 324.

280 STS 6-5-2005 (RJ 2005\4453).

281 CATALÁN SENDER, *Los delitos cometidos por autoridades*, 1999, 202; MIR PUIG, en: MIR PUIG/CORCOY BIDASOLO, *Comentarios al CP*, 2011, 916.

282 MIR PUIG, en: MIR PUIG/CORCOY BIDASOLO, *Comentarios al CP*, 2011, 916.

tura, admitir formas imperfectas de ejecución—, en cuanto se atenta al bien jurídico protegido como es la confianza de los ciudadanos en la correcta administración de acuerdo con los principios del Estado de Derecho, de modo que la lesión, y en consecuencia, la consumación se ha de reputar producida, en cuanto se hace la petición o se reciba la dádiva, como condición para omitir el cumplimiento del deber, o en cuanto se ofrece con la misma finalidad y del relato fáctico aparece que el recurrente solicitó de los autores de los anteriores delitos contra la propiedad y de sus familias la entrega de la cantidad de cuarenta y cinco mil pesetas a cada uno de los dos autores de dichos delitos, como 'única forma de evitar la cárcel y arreglar las cosas'"[283].

Sobre la no necesaria bilateralidad del cohecho, el TS español también se ha pronunciado en diversas jurisprudencias en vigencia del actual CP:

- En sentencia del 8 de mayo de 2001 afirmó: "Por último se alega por el recurrente que nos encontramos ante una mera tentativa (incluso se habla de tentativa inidónea o desistida) porque la dádiva no llegó a ser abonada ni el acto delictivo ofrecido como contraprestación llegó a ser realizado, pero lo cierto es que, cualquiera que sea la posición doctrinal que pueda adoptarse en el ámbito teórico sobre la condición unilateral o bilateral que debiera adoptar el delito de cohecho, es lo cierto que en nuestro ordenamiento penal positivo el delito de cohecho es un delito unilateral que se consuma por la mera 'solicitud' de la dádiva, como se deduce expresamente del texto legal (artículo 385 y concordantes del Código Penal de 1973 y artículo 419 y concordantes del Código Penal de 1995 y ha declarado reiteradamente la doctrina jurisprudencial (Sentencia de 18 de enero de 1993), entre otras muchas), por lo que no requiere para la consumación ni la aceptación de la solicitud, ni el abono de la dádiva ni la realización del acto delictivo ofrecido como contraprestación, que caso de realizarse se sancionaría separadamente en concurso con el de cohecho"[284].

---

283 STS 18-1-1993 (RJ 1993/126).

284 STS 8-5-2001 (RJ 2001/2700).

- Por su parte, en sentencia del 12 de junio de 2002, el TS reiteró su posición: "Hemos señalado en la STS núm. 2052/2001, de 7 de noviembre, que cualquiera que sea la posición doctrinal que pueda adoptarse en el ámbito teórico sobre la condición unilateral o bilateral que debiera adoptar el delito de cohecho, es lo cierto que en nuestro ordenamiento penal positivo el delito de cohecho es, al menos en determinados casos, un delito unilateral que se consuma por la mera 'solicitud' u 'ofrecimiento' de la dádiva. Así se deduce expresamente del texto legal (artículo 385 y concordantes del Código Penal de 1973 y artículo 419 y concordantes del Código Penal de 1995) y ha declarado reiteradamente la doctrina jurisprudencial (Sentencia de 18 de enero de 1993 [RJ 1993, 126] y 8 de mayo de 2001 [RJ 2001, 2700] entre otras), sin que sea necesario para su sanción ni la aceptación de la solicitud, ni el abono de la dádiva ni la realización del acto injusto o delictivo ofrecido como contraprestación, ni tampoco, evidentemente, la condena del que recibe el ofrecimiento"[285].
- El TS también se refirió al tema en sentencia del 7 de febrero de 2007: "El otro elemento necesario varía en cada uno de los tipos y consiste precisamente en ese comportamiento ilícito, siendo en el caso del artículo 419 realizar una acción u omisión constitutiva de delito, bien entendido que la consumación en el tipo delictivo de cohecho pasivo propio se produce desde el momento en que la conducta tipificada por la ley se cumple por el sujeto, es decir, a partir del instante en que el funcionario solicite la dádiva o bien desde el momento en el que recibe o acepta el ofrecimiento o la promesa. En definitiva, como recuerda la STS 776/2001 (RJ 2001,2700), un delito unilateral que se consuma por la mera solicitud de la dádiva, por lo que no requiere para su consumación, ni la aceptación, ni el abono, ni la realización del acto delictivo ofrecido como contraprestación que, en caso de realizarse, se sancionaría separadamente en concurso con el cohecho, y hay una correcta equiparación entre aquellos supuestos en los que el objeto del cohecho y una acción constitutiva de delito con los que el referido delito es una omisión, también constitutiva

---

285 STS 12-6-2002 (RJ 2002\8419).

de delito. Así se clasifica la conducta del funcionario que por precio se compromete a abstenerse de llevar a cabo una conducta propia de su cargo"[286].

De esta manera, es claro que en España el cohecho no es un delito bilateral, lo cual no solamente se desprende del texto legal de los tipos penales de cohecho activo y pasivo, sino también de la existencia de eventos en los cuales se pone en peligro el bien jurídico de la administración pública sin que exista un acuerdo de voluntades, como sucede cuando el particular ofrece una dadiva que no es aceptada por el funcionario público o cuando este último solicita una dádiva a un particular que no accede a dicha petición.

*c. Momento consumativo*

El carácter no necesariamente bilateral del delito de cohecho determina el momento consumativo de esta conducta punible, pues siendo un delito de mera conducta no requiere un acuerdo[287], sino que basta incluso solamente con el intento de corromper al funcionario público para consumar este delito, sin que sea necesaria la aceptación de este último[288].

En este sentido, DÍAZ Y GARCÍA CONLLEDO: "al castigarse autónomamente una forma de consumación anticipada como el intento de corromper por lo que es difícil concebir formas de imperfecta ejecución"[289].

En igual sentido, para MUÑOZ CONDE no son posibles las formas imperfectas de ejecución porque se equiparan al concierto entre el funcionario y el particular (la corrupción lograda) y el simple intento de ello o su proposición[290].

En este sentido, el delito se consuma con el simple ofrecimiento dirigido a corromper al funcionario[291], siempre y cuando el ofrecimiento llegue a co-

---

[286] STS 7-2-2007 (RJ 2007\1921).

[287] MIR PUIG, en: MIR PUIG/CORCOY BIDASOLO, *Comentarios al CP*, 2011, 926.

[288] MIR PUIG, en: MIR PUIG/CORCOY BIDASOLO, *Comentarios al CP*, 2011, 926.

[289] DÍAZ Y GARCÍA CONLLEDO, en: ASÚA BATARRITA, *Delitos contra la administración pública*, 1997, 168.

[290] MUÑOZ CONDE, *DP. PE*, 18[va], 2010, 1023 s.

[291] ORTS BERENGUER, en: VIVES ANTÓN, *DP. PE*, 2004, 926.

nocimiento del funcionario, pues en caso negativo se configurará solamente una tentativa[292].

En relación con este tema, la jurisprudencia ha señalado:

> "Por ello debe entenderse que tanto el artículo 425 como el artículo 426 tipifican conductas consideradas como cohecho pasivo impropio que no ostentan la condición del delito necesariamente bilateral (SS. 2215/93 de 7.10, 692/97 de 7.11), y no extiende al cohecho activo paralelo, pues la conducta del donante puede no ser punible, salvo que pueda encuadrarse en el tipo del artículo 423 CP que se refiere solo a los casos de corromper o intentar corromper"[293].

Al respecto, la AP de Madrid ha afirmado:

> "En efecto, la nueva ubicación sistemática del artículo 423 CP (1995) respecto del anterior artículo 391 CP (1973), tras las modalidades agravadas de cohecho (artículos 419, 420 y 421 CP (1995), ha sido interpretada por un relevante sector doctrinal en el sentido de que el artículo 423 CP (1995), que contempla el cohecho del particular, sólo es proyectable a las modalidades que lo preceden, excluyendo, por tanto, su aplicación respecto de los tipos de cohecho impropios tipificados en los artículos 425 y 426 CP (1995)"[294].

Respecto de su consumación la jurisprudencia ha señalado: "Un cohecho, artículo 423, para cuya consumación no es necesaria la entrega del presente o dádiva al funcionario, bastando su ofrecimiento y el mero intento de corromper al funcionario"[295].

Sin embargo, como se dirá más adelante, no cualquier oferta puede llegar a consumar el delito de cohecho, sino que es necesario que la misma sea clara, determinada y dirigida a un funcionario concreto. En este sentido, para VALEIJE ÁLVAREZ "no basta una oferta vaga y confusa o simple-

---

292 MIR PUIG, en: MIR PUIG/CORCOY BIDASOLO, *Comentarios al CP*, 2011, 926.

293 STS de 8-6-2006 (RJ 2006\3725).

294 SAP Madrid 10-7-2007 (JUR 2007\347928).

295 STS 6-2-2007 (RJ 2007\4711).

mente que realice el acto material de ofrecer o prometer; es necesario que sea consciente de que el funcionario ha advertido y comprendido el alcance del aludido ofrecimiento"[296].

Por otro lado, teniendo en cuenta que el cohecho activo es un delito de mera conducta, es posible que el partícipe cometa también como inductor el delito para el cual realizó el soborno[297], lo cual deja es más explícito en la reforma:

> "El núm. 1 del artículo 424 en la configuración del Proyecto recuerda (lo cual no era imprescindible, aunque puede dejar las cosas más claras) que la responsabilidad del particular por el delito de cohecho se establece sin perjuicio de su responsabilidad como inductor en el delito que eventualmente cometa la autoridad o funcionario. Tomada esa decisión, probablemente lo coherente habría sido la mención también en el núm. 2 de la responsabilidad como cooperador (dejemos ahora de lado si necesario o cómplice)"[298].

#### *d. Verbos rectores*

La acción típica contemplaba conductas muy amplias[299]: en el apartado 1 del artículo 423 consistía en "corromper o intentar corromper", mientras que en el apartado se consagra el "aceptar" la solicitud de la autoridad o funcionario[300].

Corromper se entendía como "inducir al funcionario a realizar un acto injusto"[301] aunque también se ha definido como "depravar, sobornar o pervertir patrimonialmente a alguien, en este caso a la autoridad o funcionario"[302].

---

[296] VALEIJE ÁLVAREZ, *El tratamiento penal de la corrupción*, 1996, 122 y 123.

[297] POZUELO PÉREZ, en: DÍAZ-MAROTO/RODRÍGUEZ, *Sobre las reformas*, 2011, 591.

[298] DÍAZ Y GARCÍA CONLLEDO, en: ARANGÜENA FANEGO/SANZ MORÁN, *La reforma de la justicia penal*, 2007, 192.

[299] MORILLAS CUEVA, en: COBO DEL ROSAL, *DP español*, 2005, 904.

[300] MUÑOZ CONDE, *DP. PE*, 18va, 2010, 995.

[301] MORALES PRATS/RODRÍGUEZ PUERTA, en: QUINTERO OLIVARES, *Comentarios a la PE del DP*, 2007, 1664.

[302] MORILLAS CUEVA, en: COBO DEL ROSAL, *DP español*, 2005, 904.

Intentar corromper es "procurar o pretender conseguir esos objetivos en la autoridad o funcionario"[303] y se comete por el mero ofrecimiento al funcionario de dádivas o presentes[304].

Sin embargo, la LO 5 /2010 modifica la conducta en el delito de cohecho activo y ahora se refiere a ofrecer o entregar, expresiones que son mucho más adecuadas y concretas que las de corromper o intentar corromper[305], es decir, la otra cara de la moneda de las conductas constitutivas de cohecho pasivo[306], con las cuales existe una referencia simétrica[307]. La primera es una modalidad unilateral y la segunda, bilateral[308].

En el proyecto de reforma del CP de 2009 no se incluía el cohecho activo para facilitación, sin embargo, el mismo fue incluido en la fase de enmiendas de la LO 5/2010[309].

En este sentido, RAMOS RUBIO señala que la reforma prevé un delito de cohecho activo autónomo, que no remite a las normas sobre cohecho pasivo y aumenta su ámbito al incorporar —por su texto y por su colocación sistemática— la referencia tanto a los actos lícitos como a la simple consideración del cargo[310].

Para ORTIZ DE URBINA GIMENO, pese a los esfuerzos de la reforma realizada por la LO 5/2010, la misma contiene un profundo vacío, pues solamente sanciona las conductas de ofrecer y entregar y no la de prometer que sí está consagrada respecto del cohecho pasivo[311]. En el caso de la promesa del particular, este autor considera que su conducta es impune si el

---

303 MORILLAS CUEVA, en: COBO DEL ROSAL, *DP español*, 2005, 904.

304 MORALES PRATS/RODRÍGUEZ PUERTA, en: QUINTERO OLIVARES, *Comentarios a la PE del DP*, 2007, 1664.

305 MORALES PRATS/RODRÍGUEZ PUERTA, en: QUINTERO OLIVARES, *Comentarios a la PE del DP*, 2011, 1244.

306 QUERALT JIMÉNEZ, *DP español, PE*, 2010, 1169; ORTIZ DE URBINA GIMENO, en: SILVA SÁNCHEZ, *Lecciones DP. PE*, 2011, 340.

307 MIR PUIG, en: MIR PUIG/CORCOY BIDASOLO, *Comentarios al CP*, 2011, 925; MORALES PRATS/RODRÍGUEZ PUERTA, en: QUINTERO OLIVARES, *Comentarios a la PE del DP*, 2011, 1244.

308 POLAINO NAVARRETE, *Lecciones*, 2011, 331.

309 MIR PUIG, en: MIR PUIG/CORCOY BIDASOLO, *Comentarios al CP*, 2011, 926.

310 RAMOS RUBIO, *El delito de cohecho*, 2002, 342.

311 ORTIZ DE URBINA GIMENO, en: SILVA SÁNCHEZ, *Lecciones DP. PE*, 2011, 340.

funcionario público no acepta y, si lo hace, el particular se podrá considerar inductor del cohecho activo del funcionario[312].

Por otro lado, ORTIZ DE URBINA GIMENO señala que la reforma no aborda el supuesto del cohecho subsiguiente consistente en la oferta o entrega espontánea, pues frente a este tipo de cohecho solo sanciona expresamente al particular cuando accede a la petición del servidor público, por lo cual este autor señala que solo podrá sancionarse como inductor del cohecho aparente del funcionario público[313].

En la legislación anterior se sancionaba con menor gravedad a quien realiza que a quien acepta, lo cual según MUÑOZ CONDE "convierte en 'víctimas' del sistema a los 'engrasadores' o colaboradores de la corrupción administrativa" además de la dificultad de demostrar quién hizo el primer ofrecimiento[314].

La LO 05/2010 ha hecho eco de esta situación y por ello en la actualidad se sanciona con la misma pena a quien soborna y a quien es sobornado[315], lo cual es valorado positivamente por un sector de la doctrina[316], aunque también genera dudas como las mencionadas por DIAZ Y GARCÍA CONLLEDO[317], MIR PUIG, MORALES PRATS/RODRÍGUEZ PUERTA,

---

312 ORTIZ DE URBINA GIMENO, en: SILVA SÁNCHEZ, *Lecciones DP. PE*, 2011, 340.

313 ORTIZ DE URBINA GIMENO, en: SILVA SÁNCHEZ, *Lecciones DP. PE*, 2011, 341.

314 MUÑOZ CONDE, *DP. PE*, 18[va], 2010, 995.

315 Art. 124 LO 05/2010: Se modifica el artículo 424, que tendrá la siguiente redacción:

"1. El particular que ofreciere o entregare dádiva o retribución de cualquier otra clase a una autoridad, funcionario público o persona que participe en el ejercicio de la función pública para que realice un acto contrario a los deberes inherentes a su cargo o un acto propio de su cargo, para que no realice o retrase el que debiera practicar, o en consideración a su cargo o función, será castigado en sus respectivos casos, con las mismas penas de prisión y multa que la autoridad, funcionario o persona corrompida.

2. Cuando un particular entregare la dádiva o retribución atendiendo la solicitud de la autoridad, funcionario público o persona que participe en el ejercicio de la función pública, se le impondrán las mismas penas de prisión y multa que a ellos les correspondan.

3. Si la actuación conseguida o pretendida de la autoridad o funcionario tuviere relación con un procedimiento de contratación, de subvenciones o de subastas convocados por las Administraciones o entes públicos, se impondrá al particular y, en su caso, a la sociedad, asociación u organización a que representare la pena de inhabilitación para obtener subvenciones y ayudas públicas, para contratar con entes, organismos o entidades que formen parte del sector público y para gozar de beneficios o incentivos fiscales y de la Seguridad Social por un tiempo de tres a siete años".

316 POZUELO PÉREZ, en: DÍAZ-MAROTO/RODRÍGUEZ, *Sobre las reformas*, 2011, 596.

317 DÍAZ Y GARCÍA CONLLEDO, en: ARANGÜENA FANEGO/SANZ MORÁN, *La reforma de la justicia penal*, 2008, 193.

quienes señalan que debería ser menor la punibilidad del particular que simplemente accede a la solicitud del funcionario, pues en este caso no hay una intención inicial de afectar la imparcialidad de la administración pública, y además el particular puede actuar por temor al funcionario[318].

Sobre la crítica a esta equiparación ha expresado el profesor DÍAZ Y GARCÍA CONLLEDO:

> "Pero donde aparentemente se produce una más notable severidad de la respuesta penal frente al cohecho activo es precisamente en el caso en que la iniciativa parta del funcionario y el particular acceda a ella. Actualmente, a los particulares que "atendieren" a las solicitudes de las autoridades o funcionarios se les conmina en el artículo 423.2 con la pena inferior en grado a la del número anterior, es decir, con la inferior en grado a las de prisión y multa correspondientes a los funcionarios. El artículo 424.2 que propone el Proyecto equipara en cambio las penas de prisión y multa a las de las autoridades o funcionarios o asimilados. La cuestión es discutible, pero contradiría la opinión de quienes creen que la pena debe ser menor en este caso en atención a la situación de mayor presión que a menudo sufrirá el particular ante la solicitud del funcionario o, como es plausible, que la conducta del particular desempeña un papel menor en la afectación de la imparcialidad y atención a los intereses generales por parte de la autoridad o funcionario (que, en definitiva, estaba ya corrompido)"[319].

Esta reforma parece originarse en la convención de la OCDE que apunta a la necesidad de eliminar cualquier exclusión de la responsabilidad de los particulares por la comisión del delito de cohecho[320].

Comparto plenamente la posición de DIAZ Y GARCÍA CONLLEDO, MIR PUIG, MORALES PRATS y RODRÍGUEZ PUERTA sobre

---

[318] MIR PUIG, en: MIR PUIG/CORCOY BIDASOLO, *Comentarios al CP*, 2011, 925; MORALES PRATS/RODRÍGUEZ PUERTA, en: QUINTERO OLIVARES, *Comentarios a la PE del DP*, 2011, 1243.

[319] DÍAZ Y GARCÍA CONLLEDO, en: ARANGÜENA FANEGO/SANZ MORÁN, *La reforma de la justicia penal*, 2008, 193.

[320] MORALES PRATS / RODRÍGUEZ PUERTA, en: QUINTERO OLIVARES, *Comentarios a la PE del DP*, 2011, 1243.

la falta de justificación de sancionar con la misma pena al servidor público y al particular al que se le solicita la dádiva, pues el desvalor en este caso es distinto, ya que el servidor público lesiona unos deberes adicionales que deben tener una pena mayor o, en su caso, que legitiman una pena menor para el particular, más aun si ha sido el propio servidor público quien ha realizado la solicitud.

La reforma también consagra una modalidad específica de cohecho aplicable al ámbito de contratación, de subvenciones o subastas convocadas por las administraciones o entes públicos, teniendo en cuenta que una dádiva afecta directamente la base de los principios de imparcialidad, no discriminación y transparencia consagrados en el artículo 123 de la Ley de Contratos de la Administraciones Públicas[321].

En materia de concursos, "el corruptor debe responder, además de por el delito de cohecho activo en que ha incurrido, como inductor del delito cometido por el funcionario, pues se ha comprado un acto público y además se ha inducido al servidor público a la comisión de un delito"[322]. Para MORALES PRATS/RODRÍGUEZ PUERTA esta disposición vulnera claramente el *ne bis in idem*, pues sanciona dos veces al particular por la inducción efectiva del funcionario respecto de un acto del mismo[323].

### *e. Elemento subjetivo*

La jurisprudencia señalaba antes de la reforma que se trata de una conducta punible eminentemente dolosa:

> "El delito definido en el artículo 423.2 del Código Penal sanciona la conducta del particular que acepta la solicitud de la dádiva por realizar un acto, que desde luego sería impune o atípico, si referida conducta fuere culposa o la entrega de dinero fuere para un acto conforme a derecho; pero el Sr. Ángel Jesús, desde el principio sabía que el dinero pagado no era para cubrir honorarios, sino que era consciente de la

[321] POZUELO PÉREZ, en: DÍAZ-MAROTO/RODRÍGUEZ, *Sobre las reformas*, 2011, 596.

[322] ORTS BERENGUER, en: VIVES ANTÓN, *DP. PE*, 2004, 926.

[323] MORALES PRATS/RODRÍGUEZ PUERTA, en: QUINTERO OLIVARES, *Comentarios a la PE del DP*, 2011, 1245.

> conducta ilícita del comisario y depositario 'y ello, porque grababa las conversaciones'"[324].

Adicionalmente, ha opinado la jurisprudencia: "El elemento definidor, que aparece perfectamente contorneado en el presente caso es, como ya se ha dicho, el ánimo o la pretensión de corromper al funcionario (Sentencia de 2 febrero 1994), y este propósito o intencionalidad existe siempre que el regalo o dádiva alcanza una elevada suma de dinero, como sucede en el caso presente"[325].

### 3.3. Elemento subjetivo

Es una conducta dolosa pues "el funcionario debe ser consciente del carácter y finalidad de la solicitud, aceptación o recepción de la dádiva o presente y querer actuar a pesar de ello"[326]. En este sentido, GIMENO LAHOZ/CORBELLA HERREROS entienden por comisión dolosa "que el funcionario sea consciente del carácter y finalidad de la solicitud, aceptación o recepción de la dádiva o presente, y querer actuar a pesar de ello"[327].

El error adquiere un significado especial[328], en este sentido,

> "[...] si el funcionario equivocadamente acepta una dádiva por realizar un acto que no le está prohibido legalmente y en realidad el acto objetivamente valorado es un acto injusto o constitutivo de delito está claro que no puede responder por un cohecho pasivo impropio consumado (artículo 390, inciso 2°) porque éste, en realidad, no ha llegado a producirse. Cabe todo lo más que responda por una tentativa inidónea de cohecho pasivo impropio"[329].

---

[324] STSJ de Castilla y León 7-4-2004.

[325] STS 16-12-1998 (RJ 1998\10402).

[326] MORILLAS CUEVA, en: COBO DEL ROSAL, *DP español*, 2005, 1023; MIR PUIG, en: MIR PUIG/CORCOY BIDASOLO, *Comentarios al CP*, 2011, 919.

[327] GIMENO LAHOZ/CORBELLA HERREROS, *Delitos*, 1998, 79.

[328] MORILLAS CUEVA, en: COBO DEL ROSAL, *DP español*, 2005, 901.

[329] VALEIJE ÁLVAREZ, *El tratamiento penal de la corrupción*, 1996, 234.

Igualmente, si el funcionario acepta la dádiva bajo la convicción de que es para la realización de un acto propio de sus funciones, no incurrirá en cohecho propio sino en cohecho impropio[330].

En todo caso "el acto ha de ser valorado atendiendo a su objetividad, futura o actual, en el momento de comisión del delito y no a la representación que de él tenía cada uno de los sujetos intervinientes en el momento de su consumación"[331].

Los elementos subjetivos del cohecho son que impide imputación imprudente, limita la amplitud de la parte objetiva y distingue entre las diversas modalidades de cohecho[332]. Igualmente la exigencia de dolo excluye la responsabilidad del agente provocador y la del funcionario provocado, tal como lo señaló la STS 21-9-91 que absolvió a un funcionario que había sido inducido engañosamente a recibir un soborno[333].

Para VALEIJE ÁLVAREZ el cohecho se nos aparece así como un delito doblemente subjetivado:

> Por una parte, en virtud de las exigencias sustanciales del contexto típico (relativas a la finalidad de ejecutar un acto contrario al cargo) y, por otro lado, y aun cuando no conste en la estructura típica con inequívoca precisión, por la concurrencia de otro momento de índole subjetiva cifrado en la finalidad lucrativa que se pretende obtener como contrapartida de la ejecución del acto funcionarial ilícito[334].

En este sentido, considera que

> "[...] el ánimo de lucro es un elemento subjetivo del injusto presente en la estructura típica del cohecho. Su concurrencia afecta al bien jurídico protegido por este delito y a su misma forma de comisión, y no se limita, como un auténtico elemento de la actitud interna, a ca-

---

330 MIR PUIG, en: MIR PUIG/CORCOY BIDASOLO, *Comentarios al CP*, 2011, 919.

331 VALEIJE ÁLVAREZ, *El tratamiento penal de la corrupción*, 1996, 223.

332 VALEIJE ÁLVAREZ, *El tratamiento penal de la corrupción*, 1996, 171; MIR PUIG/CORCOY BIDASOLO, *Comentarios al CP*, 2011, 919.

333 MIR PUIG, en: MIR PUIG/CORCOY BIDASOLO, *Comentarios al CP*, 2011, 919.

334 VALEIJE ÁLVAREZ, *El tratamiento penal de la corrupción*, 1996, 170.

> racterizar dolosamente la disposición del autor ante el hecho u ofrecer información sobre la motivación del hecho (así, el funcionario puede obrar por un móvil de lucro al solicitar la cantidad, pero obedeciendo a motivos totalmente altruistas, como, por ejemplo, para entregarlo a una familia necesitada)"[335].

Sin embargo, como ya se afirmó, se considera que después de la reforma ha quedado claro que el ánimo de lucro no es un elemento del delito de cohecho, pues la dádiva no debe ser necesariamente económica.

## 3.4. Modalidades de cohecho pasivo propio antes de la LO 5/2010

### *3.4.1. Para la comisión de un delito*

En el artículo 419 CP el cohecho se encaminaba a la consecución de una acción o una omisión constitutivas de delito, el concepto de delito hay que comprenderlo en su significado más estricto y normativo, excluyendo las faltas[336], teniendo en cuenta que el CP contrapone el concepto de delito al de falta[337].

Estaban comprendidos "no sólo los delitos del Título XIX, sino también cualquier otro que guarde relación con el desempeño de funciones públicas"[338], incluyendo acciones y omisiones[339].

En todo caso, como señalaba para la época de vigencia de la norma en análisis OLAIZOLA NOGALES, "el delito tiene que estar en relación con el cargo del funcionario. Es decir, no habrá delito de cohecho cuando

---

335 VALEIJE ÁLVAREZ, *El tratamiento penal de la corrupción*, 1996, 166.

336 CATALÁN SENDER, *Los delitos cometidos por autoridades*, 1999, 197; OLAIZOLA NOGALES, *El delito de cohecho*, 1999, 278; ORTS BERENGUER, en: VIVES ANTÓN, *DP. PE*, 2004, 923; MORILLAS CUEVA, en: COBO DEL ROSAL, *DP español*, 2005, 901; LUZÓN CUESTA, *DP. PE*, 2007, 293; GIMENO LAHOZ/CORBELLA HERREROS, *Delitos*, 1998, 79; DÍAZ Y GARCÍA CONLLEDO, en: ASÚA BATARRITA, *Delitos contra la administración pública*, 1997, 164.

337 OLAIZOLA NOGALES, *El delito de cohecho*, 1999, 278.

338 VALEIJE ÁLVAREZ, *El tratamiento penal de la corrupción*, 1996, 207; MORALES PRATS/ RODRÍGUEZ PUERTA, en: QUINTERO OLIVARES, *Comentarios a la PE del DP*, 2007, 1645.

339 VALEIJE ÁLVAREZ, *El tratamiento penal de la corrupción*, 1996, 205; OLAIZOLA NOGALES, *El delito de cohecho*, 1999, 279; CATALÁN SENDER, L*os delitos cometidos por autoridades*, 1999, 197.

el funcionario reciba o acepte una dádiva por realizar cualquier delito, sino únicamente cuando el acto, que debe ser de su cargo, constituya un delito"[340].

Si se comienza a realizar el delito por el cual se materializa el cohecho, "habrá concurso de delitos de acuerdo al grado de aproximación, puede haber tentativa o delito consumado"[341].

En este sentido, la jurisprudencia ha señalado:

> "El otro elemento necesario varía en cada uno de los tipos y consiste precisamente en ese comportamiento ilícito, siendo en el caso del artículo 419 ejecutar un acto que sea delito, lo que evidentemente exigiría para su consumación el realizarlo y llevaría aparejada otra pena más: la correspondiente al acto delictivo comprometido como contraprestación de la dádiva [...]. Se cuestiona en concreto que este modo de operar pueda ser calificado de acto relativo al cargo"[342].

Concretamente con respecto a la posibilidad de concurso con el delito de prevaricación, el TS ha señalado:

> "El delito de cohecho es independiente de la prevaricación, pues el cohecho entra en juego sin consideración del resultado perseguido por él (prevaricación) y la prevaricación sin tener en cuenta la existencia de una contraprestación por la conducta prevaricadora, máxime cuando el legislador ha hecho una previsión expresa a favor del concurso de delitos al disponer, que las penas previstas se aplican sin perjuicio de la pena correspondiente al delito cometido en razón de la dádiva o promesa (artículo 419 *in fine*)"[343].

### *3.4.2. Para la comisión de un acto injusto*

El artículo 420 cubría el objetivo con la posible realización por el sujeto de un acto injusto, frente al cual se presentaban diversas interpretaciones:

---

[340] OLAIZOLA NOGALES, *El delito de cohecho*, 1999, 279.

[341] CATALÁN SENDER, *Los delitos cometidos por autoridades*, 1999, 198.

[342] SAP Murcia 30-5-2007 (ARP 2007/629).

[343] STSJ Andalucía 20-3-2007 (JUR 2007/102062).

CATALÁN SENDER indica que es un acto "contrario a derecho, donde se admiten las faltas",[344] incluyendo también los actos discrecionales[345].

ORTS BERENGUER observa que acto injusto es "el contrario a Derecho y, por lo general, se concretará en un ilícito administrativo, aunque también penal, cuando constituya falta"[346].

VALEIJE ÁLVAREZ señala que 'acto injusto' "hace referencia a un acto que, enfrentado con la legislación positiva, aparezca como una aplicación torcida de ésta"[347].

OLAIZOLA NOGALES establece que "acto injusto se define como aquel acto que contradice los deberes del cargo del funcionario, es decir, aquel acto que constituya una falta penal, un ilícito civil o un ilícito administrativo"[348]. En todo caso, también se incluyen los actos discrecionales, pues la discrecionalidad no puede ser confundida con la arbitrariedad[349].

GIMENO LAHOZ/CORBELLA HERREROS señalan que los actos injustos incluyen los ilícitos administrativos y civiles[350].

Respecto de esta característica, el TS ha manifestado:

> "En el caso del 420 el acto de que se trata ha de ser injusto y no constituir delito; generalmente este acto se suele considerar equivalente a ilegal, pues lo injusto es un concepto más abstracto e indefinido y conviene referirlo a un patrón que proporcione seguridad jurídica; en este artículo hay dos incisos, por lo tanto dos formas con sus correspondientes efectos en cuanto a la pena"[351].

En todo caso "es preciso que la injusticia del acto esté también determinada, es decir, es preciso que infrinja una concreta norma jurídica, y no

---

[344] CATALÁN SENDER, *Los delitos cometidos por autoridades*, 1999, 198.

[345] CATALÁN SENDER, *Los delitos cometidos por autoridades*, 1999, 198.

[346] ORTS BERENGUER, en: VIVES ANTÓN, *DP. PE*, 2004, 923.

[347] VALEIJE ÁLVAREZ, *El tratamiento penal de la corrupción*, 1996, 213.

[348] OLAIZOLA NOGALES, *El delito de cohecho*, 1999, 284.

[349] OLAIZOLA NOGALES, *El delito de cohecho*, 1999, 292.

[350] GIMENO LAHOZ/CORBELLA HERREROS, *Delitos*, 1998, 80 ss.

[351] STS 22-12-2005 (RJ 2006\591).

el deber general de imparcialidad y de fidelidad, porque eso se infringe en todos los tipos de cohecho"[352].

En relación al concepto de acto injusto la jurisprudencia ha señalado que consiste en una contradicción material y relevante con el ordenamiento jurídico:

> "La 'injusticia' del acto en el artículo 386 del Código Penal de 1973 y en el artículo 420 del Código Penal de 1995, consiste en una contradicción material y relevante con el Ordenamiento jurídico y no en una mera ilegalidad formal o administrativa (ver p. ej. STS 1493/1999, de 21 de diciembre, STS 1952/2000, de 19 de diciembre o STS núm. 20/2001 de 28 de marzo de 2001).
>
> Para calificar el carácter justo o injusto de decisiones públicas de elección entre varias posibilidades alternativas, como sucede cuando se opta por la prescripción de los medicamentos de un laboratorio o de otro con características similares, ha de tenerse en cuenta que la opción final cuenta con componentes de discrecionalidad difícilmente controlables, por lo que el propio hecho de que la decisión no se adopte sobre la base de los principios de imparcialidad y objetividad que deben presidir la función pública sino influida y predeterminada por el aliciente económico, determina la injusticia del acto (ver STS núm. 20/2001 de 28 de marzo de 2001).
>
> No se trata de identificar la injusticia del acto con la propia percepción de la dádiva, sino de constatar el hecho de que la prescripción de medicamentos de un laboratorio concreto bajo la influencia de la percepción previa o prometida de incentivos económicos que pretenden precisamente incrementar ilegalmente el número de dichas prescripciones, constituye un comportamiento manifiestamente contrario a nuestro ordenamiento jurídico (artículo 7º de la Ley del Medicamento). Y no se diga que es necesario demostrar que se prescribieron medicamentos innecesarios o prescindiendo de otros más específicos o con incremento arbitrario del gasto, pues lo relevante es que la dádiva estaba específicamente dirigida a obtener dicho com-

[352] OLAIZOLA NOGALES, *El delito de cohecho*, 1999, 285.

portamiento injusto (incrementar las prescripciones por encima del número de las que se hubiesen producido sin ella) y está acreditado que estas prescripciones se efectuaron, como pretendía el recurrente, por lo que el hecho de que las prescripciones se realizasen bajo la corruptora influencia de la dádiva las convierte en injustas"[353].

En este sentido, se creó una interesante línea jurisprudencial sobre el entendimiento del cohecho pasivo propio:

- En la STS 16-5-2002, el TS indicó que "Como dice la sentencia 1701/2001, de 24 de septiembre, por acto injusto debe entenderse todo aquel que es contrario a lo que es debido"[354].
- En la STS 16-11-2006, el TS señaló la imposibilidad de: "Siendo así no es posible encuadrar los hechos en un delito de cohecho cuando el funcionario no es competente para llevar a cabo el acto propio del cargo al que se ha comprometido como contraprestación de la dádiva, pues la falta de competencia del funcionario determina la ausencia del elemento subjetivo de lo injusto referido por esta figura delictiva"[355].
  "Por acto injusto debe entenderse todo aquel que es contrario a lo que es debido (SSTS 893/2002 de 16.5, 1701/2001 de 24.9). No se trata de identificar la injusticia del acto con la propia percepción de la dádiva, sino el propio hecho del dictamen no se adopte sobre la base de los principios de imparcialidad y objetividad que deben presidir su función sino referido y predeterminado por el aliciente económico, determina la injusticia del acto (STS 28.3.2001), esto es en el caso del comisario de la quiebra el hacer una valoración no ajustada a la realidad del activo y pasivo o informar sobre las causas de la quiebra en forma distante a las que según su propio razonamiento hubiera considerado procedente"[356].

---

[353] STS 7-11-2001 (RJ 2001\9684).

[354] STS 16-5-2002 (RJ 2002\5133).

[355] STS 16-11-2006 (RJ 2007/495).

[356] STS 16-11-2006 (RJ 2007/495).

- En la STS 2-4-2003 el TS manifestó: "Afirma el recurrente 'tampoco constituiría un acto injusto [...] pues el carácter injusto del acto requiere inevitablemente la infracción de la norma jurídica, cosa que aquí no ocurría [...]'. Como dijimos en la STS 2052/2001, de 7 de noviembre, 'el propio hecho de que la decisión no se adopte sobre la base de los principios de imparcialidad y objetividad que deben presidir la función pública sino influida y predeterminada por el aliciente económico, determina la injusticia del acto'"[357].

En esta modalidad de cohecho la jurisprudencia ha incluido la agilización de los trámites cuando no se cumple con los requisitos legales:

> "Análogo destino debe seguir el único motivo admitido a trámite, de los dos formulados por la representación del también procesado Eduardo S. G., también por infracción de ley y al amparo del número 1.º del artículo 849 de la Ley de Enjuiciamiento Criminal, en el que se denuncia aplicación indebida del artículo 391 del Código Penal; afirmándose que no existió ánimo corruptor por parte del recurrente y que los actos del funcionario no eran injustos (vid. artículo 386 del Código Penal), por consistir simplemente en dar mayor rapidez a los asuntos que se hallaban en trámite en las dependencias oficiales. Son conocidos los problemas que se plantean en diversas oficinas públicas, por el excesivo número de expedientes, la falta de personal u otras diversas causas. Ello comporta un ritmo determinado en el despacho de los mismos, que se manifiesta de ordinario en un importante retraso en su resolución, con las consiguientes molestias y perjuicios para los administrados, que evidentemente deben afectar por igual a todos los ciudadanos. Por consiguiente el hecho de ofrecer éstos determinadas compensaciones a los funcionarios de los respectivos organismos para que —por el procedimiento que sea— los expedientes en que se hallen interesados sean resueltos rápidamente, es algo realmente injusto, que comporta la corrupción de la función pública, es contrario al principio de igualdad —artículos 1.º y 14 de nuestra

[357] STS 2-4-2003 (RJ 2003/4204).

> Constitución (RCL 1978\2836 y ApNDL (1975-85, 2875)—, y, por ende, es socialmente reprochable y penalmente punible, a tenor del artículo 391 del Código Penal; especialmente cuando —como sucedía en el presente caso— independientemente de la especial rapidez en el despacho de los asuntos, esto se conseguía sin llevar a cabo la correspondiente inspección de los vehículos, como expresamente dice el relato histórico de la sentencia recurrida. En suma, el motivo carece de todo fundamento y debe ser desestimado. Procede dictar la resolución prevenida en el párrafo segundo del artículo 901 de la Ley de Enjuiciamiento Criminal"[358].

Por otro lado, en una muy interesante sentencia, la jurisprudencia ha expresado que acto injusto en el delito de cohecho es aquél que objetivamente es contrario a la legalidad vigente:

> "Acto injusto en el delito de cohecho es aquél que objetivamente es contrario a la legalidad vigente, es decir, a la legalidad que disciplina la concreta actividad puesta en juego, en este caso la normativa urbanística por la que se regulaba la concesión de las licencias de obra solicitadas por SEAT, así como los deberes específicos del funcionario respecto de esa actividad en concreto. No, en cambio, otro tipo de deberes genéricos del funcionario, como la probidad, pues si así fuera siempre que el funcionario recibiere o solicitare una dádiva el acto sería injusto y, con ello, quedaría sin contenido la distinción entre el tipo del artículo 390 CP (1973) y el tipo cualificado del artículo 386 CP (1973).
>
> La tesis objetiva que define la injusticia como la contradicción del acto o resolución con el ordenamiento jurídico es seguida mayoritariamente por la doctrina y la jurisprudencia del Tribunal Supremo, que sitúa el núcleo esencial de lo injusto en la trasgresión de la legalidad vigente. Así, reiteradamente se afirma: "por acto injusto debe entenderse todo acto contrario a lo que es debido, ya que la injusticia del acto no consiste en una mera ilegalidad formal o administrativa, sino en una contradicción material y relevante con el ordenamiento

---

[358] STS 24-5-1989 (RJ 1989\4252).

jurídico" (SSTS de 28 de marzo de 2001, 16 de mayo de 2002 y 10 de junio de 2005).

Conforme a esta caracterización objetiva del acto injusto basada en la infracción sustancial de la legalidad aplicable al caso, injusto es el acto que no es debido, aquél al que no se tiene derecho de acuerdo con el ordenamiento jurídico. Así, se ha considerado que es injusto el acto de tramitar preferentemente unos asientos judiciales respecto de otros (STS 7 de mayo de 1997); autorizar a una determinada grúa y no a otras a retirar de la calzada los vehículos averiados (STS 16 de mayo de 2002); facilitar la superación de las pruebas para obtener el permiso de conducir (STS 18 de abril de 2002); o alterar el orden en un proceso de regularización de extranjeros, infringiendo un deber específico del cargo al dar prioridad a unos solicitantes respecto de otros (STS 10 de junio de 2005); o, como después veremos, emitir un informe favorable en un expediente administrativo, cuando debía ser desfavorable (SSTS 24 de septiembre de 2001 y 6 de noviembre de 2002)"[359].

En la misma sentencia, la AP Madrid concluyó:

"En resumen, una interpretación de la noción de 'acto injusto', de acuerdo con el bien jurídico, nos lleva a afirmar que, con carácter general para toda la actividad administrativa y muy especialmente en el ejercicio de las potestades regladas, el acto es injusto cuando la ilegalidad del acto al que se compromete el funcionario supone adoptar una decisión o realizar una actividad pública que beneficia, sin tener derecho legalmente a ello, al particular que ofrece o entrega la dádiva"[360].

### *3.4.3. Para una omisión injusta*

El artículo 421 exigía que el funcionario autoridad se abstenga de ejecutar un acto que debiera practicar en ejercicio de su cargo. En este sentido, para MORILLAS CUEVA "el alcance de la abstención hay que situarlo en una

---

[359] SAP Madrid 10-7-2007 (JUR 2007/347928).

[360] SAP Madrid 10-7-2007 (JUR 2007/347928).

omisión injusta, no delictiva porque dicha posibilidad ya es acogida por el artículo 419"[361].

Para CATALÁN SENDER este evento se presenta para "dejar de hacer un acto del cargo que el funcionario está obligado a realizar o simplemente retardarse maliciosamente en dictar el acto"[362].

Este artículo ya era criticado por la jurisprudencia proferida en vigencia del CP 1944/73:

> "El artículo 387 del Código Penal contempla una modalidad de cohecho cuando la dádiva tuviere por objeto abstenerse el funcionario público de un acto que debiera practicar en el ejercicio de su cargo. La doctrina científica, en general, censura la circunstancia de que el legislador haya autonomizado esta figura cuando de no existir, sería perfectamente subsumible la conducta en el artículo 386 del mismo texto legal que, en principio, debiera abarcar, como es normal en la técnica legislativa penal, la acción y la omisión"[363].

Según la jurisprudencia, este delito tenía fundamentalmente tres elementos, la solicitud, la abstención y que el acto se debiera realizar en ejercicio del cargo:

> "En referencia específica al artículo 387 del Código Penal, por el que ha sido condenada la recurrente, debe recordarse que la esencia de esta figura delictiva consiste en que la autoridad o funcionario público de que se trate solicite o reciba una dádiva por abstenerse de un acto que debiera practicar en el ejercicio de su cargo, de modo que el delito quedaría integrado por los siguientes tres elementos: a) solicitar dádivas, regalos o presentes; b) abstenerse de un acto propio de su servicio, función o atribución; y c) que el mismo acto lo debiera realizar en el ejercicio de su cargo. En suma, habría una actividad y una omisión, ambas dolosas, teñidas del conocimiento del motivo de

---

[361] CATALÁN SENDER, *Los delitos cometidos por autoridades*, 1999, 199; MORILLAS CUEVA, en: COBO DEL ROSAL, *DP español*, 2005, 902.

[362] CATALÁN SENDER, *Los delitos cometidos por autoridades*, 1999, 199.

[363] STS 19-5-1989 (RJ 1989\4228).

> la entrega o de la solicitud del regalo, consumándose el delito, bien con la solicitud, bien con la conformidad con la oferta del regalo, conocimiento pues y voluntad de incurrir en la deslealtad que supone la abstención del ejercicio de las funciones que según su cargo debe practicar, con fines de corrupción (ver SS. 28 junio 1962, 7 abril 1981 y 16 mayo 1984, entre otras)"[364].

Según la jurisprudencia eran

> "[...] ejemplos típicos de esta figura penal lo constituyen los casos de los funcionarios municipales o estatales que, mediante la percepción de determinadas cantidades de dinero u otros beneficios de signo económico, omiten inspecciones, retrasan el trámite de determinados expedientes, omiten dar cuenta a sus superiores de concretas novedades con posible trascendencia en los mismos, etc.; siempre con beneficio particular para el funcionario e indudable perjuicio para los intereses públicos que el mismo debe proteger ante todo (ver SS. 21 abril 1953, 7 octubre 1957, 6 noviembre 1962 y 19 mayo 1989, entre otras)"[365].

En todo caso, como afirma ORTS BERENGUER, "para que pueda hablarse de abstención se necesita la existencia de un deber que obligue al funcionario a practicar el acto omitido, y para que se entienda consumada la infracción no es necesario que aquélla llegue a producirse"[366].

Era necesario que "la abstención del funcionario esté en relación con la omisión de cumplimiento de un deber específico (esto es, la obligación jurídica de la que se abstiene)"[367] a partir de lo cual se generan a su vez una serie de consecuencias[368]:

- En primer lugar, "la competencia de la que está investido el funcionario sea real, o sea, que legalmente la posea en virtud de las normas

---

[364] STS 5-2-1996 (RJ 1996/797).

[365] STS 5-2-1996 (RJ 1996/797).

[366] ORTS BERENGUER, en: VIVES ANTÓN, *DP. PE*, 2004, 923.

[367] VALEIJE ÁLVAREZ, *El tratamiento penal de la corrupción*, 1996, 223.

[368] VALEIJE ÁLVAREZ, *El tratamiento penal de la corrupción*, 1996, 223.

que disciplinan su actividad"[369], de lo contrario se estaría ante un delito de estafa[370].

- En segundo lugar, "a la par que es necesaria la veracidad de la competencia, también ha de existir el presupuesto de hecho para aplicarla"[371].

Respecto de la consumación de este delito la jurisprudencia ha señalado:

> "Por último, respecto de la consumación, no es preciso para que el delito se realice que el resultado se obtenga, lo que en este caso no se afirma ni se niega puesto que es suficiente que se reciba la dádiva o presente, recepción que a su vez puede ser expresa, como lo fue en este caso, o tácita, siendo también indiferente que el acto prometido se realice o no porque el legislador en estos casos pone el acento penal en la dádiva misma, en la grave corrupción, no en las consecuencias del acuerdo, salvo cuando expresamente, como en el artículo 386, distingue una y otra situación a efectos puramente penológicos"[372].

### *3.4.4. Supuesto del artículo 425*

OLAIZOLA NOGALES acogía la distinción señalada por MORALES/RODRÍGUEZ "que consideran incluidos dentro del artículo 425 aquellos supuestos de actos discrecionales en los que la decisión por parte del funcionario respete las normas que regulan tales decisiones y en el 426 aquellos actos legalmente reglados"[373].

Sobre este aspecto ORTIZ DE URBINA GIMENO señalaba antes de la promulgación de la LO 5/2010 que el

> "[...] CP se refiere a la solicitud de dádiva y admisión de ofrecimiento o promesa para realizar un acto propio del cargo; por su parte, el artículo 426 habla de la admisión de dádiva "o regalo" cuando éstos le fueran ofrecidos al funcionario «en consideración a su función» o

---

369 VALEIJE ÁLVAREZ, *El tratamiento penal de la corrupción*, 1996, 223.

370 VALEIJE ÁLVAREZ, *El tratamiento penal de la corrupción*, 1996, 223.

371 VALEIJE ÁLVAREZ, *El tratamiento penal de la corrupción*, 1996, 223.

372 STS 19-5-1989 (RJ 1989/4228).

373 OLAIZOLA NOGALES, *El delito de cohecho*, 1999, 304.

para la consecución de un acto no prohibido legalmente. Las únicas diferencias constatables eran que el artículo 425 incluía la solicitud por parte del funcionario (y el artículo 426 no) y el artículo 426 se refería al caso en que la dádiva fuera entregada exclusivamente en atención a su función (y el artículo 425 no). Pero los casos de admisión de dádiva para realizar un acto propio del cargo (que, como tal, ha de estar "no prohibido legalmente") eran subsumibles en ambos artículos"[374].

### 3.5. El cohecho pasivo propio en la LO 5/2010

La LO 5/2010 unificó la tipificación del delito de cohecho pasivo impropio en el artículo 419 del CP[375], sancionando la solicitud o recepción de dádiva o presente o aceptare dádiva, favor o retribución de cualquier clase con la finalidad de realizar "un acto contrario a los deberes inherentes al mismo o para no realizar o retrasar injustificadamente el que debiera practicar"[376].

Insisto entonces que el artículo 419 del CP unifica la tipificación del cohecho pasivo propio al igual que el artículo 420 del CP igualmente unifica las modalidades del cohecho pasivo impropio, siendo núcleo de estos tipos de cohecho la pretensión de un acuerdo injusto, que conculca el principio de imparcialidad, y por la gravedad de ese comportamiento el legislador adelanta las barreras de protección consagrando un delito de peligro. Se exige una cierta importancia o relevancia de la dádiva favor o retribución para que se vea afectada la objetividad del funcionario, y por supuesto las acciones comprometidas deben estar relacionadas con las funciones del cargo, si no fuera así no existiría afectación del bien jurídico, o en todo caso no del rela-

---

[374] ORTIZ DE URBINA GIMENO, en: SILVA SÁNCHEZ, *Lecciones DP. PE*, 2011, 313.

[375] RODRÍGUEZ PUERTA, en: ÁLVAREZ GARCÍA/GONZÁLEZ CUSSAC, *Comentarios a la Reforma Penal*, 2010, 468; RAMOS RUBIO, *El delito de cohecho*, 2002, 324; POZUELO PÉREZ, en: DÍAZ-MAROTO/RODRÍGUEZ, *Sobre las reformas*, 2011, 587; MORALES PRATS/RODRÍGUEZ PUERTA, en: ÁLVAREZ GARCÍA/GONZÁLEZ CUSSAC: *Comentarios a la Reforma Penal*, 2011, 1214.

[376] Art. 119 LO 05/2010: "Se modifica el artículo 419, que tendrá la siguiente redacción:

«La autoridad o funcionario público que, en provecho propio o de un tercero, recibiere o solicitare, por sí o por persona interpuesta, dádiva, favor o retribución de cualquier clase o aceptare ofrecimiento o promesa para realizar en el ejercicio de su cargo un acto contrario a los deberes inherentes al mismo o para no realizar o retrasar injustificadamente el que debiera practicar, incurrirá en la pena de prisión de tres a seis años, multa de doce a veinticuatro meses e inhabilitación especial para empleo o cargo público por tiempo de siete a doce años, sin perjuicio de la pena correspondiente al acto realizado, omitido o retrasado en razón de la retribución o promesa, si fuera constitutivo de delito»".

cionado con la administración pública. La nueva normatividad no establece un tratamiento punitivo especial para el cohecho que se lleva a cabo para la comisión de un delito, lo cual puede responder a la aproximación del modelo español al de otros ordenamientos:

> "Llama la atención la desaparición de la distinción en el cohecho pasivo propio del ordenado a la realización de un acto delictivo (hoy más grave) y el ordenado a la de un acto injusto pero no delictivo. Sin duda el abandono del modelo tradicional español no es casual, sino que intenta aproximar nuestro Derecho a un modelo más común en el Derecho comparado y se hace eco de una doctrina cualificada que demandaba esta reforma (el primero, con énfasis, BACIGALUPO ZAPATER, y posteriormente especialistas como RODRÍGUEZ PUERTA O MORALES PRATS/RODRÍGUEZ PUERTA)"[377].

Esta situación en todo caso tiene un efecto inmediato que es el endurecimiento de la pena frente al cohecho para la realización de acto injusto que pasará a tener la misma pena del cohecho para la realización de acto delictivo, lo cual es cuestionable, pues "no es evidente que la orientación del cohecho a la realización de un delito no afecte al bien jurídico protegido por el primero, a la gravedad del hecho respecto de él"[378].

Igualmente, se incluye dentro del cohecho propio la omisión o retardo de las funciones dentro del cohecho propio por las críticas que la inclusión de esta modalidad con una pena atenuada había realizado el CGPJ[379].

MORALES PRATS/RODRÍGUEZ PUERTA manifiestan su conformidad con esta reforma, pues no existía ninguna justificación a la diferencia de penas contemplada en la legislación anterior fundada en presuntas distinciones del injusto que solamente llevaban a confusión[380]. Lo que no

---

377 DÍAZ Y GARCÍA CONLLEDO, en: ARANGÜENA FANEGO/SANZ MORÁN, *La reforma de la justicia penal*, 2008, 184.

378 DÍAZ Y GARCÍA CONLLEDO, en: ARANGÜENA FANEGO/SANZ MORÁN, *La reforma de la justicia penal*, 2008, 185.

379 RAMOS RUBIO, *El delito de cohecho*, 2002, 346.

380 MORALES PRATS/RODRÍGUEZ PUERTA, en: QUINTERO OLIVARES, *Comentarios a la PE del DP*, 2011, 1214.

impide que el juez valore ese elemento objetivo a la hora de determinar la punibilidad.

Sin embargo, RAMOS RUBIO critica esta situación, pues esta vulnera el principio de proporcionalidad al no admitir subtipos atenuados y equiparar la pena de cohechos subsiguientes, antecedentes y propios, los cuales presentarían un desvalor distinto[381]. Este mismo autor considera que el aumento punitivo es injustificado y la inhabilitación de doce años consagrada es insostenible[382].

El objeto del acto en la nueva norma es un acto impropio de los deberes inherentes a su cargo, ya sea efectuando una actuación positiva, omitiendo un acto o retrasándolo injustificadamente[383]. Para MORALES PRATS/RODRÍGUEZ PUERTA esta modificación soluciona el problema de las decisiones de naturaleza política o del 'transfuguismo retribuido', las cuales presentaban problemas de subsunción y ahora pueden ser sancionadas a través de esta conducta punible[384], posición que comparte MIR PUIG[385].

En este sentido, la característica fundamental del delito de cohecho pasivo propio pasa a ser la finalidad de infringir los deberes inherentes al cargo, es decir, una contradicción material y relevante con el ordenamiento jurídico y no una mera ilegalidad formal o administrativa[386]. En este sentido, la contradicción con el Derecho no debe ser meramente formal, por lo cual no se aplicará a la falta de aplicación de requisitos de menor entidad como la competencia para emitir la resolución o la falta de presentación de documentos acreditativos[387].

---

[381] RAMOS RUBIO, *El delito de cohecho*, 2002, 342.

[382] RAMOS RUBIO, *El delito de cohecho*, 2002, 344 s.

[383] MIR PUIG, en: MIR PUIG/CORCOY BIDASOLO, *Comentarios al CP*, 2011, 919; QUERALT JIMÉNEZ, *DP español, PE*, 2010, 1164.

[384] RODRÍGUEZ PUERTA, en: ÁLVAREZ GARCÍA/GONZÁLEZ CUSSAC: *Comentarios a la Reforma Penal*, 2010, 468; MORALES PRATS/RODRÍGUEZ PUERTA, en: QUINTERO OLIVARES, *Comentarios a la PE del DP*, 2011, 1224.

[385] MIR PUIG, en: MIR PUIG/CORCOY BIDASOLO, *Comentarios al CP*, 2011, 919.

[386] POZUELO PÉREZ, en: DÍAZ-MAROTO/RODRÍGUEZ, *Sobre las reformas*, 2011, 588.

[387] MORALES PRATS/RODRÍGUEZ PUERTA, en: QUINTERO OLIVARES, *Comentarios a la PE del DP*, 2011, 1226.

RAMOS RUBIO considera que estos deberes son los de imparcialidad, objetividad y probidad[388], mientras que para MORALES PRATS/RODRÍGUEZ PUERTA, son la legalidad y el resto de las obligaciones contempladas en el ordenamiento jurídico[389], posición que debe delimitarse concretamente de acuerdo a las funciones del cargo específico del funcionario[390].

En la reforma se elimina la diferencia punitiva entre los eventos en los cuales llegaba a realizar el acto para el cual se le dio u ofreció el soborno[391], lo cual resulta justificado, pues en estos eventos se podrá aplicar otro delito distinto como la prevaricación a través del cual se sancionará el injusto adicional producido por la realización del acto injusto[392] a través del concurso de delitos[393].

### 3.6. Cohecho pasivo impropio

El cohecho pasivo impropio se presentaba "cuando el acto no está prohibido legalmente"[394]. En relación con sus diferencias con el cohecho pasivo propio se ha afirmado:

> "[...] por tanto, en el artículo 390 –CP 1944/73–, la entrega del regalo, a diferencia del cohecho pasivo propio, se realiza para conseguir un acto, tanto si dicho acto, lo ha de realizar el funcionario a quien se efectúa la entrega, como si ha de llevarlo a cabo otro funcionario. Al funcionario, pues, se le entrega el regalo para que consiga que se ejecute el acto pretendido por la persona que lo da, independientemente de a quien corresponda la ejecución. En consecuencia, pueden no coincidir las personas que lo reciben, y el que lo ejecuta"[395].

---

388 RAMOS RUBIO, *El delito de cohecho*, 2002, 346.

389 MORALES PRATS/RODRÍGUEZ PUERTA, en: QUINTERO OLIVARES, *Comentarios a la PE del DP*, 2011, 1225.

390 MORALES PRATS/RODRÍGUEZ PUERTA, en: QUINTERO OLIVARES, *Comentarios a la PE del DP*, 2011, 1225.

391 POZUELO PÉREZ, en: DÍAZ-MAROTO/RODRÍGUEZ, *Sobre las reformas*, 2011, 589.

392 QUERALT JIMÉNEZ, *DP español, PE*, 2010, 1166.

393 DÍAZ Y GARCÍA CONLLEDO, en: ARANGÜENA FANEGO/SANZ MORÁN, *La reforma de la justicia penal*, 2008, 187.

394 CATALÁN SENDER, *Los delitos cometidos por autoridades*, 1999, 193.

395 STS 7-10-1993 (RJ 1993\8703).

Antes de la reforma realizada a través de la LO 5/2010 en este delito, "El regalo (la dádiva) puede entregarse en consideración a la función del servidor público, es decir, a las competencias que tiene atribuidas y ejerce; o para conseguir un acto no prohibido legalmente, por tanto no injusto, que caiga dentro de las actividades propias del cargo conferidas al funcionario"[396].

En el cohecho impropio "el funcionario no se presta a realizar por dádiva o presente un acto irregular delictivo o simplemente injusto propio de su función, sino que acepta regalos que le son ofrecidos en atención al cargo o función que desempeña o para recompensar o conseguir la ejecución de actos debidos (y, por ende, justos) que, como tales, no tienen por qué ser remunerados por los particulares"[397].

En este sentido, se destacaban una serie de notas particulares que distinguen al cohecho pasivo propio del cohecho pasivo impropio:

> "Primero, que no se exige del funcionario la ejecución u omisión de un acto relativo al ejercicio del cargo, sino que basta con que el regalo sea ofrecido en consideración a su función; segundo, que por lo mismo esta figura pierde generalmente el carácter bilateral o bifronte que es parte del cohecho propio, en el que se sanciona tanto al sujeto activo como al pasivo, pues viene considerándose que en el tipo del artículo 390 la acción de quien ofrece el regalo es atípica y, por tanto, impune (Sentencia de 7 octubre 1993, como más reciente); y tercero y último, que no es suficiente para la consumación del tipo con la solicitud u ofrecimiento de la dádiva, sino que es exigible su expresa aceptación sin perjuicio de que, como en todo delito de resultado, puedan presentarse formas imperfectas"[398].

Sin embargo, la LO 5/2010 modificó el cohecho pasivo impropio simplificando su fórmula de tipificación de la siguiente manera: "La autoridad o funcionario público que, en provecho propio o de un tercero, recibiere o solicitare, por sí o por persona interpuesta, dádiva, favor o retribución de cualquier clase o aceptare ofrecimiento o promesa para realizar un acto

---

[396] ORTS BERENGUER, en: VIVES ANTÓN, *DP. PE*, 2004, 925.

[397] STS 21-1-1994 (RJ 1994\86).

[398] STS 21-1-1994 (RJ 1994\86) y 2-2-1994 (RJ 1994\759).

propio de su cargo"[399]. Por lo anterior, se unificaron en un solo artículo los supuestos del llamado cohecho impropio[400], por lo cual este delito constituye un tipo penal de recogida que abarca las hipótesis no contempladas como cohecho propio[401], es decir, aquellas que no implican el incumplimiento de los deberes inherentes al cargo, siendo un tipo penal privilegiado que implica una pena menor[402].

En este delito, el soborno tiene por objeto la adopción de un acto conforme a Derecho o correcto[403], lo cual se aplica frente a los actos reglados y a los discrecionales, pues ambos son abarcables dentro de concepto de acto propio del cargo[404].

La nueva redacción termina con la discusión sobre la distinción entre el cohecho por acto propio de las funciones y el cohecho por acto no prohibido legalmente, la cual no había sido fructífera y generaba gran inseguridad jurídica[405], tal como destaca DÍAZ Y GARCÍA CONLLEDO:

> "Parece, y ello habría de valorarse positivamente, que todas las conductas orientadas a la consecución de un acto del cargo (no contrario a deber) se contemplan según el Proyecto en el artículo 420, de modo que desaparece la necesidad de distinguir acto propio del cargo del actual artículo 425 del acto no prohibido legalmente del actual artículo 426 (cohecho pasivo impropio 'clásico'), lo que enfrenta actualmente al intérprete a una labor muy difícil, si no imposible"[406].

---

[399] Art. Centésimo vigésimo de la LO 05/2010.

[400] ORTIZ DE URBINA GIMENO, en: SILVA SÁNCHEZ, *Lecciones DP. PE*, 2011, 338.

[401] MORALES PRATS/RODRÍGUEZ PUERTA, en: QUINTERO OLIVARES, *Comentarios a la PE del DP*, 2011, 1233 ss.

[402] POLAINO NAVARRETE, *Lecciones*, 2011, 325.

[403] MIR PUIG, en: MIR PUIG/CORCOY BIDASOLO, *Comentarios al CP*, 2011, 920.

[404] RODRÍGUEZ PUERTA, en: ÁLVAREZ GARCÍA/GONZÁLEZ CUSSAC: *Comentarios a la Reforma Penal*, 2010, 459; MIR PUIG, en: MIR PUIG/CORCOY BIDASOLO, *Comentarios al CP*, 2011, 921.

[405] MORALES PRATS/RODRÍGUEZ PUERTA, en: QUINTERO OLIVARES, *Comentarios a la PE del DP*, 2011, 1233 y 1234; RAMOS RUBIO, *El delito de cohecho*, 2002, 346; DÍAZ Y GARCÍA CONLLEDO, en: ARANGÜENA FANEGO/SANZ MORÁN, *La reforma de la justicia penal*, 2008, 187.

[406] DÍAZ Y GARCÍA CONLLEDO, en: ARANGÜENA FANEGO/SANZ MORÁN, *La reforma de la justicia penal*, 2008, 187.

Esta fórmula además no es nueva sino que se utiliza en muchos otros países que consagran en una sola norma el cohecho pasivo impropio.

QUERALT JIMÉNEZ cuestiona frente a la reforma que no se haya consagrado también la aceptación del funcionario, pero reconoce como positivo que en relación con el cohecho pasivo impropio también se haya incluido a los sujetos contemplados en el artículo 423 del CP[407].

Sobre este delito MUÑOZ CONDE señala que

> "[…] mientras estas dádivas o regalos no pasen de cuantías moderadas o de lo que en los usos sociales (variables según la zona geográfica y el carácter de sus gentes) se considere forma habitual de relación amistosa (invitar a una cerveza, ofrecer tabaco, etc.), el artículo 426 no debe ser aplicado, por más que el regalo se realice en consideración a la función o para la consecución de un acto no prohibido legalmente"[408].

En ese caso, estas conductas se deben castigar con el Derecho disciplinario[409].

Sobre este principio separado, la conducta se presenta sobre una doble posibilidad que da juego a la referida clasificación de cohecho antecedente y subsiguiente: por el primero, la autoridad o funcionario público solicita dádiva o presente o admite ofrecimiento para realizar un acto propio de su cargo —acto todavía no realizado—, mientras por el segundo, la recompensa es por el acto ya realizado[410].

CATALÁN SENDER señala que no se debe castigar si los regalos o dádivas tienen carácter moderado o son admitidos por los usos sociales imperantes, pues falta la voluntad de corromper en estos casos[411].

Sobre este aspecto, la jurisprudencia ha señalado:

> "No es tarea fácil la delimitación del alcance de este precepto a la hora de decidir la relevancia típica de determinadas acciones. La existencia de módulos sociales generalmente admitidos en los que la acepta-

---

407 QUERALT JIMÉNEZ, *DP español, PE*, 2010, 1168.

408 MUÑOZ CONDE, *DP. PE*, 18va, 2010, 1025.

409 MUÑOZ CONDE, *DP. PE*, 18va, 2010, 1025.

410 MORILLAS CUEVA, en: COBO DEL ROSAL, *DP español*, 2005, 903.

411 CATALÁN SENDER, *Los delitos cometidos por autoridades*, 1999, 214.

ción de regalos o actos de cortesía forma parte de la normalidad de las relaciones personales, obliga a un esfuerzo para discernir cuándo determinados obsequios adquieren carácter típico y cuando, por el contrario, pueden inscribirse en el marco de la adecuación social. Está fuera de dudas que este análisis sugiere el empleo de fórmulas concretas, adaptadas a cada supuesto de hecho, huyendo de la rigidez de fórmulas generales"[412].

En este sentido señala DÍAZ Y GARCÍA CONLLEDO:

"El principio de insignificancia y la adecuación o al menos la tolerancia social (cambiante eso sí con los tiempos) han extraído de la punición por este delito ciertas conductas que encajan en su tenor literal (las antiguas cestas de Navidad, cuya entrega hoy no parece tan evidentemente amparada por la tolerancia social, los aguinaldos al basurero o al cartero, el regalo de un puro a un funcionario para que se lo fume en el momento, el obsequio de un décimo de lotería de Navidad antes del sorteo —toque después o no—, conducta distinta del regalo de un décimo ya premiado o de la entrega de una cantidad de décimos de lotería que cuesta mucho dinero antes del sorteo, etc.)"[413].

Para DÍAZ Y GARCÍA CONLLEDO:

"En esta forma de cohecho la dádiva o regalo o bien no se ofrece en atención a la realización de un hecho concreto, sino en atención a la función que en general desempeña el funcionario, o bien se preordena a un acto concreto pero que no está prohibido legalmente, habiéndose interpretado esto último por la doctrina, teniendo en cuenta el bien jurídico protegido, como hecho justo pero dentro del ámbito de competencia del funcionario (no cualquier otro hecho no prohibido)"[414].

---

412 STS 13-6-2008 (RJ 2008\4502).

413 DÍAZ Y GARCÍA CONLLEDO, en: ASÚA BATARRITA, *Delitos contra la administración pública*, 1997, 166.

414 DÍAZ Y GARCÍA CONLLEDO, en: ASÚA BATARRITA, *Delitos contra la administración pública*, 1997, 165.

En relación con el elemento en consideración a su función, la jurisprudencia ha señalado:

> "Desde el punto de vista del primero de los elementos citados, que constituye el núcleo de este recurso, el término "en consideración a su función" debe interpretarse en el sentido de que la razón o motivo del regalo ofrecido y aceptado sea la condición de funcionario de la persona cohechada, esto es, que sólo por la especial posición y poder que el cargo público desempeñado le otorga le ha sido ofrecido la dádiva objeto del delito, de tal forma que si de algún modo dicha función no fuese desempeñada por el sujeto activo el particular no se hubiere dirigido a él ofertando o entregando aquélla"[415].

### 3.7. Cohecho impropio clásico y cohecho subsiguiente

Se tipifica el denominado cohecho subsiguiente con las mismas penas del cohecho propio e impropio, cuando la dadiva favor o retribución se recibiere o solicitare como recompensa por la conducta del artículo 419 o del artículo 420, lo que no resulta proporcional frente a la mayor lesión que se causa a la imparcialidad cuando la dadiva o promesa es anterior al acto. El cohecho impropio clásico o de facilitación sancionaba a "la autoridad o funcionario público que admitiere dádiva o regalo que le fueren ofrecidos en consideración a su función o para la consecución de un acto no prohibido legalmente, incurrirá en la pena de multa de tres a seis meses"[416]. Para RODRÍGUEZ PUERTA "la nueva redacción permite circunscribir esta modalidad a aquellos comportamientos en los que se persigue gratificar al funcionario para tenerlo en buena disposición"[417]. En todo caso, es necesario que "la razón o motivo del regalo ofrecido y aceptado sea la condición de funcionario de la persona cohechada"[418].

---

[415] STS 21-1-1994 (RJ 1994/86).

[416] Art. 426 del CP antes de la reforma.

[417] RODRÍGUEZ PUERTA, en: ÁLVAREZ GARCÍA/GONZÁLEZ CUSSAC: *Comentarios a la Reforma Penal*, 2010, 470; MORALES PRATS/RODRÍGUEZ PUERTA, en: QUINTERO OLIVARES, *Comentarios a la PE del DP*, 2011, 1237.

[418] ORTIZ DE URBINA GIMENO, en: SILVA SÁNCHEZ, *Lecciones DP. PE*, 2011, 339.

En la reforma introducida a través de la LO 5/2010 esta modalidad se separa del cohecho realizado para la consecución de un acto no prohibido legalmente y la pena del mismo se aumenta de uno a tres años[419], lo cual fue recomendado por el informe de evaluación del GRECO[420]. Adicionalmente, la redacción es más amplia, pues ahora se puede hacer no solo directamente sino también por persona interpuesta y en provecho propio o de un tercero[421].

Este delito es de peligro abstracto respecto de la imparcialidad, pues no requiere siguiera que esté relacionado con un acto u omisión específica, por lo anterior, su tipificación se ha justificado en virtud del deberes deontológicos de los funcionarios como el decoro y la integridad[422]. Contra esta posición se manifiesta POLAINO NAVARRETE, quien considera que existe un resultado material consistente en la admisión de un obsequio por parte del funcionario público que implica la incorporación de un valor económico en su patrimonio[423].

MORALES PRATS/RODRÍGUEZ PUERTA critican la tipificación de este delito, señalando que el mismo ni siquiera podría llegar a configurar un tipo de peligro abstracto frente al principio de imparcialidad, pues simplemente se sancionan condiciones o aptitudes internas del sujeto que bien podrían llegar a evitarse mediante programas eficaces de gobierno[424].

La acción típica consiste en

> "[...] admitir (lo que equivale a recibir efectivamente) las dádivas o regalos. Sin embargo, al tenor ya excesivamente difuso del tipo, el Tribunal Supremo ha añadido una interpretación extensiva de la

---

419 Artículo centésimo vigésimo segundo de la LO 05/2010:

"Se modifica el artículo 422, que tendrá la siguiente redacción:

«La autoridad o funcionario público que, en provecho propio o de un tercero, admitiera, por sí o por persona interpuesta, dádiva o regalo que le fueren ofrecidos en consideración a su cargo o función, incurrirá en la pena de prisión de seis meses a un año y suspensión de empleo y cargo público de uno a tres años»".

420 MIR PUIG, en: MIR PUIG/CORCOY BIDASOLO, *Comentarios al CP, 2011*, 922.

421 POZUELO PÉREZ, en: DÍAZ-MAROTO/RODRÍGUEZ, *Sobre las reformas*, 2011, 593.

422 POZUELO PÉREZ, en: DÍAZ-MAROTO/RODRÍGUEZ, *Sobre las reformas*, 2011, 594.

423 POLAINO NAVARRETE, *Lecciones*, 2011, 327.

424 MORALES PRATS/RODRÍGUEZ PUERTA, en: QUINTERO OLIVARES, *Comentarios a la PE del DP*, 2011, 1238.

acción típica, de forma que abrace también la mera aceptación de promesa de dádiva o regalo, por parte del funcionario público, sin que se materialice su entrega (al respecto, *vid.* SSTS 2 febrero 1994, 11 mayo 1994 y 18 octubre 1994)"[425].

Sobre la conducta RODRÍGUEZ PUERTA señala que "resulta adecuada la restricción de esta modalidad a los supuestos en los que efectivamente se acepta la ventaja o su promesa, puesto que sólo en estos casos, y no cuando hay una mera oferta unilateral, puede afirmarse que nos encontramos frente a 'engrasadores de la actividad administrativa', cuya conducta deben merecer intervención penal"[426].

En todo caso deben existir criterios limitadores que deben presentar la dádiva o regalo para menoscabar en el futuro el principio de imparcialidad[427]. Por lo anterior, se requiere de una conexión causal entre el cargo y la admisión del soborno[428], situación que se reitera en la STS 362 de 2008 en la cual se exige para la configuración del soborno de la presencia de tres elementos: el ejercicio de funciones públicas del sujeto activo, su aceptación de dádivas o regalos y la conexión causal entre la dádiva y el cargo.

En este sentido, quedarán fuera del tipo por adecuación social aquellos regalos que tengan un carácter netamente simbólico[429].

Por su parte, el cohecho subsiguiente en la actualidad está tipificado de manera independiente por la reforma introducida por la LO 5/2010[430] en los siguientes términos: "Las penas señaladas en los artículos precedentes se impondrán también cuando la dádiva, favor o retribución se recibiere o solicitare por la autoridad o funcionario público, en sus respectivos casos,

---

425 MORALES PRATS/RODRÍGUEZ PUERTA, en: QUINTERO OLIVARES, *Comentarios a la PE del DP*, 2011, 1239.

426 RODRÍGUEZ PUERTA, en: ÁLVAREZ GARCÍA/GONZÁLEZ CUSSAC: *Comentarios a la Reforma Penal*, 2010, 470.

427 MORALES PRATS/RODRÍGUEZ PUERTA, en: QUINTERO OLIVARES, *Comentarios a la PE del DP*, 2011, 1238 y 1239; POLAINO NAVARRETE, *Lecciones*, 2011, 328.

428 MIR PUIG, en: MIR PUIG/CORCOY BIDASOLO, *Comentarios al CP*, 2011, 923; POLAINO NAVARRETE, *Lecciones*, 2011, 327.

429 POLAINO NAVARRETE, *Lecciones*, 2011, 328.

430 MORALES PRATS/RODRÍGUEZ PUERTA, en: QUINTERO OLIVARES, *Comentarios a la PE del DP*, 2011, 1235 ss.

como recompensa por la conducta descrita en dichos artículos". Antes de la reforma el cohecho subsiguiente estaba mencionado solamente en relación con actos constitutivos de delito[431].

El cohecho subsiguiente "consiste en recibir una ventaja con posterioridad a la toma de decisión, es decir, una vez adoptado el acto propio del cargo", es decir, es el que se lleva a cabo después de que se ha adoptado la decisión[432]. De esta manera, este delito tipifica dos conductas: recibir o solicitar dádiva después de haber realizado un acto contrario a los deberes del cargo o después de haber omitido o retrasado el acto debido y recibir o solicitar dádiva, favor o retribución tras haber realizado un acto propio del cargo, por lo cual se tienen los demás elementos propios del delito de cohecho propio y del cohecho impropio[433].

En este sentido, RAMOS RUBIO afirma que es necesario remitirse a los artículos 419 y 420 respecto de si el delito puede cometerse por sí o por persona interpuesta, y si se producirá tanto si lo es en provecho propio como en el de un tercero, y si la pena correspondiente dejará a salvo, conforme a las reglas del concurso, la del acto realizado si fuere constitutivo de delito[434].

RODRÍGUEZ PUERTA señala que con la consagración de este tipo penal "haber querido evitar el legislador al mantener el cohecho subsiguiente en la impunidad, o la imposición de una sanción poco grave, en aquellos casos en lo que no logra probarse que hubo un acuerdo previo, pero sí que el funcionario recibió una ventaja después de la efectiva adopción del acto (justo o injusto)"[435].

En todo caso, podría haberse limitado este tipo de cohecho solamente a aquellos eventos en los cuales la dádiva recompensa un acto injusto[436].

Para RODRÍGUEZ PUERTA esta norma corrige dos errores de la legislación anterior, pues de una parte tipifica esta conducta de manera autónoma

---

431 POZUELO PÉREZ, en: DÍAZ-MAROTO/RODRÍGUEZ, *Sobre las reformas*, 2011, 593.

432 ORTIZ DE URBINA GIMENO, en: SILVA SÁNCHEZ, *Lecciones DP. PE*, 2011, 339.

433 MIR PUIG, en: MIR PUIG/CORCOY BIDASOLO, *Comentarios al CP*, 2011, 922.

434 RAMOS RUBIO, *El delito de cohecho*, 2002, 347.

435 RODRÍGUEZ PUERTA, en: ÁLVAREZ GARCÍA/GONZÁLEZ CUSSAC: *Comentarios a la Reforma Penal*, 2010, 469. En sentido similar, MORALES PRATS/RODRÍGUEZ PUERTA, en: QUINTERO OLIVARES, *Comentarios a la PE del DP*, 2011, 1236.

436 MORALES PRATS/RODRÍGUEZ PUERTA, en: QUINTERO OLIVARES, *Comentarios a la PE del DP*, 2011, 1236.

y de otra señala que "la pena que se impondrá al funcionario dependerá de la naturaleza del acto recompensado"[437].

No parece proporcional que la pena aplicable a este supuesto sea la misma del cohecho que se presenta antes del acto, pues en este caso sí se puso en peligro la objetividad de una decisión de la administración pública y la imparcialidad del propio funcionario frente al acto, mientras que en el cohecho subsiguiente solamente se afecta la venalidad del funcionario.

Este delito ha sido muy criticado por la doctrina por las siguientes razones: sanciona una conducta *ex post* a su comisión, establece efectos retroactivos desfavorables con base en una especie de *dolus subsequens* incompatible con el principio de responsabilidad subjetiva, podría sancionar doblemente conductas ya tipificadas a través de los artículos 419 y 420 del CP, afecta el principio de legalidad al incriminar a través de una cláusula general de remisión a estos delitos y sanciona un ataque ficticio o presunto frente al bien jurídico[438].

## 3.8. La delimitación de la conducta en el delito de cohecho

### *3.8.1. Problema*

Existen muchos supuestos en los cuales se cuestiona la legitimidad de la intervención del Derecho penal en relación con el delito de cohecho, dentro de las cuales cabe citar tres ejemplos:

El primer supuesto tuvo origen en el clásico ejemplo de WELZEL sobre los pequeños regalos de Navidad al cartero[439] y ha tenido diversas soluciones tales como la teoría de la adecuación social o la determinación de la inidoneidad de la conducta para poner en peligro el bien jurídico. Sin embargo, ambas soluciones pueden generar criterios tan abiertos que resultan una puerta a la inseguridad jurídica.

El segundo supuesto, es decir, el pago de remuneraciones a determinados funcionarios públicos para que actúen en cumplimiento de sus funcio-

---

[437] RODRÍGUEZ PUERTA, en: ÁLVAREZ GARCÍA/GONZÁLEZ CUSSAC: *Comentarios a la Reforma Penal*, 2010, 469; MORALES PRATS/RODRÍGUEZ PUERTA, en: QUINTERO OLIVARES, *Comentarios a la PE del DP*, 2011, 1236.

[438] POLAINO NAVARRETE, *Lecciones*, 2011, 326 y 327.

[439] WELZEL, *D.P alemán,* 1976, 84.

nes, parece absurdo, sin embargo, se presenta en múltiples casos como el de los secuestres (término utilizado en la legislación civil colombiana para los depositarios de bienes objeto de medidas cautelares) y notificadores, en los cuales son los particulares quienes remuneran directamente las actuaciones de los funcionarios.

El tercer evento resulta aún más interesante y es la cada vez más frecuente exigencia doctrinal de que exista una relación entre la entrega u ofrecimiento de la dádiva y el acto por el cual se ofrece, entrega o solicita, situación que ha llevado a considerar que si el funcionario público no tiene la competencia para proferir el acto por el cual le fue entregada, no estaríamos ante un delito de cohecho sino de estafa.

### *3.8.2. Soluciones al problema*

Uno de los temas más debatidos dentro en la doctrina sobre el delito de cohecho es el de la cuantía de la dádiva y de la idoneidad de los regalos o sobornos pequeños o insignificantes para poner en peligro el bien jurídico tutelado.

En este punto el ya citado caso de WELZEL en el que analizaba el supuesto de entregar habitualmente regalos al cartero como un evento de adecuación social:

> "Por ser socialmente adecuadas quedan excluidas, asimismo, las lesiones corporales insignificantes, del § 223; las privaciones de libertad irrelevantes del § 239, el jugar pequeñas cantidades, de los §§ 284 ss.; la entrega habitual de regalos de escaso valor para Año Nuevo, del § 331 (véase infra § 78 A I); las conductas meramente indecorosas o impertinentes, de los delitos contra la honestidad, entre otros más"[440].

Concretamente en el Derecho español, la cuantía de la dádiva ha sido tema de análisis en casi todos los estudios específicos o generales en los escritos sobre el delito de cohecho:

MUÑOZ CONDE señala que "la cuantía de la dádiva o presente debe ser relevante en orden a motivar al funcionario en su actuación"[441]. Parecería entonces que a la postura de MUÑOZ CONDE debería verificarse también

---

[440] WELZEL, *D.P alemán*, 1976, 84.

[441] MUÑOZ CONDE, *DP. PE*, 18[va], 2010, 1021 s.

la situación particular del servidor público en relación motivacional con la dadiva, es decir, un funcionario de mayor salario no podría verse influenciado con una invitación menor.

Por su parte, MORALES PRATS/RODRÍGUEZ PUERTA manifiestan frente a las dádivas: "No quedarían así comprendidos en el ámbito del precepto mentado los regalos hechos a un funcionario dentro de los "usos del tráfico" o de cortesía. Así por ejemplo los regalos de escaso valor hechos al funcionario en navidad, etc."[442].

Igualmente, también se refieren a la idoneidad de la dádiva para doblegar la voluntad del funcionario como criterio fundamental para determinar la relevancia de la dádiva, al señalar que

> "Deben quedar excluidos los regalos de nimio valor o aquellos incapaces de doblegar la voluntad imparcial el funcionario, esto es, los no adecuados *ex ante* para conseguir la finalidad que la norma pretende evitar, el cercenamiento del principio de imparcialidad. Desde esta perspectiva, no podría calificarse como típica la conducta del funcionario que solicita una invitación a comer, por ejemplo, como contrapartida por la comisión de un delito de malversación"[443].

Para OLAIZOLA NOGALES "se puede defender que no cualquier obsequio va a ser adecuado para constituir dádiva en el sentido de los artículos 419 ss. CP, sino sólo aquellos capaces objetivamente de motivar al funcionario a actuar"[444].

DÍAZ Y GARCÍA CONLLEDO también comparte la necesidad de excluir la punibilidad de los supuestos de dádivas claramente insignificantes: "No se especifica la cuantía de la dádiva, por lo que habrá que exigir que la misma tenga al menos una cierta capacidad objetiva de corromper, atendiendo a las circunstancias del caso, excluyendo del delito los supuestos de dádivas claramente insignificantes (siempre seguirán siendo problemáticos

---

[442] MORALES PRATS/RODRÍGUEZ PUERTA, en: QUINTERO OLIVARES, *Comentarios a la PE del DP*, 2011, 1220.

[443] MORALES PRATS/RODRÍGUEZ PUERTA, en: QUINTERO OLIVARES, *Comentarios a la PE del DP*, 2011, 1632 ss.

[444] OLAIZOLA NOGALES, *El delito de cohecho*, 1999, 345.

en los casos fronterizos)"[445]. Acá resalto que dentro de esos criterios fronterizos se debe tener en cuenta la situación particular y económica del servidor público y de quien la ofrece como un criterio que puede ayudar a solventar los inconvenientes mencionados, sin que se pueda afirmar que desaparecen las dificultades en esos límites.

Siguiendo esta postura MORILLAS CUEVA señala frente a la dádiva que "habrá que exigir que la misma tenga al menos una cierta capacidad de corromper, con exclusión de los claramente insignificantes"[446].

En similar sentido, señala RODRÍGUEZ PUERTA: "En este sentido, debe requerirse una mínima idoneidad de las dádivas, desde la perspectiva del bien jurídico, que deberá constatarse en cada caso para determinar el carácter retributivo o no de las mismas"[447].

QUERALT JIMÉNEZ señala que si el regalo es poco significativo y se obra por agradecimiento la conducta puede considerarse como impune[448].

ORTIZ DE URBINA GIMENO manifiesta por su parte frente al cohecho impropio que su amplitud permitiría la sanción de meros actos de cortesía, pese a lo cual el artículo 54.6 de la Ley 7/2007 sólo ordena frente a los funcionarios públicos el rechazo de regalos que vayan más allá de los usos habituales, sociales y de cortesía, por lo cual propone que los mismos sean excluidos de la comisión de aquel tipo penal en aplicación de la adecuación social, de conformidad con lo señalado por el TS en sentencia del 13 de junio de 2008[449].

Por su parte, CRESPO BARQUERO manifiesta sobre esta tema junto a la mayoría de la doctrina que "debe existir algún tipo de correlación o proporcionalidad entre aquella y el acto relativo al cargo del funcionario que se aspira a obtener, en orden a extraer del ámbito delictivo conductas socialmente admitidas o manifestaciones insuficientes o inidóneas para alcanzar el supuesto fin pretendido"[450].

---

445 DÍAZ Y GARCÍA CONLLEDO, en: ASÚA BATARRITA, *Delitos contra la administración pública*, 1997, 163.

446 MORILLAS CUEVA, en: COBO DEL ROSAL, *DP español*, 2005, 900.

447 RODRÍGUEZ PUERTA, *Problemática jurídico-penal*, 1999, 201.

448 QUERALT JIMÉNEZ, *DP español, PE*, 2010, 1168 s.

449 ORTIZ DE URBINA GIMENO, en: SILVA SÁNCHEZ, *Lecciones DP. PE*, 2011, 338.

450 CRESPO BARQUERO, *C.P., Comentarios*, 2002, 2349.

De esta manera, puede concluirse que la doctrina actual considera que la dádiva debe ser relevante e idónea para poner en peligro el bien jurídico la imparcialidad de las administraciones públicas.

El debate puede darse en la naturaleza jurídico-penal de esta exigencia, pues puede considerarse como una aplicación de la teoría de la adecuación social, como una consecuencia de la valoración *ex ante* de la conducta o como un criterio para ser valorado a través de la teoría de la imputación objetiva.

En este sentido, uno de los principales supuestos mencionados por la doctrina en los cuales no se crea un riesgo no permitido y por tanto la conducta no es objetivamente imputable es en aquellos supuestos en los cuales falta la creación de un peligro considerable para el bien jurídico.

Aplicando este concepto en el cohecho debe reconocerse entonces que existen conductas que no aumentan el riesgo de peligro o lesión de la imparcialidad de las administraciones públicas y por ello no son objetivamente imputables.

El concepto prestacional y constitucional del bien jurídico de la administración pública —adoptado en el segundo capítulo de este estudio— exige que la idoneidad de la conducta para poner en peligro el bien jurídico deba valorarse objetivamente, es decir, de acuerdo a criterios como el valor de la dádiva y las características propias del acto.

En este sentido, una posición en la cual se considerara que el bien jurídico tutelado es la honestidad o la integridad de los funcionarios públicos en el marco de sus deberes del cargo, requeriría el análisis de la situación específica del destinatario de la dádiva, es decir, la situación económica del funcionario público sobornado. Esta interpretación llevaría a considerar que tiene mayor importancia una dádiva menor pero otorgada a un funcionario público con escasos recursos que una dádiva multimillonaria entregada a un funcionario público con un alto poder adquisitivo.

Dicha proporcionalidad podría llevar a equívocos como pensar que un regalo de 60 euros recibido por un funcionario con un patrimonio de 30.000 euros que paga mensualmente una hipoteca por su vivienda es más grave que un soborno de 15.000 euros entregado a un senador con un patrimonio de 1.000.000 de euros. Esta consideración es equivalente a pensar que el robo de un coche a la Mercedes Benz debe quedar impune, lo cual además de absurdo llevaría a múltiples equívocos en materia de prevención general y especial.

Por ello, teniendo en cuenta que el bien jurídico tutelado no es la honestidad del funcionario público, sino la imparcialidad de la administración pública, las consideraciones para determinar si la conducta aumentó considerablemente el riesgo para el bien jurídico deben ser objetivas:

En primer lugar, es necesario considerar el carácter de la dádiva para excluir de la punición penal todos aquellos regalos que resulten insignificantes tanto por su cuantía como por su naturaleza, tales como objetos comestibles y consumibles dentro de los usos normales.

Al respecto señala MUÑOZ CONDE:

> "Mientras estas dádivas o regalos no pasen de cuantías moderadas o de lo que en los usos sociales (variables según la zona geográfica y el carácter de las gentes) se considere forma habitual de relación amistosa (invitar una cerveza, ofrecer un tabaco, etc.), el artículo 426 (antiguo) no debe ser aplicado, por más que el regalo se realice en consideración a la función o para la consecución de un acto no prohibido legalmente"[451].

Estos pequeños obsequios en la mayoría de los casos no buscan condicionar la conducta de los funcionarios públicos ni la imparcialidad de la administración, sino lograr un trato amable por los funcionarios públicos, finalidad que no merece un reproche jurídico penal sino eventualmente una corrección disciplinaria para el funcionario que las acepta.

En segundo lugar, deben tenerse en cuenta las características propias del acto presuntamente objeto de soborno, pues si el acto que se pretende corresponde a las funciones del funcionario, mucho más irrelevante será la entrega de una dádiva insignificante.

Mucho se ha señalado frente a la ausencia de interés jurídico en el delito de cohecho impropio[452], pero lo que definitivamente resulta claro es que la intervención del Derecho penal será aún más ilegítima si el obsequio entregado por el particular para que el funcionario realice un acto propio de sus funciones es insignificante. Situación contraria sucede en el caso en el que se le entrega un pago o dadiva significativa al servidor por hacer lo que

---

451 MUÑOZ CONDE, *DP. PE*, 18va, 2010, 1025.

452 Vid. VALEIJE ÁLVAREZ, *El tratamiento penal de la corrupción*, 1996, 55.

corresponde, porque sin duda se está afectando la trasparencia en el ejercicio de la función pública.

Este es el caso del cartero citado por WELZEL, pues aquél tiene dentro de sus funciones la distribución de correspondencia, por ello la recepción de un obsequio navideño de parte de un ciudadano es completamente insignificante. Pero si al servidor público se le paga una suma de dinero por cumplir lo que le corresponde dentro de sus funciones, considero que sí hay vulneración al bien jurídico, pues se está afectando la imparcialidad del servidor frente a los que no le entregan pago o dadiva por el cumplimiento de un acto funcional.

Resulta importante precisar el nivel de intervención del Derecho penal dentro del ejercicio de la administración pública en el delito de cohecho, para que acciones que se acostumbren dentro del ejercicio de la función pública, aunque resulten odiosas, no se imputen penalmente como cohecho. Por el contrario, considero que entregarle instituciones a un senador o parlamentario para que maneje su contratación configura abiertamente el delito de cohecho.

Y resulta importante resaltar que, siendo una característica frecuente en la criminalidad sofisticada en materia de corrupción pública la utilización de empresas, resulta un acierto político-criminal lo contemplado por el artículo 424.3 del código penal español que consagra la inhabilitación a las personas jurídicas cuando se utilicen en un procedimiento de contratación, de subvenciones o de subastas convocados por las administraciones o entes públicos para la comisión de un cohecho activo.

## Capítulo V
# El cohecho y el tráfico de influencias en Colombia

## 1. La administración pública como bien jurídico tutelado en Colombia

### 1.1 Premisas constitucionales

Si bien dentro de todos los artículos de la Constitución es posible encontrar disposiciones vinculantes para los servidores públicos, existen normas especialmente importantes para la determinación de los deberes de conducta de los funcionarios públicos:

#### *1.1.1. Los principios de la función pública*

El artículo 209 de la Constitución de Colombia, al igual que hace el artículo 103 de la Constitución española, señala los principios fundamentales a los cuales debe ceñirse la función pública y por tanto también sus funcionarios[1].

---

[1] Art. 209 de la Constitución Política de Colombia: "La función administrativa está al servicio de los intereses generales y se desarrolla con fundamento en los principios de igualdad, moralidad, eficacia, economía, celeridad, imparcialidad y publicidad, mediante la descentralización, la delegación y la desconcentración de funciones.

Las autoridades administrativas deben coordinar sus actuaciones para el adecuado cumplimiento de los fines del Estado. La administración pública, en todos sus órdenes, tendrá un control interno que se ejercerá en los términos que señale la ley.

En similar sentido, Art. 3° de la Ley 489 de 1998: *Principios de la función administrativa*. La función administrativa se desarrollará conforme a los principios constitucionales, en particular los atinentes a la buena fe, igualdad, moralidad, celeridad, economía, imparcialidad, eficacia, eficiencia, participación, publicidad, responsabilidad y transparencia. Los principios anteriores se aplicarán, igualmente, en la prestación de servicios públicos, en cuanto fueren compatibles con su naturaleza y régimen".

- El servicio de los intereses generales, principio que se desarrolla con fundamento en los principios de igualdad, moralidad, eficacia, economía, celeridad, imparcialidad y publicidad, mediante la descentralización, la delegación y la desconcentración de funciones. En este sentido, los fines esenciales del Estado son fundamentales para la interpretación de los deberes de conducta de los funcionarios públicos, pues son ellos quienes como representantes legítimos del Estado tienen a su cargo su cumplimiento.
  Dichos fines esenciales son "servir a la comunidad, promover la prosperidad general y garantizar la efectividad de los principios, derechos y deberes consagrados en la Constitución; facilitar la participación de todos en las decisiones que los afectan y en la vida económica, política, administrativa y cultural de la Nación; defender la independencia nacional, mantener la integridad territorial y asegurar la convivencia pacífica y la vigencia de un orden justo"[2].
  Adicionalmente esta misma disposición también se refiere directamente a las autoridades de la república, señalando que aquellas "están instituidas para proteger a todas las personas residentes en Colombia, en su vida, honra, bienes, creencias, y demás derechos y libertades, y para asegurar el cumplimiento de los deberes sociales del Estado y de los particulares"[3].
- El principio de prevalencia de la Constitución, de acuerdo con el cual "en todo caso de incompatibilidad entre la Constitución y la ley u otra norma jurídica, se aplicarán las disposiciones constitucionales"[4].
- El principio de igualdad, consagrado en el artículo 13 de la Constitución, según el cual "todas las personas nacen libres e iguales ante la ley, recibirán la misma protección y trato de las autoridades" y que tiene especial relevancia en materia de la corrupción, pues, como se

---

[2] Art. 2 de la Constitución Política de Colombia: "En similar sentido, Art. 4° de la Ley 489 de 1998: *Finalidades de la función administrativa*. La función administrativa del Estado busca la satisfacción de las necesidades generales de todos los habitantes, de conformidad con los principios, finalidades y cometidos consagrados en la Constitución Política. Los organismos, entidades y personas encargadas, de manera permanente o transitoria, del ejercicio de funciones administrativas deben ejercerlas consultando el interés general".

[3] Art. 2 de la Constitución Política de Colombia.

[4] Art. 4 de la Constitución Política de Colombia.

señaló en el capítulo I de la presente tesis, esta implica la desviación de intereses y el quebrantamiento de la imparcialidad de la administración pública en el trato a los ciudadanos.

- El principio de moralidad, que en el campo administrativo se manifiesta concretamente en la consagración de los conflictos de intereses[5] y que se tutela en concreto a través de las acciones populares, contempladas en la Ley 472 de 1998 y también de lo dispuesto en el Estatuto Anticorrupción cuya denominación precisamente es "Ley 190 de 1995 por la cual se dictan normas tendientes a preservar la moralidad en la administración pública y se fijan disposiciones con el objeto de erradicar la corrupción administrativa".
- El principio de eficacia implica la preocupación por las consecuencias de la decisión y de los derechos del destinatario de la misma[6] y se infringe por "la deliberada negligencia administrativa, las fallas ocasionadas por la ineptitud o incompetencia de los funcionarios o simplemente la ineficacia del sistema"[7] y por una actuación desordenada e ineficiente de la administración[8].

Igualmente, frente a los límites en la aplicación de este principio se ha sostenido que "en efecto, ninguna autoridad podría, so pretexto de seguir o de aplicar un principio que guía la función administrativa —por ejemplo, el principio de economía o el de celeridad—, prescindir de la oportuna y necesaria coordinación entre las diferentes

---

[5] SCC 1040 19-10-05.

[6] STCC 6-10-98: *"El principio de eficacia (CP artículo 209) no se reduce al simple cumplimiento de las disposiciones y exige, por el contrario, una preocupación por las consecuencias mismas de la decisión, esto es, por la persona destinataria de la acción o de la abstención estatal.*

*"El principio de eficacia es especialmente importante cuando se trata de procesos administrativos que involucran derechos fundamentales. El acatamiento de las normas del Estado social de derecho impone a los funcionarios una atención especial a la persona y a sus circunstancias".*

"Tratándose de derechos fundamentales, la administración pública está obligada a cumplir con unos resultados y no simplemente con la puesta en obra de unos medios. En este sentido son, por lo menos hasta cierto punto, indiferentes las causas del retraso administrativo. La deliberada negligencia administrativa, las fallas ocasionadas por la ineptitud o incompetencia de los funcionarios o simplemente la ineficacia del sistema, no pueden ser presentadas como razones válidas para disculpar la protección de los derechos de las personas" (Resaltado del texto).

[7] STCC 14-2-1994.

[8] Sobre este tema de la eficacia y eficiencia también pueden consultarse las sentencias SCCC 13 -8-1992., STCC 25-2-93 , STCC 16-12-1996.

autoridades, con miras a evitar decisiones o actuaciones contradictorias en desmedro de la coherencia que debe caracterizar al Estado como un todo y como calificado agente jurídico y moral"[9].

- Los principios de economía y celeridad que implican la aplicación del menor costo en el menor tiempo posible. El principio de economía en el campo administrativo se encuentra contemplado en el artículo 3 del Código Contencioso Administrativo, según el cual: "se tendrá en cuenta que las normas de procedimiento se utilicen para agilizar las decisiones, que los procedimientos se adelanten en el menor tiempo y con la menor cantidad de gastos de quienes intervienen en ellos, que no se exijan más documentos y copias que los estrictamente necesarios, ni autenticaciones ni notas de presentación personal sino cuando la ley lo ordene en forma expresa".

  Por su parte, el principio de celeridad se encuentra consagrado en el mismo artículo del CCA, según el cual "las autoridades tendrán el impulso oficioso de los procedimientos, suprimirán los trámites innecesarios, utilizarán formularios para actuaciones en serie cuando la naturaleza de ellas lo haga posible y sin que ello releve a las autoridades de la obligación de considerar todos los argumentos y pruebas de los interesados".
- El principio de imparcialidad, que en el ámbito administrativo se manifiesta en la consagración de la doble instancia (SCC 27-7-95), los trámites disciplinarios (SCC 5-12-05), las causales de impedimento y recusación (ACC 22-5-03), pero muy especialmente en el tratamiento igual frente a los ciudadanos (STCC 11-5-01), sobre este aspecto la Corte Constitucional de Colombia ha señalado:

  "En virtud del principio de imparcialidad las autoridades deben actuar teniendo en cuenta que la finalidad de los procedimientos consiste en asegurar y garantizar los derechos de todas las personas sin ningún género de discriminación; por consiguiente deberán darles un tratamiento igual, respetando el orden en que actúan ante ellos. Así como se debe respetar el turno de presentación de las solicitudes para garantizar el principio de imparcialidad, también se deben

[9] SCC 27-7-95.

resolver las peticiones sobre prestaciones dentro del término legal, adoptando las medidas y mecanismos administrativos necesarios para garantizar el cumplimiento de las mismas y de los fines que se persiguen con cada una".[10]

Por otro lado, la Corte Constitucional ha resaltado la importancia del principio de imparcialidad señalando que este es la legitimación de la decisión administrativa en un Estado de Derecho[11].

Sobre el contenido de este principio, la Corte Constitucional ha señalado que la imparcialidad tiene una aspecto subjetivo que alude al estado mental del decisor, es decir, "la ausencia de cualquier preferencia, afecto o animadversión con las partes del proceso, sus representantes o apoderados"[12] y uno objetivo que "se refiere al vínculo que puede existir entre el juez y las partes o entre aquél y el asunto objeto de controversia —de forma tal— que se altere la confianza en su decisión, ya sea por la demostración de un marcado interés o por su previo conocimiento del asunto en conflicto que impida una visión neutral de la litis"[13].

- El principio de publicidad, que se cumple de distintas maneras de acuerdo a la actuación administrativa específica frente a la cual se predique: frente a los actos administrativos generales se cumple con su publicación en el Diario Oficial[14], con los actos administrativos

---

[10] STCC 11-5-01.

[11] SCC 11-2-03: "En esta medida, la legitimidad de la decisión judicial o administrativa, descansa en la *imparcialidad* del órgano encargado de aplicar la ley, lo que significa que dicha garantía se convierte en el atributo que por excelencia debe tener un servidor público para que pueda considerarse como juez en un Estado de Derecho. Lo contrario es propio de los regímenes despóticos y arbitrarios, en dónde no impera el reino de las leyes sino el dominio de los príncipes representados en las sociedades modernas por servidores públicos prepotentes que sólo siguen los dictados de su voluntad o capricho [...].

En consecuencia, la garantía de la imparcialidad se convierte no sólo en un elemento esencial para preservar el derecho al debido proceso, sino también en una herramienta idónea para salvaguardar la confianza en el Estado de Derecho, a través de decisiones que gocen de credibilidad social y legitimidad democrática" (Resaltado del texto).

[12] SCC 11-2-03.

[13] SCC 11-2-03.

[14] Art. 120 de la Ley 489 de 1998. Parágrafo: "Únicamente con la publicación que de los actos administrativos de carácter general se haga en el Diario Oficial, se cumple con el requisito de publicidad para efectos de su vigencia y oponibilidad".

particulares mediante comunicaciones, notificaciones o publicaciones contempladas en el CCA[15] y con los contratos administrativos mediante la realización de una audiencia pública, una vez adjudicado el contrato en la cual podrán participar los interesados[16].

- Los principios funcionales de descentralización[17], delegación[18], desconcentración de funciones[19] y coordinación[20], los cuales están regulados en la Ley 489 de 1998.

#### *1.1.2. La responsabilidad del Estado y de los funcionarios públicos*

El principio de responsabilidad de los particulares y de los funcionarios públicos implica que "los particulares sólo son responsables ante las autoridades por infringir la Constitución y las leyes"[21] y los servidores públicos

---

15 Art. 3 del CCA.

16 Art. 30.11 de la Ley 80 de 1993.

17 Art. 7° de la Ley 489 de 1998: "*Descentralización administrativa*. En el ejercicio de las facultades que se le otorgan por medio de esta ley y en general en el desarrollo y reglamentación de la misma el gobierno será especialmente cuidadoso en el cumplimiento de los principios constitucionales y legales sobre la descentralización administrativa y la autonomía de las entidades territoriales. En consecuencia procurará desarrollar disposiciones y normas que profundicen en la distribución de competencias entre los diversos niveles de la administración siguiendo en lo posible el criterio de que la prestación de los servicios corresponda a los municipios, el control sobre dicha prestación a los departamentos y la definición de planes, políticas y estrategias a la Nación. Igualmente al interior de las entidades nacionales descentralizadas el gobierno velará porque se establezcan disposiciones de delegación y desconcentración de funciones, de modo tal que sin perjuicio del necesario control administrativo los funcionarios regionales de tales entidades posean y ejerzan efectivas facultades de ejecución presupuestal, ordenación del gasto, contratación y nominación, así como de formulación de los anteproyectos de presupuesto anual de la respectiva entidad para la región sobre la cual ejercen su función".

18 Art. 9° de la Ley 489 de 1998: "*Delegación*. Las autoridades administrativas, en virtud de lo dispuesto en la Constitución Política y de conformidad con la presente ley, podrán mediante acto de delegación, transferir el ejercicio de funciones a sus colaboradores o a otras autoridades, con funciones afines o complementarias".

19 Art. 8° de la Ley 489 de 1998: "*Desconcentración administrativa*. La desconcentración es la radicación de competencias y funciones en dependencias ubicadas fuera de la sede principal del organismo o entidad administrativa, sin perjuicio de las potestades y deberes de orientación e instrucción que corresponde ejercer a los jefes superiores de la Administración, la cual no implica delegación y podrá hacerse por territorio y por funciones".

20 Art. 6° de la Ley 489 de 1998: "*Principio de coordinación*. En virtud del principio de coordinación y colaboración, las autoridades administrativas deben garantizar la armonía en el ejercicio de sus respectivas funciones con el fin de lograr los fines y cometidos estatales".

21 Art. 6 de la Constitución Política de Colombia.

lo son por la misma causa y por omisión o extralimitación en el ejercicio de sus funciones"[22].

Esta disposición consagra la responsabilidad del Estado por los daños antijurídicos imputables a la acción o la omisión de las autoridades públicas y la consecuente posibilidad del Estado de repetir contra los funcionarios públicos que los hayan ocasionado[23]. Adicionalmente, también se expresa de la imposibilidad de eximir de responsabilidad por la ejecución de órdenes inconstitucionales[24].

La determinación constitucional de los funcionarios públicos para efectos de su responsabilidad se encuentran consagrados en el artículo 123 de la Carta Política según el cual "son servidores públicos los miembros de las corporaciones públicas, los empleados y trabajadores del Estado y de sus entidades descentralizadas territorialmente y por servicios". Igualmente, también se establece una remisión legal para la determinación de la responsabilidad de los servidores públicos y la manera de hacerla efectiva[25].

### 1.2. Enunciación expresa de algunos deberes de los funcionarios públicos

En la Constitución de Colombia también están consagradas disposiciones especiales que señalan deberes y establecen determinadas prohibiciones a los funcionarios públicos, las cuales, si bien en principio también se encuentran desarrolladas en leyes especiales, asimismo, tienen eficacia directa de acuerdo al señalado principio de prevalencia de la Constitución:

---

22 Art. 6 de la Constitución Política de Colombia.

23 Art. 90 de la Constitución Política de Colombia: "El Estado responderá patrimonialmente por los daños antijurídicos que le sean imputables, causados por la acción o la omisión de las autoridades públicas.

En el evento de ser condenado el Estado a la reparación patrimonial de uno de tales daños, que haya sido consecuencia de la conducta dolosa o gravemente culposa de un agente suyo, aquél deberá repetir contra éste".

24 Art. 91 de la Constitución Política de Colombia: "En caso de infracción manifiesta de un precepto constitucional en detrimento de alguna persona, el mandato superior no exime de responsabilidad al agente que lo ejecuta.

Los militares en servicio quedan exceptuados de esta disposición. Respecto de ellos, la responsabilidad recaerá únicamente en el superior que da la orden".

25 Art. 124 de la Constitución Política de Colombia: "La ley determinará la responsabilidad de los servidores públicos y la manera de hacerla efectiva".

- El deber de no nombrar "como empleados a personas con las cuales tengan parentesco hasta el cuarto grado de consanguinidad, segundo de afinidad, primero civil, o con quien estén ligados por matrimonio o unión permanente"[26].

Actualmente las normas especiales que determinan las normas que deben seguirse para el nombramiento y cualquier otro cambio en la situación de los funcionarios públicos se encuentran contempladas en la Ley 909 de 2004, la cual se rige por los principios de la carrera administrativa[27] y concretamente por los principios de mérito, libre concurrencia e igualdad en el ingreso, publicidad, transparencia en la gestión, especialización de los órganos técnicos encargados de ejecutar los procesos de selección; garantía de imparcialidad de los órganos encargados de gestionar y llevar a cabo los procedimientos de selección y, en especial, confiabilidad y validez de los instrumentos utilizados para verificar la capacidad y competencias de los aspirantes a acceder a los empleos públicos de carrera; eficacia en los procesos de selección para garantizar la adecuación de los candidatos seleccionados al perfil del empleo y eficiencia en los procesos de selección, sin perjuicio del respeto de todas y cada una de las garantías que han de rodear al proceso de selección[28].

---

[26] Art. 126 de la Constitución Política de Colombia: "Los servidores públicos no podrán nombrar como empleados a personas con las cuales tengan parentesco hasta el cuarto grado de consanguinidad, segundo de afinidad, primero civil, o con quien estén ligados por matrimonio o unión permanente. Tampoco podrán designar a personas vinculadas por los mismos lazos con servidores públicos competentes para intervenir en su designación. Se exceptúan de lo previsto en este artículo los nombramientos que se hagan en aplicación de las normas vigentes sobre ingreso o ascenso por méritos".

[27] Art. 27 de la Ley 909 de 2004: "*Carrera administrativa.* La carrera administrativa es un sistema técnico de administración de personal que tiene por objeto garantizar la eficiencia de la administración pública y ofrecer; estabilidad e igualdad de oportunidades para el acceso y el ascenso al servicio público. Para alcanzar este objetivo, el ingreso y la permanencia en los empleos de carrera administrativa se hará exclusivamente con base en el mérito, mediante procesos de selección en los que se garantice la transparencia y la objetividad, sin discriminación alguna".

[28] Art. 28 de la Ley 909 de 2004: "*Principios que orientan el ingreso y el ascenso a los empleos públicos de carrera administrativa.* La ejecución de los procesos de selección para el ingreso y ascenso a los empleos públicos de carrera administrativa, se desarrollará de acuerdo con los siguientes principios:

a) Mérito. Principio según el cual el ingreso a los cargos de carrera administrativa, el ascenso y la permanencia en los mismos estarán determinados por la demostración permanente de las calidades académicas, la experiencia y las competencias requeridas para el desempeño de los empleos;

- El deber de no celebrar contratos públicos con el Estado[29], el cual se encuentra más desarrollado en los artículos 8 y 9 del estatuto de contratación pública.
- El deber de no participar en política[30] (artículo modificado por Decreto 2310 de 2004).
- El deber de no desempeñar simultáneamente más de un empleo público ni recibir más de una asignación que provenga del tesoro

---

b) Libre concurrencia e igualdad en el ingreso. Todos los ciudadanos que acrediten los requisitos determinados en las convocatorias podrán participar en los concursos sin discriminación de ninguna índole;

c) Publicidad. Se entiende por esta la difusión efectiva de las convocatorias en condiciones que permitan ser conocidas por la totalidad de los candidatos potenciales;

d) Transparencia en la gestión de los procesos de selección y en el escogimiento de los jurados y órganos técnicos encargados de la selección;

e) Especialización de los órganos técnicos encargados de ejecutar los procesos de selección;

f) Garantía de imparcialidad de los órganos encargados de gestionar y llevar a cabo los procedimientos de selección y, en especial, de cada uno de los miembros responsables de ejecutarlos;

g) Confiabilidad y validez de los instrumentos utilizados para verificar la capacidad y competencias de los aspirantes a acceder a los empleos públicos de carrera;

h) Eficacia en los procesos de selección para garantizar la adecuación de los candidatos seleccionados al perfil del empleo;

i) Eficiencia en los procesos de selección, sin perjuicio del respeto de todas y cada una de las garantías que han de rodear al proceso de selección".

29 Art. 127 de la Constitución Política de Colombia: "Los servidores públicos no podrán celebrar, por sí o por interpuesta persona, o en representación de otro, contrato alguno con entidades públicas o con personas privadas que manejen o administren recursos públicos, salvo las excepciones legales".

30 Art. 127 de la Constitución Política de Colombia: "[...] A los empleados del Estado que se desempeñen en los órganos judicial, electoral, de control, y organismos de seguridad les está prohibido tomar parte en las actividades de los partidos y movimientos y en las controversias políticas, sin perjuicio de ejercer libremente el derecho al sufragio. A los miembros de la Fuerza Pública en servicio activo se les aplican las limitaciones contempladas en el artículo 219 de la Constitución. Los empleados no contemplados en esta prohibición solo podrán participar en dichas actividades y controversias en las condiciones que señale la Ley Estatutaria. La utilización del empleo para presionar a los ciudadanos a respaldar una causa o campaña política constituye causal de mala conducta. Cuando el Presidente y el Vicepresidente de la República presenten sus candidaturas, solo podrán participar en las campañas electorales desde el momento de su inscripción. En todo caso dicha participación solo podrá darse desde los cuatro (4) meses anteriores a la fecha de la primera vuelta de la elección presidencial, y se extenderá hasta la fecha de la segunda vuelta en caso de que la hubiere. La Ley Estatutaria establecerá los términos y condiciones en los cuales, antes de ese lapso, el Presidente o el Vicepresidente podrán participar en los mecanismos democráticos de selección de los candidatos de los partidos o movimientos políticos. Durante la campaña, el Presidente y el Vicepresidente de la República no podrán utilizar bienes del Estado o recursos del Tesoro Público, distintos de aquellos que se ofrezcan en igualdad de condiciones a todos los candidatos. Se exceptúan los destinados al cumplimiento de las funciones propias de sus cargos y a su protección personal, en los términos que señale la Ley Estatutaria".

público, o de empresas o de instituciones en las que tenga parte mayoritaria el Estado[31].

- El deber de no aceptar cargos, honores o recompensas de gobiernos extranjeros u organismos internacionales, ni celebrar contratos con ellos, sin previa autorización del Gobierno[32].
- La prohibición del enriquecimiento ilícito, según la cual: "por sentencia judicial, se declarará extinguido el dominio sobre los bienes adquiridos mediante enriquecimiento ilícito, en perjuicio del Tesoro público o con grave deterioro de la moral social"[33].

  Actualmente la regulación correspondiente al enriquecimiento ilícito y a la extinción del dominio está contemplada en le Ley 793 de 2002, a la cual se hará referencia más adelante.

## 1.3. Premisas legales

### *1.3.1. Los deberes de los funcionarios públicos*

El Código Disciplinario Único consagra una serie de deberes que son aplicables a todos los funcionarios públicos, de los cuales los más importantes pueden clasificarse en varios grupos de acuerdo al principio concreto de la administración pública al cual se encuentren más orientados:

El principio de legalidad, el cual se cumple a través de deberes en todos los aspectos del cumplimiento de este axioma y cuya infracción puede implicar la comisión del delito de prevaricación:

- Frente a la ejecución de las leyes existe el deber de cumplir y hacer que se cumplan los deberes contenidos en la Constitución, los tratados, las leyes, los decretos, las ordenanzas, los acuerdos distritales y municipales, los estatutos de la entidad, los reglamentos y los manuales de

---

[31] Art. 128 de la Constitución Política de Colombia: "Nadie podrá desempeñar simultáneamente más de un empleo público ni recibir más de una asignación que provenga del tesoro público, o de empresas o de instituciones en las que tenga parte mayoritaria el Estado, salvo los casos expresamente determinados por la ley. Entiéndese por tesoro público el de la Nación, el de las entidades territoriales y el de las descentralizadas".

[32] Art. 129 de la Constitución Política de Colombia: "Los servidores públicos no podrán aceptar cargos, honores o recompensas de gobiernos extranjeros u organismos internacionales, ni celebrar contratos con ellos, sin previa autorización del Gobierno".

[33] Art. 34 de la Constitución Política de Colombia.

funciones, las decisiones judiciales y disciplinarias, las convenciones colectivas, los contratos de trabajo y las órdenes superiores emitidas por funcionario competente[34].

- Frente a la jerarquía se presenta el deber del funcionario público de cumplir las disposiciones que sus superiores jerárquicos adopten en ejercicio de sus atribuciones, siempre que no sean contrarias a la Constitución Nacional y a las leyes vigentes, y atender los requerimientos y citaciones de las autoridades competentes[35].
- En la formulación de las decisiones se exige la motivación de estas últimas conforme a la ley[36].
- Por último, en relación con la expedición de leyes se exige la obligación de "Dictar los reglamentos o manuales de funciones de la entidad, así como los internos sobre el trámite del derecho de petición"[37].

El principio de imparcialidad se exige igualmente en diversos niveles y actividades de la administración pública y cuya infracción puede implicar la comisión de los delitos de cohecho y tráfico de influencias: en el cumplimiento de los servicios encomendados a los servidores públicos[38], en el trato a las personas con las cuales se tenga una relación por razón del servicio[39], en relación a las remuneraciones recibidas se exige no recibir aquellas que sean distintas a las que se tenga derecho[40], frente a la resolución de los asuntos que hayan ingresado en el despacho del funcionario público[41], en relación a la consideración del interés general y del bien común en el ejercicio de

---

34 Art. 34.1 del CDU.

35 Art. 34.7 del CDU.

36 Art. 34.13 del CDU.

37 Art. 34.19 del CDU.

38 Art. 34.2 del CDU: "Cumplir con diligencia, eficiencia e imparcialidad el servicio que le sea encomendado y abstenerse de cualquier acto u omisión que cause la suspensión o perturbación injustificada de un servicio esencial, o que implique abuso indebido del cargo o función".

39 Art. 34. 6 del CDU: "Tratar con respeto, imparcialidad y rectitud a las personas con que tenga relación por razón del servicio".

40 Art. 34. 8 del CDU: "Desempeñar el empleo, cargo o función sin obtener o pretender beneficios adicionales a las contraprestaciones legales y convencionales cuando a ellas tenga derecho".

41 Art. 34.12 del CDU: "Resolver los asuntos en el orden en que hayan ingresado al despacho, salvo prelación legal o urgencia manifiesta".

las funciones[42], frente a la obligación de publicar en las dependencias de la entidad una lista con las licitaciones declaradas desiertas y de los contratos que se han adjudicado[43] y, por último, en la atención general a los ciudadanos, lo cual implica que no se podrá realizar ningún tipo de discriminación en el trato de estos[44].

También existen determinados principios que tienen una relación directa o indirecta con la tutela de los bienes que hacen parte del patrimonio de las entidades públicas y que se presentan en diversas fases y cuya infracción puede implicar la comisión del delito de malversación:

- En la fase de recaudación de recursos públicos encontramos el deber de hacer los descuentos conforme a la ley o a las órdenes de autoridad judicial y girar en el término que señale la ley o la autoridad judicial los dineros correspondientes[45].
- En la fase presupuestal inicial se presenta el deber de formular, decidir oportunamente o ejecutar los planes de desarrollo y los presupuestos y cumplir las leyes y normas que regulan el manejo de los recursos económicos públicos, o afectos al servicio público[46].
- En la fase de la conformación de las apropiaciones presupuestales se exige que el sujeto se haga dueño de los presupuestos y gire directamente a las contralorías departamentales y municipales, como a la Contraloría General de la República y las Personerías Municipales y Distritales dentro del término legal, las partidas por concepto de la cuota de vigilancia fiscal, siempre y cuando lo permita el flujo de caja[47].

---

[42] Art. 34.15 del CDU: "Ejercer sus funciones consultando permanentemente los intereses del bien común, y teniendo siempre presente que los servicios que presta constituyen el reconocimiento y efectividad de un derecho y buscan la satisfacción de las necesidades generales de todos los ciudadanos".

[43] Art. 34.26 del CDU: "Publicar en las dependencias de la respectiva entidad, en sitio visible, una vez por mes, en lenguaje sencillo y accesible al ciudadano común, una lista de las licitaciones declaradas desiertas y de los contratos adjudicados, que incluirá el objeto y valor de los mismos y el nombre del adjudicatario".

[44] Art. 34.38 del CDU: "Actuar con imparcialidad, asegurando y garantizando los derechos de todas las personas, sin ningún género de discriminación, respetando el orden de inscripción, ingreso de solicitudes y peticiones ciudadanas, acatando los términos de ley".

[45] Art. 34.18 del CDU.

[46] Art. 34.3 del CDU.

[47] Art. 34.27 del CDU

- Una vez los bienes ya se encuentren en poder de las entidades públicas existe el deber de utilizar los bienes y recursos asignados para el desempeño de su empleo, cargo o función, las facultades que le sean atribuidas, o la información reservada a que tenga acceso por razón de su función, en forma exclusiva para los fines a que están afectos.
- En esta misma fase también se encuentra la obligación de vigilar y salvaguardar los bienes y valores que le han sido encomendados y cuidar que sean utilizados debida y racionalmente, de conformidad con los fines a que han sido destinados[48] y el deber de responder por la conservación de los útiles, equipos, muebles y bienes confiados a su guarda o administración y rendir cuenta oportuna de su utilización[49].
- En relación con el control del manejo de presupuestos públicos se exigen por último tres deberes: la explicación de la procedencia de los incrementos patrimoniales obtenidos durante el ejercicio del cargo[50], la adopción del Sistema de Contabilidad Pública y del Sistema Integrado de Información Financiera –SIIF–[51] y el deber de publicar mensualmente los informes de gestión, resultados, financieros y contables de la entidad[52].
- Por último, también tenemos un grupo de deberes relacionados con el principio de eficiencia: La dedicación de la totalidad del tiempo al trabajo desempeñado[53], el control el cumplimiento de las finalidades, objetivos, políticas y programas que deban ser observados[54], llevar

---

48 Art. 34.21 del CDU.

49 Art. 34.22 del CDU.

50 Art. 34.23 del CDU: "Explicar inmediata y satisfactoriamente al nominador, a la Procuraduría General de la Nación o a la Personería, cuando estos lo requieran, la procedencia del incremento patrimonial obtenido durante el ejercicio del cargo, función o servicio".

51 Art. 34.33 del CDU: "Adoptar el Sistema de Contabilidad Pública y el Sistema Integrado de Información Financiera SIIF, así como los demás sistemas de información a que se encuentre obligada la administración pública, siempre y cuando existan los recursos presupuestales para el efecto".

52 Art. 34.36 del CDU: "Publicar mensualmente en las dependencias de la respectiva entidad, en lugar visible y público, los informes de gestión, resultados, financieros y contables que se determinen por autoridad competente, para efectos del control social de que trata la Ley 489 de 1998 y demás normas vigentes".

53 Art. 34.11 del CDU: "Dedicar la totalidad del tiempo reglamentario de trabajo al desempeño de las funciones encomendadas, salvo las excepciones legales".

54 Art. 34.28. del CDU: "Controlar el cumplimiento de las finalidades, objetivos, políticas y programas que deban ser observados por los particulares cuando se les atribuyan funciones públicas".

a cabo la jurisdicción coactiva[55] y tramitar las quejas realizadas por los funcionarios públicos[56].

### *1.3.2. Las prohibiciones de conducta de los funcionarios públicos*

En el Código Disciplinario Único también se consagra una serie de prohibiciones de actuar aplicables a los funcionarios públicos, de las cuales las más importantes igualmente pueden clasificarse en varios grupos de acuerdo al principio concreto de la administración pública al cual se encuentren más orientados:

Se encuentran relacionadas con la infracción del principio de legalidad y pueden ser constitutivas por lo tanto del delito de prevaricación:

- El incumplimiento de deberes o derechos contemplados en la Constitución, los tratados o la regulación vigente[57].
- Nombrar a personas que no reúnan los requisitos correspondientes[58].
- Reproducir actos administrativos suspendidos o anulados[59].
- Permitir, tolerar o facilitar el ejercicio ilegal de profesiones reguladas por la ley[60].
- Incumplir cualquier decisión judicial, fiscal, administrativa, o disci-

[55] Art. 34.29 del CDU: "Ordenar, en su condición de jefe inmediato, adelantar el trámite de jurisdicción coactiva en la respectiva entidad, para el cobro de la sanción de multa, cuando el pago no se hubiere efectuado oportunamente".

Art. 34.30 del CDU: "Ejercer, dentro de los términos legales, la jurisdicción coactiva para el cobro de las sanciones de multa".

[56] Art. 34.34 del CDU: "Recibir, tramitar y resolver las quejas y denuncias que presenten los ciudadanos en ejercicio de la vigilancia de la función administrativa del Estado".

[57] Art. 35.1 del CDU: "Incumplir los deberes o abusar de los derechos o extralimitar las funciones contenidas en la Constitución, los tratados internacionales ratificados por el Congreso, las leyes, los decretos, las ordenanzas, los acuerdos distritales y municipales, los estatutos de la entidad, los reglamentos y los manuales de funciones, las decisiones judiciales y disciplinarias, las convenciones colectivas y los contratos de trabajo".

[58] Art. 35.18 del CDU: "Nombrar o elegir, para el desempeño de cargos públicos, personas que no reúnan los requisitos constitucionales, legales o reglamentarios, o darles posesión a sabiendas de tal situación".

[59] Art. 35.19 del CDU: "Reproducir actos administrativos suspendidos o anulados por la jurisdicción contencioso-administrativa, o proceder contra resolución o providencia ejecutoriadas del superior".

[60] Art. 35.20 del CDU.

plinaria en razón o con ocasión del cargo o funciones, u obstaculizar su ejecución[61].

Se encuentran relacionadas con la infracción del principio de imparcialidad y pueden ser constitutivas por lo tanto de los delitos de cohecho, tráfico de influencias o interés indebido en la celebración de contratos:

- Solicitar, directa o indirectamente, dádivas, agasajos, regalos, favores o cualquier otra clase de beneficios[62].
- Aceptar, sin permiso de la autoridad correspondiente, cargos, honores o recompensas provenientes de organismos internacionales o gobiernos extranjeros, o celebrar contratos con estos, sin previa autorización del Gobierno[63].
- Constituirse en acreedor o deudor de alguna persona interesada directa o indirectamente en los asuntos a su cargo, de sus representantes o apoderados, de sus parientes dentro del cuarto grado de consanguinidad, segundo de afinidad o primero civil, o de su cónyuge o compañero o compañera permanente[64].
- Prestar, a título particular, servicios de asistencia, representación o asesoría en asuntos relacionados con las funciones propias del cargo, hasta por un término de un año después de la dejación del cargo o permitir que ello ocurra[65].
- Gestionar directa o indirectamente, a título personal, o en representación de terceros, en asuntos que estuvieron a su cargo[66].
- Realizar discriminaciones entre los ciudadanos,[67] conducta que considero no solamente se aplica a la llamada discriminación racial o étnica, sino también en concreto a la discriminación de determinados grupos de ciudadanos, personas pertenecientes a un partido político o agremiación profesional.

---

[61] Art. 35.24 del CDU.

[62] Art. 35.3 del CDU.

[63] Art. 35.4 del CDU.

[64] Art. 35.10 del CDU.

[65] Art. 35.22 del CDU.

[66] Art. 35.25 del CDU.

[67] Art. 35.26 del CDU.

- Manifestar indebidamente en acto público o por los medios de comunicación, opiniones o criterios dirigidos a influir para que la decisión[68].
- Adquirir, por sí o por interpuesta persona, bienes que se vendan por su gestión o influir para que otros los adquieran, salvo las excepciones legales[69].

Se encuentran relacionadas con la vulneración del patrimonio público y pueden ser constitutivas por lo tanto del delito de malversación o eventualmente del delito de enriquecimiento ilícito:

- Dañar o dar lugar a la pérdida de bienes[70].
- Ocupar o tomar indebidamente oficinas o edificios públicos[71].
- Recibir más de una asignación que provenga del tesoro público o de empresas o de instituciones en las que tenga parte mayoritaria el Estado[72].
- Ordenar el pago o percibir remuneración oficial por servicios no prestados, o por cuantía superior a la legal[73].
- Asumir obligaciones o compromisos de pago que superen la cuantía de los montos aprobados en el Programa Anual Mensualizado de Caja[74].

---

[68] Art. 35.28 del CDU: "Manifestar indebidamente en acto público o por los medios de comunicación, opiniones o criterios dirigidos a influir para que la decisión contenida en sentencias judiciales, fallos disciplinarios, administrativos o fiscales sean favorables a los intereses de la entidad a la cual se encuentra vinculado, en su propio beneficio o de un tercero".

[69] Art. 35.33 del CDU.

[70] Art. 35.13 del CDU: "Ocasionar daño o dar lugar a la pérdida de bienes, elementos, expedientes o documentos que hayan llegado a su poder por razón de sus funciones".

[71] Art. 35.5 del CDU.

[72] Art. 35.14 del CDU: "Desempeñar simultáneamente más de un empleo público o recibir más de una asignación que provenga del tesoro público, o de empresas o de instituciones en las que tenga parte mayoritaria el Estado, salvo los casos expresamente determinados por la ley. Entiéndese por tesoro público el de la Nación, las entidades territoriales y las descentralizadas".

[73] Art. 35.15 del CDU: "Ordenar el pago o percibir remuneración oficial por servicios no prestados, o por cuantía superior a la legal, o reconocer y cancelar pensiones irregularmente reconocidas, o efectuar avances prohibidos por la ley o los reglamentos".

[74] Art. 35.16 del CDU.

Por último, existe un grupo de prohibiciones relacionadas con la infracción del principio de eficiencia y por tanto aumentan el riesgo frente al bien jurídico de la administración pública:

- Omitir, negar, retardar o entrabar el despacho de los asuntos a su cargo o la prestación del servicio a que está obligado[75].
- Omitir, retardar o no suministrar debida y oportuna respuesta a las peticiones respetuosas de los particulares[76].
- Dar lugar al acceso o exhibir expedientes, documentos o archivos a personas no autorizadas[77].
- Prescindir del reparto, cuando sea obligatorio hacerlo, o efectuarlo en forma irregular[78].
- Infringir las disposiciones sobre honorarios o tarifas de los profesionales liberales o auxiliares de la justicia y/o el arancel judicial, en cuantía injusta y excesiva[79].
- Tener a su servicio, en forma estable para las labores propias de su despacho, personas ajenas a la entidad[80].
- Imponer a otro servidor público trabajos ajenos a sus funciones o impedirle el cumplimiento de sus deberes[81].

### *1.3.3. Las inhabilidades de los funcionarios públicos*

El CDU hace una remisión general a las inhabilidades contempladas en la Constitución y en la Ley[82], sin embargo, se consagran algunas inhabilidades e incompatibilidades especiales:

---

75 Art. 35.7 del CDU.

76 Art. 35.8 del CDU.

77 Art. 35.21 del CDU.

78 Art. 35.29 del CDU.

79 Art. 35.30 del CDU.

80 Art. 35.31 del CDU.

81 Art. 35.2 del CDU.

82 Art. 36 del CDU. Incorporación de inhabilidades, impedimentos, incompatibilidades y conflicto de intereses: "Se entienden incorporadas a este código las inhabilidades, impedimentos, incompatibilidades y conflicto de intereses señalados en la Constitución y en la ley".

Las inhabilidades especiales se refieren específicamente a aquellos supuestos en los cuales el funcionario público haya sido declarado responsable en un proceso penal, disciplinario o fiscal[83].

Por su parte, se consagran dos incompatibilidades especiales: la primera, dirigida a los gobernadores, diputados, alcaldes, concejales y miembros de las juntas administradoras locales y les impide intervenir en nombre propio o ajeno en asuntos, actuaciones administrativas o actuación contractual en los cuales tenga interés el organismo al cual se encuentren vinculados y actuar como apoderados o gestores ante entidades o autoridades disciplinarias, fiscales, administrativas o jurisdiccionales. La segunda se aplica a todos los servidores públicos y les impide adquirir o intervenir directa o indirectamente en remate o venta de bienes que se efectúen en la entidad donde labore o en cualquier otra sobre la cual se ejerza control jerárquico o de tutela o funciones de inspección, control y vigilancia.

Adicionalmente, también se contempla una regulación específica de los conflictos de intereses, la cual prescribe que "todo servidor público deberá declararse impedido para actuar en un asunto cuando tenga interés particular y directo en su regulación, gestión, control o decisión, o lo tuviere su cónyuge, compañero o compañera permanente, o algunos de sus parientes dentro del cuarto grado de consanguinidad, segundo de afinidad o primero civil, o su socio o socios de hecho o de derecho"[84].

---

[83] Art. 38 del CDU: "*Otras inhabilidades.* También constituyen inhabilidades para desempeñar cargos públicos, a partir de la ejecutoria del fallo, las siguientes:

1. Además de la descrita en el inciso final del artículo 122 de la Constitución Política, haber sido condenado a pena privativa de la libertad mayor de cuatro años por delito doloso dentro de los diez años anteriores, salvo que se trate de delito político.

2. Haber sido sancionado disciplinariamente tres o más veces en los últimos cinco (5) años por faltas graves o leves dolosas o por ambas. Esta inhabilidad tendrá una duración de tres años contados a partir de la ejecutoria de la última sanción.

3. Hallarse en estado de interdicción judicial o inhabilitado por una sanción disciplinaria o penal, o suspendido en el ejercicio de su profesión o excluido de esta, cuando el cargo a desempeñar se relacione con la misma.

4. Haber sido declarado responsable fiscalmente".

[84] Art. 40 del CDU.

# 2. El delito de cohecho en Colombia

## 2.1. Antecedentes

### *2.1.1. Tipificación en el Código Penal de 1890*

En el Código Penal de 1890 la tipificación del cohecho sigue el modelo consagrado en el Código Penal español de 1870, tomándose como base la comisión del delito de prevaricación y agregándose una pena adicional:

En primer lugar, se castiga la prevaricación cometida por cohecho o soborno: "El juez de hecho o de derecho, árbitro, arbitrador o cualquiera otro funcionario o empleado público que cometa prevaricación por soborno o cohecho dado o permitido a él, o con su noticia a alguno de sus familiares directamente o por medio de interpuesta persona, además de la pena de prevaricador pagará una multa igual al triple del cohecho prometido o recibido"[85].

La aplicación de esta norma, en concordancia con la Ley 41 de 1892, generaba un vacío legal, pues no era posible aplicarla con respecto a senadores y representantes, tal como ya denunciaba VICENTE CONCHA:

> "La denominación de empleados o funcionarios públicos, entendida conforme al artículo cuarto del Código político y municipal, comprendería entre los que pueden ser responsables del delito de corrupción a los senadores y representantes; pero conforme al artículo 1 de la Ley 41 de 1892, la representación nacional que ejercen los senadores y representantes no es un empleo sino un derecho, por consiguiente, no hay disposición aplicable a los diputados o senadores que se hagan responsables de corrupción en el ejercicio de su mandato, deficiencia grave, sobre todo en tiempos en que se ha hecho tan frecuente el tráfico de los votos en las cámaras, y en que los gobiernos mismos hacen oficio de corruptores, premiando con sinecuras y empleos a diputados que miran antes a satisfacer las voluntades de los que gobiernan que a los dictados del honor, de la conciencia y del interés público"[86].

Por otro lado, en esta norma se observa claramente cómo el cohecho fue concebido inicialmente como un tipo penal complementario del delito de

---

[85] Art. 488 del CP de 1890.

[86] VICENTE CONCHA, *Tratado de DP*, 1895, 286.

prevaricación que agrava la pena del mismo. Sin embargo, cabe señalar que la agravación de la pena por la existencia de un soborno ya podía fundarse en una de las causales de agravación contemplada en la parte general del Código Penal de 1890, según la cual: "En todo delito se tendrán por circunstancias agravantes, además de las que expresa la ley en sus casos respectivos, las siguientes: [...] 8. La mayor superioridad o influencia del reo con respecto a otro a quien dé órdenes, consejos, instrucciones para delinquir, o le seduzca, instigue, solicite, o provoque para ello"[87].

Adicionalmente, dentro de la parte general del Código Penal también se contempla una norma según la cual "Son autores del delito: [...] 4. Los que sobornen a alguno para que cometa el delito, siempre que aparezca el soborno como causa principal o única del delito".[88]

En segundo lugar, se consagra el cohecho para la provisión de un cargo, oficio o empleo público, o comisión del gobierno: "El funcionario o empleado público de cualquiera clase que, encargado de proveer algún cargo, oficio o empleo público, o comisión del gobierno, o de hacer las propuestas para su provisión, proceda en virtud de soborno o cohecho a hacer la provisión o la propuesta sufrirá las penas prescritas en el artículo anterior"[89].

Al igual que en relación con la modalidad anterior de cohecho, esta forma de cohecho también podría considerarse como una manera de agravar la pena en un modo especial de prevaricato, reiterando que dicha agravación también podría fundarse en la causal de agravación contemplada en el numeral 8 del artículo 117 del CP de 1890 y en el artículo 22 del mismo Código.

En tercer lugar, se consagran dos modalidades de cohecho propio: la cometida al "admitir un soborno, cohecho o regalo para hacer alguna cosa contraria a lo que como tal funcionario o empleado público esté obligado, o dejar de hacer alguna que por razón de sus funciones deba ejecutar"[90] y la realizada para la comisión de un delito[91].

---

87 Art. 117 del CP de 1890.

88 Art. 22 del CP de 1890.

89 Art. 489 del CP de 1890.

90 Art. 490 del CP de 1890.

91 Art. 492: Si la acción ejecutada por soborno, cohecho o regalo, no sólo fuere contraria a la obligación del que la ejecuta, sino que constituyere otro delito, se le impondrá también la pena que este tuviere señalada.

Ya para la época VICENTE CONCHA identificaba la necesidad de que el acto pretendido estuviera dentro de las funciones del servidor público, pues de lo contrario se configuraría una estafa: "Cuando el acto a que se refiere la corrupción no se deja de ejecutar sino porque el empleado no podía hacerlo por razón de sus funciones, no puede existir el delito, porque este supone que la prevaricación se refiere siempre a los actos del empleo; pero en tal caso se podrá calificar el hecho como estafa"[92].

También se contempla una modalidad denominada por doctrina cohecho simple cometida "para dejar de hacer lo que no deba ejecutar, o para hacer lo que deba ejecutar"[93].

Respecto de la diferencia de esta modalidad con las anteriores, VICENTE CONCHA ya señalaba

> "El delito de corrupción puede tener dos caracteres, que se deben distinguir exactamente para la aplicación de las penas, como lo dispone el Código Colombiano, (artículo 493): el funcionario público acepta dones o promesas para ejecutar un acto legal o dictar una resolución justa o deja de hacer lo que tampoco no debería hacer legalmente, o bien se deja corromper para realizar una ilegalidad o una injusticia. En el primer caso, no hay sino una corrupción simple, sin perjuicio para tercero, porque la ejecución de un acto legal o de justicia a nadie puede inferir daño, pero en el segundo existe el elemento de perjuicio que debe agravar la responsabilidad y la pena. Además, si por el soborno o corrupción se comete un delito, hay concurso de delitos, que se castiga por separado, con acumulación de las penas, conforme al sistema penal colombiano"[94].

En cuarto lugar, se consagra una cláusula curiosa, según la cual "Las penas señaladas en los seis artículos anteriores se impondrán siempre que

---

92 VICENTE CONCHA, *Tratado de DP*, 1895, 288.

93 Art. 493: El funcionario o empleado público que admita o convenga en admitir algún regalo para dejar de hacer lo que no deba ejecutar, o para hacer lo que hacer lo que deba ejecutar, sufrirá la pena de privación empleo, será apercibido, y pagará una multa igual al duplo del regalo o cohecho prometido o recibido. Para imponer estas penas no es preciso que el regalo se dé o prometa al empleado mismo; hasta que se verifique con su acuerdo, con una persona de su familia".

94 VICENTE CONCHA, *Tratado de DP*, 1895, 286 y 287.

la ley no señale alguna otra en caso determinado, pues entonces será esta la que se aplica"[95].

Esta norma del artículo 493 resultaba completamente contradictoria con la fórmula de tipificación utilizada en los artículos 488 y 489, pues en los mismos siempre existe otro delito y frente a los mismos siempre se aplica otra pena. Hay que entender por ello que la regulación de aquellos preceptos era ley especial, que desplazaba la norma general del artículo 493.

Por último, llama la atención que no se consagrara un delito específico para sancionar el cohecho activo; sin embargo, en la época VICENTE CONCHA señalaba que para el castigo del corruptor podía aplicarse la cláusula de responsabilidad extensiva de la autoría a la inducción por soborno contemplada en el artículo 22 del Código Penal de 1890:

> "El Código colombiano, aunque no lo expresa categóricamente, sigue el primer sistema, y castiga de una misma manera al sobornador y al sobornado, porque en defecto de otra disposición especial, es necesario aplicar la regla del ordinal 4º del artículo 22 del mismo Código, que clasifica entre los autores principales de un delito á los que sobornan á alguno para que lo cometa, siempre que por esa causa se realice el acto criminoso"[96].

En este sentido, en la parte general del CP de 1890 se señala: "Son autores del delito: [...] 4. Los que sobornen a alguno para que cometa el delito, siempre que aparezca el soborno como causa principal o única del delito"[97].

### *2.1.2. Código Penal colombiano de 1936*

El Código Penal colombiano de 1936 abandona la sistemática utilizada en el Código Penal de 1890, en especial la consagración del cohecho en relación con una previa prevaricación ya cometida.

En vigencia de este Código Penal, la Corte Suprema de Justicia ya definía el cohecho como la venta de la justicia:

---

[95] Art. 494 del CP de 1890.

[96] VICENTE CONCHA, *Tratado de DP*, 1895, 285.

[97] Art. 22 del CP de 1890.

> "El cohecho forma parte de lo que en doctrina se denomina corrupción de funcionarios públicos que consiste en el ofrecimiento, por una parte, y la aceptación por otra, de alguna ventaja, dádiva o provecho por ejecutar o abstenerse de ejecutar el empleado o funcionario un acto propio de sus funciones. El cohecho es, en términos generales, la venta de la justicia.
>
> Conforme a nuestra legislación penal, el cohecho se configura por el simple acto de admitir el funcionario indebidamente o el empleado público, para sí o para un tercero, dinero, dádivas o promesas remuneratorias por actuación que deba ejecutar en el desempeño de su cargo, aunque no cometa una injusticia o una arbitrariedad. Si estas se realizan, la sanción se agrava en los términos del artículo 161 del Código"[98].

La estructura de las modalidades de cohecho resulta muy similar a la utilizada en el Código Penal español de 1928, lo cual resulta curioso pues en la época estaba rigiendo un nuevo Código Penal en España promulgado en 1932.

También es posible observar la influencia del Código Penal italiano de 1930, en especial en la diferenciación del cohecho y la concusión, distinción que en España tradicionalmente solo se refiere al cohecho y a las exacciones ilegales.

En este sentido, se consagran fundamentalmente cuatro modalidades de cohecho:

En primer lugar, consagra el cohecho impropio cometido por "El funcionario o empleado público o la persona que transitoriamente desempeñe funciones públicas, que reciba indebidamente para sí o para un tercero, dinero o dádivas, o acepte promesas remuneratorias directas o indirectas, por acto que deba ejecutar en el desempeño de sus funciones"[99].

Respecto de esta modalidad de cohecho VÁZQUEZ ABAD señalaba "El cohecho, o corrupción de funcionarios, como también se le llama, tiene la nota característica de ser una infracción plural, esto es, necesita la concu-

---

[98] Auto de 6 de septiembre de 1946.

[99] Art. 160 del CP de 1936.

rrencia de dos personas, por lo menos, para su consumación: el cohechado y el cohechador; sobornante y sobornado"[100].

En todo caso, la doctrina señalaba que no es necesario que la promesa se cumpla, sino que basta con el mero acuerdo de voluntades entre los sujetos del cohecho:

> "El cohecho pasivo se consuma al recibir la dádiva o aceptar la promesa, es decir, con la sola celebración del convenio. No es necesario, para la perfección del delito, que quien hace la promesa la cumpla, ni que quien la acepta ejecute el acto ofrecido, basta el simple acuerdo de voluntades para que el delito se repute consumado. Como el acuerdo es instantáneo y no de ejecución gradual no cabe la tentativa. El cohecho activo, en cambio, según veremos luego, se consuma con el ofrecimiento de la dádiva o de la promesa aunque el funcionario no la acepte"[101].

En segundo lugar, consagra el cohecho propio cometido "Si la admisión del dinero o de la dádiva, o la aceptación de las promesas, se verificare para omitir o retardar un acto propio del cargo o para ejecutar uno contrario a los deberes oficiales"[102].

En este caso, para ARENAS "El acto ofrecido por el funcionario debe ser legal y estar de acuerdo con los que debe ejecutar en desempeño de sus funciones. Por esta razón se llama simple esta especie de cohecho. Si el acto ofrecido es ilegal, injusto, arbitrario, hay cohecho agravado y se sanciona más severamente según veremos al comentar el siguiente artículo"[103].

Llama la atención que en esta norma no se hace una referencia específica al cohecho para la comisión de un delito, el cual se entendería comprendido entre los actos contrarios a los deberes oficiales.

En relación con esta problemática VÁZQUEZ ABAD señala la posibilidad de aplicar un concierto para delinquir en aquellos casos en los cuales el cohecho tuviera por objeto la comisión de un delito:

---

[100] VÁZQUEZ ABAD, *Tratado de DP colombiano*, 1949, 94.

[101] ARENAS, *Comentarios al CP, PE*, 1959, 89.

[102] Art. 161 del CP de 1936.

[103] ARENAS, *Comentarios al CP, PE*, 1959, 90.

> "Una posible solución del caso planteado sería dar a esa ocurrencia, y cuando quiera que el funcionario o empleado público reciba dinero o dádivas para ejecutar algo contrario a sus deberes, pero no lleve a cabo lo ofrecido, el carácter de un delito como el que reprime el artículo 212 del Código Penal, norma esta, general para todas las infracciones en que sea posible un concierto para delinquir y que configura las modalidades propias de tal clase de actos"[104].

En caso de que el propósito sea meramente fingido no se configurarán las modalidades señaladas de cohecho, sino que podría presentarse un delito patrimonial, como señalaba VÁZQUEZ ABAD: "En efecto, las ocurrencias que ofrecen los artículos 160 y 161, y la posibilidad de que en esos hechos puedan presentarse maniobras o artificios engañosos, significa que en un evento como el contemplado es posible encontrar, en lugar del cohecho, una verdadera maniobra para obtener algún valor de otro, con el fingido propósito de cometer un delito"[105].

Respecto de ambas modalidades de cohecho, VÁZQUEZ ABAD señalaba que tenían tres elementos:

> "Calidad de funcionario o empleado público o persona que transitoriamente desempeñe funciones públicas;
>
> a. Recibo o admisión indebida de dinero o dádivas o aceptación de promesas remuneratorias, directas o indirectas;
> b. Que ese recibo o admisión de dinero o dádivas se haga para sí o para un tercero; y
> c. Que todo ello se haga por acto que deba ejecutarse en desempeño de funciones oficiales o para retardar u omitir un acto propio del cargo o llevar a cabo uno contrario a esos deberes"[106].

En tercer lugar, se consagra una particular forma de cohecho relacionado con las licitaciones y los contratos públicos:

---

104 VÁZQUEZ ABAD, *Tratado de DP colombiano*, 1949, 95.

105 VÁZQUEZ ABAD, *Tratado de DP colombiano*, 1949, 95 y 96.

106 VÁZQUEZ ABAD, *Tratado de DP colombiano*, 1949, 96.

> "El funcionario o empleado público, que al intervenir por razón de su cargo en la celebración de algún contrato o licitación pública, en la liquidación de efectos o haberes públicos o en el suministro de los mismos, se concertare con los interesados o especuladores para obtener determinado resultado, o usare de cualquier maniobra o artificio conducente a ese fin, incurrirá en prisión de 1 a 8 años"[107].

Esta norma tiene un claro antecedente en el delito de fraude funcionarial español, contemplado a partir del CP de 1848, según el cual:

> "El funcionario público que interviniendo por razón de su cargo en alguna comisión de suministros, contratas, ajustes o liquidaciones de efectos ó haberes públicos, se concertare con los interesados ó especuladores, ó usare de cualquier otro artificio para defraudar al Estado, incurrirá en las penas de presidio correccional en sus grados medio y máximo é inhabilitación temporal especial en su grado máximo á inhabilitación perpetua especial"[108].

Esta norma, con algunas variaciones ha persistido en el CP español de 1928[109], 1944[110], 1944/1973[111] y de 1995[112].

---

[107] Art. 162 del CP de 1936.

[108] Art. 411 del CPE de 1848.

[109] Art. 487 del CPE de 1922: "El funcionario público que interviniendo por razón de su cargo en alguna comisión de suministros, contratas, ajustes o liquidaciones de efectos ó haberes públicos, se concierte con los interesados ó especuladores, ó use de cualquier otro artificio para defraudar al Estado, incurrirá en las penas de dos años a 6 de prisión e inhabilitación especial de seis años a veinte".

[110] Art. 400 del CPE de 1973: "El funcionario público que, interviniendo por razón de su cargo en alguna comisión de suministros, contratas, ajustes o liquidaciones de efectos ó haberes públicos, se concertare con los interesados o especuladores, o usare de cualquier otro artificio para defraudar al Estado, Provincia o Municipio, incurrirá en las penas de presidio menor e inhabilitación especial".

[111] Art. 400 del CPE de 1973: "El funcionario público que, interviniendo por razón de su cargo en alguna comisión de suministros, contratas, ajustes o liquidaciones de efectos ó haberes públicos, se concertare con los interesados o especuladores, o usare de cualquier otro artificio para defraudar al Estado, Provincia o Municipio, incurrirá en las penas de presidio menor e inhabilitación especial".

[112] Art. 436 del CPE de 1995: "La autoridad o funcionario público que interviniendo por razón de su cargo en cualquiera de las modalidades de contratación pública o en liquidación de efectos o haberes públicos, se concertare con los interesados o usare de cualquier otro artificio para defraudar, a cualquier

En cuarto lugar, al contrario de lo que sucede en el CP de 1890, en el Código Penal de 1936 se consagra directamente el cohecho activo: "El que diere u ofreciere dinero o dádivas a los funcionarios de que tratan los artículos anteriores, para los fines allí previstos, incurrirá en prisión de 1 a 5 años"[113].

Curiosamente, la misma norma establece una causal de atenuación si "si el dinero dádiva u oferta no fueren aceptados".[114] Es, en efecto, un delito consumado, no una tentativa, pero en este caso la ley sí consideraba relevante a efectos atenuatorios el que el sobornante no logre sus fines últimos, es decir, el no "agotamiento" del delito, esto es, la consecución de los fines del autor más allá de la consumación, agotamiento que normalmente es irrelevante[115].

Respecto de esta norma la doctrina señalaba:

> "Esta disposición se refiere a la especie denominada cohecho activo, delito que se consuma con el sólo hecho de dar u ofrecer dinero o dádivas a los funcionarios de que tratan los artículos anteriores para los fines allí previstos, aunque el empleado no reciba la dádiva ni acepte el ofrecimiento. En el caso de que el funcionario reciba o acepte se consuman, tanto el cohecho activo, como el pasivo, pero si la dádiva u oferta no fueran aceptadas, solo se consuma el cohecho activo en su forma atenuada. La no aceptación no influye en la tipificación del delito de cohecho activo pero sí lo atenúa"[116].

Adicionalmente, el artículo 165 del CP señala que "Los funcionarios de que tratan los artículos anteriores, que recibieren dinero o dádivas, ofrecidas en consideración a su cargo, por personas que tengan algún asunto pendiente en su respectivo despacho, incurrirán en la interdicción de derechos y funciones públicas de 1 a 6 años".

Sin embargo, al igual que sucede con el Código Penal de 1928, el CP de 1936 de Colombia no tipificaba como cohecho aquellos supuestos en los

---

ente público, incurrirá en las penas de prisión de uno a tres años e inhabilitación para el empleo o cargo público por tiempo de seis a diez años".

[113] Art. 164 del CP de 1936.

[114] Art. 164 del CP de 1936.

[115] LUZÓN PEÑA, *Lecciones PG*, 2012, 12/35.

[116] ARENAS, *Comentarios al CP, PE*, 1959, 94.

cuales la iniciativa proviene del funcionario público. En este caso, dicho CP colombiano tipificaba como concusión cuando "El funcionario o empleado público o el encargado de un servicio público, que, abusando de su cargo o de sus funciones, constriña o induzca a alguien a dar o prometer al mismo funcionario o a un tercero, dinero o cualquiera otra utilidad, incurrirá en prisión de uno a seis años"[117].

En este sentido, el debate doctrinal se centró en la diferenciación del cohecho de la concusión:

Sobre esta distinción ARENAS señalaba:

> "En el cohecho a diferencia de lo que ocurre en la concusión hay dos delincuentes: el funcionario o empleado público o la persona que transitoriamente desempeñe funciones públicas (artículo 160), que recibe dádivas o acepta promesas, y el particular que las da o las ofrece (artículo 164). En la concusión sólo delinque el funcionario que induce o constriñe a dar lo que no se debe o recibe aprovechándose del error ajeno. En el cohecho son responsables, tanto el que vende la justicia como el que la compra. El corruptor y el corrompido no son, pues partícipes, sino sujetos activos de dos especies distintas, activa la primera y pasiva la segunda de cohecho. Pero cada uno de estos sujetos puede tener, a su vez cómplices de su delito, siempre que quien con ellos participa, conozca la calidad de la persona (funcionario) y el objeto de la promesa o de la dádiva. Esa es una calidad personal típica que se comunica a quien, conociéndola, presta su concurso (artículo 21). Si el cómplice desconoce tales circunstancias, no participa en el delito de cohecho, puede infringir la ley penal pero por otro aspecto. Esta observación debe tenerse presente siempre que la dádiva se entregue o la promesa se haga por conducto de un intermediario"[118].

Por su parte, PACHECO OSORIO centró la diferencia entre el cohecho y la concusión en si se afectaba o no al particular que participaba en el delito:

---

[117] Art. 156 del CP de 1936.

[118] ARENAS, *Comentarios al CP, PE*, 1959, 88.

"Es claro que ellos son entidades delictivas no sólo autónomas y distintas, sino también excluyentes. El cohecho atenta únicamente a la administración pública, pues el particular que paga o promete pagar por el acto de función, se desprende libre y conscientemente de lo suyo, de manera que no se lastima su derecho de propiedad. La concusión en cambio, constituye un ataque contra aquella y contra este, ya que el particular que da o promete lo suyo, lo hace metupublicaepotestatis, por haber sido coaccionado o engañado, vale decir, con consentimiento viciado por la violencia o el error. En el cohecho concurren generalmente dos delincuentes (el cohechado y el cohechador) bien sea que se entienda que ambos cometen un solo delito que cada cual comete uno distinto, mientras que en la concusión el culpable es sólo el funcionario. El particular es la víctima de la infracción"[119].

Respecto de la distinción entre el cohecho y la concusión se pronunció expresamente la Corte Suprema de Justicia de la siguiente forma:

"La concusión que en un principio se confundió con el cohecho es la exacción ilegal que hace un funcionario o empleado público; consiste en un abuso de autoridad que suscita en la víctima un temor o también un error que la determina a dar o a prometer algo que no debe. Por tanto, son elementos esenciales de este delito: el abuso de poder que es el medio y la entrega o la simple promesa de dineros o de cualquiera otra utilidad que es el fin. La cosa prometida o entregada puede ser para el concusionario o para un tercero"[120].

Por otro lado, también se tipifica una modalidad agravada de concusión consistente en las exacciones ilegales solicitadas por un funcionario o empleado público:

"El funcionario o empleado público o el encargado de un servicio público, que abusando de su cargo o de sus funciones, y con el fin de obtener para sí o para otro un provecho ilícito, constriña o induzca a

[119] PACHECO OSORIO, *DPE*, 1976, 171 y 172.

[120] Auto del 25 de mayo de 1948.

> alguien a pagar impuesto o contribución, recargo, renta, rédito, salario o emolumento que legalmente no se deba, incurrirá en prisión de seis meses a cuatro años e interdicción de derechos y funciones públicas por el mismo periodo.
>
> Si empleare intimidación, o invocare orden superior o mandamiento judicial, se aumentará la pena hasta en la mitad"[121].

En todo caso, la doctrina destacaba cómo la dádiva podía ser para sí o para un tercero y que en este último podrían comprenderse personas naturales y personas jurídicas:

> "¿Qué extensión puede tener en estos casos el término 'tercero' que emplea el Código? Es necesario no limitarlo a las simples personas naturales. Puede acontecer que se cometa el delito para favorecer con el producto a una persona jurídica. No por ello podría decirse que la infracción no tiene existencia. Es manifiesto que la locución tercero hace también referencia implícita a una contingencia como esa, pues no sería moral, ni justo, que un empleado público faltara a sus deberes oficiales, llevando a cabo los actos que constituyen un delito de cohecho, aunque destinara las dádivas o el dinero recibido a un establecimiento de beneficencia, instrucción pública o cualquier otro similar a estos"[122].

### *2.1.3. El Código Penal de 1980*

El anterior Código Penal de 1980 continúa con la sistemática considerada en el CP de 1936, contemplando de manera autónoma la concusión como figura distinta del cohecho:

En primer lugar, se tipifica la concusión, cometida por "El empleado oficial que abusando de su cargo o de sus funciones constriña o induzca a alguien a dar o prometer al mismo empleado o a un tercero, dinero o cualquier otra utilidad indebidos, o los solicite"[123].

---

[121] Art. 157 del CP de 1936.

[122] VÁZQUEZ ABAD, *Tratado de DP colombiano,* 1949, 98.

[123] Art. 140 del CP de 1980.

Respecto de las diferencias entre la concusión y el cohecho se pronunció PÉREZ:

> "Para distinguir la concusión del cohecho debe aceptarse este criterio práctico: en la concusión, el funcionario pide o exige franca o veladamente; y en el cohecho no exige nada, simplemente acepta, pero la diferencia más onda y sustancial entre los dos delitos radica en esto: en la concusión existe violencia o engaño de parte del funcionario público y sólo hay un sujeto activo; mientras que en el cohecho, están ausentes esos medios coactivos o fraudulentos y el ilícito es bilateral, porque requiere un acuerdo perfecto, sin vicio alguno de la voluntad entre la voluntad entre sobornador y sobornado, hay un verdadero contrato ilícito en que ambos sujetos son codelincuentes"[124].

En segundo lugar, se tipifica el cohecho propio, cometido por "El empleado oficial que reciba para sí o para un tercero, dinero u otra utilidad, o acepte promesa remuneratoria, directa o indirecta, para retardar u omitir un acto propio de su cargo, o para ejecutar uno contrario a sus deberes oficiales"[125].

Sobre esta norma, PÉREZ señalaba que, si bien la bilateralidad del cohecho podría aceptarse en otras legislaciones, no puede reconocerse en el Código Penal colombiano:

> "En estricto sentido, el cohecho o la corrupción consiste, dice Sebastián Soler, en pactar la venta de un acto de autoridad que debía ser cumplido gratuitamente, se diferencia de la concusión en que este delito consiste en el temor de la autoridad, y es unilateral, en cambio, es bilateral, pues se requiere, por lo menos, la oferta de utilidades al empleado o a un tercero y el allanamiento del funcionario a recibirlas o esperarlas.
>
> No es aceptable en términos generales la bilateralidad del cohecho, pues se requiere que la ley incrimine expresamente al corruptor y al corrompido, como ocurre en el artículo 143 del sistema nacional y en el venezolano comentado por José Rafael Mendoza. Otras legislacio-

---

[124] Auto de septiembre 15 de 1955.

[125] Art. 141 del CP de 1980.

> nes limitan la atribución al empleado, dejando de lado al corruptor, bien por consideraciones distintas de las de procurar el éxito de la investigación mediante ese incentivo.
>
> Además, en la concusión el agente actúa o sugiere para obtener la utilidad indebida, abusando de su autoridad y sembrando temor en su ejercicio, mientras que el cohecho requiere la acción del interesado para torcer la función o el cargo, según el artículo 141 o sólo la función, según el artículo 142 a fin de que haya retardo u omisión en el desempeño del deber, o de que se produzca una decisión arbitraria o injusta"[126].

En tercer lugar, se tipifica el cohecho impropio, según el cual:

> "El empleado oficial que acepte para sí o para un tercero, dinero u otra utilidad o promesa remuneratoria, directa o indirecta, por acto que deba ejecutar en el desempeño de sus funciones, incurrirá en prisión de seis (6) meses a dos (2) años, en multa de dos mil a cincuenta mil pesos e interdicción de derechos y funciones públicas hasta por el mismo término"[127].

También se consagra el cohecho aparente, según el cual: "el empleado oficial que reciba dinero u otra utilidad de persona que tenga interés en asunto sometido a su conocimiento, incurrirá en arresto de tres (3) meses a un (1) año, en multa de un mil a veinte mil pesos e interdicción de derechos y funciones públicas hasta por el mismo término"[128].

Por último, se consagra el cohecho por dar u ofrecer (cohecho activo), cometido por "el que dé u ofrezca dinero u otra utilidad a empleado oficial, en los casos previstos en este Capítulo"[129].

Con posterioridad al CP de 1980, se expidió el llamado Estatuto Anticorrupción, el cual implicó simplemente una agravación de las penas para los

---

[126] PÉREZ, *DP, PE*, 1990, 220.

[127] Art. 142 del CP de 1980.

[128] Art. 142 del CP de 1980.

[129] Art. 143 del CP de 1980.

delitos citados antes, consagrándose igualmente la concusión[130], el cohecho propio[131], el cohecho impropio[132] y el cohecho por dar y ofrecer[133].

## 2.2. La tipificación actual del delito de cohecho en Colombia en el Código Penal de 2000

En Colombia actualmente el delito de cohecho es consagrado a través de tres conductas punibles, con algunas diferencias frente a la forma como está tipificado este delito en la legislación española:

- En primer lugar, al contrario de lo que sucede con los delitos de malversación y peculado, en relación con el cohecho la legislación española es la que contempla una mayor cantidad de modalidades. En el CP colombiano todas se conjugan en solo tres disposiciones: el cohecho propio, el cohecho impropio y la norma relativa al cohecho activo o cohecho por dar y ofrecer.

---

130 Art. 21 de la Ley 190 de 1995: "El servidor público que abusando de su cargo o de sus funciones constriña o induzca a alguien a dar o prometer al mismo servidor o a un tercero, dinero o cualquier otro utilidad indebidos, o los solicite, incurrirá en prisión de cuatro (4) a ocho (8) años, multa de cincuenta (50) a cien (100) salarios mínimos legales mensuales vigentes, e interdicción de derechos y funciones públicas por el mismo término de la pena principal.

131 Art. 22 de la Ley 190 de 1995: "El servidor público que reciba para sí o para otro dinero u otra utilidad, o acepte promesa remuneratoria, directa o indirectamente, para retardar u omitir un acto propio de su cargo, o para ejecutar uno contrario a sus deberes oficiales, incurrirá en prisión de cuatro (4) u ocho (8) años, multa de cincuenta (50) a cien (100) salarios mínimos legales mensuales vigentes, e interdicción de derechos y funciones públicas por el mismo término de la pena principal."

132 Art. 23 de la Ley 190 de 1995: "El servidor público que acepte para sí o para otro, dinero u otra utilidad o promesa remuneratoria, directa o indirecta, por acto que deba ejecutar en el desempeño de sus funciones, incurrirá en prisión de tres (3) a seis (6) años, multa de cincuenta (50) a cien (100) salarios mínimos legales mensuales vigentes e interdicción de derechos y funciones públicas por el mismo término de la pena principal.

El servidor público que reciba dinero u otra utilidad de persona que tenga interés en asunto sometido a su conocimiento, incurrirá en prisión de uno (1) a cinco (5) años, multa de treinta (30) a cincuenta (50) salarios mínimos legales mensuales vigentes e interdicción de derechos y funciones públicas hasta por el mismo término."

133 Art. 24 de la Ley 190 de 1995: "El que dé u ofrezca dinero u otra utilidad a servidor público, en los casos previstos en los dos artículos anteriores, incurrirá en prisión de tres (3) a seis (6) años, multa de cincuenta (50) a cien (100) salarios mínimos legales mensuales vigentes, interdicción de derechos y funciones públicas por el mismo término de la pena principal y prohibición de celebrar contratos con la administración por el mismo término."

- Consecuentemente con lo anterior, no se consagra en el CP Colombiano como delito la mera la aceptación de regalos contemplada en el artículo 422 del CP español[134], pues todas las modalidades exigen la relación del soborno con un acto u omisión del funcionario público. Lo que no significa que la conducta quede en la impunidad, pues, si el regalo tiene un valor económico trascendente, bien podría investigarse y condenarse por enriquecimiento ilícito tipo penal consagrado en el artículo 412, que por demás contempla una punibilidad elevada.
- No se establece el provecho propio o de un tercero como uno de los elementos necesarios para la configuración del delito de cohecho como sí lo exigen los artículos 419 y 420 del CP español.
- En el CP colombiano no se exime de responsabilidad a aquel particular que denuncie la solicitud de una dádiva por parte de un funcionario público, tal y como se contempla en el artículo 426 del CP español, comentando que Colombia intentó esa misma medida político-criminal con en el denominado Estatuto Anticorrupción de 1995.

La jurisprudencia de la Corte Suprema Colombiana se ha ocupado en profundidad del análisis de los ingredientes normativos del injusto típico del cohecho, veamos:

> "La palabra cohecho tiene su origen en el vocablo *confectare*, es decir, arreglar, preparar. Cohechar significa sobornar, corromper, pervertir, viciar con dádivas, obsequios o regalos a un servidor público para que actuando contra derecho haga o deje de hacer lo preceptuado por la ley. En sentido estricto, el cohecho representa el acuerdo de compra y venta de un acto de autoridad que debe ser realizado gratuitamente"[135].

---

[134] Art. 422 del CPE de 1995: "La autoridad o funcionario público que, en provecho propio o de un tercero, admitiera, por sí o por persona interpuesta, dádiva o regalo que le fueren ofrecidos en consideración a su cargo o función, incurrirá en la pena de prisión de seis meses a un año y suspensión de empleo y cargo público de uno a tres años".

[135] Sentencia de la Corte Suprema de Justicia, Sala de Casación Penal, 8 de noviembre de 2011, Proceso nº 34282, M.P.: Julio Enrique Socha Salamanca.

De igual manera, tratándose del delito de cohecho en cualquiera de sus modalidades, la Corte ha precisado que:

> "No requiere la conducta, que el servidor reciba el dinero, la utilidad o acepte la promesa remuneratoria, para omitir o retardar un acto propio de su cargo, para ejecutar uno contrario a sus deberes oficiales, o uno que deba ejecutar en el desempeño de sus funciones, comportamientos que se tipifican y sancionan en otras disposiciones penales, las cuales definen los delitos de cohecho propio e impropio, de acuerdo con lo prometido por el funcionario; lo que la norma busca es proteger la inmaculación del bien jurídico de la administración pública a través de la insospechabilidad de la conducta de los servidores vinculados a ella, de manera que las actividades o los negocios particulares de los funcionarios no pongan en duda la integridad y moralidad que debe gobernar el ejercicio de la función"[136].

Para concluir con la Corte así que el delito de cohecho es un delito de peligro que no requiere la recepción de la dádiva o el pago, sino con el mero acuerdo de voluntades se consuma tan grave conducta lesiva del bien jurídico de la administración pública y de otro lado, que la Corte Suprema colombiana parte de la base de que el bien jurídico protegido dentro del genérico administración pública es la confianza de la sociedad en la transparencia de los servidores públicos. También merece resaltar del estudio de los ingredientes normativos que hace la Corte Suprema colombiana queda claro que en el cohecho la iniciativa no puede provenir del servidor público, lo que constituirá un delito de concusión como se examinará más adelante.

Y la anticipación de la barrera de protección normativa, al contemplarse como delito de peligro, está plenamente justificada, por cuanto la vulneración al bien jurídico se presenta desde la misma concreción de la puesta en peligro que se consuma con la aceptación o acuerdo; la sociedad no puede permitirse el sancionar solo al momento de la recepción de la dádiva, o la materialización de la promesa. Otra cosa bien distinta es que la dádiva o pago

---

[136] Sentencia de la Corte Suprema de Justicia, Sala de Casación Penal, 16 de abril de 2005, Proceso nº 20403, M.P.: Hernán Galán Castellanos.

prometido no llegue a entregarse, en cuyo caso se materializará una posible estafa, lo que nunca excluiría el cohecho propio o impropio, según el caso, y el activo por parte de quien ofreció o prometió la dádiva o el pago. conducta de cohecho no requiere en

> "Entonces, el bien jurídico tutelado tanto en el caso del cohecho impropio como el propio es la administración pública, en cuanto los atributos de transparencia, legalidad, imparcialidad, objetividad, moralidad, entre otros y que le son propios, no se vean empañados o cuestionados, por la ejecución de los actos que han sido confiados a sus servidores, por consiguiente, no se requiere que con la conducta cuestionada se hayan ocasionado efectos dañinos para la administración para que ésta merezca reproche penal, ya que lo que sanciona no es el resultado sino la puesta en peligro, el deterioro de la imagen de irreprochabilidad que tenga la sociedad sobre la administración pública"[137].

Así las cosas, resulta indiscutible que es la administración pública el bien jurídico protegido teniendo como objeto de custodia la confianza, la transparencia y la credibilidad de los asociados en el ejercicio de la función pública, como condiciones necesarias para el cumplimiento de los fines y el funcionamiento del Estado. —se sanciona la puesta en peligro del bien jurídico—.

> "Conclúyese, entonces, que el hecho de aceptar o recibir algo por el funcionario en cumplimiento de las funciones que le corresponden puede dar lugar a la estructuración del delito de cohecho en cualquiera de sus diversas modalidades, las que podrán ser determinadas según la finalidad perseguida por quien da u ofrece y por quien acepta o recibe, dando lugar al cohecho propio en cuanto se pretenda "retardar u omitir un acto propio del cargo, o ejecutar uno contrario a los deberes oficiales", en tanto que cuando se acepta o recibe por "acto

[137] Sentencia de la Corte Suprema de Justicia, Sala de Casación Penal, 16 de abril de 2005, Proceso nº 20403, M.P.: Hernán Galán Castellanos.

> que deba ejecutar en el desempeño de sus funciones" corresponderá a cohecho impropio"[138].

Aquí merece comentar que se pueden presentar dificultades en la determinación de las distintas modalidades en lo solicitado, es decir, en el objetivo del cohecho. En el Derecho penal colombiano la diferencia entre el cohecho pasivo propio y el pasivo impropio se funda precisamente en el ingrediente normativo "para retardar u omitir un acto propio de su cargo, o para ejecutar uno contrario a sus deberes oficiales", según el artículo 405 del CP para el cohecho propio; y el cohecho impropio del artículo 406 del CP "por acto que deba ejecutar en el desempeño de sus funciones", lo que en muchos casos no tendría dificultad, aplicando como criterios objetivos herramientas tales como los manuales de funciones del respectivo servidor público, o las ordenes o pronunciamientos del superior jerárquico será el criterio objetivo determinador del acto propio del cargo, como cuando existen pronunciamientos administrativos o jurisprudenciales del superior jerárquico. Pero cuando se presenten dudas, o dificultad en la calificación, de si el acto es contrario o no a las funciones del servidor, deberá aplicarse el principio de favorabilidad en lo penal imputando o condenando según el caso por el impropio.

Debo insistir en que en la delimitación del bien jurídico que se protege con el Derecho penal, los comportamientos considerados como corruptos deben ser definidos con precisión para cumplir así con los principios de legalidad y lesividad, deslindándose de falsos moralismos que a veces son utilizados por los corruptos para descalificar funcionarios honestos. También reitero que hoy día se censura y se critica la consideración del deber del cargo como bien jurídico tutelado en los delitos cometidos por servidores públicos en el ejercicio de sus cargos y, tal y como lo cité en el análisis del bien jurídico en el Derecho penal español, lo que se considera propio de sistemas totalitarios, cuya prevención y represión de la infracción de deberes funcionariales debe quedar en el ámbito del Derecho administrativo disciplinario, pero nunca en lo penal.

Ahora bien, respecto de la necesaria bilateralidad del cohecho creo que en el Derecho penal colombiano el tema debe diferenciarse en profundidad

---

[138] Sentencia de la Corte Suprema de Justicia, Sala de Casación Penal, 16 de abril de 2005, Proceso nº 20403, M.P.: Hernán Galán Castellanos.

por tener tipificada la concusión del artículo 404 del CP. Del cohecho pasivo propio e impropio siempre deberá predicarse la bilateralidad, lo que no sucede en el activo porque en el caso de no aceptación sería absurdo hablar de bilateralidad, a pesar de haberse consumado el cohecho por dar u ofrecer. Ahora bien, cosa bien distinta sucede cuando es el servidor público el que hace la solicitud o petición, lo que corresponde con exactitud garantista al tipo penal de concusión del artículo 404 del CP colombiano y no a cohecho. Tal es, en mi concepto, el caso de un parlamentario que acude a funcionarios del gobierno a exigir, solicitar dádivas o nombramientos, por votar o haber votado un proyecto en determinado sentido; por eso, lo que podría plantearse de manera desenfocada como la supuesta bilateralidad del cohecho, resulta de un error en la adecuación de la conducta en la manera de percibir el supuesto de hecho, derivándose de que en el CP Colombiano el solicitar encaja más en la inducción o constreñimiento a otro, tal y como lo consagra el artículo 404 del CP. De esta discusión se ha ocupado el Constitucional colombiano: "Al respecto, es oportuno precisar que el delito de cohecho se agota en la acción cumplida por cada una de las dos partes indispensables para su configuración, es decir, el servidor público es quien recibe o acepta, modalidad denominada '*cohecho pasivo*' y el otro sujeto es quien da u ofrece, esto es, '*cohecho activo*'. Por lo tanto, no es dable al juez emitir una sentencia anticipada que, según ha sostenido la Corte Suprema de Justicia, no puede ser absolutoria, sin que necesariamente se deba hacer mención del otro extremo de la configuración del delito"[139].

Para esa diferenciación entre cohecho y concusión acudo al estudio doctrinario de los elementos del tipo en examen, para sustentar que cuando la solitud viene del servidor debe ser el segundo tipo penal el que se debe imputar.

> "Etimológicamente, la palabra cohecho deviene del vocablo *confectare,* que significa arreglar, preparar. De allí, entonces, que se diga, como lo hace el DICCIONARIO DE LA LENGUA ESPAÑOLA, que cohechar significa sobornar, esto es, corromper con dádivas al juez, a persona que intervenga en el juicio o a cualquier funcionario públi-

[139] Sentencia de la Corte Constitucional de Colombia T-059 de 2009, M.P.: Jaime Araújo Rentería.

co, para que, contra Justicia o Derecho, haga o deje de hacer lo que se le pide.

Ahora bien, de otro lado se tiene que sobornar, del latín *subornare* significa corromper a uno con dádivas para conseguir de él una cosa. También tiene el sentido de excitar e incitar con dádivas a una persona para que haga o deje de hacer alguna cosa, por vías de lo cual se sostiene que en el delito de cohecho, por medio del dinero o de la mera promesa remuneratoria se excita o incita al servidor público, se lo estimula para obrar ilícitamente o a ejecutar lo que debe ejecutar: Al tomar para sí o para un tercero lo que otro le entrega, el servidor queda comprometido u obligado con el cohechador violando de esa manera la indispensable independencia e imparcialidad en el ejercicio de sus funciones[140].

El cohecho se ha visualizado como un tipo penal plurisubjetivo, en donde no solamente se sanciona al funcionario corrupto sino, también, al corruptor, que tanto puede ser un particular como otro servidor público: Al servidor corrupto, se le sanciona, básicamente, con las formas del cohecho propio, impropio y aparente; a tiempo que al corruptor (particular o servidor) se le sanciona a través del cohecho por dar u ofrecer.

Para que se pueda hablar de cohecho, no solamente deben existir dos (o más) personas sino que también deben operar dos (o más voluntades): por lo primero, precisamente, es que se dice que es un tipo penal pluripersonal, toda vez que se requiere de la presencia física de dos (o más) personas, de cara a su patentización; por lo segundo, se sostiene que es un tipo penal plurisubjetivo, en la medida en que sanciona a las dos voluntades que comparecen a la materialización de la conducta delictual especifica que nos ocupa"[141].

Revisados esos acertados conceptos doctrinales, me reafirmo entonces en que, cuando la iniciativa en la solicitud provenga de quién detenta la función para el acto propio de su cargo, lo que necesariamente configura un abuso de la función o cargo, por necesidad nos ubicará en la concusión y no

---

[140] MOLINA ARRUBLA, *Delitos contra la A.P.*, 2005, 251.

[141] MOLINA ARRUBLA, *Delitos contra la A.P.*, 2005, 260.

en el cohecho. Situación que difiere de cuando ambos extremos acuerdan corromper el ejercicio de la función pública, con dinero u otra utilidad, o acepte promesa remuneratoria, directa o indirectamente.

Ahora entremos en otros escenarios de análisis

> "Se debe concluir, entonces, como lo hace GÓMEZ MÉNDEZ, que no comete delito de cohecho el servidor público que recibe dinero por acto ilegal ya cumplido, sino ha existido acuerdo previo con la persona que le ofrece la dádiva o la promesa: Salvo el caso en el que el pago se verifique de manera posterior a la fecha de materialización del acto indebido por parte del empleado, cumpliendo promesa anterior, no puede decirse que, en Colombia, el denominado cohecho subsiguiente constituya delito, lo que no quiere decir tampoco, como lo proponía en su momento BERNAL PINZÓN, que exista allí un vacío, sino que lo que acontece es que la ley penal colombiana ha considerado como atípica tal eventualidad"[142].

Deberá entenderse frente a nuestra legislación actual como una atipicidad relativa porque el cohecho posterior o cohecho subsiguiente del artículo 421 del CP español si la dádiva, el bien o el monto de lo recibido tiene cierta significación encuadra perfectamente en los ingredientes normativos del enriquecimiento ilícito del artículo 412 del CP colombiano, que tiene como núcleo el incremento patrimonial injustificado.

Lo anterior cuando no hubo acuerdo o aceptación de la dádiva antes del acto funcional, porque de lo contrario sería cohecho.

> "Lo que sí es claro, en todo caso, es que si se paga en el futuro (tomando como punto de referencia el momento de patentización del acto indebido por parte del funcionario), cumpliendo promesa anterior, tal conducta siempre será configurativa de cohecho, habida cuenta que no importa cuándo se pague, y ni siquiera que se pague, siempre que puede acontecer que ello (el pago), nunca tenga materialidad, nunca se haga"[143].

---

[142] MOLINA ARRUBLA, *Delitos contra la A.P.*, 2005, 261.

[143] MOLINA ARRUBLA, *Delitos contra la A.P.*, 2005, 261.

### *2.2.1. La concusión*

A pesar de no ser el objeto del presente trabajo el estudio de la concusión, resulta necesario un examen de sus ingredientes precisamente para diferenciarlo de la conducta del cohecho. El artículo 404 del CP colombiano señala que la concusión es cometida por el "servidor público que abusando de su cargo o de sus funciones constriña o induzca a alguien a dar o prometer al mismo servidor o a un tercero, dinero o cualquier otra utilidad indebidos, o los solicite"[144].

De esta manera, la legislación colombiana acoge la posición italiana, que hace la distinción entre las llamadas '*concuzione*' y '*corruzione*'[145] y no la fórmula unificada adoptada por el Código Penal español[146]. Este delito tiene tres características fundamentales:

En primer lugar, en el delito de concusión, la iniciativa parte del funcionario público, iniciativa que puede darse de manera expresa y directa, pero también mediante presiones veladas, pero que envían claramente el mensaje de que, si no se paga, no se obtendrá la acción que el particular está esperando del servidor corrupto, quien "sacude" al particular con su poder funcional; también puede ser víctima del injusto típico de concusión otro servidor público, cuando el sujeto pasivo siendo también servidor público depende o deriva interés del acto funcional activo u omisivo del autor de la concusión. Por el contrario, en el cohecho la iniciativa parte del particular[147]. Lo que permite sostener que cuando sea el titular de la función el que solicita, induzca o constriñe será concusión y no cohecho. Situación distinta se presenta, como lo he sostenido, en la parte española del presente estudio.

En segundo lugar, por regla general, en el delito de concusión el particular o servidor presionado no tiene responsabilidad penal, quien deberá ser aceptado como víctima, mientras que ordinariamente en el delito de cohecho el particular responderá como autor de la modalidad activa de cohecho[148]. Sin embargo, el particular podrá responder por el delito de concusión a título de cooperador o cómplice, es decir, obviamente no como autor, sino

---

144 Artículo 404 del CP de 2000.

145 Arts. 318 y ss. de Código Penal italiano.

146 Arts. 419 a 427 del Código Penal español.

147 OLAIZOLA NOGALES, *El delito de cohecho*, 1999, 235.

148 ARENAS, *Comentarios al CP, PE*, 1959, 88.

como partícipe (del autor, que es el funcionario), si no es constreñido, sino solamente inducido y accede a la entrega una dádiva.

En tercer lugar, el delito de concusión es un delito pluriofensivo, pues no solamente se afecta la administración pública sino también la libertad del particular que es constreñido o inducido por el funcionario público[149]. En este sentido, como señala OLAIZOLA NOGALES, "es el temor al poder público lo que lleve al particular a la dación o promesa indebida"[150].

En cuarto lugar, en la concusión se presenta un abuso de autoridad por parte del funcionario público[151]. En este sentido, OLAIZOLA NOGALES señala que la conducta en este delito está constituida por el "el abuso de la cualidad o del poder del funcionario, el constreñimiento o la inducción a la dación o promesa indebida de dinero u otra utilidad y la propia dación o la promesa indebida de dinero u otra utilidad"[152].

Las anteriores características permiten evaluar la utilidad y justificación de la tipificación autónoma del delito de concusión en Colombia y las dificultades que pueden darse en una tipificación como la española. Lo que sin duda se resolverá aplicando correctos criterios de autoría.

La mayor ventaja de la consagración del delito de concusión es que permite una solución sencilla al análisis de aquel supuesto en el cual no solo se afecta la imparcialidad de la administración pública sino también la libertad del particular, es decir, cuando la dádiva es exigida a través de la coacción. En España, esta situación tiene diversas soluciones, dentro de las cuales la más aceptada aunque no unánimemente reconocida es señalar la existencia de un concurso de delitos entre el cohecho y las amenazas[153]. Resulta entonces acertada la diferenciación de conductas de concusión y cohecho, precisamente porque obedece a la contundencia de las conductas humanas, al resultar incontrovertible que en muchos casos es la voluntad abusiva del servidor público que con violencia moral constriñe o induce a alguien a entregar o prometer dinero u otra utilidad.

---

[149] PACHECO OSORIO, *DPE*, 1976, 171 y 172.

[150] OLAIZOLA NOGALES, *El delito de cohecho*, 1999, 235.

[151] Auto del 25 de mayo de 1948.

[152] OLAIZOLA NOGALES, *El delito de cohecho*, 1999, 233.

[153] OLAIZOLA NOGALES, *El delito de cohecho*, 1999, 251 y 252.

Otra ventaja de la tipificación autónoma del delito de concusión es la justa calificación cuando la prueba en relación con su comisión demuestre que la conducta reprochable proviene de manera unilateral de quien exige, solicita o presiona para que se le entregue dinero o promesa, pues habrá que constatar probatoriamente que la iniciativa reprochable es del funcionario público probando que el tercero fue constreñido en su libertad.

Sin embargo, la fórmula de tipificación de la concusión en Colombia padece de un grave defecto, pues, si su existencia se funda en la pluriofensividad de aquellos casos en los cuales el particular es constreñido, no se justifica que se incluya la inducción del funcionario como forma de concusión ni que no se haga una distinción entre la punibilidad de ambos supuestos (constreñimiento e inducción). Considero que la primera merece mayor reproche punitivo.

Pese a ello, lo anterior no es un defecto propio y exclusivo de la legislación colombiana, sino de su fuente principal en relación con los delitos contra la administración pública: el Código Penal italiano, que al regular la concusión incluye tanto a la inducción como al constreñimiento[154].

En conclusión, la valoración que merece la tipificación autónoma del delito de concusión en el Código Penal colombiano es favorable, aunque es conveniente que se realice una reforma al mismo que permita realizar una diferenciación de la punibilidad entre los supuestos en los cuales existe una mera inducción y aquellos en los que se presenta un constreñimiento.

La Corte Suprema se ha ocupado precisamente de esa diferenciación, resaltando como elementos la unilateralidad de la concusión y la bilateralidad del cohecho:

> "[...] se diferencia de la concusión en que ésta se caracteriza por el temor de la víctima a las atribuciones o a la investidura del agente, en tanto que el cohecho es bilateral, requiere por lo menos del ofrecimiento de un beneficio al servidor público o a un tercero y la aceptación de éste a recibirlo o esperarlo. Descarta la concurrencia de engaño

[154] Art. 317 del CP italiano: "Concussione: Il pubblico ufficiale o l'incaricato di un pubblico servizio, che, abusando della sua qualita' o dei suoipoteri, costringe o induce taluno a dare o a promettere indebitamente, a lui o ad un terzo, denaro od altra utilita', e' punito con la reclusione da quattro a dodici anni".

> o violencia, se presenta un verdadero contrato ilícito, sin vicios de la voluntad, en el que las partes son codelincuentes"[155].
>
> Por su parte, el delito de cohecho propio, entendido como la comercialización de la función pública, no requiere la posición arbitraria o dominante del servidor público ni el constreñimiento hacia el particular, sólo exige que aquél reciba dinero u otra utilidad o acepte promesa remuneratoria con el fin de retardar un acto propio del cargo, para omitirlo o para ejecutar uno contrario a sus deberes oficiales[156].
>
> Puntualizando conceptos, debe especificarse que, fuera del ataque a la administración oficial, no existe lesión a un derecho particular, cuestión que se suma a los caracteres diferenciales con la concusión, pues en esta si ocurre este ataque: El cohecho, el corruptor entrega voluntariamente el dinero o las utilidades que sabe van a influir en la determinación del servidor, de modo que él mismo interviene su peculio según el interés pretendido, lo que no sucede en la concusión, en donde la entrega se efectúa a instancias de la coacción del servidor público"[157].

Concluyendo, entonces, que en el delito de cohecho, al mediar un acuerdo entre las partes, no se puede hablar de lesión a la libertad o a la voluntad del particular, pues el corruptor acepta voluntariamente pagar el dinero o la dádiva. Mientras que en la concusión lo determinante es que el constreñido obra presionado por la acción de coacción del servidor público, o en la inducción que está acompañada como criterio doctrinal de la discrecionalidad en el ejercicio de la función de quien induce.

### *2.2.2. El cohecho propio*

El artículo 405 del Código Penal de Colombia señala que el cohecho propio es cometido por el "servidor público que reciba para sí o para otro, dinero u otra utilidad, o acepte promesa remuneratoria, directa o indirectamente, para

---

[155] Sentencia de la Corte Suprema de Justicia, Sala de Casación Penal, 8 de noviembre de 2011, Proceso nº 34282, M.P.: Julio Enrique Socha Salamanca.

[156] Sentencia de la Corte Suprema de Justicia, Sala de Casación Penal, 6 de mayo de 2009, Proceso nº 30867, M.P.: Julio Enrique Socha Salamanca.

[157] MOLINA ARRUBLA, *Delitos contra la A.P.*, 2005, 262.

retardar u omitir un acto propio de su cargo, o para ejecutar uno contrario a sus deberes oficiales"[158].

La redacción actual, al igual que la actual legislación española, no diferencia sí el acto objeto del cohecho sea o no constitutivo de delito. De darse esa circunstancia el juez penal graduará la punibilidad según su gravedad, entendiendo que la legislación colombiana al igual que la española contempla el delito dentro del acto contrario a los deberes oficiales o en la modalidad omisiva, concretamente del prevaricato por omisión, si el pago es por retardar u omitir una actuación propia del cargo.

En este sentido, cabe señalar que, en la tasación de punibilidad que haga el juez de la causa, se justificará una mayor punibilidad cuando la finalidad sea la comisión de un delito, pues la conducta presenta un mayor desvalor de acción, especialmente cuando el delito no se consuma, ya que en el supuesto de llegar a perfeccionarse cabe entender que la agravación de la punibilidad quedaría subsumida en el desvalor de la inducción eficaz a otro delito.

Las diferencias entre las fórmulas de tipificación acogidas en España y en Colombia son meramente circunstanciales y terminológicas, como, por ejemplo, la utilización de la expresión 'utilidad' en el CP colombiano y de 'dádiva' en el CP español o de la palabra 'indirecta', en España y de 'interpuesta persona', en Colombia.

De esta manera, en este punto resulta más favorable la valoración de la tipificación del Código Penal español, pues es más completa. La problemática del concurso de delitos es una situación connatural al delito de cohecho propio, cuya punición adicional se justifica en la infracción adicional del principio de legalidad de las administraciones públicas, tanto en el supuesto de que se tenga por finalidad la comisión de un delito, como también si se pretende cometer un acto injusto.

El cohecho propio, es un delito especial, tipo penal de peligro que anticipa su barrera de protección normativa, por lo que se consuma con el mero acuerdo sobre el ilícito, es decir, no se requiere la materialización de la entrega del dinero o la utilidad, por lo que el injusto quedará consumado con el acuerdo entre quien recibe o busca recibir y quien entrega o promete. Y existe necesaria bilateralidad entre el cohecho propio con el cohecho activo.

[158] Art. 405 del CP de 2000.

Insisto que evidentemente se clasifica como delito bilateral, es decir que, si se predica la existencia de un acuerdo, necesariamente se estará también en presencia de un cohecho activo, pero como lo he venido sosteniendo si la petición o exigencia proviene del servidor será concusión y no cohecho.

Y respecto del sujeto activo del cohecho propio se requiere la calidad de servidor público titular de las funciones sobre las que recae el acuerdo ilícito, características que ha estudiado detenidamente la jurisprudencia, además de los adicionales ingredientes normativos del tipo en estudio:

> "No requiere la conducta, que el servidor reciba el dinero, la utilidad o acepte la promesa remuneratoria, para omitir o retardar un acto propio de su cargo, para ejecutar uno contrario a sus deberes oficiales, o uno que deba ejecutar en el desempeño de sus funciones, comportamientos que se tipifican y sancionan en otras disposiciones penales, las cuales definen los delitos de cohecho propio e impropio, de acuerdo con lo prometido por el funcionario; lo que la norma busca es proteger la inmaculación del bien jurídico de la administración pública a través de la insospechabilidad de la conducta de los servidores vinculados a ella, de manera que las actividades o los negocios particulares de los funcionarios no pongan en duda la integridad y moralidad que debe gobernar el ejercicio de la función.
>
> Entonces, el bien jurídico tutelado tanto en el caso del cohecho impropio como el propio es la administración pública, en cuanto los atributos de transparencia, legalidad, imparcialidad, objetividad, moralidad, entre otros, y que le son propios, no se vean empañados o cuestionados, por la ejecución de los actos que han sido confiados a sus servidores, por consiguiente, no se requiere que con la conducta cuestionada se hayan ocasionado efectos dañinos para la administración para que ésta merezca reproche penal, ya que lo que sanciona no es el resultado sino la puesta en peligro, el deterioro de la imagen de irreprochabilidad que tenga la sociedad sobre la administración pública.
>
> Concluyese, entonces, que el hecho de aceptar o recibir algo por el funcionario en cumplimiento de las funciones que le corresponden puede dar lugar a la estructuración del delito de cohecho en cualquiera de sus diversas modalidades, las que podrán ser determinadas según

la finalidad perseguida por quien da u ofrece y por quien acepta o recibe, dando lugar al cohecho propio en cuanto se pretenda "retardar u omitir un acto propio del cargo, o ejecutar uno contrario a los deberes oficiales", en tanto que cuando se acepta o recibe por "acto que deba ejecutar en el desempeño de sus funciones" corresponderá a cohecho impropio"[159].

Se trata en este caso de un delito de cohecho propio, el cual como lo tiene dicho la Corte contiene dos verbos rectores y tres ingredientes subjetivos alternativamente dispuestos a saber: recibir dinero u otra utilidad o aceptar promesa remuneratoria, para retardar acto propio del cargo, para omitirlo o para ejecutar uno contrario a los deberes oficiales.

En ese orden de ideas, para que se configure el cohecho propio se requiere que el servidor público acceda a la propuesta ilegal que se le formula aceptando contravenir sus funciones oficiales, sin que sea necesario que se produzca el resultado en sentido naturalístico, pues basta que con esa conducta se ponga en peligro el bien jurídico a causa del deterioro que sufre la imagen de irreprochabilidad que tenga la sociedad de la administración pública[160].

El cohecho propio, de acuerdo con la descripción típica del artículo 405 del Código Penal, está definido de la siguiente forma: "El servidor público que reciba para sí o para otro, dinero u otra utilidad, o acepte promesa remuneratoria, directa o indirectamente, para retardar u omitir un acto propio de su cargo, o para ejecutar uno contrario a sus deberes oficiales, incurrirá en prisión de cinco (5) a ocho (8) años, multa de cincuenta (50) a cien (100) salarios mínimos legales mensuales vigentes, e inhabilitación para el ejercicio de derechos y funciones públicas de cinco (5) a ocho (8) años".

Se desprende del citado texto legal que el sujeto activo debe tener la condición de servidor público, que está debidamente demostrada en este caso. Se trata de un tipo penal de conducta alternativa en cuanto

---

[159] Sentencia de la Corte Suprema de Justicia, Sala de Casación Penal, 16 de abril de 2005, Proceso nº 20403, M.P.: Hernán Galán Castellanos.

[160] Sentencia de la Corte Suprema de Justicia, Sala de Casación Penal, 26 de junio de 2008, Proceso nº 22453, M.P.: Jorge Luis Quintero Milanés.

> contiene dos verbos rectores —recibir dinero u otra utilidad o aceptar promesa remuneratoria— y tres ingredientes normativos dispuestos de forma alternativa: (i) retardar un acto propio del cargo; (ii) omitirlo o, (iii) ejecutar uno contrario a los deberes oficiales. Lo que sucede, como es de común ocurrencia en los delitos de corrupción, sin que este caso sea la excepción, es que los términos precisos del pacto que los sustenta, son por esencia reservados y su contenido detallado es difícilmente determinable. Aunque el delito de cohecho no impone para su configuración, como bien lo precisaron la Fiscalía y el Tribunal, que el servidor público reciba efectivamente aquello que le fue prometido a cambio de retardar, omitir o ejecutar el acto propio del cargo, en el evento de descubrirse lo que en efecto se dio o prometió, es decir, el dinero o la utilidad, ello serviría como elemento de juicio para desentrañar el contenido del pacto anterior[161].
>
> Se caracteriza por la pluralidad de sujetos, por un lado se sanciona al servidor público mediante el cohecho propio y al corruptor particular o funcionario público por cohecho por dar u ofrecer. Convergen, pues, las dos voluntades[162].

Entonces será necesariamente un sujeto activo calificado, que tenga la competencia funcional para realizar la conducta objeto del acuerdo cuando consista el ingrediente normativo

> "[...] retardar u omitir un acto propio de su cargo o para ejecutar uno contrario a sus deberes [...] Es el servidor público que ostente esa condición permanente o transitoriamente, además debe poseer la competencia para ejecutar el acto arbitrario bien sea por acción u omisión, o tener la posibilidad de hecho de realizarlo atendiendo su calidad, por el organismo a que pertenece o el oficio que ejecuta"[163].

---

[161] Sentencia de la Corte Suprema de Justicia, Sala de Casación Penal, 28 de mayo de 2010. Proceso nº 33095, M.P.: Sigifredo Espinoza Pérez.

[162] Sentencia de la Corte Suprema de Justicia, Sala de Casación Penal, 8 de noviembre de 2011, Proceso nº 34282, M.P.: Julio Enrique Socha Salamanca.

[163] Sentencia de la Corte Suprema de Justicia, Sala de Casación Penal, 8 de noviembre de 2011, Proceso nº 4282, M.P.: Julio Enrique Socha Salamanca.

En la doctrina Colombiana, MOLINA ARRUBLA resalta esta calidad, e incluye acertadamente a particulares que por razones funcionales adquieren transitoriamente esa calidad, como lo serían los abogados que ejercen funciones de conjueces, lo que en el mismo sentido considero que se cumpliría en relación con secuestres, liquidadores de sociedades en relación con los bienes de la masa societaria[164].

Y propone una interesante situación que vale la pena entrar a estudiar,

> "Si la aceptación del dinero u otra utilidad se produce antes de que el agente haya adquirido la cualidad personal, no puede darse el delito de corrupción, sino solamente otra figura delictuosa. Si, en cambio, la recepción del dinero o de la dádiva se obtiene después de adquirida la calidad, puede darse el delito de cohecho solo o en concurso material con el de falsedad (del testimonio, del peritazgo), habida cuenta que, en verdad, tanto el perito como el intérprete, antes de tomar posesión del cargo, no tienen la calidad de perito o interprete; y por consiguiente, en relación con ello, no se puede decir que puedan ejecutar actos contrarios a los deberes oficiales, porque —se repite— antes de sumir la investidura de tales, no tienen deberes oficiales.
>
> Frente a tales personas, bajo tales hipótesis, en consecuencia, consideramos nosotros que bien podría estar en presencia, respectivamente, o de un soborno o de un falso testimonio, mas no de un cohecho, como viene de verse"[165].

Se debe concluir, entonces, que siempre en el cohecho propio deberá verificarse en el sujeto activo imperativamente la calidad de servidor público, y que dentro de sus funciones esté el contenido del acuerdo; si la dádiva o promesa se acuerda o se paga antes de adquirir esa calidad, en mi concepto la conducta será impune jurídico penalmente, precisamente porque el tipo exige que quien reciba para sí o para otro sea servidor público. Si habiendo recibido el dinero o la utilidad antes de obtener esa calidad, y al adquirir esa calidad de servidor público, bien sea por nombramiento o por elección, en el caso del retardar u omitir un acto propio de su cargo o ejecutar uno contrario

---

164 MOLINA ARRUBLA, *Delitos contra la A.P.*, 2005, 262.

165 MOLINA ARRUBLA, *Delitos contra la A.P.*, 2005, 266.

a sus funciones a favor de quién le había pagado previamente como particular, con la esperanza de que llegara a ese cargo, la conducta será atípica relativa, pues se le sancionará por el tipo subsidiario que se perfeccione con el acto contrario a sus funciones o con la desvalorada omisión, pero nunca cohecho propio; y en el caso del particular la conducta sí que será atípica absoluta, si no realizó actos adicionales de inducción o determinación para el tipo penal que se presente de manera subsidiaria.

Otros importantes académicos colombianos resaltan esa necesidad de ser servidor público encargado de las funciones materia del acuerdo injusto,

> "De la lectura del tipo penal puede observarse que se trata de un sujeto cualificado, esto es, solo puede desempeñarse como tal aquel que ostente la calidad de servidor público, sea en forma permanente o transitoria. Se entienden como servidores públicos aquellas personas naturales que prestan sus servicios dependientes a los organismos y entidades estatales, con excepción de las asociaciones y fundaciones de participación mixta en las cuales dicha denominación se predicará exclusivamente de sus representantes legales y de los funcionarios de los niveles directivo, asesor o ejecutivo o sus equivalentes en quienes se delegue la celebración de contratos en representación de aquellas"[166].

Resulta entonces pacífico el exigir la verificación la calidad de servidor público, pero además debe tener dentro de sus funciones relación directa con el acuerdo. "El acto propio de la función es cumplido por el agente atendiendo las facultades a él deferidas por la ley o a las derivadas de su ejercicio. La pretermisión implica tener la competencia pues solo se puede omitir o retardar los comportamientos que está compelido a cumplir o ejecutar en determinado plazo"[167]. Si esa condición no se cumple se podrán dar supuestos de los cuales se ha ocupado la doctrina nacional:

> "[...] si la persona que negocia la función pública, ni siquiera ostenta realmente la condición o calidad de servidor público, a más de un de-

[166] TIRADO ÁLVAREZ, en: CASTRO CUENCA, *Manual de Derecho Penal, P.E*, 2012, 270.

[167] Sentencia de la Corte Suprema de Justicia, Sala de Casación Penal, 8 de noviembre de 2011, Proceso nº 34282, M.P.: Julio Enrique Socha Salamanca.

lito contra el patrimonio económico (v.gr. estafa), estará incurriendo en un delito de usurpación de funciones públicas (artículo 425 del Código Penal), o, en su caso, de simulación de investidura o cargo (artículo 426, C.P.), según haya sido, en concreto, la conducta ejecutiva por el desplegada, vale decir, según que lo que haya hecho haya sido usurpar las funciones o simular el cargo. En cambio, si lo que sucede es de que se trata efectivamente de un servidor público, que lo que hace es negociar las funciones públicas del servidor efectivamente competente al efecto, habrá de decirse que en lo que incurre, a más de un delito contra el patrimonio económico del damnificado con tal ofrecimiento (como es el caso de una estafa), estaría incurriendo, potencialmente, en un abuso de la función pública, tal como lo concibe y sanciona el artículo 428 del Código Penal[168].

[...] el sujeto activo debe tener la competencia para llevar a cabo el retraso o la omisión del acto, de lo contrario, no incurrirá en la conducta punible que se analiza. Por ejemplo, si el contralor departamental recibe dinero para que le dé la libertad a una persona detenida y procesada por un juez, aquel no incurre en cohecho por cuanto, como autoridad de orden administrativo, no tiene la competencia jurisdiccional para otorgar esa libertad[169].

De las citas anteriores deberá concluirse que las funciones constitucionales y legales serán determinantes a la hora de respetar de forma garantista la verificación de la conducta dentro del retardar u omitir un acto propio de su cargo o para ejecutar uno contrario a sus deberes oficiales. En este punto en concreto será cohecho propio el pago a un superior jerárquico, sobre acto que corresponda a un subordinado; de igual manera se tipificará la conducta en estudio por entregar o prometer dinero o dádiva al subordinado por decisión del jefe o superior cuando su compromiso sea el ayudar, persuadir, recomendar o argumentar ante el superior o jefe, obteniendo ese acto contrario, o retardando u omitiendo uno propio de su cargo.

En el supuesto de que quien reciba dinero, utilidad o acepte promesa remuneratoria sea el superior jerárquico, sin conocimiento del subordinado

---

168 MOLINA ARRUBLA, *Delitos contra la A.P.*, 2005, 266.

169 TIRADO ÁLVAREZ, en: CASTRO CUENCA, *Manual de Derecho Penal, P.E*, 2012, 270.

en quien radica la decisión que se pretende obtener, no resulta claro que sea autor de cohecho, lo que encuadra más dentro de una estafa, o tráfico de influencias, y concursalmente se podrá estructurar un enriquecimiento ilícito y en todo caso el subordinado será instrumento que obra en circunstancia de error y en consecuencia sin el elemento subjetivo indispensable en la estructura dolosa del artículo 405 del CP. De igual manera sí incurrirá en cohecho el subordinado corrupto que, aprovechando la confianza de su jefe, que no conoce la venalidad de su colaborador, lo induce a firmar o aprobar el objetivo de la acción corrupta, en cuyo caso el superior no responderá por cohecho, pudiendo tipificarse una conducta culposa o imprudente, si la ley lo establece. En estos supuestos deberá valorarse la magnitud del engaño, y así poder constatar los elementos de una posible prohibición de regreso.

El sujeto pasivo de la conducta "está compuesto por la administración pública y en últimas el Estado, como titular del bien jurídico, eventualmente puede resultar perjudicada una persona jurídica"[170].

> "El Estado como titular del bien jurídico de la administración pública, único bien que resulta afectado con la conducta del actor[171].
>
> Sujeto pasivo de la infracción es siempre y únicamente la administración pública ofendida con el comportamiento del funcionario público, donde se sigue que, finalmente, el sujeto pasivo de esta infracción es el Estado como titular del bien jurídico de la administración pública, único bien que resulta afectado con la conducta del actor, en el entendido que es el Estado el titular del bien jurídico afectado.
>
> A pesar de lo anteriormente expuesto nada se opone a que una persona natural o jurídica diferente al mismo Estado, resulte perjudicada con la observancia de este comportamiento delictual, puesto que puede suceder que del convenio entre el funcionario corrupto y el particular que corrompe, se siga un perjuicio patrimonial para un tercero, como cuando entre una de las partes de un proceso y el juez, se acuerda la emisión de la sentencia en un determinado sentido (en

[170] Sentencia de la Corte Suprema de Justicia, Sala de Casación Penal, 8 de noviembre de 2011, Proceso nº 34282, M.P.: Julio Enrique Socha Salamanca.

[171] GÓMEZ MÉNDEZ/GÓMEZ PAVAJEAU, *Delitos contra la administración pública*, 2008, 316.

todo caso contrario a la ley), perjudicando de esa manera los legítimos intereses de la otra parte quien, en cuanto tal, podría constituirse en parte civil dentro del proceso penal adelantado por la comisión de ese cohecho[172].

Tanto jurisprudencia como doctrina son pacíficos en percibir como sujeto pasivo al Estado como titular de la función pública y si con la conducta corrupta se lesiona un interés legítimo de un tercero, sea particular o servidor público, deberán ser reconocidos como víctimas dentro del proceso penal según el caso.

"Se entenderá que es el bien jurídico de la administración pública el afectado con el comportamiento indebido del servidor público; por tanto, puede entenderse que es el Estado quien hace las veces de sujeto pasivo ya que es el titular de dicho bien jurídico.

MOLINA ARRUBLA, se detiene a comentar que pueden existir particulares afectados con la comisión del punible de cohecho; tal es el caso cuando una de las partes de un proceso y el juez del mismo, acuerdan proferir una sentencia en determinado sentido —contrario a la ley—, perjudicando así los intereses de la otra parte[173].

Tal vez ninguna conducta produce mayor reproche y desconfianza en la administración pública que la venta de la función por parte del servidor público. Me remito a lo ya expresado sobre los nocivos efectos de la corrupción para nuestra sociedad, por ello la sanción establecida por el legislador busca mantener vigente la confianza ciudadana en los funcionarios públicos.

"El presupuesto actual de la norma es la necesidad de evitar la venalidad de los servidores públicos. Es la necesidad de evitar que la administración pública se convierta en instrumento de expoliación e injusticia y que los cargos públicos sean medio de enriquecimiento indebido. Por ello, BERNAL PINZÓN anota que no hay duda de que la lesión más grave al prestigio, al normal desarrollo de la admi-

---

[172] MOLINA ARRUBLA, *Delitos contra la A.P.*, 2005, 262-263.

[173] TIRADO ÁLVAREZ, en: CASTRO CUENCA, *Manual de Derecho Penal, P.E*, 2012, 270.

nistración pública, a la seguridad de la función, se logra a través de este feo delito, en el que la venalidad del servidor público se pone por encima de la dignidad de la función que ejerce.

Y más adelante, de manera específica frente al cohecho propio, BERNAL PINZÓN agrega que el objeto jurídico de la tutela penal en esta forma de cohecho es doble, ya que, el agente del delito no solamente viola el deber general, que se predica de todos los funcionarios, de no aceptar retribución ninguna por los actos que en cumplimiento de sus deberes deben realizar, sino que también hay una violación del deber funcional en cuanto a la actividad de la función pública, y que ha sido desviada e invertida: En la forma impropia existe a penas una avidez de lucro, pero no la traición funcional que hace del cohecho propio una forma más grave"[174].

Es profunda la discusión académica sobre cuál es el contenido real del fin de protección normativo en el cohecho, todas las citas que presento son valiosas y acertadas, pero insisto en que la comisión del delito de cohecho afecta directamente el nivel de confianza que tienen los asociados en sus servidores públicos.

"Con la tipificación de esta conducta, lo que se pretende es evitar no solo la corruptibilidad del servidor público, sino también el maltrato a la administración pública, manipulándola y llevándola a ser fuente de injusticias y de enriquecimientos indebidos[175].

El objeto material lo constituye el acto venal cuya realización no dependerá del pago o goce de lo ofrecido. En ese instante el agente debe ostentar la posición de servidor público y estar autorizado para decidir lo pedido o tener la posibilidad de hacerlo. La ilegalidad se juzga en el momento de la entrega o la aceptación antes del retardo, omisión o ejecución del acto ilegal, sin reclamar su ejecución para alcanzar el perfeccionamiento"[176].

---

[174] MOLINA ARRUBLA, *Delitos contra la A.P.*, 2005, 263.

[175] TIRADO ÁLVAREZ, en: CASTRO CUENCA, *Manual de Derecho Penal, P.E*, 2012, 271.

[176] Sentencia de la Corte Suprema de Justicia, Sala de Casación Penal, 8 de noviembre de 2011, Proceso nº 34282, M.P.: Julio Enrique Socha Salamanca.

Subraya entonces la jurisprudencia colombiana el punto comentado respecto de la necesaria calidad de servidor público competente o relacionado con la función que pueda afectar el objeto del acuerdo ilegal.

> "Dentro del delito de cohecho, a pesar de las discusiones de algunos sectores de la doctrina, el objeto material se tiene, por un lado, como el acto de ejecutar, y por otro, como la dádiva o promesa que recibe el servidor público para sí o para otro; aunque no es necesario que se obtenga un provecho efectivo, pero sí es importante que esa dádiva tenga entidad suficiente, es decir, que sea de tan magnitud que sirva de móvil a la conducta, o sea, que haya entre esta y aquella una relación cuantitativa que permita equipararlas. Las dádivas o promesas de escasa significación, esto es, lo que los prácticos llamaban 'minúscula', como en el clásico ejemplo de la canasta de frutas, aunque objetivamente puedan configurar la conducta punible de que se trata, no los acepta la doctrina moderna como cohecho, a no ser que se trate de dádivas reiteradas.
>
> En casos distintos, si bien no se podría pensar la existencia de una antijuridicidad material, sí daría lugar a una falta de tipo disciplinario[177].
>
> Se trata en este caso de un delito de cohecho propio, el cual como lo tiene dicho la Corte contiene dos verbos rectores y tres ingredientes subjetivos alternativamente dispuestos a saber: recibir dinero u otra utilidad o aceptar promesa remuneratoria, para retardar acto propio del cargo, para omitirlo o para ejecutar uno contrario a los deberes oficiales.
>
> En ese orden de ideas, para que se configure el cohecho propio se requiere que el servidor público acceda a la propuesta ilegal que se le formula aceptando contravenir sus funciones oficiales, sin que sea necesario que se produzca el resultado en sentido naturalístico, pues basta que con esa conducta se ponga en peligro el bien jurídico a causa del deterioro que sufre la imagen de irreprochabilidad que tenga la sociedad de la administración pública[178].

---

177 TIRADO ÁLVAREZ, en: CASTRO CUENCA, *Manual de Derecho Penal, P.E*, 2012, 271.

178 Sentencia de la Corte Suprema de Justicia, Sala de Casación Penal, 26 de junio de 2008, Proceso nº 22453, M.P.: Jorge Luis Quintero Milanés.

No es tampoco indispensable la obtención efectiva de un provecho. Comete por tanto el delito de cohecho el servidor público que recibe del particular un título de contenido crediticio que al ser presentado es devuelto por falta o insuficiencia de fondos. Algunos sectores de la doctrina hablan de dos objetos materiales: uno el inmediato —el acto indebido que se negocia— y otro el mediato —el precio o la promesa remuneratoria—[179].

Se trata de un tipo penal de conducta alternativa en cuanto contiene dos verbos rectores —recibir dinero u otra utilidad o aceptar promesa remuneratoria— y tres ingredientes normativos dispuestos de forma alternativa: (i) retardar un acto propio del cargo; (ii) omitirlo o, (iii) ejecutar uno contrario a los deberes oficiales. Lo que sucede, como es de común ocurrencia en los delitos de corrupción, sin que este caso sea la excepción, es que los términos precisos del pacto que los sustenta, son por esencia reservados y su contenido detallado es difícilmente determinable. Aunque el delito de cohecho no impone para su configuración, [...] que el servidor público reciba efectivamente aquello que le fue prometido a cambio de retardar, omitir o ejecutar el acto propio del cargo, en el evento de descubrirse lo que en efecto se dio o prometió, es decir, el dinero o la utilidad, ello serviría como elemento de juicio para desentrañar el contenido del pacto anterior[180].

La acción descrita en la norma está basada concretamente en los verbos recibir y ofrecer que indican acción pasiva respecto a quien da o entrega el bien o la dádiva o la productividad. Ofrecer es prometer y es algo futuro. La sola oferta aceptada consuma el delito sin necesidad de que el servidor público cumpla su parte de voluntad: Así, el convenio consuma el ilícito, se consuma el cohecho propio cuando el servidor recibe el dinero u otra utilidad acepta la promesa remuneratoria, como precio de la injusticia pactada[181].

---

179 GÓMEZ MÉNDEZ/GÓMEZ PAVAJEAU, *Delitos contra la administración pública*, 2008, 317.

180 Sentencia de la Corte Suprema de Justicia, Sala de Casación Penal, 28 de mayo de 2010, Proceso nº 33095, M.P.: Sigifredo Espinoza Pérez.

181 MOLINA ARRUBLA, *Delitos contra la A.P.*, 2005, 272.

> Estos verbos reiteran una conducta pasiva con relación a quién ofrece y entrega la dádiva; no se requiere que el servidor público cumpla con su parte de lo pactado. La sola oferta consuma el delito, es decir, el cohecho propio se consuma cuando el funcionario recibe o acepta promesas remuneratorias que espera recibir en el futuro (dinero o beneficios). Según LUIS CARLOS PÉREZ realiza la conducta de cohecho aquel servidor que una vez ha ejecutado un acto propio —e ilícito— de su oficio como contraprestación a una dádiva, se retira de ese cargo y se dedica a ejercer actividades mejor remuneradas, obtenidas por ese medio[182].
>
> Como elemento normativo del tipo se tiene que la recepción del dinero o la aceptación de la promesa deben realizarse "para retardar u omitir un acto propio del cargo o para ejecutar uno contrario a los deberes oficiales". Esta es la forma más grave de cohecho como quiera que la recepción de la dádiva o la aceptación de la promesa están encaminadas a la ejecución de una acción ilegal. Esa acción ilegal puede ser el no cumplimiento del deber (en cuanto a la omisión se refiere) o la ejecución de un acto contrario a las normas legales[183].
>
> Omitir o retardar un acto propio del cargo, se refiere a la conducta realizada por el servidor público en cumplimiento de sus atribuciones específicas, observando cabalmente el mandato legal. La omisión involucra la competencia funcional, ya que es imposible pretermitir o retardar comportamientos no obligados a cumplir por ley"[184].

Ahora bien, respecto de la conducta de retardar no siempre resulta fácil, en el mundo del Derecho penal, valorar el retardo como reproche penal, especialmente si se tiene en cuenta que en muchas ocasiones los términos de muchas autoridades administrativas y judiciales no se cumplen, lo que al valorarlo como ingrediente normativo del cohecho deberá confirmarse con otros medios de prueba inequívocos. De tal manera que tanto en lo objeti-

---

[182] TIRADO ÁLVAREZ, en: CASTRO CUENCA, *Manual de Derecho Penal, P.E*, 2012, 272.

[183] GÓMEZ MÉNDEZ/GÓMEZ PAVAJEAU, *Delitos contra la administración pública*, 2008, 318.

[184] Sentencia de la Corte Suprema de Justicia, Sala de Casación Penal, 8 de noviembre de 2011, Proceso nº 34282, M.P.: Julio Enrique Socha Salamanca.

vo como en el aspecto subjetivo esa valoración del retardo sin duda alguna ofrecerá dificultades, que no por tener definiciones serán necesariamente solventadas en la práctica.

> "Pretermitir es no hacer deliberadamente la conducta negociada. Retardar es cumplirla por fuera del término dispuesto por la ley o no hacerlo oportunamente"[185].

Al examinarse uno a uno los ingredientes normativos de la conducta deberá buscarse una valoración negativa de los mismos, tal y como sucede con los deberes del cargo.

> "Ejecutar un acto contrario a sus deberes oficiales, encierra el predominio de la voluntad caprichosa del agente sobre las obligaciones impuestas por el cargo en la realización de la conducta comerciada. Comprende todo comportamiento funcional opuesto a las normas jurídicas que lo gobiernan o a las instrucciones del servicio. Se da en el caso que un juez ordene la liberación de un detenido sin recibir previamente la boleta del funcionario judicial, o cuando un fiscal recibe o acepta dinero a cambio de reconocer como parte civil a quien no es víctima o perjudicada con la conducta punible.
>
> Los actos opuestos a los deberes oficiales incluyen no solamente el conjunto de facultades del servidor público con arreglo a la ley, sino además aquellas impuestas por el uso o la costumbre derivadas de la ejecución de una potestad propia.
>
> [...]
>
> Así entonces, la vulneración de los deberes oficiales, ostenta dos características: primera, comporta la contravención de una parte de las atribuciones del servidor público, es decir, lo vendido debe estar por dentro del cargo; y segunda, ha de referirse a un acto inherente a sus obligaciones oficiales, es decir, aquellas derivadas del ejercicio de las funciones deferidas por la ley o impuestas por razón del servicio,

---

185 Sentencia de la Corte Suprema de Justicia, Sala de Casación Penal, 8 de noviembre de 2011, Proceso nº 34282, M.P.: Julio Enrique Socha Salamanca.

y no todas las que de acuerdo con las normas orgánicas y reglamentos de la institución le concierna.

[...]

Si el cohecho es concebido como la compra y venta de la función del servidor público, no tendrá la virtud de configurar este delito la intención de adquirir la tarea asignada a otro funcionario, pues no se trata de irrumpir en el ámbito de atribución ajeno, sino de la protección de las labores brotadas del ejercicio de las funciones propias y las nacidas en ellas[186].

El servidor público no solo está obligado a regular su actividad conforme a las normas legales, sino también con sujeción a la dignidad, probidad e imparcialidad que el cargo le impone, y, en consecuencia, al realizar funciones públicas no solo está regulado por las leyes y reglamentos, sino también por estas calidades que regulan la actividad del servidor estatal, lo que es aún más evidente con la expresión "deberes oficiales", de los que hacen parte tales calidades[187].

En este aspecto la cita doctrinal del profesor CANCINO resulta pertinente para aclarar que la conducta debe presentarse dentro del ámbito funcional del servidor, porque al fin de al cabo lo que se está vendiendo es precisamente esa honestidad, pulcritud y transparencia con que deben obrar los servidores públicos, por ende debe tener relación con la función.

Pero la conducta prometida o negociada en el cohecho puede no estar descrita de manera específica y detallada en los deberes enlistados de manera taxativa en el manual de funciones del respectivo servidor, sin que sea ajeno a sus tareas.

"Los deberes funcionales del cargo no son los específicos, sino también los genéricos. En el ejemplo analizado por GÓMEZ MÉNDEZ, diremos que sin un juez penal municipal, que ocasionalmente tiene en su despacho un proceso de competencia del tribunal o de un juez de circuito, recibe dinero para ejecutar un acto contrario a sus deberes

---

[186] Sentencia de la Corte Suprema de Justicia, Sala de Casación Penal, 8 de noviembre de 2011, Proceso nº 34282, M.P.: Julio Enrique Socha Salamanca.

[187] CANCINO, en: *Lecciones de D.P., P.E.*, 2011, 133-135.

> oficiales, comete delito de cohecho, a pesar de que en sentido estricto no tenga competencia para conocer del caso, si le corresponde tomar decisiones de tipo judicial"[188].

Un elemento importante del ejemplo de GÓMEZ MÉNDEZ es que el juez tiene el expediente en su despacho bajo su control y, a pesar de no tener competencia para resolver, podría haber recibido una dádiva o promesa, por ejemplo, para retardarlo, extraviarlo y en todo caso no enviarlo durante un tiempo determinado en favor de quien ofrece o paga.

> "La conducta puede ser la de efectivamente *recibir*, o la menos grave de *aceptar* simplemente, una promesa de remuneración. No existe duda alguna de que la primera produce efectos más nocivos que la segunda, pero en realidad se parifican o se igualan, ya que se trata de un delito en el que el bien jurídico principal es la recta funcionalidad de la administración y, dentro del mínimo y el máximo, puede hacerse la graduación de la pena, según sean los efectos de recibir efectivamente o el de aceptar una promesa"[189].
>
> Con mucho acierto PEÑA OSSA dice que, si las conductas descritas por la tipicidad en estudio son las de recibir el dinero u otra utilidad, o la de aceptar la promesa remuneratoria, para los fines indicados, la ejecución de una de esas conductas perfecciona el punible, con independencia de que el servidor público, cumpla o no con el retardo u omisión del acto propio del cargo, o con la ejecución del que sea contrario de sus deberes oficiales"[190].

Mi postura es que resulta obvio que la legislación colombiana no hace valoración alguna sobre la posible mayor gravedad entre el recibir o el aceptar promesa remuneratoria, por ende, la lesividad es la misma, aunque, claro, siempre será más contundente la prueba del cohecho cuando se recibió la dádiva, sin desconocer que habrá casos en los que la prueba de la promesa remuneratoria del cohecho sea sólida.

---

188 CANCINO, en: *Lecciones de D.P., P.E.*, 2011, 133-135.

189 CANCINO, en: *Lecciones de D.P., P.E.*, 2011, 133-135.

190 CANCINO, en: *Lecciones de D.P., P.E.*, 2011, 133-135.

Ahora bien, la manera cómo se puede materializar esa conducta alternativa del recibir o el aceptar no cabe duda de que puede ser de manera directa, pero también a través de terceros, o mediante el envío que acepta el servidor.

> "Recibirá o aceptará la dádiva o la promesa de forma directa cuando en persona toma el dinero o la utilidad indebidos o admite o accede a la promesa, e indirecta de hacerlo por medio de un tercero[191].
>
> Consiste en *recibir* para sí o para un tercero, con lo cual el legislador trató de cerrar la posibilidad de que el sujeto activo no reciba directamente por sí y para sí, sino que lo haga para un tercero que posteriormente le hará o no entrega de lo ilícitamente obtenido. Puede ocurrir que el servidor público desee obtener ese provecho para su superior, para su pariente, para su amante, etc.[192].
>
> Recibir es tomar, coger, recoger, lo que le entreguen o envíen[193]".

Y en el caso del aceptar promesa remuneratoria, la Corte Suprema ha expresado que:

> "Ofrecer por su parte significa prometer, brindar, invitar, procurar algo a futuro, la sola aceptación del servidor público consuma el punible, sin necesidad de esperar su cumplimiento"[194].

En la estructura del cohecho propio o impropio en la legislación colombiana necesariamente el acuerdo en la dádiva o promesa debe ser para acto futuro, no está tipificado el cohecho subsiguiente, por lo que esa conducta resultaría atípica pero relativa, teniendo en cuenta que podría enmarcarse dentro del enriquecimiento ilícito de servidor público: "El acto ha de ser futuro, atendiendo a que el fin de la dádiva o la promesa es obtener del actor

---

191 Sentencia de la Corte Suprema de Justicia, Sala de Casación Penal, 8 de noviembre de 2011, Proceso nº 34282, M.P.: Julio Enrique Socha Salamanca.

192 CANCINO, en: *Lecciones de D.P., P.E.*, 2011, 133-135.

193 Sentencia de la Corte Suprema de Justicia, Sala de Casación Penal, 8 de noviembre de 2011, Proceso nº 34282, M.P.: Julio Enrique Socha Salamanca.

194 Sentencia de la Corte Suprema de Justicia, Sala de Casación Penal, 8 de noviembre de 2011, Proceso nº 34282, M.P.: Julio Enrique Socha Salamanca.

hacer u omitir algo, implicando con ello primero el pago o la aceptación y luego el hecho enajenado"[195].

> "PEÑA OSSA dice que, "conforme al ingrediente subjetivo para retardar, omitir o ejecutar algo, la conducta oficial debe ser futura". En efecto, agrega, "el servidor público recibe o acepta para retardar, omitir o ejecutar un acto, no por haberlo retardado, omitido o ejecutado". Sin embargo, hay que precisar que lo que tiene que ser anterior a la conducta funcional es el pacto o acuerdo; *la retribución puede ser posterior, dependiendo de que se realice uno u otro comportamiento alternativo*: cuando se presenta la recepción de la utilidad, esta necesariamente es anterior a la actividad acordada. Pedro —*extanaeus*— entrega a Juan —*intraneus*— una suma, y este, conforme al pacto que lógicamente se había producido, retarda un acto propio de su cargo. Cuando lo que se realiza es la aceptación de promesa remuneratoria, el cumplimiento de la promesa por parte del oferente puede venir —y generalmente así sucede— después de llevado a cabo el comportamiento funcional"[196].

En lo referente al monto o trascendencia de la dádiva, el texto legal no ofrece ninguna confusión, pues tampoco contempla la legislación colombiana el cohecho aparente al cual me referí en la parte española del presente trabajo. Lo que sí debe exigirse, como lo ha dicho expresamente nuestra Corte Suprema, es que el monto del pago o promesa debe ser trascendente, determinante. Si bien la consumación de la conducta del cohecho no depende de la entrega de la dádiva o el pago, el monto o significado de la misma debe ser la causa por la cual se ofrece el obrar futuro dentro de su ámbito funcional, lo que necesariamente debe tener una materialidad suficiente para generar esa determinación hacia el obrar acordado.

> "El costo o la promesa pueden dirigirse al autor o para un tercero, en todo caso prohibido, no interesa para su perfección el monto o la

[195] Sentencia de la Corte Suprema de Justicia, Sala de Casación Penal, 28 de mayo de 2010, Proceso nº 33095, M.P.: Sigifredo Espinoza Pérez.

[196] CANCINO, en: *Lecciones de D.P., P.E.*, 2011, 133-135.

> calidad de lo cedido o prometido. Debe ser trascendente como para constituir causa eficiente de la conducta, basta el solo acuerdo"[197].

Y ese acuerdo entre corruptor y corrupto es el elemento nuclear del cohecho, elemento trascendente para la consumación del injusto de cohecho; de tal manera que, si se perfecciona un acuerdo, y no se ha cumplido por parte del corruptor con la entrega de la dádiva o pago, estará consumado el delito de cohecho. De igual manera se debe concluir cuando, materializado el acuerdo, el servidor no ha proferido o realizado el acto funcional contrario a su deber, o está retardando u omitiendo una de sus funciones. Y respecto de la prueba de elementos como el de la ejecución de un acto contrario a sus deberes, o la omisión o el retardo, en el delito de cohecho, insisto en que deberán demostrarse el acuerdo y el contenido del mismo, pero jamás podrá demandarse la prueba del cumplimiento de uno de esos elementos, al menos en el cohecho. Situación opuesta se presentará si se está acusando un concurso heterogéneo del cohecho con un prevaricato. "Es importante recordar que, dentro de una recta interpretación, los elementos subjetivos del tipo no deben tener real ocurrencia para que se perfeccione la figura correspondiente. En este caso, la conducta se realiza "para" "retardar", "omitir" o "ejecutar" un acto contrario a los deberes oficiales, de tal suerte que no es necesario que se produzca el retardo, la omisión o la ejecución".[198] En relación al elemento dinero u otra utilidad o promesa, también nuestra jurisprudencia y doctrina han definido claramente esos conceptos, referidos a la legislación de su momento:

> "Con el dinero o la sola promesa se provoca, excita, estimula, aviva, o incita al servidor público a obrar ilícitamente, quien se compromete con el cohechador a violar la independencia e imparcialidad, atributos anejos al ejercicio de sus atribuciones[199].
>
> [...] el halago, la dádiva, la ofrenda, la oferta o entrega de dinero, o la utilidad, otorgados por el particular no en consideración a la per-

---

[197] Sentencia de la Corte Suprema de Justicia, Sala de Casación Penal, 8 de noviembre de 2011, Proceso nº 34282, M.P.: Julio Enrique Socha Salamanca.

[198] CANCINO, en: *Lecciones de D.P., P.E.*, 2011, 133-135.

[199] Sentencia de la Corte Suprema de Justicia, Sala de Casación Penal, 8 de noviembre de 2011, Proceso nº 34282, M.P.: Julio Enrique Socha Salamanca.

> sona del funcionario sino de su cargo, estén prohibidos penalmente, tanto para el particular que ofrece (artículo 143 C.P.), como para el funcionario que recibe, pues es de entenderse, que así expresamente no se anuncie la intención que anima ofrecer de una parte y recibir de otra, de todas maneras, el interés oculto de una solución favorable a los intereses particulares, y la percepción pública del favoritismo, se mantienen, poniendo en tela de juicio la imparcialidad y transparencia con que debe actuar la administración en la definición de los asuntos a su cargo[200].
>
> El precio que se paga u ofrece al funcionario debe consistir en dinero, dádivas o promesas remuneratorias. Si la ejecución del acto oficial se logra por obra de ruegos o suplicas, no hay cohecho. Si se obtiene por simpatía hay prevaricato. Si se alcanza por medio de la violencia, hay delito contra funcionarios públicos (artículo 429)"[201].

El monto del dinero u otra utilidad debe ser determinado o determinable, en mi concepto, no necesariamente preciso, porque bien puede suceder que se ofrezca o se prometa porcentaje de una posible ganancia derivada del acto funcional, que inclusive puede depender de factores aleatorios como éxito o no del propósito en un plan, que de todas maneras consumaría, en mi sentir, el delito de cohecho, pero sí se requiere que genere necesariamente una seria y egoísta motivación para que el servidor sobreponga su interés personal sobre la objetividad y transparencia con que debe cumplir sus funciones. Para MOLINA ARRUBLA "El precio, presente o futuro, debe estar precisamente determinado. No valen las ofertas de beneficios en abstracto, o comunicadas der forma vaga, como diciendo: 'veremos qué puede darse', 'luego arreglaremos', 'esté seguro que le irá muy bien' u otras expresiones semejantes. Es indiferente el valor de la dádiva, con tal que el recibo tenga poder determinante"[202]. Considero que la postura citada no difiere con lo expuesto, es decir, lo trascendente es la seriedad en la oferta futura, que sea determinable, pero el elemento fundamental es que determine al servidor

---

200 Sentencia de la Corte Suprema de Justicia, Sala de Casación Penal, 24 de enero de 2001, Proceso nº 13155, M.P.: Fernando Arboleda Ripoll.

201 MOLINA ARRUBLA, *Delitos contra la A.P.*, 2005, 267-268.

202 MOLINA ARRUBLA, *Delitos contra la A.P.*, 2005, 272.

público a traicionar sus deberes y la confianza de la sociedad en el desempeño de sus funciones.

Ahora bien, respecto del concepto de dinero se coincide que jurídicamente en Colombia sería el peso colombiano, y que toda moneda extranjera sería utilidad, lo cierto es que en la realidad económica actual dólares y euros para el ciudadano medio serían dinero por la facilidad e inmediatez en el cambio, así no tengan "poder liberatorio impositivo" en Colombia.

Si bien nuestra Corte Suprema ha expresado que "Dinero solo es la moneda de curso legal en nuestro país. Provecho, es beneficio, ventaja, utilidad, distinto al dinero"[203], en mi concepto, la realidad económica de la Colombia de hoy, con factores como el alto porcentaje de extranjeros que viven en nuestro país, así como la internacionalización de nuestra economía, me lleva a proponer que un pago en moneda extranjera está más cerca del concepto dinero que de utilidad.

Y el ingrediente normativo 'utilidad', será entonces cualquier bien mueble o inmueble que tenga un valor pecuniario, lo que podrá materializarse también en acciones, participaciones, beneficios societarios o en fideicomisos. Ahora bien, puede que se presenten discrepancias respecto del valor de la dádiva entre corruptor y corrupto, lo que en nada afecta la consumación del injusto típico de cohecho, que se consumará aún en el caso en que el servidor público fuera engañado por el corruptor, lo que podría dar acción a una estafa, por irreal que suene.

Y precisamente ese posible engaño puede darse con mayor posibilidad, aunque no exclusivamente, en los casos en que se presente promesa remuneratoria, pues del término se concluye que es un pago futuro en dinero u otra utilidad:

> "Promesa es el ofrecimiento de un estímulo por su actuación.
>
> [...]
>
> Remunerar es retribuir, gratificar, recompensar, pagar o premiar no solo con dinero sino de otras maneras.
>
> [...]

---

203 Sentencia de la Corte Suprema de Justicia, Sala de Casación Penal, 8 de noviembre de 2011, Proceso nº 34282, M.P.: Julio Enrique Socha Salamanca.

> Es intrascendente la cuantía y el pago o cumplimiento de lo ofrecido"[204].

La promesa es la oferta de pago futuro, que hará el corruptor al servidor público corrupto, lo que podrá ser en dinero u otra utilidad, incluyendo, en mi concepto, el favor sexual. Y, me pregunto, ¿qué sucede si el particular le adeuda legítimamente al servidor un dinero o pago debido, como podría ser unos cánones de arrendamiento?, Claro, le propone al servidor público que si retarda u omite un acto propio de su cargo o realizar uno contrario a las mimas, le pagará lo adeudado legalmente, lo que para mí constituye cohecho propio y por supuesto con necesaria bilateralidad frente al particular, pues se está afectando el bien jurídico tutelado cumpliendo con el principio de lesividad. Luego, en nada cambia la conducta cuando el dinero, la utilidad o la promesa son debidas.

> "La promesa remuneratoria es el compromiso que se adquiere para con otra persona, y que ha de ser cumplido en el futuro (mediato o inmediato), que para esta última representa la obtención de una contraprestación a sus labores y/o actuaciones. Evidentemente, como lo asevera ARENAS, por promesa remuneratoria se entiende aquí la que se relaciona con cualquier bien condicionable o apetecible. Remunerar quiere decir recompensar, premiar, galardonar, y no solamente se recompensa, premia o galardona con dinero, sino también en otras formas, si se quiere, más sutiles y perversas, que halagan la vanidad o lo sentidos, sin que sean en realidad bienes o utilidades de índole patrimonial"[205].

Ese dinero, utilidad o promesa pueden ser entregados o prometidos al servidor o a un tercero, que bien puede tener o no un vínculo o cercanía con el servidor público. En otras palabras, el vínculo del tercero con el servidor público no es un ingrediente normativo del tipo de cohecho, el tercero bien puede ser alguien de su núcleo familiar como no serlo, será suficiente que

---

204 Sentencia de la Corte Suprema de Justicia, Sala de Casación Penal, 8 de noviembre de 2011, Proceso nº 34282, M.P.: Julio Enrique Socha Salamanca.

205 MOLINA ARRUBLA, *Delitos contra la A.P.*, 2005, 267-268.

se demuestre que el dinero o utilidad fue entregado en razón del acuerdo sobre un acto funcional.

Insisto en que el objeto de protección de la norma del cohecho es la confianza de los particulares en la transparencia de sus servidores públicos, luego, se consuma con el mero acuerdo entre corruptor y corrupto, sin que se requiera en efecto cumplir efectivamente con el pago ni obtener la utilidad, tampoco materializar la promesa; ni del otro lado que se cumpla efectivamente con la omisión o retardo del acto funcional, o el acto contrario a las funciones. Dicho de otra manera, el acuerdo entre el particular (cohecho activo por dar u ofrecer) y el servidor (cohecho pasivo propio o impropio, según el caso), es lo que constituye el objeto de protección del tipo, como premisa de evitación normativa, luego, si no se cumple con el pago o con el acto, por una de las partes o por ambos, igual ya está consumado el cohecho. Situación distinta sucede con el denominado cohecho subsiguiente que en Colombia, como lo he mencionado con anterioridad, no está tipificado; lo que llevará a un enriquecimiento ilícito de servidor público, artículo 412 del CP colombiano.

CANCINO con la inteligencia académica que siempre caracterizó sus obras, cuestionó la consumación del cohecho cuando la promesa resulta ser fingida o falsa, precisamente porque en la realidad no existía un acuerdo, sino que lo que había era un "entrampamiento". A pesar de que el propio CANCINO señalaba desde su época la tendencia internacional a considerar ese supuesto como cohecho, no lo convencía esa postura doctrinal. Considero que le asiste razón en su planteamiento, porque, si bien la conducta lesiona el bien jurídico, no cumple con la totalidad de los ingredientes normativos, pues el acuerdo como tal entre corruptor y corrupto no existe en el mundo de lo real. Lo anterior no impide que en el terreno del Derecho disciplinario se apliquen las máximas sanciones disciplinarias, pero, en mi sentir, la conducta permanecería como tentativa imposible, con las dificultades dogmáticas adicionales por ser un delito de peligro.

> "Por otra parte, la promesa puede ser fingida o falsa desde el comienzo. O puede tratarse de un delito provocado por la autoridad, caso en el cual podría hablarse de tentativa imposible, porque el sujeto realmente no recibe dinero o utilidad o no acepta promesa remuneratoria, en el mundo de la realidad. Se trata de unos comportamientos simulados,

> que no corresponden a la realidad que contiene la descripción de la norma. El sujeto cree que está vendiendo la administración, pero está siendo, en verdad, sujeto de un "entrampamiento", para referirnos al nombre que se ha dado a la provocación. Actualmente la doctrina internacional pretende que el delito se perfeccione, aun en estos casos. La doctrina y la jurisprudencia colombianas todavía no lo han hecho, al menos de manera generalizada"[206].

Otro aspecto del que se discute al estudiar el cohecho es la relevancia jurídico-penal de la propina, es decir, de un pago no trascendente, de un gesto de gratitud con el funcionario administrativo, a lo que considero que la discusión nos lleva necesariamente al examen de cada caso en concreto, porque la generalización podría llevar a confusiones a favor de fenómenos de corrupción. El dejarle unas vueltas a un servidor operativo, que nada tenga que ver en las funciones inherentes al fondo del asunto puede resultar indeseable pero no penalmente relevante, labores como el sacar unas fotocopias; el transportase a determinado sitio, sin que el Estado le pague por esa tarea dentro de una misma ciudad, el cuidar de un predio en situaciones difíciles por la lejanía, o en circunstancias climáticas adversas, o en zonas selváticas o desérticas, o el facilitar una dormida para una diligencia en regiones alejadas o tropicales; esa ayuda, en mi concepto, no puede enmarcarse dentro de un cohecho, en todo caso jamás cohecho propio, y respecto del impropio tampoco lo será, si no tienen el carácter de recompensa o de pago con la función a ejecutar no podrá tipificarse el cohecho, así lo interpreto de nuestra jurisprudencia, postura que comparto:

> "La propina debe tener el alcance de recompensa o estímulo como contraprestación por lo prometido a realizar"[207].

Respecto del elemento subjetivo de la conducta, el cohecho es un delito de estructura eminentemente dolosa y, en mi sentir, solo admite dolo directo de primer grado, no logro imaginar conductas doloso-eventuales para

---

[206] CANCINO, en: *Lecciones de D.P., P.E.*, 2011, 133-135.

[207] Sentencia de la Corte Suprema de Justicia, Sala de Casación Penal, 8 de noviembre de 2011, Proceso nº 34282, M.P.: Julio Enrique Socha Salamanca.

consumar un cohecho, precisamente por la trascendencia del bien jurídico tutelado que demandará consciencia y voluntad certera en esa vulneración.

> "La conducta punible de cohecho propio solo admite la modalidad dolosa, por cuanto, para que ésta se configure, debe existir un acuerdo previo entre las partes; lo que implica, indefectiblemente, que estas conocen y quieren actuar conforme a la consecución de sus propios intereses, sin que importe contrariar la norma"[208].
>
> Igualmente, es imprescindible la relación de causalidad entre la recepción del dinero o de la dádiva o la aceptación de la promesa remuneratoria y la conducta oficial prohibida, en consecuencia, el sujeto activo debe ostentar la competencia por lo menos general para ejecutar el comportamiento negociado o la posibilidad de hecho de realizarlo por su calidad, por el organismo a que pertenece o el oficio ejecutado, como atrás se anunció"[209].

Y retomando el aspecto de la tentativa, no admite esa modalidad imperfecta de comisión, porque el delito de cohecho se consuma con el simple acuerdo, independiente de si se ha recibido el dinero, la utilidad o la promesa.

Así lo ha expresado de manera pacífica la doctrina nacional:

> "El delito se consuma en el momento de la aceptación de la promesa o de la recepción del dinero o de la 'utilidad'. Por esta razón no es concebible, a nuestro juicio, la tentativa en el delito de cohecho, pues o el sujeto agente acepta el dinero o la promesa, caso en el cual no se dan los requisitos de la tentativa señalados en el artículo 27 del C.P. de 2000 (intención de cometer un hecho punible, actos de ejecución y no consumación por circunstancia ajena a la voluntad del agente)[210].

---

208 TIRADO ÁLVAREZ, en: CASTRO CUENCA, *Manual de Derecho Penal, P.E*, 2012, 273.

209 Sentencia de la Corte Suprema de Justicia, Sala de Casación Penal, 8 de noviembre de 2011, Proceso nº 34282, M.P.: Julio Enrique Socha Salamanca.

210 GÓMEZ MÉNDEZ/GÓMEZ PAVAJEAU, *Delitos contra la administración pública*, 2008, 319.

No cabe la tentativa porque el delito se perfecciona desde el momento en que el funcionario recibe el dinero o la dádiva, o acepta la promesa remuneratoria[211].

Discute la doctrina si el cohecho propio admite o no la tentativa, proponiéndose por parte de algunos autores, tales como GÓMEZ MÉNDEZ, ARENAS y MORENO BRAND, que ello no es posible, habida cuenta que desde el momento en el que el funcionario acepta la promesa remuneratoria, el hecho ya está consumado, cúmplase o no por parte del servidor, cúmplase o no por parte de quien ha hecho tal ofrecimiento[212].

No existe la modalidad tentada debido a que la conducta se consuma una vez el funcionario acepta la promesa remuneratoria, cúmplase o no por parte del servidor o del oferente"[213].

### *2.2.3. El cohecho impropio*

Según el artículo 406 del CP colombiano, el cohecho impropio, es cometido por el "servidor público que acepte para sí o para otro, dinero u otra utilidad o promesa remuneratoria, directa o indirecta, por acto que deba ejecutar en el desempeño de sus funciones"[214].

La Corte Suprema de Justicia ha señalado la existencia de claras diferencias entre el cohecho propio y el impropio:

> "Conclúyese, entonces, que el hecho de aceptar o recibir algo por el funcionario en cumplimiento de las funciones que le corresponden puede dar lugar a la estructuración del delito de cohecho en cualquiera de sus diversas modalidades, las que podrán ser determinadas según la finalidad perseguida por quien da u ofrece y por quien acepta o recibe, dando lugar al cohecho propio en cuanto se pretenda "retardar u omitir un acto propio del cargo, o ejecutar uno contrario a los deberes oficiales", en tanto que cuando se acepta o recibe por "acto

---

211 Sentencia de la Corte Suprema de Justicia, Sala de Casación Penal, 8 de noviembre de 2011, Proceso nº 34282, M.P.: Julio Enrique Socha Salamanca.

212 MOLINA ARRUBLA, *Delitos contra la A.P.*, 2005, 273.

213 TIRADO ÁLVAREZ, en: CASTRO CUENCA, *Manual de Derecho Penal, P.E*, 2012, 272.

214 Art. 406 del CP de 2000.

que deba ejecutar en el desempeño de sus funciones" corresponderá a cohecho impropio"[215].

Tal como sucede en España, la tipificación del delito de cohecho impropio ha sido ampliamente criticada en Colombia. Sin embargo, la Corte Suprema de Justicia ha justificado la existencia de este delito en sentencia del 3 de diciembre de 1999, en la cual ha señalado con bastante razón la necesidad de mantener su tipificación, lo que se justifica principalmente por el bien jurídico que se protege con la norma del artículo 406:

> "Refulge en esta norma -artículo 142 inc. 2º- el interés del Estado en la irreprochabilidad e insospechabilidad de los funcionarios, la cual sufriría por el hecho de la aceptación de invitaciones, prebendas o cualquier otro tipo de utilidad, ofrecidos por quien está interesado en asunto sometido a decisión del funcionario y por éste aceptados, con los condicionamientos ya indicados [...]"[216].

De esta manera, pese a las críticas, le asiste fundada razón a la jurisprudencia de la Corte Suprema, porque la existencia del delito de cohecho impropio se justifica en el propio fundamento del delito de cohecho, la violación del principio de imparcialidad, siendo trascendente la confianza de la sociedad en los servidores públicos. La ulterior finalidad injusta o delictiva de la acción presenta un desvalor de acción adicional en el cohecho pasivo propio, más no constitutivo del delito de cohecho propio, pero he sostenido en esta investigación que el núcleo del injusto es la pérdida de confianza de los asociados en sus servidores públicos, donde la puesta en peligro de la igualdad y de la objetividad de la administración pública incluso podrá convertirse en lesión en caso de que el acto por el cual se recibe o se hace la promesa de la utilidad se lleve a cabo. Lo que lleva a concluir que dogmáticamente el mantener la tipificación del cohecho impropio está justificado.

---

[215] Sentencia de la Corte Suprema de Justicia, Sala de Casación Penal, 6 de abril de 2005, Proceso nº 20403, M.P.: Herman Galán Castellanos.

[216] Sentencia de la Corte Suprema de Justicia, Sala de Casación Penal, 3 de diciembre de 1999, Proceso nº 11136, M.P.: Jorge Aníbal Gómez Gallego.

Siguiendo a la Corte Suprema de Justicia, se encuentra un análisis detallado de los elementos del delito de cohecho impropio:

En primer lugar, el acuerdo de voluntades entre el tercero y el servidor público.[217] He sostenido que, al contrario de lo que sucede en el delito de concusión, el delito de cohecho no puede partir de un constreñimiento al particular o a otro funcionario. No es necesario el acuerdo del particular para que se configure esta conducta punible, siendo suficiente con que el servidor público realice la solicitud, aunque el particular no la acepte.

Un segundo ingrediente normativo resulta del ofrecimiento o pago "representad[o]s en dinero o cualquiera otra utilidad o beneficio e incluso la promesa de su cumplimiento posterior, sin importar que el ofrecimiento sea realizado en forma directa por quien resulta beneficiado con el acto o que aquél se efectúe indirectamente"[218].

También se han estudiado jurisprudencialmente las consecuencias de ser un delito de peligro, al sostener que para su consumación no se requiere que el acto funcional prometido o acordado con el corruptor se lleve a cabo lesionando efectivamente la administración pública, pues se sanciona penalmente, desde el momento del acuerdo corrupto, anticipando la barrera de protección normativa a la puesta en peligro de la administración que se hace efectiva por la pérdida de confianza de los particulares en sus funcionarios.

> "Entonces, el bien jurídico tutelado tanto en el caso del cohecho impropio como el propio es la administración pública, en cuanto los atributos de transparencia, legalidad, imparcialidad, objetividad, moralidad, entre otros y que le son propios, no se vean empañados o cuestionados, por la ejecución de los actos que han sido confiados a sus servidores, por consiguiente, no se requiere que con la conducta cuestionada se hayan ocasionado efectos dañinos para la administración para que ésta merezca reproche penal, ya que lo que sanciona no es el resultado sino la puesta en peligro, el deterioro de la

[217] Sentencia de la Corte Suprema de Justicia, Sala de Casación Penal, 16 de abril de 2005, Proceso nº 20403, M.P.: Herman Galán Castellanos.

[218] Sentencia de la Corte Suprema de Justicia, Sala de Casación Penal, 6 de abril de 2005, Proceso nº 20403, M.P.: Herman Galán Castellanos.

imagen de irreprochabilidad que tenga la sociedad sobre la administración pública"[219].

En tercer lugar, la finalidad especial del ofrecimiento, es decir, "que dicho ofrecimiento tenga por finalidad motivar la ejecución de un acto que deba cumplir el servidor, es decir, que corresponda al ejercicio, al desempeño de las funciones que la ley, el decreto o el reglamento le han atribuido"[220].

Procedo a citar aspectos importantes de la jurisprudencia penal colombiana en las que resaltan uno a uno los ingredientes normativos del cohecho impropio, a los cuales ya me referido al analizar el cohecho propio: "que tales manifestaciones se produzcan con anterioridad a la realización del acto que se debe cumplir"[221].

"No se puede llegar a conclusión distinta, toda vez que el cohecho impropio se configura cuando el acto que es materia del pacto entre el funcionario y el particular, es aquel que el servidor debe ejecutar en el desempeño de sus funciones"[222]. Siendo este ingrediente, precisamente el diferenciador entre el cohecho pasivo propio y el cohecho pasivo impropio.

En el tipo en estudio, el servidor público recibe dinero, utilidad o promesa por un acto funcional acorde con sus funciones, y por lo tanto legal, pero corrompe el ejercicio de su debida función por ese acuerdo de recibir pago por lo que la ley le ordena ejecutar. Y al igual que el cohecho propio, resulta como momento consumativo del mismo el acuerdo de voluntades, y el delito se perfecciona independientemente de la recepción material del dinero, la utilidad o la promesa. Lo sostenido con respecto a la competencia funcional frente al cohecho pasivo propio es aplicable al impropio.

Este cohecho se denomina impropio, por lo que el acto funcional acordado debe ser legal, luego, no será posible un concurso de delitos entre el

---

[219] Sentencia de la Corte Suprema de Justicia, Sala de Casación Penal, 6 de abril de 2005, Proceso nº 20403, M.P.: Herman Galán Castellanos.

[220] Sentencia de la Corte Suprema de Justicia, Sala de Casación Penal, 6 de abril de 2005, Proceso nº 20403, M.P.: Herman Galán Castellanos.

[221] Sentencia de la Corte Suprema de Justicia, Sala de Casación Penal, 6 de abril de 2005, Proceso nº 20403, M.P.: Herman Galán Castellanos.

[222] Sentencia de la Corte Suprema de Justicia, Sala de Casación Penal, 17 de junio de 2003, Proceso nº 14922, M.P.: Jorge Luis Quintero Milanés.

cohecho impropio y el prevaricato, bien sea por acción o por omisión, modalidad concursal que sí se puede presentar con el cohecho propio en el que el servidor público acuerda realizar un acto contrario a sus deberes oficiales o retardar u omitir uno propio de su cargo.

Tal y como lo sostuve para el cohecho propio, considero que ofrecer o prometer el pago de deuda debida, con la búsqueda de la ejecución, o agilizar un acto funcional debido del servidor público resulta constitutivo de cohecho impropio. Cosa distinta sucederá cuando, existiendo la deuda, en nada se comentó, ni se acordó, lo que imposibilitaría la comisión del cohecho, precisamente por inexistencia del elemento nuclear, es decir, la existencia de un acuerdo corrupto.

Repito por acertado lo expresado por el profesor CANCINO:

> "Se ha sostenido que las invitaciones, los agasajos, y otros aspectos similares son estructuradores de este ilícito, a lo cual se debe responder que la cuestión no es del todo fácil pues, por encima de una severa exegesis, no debe olvidarse que, especialmente en zonas rurales, existen costumbres que podemos descalificar desde el escritorio, pero que ya han hecho carrera y son tenidas por aceptables"[223].

De esta cita es necesario comentar que depende del contexto en que se presenten esas situaciones, para valorar si corresponde o no a una práctica desvalorada en el trato con un funcionario, pero lo importante es un criterio objetivo para determinar que esa práctica no rompa con la objetividad del servidor y, más concretamente, con la confianza que los ciudadanos deban tener en ese servidor, lo que lleva a reducir cada vez más esos costumbrismos que, aunque reales, resultan contrarios a una moralidad pública ideal.

> "A diferencia del 'cohecho propio', en el 'cohecho impropio' el servidor público recibe dinero adicional al que el Estado le paga por el cumplimiento de sus funciones, lo que lo hace un delito menos grave que el primero, pero, en todo caso, ilegal, ya que cualquier otra prestación adicional por el cumplimiento de su deber es contraria a derecho. En

---

[223] CANCINO, en: *Lecciones de D.P., P.E.*, 2011, 136-137.

el 'cohecho propio', el servidor se compromete a omitir la ejecución de un acto propio —y futuro— de su trabajo, a retardarlo o a llevar a cabo uno contrario a sus deberes; mientras que en el 'cohecho impropio', el funcionario recibe utilidad para ejecutar algo propio de su cargo y que en todo caso se va a materializar, satisfaciendo el interés del corruptor que buscará, por ejemplo, agilizar la comisión del acto debido a 'gratificar', contraviniendo la ley, la honestidad y transparencia con que deben darse las funciones públicas, por una conducta perteneciente al haber del servidor"[224].

Los elementos o ingredientes del cohecho propio e impropio se identifican y se diferencian en la legalidad o ilegalidad objeto del acuerdo corrupto en el cohecho pasivo propio y la legalidad del también acuerdo ilícito en el cohecho pasivo impropio. "La diferencia radica entonces solo en este elemento normativo del tipo, pues en tanto que en el cohecho propio la gente recibe dinero o acepta promesas por violar la ley, en este realiza lo mismo pero por cumplirla"[225].

Lo que busca prevenir el tipo penal del cohecho impropio, es que se le pague a un servidor por hacer lo que sus funciones le obligan, lo que se cuestiona es la ilicitud de vender el ejercicio de su función, menoscabando la confianza que deben tener los ciudadanos en su imparcialidad y probidad, se censura el hecho de que el servidor obtenga prebendas o reciba promesa por lo que debe o tiene que ejecutar como consecuencia o derivación de su cargo. En la naturaleza de tipo penal de peligro no cabe la modalidad imperfecta de tentativa, pues su momento consumativo es el acuerdo corrupto de recibir la dádiva o acordar la promesa. Y para finalizar el análisis del tipo penal del cohecho impropio, creo que hoy más que nunca es necesario mantener su tipificación, pues quien recibe dinero, dádiva o promesa por una acto funcional poco diferencia si es contrario no a sus funciones, finalmente ambos cohechos pasivos ofenden y lesionan el bien jurídico definido y trascendente.

---

[224] TIRADO ÁLVAREZ, en: CASTRO CUENCA, *Manual de Derecho Penal, P.E*, 2012, 273-275.

[225] GÓMEZ MÉNDEZ/GÓMEZ PAVAJEAU, *Delitos contra la administración pública*, 2008, 323.

### *2.2.4. El cohecho activo*

Por último, se consagra el cohecho activo, cometido por "el que dé u ofrezca dinero u otra utilidad a servidor público, en los casos previstos en los dos artículos anteriores"[226].

El delito de cohecho de manera genérica parte del supuesto que es el particular quien hace nacer la idea criminal, de ahí su denominación de cohecho activo, y la pasividad del servidor, bien sea propia o impropia, dependerá de aceptar la propuesta activa que se le hace por realizar un acto contrario a sus funciones, o retardar uno propio de las mismas.

Respecto de este delito, la Corte Suprema de Justicia ha señalado que el mismo no requiere que el funcionario reciba o acepte el dinero:

> "No requiere la conducta, que el servidor reciba el dinero, la utilidad o acepte la promesa remuneratoria, para omitir o retardar un acto propio de su cargo, para ejecutar uno contrario a sus deberes oficiales, o uno que deba ejecutar en el desempeño de sus funciones, comportamientos que se tipifican y sancionan en otras disposiciones penales, las cuales definen los delitos de cohecho propio e impropio, de acuerdo con lo prometido por el funcionario; lo que la norma busca es proteger la inmaculación del bien jurídico de la administración pública a través de la insospechabilidad de la conducta de los servidores vinculados a ella, de manera que las actividades o los negocios particulares de los funcionarios no pongan en duda la integridad y moralidad que debe gobernar el ejercicio de la función"[227].

Lo anterior es el fundamento de la unilateralidad del delito de cohecho activo, tan criticada en determinados sectores. Efectivamente, basta con que el particular o servidor público realice la oferta, sin que sea necesario que el funcionario público la acepte, situación que rompe cualquier bilateralidad.

Adicionalmente, debe tenerse en cuenta que en Colombia se sancionan las modalidades pasiva propia y pasiva impropia del cohecho y en consecuencia también el activo propio y activo impropio, pues el tipo penal realiza una

[226] Art. 407 del CP de 2000.

[227] Sentencia de la Corte Suprema de Justicia, Sala de Casación Penal, 24 de enero de 2001, Proceso nº 13155, M.P.: Arboleda Ripoll.

remisión a las conductas punibles anteriores, dentro de las cuales se encuentra el cohecho pasivo propio y el cohecho pasivo impropio[228].

> "El delito de cohecho por dar u ofrecer, en concordancia con los artículos 143 de 1980 y 407 del vigente, se configura con el simple hecho de ofrecerle dinero u otra utilidad al servidor público, para que retarde u omita un acto propio de su cargo, ejecute uno contrario a sus deberes oficiales o uno que deba realizar en el desempeño de sus funciones[229].
>
> [...] admite para su configuración, que el sujeto activo entregue la dádiva o la ofrezca. Es un delito de consumación instantánea y afecta a la administración pública cuando se ejecuta una u otra conducta"[230].

Resulta lógico afirmar que el momento consumativo del cohecho activo es el mismo del pasivo, es decir, cuando se perfecciona el acuerdo entre corruptor y corrupto, sin que se requiera como ingrediente la materialización del pago o de la promesa.

> "Resta por señalar, que para la estructuración del delito de cohecho por dar u ofrecer contrario a lo señalado por la defensa no se exige que se cumpla materialmente la entrega de lo ofrecido, pues tan sólo basta que se presente éste para que se considere consumada la ilicitud"[231].

La Corte Suprema de Justicia ha estudiado en profundidad los ingredientes normativos del tipo en estudio, definiéndolo como un tipo penal de sujeto activo indeterminado y conducta compuesta alternativa, al incluir las conductas dar u ofrecer, y estudia además el tema de la bilateralidad, señalando que, cuando la conducta consiste en dar pues la bilateralidad está

---

228 Sentencia de la Corte Suprema de Justicia, Sala de Casación Penal, 24 de enero de 2001, Proceso nº 13155, M.P.: Arboleda Ripoll.

229 Sentencia de la Corte Suprema de Justicia, Sala de Casación Penal, 12 de noviembre de 2003, Proceso nº 17979, M.P.: Yesid Ramírez Bastidas.

230 Sentencia de la Corte Suprema de Justicia, Sala de Casación Penal, 12 de mayo de 2000, Proceso nº 16863, M.P.: Carlos Mejía Escobar.

231 Sentencia de la Corte Suprema de Justicia, Sala de Casación Penal, 36 de noviembre de 2003, Proceso nº 19008, M.P.: Marina Pulido de Barón.

consumada, y en el ofrecer dicha bilateralidad dependerá de la aceptación de la oferta por parte del servidor.

> "Estructuralmente, es un tipo de sujeto activo indeterminado, y conducta compuesta alternativa, integrada por dos verbos: dar y ofrecer. Cuando se realiza la primera conducta (dar) existirá bilateralidad típica, puesto que ambos (particular y servidor público) habrán cometido el delito de cohecho, el primero en la modalidad de activo, y el segundo en la modalidad de pasivo. Cuando se realiza la segunda conducta (ofrecer), existirá bilateralidad si la propuesta es aceptada por el servidor público. Si es desechada, solo cometerá delito de cohecho el particular, en la modalidad de activo.
>
> En cuanto dice relación con el bien jurídico protegido, es un tipo de peligro, y en razón a su contenido, es de mera conducta y consumación instantánea. Esto último significa que el delito se perfecciona con la realización simple de cualquiera de las acciones que el tipo consagra en forma alternativa (dar u ofrecer), independientemente del resultado obtenido, precisión que la Corte ha hecho ya en otras oportunidades, frente a casos similares, entre ellas en el auto de 12 de mayo de 2000, con ponencia del Magistrado doctor Carlos Eduardo Mejía Escobar, que pertinentemente la delegada cita en su concepto.
>
> Implica, así mismo, que su conducta no admite tentativa, o grados de ejecución imperfectos, situación que torna de suyo inanes las reflexiones que el casacionista adicionalmente trae en torno a la inexistencia de tentativa por inidoneidad de la conducta del particular, cuando su propuesta recae en un funcionario incorruptible. La configuración típica como delito de mera conducta, guarda correspondencia con su regulación en el Derecho penal comparado, y consulta la posición doctrinal dominante, defensora de la tesis de que el delito se consuma cuando se entrega la dádiva, o el ofrecimiento llega a conocimiento del servidor público, siendo indiferente, para efectos de la tipicidad de la conducta y su punibilidad, que la propuesta sea o no aceptada"[232].

---

[232] Sentencia de la Corte Suprema de Justicia, Sala de Casación Penal, 26 de noviembre de 2003, Proceso nº 17674, M.P.: Mauro Solarte Portilla.

La citada jurisprudencia, resume con lujo de detalles las características normativas del tipo, y sus consecuencias dogmáticas. Lo que demuestra que tanto jurisprudencial como doctrinalmente hay acuerdo pacífico respecto de la naturaleza del tipo de cohecho activo, así como el de sus ingredientes.

> "En la estructura típica de esta figura no existió variación alguna. El sujeto activo no está cualificado.
>
> Puede ocurrir que el sujeto activo dé efectivamente dinero o utilidad al servidor público, o puede ser que meramente los ofrezca, de tal manera que, como lo dice la misma norma, se refiere tanto al cohecho propio como al impropio. Puede ocurrir que el servidor público no acepte que se le dé o se le prometa algo, motivo por el cual aseveramos que se trata de un tipo penal en el que puede actuar solamente el tercero, y el servidor público será entonces solamente espectador de la acción"[233].

Por la naturaleza jurídica del cohecho activo como tipo de peligro, por ser un delito de mera conducta, no admite tentativa, lo que ha sido tratado acertadamente por importantes doctrinantes nacionales.

> "En el caso de ALFONSO GÓMEZ MÉNDEZ, sostiene que no existe la modalidad tentada debido a que la conducta se consuma con el solo ofrecimiento, independientemente de que el funcionario la acepte o no; a diferencia de LUIS CARLOS PÉREZ, quien afirma: "si la persona a quien se hace el ofrecimiento, acepta la promesa, salta a la vista la bilateralidad en los hechos de dar y recibir. Si el empleado escucha la propuesta corruptora sin darse por enterado de ella, o la rechaza, no hay cohecho. Podría, a lo sumo, configurarse el grado de tentativa imputable a quien propone la entrega o la promesa"[234].

Insisto, entonces, en que así como sostuve al examinar las modalidades de cohecho pasivo que no admite la modalidad imperfecta de la tentativa,

---

[233] CANCINO, en: *Lecciones de D.P., P.E.*, 2011,137.

[234] TIRADO ÁLVAREZ, en: CASTRO CUENCA, *Manual de Derecho Penal, P.E*, 2012, 276-277.

tampoco el cohecho activo admite modalidad tentada; de tal manera que le asiste plena razón a los citados autores.

Ahora bien, respecto de la bilateralidad del cohecho activo, tema ya tratado anteriormente, debo señalar, que el cohecho pasivo siempre será bilateral pues fácticamente debe existir previamente o de manera concomitante, un pago u oferta del corruptor, sujeto activo del tipo del artículo 407 del CP. Pero bien puede darse, y es lo que la confianza de la sociedad espera, que el servidor público a quien se le hace la oferta o el pago, la rechace, en cuyo caso estará consumado el cohecho activo, pero jamás podrá sostenerse bilateralidad ante la negativa de aceptación.

Y un aspecto de necesaria insistencia radica en que, al ser de sujeto activo indeterminado, lo normal es que sea un particular, pero bien puede suceder que el sujeto activo del cohecho activo sea otro servidor público que entrega u ofrece dinero u otra utilidad, a otro servidor público, para retardar u omitir un acto propio de su cargo, o para ejecutar uno contrario a sus deberes oficiales (cohecho activo propio); o por acto que deba ejecutar en el desempeño de sus funciones (cohecho activo impropio), en cuyo caso en nada estará desconociendo la calidad de sujeto activo indeterminado, lo importante es que no tenga relación funcional con el objeto del acuerdo corrupto.

> "Hemos visto que en el caso del cohecho cuando se comete por parte del servidor público, simultáneamente se genera responsabilidad penal para la persona —usualmente un particular— que concurrió a la materialización de tal hecho, haciendo la entrega del dinero u utilidad, o formulando la promesa remuneratoria. Por ello, se dice que en el caso de que el sujeto activo dé al servidor público, surge un tipo bilateral —técnicamente plurisubjetivo—, pues ambos cometen el hecho punible, tanto quien "peca por la paga como quien paga por pecar"[235].
>
> Sujeto activo de esta variante comportamental puede serlo cualquier persona, ya que se trata de un agente delictual indiferenciado o indeterminado, de tal manera que podría serlo no solo un particular, sino también otro servidor público, pues que nada se opone a que

[235] MOLINA ARRUBLA, *Delitos contra la A.P.*, 2005, 281-282.

> un servidor público le ofrezca dinero a otro, para que haga o deje de hacer algo propio de su cargo y/o funciones"[236].

La norma del cohecho activo busca evitar que los particulares tan siquiera intenten corromper a sus servidores públicos, fortaleciendo la confianza que la sociedad debe tener en quienes cumplen función pública. Y precisamente se contempla como tipo penal de peligro, precisamente para evitar y prevenir jurídico-penalmente desde la mera puesta en peligro del bien jurídico.

> "En cuanto al ofrecimiento, supone una actuación delictuosa solo para el particular, cuando el servidor público rechaza la propuesta indebida. Se trata entonces de un tipo instantáneo, ya que el delito se estructura con el solo ofrecimiento. Por tanto, no es concebible la tentativa.
>
> No compartimos la posición de algunos sectores de la doctrina que plantean la posibilidad de tentativa para el particular, cuando el servidor público rechaza el ofrecimiento ilegal, porque a nuestro juicio se trata de un tipo penal instantáneo que se configura con el ofrecimiento ilegal que el particular hace al servidor público, independientemente de que este acepte o no la oferta"[237].

La cita anterior de GÓMEZ MÉNDEZ/GÓMEZ PAVAJEAU resulta sólida y acertada dogmáticamente, discrepando de MOLINA ARRUBLA, quien admite la tentativa en el caso de no aceptación del pago o de la oferta, lo que no puedo compartir, pues el cohecho activo se consumará con la sola oferta o intención de dar.

La conducta es de estructura eminentemente dolosa y ese conocimiento y voluntad deben estar referidos precisamente a obtener el acto funcional del cohecho propio o impropio, según el caso. Y por esa misma naturaleza considero que no es posible admitir casos de dolo eventual, sino necesariamente dolo directo de primer grado. Por lo que también comparto el ingenioso caso de quien, enamorado de la funcionaria, le hace un regalo.

---

236 MOLINA ARRUBLA, *Delitos contra la A.P.*, 2005, 294.

237 GÓMEZ MÉNDEZ/GÓMEZ PAVAJEAU, *Delitos contra la administración pública*, 2008, 327.

> "Si el particular ofrece o entrega el dinero o la dádiva por otra razón, no comete delito de cohecho por falta del elemento subjetivo que desquicia el tipo subjetivo. Tal seria la hipótesis del particular que ofrece o regala joyas a una servidora pública de quien se encuentra perdidamente enamorado.
>
> Es difícil pensar en un error de tipo. De todos modos, sea vencible o invencible, la conducta resultaría atípica por falta del remanente culposo"[238].

Por último, vale mencionar que Colombia tipifica en el artículo 433 del CP el soborno transnacional, que no es materia del presente trabajo, y que ha sido tratado de manera brillante por nuestra Corte Constitucional en Sentencia C- 944 de 2012, MP: Dr. José Ignacio Pretelt Chaljub.

## 3. El delito de tráfico de influencias en Colombia

La evolución del delito de tráfico de influencias en Colombia ha tenido dos grandes etapas, una inicial, durante la vigencia de los CP de 1936 y 1980, en la cual el tráfico de influencias se relacionaba con el delito de cohecho, tipificándose con unos verbos rectores muy similares al mismo; y una posterior desde el CP de 2000, en la cual el tráfico de influencias se identifica en mayor grado con el enriquecimiento ilícito.

Al igual que sucede con el delito de cohecho, el delito de tráfico de influencias en Colombia tiene una regulación mucho más sencilla que en España, pues, mientras en el CP español esta conducta se establece en tres disposiciones, en Colombia solamente se dedica una de ellas para tal fin.

Sin embargo, al contrario de lo que sucede con el cohecho, en el cual la simplificación de la legislación puede ser conveniente para la aplicación de la ley penal, la sencillez con la que el CP colombiano trata el delito de tráfico de influencias provoca serias lagunas de impunidad.

---

[238] GÓMEZ MÉNDEZ/GÓMEZ PAVAJEAU, *Delitos contra la administración pública*, 2008, 328.

## 3.1. Antecedentes

### *3.1.1. Código Penal de 1936*

El delito de tráfico de influencias ya se encontraba consagrado en el Código Penal de 1936, dentro del capítulo III del título correspondiente a los delitos contra la administración pública, capítulo que se denominaba "de la colusión y otras infracciones cometidas por los apoderados y consejeros". En este sentido, se consagraba una forma de tráfico de influencias muy vinculada al cohecho, especialmente en relación con sus verbos rectores (recibir o hacer dar o prometer):

> "El que reciba o haga dar o prometer para sí o para un tercero, dinero u otro provecho indebido, con el fin de obtener un favor de la autoridad que esté conociendo de algún asunto, o de un testigo, perito o intérprete, invocando influencias reales o simuladas que ante ellos pueda desarrollar, incurrirá en arresto de quince días a un año y multa de cincuenta a tres mil pesos"[239].

### *3.1.2. Código Penal de 1980*

El tráfico de influencias fue incluido también en el Código Penal de 1980 con una redacción muy similar a la contemplada en el Código Penal de 1936:

> "Tráfico de Influencias para obtener favor de servidor público. El que invocando influencias reales o simuladas reciba, haga dar o prometer para sí o para un tercero dinero o dádiva, con el fin de obtener cualquier beneficio de parte de servidor público en asunto que éste se encuentre conociendo o haya de conocer, incurrirá en prisión de seis (6) meses a cuatro (4) años, multa de un mil a cien mil pesos e interdicción de derechos y funciones públicas de uno (1) a cinco (5) años"[240].

En el Estatuto Anticorrupción, Ley 190 de 1995, se hizo una modificación simplemente punitiva del tráfico de influencias, quedando contemplado de la siguiente manera:

---

239 Art. 198 del CP de 1936.

240 Art. 147 del CP de 1980.

"El que invocando influencias reales o simuladas reciba, haga dar o prometer para sí o para un tercero dinero o dádiva, con el fin de obtener cualquier beneficio de parte de servidor público en asunto que éste se encuentre conociendo o haya de conocer, incurrirá en prisión de cuatro (4) a seis (6) años, multa de cincuenta (50) a cien (100) salarios mínimos legales mensuales vigentes, e interdicción de derechos y funciones públicas por el mismo término de la pena principal"[241].

## 3.2. La tipificación actual del delito de tráfico de influencias en Colombia en el Código Penal de 2000

3.2.1. El Código Penal de 2000 modifica completamente la redacción del delito de tráfico de influencias, al no vincularlo a un posible cohecho, sino dándole una naturaleza propia y agregándole diversos elementos como el ánimo de lucro e implícitamente el abuso de funciones públicas:

"Tráfico de influencias de servidor público. El servidor público que utilice indebidamente, en provecho propio o de un tercero, influencias derivadas del ejercicio del cargo o de la función, con el fin de obtener cualquier beneficio de parte de servidor público en asunto que éste se encuentre conociendo o haya de conocer, incurrirá en prisión de cuatro (4) a ocho (8) años, multa de cien (100) a doscientos (200) salarios mínimos legales mensuales vigentes, e inhabilitación para el ejercicio de derechos y funciones públicas de cinco (5) a ocho (8) años"[242].

Por su parte, la Corte Suprema de Justicia ha entendido que el tipo penal anteriormente contemplado como tráfico de influencias en la actualidad se sanciona como una estafa agravada:

"Así planteado el problema, acaso frente al tránsito de legislación ocurrido durante el trámite de este proceso conduciría a ponderar si lo que pretende el demandante es una revaloración de la calificación jurídica de los hechos, puesto que la Ley 599 de 2000 tipificó como

[241] Art. 25 de la Ley 190 de 1995.

[242] Art. 411 de la Ley 599 de 2000.

una modalidad de estafa agravada la obtención de provecho ilícito para sí o para un tercero, con perjuicio ajeno, induciendo o manteniendo en error por medio de artificios o engaños (artículo 246), cuando "se invoquen influencias reales o simuladas con el pretexto o con el fin de obtener de un servidor público un beneficio en asunto que éste se encuentre conociendo o haya de conocer" (artículo 247.3), descripción que a la postre vino a recoger en gran parte la redacción del artículo 147 del Decreto Ley 100 de 1987 denominada "tráfico de influencias para obtener favor de servidor público", pues la Ley 599 de 2000 redefinió este comportamiento delictual en el artículo 411 así:

'El servidor público que utilice indebidamente, en provecho propio o de un tercero, influencias derivadas del ejercicio del cargo o de la función, con el fin de obtener cualquier beneficio de parte de servidor público en asunto que éste se encuentre o haya de conocer, incurrirá en prisión de cuatro (4) a ocho (8) años, multa de cien (100) a doscientos (200) salarios mínimos legales mensuales vigentes, e inhabilitación para el ejercicio de derechos y funciones públicas de 5 a 8 años'"[243].

La Corte Suprema de Justicia enfatizó en las grandes modificaciones que sufrió el delito de tráfico de influencias, dentro de las cuales se encuentra la supuesta consideración del tráfico de influencias de particular como un delito contra el patrimonio económico:

"Con la expedición de la Ley 599 de 2000, el delito de tráfico de influencias sufrió importantes modificaciones, ya que dejó de considerar como punible ese comportamiento desplegado por particulares, "pues reservó el tipo únicamente para cuando es cometido por servidores públicos; y, en cambio, ubicó esa conducta, cuando es cometida por un particular, en los delitos contra el patrimonio económico, como circunstancia agravante de la estafa",[244] tal como lo prevén los artículos

---

[243] Sentencia de la Corte Suprema de Justicia, Sala de Casación Penal, 26 de octubre de 2006, Proceso nº 20991, M.P.: Julio Enrique Socha Salamanca.

[244] Auto de la Corte Suprema de Justicia, Sala de Casación Penal, 19 de marzo de 2002, M.P.: Édgar Lombana Trujillo.

> 246 y 247, numeral 3°, del nuevo Código Penal, al establecer en este numeral que la estafa será agravada cuando "se invoquen influencias reales o simuladas con el pretexto o con el fin de obtener de un servidor público un beneficio en asunto que éste se encuentre conociendo o que haya de conocer" (Cas 16.160. de abril 24 de 2003)"[245].

De tal manera que el injusto de tráfico de influencias se circunscribe a la utilización de influencias relacionadas con la función, mientras que el invocarlas de manera falsa o real será un agravante de un delito contra el bien jurídico patrimonio, que está muy relacionado con el ingrediente normativo, inducción en error de la estafa.

Así lo ha expresado la Corte Suprema de Justicia:

> "El tráfico de influencias se configura actualmente, entonces, por la utilización indebida de las influencias derivadas del ejercicio del cargo o de la función públicas; y la estafa agravada por la sola invocación de influencias reales o simuladas con la finalidad de engañar y obtener un aprovechamiento económico ilícito. En otras palabras, en el primer caso la intervención del servidor público ante el funcionario que conozca o haya de conocer del asunto es condición para que se estructure el tipo penal, mientras que en el segundo esa intervención se promete falsamente, constituyéndose en el mecanismo que induce o mantiene al otro en error y lo mueve a desprenderse de su patrimonio"[246].

Sin embargo, esta fórmula de tipificación consideraba impune —hasta 2011, en que se ha modificado, como veremos, el CP— el supuesto en el cual el particular ejerza una influencia real sobre un servidor público, sin mediar engaño a la otra persona a quien se le pide una contraprestación por esa influencia, situación que ha sido expresada por la Corte Suprema de Justicia:

---

245 Sentencia de la Corte Suprema de Justicia, Sala de Casación Penal, 26 de octubre de 2006, Proceso nº 20991, M.P.: Julio Enrique Socha Salamanca.

246 Sentencia de la Corte Suprema de Justicia, Sala de Casación Penal, 26 de octubre de 2006, Proceso nº 20991, M.P.: Julio Enrique Socha Salamanca.

> "Puede suceder, no obstante, que el particular ofrezca ejercer una influencia indebida ante un servidor público a cambio de una utilidad y en verdad lo haga. En tal caso, si se tiene en cuenta que sólo puede incurrir en tráfico de influencias el servidor público y que no se produjo engaño, ninguno de los delitos comentados habría tenido ocurrencia. Y si la gestión prometida y cumplida no incluyó el ofrecimiento de dinero u otra utilidad al funcionario, evento en el cual se presentaría cohecho por dar u ofrecer (artículo 407 del C.P. de 2000), y el particular no se encuentra en las circunstancias del artículo 432 ibídem (utilización de influencias derivadas del ejercicio de un cargo público desempeñado en el año inmediatamente anterior), esa conducta no sería delictiva de cara a la legislación vigente (rad. 19.845)"[247].

De esta manera, hasta la modificación de 2011 era evidente la falencia de la legislación penal colombiana en relación con la tipificación del tráfico de influencias, pues en la mayoría de supuestos es el particular quien tiene un mayor interés en esta conducta punible y quien se aprovecha de sus relaciones personales, económicas y políticas para afectar la transparencia de la administración pública.

La corrupción no es un fenómeno criminal exclusivo de los servidores públicos. Por el contrario, la alternatividad del poder permite que cada periodo de gobierno cambien las personas que laboran en las administraciones públicas mientras la corrupción continúa, precisamente porque existen particulares que utilizan sus influencias para proceder a la captura de la administración, tal como expresa FERRAJOLI.[248]

La única alternativa de sancionar la conducta del particular era como determinador (inductor) de la conducta de tráfico influencias de servidor público sobre otro servidor público, situación que se presenta en algunas ocasiones, pero no sanciona la modalidad más grave de influencias, que se presenta cuando la influencia se da directamente del particular sobre un servidor público; de allí la necesidad que existía de consagrar el tráfico de influencias de particulares como delito independiente.

---

[247] Sentencia de la Corte Suprema de Justicia, Sala de Casación Penal, 26 de octubre de 2006, Proceso nº 20991, M.P.: Julio Enrique Socha Salamanca.

[248] FERRAJOLI, *Corrupción y Estado de Derecho*, 1996, 18.

3.2.2. Entonces, el nuevo Estatuto Anticorrupción de Colombia (Ley 1474 de 2011) incluyó como delito autónomo, tal como sucede en España, el tráfico de influencias de particular, con el siguiente texto:

> "Tráfico de influencias de particular. La Ley 599 de 2000, artículo 411 A:
>
> El particular que ejerza indebidamente influencias sobre un servidor público en asunto que este se encuentre conociendo o haya de conocer, con el fin de obtener cualquier beneficio económico, incurrirá en prisión de cuatro (4) a ocho (8) años y multa de cien (100) a doscientos (200) salarios mínimos legales mensuales vigentes"[249].

3.2.3. En relación con el delito de tráfico de influencias de servidor público consagrado en el Código Penal colombiano, la doctrina ha señalado la existencia de tres características del mismo:

Como punto de partida, que sea una influencia derivada del ejercicio del cargo o de la función, que debe ser real y no es posible que sea simulada, entonces esas influencias deben provenir siempre de la función o cargo y precisamente de esa relación de influencia derivada del cargo es que proviene el juicio de reproche. Este ingrediente del tipo en el análisis del tráfico de influencias puede ofrecer dificultades, y para el análisis del mismo me remito a lo señalado en relación con este cuando se analizó el tráfico de influencias en España; en tal sentido el aumento del riesgo para la administración pública debe ser uno de los elementos fundamentales del análisis que permite concluir que no se aumenta el riesgo en el tráfico de influencias cuando el funcionario ya ha adoptado una decisión[250], ni cuando la influencia no tiene ninguna efectividad sobre el funcionario que tomará la decisión[251], ni si el funcionario público no tiene competencia para adoptar la resolución por la cual se ha ejercido la influencia, en aquellos supuestos en los cuales esta

---

[249] Art. 28 de la Ley 1474 de 2011.

[250] MIR PUIG C., *Delitos contra la Administración pública*, 2000, 266.

[251] MIR PUIG C., *Delitos contra la Administración pública*, 2000, 266: "también cuando la influencia no haya causado en el funcionario sujeto pasivo de la acción efectividad alguna en la tima de la decisión, al ya estar previamente a la influencia, 'resuelto' a actuar de conformidad con la misma de todos modos —caso conocido como el "*omnimodo facturus*" (así, cuando el funcionario que ha de dictar la resolución favorable al sujeto activo o tercero está ya decidido a hacerlo antes de la influencia de ése)".

situación constituye una influencia en cadena, sino un supuesto de error de quien ejerce la influencia.

Adicionalmente, remitiendo igualmente al análisis de las formas de delimitación de la influencia ya efectuado, es necesario tener en cuenta algunas premisas en relación con el conflicto entre el principio de imparcialidad y el principio de jerarquía, que determina diversas consecuencias igualmente aplicables en Colombia:

- En virtud de los principios de eficacia y jerarquía no cualquier orden puede considerarse como influencia, es necesario que se realice abusando del cargo y no como una orden lícita que se presente en el marco de las relaciones jerárquicas. Considero que no es ni legal, ni acertado presumir mala fe en las relaciones de los servidores públicos.
- De acuerdo al principio de desconcentración se permite el ejercicio de competencias por parte de órganos administrativos pertenecientes a una misma unidad o entidad administrativa[252].
- Por el principio de coordinación, la mera interacción entre funcionarios de diversas administraciones públicas no es constitutiva de tráfico de influencias.

Tal como sucede con el delito de cohecho, el tráfico de influencias no requiere, más allá del resultado de efectiva influencia en el servidor público, un ulterior resultado: ni la obtención del beneficio buscado ni que se genere un daño para la administración pública[253].

Y en relación con los elementos subjetivos, FERREIRA DELGADO exige la configuración de dos elementos subjetivos: "a) Se utilizan influencias en su provecho o de terceros y son influencias reales derivadas del cargo que ejerce. b) Obtener un beneficio, para sí o para tercero, derivado directamente del tráfico de influencias"[254].

El análisis que se ha venido haciendo respecto del tráfico de influencias se confirma jurisprudencialmente de manera pacífica:

---

[252] ÁLVAREZ CONDE, *Curso de Derecho Constitucional*, 2000, 230.

[253] ARBOLEDA VALLEJO/RUIZ SALAZAR, *DP. PG y PE*, 2008, 1248.

[254] FERREIRA DELGADO, *DP, PE*, 2006, 384.

"Con la expedición de la Ley 599 de 2000, el delito de tráfico de influencias sufrió importantes modificaciones, ya que dejó de considerar como punible ese comportamiento desplegado por particulares, "pues reservó el tipo únicamente para cuando es cometido por servidores públicos; y, en cambio, ubicó esa conducta, cuando es cometida por un particular, en los delitos contra el patrimonio económico, como circunstancia agravante de la estafa", tal como lo prevén los artículos 246 y 247, numeral 3°, del nuevo Código Penal, al establecer en este numeral que la estafa será agravada cuando "se invoquen influencias reales o simuladas con el pretexto o con el fin de obtener de un servidor público un beneficio en asunto que éste se encuentre conociendo o que haya de conocer"[255].

Desde la Constitución Política se señala que la administración pública debe tener como fin principal la satisfacción del interés general, y no la complacencia de intereses subjetivos o personales del servidor público. Por eso es que los artículos 123 y 124, son expresos en señalar la gran responsabilidad que les atañe a los servidores públicos en el desempeño de sus funciones.

Bajo estas condiciones constitucionales, es claro que el bien jurídico de la administración pública resulta de especial protección. El tráfico de influencias, como parte de los delitos previstos por el legislador como lesivos del bien jurídico mencionado, lo que busca es evitar que intereses ajenos al buen servicio prevalezcan en la actividad de la administración, empezando por la designación de las personas que dentro de cada entidad o institución deban asumir los cargos o funciones.

El artículo 411 ya citado, establece una serie de elementos para tener por cumplido el tipo penal, ellos son: Que el agente sea un servidor público, esto es, una persona que esté vinculada con el Estado, en forma permanente, provisional o transitoria.

Que dicho servidor haga uso indebido de influencias derivadas del ejercicio de su cargo o función. Es decir, que aprovechando la

[255] Sentencia de la Corte Suprema de Justicia, Sala de Casación Penal, 24 de abril de 2003, Proceso nº 20403, M.P.: Jorge Luis Quintero Milanés.

autoridad de que está investido, por su calidad de servidor público, ejerza unas determinadas influencias.

Pero no toda influencia puede ser punible, sino aquella que sea indebida; se entiende por indebido aquella que está por fuera del deber; y el deber, en el servidor público está centrado, como ya se decía, en el servicio a la comunidad. Ese es su norte y su esencia.

De tal suerte que una mera recomendación o una postulación abierta —para ubicarnos en el tema central de la investigación—, por ejemplo, no puede constituirse en indebida influencia, a menos que la misma esté acompañada de una presión o de un claro favoritismo hacia alguien que no reúne los requisitos para ocupar un cargo o que se encuentra en menores condiciones de quien lo ocupa, pues en ese caso sería evidente que el servicio a la comunidad habría cedido a unos reprochables apetitos burocráticos.

El uso de la indebida influencia puede darse bien en provecho del mismo servidor que la ejerce, o bien en provecho de un tercero. Con una u otra forma de actuar es claro que la administración sufre ante la comunidad de un desmedro en su imagen.

La utilización indebida de la influencia, debe tener como propósito el obtener un beneficio de parte de otro servidor público, sobre un asunto que éste conozca o vaya a conocer.

O, lo que es lo mismo, la influencia mal utilizada, para estructurar el punible, debe ejercerse para que otro servidor del Estado haga u omita un acto propio de sus funciones, esto es, que esté dentro del resorte de su cargo. Para el caso que nos ocupa, *verbi gratia*, que tenga la posibilidad de retirar de la entidad a una persona para ubicar a otra, por la mera sugerencia indebida del actor"[256].

Es entonces, un tipo penal con sujeto activo calificado, como delito especial, solamente incurre en este comportamiento quien ostente la condición de servidor público. El tráfico de influencias adquiere identidad cuando el

[256] Sentencia de la Corte Suprema de Justicia, Sala de Casación Penal, 2 de marzo de 2005, Proceso nº 21678, M.P.: Mauro Solarte Portilla. Posición reiterada en sentencia del 21 de julio de 2011, Proceso nº 34908, M.P.: Sigifredo Espinoza Pérez y en sentencia del 16 de diciembre de 2011. Proceso nº 28141, M.P.: Luis Guillermo Salazar Otero.

legislador exige la presencia, además del servidor público (influenciador), de otra persona, en este caso también cualificada, como es otro servidor público, destinatario de la conducta indebidamente preponderante (influenciado).

> "En lo que respecta al verbo rector, este tipo penal emplea el término 'utilizar', que significa "hacer que una cosa sirva para algo" seguido del adjetivo 'indebidamente', lo que trasciende en cuanto al momento consumativo del delito, en la medida que la conducta adquiere relevancia penal con el simple acto de anteponer o presentar la condición de servidor público derivado del ejercicio del cargo o de la función o con ocasión del mismo, sin que importe el impacto o consecuencias en el destinatario, ubicando el delito en aquellos denominados de mera conducta.
>
> Sobre el término 'influencia', atendiendo las varias acepciones, se destaca aquella consagrada en el diccionario de la Real Academia Española (22ª edición) según la cual se hace referencia a "Persona con poder o autoridad en cuya intervención se puede obtener una ventaja, favor o beneficio". Por su parte, 'influir' se asume como la fuerza moral en el ánimo de otra persona.
>
> Las características de la influencia se contraen a lo siguiente:
>
> debe ser cierta y real su existencia, con la entidad y potencialidad suficiente para llegar a influir en el otro, que trascienda en un verdadero abuso de poder de ahí que la influencia simulada, falsa o mentirosa, no haya quedado penalizada en este tipo, obedeciendo esto a un principio lógico, pues no se puede abusar de lo que no se tiene; puede obedecer, entre otras razones, a cuando se esgrimen relaciones de superioridad o jerarquía, también con ocasión de vínculos de familiaridad, amistad o afinidad entre el sujeto activo y el pasivo; debe ser utilizada indebidamente. Lo indebido, como elemento normativo del tipo, es aquello que no está conforme con los parámetros de conducta de los servidores públicos precisados por la Constitución, la ley o los reglamentos a través de regulaciones concretas o los que imponen los principios que gobiernan la administración pública.
>
> Como el destinatario de la influencia es otro servidor público, de quien se espera la obtención del beneficio y sobre el cual se ejerce la influencia indebida, el objeto material es personal.

Este tipo penal no admite la tentativa pues los meros actos de influencia constituyen su consumación, así como tampoco se requiere resultado, esto es, no se exige que se obtenga algún éxito en la gestión.

Igualmente, conforme la descripción del legislador, en lo que atañe al ingrediente subjetivo, se identifica como tal cualquier beneficio de parte del servidor público en asunto que éste se encuentre conociendo o haya de conocer. En otras palabras, el beneficio puede ser económico, profesional, laboral, personal, etc.

La conducta del traficante de influencias es determinable y autónoma en el ejercicio indebido de su posición preponderante, de poder o superioridad, razón por la cual, para la estructuración de este tipo penal, no es importante ni necesario establecer lo que el influenciado haga a partir del momento en que sobre él se ejerció el influjo sicológico, puede incluso aparecer como la víctima o, dependiendo del comportamiento que despliegue a partir de ese momento, puede pasar a ser típica su conducta si el propósito u objeto de la influencia se adecua a un hecho delictivo.

En cuanto se refiere al objeto jurídico y la antijuridicidad material del tráfico de influencias, esto es, la protección del correcto funcionamiento de la administración pública, particularmente se enfoca a sancionar al servidor público que pretenda derivar de su investidura privilegios o provechos indebidos para él o para un tercero, quebrando la imparcialidad, neutralidad, transparencia e igualdad, que se espera recibir de la administración pública, deformando los fines del Estado y la prevalencia del interés general[257].

No significa lo anterior, cabe anotar, que la conducta ejecutada por la persona —no en calidad de servidor público—, cuando obtiene o hace prometer dinero o dádiva, invocando influencias reales o simuladas, con el fin de obtener cualquier beneficio de parte de servidor público, haya desaparecido como delito.

No, simplemente un tal comportamiento, por estimar el legislador que se protege mejor el patrimonio económico, aunque pueda afectar también a la Administración Pública, y en este sentido se

[257] Sentencia de la Corte Suprema de Justicia, Sala de Casación Penal, 2 de septiembre de 2013, Proceso nº 34282, M.P.: Fernando Alberto Castro Caballero.

determina pluriofensivo, mutó hacia el Título VII, Delitos Contra el Patrimonio Económico, Capítulo Tercero, De la Estafa, artículo 247, Circunstancias de Agravación Punitiva, numeral 3°: "Se invoquen influencias reales o simuladas con el pretexto o con el fin de obtener de un servidor público un beneficio en asunto que éste se encuentre conociendo o haya de conocer"[258].

[...] el tipo penal de tráfico de influencias no requiere para su estructuración de remuneración o lucro, pues indistintamente que se reciba o no un beneficio económico, el comportamiento delictivo se consuma en el mismo instante en que se utiliza indebidamente la influencia.

Ahora, cuando por la influencia se recibe el dinero como pago, compensación o remuneración de la ilícita gestión, se genera, además, una afrenta autónoma e independiente al interés tutelado y, como se advirtió, desplaza el carácter subsidiario del delito de enriquecimiento ilícito, de ahí que se presente la modalidad concursal. Así lo ha sostenido pacífica y reiteradamente esta Sala:

"Es claro que cuando el autor de la actividad delictiva es el mismo que se enriquece a consecuencia de ella, es perfectamente viable predicar la existencia de un concurso delictual, que en todo caso, no sería de mera apariencia, pues dependiendo de las circunstancias que rodeen cada caso éste podría ser material o ideal. En el primer evento, la vulneración de los bienes jurídicos protegidos mediante su punición se presenta mediante la ejecución de conductas ónticamente separables, y en el segundo, la misma conducta lesiona simultáneamente diversos bienes jurídicos, en la medida en que, independientemente de los efectos que revierta en el acrecimiento patrimonial de su autor, tipifica por si solo un determinado hecho punible así este tenga como propósito obtener un provecho ilícito que pueda ser de carácter económico, pues en tales casos no se requiere que se logre esa especifica finalidad. [...] no resultaría razonable colegir que la conducta de recibir cierra el círculo de protección de aquellos y lo que es peor desde el punto de vista político-criminal terminaría beneficiado el servidor

---

[258] Sentencia de la Corte Suprema de Justicia, Sala de Casación Penal, 14 de marzo de 2007, Proceso nº 26601, M.P.: Sigifredo Espinoza Pérez.

público corrupto que asegura el dinero, u otra utilidad concomitantemente al acto que ejecuta el que lo ofrece, que aquel que sede a los compromisos propios de sus funciones con el mero ofrecimiento, pero posteriormente obtiene aquello que le fue prometido"[259].

Las anteriores citas jurisprudenciales ilustran los ingredientes normativos del delito de tráfico de influencias, estudiando los elementos del tipo, y nuestra Corte Suprema ha profundizado generosamente en desmenuzar esos elementos:

"El tráfico de influencias se configura actualmente, entonces, por la utilización indebida de las influencias derivadas del ejercicio del cargo o de la función públicas; y la estafa agravada por la sola invocación de influencias reales o simuladas con la finalidad de engañar y obtener un aprovechamiento económico ilícito. En otras palabras, en el primer caso la intervención del servidor público ante el funcionario que conozca o haya de conocer del asunto es condición para que se estructure el tipo penal, mientras que en el segundo esa intervención se promete falsamente, constituyéndose en el mecanismo que induce o mantiene al otro en error y lo mueve a desprenderse de su patrimonio.

Puede suceder, no obstante, que el particular ofrezca ejercer una influencia indebida ante un servidor público a cambio de una utilidad y en verdad lo haga. En tal caso, si se tiene en cuenta que sólo puede incurrir en tráfico de influencias el servidor público y que no se produjo engaño, ninguno de los delitos comentados habría tenido ocurrencia. Y si la gestión prometida y cumplida no incluyó el ofrecimiento de dinero u otra utilidad al funcionario, evento en el cual se presentaría cohecho por dar u ofrecer (artículo 407 del C.P. de 2000), y el particular no se encuentra en las circunstancias del artículo 432 ibídem (utilización de influencias derivadas del ejercicio de un cargo público desempeñado en el año inmediatamente anterior), esa conducta no sería delictiva de cara a la legislación vigente[260].

---

[259] Sentencia de la Corte Suprema de Justicia, Sala de Casación Penal, 27 de septiembre de 2012, Proceso nº 37322, M.P.: Fernando Alberto Castro Caballero.

[260] Sentencia de la Corte Suprema de Justicia, Sala de Casación Penal, 18 de octubre de 2005, Proceso nº 19845, M.P.: Yesid Ramírez Bastidas.

> Es claro y se reitera que la postulación o recomendación que un servidor público haga respecto de un ciudadano para un cargo público que se deba proveer por contrato o nombramiento no constituye de por sí tráfico de influencias ni conducta punible alguna, en la medida que las referencias sean escritas u orales estén dadas a resaltar las calidades de amistad, conocimiento directo por tratos anteriores, personales, éticas, profesionales o académicas del exaltado. De manera complementaria dígase que la vinculación del mismo a la administración pública por razón de dichas menciones y como merecimiento a su perfil, trayectoria o experiencia, tampoco constituye conducta que sea objeto de reproche penal ni puede hablarse de interés indebido en la celebración de contratos, contenidos que respecto de las aquí procesadas no se dieron.
>
> Por el contrario, cuando de una parte, el funcionario público postula o recomienda a un ciudadano para acceder a un contrato, vinculación por nombramiento o servicio temporal, y de otra, éste resulta favorecido por los administradores, ya no tanto por sus calidades personales, profesionales o académicas las que incluso pueden ser óptimas y de altísimo nivel, sino que el acto contractual al celebrarse o suscribirse emerge como resultado del cobro, anticipo, pago, financiamiento, recolección de fondos, favores o prebendas de carácter electoral a favor de determinado grupo o partido político con articulaciones en el territorio municipal, departamental o nacional, o para el beneficio de pre-candidato, candidato ya elegido o por elegir, independientemente de sus tendencias ideológicas, es claro que el referenciador desborda sus intenciones, porque dirige su propósito a obtener provechos particulares que contrarían el interés general y se inmersa en el delito de tráfico de influencia"[261].

También nuestra jurisprudencia acude a conceptos de la doctrina española, y ese elemento de prevalimiento fue estudiado en profundidad en el capítulo correspondiente al tráfico de influencias en España:

---

[261] Sentencia de la Corte Suprema de Justicia, Sala de Casación Penal, 28 de octubre de 2009, Proceso nº 29614, M.P.: Yesid Ramírez Bastidas.

> "El tratadista Francisco Muñoz Conde expresa que lo que sanciona este delito "[…] es el "influir, prevaliéndose", es decir, y éste es, a mi juicio, el elemento más importante, abusando de una situación de superioridad originada por cualquier causa […] debe procederse a una interpretación restrictiva del concepto de influencia, basándose para ello en el prevalimiento […] se trata de un verdadero ataque a la libertad del funcionario o autoridad que tiene que adoptar, en el ejercicio de su cargo, una decisión, introduciendo en su motivación elementos ajenos a los intereses públicos [...]"[262].

Se resalta que hoy día la conducta que se sanciona es la utilización indebida de influencia, mientras que la legislación que se derogó sancionaba el invocar la influencia, lo que necesariamente deja con una laguna de punibilidad cuando la conducta implica el invocar la influencia, en otras palabras, si la influencia no es real pues mal podría ejercerse lo que, insisto, generaría al menos una atipicidad relativa frente al artículo 411 del CP en estudio.

En cuanto al ingrediente normativo 'indebidamente', busca proteger el bien jurídico administración pública de interferencias ajenas que debiliten la confianza que los ciudadanos deben tener en sus servidores públicos, afectándose por la influencia indebida, la objetividad, transparencia, eficacia de la función pública. Que no se sobreponga el interés individual sobre el general, ese será el criterio diferenciador entre una influencia indebida y la debida, podrá entonces afirmarse que siempre que con la influencia se busque un beneficio de parte del servidor o de un tercero será indebida, pero cuando la influencia sea por jerarquía, en búsqueda de proteger un interés general será influencia debida, caso en el cual la acción carecerá de ese carácter indebido que exige la norma.

Y la redacción del artículo 411 del CP nos entrega un elemento normativo que busca complementar la naturaleza indebida de la influencia, y es el que se obre "con el fin de obtener cualquier beneficio de parte", el ingrediente 'utilizar indebidamente' está acompañado del 'fin de obtener cualquier beneficio…', esto es, la conducta del autor debe estar determinada con ese fin del beneficio individual, lo que buscó calificar lo indebido de la influencia, y tan se incluyó como elemento de precisión, de diferenciación entre la influencia

---

[262] Sentencia de la Corte Suprema de Justicia, Sala de Casación Penal, 13 de junio de 2012, Proceso nº 35331.

debida de la indebida, que se incorporó la redacción "con el fin de...", es decir que esa influencia para que sea indebida debe estar condicionada con ese fin de obtener cualquier beneficio individual. Y precisamente el que se defina que sea "con el fin de...", también indica que el tipo no exige que ese beneficio de parte se obtenga, sino que se incluye como elemento precisamente complemento o calificador al carácter indebido de la influencia.

Incluye adicionalmente la norma en estudio un ingrediente normativo adicional, como lo es el que ese fin de obtener cualquier beneficio de parte debe provenir de "servidor público que se encuentre conociendo o haya de conocer", lo que se deriva doblemente del bien jurídico tutelado por el injusto típico del tráfico de influencia de servidor público, pues la norma busca proteger doblemente el bien jurídico. De un lado, en fin de invitación normativa busca evitar que un servidor público utilice influencias indebidamente, pero también protege al servidor público de esa acción de influencia sobre sus funciones públicas.

Importante lo señalado por la doctrina colombiana al analizar esos ingredientes que conforman el delito de tráfico de influencias de servidor público:

> "No es necesario que el servidor-víctima esté conociendo actualmente del asunto en cuyas resultas o definiciones está interesado el servidor-agente: perfectamente puede suceder, como de hecho sucede, que conoció que el asunto le será asignado a un servidor, por razón funcional o del servicio, otro servidor comience anticipadamente a ejercer sus influencias frente al mismo, en aras de la obtención de un determinado resultado, o la adopción de una específica decisión, etc.
>
> Sutil, en consecuencia, resultara la línea divisoria entre la concusión y el tráfico de influencias de que trata el Código Penal vigente, bajo el entendido de que mientras en la primera lo que habría sería un quebrantamiento total o absoluto de la voluntad del servido-víctima por parte de servidor-agente, en el tráfico de influencias solo habría una impulsión a obrar en un determinado sentido, prevalido de la influencia que realmente posee el servidor-agente sobre el servidor-víctima, como derivación del ejercicio de su cargo o de la función por él propiamente desarrollada[263].

[263] MOLINA ARRUBLA, *Delitos contra la A.P.*, 2005, 359-360.

Todos los autores, nacionales y extranjeros, admiten que el delito tradicionalmente llamado "venta de humo" se transformó radicalmente en este Código, que introdujo una figura que muy poco se asemeja a lo que históricamente, desde la antigua Roma, se había entendido por tal.

La conducta consiste en "*utilizar indebidamente* en provecho propio o de un tercero...", lo que nos permite predicar que existió una redundancia por parte del legislador, ya que el término *en provecho propio o de un tercero* es actitud indebida, por lo cual hubiera bastado la segunda de las expresiones.

En anteriores normatividades la conducta la realizaba quien invocaba influencias, ciertas o fingidas, y en la nueva disposición el beneficio se obtiene de utilizar únicamente influencias reales.

Además, el sujeto activo era indeterminado, como que se empleaba para hacer referencia al sujeto activo la expresión 'el que'. Las influencias utilizadas se deben derivar del ejercicio del cargo o de la función, lo que significa que si tienen otro origen la figura no se estructura, o se estructurará una diferente.

La antigua figura podría tipificarse en el delito de estafa que se consagra en el artículo 346 del C.P., en armonía con el ordinar tercero del artículo 347 ibídem, especialmente para el caso en que se invoquen influencias simuladas frente a un servidor público, y, si bien es cierto que el sujeto activo es indeterminado, nada se opone a que pueda realizarlo en este precitado caso otro servidor público.

El servidor público utiliza las influencias ante otro servidor público, concretamente en asunto que este conociendo o haya de conocer; aunque se trata de hipótesis diferentes, la segunda de ellas se puede ejemplarizar con el caso en que un servidor público ya sabe que ha de conocer en segunda instancia de un asunto que en el momento del delito se encuentra en el despacho de primera instancia.

En definitiva, podemos concluir que esta disposición no se caracteriza exactamente por su técnica legislativa (Resaltado del texto)"[264].

---

264 CANCINO, en: *Lecciones de D.P., P.E.*, 2011, 144 y 145.

# Conclusiones

## 1. Sobre el primer capítulo

1.1. La corrupción pública requiere el abuso de un cargo o función pública en beneficio de un interés privado y su núcleo fundamental está constituido desde la venta hasta el simple desconocimiento de la función pública.

1.2. La principal causa de corrupción en la política es la mezcla de intereses particulares con los políticos en un sistema que se retroalimenta mutuamente pues a su vez la política está luego constituida en gran parte por lazos ajenos a lo público.

1.3. Algunos de los factores que relacionan directamente a la administración pública con la corrupción no pueden considerarse causas de la misma, sino catalizadores u oportunidades que se pretenden para la ampliación de la corrupción, tales como el poder decidir o influenciar con cierta discrecionalidad la inversión de los recursos públicos, la ineficiencia de la administración pública, los procesos de privatización de la prestación de servicios, la inexistencia o insuficiencia de mecanismos de control estatal propicia la expansión de la corrupción. En estos eventos debe aumentarse el control de la corrupción.

1.4. La corrupción es sin duda la forma de criminalidad que atenta de manera más directa contra los principios del Estado social y democrático de Derecho, deslegitima la democracia, privatiza la ley, afecta las políticas económicas que fundamentan el Estado social y además destruye la confianza de todos los ciudadanos en el propio sistema.

1.5. Los medios de comunicación tienen un papel protagónico en la lucha contra la corrupción; sin embargo, un efectivo control de la corrupción por parte de los medios de comunicación solamente puede ser efectivo si se acepta que debe existir una ética de los comunicadores, quienes al disponer de un poder mediático deben reconocer que han actuar de acuerdo a una serie de parámetros para salvaguardar la veracidad de la información, la integridad de sus fuentes y la no manipulación de las noticias en el proceso editorial.
1.6. Se requiere el levantamiento de la reserva en algunos sectores de la administración pública, pues existen supuestos claros de falta de transparencia como la implantación de partidas secretas, información confidencial y documentación reservada que deben levantarse, pues siempre son aprovechadas para la corrupción.
1.7. La participación también es fundamental para la reducción de la corrupción; por ello se ha propuesto la consolidación de agentes consensuados, criterios de decisión objetivos y rendición de cuentas muy estrictas.
1.8. Existen múltiples propuestas para reducir la corrupción centradas en las administraciones públicas, tales como reducir la discrecionalidad, aumentar la transparencia y la publicidad de las decisiones públicas, mejorar el control administrativo y patrimonial de los recursos públicos y privados.
1.9. En la represión de la corrupción, la doctrina del análisis económico del Derecho ha reconocido que aumentar la severidad de la sanción no disminuye necesariamente un fenómeno ilícito si no está directamente relacionada con el aumento de probabilidad de ser descubierto y sancionado y de incentivos a las autoridades eficientes.
1.10. El Derecho disciplinario se puede convertir en un instrumento más idóneo para la lucha contra la corrupción pública, pues permite atajar el fenómeno desde la misma gestación de la desviación de intereses, aunque para ello deberán establecerse medidas para el descubrimiento oportuno de las irregularidades, como incentivar la denuncia y estudiar minuciosamente el patrimonio del funcionario público y de sus familiares.

1.11. Desde el punto de vista del Derecho fiscal, el control financiero también es una herramienta importante para la lucha contra la corrupción, pues no puede olvidarse que la corrupción genera cuantiosos daños al presupuesto público y por ello deben exigirse responsabilidades patrimoniales a los funcionarios públicos.
1.12. El tráfico de influencias y el cohecho son las principales formas de corrupción y constituyen el nexo más directo entre la corrupción política y la corrupción administrativa.

## 2. Sobre el segundo capítulo

2.1. La legislación penal española ha pasado de tutelar los deberes del cargo a proteger el buen o correcto funcionamiento de la administración pública y ha encontrado en la desviación de intereses cometida dolosamente el núcleo de estas conductas punibles. Sin embargo, para poder utilizar este concepto para la solución de problemas dogmáticos concretos es necesario darle un contenido al correcto funcionamiento de la administración pública analizando los criterios de conducta de los funcionarios públicos.
2.2. Desde el punto de vista normativo existen cuatro criterios fundamentales para la determinación de las normas de conducta de los funcionarios públicos: los principios constitucionales, los deberes consagrados en la Ley de Funcionarios Civiles del Estado, los deberes consagrados en normas especiales y los deberes específicos de los funcionarios públicos consagrados en los estatutos y reglamentos de las entidades en las cuales laboran.
2.3. Los delitos contra la administración pública no pueden estar basados en la mera infracción de deberes, pues se consagraría un bien jurídico de naturaleza meramente institucional que excluiría a los ciudadanos y por tanto correspondería en mayor medida a una visión autoritaria del poder. Sin embargo, no puede negarse que, si bien los deberes del cargo no constituyen la esencia del bien jurídico, sí tienen particular importancia para la determinación de otros aspectos como la autoría. En este sentido, la infracción del deber es fundamental para la determinación de la responsabilidad pero no es suficiente para la misma, pues, si así lo fuera, en palabras

de ROXIN, no podría penarse por ejemplo a los *extranei* en los delitos de infracción de deber.

2.4. Si la desviación de intereses es el elemento fundamental de la corrupción y por tanto también de los delitos de cohecho, el bien jurídico tutelado por este debe estar vinculado con el principio constitucional que se encuentre relacionado con el deber del funcionario de no hacer prevalecer intereses privados sobre los públicos, es decir, los principios de objetividad y de imparcialidad.

## 3. Sobre el tercer capítulo

3.1. Las modificaciones más importantes introducidas en el tráfico de influencias en la Ley Orgánica 5/2010 fueron: el aumento del máximo de la pena; la posibilidad de imponerse a las personas jurídicas que participen en la comisión de un delito de tráfico de influencias las penas de disolución de la persona jurídica e intervención judicial para salvaguardar los derechos de los trabajadores o de los acreedores por el tiempo que se estime necesario.

3.2. El ejercicio del tráfico de influencias por funcionario del artículo 428 es un delito especial impropio, es decir, uno que cuenta con una modalidad paralela de delito común, teniendo en cuenta que su primera modalidad debe ser cometida por un funcionario público o autoridad, siendo un delito especial, y la segunda por particulares, siendo un delito común (artículo 429).

3.3. El núcleo del medio reprobable del tráfico de influencias se encuentra en el ataque o afectación a la libertad del funcionario que tiene que adoptar en el ejercicio de su cargo una decisión motivada por intereses ajenos a los públicos o, como lo ha entendido la jurisprudencia, predominio o fuerza moral sobre el sujeto pasivo, de manera que su resolución o actuación sea debida a la presión ejercida.

3.4. No cualquier influencia puede ser considerada como punible por el ordenamiento jurídico, pues de lo contrario se violaría el principio de intervención mínima o se establecerían como típicas conductas adecuadas socialmente.

3.4.1. La influencia no puede concretarse en el ofrecimiento o entrega de una dádiva, porque tal cosa constituiría un delito de cohecho, conducta que sería aplicable preferentemente al tráfico de influencias en aplicación del principio de especialidad.

3.4.2. La influencia debe ser concreta, no difusa, como podría ser la existencia de conversaciones o de encuentros.

3.4.3. La influencia se puede dar no solo sobre el funcionario con competencias para resolver, sino también sobre aquellos que desarrollen funciones "significativamente condicionantes" de aquella, como en el caso de los informes técnicos.

3.4.4. La influencia debe ser real, no simulada, pues, si media un engaño, se configura una estafa y no un tráfico de influencias.

3.4.5. No basta la simple influencia sin más, como un tanto precipitadamente entendió algún sector doctrinal en los primeros comentarios a estos nuevos preceptos.

3.5. Para respetar el principio de intervención mínima del Derecho penal, deben excluirse del tipo los supuestos en que la actividad influenciadora del autor no despliegue efectividad alguna en el funcionario sobre el que se trata de influir, siendo imprevisible objetivamente y *ex ante* dicha efectividad.

3.6. El prevalimiento debe tener un cierto grado de eficacia, esto es, exceder de la mera 'recomendación', y estar en condiciones de determinar el comportamiento del funcionario.

3.7. La resolución pretendida debe ser idónea objetivamente para producir un beneficio, aunque este no debe derivarse de ella de forma directa, pues es suficiente con que pueda suponer, por ejemplo, el ahorro de unos gastos necesarios.

3.8. La ponderación entre los principios de jerarquía y objetividad resulta fundamental en la interpretación del delito de tráfico de influencias, pues la consecuencia de una aplicación del primero es el deber de obediencia, cuyo incumplimiento implica no solamente consecuencias disciplinarias sino también penales: (i) una mera orden del superior a un inferior no conculca el principio de imparcialidad y por ello no puede ser constitutiva del delito de tráfico de influencias, (ii) la ponderación entre los principios de imparcialidad y jerarquía requiere del análisis específico de la rama en la cual se presente, (iii) es necesario analizar la posición específica del funcionario que da la orden, por ello una orden de un funcionario a su inferior inmediato se encuentra dentro del riesgo permitido.

3.9. El cumplimiento de determinados deberes de conducta de los funcionarios públicos coloca la actuación de los funcionarios públicos dentro del riesgo permitido: (i) el principio de eficacia determina la permisividad de las órdenes dadas en pro del antiformalismo, de la ejecutividad de los actos administrativos y el ejercicio de las facultades de autotutela, (ii) el principio de jerarquía determina la permisión de las órdenes lícitas que se presenten en el marco de las relaciones jerárquicas directas entre un funcionario público y sus inferiores jerárquicos, (iii) por el principio de desconcentración se permite el ejercicio de competencias por parte de órganos administrativos pertenecientes a una misma unidad o entidad administrativa, (iv) por el principio de coordinación, la mera interacción entre funcionarios de diversas administraciones públicas no es constitutiva de tráfico de influencias, por lo cual una simple recomendación de un funcionario de una entidad al de otra en el marco de sus funciones públicas no es constitutiva de este delito, (v) por los principios de sometimiento de la administración al ordenamiento jurídico, de legalidad y jerarquía normativa se encuentran dentro del riesgo permitido todas las órdenes realizadas en cumplimiento de una ley.

3.10. La mera ejecución de la conducta no basta para la comisión del delito de tráfico de influencias, pues para ello también es necesario que la conducta aumente el riesgo del principio de imparcialidad, para cuya determinación es preciso tener en cuenta la relación entre el principio de imparcialidad y la igualdad ante la ley y el grado de riesgo para constreñir la libertad de los funcionarios públicos.

## 4. Sobre el cuarto capítulo

4.1. Sobre la reforma del delito de cohecho en España

Uno de los delitos que fue más modificado a través de la LO 5/2010 fue el cohecho, frente al cual se realizó un incremento relevante de las sanciones, adaptando el CP a la normativa del convenio penal sobre la corrupción de la Unión Europea y a otros instrumentos internacionales.

Adicionalmente, la sistemática utilizada en todo el capítulo dedicado al cohecho fue claramente simplificada, mejorándose la redacción y eliminándose la casuística:

4.1.1. En primer lugar, se ha determinado la responsabilidad del particular corruptor, pues el artículo 424 CP sanciona los particulares en los mismos supuestos y con las mismas penas que a los funcionarios en los casos de cohecho impropio y de cohecho propio.

4.1.2. En segundo lugar, el artículo 119 de la LO 5/2010 unifica la tipificación del delito de cohecho pasivo propio en el artículo 419 del CP.

4.1.3. En tercer lugar, el artículo 120 modificó el artículo 420 CP, el cual pasa a regular el cohecho pasivo impropio, es decir, el preordenado a la realización un acto propio de su cargo.

4.1.4. En cuarto lugar, el artículo 121 modificó el artículo 421 CP, contemplando ahora el cohecho subsiguiente, frente al cual se aplicará la misma del cohecho pasivo, razón por la cual, en todos los casos la pena pasa a ser de prisión, dependiendo la duración de la misma de si se comete bajo la modalidad propia o impropia.

4.1.5. En quinto lugar, el artículo 122 modificó el artículo 422 CP, el cual pasa a regular ahora el cohecho impropio clásico.

4.1.6. En sexto lugar, el artículo 124 modifica el artículo 424 del CP, tipificando ahora el delito de cohecho activo con las siguientes modificaciones:

- El delito pasa de ser común a cualificado, pues ya no se utiliza la expresión 'el que' sino que se hace referencia al particular, lo cual no es del todo adecuado, pues existen múltiples supuestos en los cuales un funcionario público puede sobornar a otro servidor público.
- La conducta del cohecho activo pasa de ser corromper o intentar corromper a la de ofrecer o entregar dádiva o retribución de cualquier otra clase a una autoridad, modificación que mejora la técnica legislativa en este delito, pues las expresiones 'corromper' o 'intentar corromper' pueden dar lugar a múltiples interpretaciones.

- Desde el punto de vista punitivo, las penas aplicables son las mismas aplicables al cohecho pasivo, lo cual implica su aumento, pues, como ya se señaló, estas últimas fueron elevadas.
- Se establece la responsabilidad penal de las personas jurídicas por la conducta punible de cohecho activo.
- Se consagra una modalidad especial de cohecho activo cometido en el ámbito de un procedimiento de contratación, de subvenciones o de subastas convocados por las administraciones o entes públicos.

4.1.7. Por último, se consagra la exención de la pena para quien habiendo accedido a pagar un soborno denuncie los hechos ante las autoridades.

4.1.8. La redacción de la nueva norma permite concluir que con el nuevo texto la dádiva podría tener una naturaleza distinta a la netamente patrimonial.

4.2. Sobre el cohecho pasivo

4.2.1. El núcleo fundamental del injusto en el delito de cohecho reside en la obtención del 'acuerdo injusto', momento en el que se conculca el principio de imparcialidad, sin embargo, la gravedad de este tipo de comportamiento ha conducido al legislador a adelantar las barreras de protección, para lo cual ha equiparado la efectiva obtención del acuerdo y su intento, que desde la perspectiva del bien jurídico propuesto integra una mera puesta en peligro.

4.2.2. Es necesario que se configure un umbral mínimo de relevancia penal de la cuantía de la dádiva para que se comprometa realmente la imparcialidad y objetividad del funcionario público.

4.2.3. Los actos deben estar relacionados con el cargo del funcionario. Si el funcionario no tiene competencia o atribuciones sobre el acto, habrá estafa y/o tráfico de influencias, si solicita la remuneración con el pretexto de tener unas relaciones que realmente no tiene, o una participación en cohecho, si el funcionario interviene como persona intermedia para sobornar a otro funcionario".

4.3. Sobre el cohecho activo

4.3.1. La LO 5/2010 es mucho más explícita respecto de la conducta en el delito de cohecho activo, pues ya no utiliza las expresiones 'corromper' o 'intentar corromper', sino que se refiere directamente a ofrecer o entregar dádiva o retribución de cualquier otra clase, lo cual resulta mucho más expreso y está muy orientado a la interpretación que la doctrina y la jurisprudencia realizaban de la legislación anterior.

4.3.2. El carácter no necesariamente bilateral del delito de cohecho determina el momento consumativo de esta conducta punible, pues siendo un delito de mera conducta no requiere un acuerdo, sino que basta incluso solamente con el intento de corromper al funcionario público para consumar este delito, sin que sea necesaria la aceptación de este último.

4.3.3. Existen muchos supuestos en los cuales se cuestiona la legitimidad de la intervención del Derecho penal en relación con el delito de cohecho. Por ello, teniendo en cuenta que el bien jurídico tutelado es la imparcialidad de la administración pública, las consideraciones para determinar si la conducta aumentó considerablemente el riesgo para el bien jurídico deben ser objetivas: (i) es necesario considerar el carácter de la dádiva para excluir de la punición penal todos aquellos regalos que resulten insignificantes tanto por su cuantía como por su naturaleza, tales como objetos comestibles y consumibles dentro de los usos normales, (ii) deben tenerse en cuenta las características propias del acto presuntamente objeto de soborno, pues, si el acto que se pretende corresponde a las funciones del funcionario, mucho más irrelevante será la entrega de una dádiva insignificante.

## 5. Sobre el capítulo 5

5.1. Sobre el cohecho en Colombia

5.1.1. En Colombia actualmente el delito de cohecho es consagrado a través de tres conductas punibles, con algunas diferencias frente a la forma como está tipificado este delito en la legislación española: (i) al contrario de lo que sucede con los delitos de malversación y peculado, en relación con el cohecho la legislación española es la que contempla una mayor cantidad de modalidades, (ii) no se consagra en el CP colombiano como delito la mera aceptación de regalos contemplada en el artículo 426 del CP español, pues todas las modalidades exigen la relación del soborno con un acto u omisión del funcionario público, (iii) no se establece el provecho propio o de un tercero como uno de los elementos necesarios para la configuración del delito de cohecho como sí lo exigen los artículos 419 y 420 del CP español, (iv) se exime de responsabilidad a aquel particular que denuncie la solicitud de una dádiva por parte de un funcionario público.

5.1.2. En Colombia se acoge la posición italiana sobre la distinción entre las llamadas '*concuzione*' y '*corruzione*' y no la fórmula unificada adoptada por el Código Penal español. Este delito tiene tres características fundamentales: (i) la iniciativa parte del funcionario público, mientras que en el cohecho la iniciativa parte del particular, (ii) por regla general, el particular no tiene responsabilidad penal, mientras que ordinariamente en el delito de cohecho el particular responderá como autor de la modalidad activa de cohecho, (iii) es un delito pluriofensivo, pues no solamente se afecta la administración pública sino también la libertad del particular que es constreñido o inducido por el funcionario público, (iv) se presenta un abuso de autoridad por parte del funcionario público

5.1.3. La mayor ventaja de la consagración del delito de concusión es que permite una solución sencilla de aquel supuesto en el cual no solo se afecta la imparcialidad de la Administración pública sino también la libertad del particular, es decir, cuando la dádiva es exigida a través de la coacción. Otra ventaja de la tipificación autónoma del delito de concusión es la facilidad de la prueba en relación con su comisión, pues solo habrá que probar que la iniciativa es del funcionario público, independientemente de demostrar que el particular fue constreñido en su libertad.

5.1.4. Sin embargo, la fórmula de tipificación de la concusión en Colombia padece de un grave defecto, pues, si su existencia se funda en la pluriofensividad de aquellos casos en los cuales el particular es constreñido, no se justifica que se incluya la inducción del funcionario como forma de concusión, ni que no se haga una distinción entre la punibilidad de ambos supuestos (constreñimiento e inducción). En conclusión, la valoración que merece la tipificación autónoma del delito de concusión en el Código Penal colombiano es favorable, aunque es conveniente que se realice una reforma del mismo, que permita realizar una diferenciación de la punibilidad entre los supuestos en los cuales existe una mera inducción y aquellos en los que se presenta un constreñimiento.

5.2. Sobre el delito de tráfico de influencias en Colombia

5.2.1. La evolución del delito de tráfico de influencias en Colombia ha tenido dos grandes etapas, una inicial, durante la vigencia de los CP de 1936 y 1980, en la cual el tráfico de influencias se relacionaba con el delito de cohecho, tipificándose con unos verbos rectores muy similares al mismo, y una posterior, desde el CP de 2000, en la cual el tráfico de influencias se identifica en mayor grado con el enriquecimiento ilícito.

5.2.2. Al igual que sucede con el delito de cohecho, el delito de tráfico de influencias en Colombia tiene una regulación más sencilla que en España, pues, mientras en el CP español esta conducta se establece en tres disposiciones, en Colombia solamente se dedica una de ellas para tal fin. Sin embargo, al contrario de lo que sucede con el cohecho, en el cual la simplificación de la legislación puede ser conveniente para la aplicación de la ley penal, la sencillez con la que el CP colombiano trata el delito de tráfico de influencias provoca serias lagunas de impunidad.

5.2.3. El nuevo Estatuto Anticorrupción de Colombia (Ley 1474 de 2011) incluyó como delito autónomo, tal como sucede en España, el tráfico de influencias de particular.

5.2.4. Es necesario tener en cuenta algunas premisas en relación con el conflicto entre el principio de imparcialidad y el principio de jerarquía, que determina diversas consecuencias también aplicables en Colombia: (i) en virtud de los principios de eficacia y jerarquía no cualquier orden puede considerarse como influencia, es necesario que se realice abusando del cargo y no como una orden lícita que se presente en el marco de las relaciones jerárquicas, (ii) de acuerdo al principio de desconcentración se permite el ejercicio de competencias por parte de órganos administrativos pertenecientes a una misma unidad o entidad administrativa, (iii) por el principio de coordinación la mera interacción entre funcionarios de diversas administraciones públicas no es constitutiva de tráfico de influencias.

# Bibliografía*


ACIERNO, Loredana: La corruzione dei funzionari comunitari, en: AA.VV: **Fraude y corrupción** en la administración pública, delitos financieros, Fraude y corrupción en Europa, Universidad de Salamanca, Salamanca, 2002.

ALBRECHT, Robert: El Derecho penal en la intervención de la política populista, en: AA.VV. **La insostenible situación** del Derecho penal, Comares, Granada, 2000.

ALEMÁN VELASCO, Miguel: Las finanzas de la política, Diana, México, 1995.

ÁLVAREZ CONDE, Enrique: Curso de Derecho constitucional, Tomo II, Los órganos constitucionales, el Estado autonómico, Tecnos, Madrid, 2000.

ARBOLEDA VALLEJO, Mario/RUIZ SALAZAR, José: Nuevo CP comentado. **DP. PG y PE**, Editorial Leyer, Bogotá, 2008.

ARENAS, Antonio Vicente: **Comentarios al CP** colombiano. PE, Universidad Libre, Bogotá, 1959.

ARNONE, Marco/ILIOPULOS, Elena: **La corruzione** costa, Vita e Pensiero, Milán, 2005.

ARROYO MARTÍNEZ, Luis: Fábulas y fabuladores. El escándalo político como fenómeno de los medios de comunicación, en: LAPORTA SAN MIGUEL, Francisco Javier/ÁLVAREZ, Silvina (coords.): La corrupción política, Alianza Editorial, Madrid, 1997.

ASÚA BATARRITA, Adela: Delitos contra la Administración Pública, Instituto Vasco de Administración Pública, Oñate, 1997.

AYLLÓN GONZÁLEZ, María Estella: Corrupción, 2005.


* Las palabras en letra negrita se corresponden con las citas abreviadas de las notas a pie de página efectuadas a lo largo de la tesis, en algunos de los casos se ha hecho uso de la negrita para diferenciar los títulos que puedan presentar homonimia.

BALLÉN MOLINA, Rafael Antonio: Corrupción. **Los otros bandidos**, Ediciones Jurídicas Gustavo Ibáñez, Bogotá, 2004.

BALLESTEROS FERNÁNDEZ, Ángel: Modernización del gobierno local, el Consultor de los Ayuntamientos y de los Juzgados, Madrid, 2004.

BAYLEY, David: The Effects of Corruption in a Developing Nation, en: HEIDENHEIMER, Arnold J./JOHNSTON, Michel./LE VINE, V.T.: Political Corruption, Transaction Publishers, A Handbook, New Jersey, 1997.

BENLLOCH PETIT, Guillermo: El principio de *non bis in idem* en las relaciones entre el Derecho penal y el Derecho disciplinario, en: RPJ, N° 51, 1998.

BERALDI, Carlos Alberto, Control de la corrupción mediante la desregulación, en: RPE, n° 1, 1995.

BLANCO LOZANO, Carlos: Tratado de Derecho penal español, II, El sistema de la parte especial. Vol. 1, Delitos contra bienes jurídicos individuales, J. M. Bosch, Barcelona, 2005.

BLANKENBURG, Erhard: Judicial Anti-Corruption Initiatives: Latin Europe in a Global Setting, en: HEIDENHEIMER, Arnold J./JOHNSTON, Michael/ LE VINE, V.T, Transaction Publishers, New Jersey, 2005.

BULL, Martín J./NEWELL, James L.: Corruption in contemporary politics, Palgrave Macmillan, 2003.

BUSTOS GISBERT, Rafael: **La corrupción de los gobernantes**: responsabilidad política y responsabilidad penal, en FABIÁN CAPARRÓS, Eduardo (coord.), Ratio Legis, Salamanca, 2000. La corrupción: aspectos jurídicos y económicos / coord. por Eduardo A. Fabián Caparrós, 2000, ISBN 84-931021-2.

BUSTOS RAMÍREZ, Juan: Manuel de **DP, PE**, Ariel, Barcelona, 1991.

CABELLO MOHEDANO, Francisco: Razón, bien jurídico y conducta típica en el delito de tráfico de influencias, en: GONZÁLEZ RUS, Juan José (coord.): Estudios Penales, Universidad de Córdoba, Córdoba, 1996.

CACIAGLI, Mario: **Clientelismo**, corrupción y criminalidad organizada, Centro de Estudios Constitucionales, Madrid, 1996.

CANCINO, Antonio José: Delitos contra la Administración Pública, en Universidad Externado de Colombia; **Lecciones de D**erecho Penal - Parte Especial, Editorial Universidad Externado de Colombia, Colombia, 2011.

CALVO ORTEGA, Rafael: Curso de Derecho financiero, Tomo I, Civitas, España, 2004.

CÁRDENAS, Jaime/MIJANGOS, María de la Luz: Estado de Derecho y corrupción, Porrúa/Universidad Nacional Autónoma de México, México, 2005.

CASABÓ RUIZ, José: Escritos penales, Universidad de Valencia, Valencia, 1979.

CASAS BARQUERO, Enrique: Tráfico de influencias, AA.VV.: **Estudios penales** en memoria del profesor Agustín Fernández-Albor, Universidad de Santiago de Compostela, Madrid, 1989.

CATALÁN SENDER, Jesús: **Los delitos cometidos por autoridades** y funcionarios públicos en el nuevo CP (doctrina y jurisprudencia), Bayer Hermanos S.A., Barcelona, 1999.

CEPEDA ULLOA, Fernando: **La corrupción administrativa** en Colombia, Tercer Mundo Editores, Bogotá, 1994.

CORCOY BIDASOLO, Mirentxu/MIR PUIG, Santiago: Comentarios al Código Penal reforma LO 5/2010, Tirant Lo Blanch, España, 2011.

COMÍN, Francisco: Corrupción y fraude fiscal en la España contemporánea, en: GONZÁLEZ JIMÉNEZ, Manuel/PIETSCHMANN, Horst/COMÍN, Francisco/ PÉREZ, Joseph (coords.): Instituciones y corrupción en la historia, Universidad de Valladolid, 1998, pp. 53-110.

CÓRDOBA RODA, Juan/GARCÍA ARÁN, Mercedes: **Comentarios** al Código Penal. Parte Especial, Titant Lo Blanch, España, 2004.

CORTINA, Adela: La ética de la sociedad civil, en: LAPORTA SAN MIGUEL, Francisco Javier/ÁLVAREZ, Silvina (coords.): La corrupción política, Alianza Editorial, Madrid, 1997, pp. 181-212.

CRESPO BARQUERO, Pedro José: **C**ódigo **P**enal. Comentarios y jurisprudencia, Tomo II, Comares, España, 2002.

CRUZ CASTRO, Fernando: La investigación y persecución de la corrupción, en: RPE, Año 01, n° 1, Buenos Aires, 1995.

CUELLO CALÓN, Eugenio: **D**erecho **P**enal. **P**arte Especial, II, Bosch, Barcelona, 1980.

CUGAT MAURI, Miriam: La desviación del interés general y el **tráfico de influencias**, Cedecs, Barcelona, 1997.

_____: El tráfico de influencias en cuatro sentencias, en: JPD, Nº 28, 1997.

_____: Tráfico de influencias, en: CÓRDOBA RODA/GARCÍA ARÁN (dir.): Comentarios al CP. PE, Marcial Pons, Madrid, 2004.

DE LA MATA BARRANCO, Norberto Javier: **La respuesta a la corrupción pública**: tratamiento penal de la conducta de los particulares que contribuyen a ella: reflexiones sobre la sanción penal como cohecho activo de actos de inducción o cooperación a la comisión de un delito por funcionario público en el ejercicio de su cargo, Comares, Granada, 2004.

DE VICENTE MARTÍNEZ, Rosario: El principio de legalidad penal, Tirant Lo Blanch, España, 2004.

DELLA PORTA, Donatella/VANUNCCI, Marina: **Corruzione** politica e amministrazione pubblica, IlMulino, Bolonia, 1994.

DEMETRIO CRESPO, Eduardo: Consideraciones sobre la corrupción y los delitos contra la Administración Pública, en: A.A.V.V.: **Fraude y corrupción** en la administración pública, delitos financieros, Fraude y corrupción en Europa, Universidad de Salamanca, Salamanca, 2002.

DÍAZ Y GARCÍA CONLLEDO, Miguel: El delito de tráfico de influencias, en: ASÚA BATARRITA, Adela. (coord.), Delitos contra la Administración Pública, Instituto Vasco de Administración Pública, Bilbao, 1997.

_____: Corrupción y delitos contra la Administración Pública, Insuficiencias y límites del Derecho penal en la lucha contra la corrupción: el ejemplo español, en: RDUC (Managua, Nicaragua), n° 7, 2004.

_____: El tratamiento de la corrupción en el proyecto de reforma del Código Penal de 2007, en: ARANGÜENA FANEGO, Coral/SANZ MORÁN, Ángel José (Coordinadores): **La reforma de la Justicia Penal**: aspectos materiales y procesales, Editorial Lex Nova, Valladolid, 2008.

DÍAZ Y GARCÍA CONLLEDO, Miguel/OLAIZOLA NOGALES, Inés: La responsabilidad penal de los funcionarios, ROCE, Nº 6, 1996.

ESCUÍN PALOP, Catalina: Curso de Derecho administrativo, Tirant Lo Blanch, Valencia, 2003.

FABIÁN CAPARRÓS, Eduardo: La corrupción de los servidores públicos extranjeros e internacionales: (Anotaciones para un Derecho Penal globalizado), en: FERRÉ OLIVÉ, Juan Carlos, Delitos financieros, **fraude y corrupción** en Europa, Universidad de Salamanca, Salamanca, 2002.

FAVA, Terenzio: Do ut des. Genesi, **evoluzione e crisi del sistema** della corruzione, Biblioteca di testi e studi, Roma, 1999.

FEIJÓO SÁNCHEZ, Bernardo: Delitos contra la Administración Pública, en: RODRÍGUEZ MOURULLO, Gonzalo: **Comentarios** al Código Penal, Civitas, Madrid, 1997.

FERNÁNDEZ RÍOS, L.: **Psicología de la corrupción** y los corruptos, Grupo Editorial Universitario, Granada, 1999.

FERRAJOLI, Luigi: El Estado constitucional de Derecho hoy: el modelo y su divergencia de la realidad, en IBÁÑEZ PERFECTO Andrés (coord.): **Corrupción y Estado de Derecho**: el papel de la jurisdicción, Trotta, Madrid, 1996.

_____: **Derechos y garantías**. La ley del más débil, Trotta, Madrid, 1999.

FERRÉ OLIVÉ, Juan Carlos: Cohecho, en: ARROYO ZAPATERO, Luis [et al.] (dir.): Comentarios al CP, Iustel, Madrid, 2007.

FERREIRA DELGADO, Francisco: **DP. PE**, Temis, Bogotá, 2006.

FERREIRO LAPATZA, José Juan: Curso de Derecho financiero español. Vol. I, **Derecho financiero** (ingresos, gastos, presupuesto), Marcial Pons, Ediciones Jurídicas y Sociales, Madrid, 2004.

FERRER SAMA, Antonio: Comentarios IV, Madrid, 1956.

FLORES PÉREZ, Alfredo: El delito de tráfico de influencias, en AA.VV.: Delitos **contra la Administración** Pública, Estudios jurídicos del Ministerio Fiscal, III.2002, Madrid, 2002.

FRIEDRICH, Carl: Corruption Concepts in Historical Perspective, en: HEIDENHEIMER, A.J./JOHNSTON, M./LE VINE, V.T. (edits.): Political Corruption. A Handbook, New Jersey, 1997.

GARCÍA ARAN, Mercedes: La prevaricación judicial, Tecnos, Madrid 1990.

_____: El delito de tráfico de influencias en el Código Penal de 1995, en: MUÑOZ CONDE, Francisco José, **Los delitos** contra la administración pública en el nuevo Código Penal, Junta de Andalucía, Instituto Andaluz de Administración Pública, Sevilla, 1997.

_____: Los delitos de tráfico de influencias (arts. 428, 429 y 430) en: ÁLVAREZ GARCÍA, Francisco Javier (dir.)/ GONZÁLEZ CUSSAC, José Luis: **Comentarios a la Reforma** Penal de 2010/(dir.), Tirant Lo Blanch, Valencia, 2010.

GARCÍA DE ENTERRÍA, Eduardo/FERNÁNDEZ, Tomás: Curso de Derecho Administrativo, t I, Thomson Civitas, Madrid, 2006.

GARCÍA MÁRQUEZ, Gabriel: Al filo de la oportunidad, Tercer Mundo Editores, Bogotá, 1996.

GARCÍAS PLANAS, Gabriel: El nuevo delito de tráfico de influencias, RPJ, nº 29, 1993.

GARZÓN VALDÉS, Ernesto: Acerca del concepto de corrupción, A.A.V.V, en LAPORTA SAN MIGUEL, Francisco Javier/ÁLVAREZ, Silvina (coords.): La corrupción política, Alianza Editorial, Madrid, 1997.

_____: Acerca del concepto de corrupción, en A.A.V.V: CARBONELL, Miguel/ VÁSQUEZ, Rodolfo (coord.), Poder, Derecho y corrupción, Siglo XXI Editores, México, 2003.

GIMENO LAHOZ, Ramón/CORBELLA HERREROS, Teresa: Delitos contra la Administración Pública. Título XIX, En **Delitos** contra la Administración Pública; contra la administración de justicia y contra la Constitución, Bosch Icasa Editorial, 1998.

GIRALDO LÓPEZ, Alberto: Mi verdad, Editorial Planeta, Colombia, 2005.

GÓMEZ MÉNDEZ, Alfonso/GÓMEZ PAVAJEAU, Carlos Arturo, Delitos contra la administración pública, 3ª edición, Editorial Universidad Externado de Colombia, 2008.

GONZÁLEZ AMUCHÁSTEGUI, Jesús: Corrupción, democracia y responsabilidad política, en: CARBONELL, Miguel/VÁSQUEZ, Rodolfo; Poder, Derecho y corrupción, Siglo XXI Editores, México, 2003.

GONZÁLEZ CUSSAC, José Luis: La nueva regulación de los delitos de los funcionarios públicos en el Código Penal de 1995: La prevaricación, en: AA.VV.: **Los delitos de los funcionarios** públicos en el Código Penal de 1995, Consejo General del Poder Judicial. Madrid. 1996.

GONZÁLEZ JIMÉNEZ, Manuel: Corrupciones municipales en Castilla a finales de la Edad Media, en: GONZÁLEZ JIMÉNEZ, Manuel /PIETSCHMANN, Horst, COMÍN, Francisco, PÉREZ, Joseph (coords.): Instituciones y corrupción en la historia, Universidad de Valladolid, 1998.

GROIZARD Y GÓMEZ DE LA SERNA, Alejandro: **El CP de 1870** concordato y comentado, T. IV, Madrid, 1912.

GÜNTHER, Klaus: De la infracción de un Derecho a la infracción de un deber, en: AA.VV. **La insostenible situación** del Derecho penal, Comares, Granada, 2000.

HAMM, Rainer: Fraudes de ley cotidianos en la justicia penal, en: AA.VV. **La insostenible situación** del Derecho penal, Comares, Granada, 2000.

HARRIS, Robert: **Political corruption** in and beyond the nation state, Routledge, Londres, 2003.

HASSEMER, Winfried/ MUÑOZ CONDE, Francisco: **La responsabilidad** por el producto en Derecho penal, Tirant Lo Blanch, Valencia, 1995.

HEIDENHEIMER, Arnold J.: Perspectives on the Perception of Corruption, en: HEIDENHEIMER, Arnold/JOHNSTON, Michael: Political Corruption, New Jersey, 2005.

HENAO CARDONA, Luis Felipe, CASTRO CUENCA, Carlos Guillermo, Urbanización ilegal y otros delitos relacionados con la corrupción, en CASTRO

CUENCA, Carlos Guillermo (Coordinador); **Manual de Derecho Penal,** Parte Especial, Editorial Temis, Colombia, 2012.

HUERTA TOCILDO, Susana: **Ilícito penal e ilícito disciplinario** de funcionarios, en: LH al Profesor Enrique Cerezo Mir, DÍEZ RIPOLLÉS, José Luis, Tecnos, 2002.

HURTADO POZO, José: Corrupción, el caso peruano, en: RPE, Año 01, n° 1, Buenos Aires, 1995.

IBÁÑEZ, Perfecto Andrés: La corrupción en el banquillo. Jurisdicción penal y crisis del Estado de Derecho, en: LAPORTA SAN MIGUEL, Francisco Javier/ ÁLVAREZ, Silvina (coords.): La corrupción política, Alianza Editorial, Madrid, 1997.

_____: Corrupción: necesidad, posibilidades y límites de la respuesta judicial, en: CARBONELL, Miguel/ VÁSQUEZ, Rodolfo; Poder, Derecho y corrupción, Siglo xxi Editores, México, 2003.

JIMÉNEZ DE PARGA Y CABRERA, Manuel: La corrupción en la democracia, en: LAPORTA SAN MIGUEL, Francisco Javier/ÁLVAREZ, Silvina (coords.): La corrupción política, Alianza Editorial, Madrid, 1997.

JIMÉNEZ SÁNCHEZ, Fernando/ CAÍNZOS, Miguel: Political Corruption in Spain, en: NEWELL, J./BULL M. (eds.): Corruption in Contemporary Politics, Palgrave, Londres, 2003.

JIMÉNEZ SÁNCHEZ, Fernando: Posibilidades y límites del escándalo político como forma de control social, en: LAPORTA SAN MIGUEL, Francisco Javier/ÁLVAREZ, Silvina (coords.): La corrupción política, AlianzaEditorial, Madrid, 1997.

JOHNSTON, Michel: **Political corruption** and public policy in America. Monterey, CA: Cole, 1982.

JUANES PECES, Ángel: Los delitos de los funcionarios públicos, en: CORDERO SAAVEDRA, Luciano: **Las universidades públicas** y su régimen jurídico, Lex Nova, 1999.

KAYβER, Marijon: Sobre el potencial incriminados de los principios orientadores del Derecho penal, en: AA.VV. **La insostenible situación** del Derecho penal, Comares, Granada, 2000.

KEY Jr., V.O.: Techniques of **Political Graft**, en: HEIDENHEIMER, A.J./JOHNSTON, M./LE VINE, V.T. (edits.): Political Corruption. A Handbook, New Jersey, 1997.

KIRSCH Irving: ¿Derecho a no auto inculparse? en: AA.VV. **La insostenible situación** del Derecho penal, Comares, Granada, 2000.

KLITGAARD, Robert: **Controlando la corrupción**. Una indagación práctica para el gran problema social de fin de siglo, Editorial Sudamericana, Buenos Aires, 1994.

LAMARCA PÉREZ, Carmen: Derecho Penal. Parte Especial, 3ª edición, Colex Editorial Constitución y Leyes, España, 2005.

LÓPEZ BLANCO, Rogelio/MORENO LUZÓN, Javier, en VARELA ORTEGA, José, el poder de la influencia: geografía del caciquismo en España, Marcial Pons, España, 2001.

LÓPEZ CALERA, Nicolás: Corrupción, ética y democracia, en A.A.V.V: LAPORTA SAN MIGUEL, Francisco Javier/ÁLVAREZ, Silvina (coords.): La corrupción política, Alianza Editorial, Madrid, 1997, pp. 117-135.

LÓPEZ PRESA, Juan Octavio (Coord.) en: Corrupción y cambio, Revista Perfiles Latinoamericanos, n° 15, México, 2000.

LOZANO, Juan/ MERINO DINARI, Valeria: **La hora de la transparencia en América Latina**: el manual de anticorrupción en la función pública, Granica, Buenos Aires, 1998.

LOZANO PUCHE, Felipe: **Conspiración en los puertos**: relatos de una liquidación, Contraloría General de la República/Alfaomega, Bogotá, 2001.

LUZÓN CUESTA, José María: Compendio de **DP. PE**, Dykinson, Madrid, 2007.

LUZÓN PEÑA, Diego-Manuel: **Curso de Derecho Penal, Parte General I**, Editorial Universitas, Madrid, 1996.

_____: **Lecciones** de Derecho Penal, **PG**, 2ª edición. Tirant Lo Blanch, Valencia, 2012.

MAGATTI, Mauro: **Corruzione** politica e societá italiana, Il Mulino, Bolonia, 1996.

MALEM SEÑA, Jorge F: El fenómeno de la corrupción, en A.A.V.V: LAPORTA SAN MIGUEL, Francisco Javier/ÁLVAREZ, Silvina (coords.): La corrupción política, Alianza Editorial, Madrid, 1997, pp. 35-167.

_____: **La corrupción. Aspectos éticos**, económicos, políticos y jurídicos, Gedisa, Barcelona, 2002.

_____: La corrupción en el poder judicial en: CARBONELL, Miguel/VÁSQUEZ, Rodolfo; Poder, Derecho y corrupción, Siglo xxi Editores, México, 2003.

MARTÍN QUERALT, Juan [et al.]: Curso de Derecho financiero y tributario, Tecnos, Madrid, 2005.

MARTÍNEZ GALINDO, Gema: El delito de tráfico de influencias en la Administración Local, La Ley Penal, EN: RDPPP, nº 22, 2005, pp. 36-50.

MAURO, Paolo: The Effects of Corruption on Growth and Public Expenditure, en: Heidenheimer, Arnold J./JOHNSTON, Michael: **Political Corruption**, Transaction Publishers, New Jersey, 2005.

MÉNY, Yves: Política, corrupción y democracia, en: CARBONELL, Miguel/VÁSQUEZ, Rodolfo; Poder, Derecho y corrupción, Siglo XXI Editores, México, 2003, pp. 155-172.

MESTRE DELGADO, Esteban: **Delitos contra el patrimonio** y contra el orden socioeconómico, en: LAMARCA PÉREZ: DP. PE, Colex, UNED, 2005.

MILLER, W./GRODELAND, A. B./KOSHECHKINA, T, Y.: A Culture of Corruption, Coping with Government in Post-Communist Europe, CEU-PRESS, Hungría, 2001.

MIR PUIG, Carlos: Los **delitos contra la Administración Pública** en el nuevo CP, Bosch, Barcelona, 2000.

MOLINA ARRUBLA, Carlos Mario, **Delitos contra la** Administración **P**ública, 4ª edición, Editorial Leyer, Colombia, 2005.

MONTENEGRO DE FLETCHER, Alma: Corrupción, democracia y ética, Colecciones Iuris, Panamá, 1997.

MORALES PRATS, Fermín/RODRÍGUEZ PUERTA, María J.: Delitos contra la Administración Pública, en: QUINTERO OLIVARES, G. (dir.)/ MORALES PRATS, F. (coord.): **Comentarios** a la **PE** del **DP**, Aranzadi, Navarra, 2005.

_____: **Comentarios** a la **PE** del **DP**, Aranzadi, Navarra, 2007.

_____: **Comentarios** a la **PE** del **DP**, Aranzadi, Navarra, 2011.

MORELL OCAÑA, Luis: La objetividad de la Administración Pública y otros componentes de la ética de la institución REDA, nº 111, 2001, pp. 347-372.

MORILLAS CUEVA, Lorenzo: Delitos contra la Administración Pública (I), en COBO DEL ROSAL, M. (coord.): **DP español**: PE, 2ª edición., Dykinson, Madrid, 2005, pp. 549-584.

MOROFF, Holger/BLECHINGER, Verena: Corruption Terms in the World Press, en HEIDENHEIMER, Arnold/JOHNSTON, Michael: Political Corruption, New Jersey, 2005.

MÜLLER-TUCKFELD, Ensayo para la abolición del Derecho penal del medio ambiente, en: AA.VV. **La insostenible situación** del Derecho penal, Comares, Granada, 2000, pp. 508-516 ss.

MUÑOZ CONDE, Francisco: Libertad de expresión y Derecho al honor en el Estado social y democrático de Derecho, en: ECHEBURÚA ODRIOZOLA, Enrique/DE LA CUESTA ARZAMENDI, José Luis/DENDALUCE SEGUROLA, Iñaki: **Criminología y Derecho** penal al servicio de la persona: LH al profesor Antonio Beristain, Instituto Vasco de Criminología = Kriminologiaren Euskal Institutoa, 1989, pp. 850-1044.

_____: **DP. PE**, Tirant Lo Blanch, 15[va] edición, Valencia, 2004.

_____: **DP. PE**, Tirant Lo Blanch, 18[va] edición, Valencia, 2010.

MUÑOZ MACHADO, Santiago: **Libertad de prensa** y procesos por difamación, Ariel, 1987.

MURIEL PATIÑO, María: Economía corrupción y desarrollo, en A.A.V.V: FABIÁN CAPARRÓS, E., (Coord.), La corrupción: **aspectos jurídicos y económicos**, Ratio Legis, Salamanca, 2000, pp. 27 -32.

NIETO GARCÍA, Alejandro: Corrupción en la España democrática, Ariel, Barcelona, 1997.

_____: Derecho administrativo sancionador, Madrid, Tecnos, 2005.

OCTAVIO DE TOLEDO Y UBIETO: **La prevaricación** del funcionario público, en: Instituto de Criminología de la Universidad Complutense, Madrid, 1980.

_____: Tráfico de influencias, RJEDB, Nº 5, 1998, pp. 1514-1524.

OLAIZOLA NOGALES, Inés: **El delito** de cohecho, Tirant Lo Blanch, Valencia, 1999.

_____: Los delitos contra la administración pública, en: CORCOY BIDASOLO, Mirentxu /GÓMEZ MARTÍN, Víctor/ MIR PUIG, Santiago (dirs.): **Nuevas tendencias** en política criminal: una auditoría al Código Penal español de 1995, Editorial Reus: B de F, Barcelona, 2006, pp. 361-403.

OLESA MUÑIDO, Francisco: **Estudios jurídicos** en homenaje al profesor Octavio Pérez Vitoria, T. I., Barcelona, 1983.

ORTIZ DE URBINA GIMENO, Íñigo: Delitos contra la Administración Pública, en: SILVA SÁNCHEZ, J.: **Lecciones** de Derecho Penal. PE, Atelier, Barcelona, 2006, pp. 303-329.

_____: Delitos contra la Administración Pública, en: SILVA SÁNCHEZ, J.: **Lecciones** de **DP. PE**, Atelier, Barcelona, 2011, pp. 319-499.

ORTS BERENGUER, Enrique: Delitos contra la Administración Pública, en AA.VV.: DP, PE, Tirant Lo Blanch, Valencia, 2004.

_____: Delitos contra la Administración Pública, en AA.VV.: DP, PE, Tirant Lo Blanch, Valencia, 2010.

PACHECO, Francisco: **El CP** concordado y comentado, Imprenta y fundición de Manuel Tello, 6ª edición, Madrid, 1888.

PACHECO Osorio, Pedro: **D**erecho **P**enal Especial, Temis, Bogotá, 1976.

PALOMAR OLMEDA, Alberto: Derecho de la Función Pública: régimen jurídico de los funcionarios públicos, Dykinson, Madrid, 1996.

PEÑA KOLENKAUTSKY, Saúl: Psicoanálisis de la corrupción, Peisa, Lima, 2003.

PÉREZ, L.C.: **DP, PE**, t III., Temis, Bogotá, 1990.

PÉREZ ROYO, Javier: Curso de Derecho constitucional, 10ª edición, Editorial Marcial Pons, 2005.

PÉREZ TREPS, Derecho constitucional, 2003.

POLAINO NAVARRETE, Miguel: **Lecciones** de Derecho Penal. Parte Especial, I, Tecnos, Madrid, 2011.

POVEDA PERDOMO, Alberto: La corrupción y el régimen, Ediciones Jurídicas Gustavo Ibáñez, Bogotá, 1998.

POZUELO PÉREZ, Laura: Los delitos contra la administración pública, en: DÍAZ-MAROTO Y VILLAREJO, Julio/RODRÍGUEZ MOURULLO, Gonzalo (coords.): Estudios **sobre las reformas** del Código Penal, Civitas, Madrid, 2011, pp. 581-606.

QUERALT JIMÉNEZ, Joan: **D**erecho **P**enal **E**spañol. **P**arte **E**special, 6ª edición, Atelier, Barcelona, 2010.

QUINTANO RIPOLLES, Antonio: **Curso** de Derecho penal, Editorial Revista de Derecho Privado, Madrid, 1963.

RABOTNIKOF, Nora: Corrupción política: definiciones técnicas y sentidos sedimentados, en: CARBONELL, Miguel/VÁSQUEZ, Rodolfo, Poder, Derecho y corrupción, Siglo xxi Editores, México, 2003, pp. 46-60.

RAMOS RUBIO, Carlos: El delito de cohecho, en AA.VV: **Delitos contra la Administración** Pública, Estudios jurídicos del Ministerio Fiscal, Madrid, 2002, pp. 101-148.

RAMOS TAPIA, Inmaculada: El delito de **prevaricación**, Tirant Lo Blanch, Valencia, 2000.

REZZOAGLI, Bruno: Corrupción y contratos públicos, Ratio Legis, Salamanca, 2005.

ROCA AGAPITO, Luis: El delito de malversación de caudales públicos, Bosch, Barcelona, 1999.

RODRÍGUEZ DEVESA, José María/SERRANO GÓMEZ, Alfonso: DP. PE, Dykinson, Madrid, 1994, pp. 454-1169.

RODRÍGUEZ MUÑOZ, D./JASO ROLDÁN, T./RODRÍGUEZ DEVESA, J.M.: **DP**, T II, PE. Madrid, 1949, pp. 192 ss.

RODRÍGUEZ PUERTA, María José: El delito de cohecho: **problemática jurídico-penal** del soborno de funcionarios, Aranzadi, Pamplona, 1999.

_____: Modificaciones en materia de cohecho, en ÁLVAREZ GARCÍA F.J./ GONZÁLEZ CUSSAC, J.L. (dirs.): Comentarios a la Reforma Penal de 2010, Madrid 2010, pp. 53-90.

ROEMER, Andrés: Análisis económico de la corrupción, en: CARBONELL, Miguel/VÁSQUEZ, Rodolfo; Poder, Derecho y corrupción, Siglo xxi Editores, México, 2003, pp. 246-274.

ROSE-ACKERMAN, Susan: Corrupción y economía global, en: CARBONELL, Miguel/VÁSQUEZ, Rodolfo; Poder, Derecho y corrupción, Siglo xxi Editores, México, 2003, pp. 45-209.

_____: **Judicial Independence and Corruption**, Transparency International, Global Corruption Report, 2007.

_____: **La corrupción** en los gobiernos: Causas, consecuencias y reforma, Editorial Siglo xxi, España, 2001.

RODRÍGUEZ PUERTA, María José: **El delito de cohecho**: problemática jurídico-penal del soborno de funcionarios, Aranzadi, Pamplona, 1999.

RODRÍGUEZ DEVESA, J. M./SERRANO GÓMEZ, A.: DP. PE, Dykinson, Madrid, 1994.

RODRÍGUEZ RAMOS, L.: Delitos contra la Administración Pública, en: RODRÍGUEZ RAMOS, L. (coord.): **CP** concordado con jurisprudencia sistematizada y leyes penales especiales y complementarias, La Ley, Madrid, 2005.

ROXIN, Claus: **Política criminal** y sistema de Derecho penal, trad. de Muñoz Conde, Bosch, Barcelona, 1972.

_____: **Autoría y dominio del hecho** en Derecho Penal, trad. de la edición alemana por Joaquín Cuello Contreras y José Luis Serrano González de Murillo (Universidad de Extremadura); prólogo de Manuel Cobo del Rosal, Marcial Pons, Madrid, 1998.

SABÁN GODOY, Alfonso: El marco jurídico de la corrupción, Civitas, Madrid, 1991.

SÁNCHEZ MARTÍNEZ, Flor/ GONZÁLEZ RUS, Juan José: El delito de tráfico de influencias, en: **Estudios penales y jurídicos:** homenaje al Prof. Dr. Enrique Casas Barquero, Universidad de Córdoba, Córdoba, 1996, pp. 798,-802 ss.

SÁNCHEZ MORÓN, Manuel: La corrupción y los problemas del control de las administraciones públicas, en: LAPORTA SAN MIGUEL, Francisco Javier/ÁLVAREZ, Silvina (coords.): La corrupción política, AlianzaEditorial, Madrid, 1997, pp. 189-210.

SCHÜNEMANN, Bern: **Temas actuales y permanentes** del Derecho penal después del milenio, Madrid, Tecnos, 2002.

SERRANO GÓMEZ, Alfonso/SERRANO MAILLO, Alfonso: **DP. PE**, Dykinson, Madrid, 2007

SIMONETTI, José María: Notas sobre la corrupción, en: RPE, N° 1,1995, pp. 175-180.

SUÁREZ – MIRA RODRÍGUEZ, Carlos: Manual de DP, PE, Civitas, Madrid, 2005.

SUÁREZ MONTES, Rodrigo Fabio: El delito de malversación de caudales públicos, en: RGLJ, 1966.

SÜβ, Frank: El trato actual del mandato de determinación, en: AA.VV. **La insostenible situación** del Derecho penal, Comares, Granada, 2000, pp. 223-240 ss.

SWART, K. W.: **The Sale of Public Offices**, en AA.VV.: POLITICAL CORRUPTION: A HANDBOOK, 2005.

TANZI, Vito: Corruption around the World: Causes, Consequences, Scope, and Cures, en: ABED, George/GUPTA, Sanjeev: Governance, Corruption & Economic Performance, IMF, Washington, 2002, pp. 32-122.

TASCABILI, S.: La lotta alla corruzione, Laterza, Roma, 1998.

TAY, Simon C./SEDA, María: **The enemy within**: combating corruption in Asia, Eastern Universities Press, Singapore, 2003.

TIRADO ÁLVAREZ, Margarita: Cohecho, en CASTRO CUENCA, Carlos Guillermo (Coord.); **Manual de Derecho Penal** – Parte Especial, Temis, Colombia, 2012, 263-278.

TOMÁS MALLÉN, B.: El derecho fundamental a una buena administración, Ministerio de Administraciones Públicas, Madrid, 2004.

VALEIJE ÁLVAREZ, Inmaculada.: **El tratamiento penal de la corrupción** del funcionario: el delito de cohecho, Edersa, Madrid, 1996.

_____: Visión general sobre las resoluciones e iniciativas internacionales en materia de corrupción, en: AFDUC, nº 7, 2003, pp. 777-874.

VANUCCI, Alberto: La corrupción en los sistemas políticos comparados, en A.A.V.V: CARBONELL, Miguel/VÁSQUEZ, Rodolfo; Poder, Derecho y corrupción, Siglo XXI Editores, México, 2003, 305-310.

VARGAS LINARES, Mauricio: El presidente que se iba a caer, Planeta Editorial Colombiana S.A., Colombia, 1996.

VÁZQUEZ ABAD, Ángel: **Tratado de DP** colombiano, UPB, Medellín, 1949.

VIADA Y VILASECA, Salvador: **CP de 1870**, Librería de Fe, Madrid, 1926.

VICENTE CONCHA, Antonio: **Tratado de DP**, Bogotá, 1895.

VILLORIA MENDIETA, Manuel: **Ética pública y corrupción**: curso de ética administrativa, Tecnos, Madrid, 2000.

_____: La corrupción política, Síntesis, Madrid, 2006.

VIRGIONI, Julio: **Crímenes excelentes**. Delitos de cuello blanco, crimen organizado y corrupción, Editores del Puerto, Buenos Aires, 2004.

WELZEL, Hans: DP Alemán, trad. de Juan Bustos Ramírez y Sergio Yáñez), Editorial Jurídica de Chile, 2ª edición castellana, Santiago, 1976.

Este libro fue compuesto en caracteres Adobe Caslon
Pro 11,5 puntos, impreso sobre papel propal de 70
gramos y encuadernado con método *hot melt* en
julio de 2014, en Bogotá, D. C., Colombia
Xpress Estudio Gráfico y Digital S.A.

Made in the USA
Monee, IL
18 October 2026

66035481R00328